千村故事

千村概览卷（上）

浙江省农业和农村工作办公室
浙江农林大学中国农民发展研究中心
浙江省农民发展研究中心
中国名村变迁与农民发展协同创新中心

本卷主编　潘伟光

中国社会科学出版社

图书在版编目（CIP）数据

千村故事．千村概览卷：全二卷／潘伟光主编．—北京：中国社会科学出版社，2019.1

ISBN 978-7-5203-2892-0

Ⅰ.①千…　Ⅱ.①潘…　Ⅲ.①村落文化-介绍-中国　Ⅳ.①K928.5

中国版本图书馆 CIP 数据核字（2018）第 165466 号

出 版 人　赵剑英
责任编辑　宫京蕾
责任校对　李　莉
责任印制　李寡寡

出　　版　中国社会科学出版社
社　　址　北京鼓楼西大街甲 158 号
邮　　编　100720
网　　址　http：//www.csspw.cn
发 行 部　010-84083685
门 市 部　010-84029450
经　　销　新华书店及其他书店

印刷装订　北京君升印刷有限公司
版　　次　2019 年 1 月第 1 版
印　　次　2019 年 1 月第 1 次印刷

开　　本　710×1000　1/16
印　　张　89.25
插　　页　2
字　　数　1413 千字
定　　价　298.00 元（全二卷）

浙江省历史文化村落《千村故事》丛书编委会

总 序

村落是人类的摇篮,是人类文明的根脉。浙江是中华文明的发源地之一，历史悠久，农耕文明高度发达，地域文化独具特色。数千年来，勤劳智慧的浙江人民世世代代辛勤劳作，在浙山浙水之间聚居，形成了成千上万个传承农耕文化和铭刻乡愁记忆的历史文化村落。从写意山水的富春山居到流畅文脉的楠溪古村，从白帆渔歌的东海渔庄到听泉耕读的径山茶舍，从唐诗之路的会稽山坑到宋都遗风的天目山坞，当我们置身游走在这些诗画江南的古韵村落之中时，犹如正在穿越吴越文化的时空隧道，在翻阅农耕文明的历史画卷，在聆听浙人先贤的空谷放歌。这一个个的历史文化村落，不仅在岁月的长河中留下了农耕之源、文化之邦、丝绸之府、茶叶之都、鱼米之乡的浙江印记，望山看水，承载着乡愁，更是一部厚重的历史诗书，凝聚着浙江人民的智慧创意和人文精神，让我们在生机勃勃的现代化建设中，仍能感受温情脉脉的文化传承。

习近平总书记强调，实现城乡一体化，建设美丽乡村，不能大拆大建，特别是要注意保留村庄原始风貌，把古村落保护好，让居民望得见山、看得见水、记得住乡愁。浙江省委、省政府历来高度重视历史文化村落的保护、传承与利用工作。20 世纪 90 年代以来，浙江就开始古村落保护利用的探索。2003 年，浙江启动“千村示范、万村整治”工程，时任省委书记习近平强调：“要正确处理保护历史文化与村庄建设的关系，对有价值的古村落、古民居和山水风光进行保护、整治和科学合理的开发利用。”2006 年，浙江省委、省政府明确提出，在新农村建设过程中，要切实加强对优秀乡土建筑和历史文化环境的保护，努力实现人文与生态环境的有机融合。2012 年，浙江出台《关于加强历史文化村落保护利用的若干意见》，全面启动历史文化村落保护利用工作。在浙江多年的美丽乡村建设实践中，以西塘、乌镇、诸葛村、堰头村等为代表的一大批历史文化村落，走出了各具特色的保护利用之路，成为与现代文明有机结合的美丽乡村，在全国形成了较大影响。日前，浙江确定的历史文化村落有 1237 个，其中 176 个被列入中国传统村落名录，数量全国领先。

《千村故事》丛书，是按照接续历史文脉让“古村落活起来”的要求，全面挖掘、整理和记载历史文化村落里的生态人居、经济社会、制度习俗、传统工艺、人物传记等物质和非物质文化遗存，通过深入细致的调查研究，整理出最能够体现每一个历史文化村落的人文特色和历史底蕴的故事。本套丛书收录了近千个历史文化村落的历史人文故事，以群众喜闻乐见、图文并茂的形式，系统地展现浙江丰富的农耕文化、深厚的历史积淀和向善向上的人文精神。可以说，这套《千村故事》丛书，是一部故事与史志相融合，集趣味性、科普性和教育性于一身，兼具史学意义、学术价值和教育科普功能的文化精品。

我期望这套丛书的出版发行，能让更多的人关心和保护历史文化村落，传讲好千村故事，传承好优秀文化，从而增强广大人民群众对中华优秀传统文化和乡土文化的认同感和归属感，为全面建成更高水平的小康社会提供精神支撑。

2016 年 3 月 18 日

前言一

“千村故事”书写中国美丽乡村建设浙江新篇章

一 缘起

寻乡愁，
祖宗兴村族规修。
劝农劝学基业定，
礼仪道德孝中求。
生态人居子孙旺，
民风民俗村史留。

寻乡愁，
千村故事话风流。
清廉大义万古传，
名人名流胜封侯。
手技手艺代际承，
特产特品我村优。

寻乡愁，
美丽乡村历史悠。
民族振兴中国梦，
村域发展是重头。
自在安然农民心，
共同富裕写春秋。

一首婉转悠扬的“千村故事”之“一碟影像”主题歌，唱出了浙江人民保护历史文化村落、寻访传统故事、定格乡土印象、回味乡愁记忆的诗意情怀，抒发了浙江人民践行自由平等、建设美丽乡村、奔向共同富裕的壮志豪情。

“《千村故事》‘五个一’行动计划”（以下简称“千村故事”）缘起于浙江历史文化村落保护利用工作。“做好历史文化村落的保护利用工作，是彰显美丽乡村地方特色的需要。”（李强，2012）① 浙江历史文化村落保护利用工作的启动，标志着浙江以“千村示范、万村整治”为载体的美丽乡村建设跃升到新阶段。这一阶段，是浙江社会主义新农村建设的“美丽成果”转化为农村经济社会发展“资源优势”的重要阶段，是“生产发展、生活宽裕、乡风文明、村容整洁、管理民主”的社会主义新农村建设目标的实现阶段，也是浙江“推动信息化和工业化深度融合、工业化和城镇化良性互动、城镇化和农业现代化相互协调，促进工业化、信息化、城镇化、农业现代化同步发展”和“城乡一体化发展”大融合阶段。

浙江美丽乡村建设始于 2003 年。是年 6 月，时任浙江省委书记习近平启动了浙江“千村示范、万村整治”工程，揭开了中国美丽乡村建设的时代篇章。2005 年 10 月，中国共产党十六届五中全会提出了“建设社会主义新农村”的重大历史任务，将浙江“千村示范、万村整治”融入中国社会主义新农村建设大潮。至 2007 年，浙江省完成了 10303 个建制村的初步整治，其中 1181 个建制村建成“全面小康建设示范村”。2008 年，浙江省安吉县提出“中国美丽乡村”计划。2009 年 9 月，一批国内古建筑和文物保护专家聚集浙江省建德市新叶村，发表了《新叶共识》，希望政府“把遗产保护和民生工程建设结合起来……倡导全社会关注抢救正在日渐消失的中国乡土建筑”。2010 年，浙江省制订了《美丽乡村建设行动计划（2011—2015 年）》，同时，浙江省农业和农村工作办公室（以下简称“浙江省农办”）、财政厅、住建厅、文化厅、林业厅、省文物局六部门联合开展历史文化村落普查。2012 年 4 月，浙江省贯彻习近平总书记关于“优秀传统文化是一个国家、一个民族传承和发展的根本，如果丢掉了，就割断了历史命脉”的讲话精神，出台了《关于加强历史文化村落保护利用的若干意见》，把修复、保护、传承和永续利用历史文化村落作为美丽乡村建设的重要内容。2012 年 11 月，党的十八大报告提

① 李强（时任浙江省人民政府省长）：《在全省历史文化村落保护利用工作现场推进会上的讲话一》（2012 年 5 月 9 日）。

出了“努力建设美丽中国，实现中华民族永续发展”的要求。习近平总书记指出：“中国要强，农业必须强；中国要美，农村必须美；中国要富，农民必须富。”建设美丽中国，重点和难点都在农村，美丽乡村建设理所当然地成为当今中国的时代潮流。

“千村故事”在浙江美丽乡村建设跃升阶段应运而生。2014 年 5 月 20 日，浙江省委副书记王辉忠、副秘书长张才方等一行到浙江农林大学调研，在听取了中国农民发展研究中心关于“中国名村变迁与农民发展协同创新中心”的工作汇报后，表示要支持协同创新中心开展历史文化村落保护、利用研究，浙江农林大学随即向省委办公厅呈送了书面报告，王辉忠副书记做了批示。2014 年 11 月，浙江省美丽乡村建设现场会和 2015 年 1 月浙江省农村工作会议，先后做出了“挖掘和传承好古村落古民居背后的故事”的部署。2015 年 3 月 2 日，浙江省农业和农村工作办公室根据上述两次会议部署和省领导的指示精神，委派相关负责人到中国农民发展研究中心，共同商讨、制订了“千村故事”行动计划，并于 3 月 24 日呈送浙江省委、省政府。夏宝龙书记、李强省长、王辉忠副书记、黄旭明副省长分别对此做了重要指示：要把这件大事办好，全力创作“精品”。

浙江省委、省政府四位领导批示后，省农办相关负责人多次到浙江农林大学指导、对接和协调，讨论“千村故事”实施方案，部署和推进这项工作。浙江农林大学主要领导要求举全校之力抓好《千村故事》“五个一”行动计划，金佩华和王景新作为总负责和总主编。浙江农林大学中国农民发展研究中心按照上述要求，联络“中国名村变迁与农民发展协同创新中心”及省内外专家，成立了“千村故事”专家委员会，组建了“千村故事”研究团队和工作室，启动了“五个一”行动计划。

二 任务

浙江省提出的“历史文化村落”概念，涵盖了浙江省域内的中国历史文化名村、中国传统村落和古建筑村落、自然生态村落与民俗风情村落。中国历史文化名村是指保存文物特别丰富且具有重大历史价值或纪念意义的，能较完整地反映一些历史时期传统风貌和地方民族特色的村，由住建部和国家文物局共同组织评选。2003 年 10 月至 2014 年 3 月，分六批公布了 276 个历史文化名村，其中浙江 28 个，占总数的 10.1%。中国传统村落过去称“古村落”，2012年，住建部、文化部、国家文物局、财政部联合组成了“传统村落保护和发展专家委员会”，此后用“传统村落”替代了“古村落”概念。传统村落是指1911年辛亥革命以前建村，保留了较多传统建筑环境、建筑风貌，村落选址未有大的变动，具有独特民俗民风，虽年代久远，但至今仍为人们服务的村落。2012年至2014年12月，该委员会分三批公布了“中国传统村落”2555个，浙江入选176个，占总数的6.9%。2012年，浙委办〔2012〕38号文件界定：“历史文化村落包括古建筑村落、自然生态村落和民俗风情村落等。”这份文件把现存古建筑等历史文化实物和非物质文化遗产比较丰富的村落，建筑与自然生态相和谐、历史建筑保护较好的村落，传统民俗风情等非物质文化遗产丰富、民俗文化延续至今、活动频繁的村落，都纳入了“历史文化村落”范畴。

“千村故事”主要针对纳入《浙江省历史文化村落保有数量和名单库》（以下简称“库内村”）的1237个村，开展“寻访传统故事——编撰一套丛书，触摸历史脉搏——形成一个成果，定格乡土印象——摄制一碟影像，回味乡愁记忆——推出一馆展示，构建精神家园——培育一批基地”活动。

“编撰一套丛书”，共9卷，其中，《古村概览卷》是为“库内村”立档。《千村故事：礼仪道德卷》收集和编撰“库内村”在仁义、慈爱、孝道、勤俭、和睦、善行、清白、诚信、情谊（包括兄弟邻里情谊及民族和谐等）方面的典故。《千村故事：清廉大义卷》收集和编撰“库内村”宗族督导其入仕子孙为官清正廉洁、热爱国家、坚守民族大义的典故。《千村故事：生态人居卷》收集和编撰“库内村”经典的堪舆布局，合理的聚落结构，巧妙的给排水系统，精致的建筑园林，优美的自然景观及其传承、保护等方面的故事。《千村故事·劝农劝学卷》收集和编撰“库内村”戒子戒规、劝农劝学、耕读传家的那人、那事、那典范，弘扬勤奋苦读、乐于农耕，崇勤倡简、勤俭持家，以及自强不息、勤勉坚韧、艰苦奋斗的乡土文化。《千村故事：名人名流卷》收集和编撰“库内村”学而优则仕、则商，学而不优则耕读传家等名仕、名商、名师、名学、名绅的故事，弘扬干一行、爱一行，行行出状元，造福乡梓的优秀文化。《千村故事：民风民俗卷》收集和编撰“库内村”祭祀、婚嫁、丧葬、节庆、季节与农耕、族规乡约、邻里互助等方面的经典故事，弘扬村落民风、民俗、民习，以及村落秩序与基层治理的优秀文化。《千村故事：手技手艺卷》收集和编撰“库内村”独特的工匠技术，石雕、砖雕、木雕、竹雕、竹编、绘画、书法、剪纸、刺绣、女红、戏曲、民歌、武术等乡土非物质文化遗产及其传人的故事，传承乡土手艺、技术和民间艺术。《千村故事：特产特品卷》收集和编撰“库内村”著名农产品、林果蔬产品、畜产品、“老字号”手工产品和特产、名吃及其背后的故事。

“形成一个成果”，就是利用“编撰一套丛书”的调查资料和数据，研究和总结江南历史文化村落变迁（兴衰更替或持续发展）的历史脉络、发展条件、阶段性特征和一般规律，以及文化遗产保护、传承、利用的浙江特色、中国经验。出版《浙江历史文化村落社会经济变迁研究》（专著），提出“浙江历史文化村落保护利用现状和持续发展调研报告”及其“政策建议”，编制“浙江省2016—2020年历史文化村落保护利用规划”。

“摄制一碟影像”，其目的在于用影像手段记忆乡愁，记录“库内村”保护利用现状，收集和保存“库内村”原有影像资料，宣传千村故事。任务包括：一是收集、整理“库内村”以往的纪录片、宣传片、新闻片，储备“千村故事”之“一馆展示”的馆藏影像资料；二是拍摄“库内村”的人居环境，记录“库内村”民居、宗祠、廊桥等历史建筑修复、保护、利用现状，复活“库内村”民风民俗、手技手艺等非物质文化遗产；三是按照“千村故事”一套丛书的8卷分类，挑选经典、精彩的故事，组织亲历者、传承人和典型代表人物讲述本村、本家和自己的故事，编辑成8集宣传性故事片。

“推出一馆展示”，是以浙江农林大学“浙江名村博物馆”建设为载体，设立浙江历史文化村落变迁展示馆。展示内容包括：一是农耕生产工具、手工业器具、传统生活用具、民间艺术作品等方面的实物；二是历史文化村落的村史、村志，名士、名人、名流传记和作品，档案及散落民间的契约文书等文献资料；三是村庄布局及其变迁的历史图片、碑刻拓片和影像资料；四是农村发展的对比材料，如村落景观变化对比、村域自然环境变化对比、农民居住条件对比、农户经济收入对比、生活质量和公共服务水平提升对比等，采集历史文化村落有记载的历史数据、图片、统计年报、记账农户资料、老照片、村集体经济组织所受的表彰及荣誉称号证件等。最终形成浙江历史文化村落数据库。

“培育一批基地”，是结合“库内村”保护利用重点村项目的实施，分“乡土历史文化保护传承示范村”“时代印记文化保护传承示范村”两种类型，培育“看得见山、望得见水、记得住乡愁”的示范基地。

上述任务是一个整体，其中，编撰一套丛书既是形成一个成果的资料源泉、摄制一碟影像的脚本、推出一馆展示的脉络和线条，又是培育一批基地的重要依据。一套丛书、一个成果、一碟影像、一馆展示和一批基地相互支撑，共同托起浙江历史文化村落物质和非物质文化遗存保护利用的历史殿堂。

三　价值

“千村故事”是浙江省在历史文化村落物质文化遗存修复、保护和利用的基础上，对非物质文化遗产抢救性挖掘、整理、记忆和传承的乡土文化建设的重大任务。“千村故事”将为千秋万代留下一份诗意情怀的传统村落变迁史料，将为现代农业中如何继承中华传统农业精华发挥启迪作用，将为世界留下一份悠扬的、具有人文底蕴的中国江南鱼米之乡的乡愁记忆。

中国农村变迁发展以村庄为载体。农村变迁史本质上是村庄变迁史。历史文化村落是中国乡土文化遗产的博物馆，是乡愁记忆的百科全书，也是中国国学的思想宝库。历史文化村落镌刻着古代中国农业、农村和农民发展的历史印记，承载着近现代中国共产党领导新民主主义革命、社会主义革命和建设、改革开放和社会主义现代化建设的伟大功勋，展示着中国农业、农村和农民现代化的巨大业绩，凝聚着无数农民精英的历史贡献。我们从历史文化村落走过，仿佛走进了中国农耕文明、乡土文化及国学精髓的博物馆，走进了中国共产党领导农民革命和社会主义建设的纪念馆，走进了农业、农村和农民现代化的业绩馆，走进了祖宗先辈、农民精英和名人名流的传记馆。但是，“快速发展的工业文明正在疯狂地吞噬着农耕文明，乡村社会正在成片地急剧消失，作为整个人类摇篮的、绵延了数千年的带有中古韵味的原始村落正一个个地被五光十色的现代建筑群所取代”①。中国历史文化村落保护时不我待，中国历史文化村落社会经济变迁研究时不我待，中国历史文化村落影像资料摄制和农耕文明博物馆建设时不我待！

---

① 王先明：《从东方杂志看近代乡村社会变迁——近代中国乡村史研究的视角及其他》，《史学研究》2004 年第 12 期。

浙江省历来高度重视历史文化村落的保护、利用工作，一直将其作为农村经济社会发展的重要支撑，作为美丽乡村建设的重要内容。2003 年浙江省启动“千村示范、万村整治”工程时，时任省委书记习近平就强调：“要正确处理保护历史文化与村庄建设的关系，对有价值的古村落、古民居和山水风光进行保护、整治和科学合理地开发利用。”[①] 2012 年，浙江省开全国传统村落保护、利用之先河，在一个省级区域内，有组织、有计划、大规模地展开历史文化村落保护、利用工作。自 2012 年始，浙江省委、省政府每年召开一次“全省历史文化村落保护利用工作推进会”，每年投入近 10 亿元资金[②]，连续三年（三批）对全省历史文化村落“库内村”中的 130 个重点村、649 个一般村开展了修缮和保护工作。浙江省各级党委、政府做了许许多多的好事、善事，提供了许许多多的新做法、新经验，功在当代，惠及子孙，得到了浙江农村干部和广大农民的肯定、赞扬和积极响应。而今浙委办〔2012〕38 号文件提出的关于“……到 2015 年，全省历史文化村落保有集中县规划全覆盖，历史文化村落得到基本修复和保护……的总目标”已经基本实现。

四 方法

“千村故事”是浙江省“政、学、研、民”合作、大规模调研、大团队协同调研的有益尝试。按照上级要求，“千村故事”由浙江省农办组织协调，省财政厅保障相关经费，浙江农林大学联合“中国名村变迁与农民发展协同创新中心”的力量组织实施。

浙江省农办与浙江农林大学研究团队密切合作，将“千村故事”的研究对象、故事收集撰写方法、要求与范本、工作进度等，通过省农办文件形式传达到各地。2015 年，省农办为“千村故事”发文、发函就有《关于组织开展“〈千村故事〉‘五个一’行动计划”的通知》（浙村整建办〔2015〕11 号）、《关于核对和完善“千村故事”千个历史文化村落名单的通知》（浙村整建办〔2015〕14 号）、《关于组织开展〈千村故事〉

① 转引自吴坚《箫鼓牵情古风淳——浙江历史文化村落保护利用工作纪实》，《今日浙江》2014 年第 16 期。

② 2013 年，浙江省、市、县三级共投入资金 9.29 亿元，其中省级下拨 2.3 亿元。参见王辉忠（浙江省委副书记）《在全省历史文化村落保护利用工作现场会上的讲话》（2014 年 7 月 1 日）。

丛书基础材料收集、整理编撰工作的通知》(浙村整建办〔2015〕18号)等。这些文件成为协同各方的重要依据。省农办要求：历史文化村落保有量大、入选“库内村”数量多的县（区、市）也要成立相应的指导委员会。要从县（区、市）文化局（文化馆)、方志办和档案馆等单位抽调专业人员，组成专门工作班子，负责有关乡镇（街道)、村的组织协调以及基础材料、经典故事、影像图片等的收集、整理、撰写、审读、修改和报送等工作。

定点定村是“千村故事”研究和编撰工作展开的基础。省农办以2012年六部门联合普查确定的历史文化村落“库内村”（971个村）为基础，按照“有价值、有形态、有文脉、有故事、有人脉”的标准，对各地历史文化村落的保有数量和名单进行核实、退出或补充。截至2015年年末，全省普查纳入历史文化村落“库内村”1237个①。

浙江农林大学研究团队于2015年4月上旬召开“千村故事”培训会，统一研究思路、方法，随即组织农村经济、建筑、规划、历史、文化、旅游、民俗等方面的专家，两次深入“库内村”开展预调研。其目的为：一是通过预调研拟定“一套丛书”总框架，以及《古村概览》和8卷故事的章、节和故事范本，方便基层参与者在收集、整理、编撰千村故事基础材料时参照；二是摸索“政、学、研、民”合作联动的方法，以及研究团队联合攻关机制。至2015年6月下旬，上述目标全部达成，并形成了关于“千村故事”一套丛书编撰总要求、体例和方法等方面的共识。

第一，编撰总要求。一套丛书编撰要按照省政府领导批准的“千村故事”行动计划所列框架破题，展现历史文化村落“那村、那人、那故事”，最终形成一部故事与史志结合的系列编著。一套丛书编撰要坚持三性并重原则：故事挖掘、整理和编撰要具有史实性，是历史文化村落里事实存在、广为流传的故事；要体现知识性，可读、可藏、可传；要发挥教育性，弘扬和传承历史文化村落的优秀文化。

第二，编撰对象。“千村故事”研究和编撰对象为浙江历史文化村落“库内村”，非“库内村”的若确有经典故事的，亦可选编，但数量要严格控制。凡以人物为中心的故事，必须遵循“生不立传，顺应时代与表现

① 浙江历史文化村落“库内村”数量不断调整，三个阶段的数据分别为971个、1123个和1237个，因此，在“千村故事”研究过程中，不同时段撰写的研究成果中，其“库内村”数量不同，特予说明。

‘正能量’，大人物写小事、小人物写大事”等基本原则，如果几个村落撰写同一个人物的故事，要合并为一个故事，但要体现这个人物在多个村庄的活动印记。以人物为中心的故事，不能异化为个人传记而见人不见村。

2015年6月25日，省农办根据上述共识，下发《关于组织开展〈千村故事〉基础材料收集、整理编撰工作的通知》，要求各县（区、市）农办会同文化、广电、史志、档案等部门，抽调相关专业人员，组成专门工作班子，按照上述要求扎实做好基础材料、影像图片等的收集、整理、编撰、审读、上报工作，于2015年8月1日前，分别上报省农办社会发展处与浙江农林大学“千村故事”工作室。

7月8日，浙江省农办社会发展处牵头，项目研究团队协助，召开了省、市、县农办分管领导和“千村故事”基础材料编撰业务骨干培训会（400余人参加）。一套丛书各卷主编，以及一个成果、一碟影像、一馆展示的主持人，分别宣讲各卷和各项目的主旨、框架、要求、范本、方法及注意事项，省农办分管领导、浙江农林大学分管副校长先后提出要求。省培训会议后，各地用不同方式逐级传达落实。一时间，“千村故事”讲述、编撰、求证等，在浙江历史文化村落里蔚然成风、家喻户晓。

2015年暑假期间，浙江农林大学研究团队组织11个联络组带领百名大学生分赴浙江省11个地级市“寻访千村故事”①，调查研究和巡回指导。其具体任务包括：一是选择典型村落，配合各地开展调查研究，寻访历史故事；二是接受邀请，为收集、编撰故事有困难的，特别需要帮助的村落提供援助；三是在编撰一套丛书的同时，收集一个成果、一碟影像、一馆展示和一批基地的资料和实物。

截至2015年8月25日，“千村故事”工作室共收到“历史文化村落信息采集表”1244份，其中有效信息1158个村；故事基础材料1227篇，其中《礼仪道德卷》136篇，《清廉大义卷》130篇，《生态人居卷》287篇，《劝农劝学卷》84篇，《名人名流卷》228篇，《民风民俗卷》179篇，《手技手艺卷》99篇，《特产特品卷》84篇。8月26日，浙江农林大学研究团队举行了“千村故事”暑期调研汇报交流会，进一步讨论了历史文化村落保护、利用现状及对策，部署各组统计分析历史文化村落本底

① 浙江农林大学“寻访千村故事”暑期社会实践团，获中宣部、中央文明办、教育部、共青团中央、全国学联组织开展的“2015年全国大中专学生志愿者暑期‘三下乡’社会实践活动优秀团队”荣誉称号。

数据，阅读筛选故事基础材料并提出修改意见。

“千村故事”研究团队调研和巡回指导村落，覆盖全省11个地级市、57个县（区、市）、163个村落，协助各（地）市修改或重写的故事达259篇。2015年年末和2016年年初，8卷故事初稿基本完成。2016年春节（寒假）前后，浙江农林大学研究团队再次进村入户调研，进一步修改、补充和完善历史文化村落的历史故事。2016年4月8—10日，浙江农林大学研究团队在湖州市南浔区荻港村召开了“千村故事”统稿会，“千村故事”专家委员会部分成员，中国社会科学出版社领导和相关编辑人员，以及“千村故事”一套丛书各卷主编和其他“四个一”的项目负责人齐聚一堂，审读一套丛书初稿，统一编撰要求，按照“表述精准，真正达到了史实性、知识性和教育性的作品，同时突出重点村，反映浙江区域特色”的原则，遴选《〈千村故事〉精选》（卷一、卷二、卷三）三卷样稿。至此“千村故事”一套丛书调研和编撰工作基本完成。接下来，“一套丛书”交由中国社会科学出版社进入辛苦而繁复的出版程序。

五 梗概

《古村概览卷》厘清了浙江历史文化村落物质文明遗存及其保护利用现状。据历史文化村落基础信息有效采集的1158个村统计数据显示，浙江历史文化村落主要集中在浙西、浙南、浙中的山区、丘陵地区，而杭嘉湖平原、宁绍平原地区、海岛地区相对较少，其中丽水市228个村、台州市170个村、衢州市159个村、温州市150个村。浙江传统村落历史悠久，唐代及以前始建的村落160个，占13.82%，其中舟山市定海区马岙村被誉为“海上河姆渡”[①]“海岛第一村”，嘉兴平湖市曹桥街办马厩村至迟在春秋齐景公时期（前547—前489）便有村落；嵊州市华堂村金庭王氏始迁祖王羲之东晋永和十一年（355）三月称病弃官，“携子操之由无锡徙居金庭”[②]；宋代始建的村落居多，共有367个村，占总数的31.69%，元代始建的有103个村，占8.89%；明代始建的有297个村，占25.65%；清代始建的有149个村，占12.87%，民国及以后始建的有82个村，占7.08%。村落中所有古建筑等物质文化遗存中，有文物保护

① 1973年，发现于浙江余姚河姆渡。它主要分布在杭州湾南岸的宁绍平原及舟山岛，经测定，它的年代为公元前5000—前3300年，是新石器时代母系氏族公社时期的氏族村落遗址。

② 参见华堂村《金庭王氏族谱》。

级别的共有4357处，其中国家级文物有375处，省级文物有699处，市级文物有400处，县级文物有2877处，216个村文物保护单位是古建筑群。各类古建筑数量主要统计各村的古民宅、古祠堂、古戏台、古牌坊、古桥、古道、古渠、古堰坝、古井泉、古街巷、古城墙、古塔、古寺庙、古墓十四类信息，汇总其数量达3.6万多处，其中最多的是古民宅，共23071处，古祠堂1624处，古城墙91处，古塔69处。有1022个村保存族谱，占“库内村”总数的82.15%，一村多部族谱也是常见现象，本次调查统计大约有4505部族谱。有295个村落保存有古书、名人手稿、字画等文物资源。906个村有古树名木，占村总数的73%，有的村拥有古树名木群。据不完全统计，这些村落中1000年以上的古树有135棵，如丽水莲都区路湾村有1600年的香樟，建德石泉村有1400多年的樟树7棵，建德乌祥村有1500多年树龄的古香榧，余杭山沟沟村汤坑汤氏宗祠前有1200多年树龄的红豆杉和银杏，景宁畲族自治县大漈乡西一村有1500多年树龄的柳杉王……在村落的非物质文化遗产中，国家级有89个，省级有187个，市级有172个，县级有237个。浙江省重视历史文化村落保护和利用，2012年至今，先后三期批准历史文化村落保护、利用重点建设村和一般村达到779个，占“库内村”总数的62.6%。

《礼仪道德卷》述说浙江历史文化村落的价值追求。浙江历史文化村落里的人们，对礼仪道德的重视主要展现在三个方面：第一，有形载体众多。农村礼仪道德故事并不仅仅停留在村民的口耳相传之中，往往化身为物质载体，承载着村民的共同记忆。第二，注重传承。许多农村礼仪道德故事对于村民而言并不仅仅是一个传说，而是化身为族规家训，通过教育在子孙后代中传承。第三，影响深远。农村礼仪道德故事对于村民而言并非遥远的往事，而是真实地存在于村民的生活之中，影响着其中的每一个人。浙江历史文化村落礼仪道德故事中，以下几个方面显得尤为丰富：一是慈爱孝悌。浙江历史文化村落有大量父慈子孝的故事，许多村庄将“孝”作为立村之本。慈孝故事可分为严父慈母的故事、寸草春晖的故事、慈孝传家的故事、节孝流芳的故事四类。慈孝故事在传统农村社会最为丰富，影响也最为深远，对民风的端正起到了极大的作用。二是贵和尚中。浙江历史文化村落里的和谐故事大致可分为三类：第一类为家和事兴，第二类为乌鹊通巢，第三类为民族和睦。三是见利思义。浙江历史文化村落的见利思义故事也可分为三类：第一类为勤俭诚信的故事，第二类为公而忘私的故事，第三类为积善得报的故事；四是乐善好施。乐善好施是浙江历史文化村落美德故事的重大主题，总体可分为三类：第一类为回报桑梓的故事，第二类为扶危济困的故事，第三类为造福一方的故事。中国传统农村社会典型地体现了对礼仪道德的注重，这些传统美德与农村社会生活密切相连，它们是农民创造的宝贵精神财富，是农村社会持续发展的不竭精神动力。

《清廉大义卷》传颂浙江“忠义廉正、光昭史策”的如林贤哲。忠诚爱国、廉洁奉公、心系天下是他们为官从政的基本价值取向，也是他们为官做宰的基本要求。他们在其位谋其政，勤于政事，为民请命，爱民如子，以民众和国家利益为先；他们志行修洁，清廉刚正，讲求以身任天下，把个人的安身立命与天下兴亡、百姓福祉联系在一起，得志时则兼济天下，不得志时则独善其身。在一乡则有益于一乡，在一邑则有益于一邑，在天下则有益于天下。每当国家兴盛时，士大夫多以廉洁自重，刻意砥砺德行；每当社稷衰颓之时，正是“义夫愤叹之日，烈士忘身之秋”（《晋书·慕容德载记》），竭忠效命、临难捐躯者指不胜屈。这充分显示：“腐败”乃是贯穿历史败亡的一条基线。故事主人公们在道德实践上主要依靠内省、自律去克制欲望，抵制诱惑，诉诸的是主体向内用力的道德自觉，而不完全依靠外在他律的规范和约束，养廉多于治廉。他们的政治实践则主要体现在：责君之过，以正君臣；律己之行，以严公私；爱民如子，以和官民；进思尽忠，退思补过；先忧后乐，用舍皆行；等等。他们的政治诉求则是一个“天—君—民”三位一体的政治架构，在这个传统的政治架构中，臣民可忠于君主，也可忠于社稷天下。忠于君主者，以君主利益为第一位，唯君主马首是瞻；忠于社稷天下者，以民众和国家利益为先。在官与民、权与理、君与国的矛盾前面，站在民、理、国这方面，“苟利国家生死以，岂因祸福避趋之”。而伴随着近代“国家”“民族”概念的传入，政统与道统、君主与国家区分更为明显。杀身成仁，舍生取义，近代以来，浙江无数的仁人志士为了革命理想信仰、为了救亡图存、为了至高无上的道义精神，他们大义凛然、慷慨就义。

《生态人居卷》集萃浙江先民人居环境建设的智慧。“人居环境的灵魂即在于它能够调动人们的心灵”，各村落因地形地貌、水土植被、经济发展程度的不同，形成富具地域特色的个性。浙江历史文化村落大多是有着宗族体系的血缘村落，宗族伦理观念强烈地影响着村落的空间布局和建筑形态，村落布局形态讲究道德伦理关系，重视等级制度和长幼之分。出现了以宗祠为核心，以主要商业街、道路或河流为发展轴，根据地形因地制宜的布局模式。浙中地区特别讲究形成山水环抱、聚气藏风的“风水”格局，甚至不惜人力、物力改造风水，比较典型的如武义郭洞村。浙江历史文化村落的历史建筑营造匠心独具，除建筑艺术精美之外，还体现了浓郁的人文理念。建筑群体组合往往有着严谨的秩序，祠堂大多设置在传统村落的中心位置，而亭、廊、桥等风景建筑则体现“天人合一”与“文以载道”的思想观念，巧妙结合地形地貌，承载伦理道德和美好愿望。浙江水系众多，形成了清新、淡雅、古朴的历史文化村落风貌，村落中合理科学的水系规划，不仅调节了小气候，满足了日常饮用、灌溉、排污、消防等功能，同时又形成了优美的人居环境。浙江历史文化村落大多是望得见山、看得见水的“山水田园村落”，植根于周围山水自然环境，因地制宜进行家园建设，并辅以恰当的人文景观，形成质朴自然而又如诗如画的乡村风景园林。浙江自古以来人文鼎盛，历史文化村落中多有诗词歌咏、楹联题刻、文化典故等人文景观。在这些人文景观中，有的记录村落发展的重要历史事件，有的记录传说故事或歌颂风景名胜，彰显着村落的人文内涵之美。

《劝农劝学卷》夯实浙江历史文化村落兴村根基。耕读传统是浙江历史文化的重要传统之一，它的产生是与古代中国“劝农劝学”观念的内在要求和政策制度相契合的。浙江耕读传统产生于农本经济（物质基础）、科举入仕（制度保障）、兴家旺族（直接动力）、隐逸文化（思想渊源）、人口迁徙（促成因素）五大基石，其中农本经济、科举入仕和兴家旺族是浙江耕读传统产生的一般要素，隐逸文化和人口迁徙则是浙江耕读传统产生的特殊要素。在中国农业社会的历史长河中，耕读并重作为农民的生活模式，是一种可保进退自如的持家方略，二者相辅相成、相得益彰。源于此，“耕读传家”作为宗法制的历史文化村落根深蒂固的生活理想，是宗族（家庭）事务的头等大事，每个宗族都期望自己的族人可以中举中进士，入朝为官，光耀门楣。因此，族规家训都极为强调耕读之首要性；士绅乡贤则扮演着文化教育的继承者和推动者的双重角色；而庙祠牌坊既是族人对其丰功伟绩的一种铭记，也是对族中后人的一种鞭策；兴教办学则是文脉传承背后的助推力。耕读传统使得浙江地区人才辈出，尤显家族代传性特征。如温州瑞安曹村自南宋高宗绍兴二十七年（1157）

至明成祖永乐二年（1404），200 多年一共出了 82 名进士，是全国闻名的“中华进士第一村”；永嘉屿北村的“一门三进士，父子两尚书”；江山广渡村的“四代十登科，六子七进士”；绍兴州山村的“父子两尚书”“祖孙四进士”“十八进士”等。近代以来，则有“状元村”之美誉的宁海梅枝田村和“博士村”之美誉的缙云姓潘村。劝农劝学观念的化身则是耕读传统在中国农耕社会中形成、发展和行将消亡的思想轨迹，鲜明地揭示了封建社会中富裕农家和仕宦之家对于家族（家庭）文化教育前景的企求实态，它表明耕读传家观念不仅源远流长，而且深远地影响了农业中国的乡村社会。

《名人名流卷》镶嵌着浙江历史文化村落一颗颗璀璨明珠。浙江历史文化村落名人故事丰富多彩，所述人物故事涉及名儒名臣、名贾名商、诗画艺人、乡贤民硕、侠客义士等。名人故事都寄托了村民的情感，反映了时代心理，有一定史料研究意义。浙江历史文化村落的名人名流，明代到近现代的居多。这与浙江省历史文化名村形成的历史相适应。从时代变迁看，中国文化经济重心不断南移，与浙江名人辈出是顺向同步的。浙江由于地处东南，战争较少，经济和文化得到长足发展。南宋定都临安，给浙江带来前所未有的发展机遇，从而使浙江成为全国举足轻重的经济和文化重镇，造就了一批批优秀儿女，其中不乏从这些历史文化村落走出的。地理对文化、对名人名流分布的影响显著。从地理类型上看，浙江历史文化村落名人名流的分布大致代表了西南山地文化、浙北平原文化、海洋文化三种类型。山区名人名流的特点是崇文尚武、武术医家、义士将军等；平原地区多半为鱼米之乡，交通发达，文化基础本身较好，多出巧匠、商人、科学家、文艺人士等；沿海名人名流具有开放冒险、抵御外侮、漂洋经商的生活经历。浙江人祖先多半是中原移民，经过几次大规模南迁运动，很多北方家族南下，到浙江重新聚居，形成历史文化村落。新移民将北方的文明与本地特色结合，将优秀的中原文化传统延续下来，而传统意义上的吴越土著文化实际上自秦灭越之后特点不突出，浙江文化与中原汉文化实现了自然接轨。如朱熹与郭村、包山书院，陆羽与余杭、吴兴、长兴等，赵孟頫与下昂村等，他们的活动丰富了历史文化内涵。

《民风民俗卷》延续浙江历史文化村落鲜活历史。浙江历史文化村落保留的民俗不仅多种多样，而且具有深厚的人文底蕴和独特的地域色彩。比如，素有“鱼米之乡”“丝绸之府”之称的杭嘉湖地区，流传于该地区的蚕桑文化民俗将民间喜闻乐见的范蠡与西施的传说融合在内，使原本单纯的生产习俗增加了浓郁的人文色彩。浙江地域面积不大，但依山濒海，江河纵流，自然环境复杂，地形地貌丰富。因此坐落于不同地区村落的村民，生产、生活习俗也各异，又都与其所生活的区域自然环境息息相关。浙西多山，山地村落流行的生产、生活风俗，即与村民千百年所依赖的山地环境关系密切，如流传于衢州洋坑村的“喝山节”——喝山祈福习俗即为典型一例。浙北多平原水乡，流行的民俗不少与水上活动有关，如嘉兴地区民主村的水上庙会习俗。浙东南濒海、多岛屿，因此生活在滨海地区和离岛上的村落居民，其民俗就带有浓厚的海洋气息，如浙南洞头县东沙村祭祀妈祖（海神）习俗。浙江是畲族的主要聚居地区，景宁是中国第一个也是唯一一个畲族自治县，有“中国畲乡”之称，在景宁及周边的几个畲族分布的县域村落内，流传着畲族独有的生产、生活风俗，成为浙江历史文化村落民俗中极具鲜明地域风格的代表。浙江历史文化村落的民俗大体归为：一是传统的岁时节令类；二是人生历程中的婚嫁、生育、寿庆、丧葬类；三是反映家族文化的祭祖、修谱、族规类；四是农事生产类；五是乡村美食与风物特产（指手工制作的，与自然生产的不同）类。此外，还有一些涉及居住建筑、传统体育、游戏娱乐和口头文学等。民俗是过去生活的记忆与缩影，也是村居民落在千百年的生产、生活中积淀的文化遗产，随着社会经济的高速发展和城镇化的快速推进，不少良风美俗也都面临着湮没之危。我们希望“千村故事”能够让这些乡村记忆传之久远。

《手技手艺卷》展示浙江历史文化村落里百姓与“这方水土”相互厮守的故事。浙江省历史文化村落手技手艺体现于生产、生活的方方面面，比如，将传统的绘画与雕刻工艺应用于传统建筑与装潢，竹编或草编则在保持手工艺品基本特征的基础上，使其成为乡村旅游的一个品牌；剪纸、陶艺依然维系着一方水土的温馨记忆。浙江省的手技手艺是“一方水土”的百姓与这片山、这片水相互厮守的故事。从远古走来的浙江人民世世代代与这片土地同呼吸、共命运，并由此衍生了具有浓厚区域色彩的手技、手艺，这些手技、手艺曾经是普通百姓的重要经济手段，尤其是在农耕社会时期，生产力水平不发达，交通闭塞，对一个家庭乃至一个家族而言，一门手艺的掌握将给他们带来相对稳定的收入，由此贴补家用，贴补再生产，当然也贴补愿望。由于区域的相通性，即使有多达上千的历史文化村落，手技、手艺在许多村落间都是共通的，同时也展现出地域乡土性。传统技艺存在于生活之中，只要有适宜的环境，手工艺就会得到传承。比如，木作、雕琢、烧造、冶炼、纺织、印染、编织、彩扎、装潢、造纸、制笔、烹饪、酿造、印刷等，在当代社会的现实生活中仍然有着广阔的生存空间。费孝通先生曾说过，非物质文化遗产“之所以传下来就因为它们能满足当前人们的生活需要。既然能满足当前人们的生活需要，它们也就是当前生活的一部分，它们就还是活着。这也等于说一个器物、一种行为方式，之所以成为今日文化中的传统，是在它还发生‘功能’，能满足当前的人们的需要”。

《特产特品卷》印制浙江历史文化村落亮丽的名片。浙江历史文化村落的特产特品文化深厚，各地的每一种特产都不是简单的自然馈赠品，而是各地居民在千百年的生产、生活中积淀下来的文化遗产，每一种产品都有其独特的种养、加工技巧和工艺流程，许多产品还有一套与其生产过程相配套的地方习俗和文化故事。浙江历史文化村落农特产品具有鲜明的地域差异性。比如，浙北杭嘉湖平原地区是种、养、加特产集中区，农特产品主要以种植产品、淡水养殖品及加工制品为主，传统种植产品以蚕桑种植最具特色，现代种植产品则主要以瓜果蔬菜为特色，如槜李、湖菱、大头菜、莼菜、雪藕等特色果蔬在区域内均有一定的分布；浙中金衢盆地地区是瓜果、药材、粮油肉加工产品集中区，如兰溪杨梅和枇杷，常山胡柚，磐安元胡、玄参和白芍等，金华火腿、金华两头乌猪、龙游乌猪、衢江三元猪，金华酥饼、龙游发糕、江山铜锣糕、常山山茶油等；浙西丘陵山地地区则是茶叶、竹木产品集中区；浙南山地地区是林木、山石产品集中区；浙东丘陵地区是特产多样性地区；浙东沿海平原地区则是蔬果、海产集中区；东南滨海岛屿地区则是海洋捕捞产品集中区，陆地特产相对较为贫乏。浙江历史文化村落的特产特品注入了深刻的文化印记，其中许多农特产品从一个村落发源，经过历代村民精心呵护与反复打磨，已经走出村落、走向世界，成为历史文化村落的名片。

（执笔：王景新，浙江农林大学中国农民发展研究中心暨浙江省农民发展研究中心常务副主任，中国名村变迁与农民发展协同创新中心首席专家；文中“梗概”由各卷主编撰写）

前言二

浙江历史文化村落遗存与资源调查分析报告

浙江人杰地灵、历史悠久，创造了璀璨的历史文化。千百年来一直作为传统聚族而居的生产生活共同体的村落，承载、积淀着浙江祖祖辈辈创造的物质文化和非物质文化，这是一笔难以估量的财富。但是随着城市化不断向农村延伸、现代文明对传统文明的冲击以及对古村落没有进行及时妥当的保护，而使大批有历史文化价值的传统村落快速消失。浙江 3 万个左右行政村中，目前经浙江省农办确定的历史文化村落有 1237 个。在城镇化加速发展的新时期，浙江古村落正处在保护利用的关键时期，“要站在对国家和历史负责的高度，以等不起的紧迫感、坐不住的责任感、慢不得的危机感，切实抓好历史文化村落的保护和利用工作”。①

为了全面掌握和了解浙江古村落历史人文、村落物质文化和非物质文化资源以及目前保护利用现状，进一步推进历史文化村落的保护和利用工作，课题组在浙江省农办的支持下对 1237 个村落进行了全面的村落信息采集工作。采集的信息涵盖了村落背景基本情况、历史沿革、村落物质文化资源、村落非物质文化资源、村落保护利用五个部分。为了保证信息的准确填写与及时汇总上报，2015 年 7 月，课题组在全省农办系统会上就《浙江省历史文化村落信息采集表》的填报专门进行了培训指导，并通过各县（区、市）农办统一布置，落实到所在乡镇、村的相关负责人员填写上报。本部分的浙江历史文化村落遗存和资源调查分析报告是对村落汇总信息的分析。报告分为四个部分：一、浙江历史文化村落的基本情况；二、浙江历史文化村落文化遗存；三、浙江历史文化村落保护利用状况；四、结论和建议。

一　浙江历史文化村落的基本情况

（一）古村落地市分布情况

1237 个历史文化村落在 11 个地市均有分布，但保有量区域差异明

---

① 李强在 2012 年第一次全省历史文化村落保护利用工作现场推进会上的讲话。

显。现有古村落数量分布上主要集中在浙西、浙南、浙中的山区、丘陵地区，而杭嘉湖平原、宁绍平原地区、海岛地区相对少。其中丽水市拥有古村落数量 228 个，排在第一位，其次是台州有 170 个，衢州有 160 个，温州有 149 个（见表 1）。平原地区相对较少的原因是由于在城镇化扩张浪潮中其村庄更易受到冲击和破坏，原有的村落绝大部分被改建成城市的社区。而山区、丘陵地区相对封闭的自然环境条件对古村落构成了天然的保护，形成了传统文化留存的洼地。根据调研统计，目前浙江古村落地形为丘陵或山地，约占村落的 83.69%，平原地区约占 16.31%。中国历史文化名村和中国传统村落中，嘉兴没有村落入选，湖州、绍兴入选也较少，这也反映平原地区较难保存这一情况。但不能据此否认湖州、绍兴等平原地区历史文化的源远流长。

表 1　　浙江古村落地市分布情况

地区	本次古村落数量（个）	中国历史文化名村	中国传统村落	浙江历史文化村落重点村	浙江历史文化村落一般村
杭州	106	46	15	12	41
湖州	39	12	3	5	21
嘉兴	26	10	0	1	18
金华	140	65	24	41	60
丽水	228	104	77	31	94
宁波	91	37	18	7	14
绍兴	94	34	4	21	44
台州	170	37	16	17	79
温州	149	68	9	15	74
舟山	34	9	1	5	15
衢州	160	31	9	17	73
合计	1237	453	176	172	533

注：中国传统村落是 2012 年住建部、文化部、国家文物局、财政部联合组成“传统村落保护和发展专家委员会”对古村落界定，指 1911 年辛亥革命以前建村，保留了较多传统建筑环境、建筑风貌，村落选址未有大的变动，具有独特民俗民风，虽经历久远年代，但至今仍为人们服务的村落。该委员会先后三批公布了 2555 个传统村落，浙江入选 176 个。中国历史文化名村是指由建设部和国家文物局共同组织评选的，保存文物特别丰富且具有重大历史价值或纪念意义的，能较完整地反映一些历史时期传统风貌和地方民族特色的村。目前，我国已分六批公布了 276 个历史文化名村，其中浙江 28 个。

在浙江省农办历史文化村落的统计中（含中国历史文化名村、中国传统村落以及浙江历史文化重点村、一般村），最多的县（市）是松阳县，有 54 个村；其次是仙居县拥有 40 个村，之后的临海市有 34 个村，温州永嘉县有 29 个村、泰顺县有 27 个村，龙泉市有 26 个村，这些县（市）也大都属于山区县。

（二）现存古村落形成年代

浙江历史文化久远，创造了世界闻名的河姆渡文化、良渚文化等古代文化。河姆渡文化年代为公元前 7000—前 5000 年，良渚文化距今 5300—4500 年。浙江村落形成年代也非常久远，从现存古村落统计，一部分形成于五代、唐代及以前，有 160 个村，约占 13.8%；早的村落可追溯至战国、先秦时期，如嘉兴平湖鱼圻塘村，春秋战国时期就有先民在这里繁衍生息，秦王嬴政二十五年（前 222）建武原县（海盐），该村隶属武原县华亭乡。历史上我国北方一直是经济政治文化中心，唐末藩镇割据与连年战乱，而南方社会政治环境相对稳定，一些村庄沿革表明其先祖从北方为避战乱而迁居。"五代之际，天下纷扰，杀人如麻，独吴越人民安居乐业，百年不知兵革"，吴越国成为当时经济文化发展最快的地区。而且浙江多山，美丽的山水田园也成就了文人居士的"采菊东篱下，悠然见南山"世外桃源的心境与梦想；同时由于南方气候良好，作物容易生长，因此不少北方人口迁移浙江。浙江现存的古村落形成年代以宋代居多，占 31.69%，明代其次，占 25.65%，两者合计占 57.34%，清代和民国以后的村占 19.95%。宋代居多的一个重要因素可能是南宋迁都杭州，也带来了江浙经济社会的繁荣和北方人口向南方的迁徙（见表 2）。

表 2　古村落形成各年代数量及百分比

古村落年代	古村落数量（个）	所占百分比（%）
五代、唐代及以前	160	13.82
宋代	367	31.69
元代	103	8.89
明代	297	25.65
清代	149	12.87
民国及以后	82	7.08
总量	1158	100

注：由于一些村庄难以明确形成年代或没有填写，这里年代分析就没有列出，因此这里总量不是 1237。

（三）历史文化村落的人口总量现状

历史文化村落统计总户籍人口 191.58 万人，平均每个村约为 1549 人，其中大部分村落户籍人口均在 2000 人以内，2000 人以上村庄占 1/4。需要说明的是，由于本次调查绝大部分村是以行政村进行统计填报，所以还不是严格意义上的历史村落人口统计。常住人口与户籍人口比值平均为 0.887，与 2014 年浙江省常住人口占户籍人口比值平均水平 1.13 相比，可反映出古村落的人口呈现净流出状态，而浙江总体人口呈现净流入状态。

（四）经济收入与区位状况

古村落 2014 年农民人均可支配收入 12109 元，远远低于全省为人均 19400 元的水平。从古村落 2014 年集体经济收入来看，平均每个村 74.31 万元，低于全省 2014 年 115.9 万元的集体经济平均水平。30 万元以下的村有 873 个，约占统计村落的 70.17%；10 万元以下（含 10 万元）的有 641 个村，约占 51.52%；5 万元以下（含 5 万元）的有 500 个村，约占 40.19%；320 个村集体经济收入不足 2 万元，约占统计村数的 25.72%。174 个村在 100 万元（含 100 万元）以上，约占 13.99%，100 万元以下的有 1070 个村，占统计村的 86.01%。可见，古村落富贫的"二八"现象也比较显著。村集体经济收入 10 万元以下大约占据 50%，这一比例也高于全省的 35.7%，反映了浙江目前古村落一半村自身难以维持正常行政事业的运转经费的要求，因此对古村落保护必须依靠政府的支持。

村的区位状况用各个村与县城的距离来反映，距离县城平均长度为 27.87 千米，30 千米以外的有 419 个村，约占总数的 33.9%，其中 50 千米以外的有 131 个村，约占 10.59%，10—30 千米的有 617 个村，约占 50%。村落与县城的距离在一定程度上影响到村的经济收入水平。通过简单回归分析，发现村集体经济收入与县城距离呈负相关，距离增加 1 千米，集体经济收入减少 1.28 万元。这说明虽然村村通公路的条件下，但交通距离带来的成本增加还是影响到集体经济的发展水平（见表 3）。

表 3　集体经济收入与交通距离的回归分析结果

集体经济收入（万元）	回归系数	标准误	t 值	显著性水平
与县城距离（千米）	-1.27996	0.4693864	-2.73	0.006***
截距项	110.5253	15.53065	7.12	0.000***

注：*** 表示在 1%统计水平显著。

二　浙江历史文化村落文化遗存

本次统计的浙江省古村落中所有古建筑等物质文化遗存中，申请文物保护级别的共有4357处，其中国家级文物有375处，省级文物有699处，市级文物有400处，县级文物有2877处，216个村文物保护单位是古建筑群，反映着浙江历史文化村落丰富的物质文化遗存。

（一）各类古建筑总体数量与分布村落数量情况

各类古建筑数量主要统计各村的古民宅、古祠堂、古戏台、古牌坊、古桥、古道、古渠、古堰坝、古井泉、古街巷、古城墙、古塔、古寺庙、古墓十四类的信息。根据汇总，浙江省古村落共拥有古建筑数量达3.6万多处，其中最多的是古民宅23071处，古祠堂也有1745处，古城墙98处，古塔84处（见表4）。

表4　　古村落中各类古建筑数量

古建筑名称	古民宅	古祠堂	古戏台	古牌坊	古桥	古道	古渠	古堰坝	古井泉	古街巷	古城墙	古塔	古寺庙	古墓	合计
数量（处）	23071	1745	488	303	1358	1243	355	524	2733	1101	98	84	1475	1817	36395
村落数量（个）	952	773	394	193	572	550	212	202	569	304	75	71	626	273	

古村落中各建筑类型之间存在不同的差异性，在1237个村中，其中952个村拥有古民宅，约占全体村落的76.9%，古祠堂有1745座，分布在773个村中；古塔存有84座，古城墙有98处，留存相对较少。从古建筑遗存可以看出在浙江省范围内的古建筑类型大多是以民居形式存在，祠堂、寺庙及江南特征的古桥也较为普遍。

（二）族谱、古书、名人手稿、字画

1237个村落中1022个村保存有族谱，占古村落总数的82.62%，说明族谱在古村落中较为普遍，一村多部族谱也是常见现象，本次调查统计大约有4505部族谱。

共有295个村落保存有古书、名人手稿、字画等文化资源，其中唐代、五代以前的村落有6个。淳安大墅镇儒洪村有余氏族谱（汉永元8年），淳安狮古山村有五代十国祖先画像，仙居田市镇垟墺村有古越岩画，苍南岱岭畲族乡富源村有畲歌手写本（唐朝，有待考证）；比较著名的名人手稿和字画类有清代乾隆御笔牌匾，宋代孔子像，宋代长江万里图

（名画家夏圭作），宁波民丰村明代地契（浙江省最早的官契地契），长兴丁新村明代的《元曲选》，丽水碧湖堰头村有世界上最早的农田水利法规之一，宋代范成大《通济堰规》，还有朱熹题跋的画像，萧山楼家塔村明代《医学纲目》（医学处方），等等。

古书、名人手稿、字画保存村落最多的年代为清代，有 126 个村落，占 42. 71%，其次是民国及以后，占 26. 1%，明代和宋代分别为 14. 92% 和 12. 54%（见表 5）。

表 5　　拥有不同年代古书、名人手稿、字画的古村落数量

年代	拥有的村落数量（个）	所占百分比（%）
五代十国、唐代及以前	6	2. 03
宋代	37	12. 54
元代	5	1. 69
明代	44	14. 92
清代	126	42. 71
民国及以后	77	26. 1
总量	295	100

（三）古树名木

浙江古村落古树名木繁多，年代久远，形成古村落独特风景资源，据初步统计 906 个村有古树名木，占村总数的 73%，有的村甚至有古树名木群。据不完全统计，这些村落中 1000 年以上古树有 135 棵。丽水莲都区路湾村有 1600 年的香樟，建德石泉村有 1400 多年的樟树 7 棵，建德乌祥村古香榧有 1500 多年，余杭山沟沟村汤坑汤氏宗祠前有 1200 多年的红豆杉和千年银杏；景宁畲族自治县大漈乡西一村有 1500 多年的柳杉王，宁波宁海西岙村圆柏有 1000—1200 年，湖州长兴顾渚村有 1500 年的银杏树，开化树范村有千年罗汉松，绍兴市柯桥区稽东镇陈村村有 1300 年的香榧；兰溪水亭乡塘上村有千年槐花树，泰顺罗阳镇洲滨村有千年以上浙江苦槠王；等等。但好多没有挂古树名木的标记，根据国家规定，凡树龄在 300 年以上称为一级古树名木。据表 6 所示，浙江历史文化村落中古树名木有 57. 9%是一级，数量在 1200 棵以上。

表 6 不同树龄古树名木的数量

古树名木树龄（年）	数量（棵）	所占百分比（%）
100—300 年	911	42. 1
300—500 年	620	28. 65
500—800 年	396	18. 3
800—1000 年	102	4. 71
1000 年以上	135	6. 24
总量	2164	100

（四）古村落非物质文化资源方面

非物质文化资源主要包括民间文学、曲艺、杂技、戏剧、美术、舞蹈、音乐、民俗、医药、手工技艺等门类。本次调查的非物质文化资源按级别统计，发现非物质遗产国家级有 89 个，省级有 187 个，市级有 172 个，县级有 237 个，反映浙江古村落中存在大量的非物质文化遗产。国家级非物质文化资源，例如龙泉青瓷烧制技艺，宁波象山石浦东门渔村的渔民开洋谢洋节，新昌调腔，舟山锣鼓，诸葛亮后裔祭祖，浦江板凳龙，俞源村古建筑群营造技艺，方岩庙会，泽雅造纸，平阳东源村木活字印等，非物质文化涉及类别多，传承年代久远。调查反映共有 682 个村落传承非物质文化资源，36 个村落传承有唐代及以前的非物质文化遗产，70 个村落传承有宋代的非物质文化遗产。

三　浙江历史文化村落保护利用状况

（一）历史文化村落保护利用规划制定情况

浙江省对历史文化村落保护较为重视，在 2012 年浙江省委、省政府出台《关于加强历史文化村落保护利用的若干意见》，实施历史文化村落的保护利用工程，先后三期批准历史文化村落重点村和一般村共计 774 个。从调查的数据来看，1237 个村中，有保护利用的村有 481 个，占 38. 9%。大部分古村落保护利用计划是 2013 年后开始的，约占有保护利用规划村落的 73%，这说明政府在其中起到了引领推动作用，但对古村落保护利用规划还须进一步推动制定与落实。

（二）保护利用情况

对目前村落的保护利用状况进行分析，发现其中发展旅游和服务业样本数为 586 个，占 1237 个村落总数的近 47. 4%，占比最大，说明村落旅游已是普遍的现象，也呈现好的势头；以博物馆的方式进行保护的有近10%的比例；照常使用、没有特别的保护措施类型、闲置废弃类型总共约占41.2%（见表7）。由此可知，对古村落的历史文化资源保护利用需要加快推进。

表7　古村落的保护利用类型

类型	各类型所占样本数（个）	所占总样本数比例（%）
闲置废弃	89	7.19
照常使用、没有特别保护措施	477	38.56
发展旅游和服务业	586	47.37
以博物馆的方式进行保护	122	9.86
其他（文字叙述）	100	8.08

注：这里保护利用类型可以多选。

四　结论和建议

（一）浙江历史文化村落拥有悠久而丰富的物质和非物质文化资源

浙江历史文化悠久，以村落为载体的物质文化和非物质文化非常丰富，无论是古民居、古祠堂、古渠、古道，还是古街巷、古桥、古寺庙，数量众多，分布村落广。非物质文化资源也很丰富，国家级、省级等非物质遗产项目在村落中展现较多，反映了村落是传承农耕文明非物质文化的重要场所。除了已列入各级文物保护和非物质文化遗产名录之外，还有不少物质和非物质遗产，也需要我们进一步梳理、识别和挖掘。

（二）进一步开展详细规范的分类专项普查

基于浙江文化古村落物质遗存和非物质文化丰富性以及保护利用的急迫性，亟须加快采取“全面、专业、规范、有序”的调查方法和步骤，对古民居、古祠堂、古桥、古城墙、古寺庙、古道等历史遗存以及古树名木、古书、族谱等进行分类专项的普查工作，农办与文化部门、建设部门、文物部门、林业部门要进一步加大协同，进一步详细了解各类历史文化遗存的价值、资源状况，为分类制定恰当的保护利用方式和政策提供前期准备。

（三）加快制定全省历史文化村落总体保护利用和分项保护利用规划

干在实处永无止境，走在前列要谋新篇。浙江省历史文化村落保护工作在全国启动早，对全国有重大的指导和借鉴意义，为此要加强全省历史文化村落保护利用的顶层设计。一是加快制定全省总体保护利用规划和重要的专项保护利用规划。在摸清历史文化村落整体遗存和资源的基础上，按照科学化、特色化、规范化的要求，精心编制保护利用总体规划，明确目标、重点任务和保障政策措施；特别要针对历史文化村落保护的短板因素，制定相应的近期、中期、长期保护利用工程以及长效保护机制。二是对不同传统村落进行分类指导。浙江古村落种类多样，平原区、海岛区、山区各种类型丰富，经济基础和人文基础有较大差异，需要因地制宜，进行分类指导。三是要加强传统村落文化遗产、人文环境、自然生态的有效保护和合理利用，要顺应乡村旅游大发展的新机遇，对古村落进行适度的旅游开发，活化古村落资源。根据我们本次对千个古村的集体经济与一些相关影响因素的分析，发现古村落集体经济与村落是否有保护利用规划以及是否开展旅游都直接正相关。可见，加快村落的保护利用也有利于壮大村庄的集体经济，也能避免古村落的进一步凋敝和衰败。四是加大政府财政资金的投入。历史文化村落保护利用是重大文化工程，在当前古村落村集体经济水平普遍薄弱并大大低于全省平均水平的背景下，需要政府财政积极投入，同时创新机制，吸引和鼓励民间资金积极投入到文化村落的保护利用中来。

潘伟光

总 目 录

上 卷

杭州市 ……………………………………………………………（3）
宁波市 ……………………………………………………………（97）
嘉兴市 ……………………………………………………………（177）
湖州市 ……………………………………………………………（204）
绍兴市 ……………………………………………………………（255）
舟山市 ……………………………………………………………（364）
温州市 ……………………………………………………………（391）
金华市 ……………………………………………………………（577）

下 卷

衢州市 ……………………………………………………………（743）
台州市 ……………………………………………………………（944）
丽水市 ……………………………………………………………（1096）
附录 ………………………………………………………………（1374）
后记 ………………………………………………………………（1389）

目　录

上　卷

杭州市 ……………………………………………………（3）
淳安县 ……………………………………………………（3）
富阳区 ……………………………………………………（26）
建德市 ……………………………………………………（35）
临安市 ……………………………………………………（61）
桐庐县 ……………………………………………………（78）
余杭区 ……………………………………………………（94）
宁波市 ……………………………………………………（97）
奉化市 ……………………………………………………（97）
象山县 ……………………………………………………（116）
慈溪市 ……………………………………………………（128）
余姚市 ……………………………………………………（134）
镇海区 ……………………………………………………（149）
鄞州区 ……………………………………………………（151）
北仑区 ……………………………………………………（157）
江北区 ……………………………………………………（158）
宁海县 ……………………………………………………（159）
嘉兴市 ……………………………………………………（177）
海盐县 ……………………………………………………（177）
嘉善县 ……………………………………………………（180）
海宁市 ……………………………………………………（188）
平湖市 ……………………………………………………（193）
桐乡市 ……………………………………………………（199）
湖州市 ……………………………………………………（204）
安吉县 ……………………………………………………（204）

德清县 …………………………………………………………… (214)
南浔区 …………………………………………………………… (224)
吴兴区 …………………………………………………………… (233)
长兴县 …………………………………………………………… (239)
绍兴市 ………………………………………………………… (255)
柯桥区 …………………………………………………………… (255)
新昌县 …………………………………………………………… (279)
诸暨市 …………………………………………………………… (311)
嵊州市 …………………………………………………………… (339)
舟山市 ………………………………………………………… (364)
岱山县 …………………………………………………………… (364)
定海县 …………………………………………………………… (371)
嵊泗县 …………………………………………………………… (382)
温州市 ………………………………………………………… (391)
永嘉县 …………………………………………………………… (391)
苍南县 …………………………………………………………… (420)
洞头县 …………………………………………………………… (441)
乐清市 …………………………………………………………… (464)
龙湾区 …………………………………………………………… (474)
鹿城区 …………………………………………………………… (483)
瓯海区 …………………………………………………………… (484)
平阳县 …………………………………………………………… (493)
瑞安市 …………………………………………………………… (508)
泰顺县 …………………………………………………………… (519)
文成县 …………………………………………………………… (556)
金华市 ………………………………………………………… (577)
婺城区 …………………………………………………………… (577)
金东区 …………………………………………………………… (587)
东阳市 …………………………………………………………… (612)
磐安县 …………………………………………………………… (619)
浦江县 …………………………………………………………… (643)

武义县 ……………………………………………………………………（653）
义乌市 ……………………………………………………………………（675）
永康市 ……………………………………………………………………（688）
兰溪市 ……………………………………………………………………（705）

上卷

杭州市

淳安县

赤川口村

赤川口村隶属淳安县汾口镇，位于汾口镇西南部淳开公路旁，距集镇约7千米，距县城千岛湖镇直线距离约58千米。赤川口村在2007年由原赤川口、赤川源、西坞3个村合并而成，地域面积6.1平方千米，其中耕地面积625亩。据考证，明成化戊戌年（1478）始迁于石川里象山庄定居。

余氏家厅

赤川口村历史悠久，人才辈出，文物古迹较多，村内有文物保护单位6处，其中余氏家厅、龙门古塔、余四山墓3处属省级文保单位。赤川口村的民俗文化也特别突出，最负盛名的就是省级非物质文化遗产——汾口草龙，曾多次参加演出，获杭州市第三届“风雅颂”民间艺术表演金奖等多项荣誉。修复后的赤川口祠堂从栉风沐雨多年的沧桑中更流露出它古朴的底蕴；草龙文化展示馆、下马古道廊桥家祠堂供人祭拜的祖先图庙等景观提升了整个村庄的文化内涵。2014 年全村共有 484 户 1586 人。村民人均纯收入 9741 元，村集体当年收益 15 万元。2013 年被评为省级文化示范村。

芹川村

芹川村隶属浪川乡，位于浪川乡政府驻地北面银峰山麓北侧，距县城千岛湖镇直线距离约 45 千米，是当地最大的村，王姓居多。芹川村地域面积 9. 8 平方千米，其中耕地面积 979 亩。

村口古樟树

据记载，清康熙二十五年方象瑛《王氏家谱序》：江左王氏“自迁遂以来，为年七百，为世二十有八”。明永乐乙未年（1415）汪无鼎《宗鲁王公墓志》记载“始祖瑛‘即百十翁’赘居新安月山洪氏。高大父（曾祖父的父亲，据宗谱记载为王瑛长子王万宁）迁居芹川”。王瑛为芹川一世祖，其子王万宁当在元初年（1270）迁居芹川，至今已有 745 年的历史。村庄四周群山围绕，芹川溪贯穿南北，将村庄一分为二，村口有“狮象把门”，还有进德桥和胸围在 4 米左右的百年古樟树，村内尚有大量建于明清时期且保存完好的古民居。2013 年，芹川村被列入国家历史文化名村，省重点历史文化保护村落重点村。2014 年，全村共有 510 余户 1589 人。村民人均纯收入 12326 元，村集体当年收益 30 万元。

鳌山村

鳌山村隶属淳安县界首乡，地处乡政府西南部千岛湖边，浙江最美公路之一的淳开公路千汾线横贯东西。境内鳌峰毓秀，湖水清澈，小桥流水，绿树掩映，瓜果飘香，鸡犬相闻。2007 年，原鳌山、建唐、洪家坞三村合并，命名鳌山村。村内主要由章、方、孙、宋、唐五大族系组成。鳌山村地势由北向南倾斜：北部鳌峰毓秀，山峦叠翠；东南部为缓坡丘陵；南部临湖，岛屿纵横，港湾交错。村域面积 6.5 平方千米。明洪武六年（1373），章氏及公二十世孙道瑄由遂安城南隅迁居鳌峰，村名以鳌峰山而得名鳌山村。1958 年，新安江筑坝截水成湖，全村 4 个自然村古村 100 多户农舍被淹，大量肥沃土地被淹湖底。500 多个村有的移民他乡，有的移民后靠，为中国建设做出了巨大牺牲和贡献。2013 年，通过“精品村”创建，村容村貌大大改善，“橘红鳌山·漫享山水”成为鳌山乡村旅游的金名片。2014 年，投资 3000 多万元的鳌山现代农业观光园落地，为鳌山发展插上了腾飞的翅膀。2015 年被县政府确定为“富丽乡村”示范村并被列入省历史文化村落保护利用村。2014 年，全村共有 10 个自然村，210 户 688 人，其中畲族人口 215 人。村经济总收入 3967 万元，农民人均纯收入 12253 元，村集体当年收益 10 万元。（编写：郑新发）

常青村

常青村隶属淳安县鸠坑乡，位于乡政府西部，距县城50千米，东北临千岛湖，南与梓桐镇接壤，西与安徽歙县隔山而处。因两山夹一水，源深峡窄又称细坑源。2007年，常青村由原潘家店村、树山村合并而成，全村有方店、施加门前、潘店、避暑坞、荆树坞、鸠岭山、石山7个自然

常青村村貌

村。除鸠岭山、石山分别坐落于村西南和东南两个山坳里，其他自然村依山傍水零散而建，村域总面积10.1平方千米，集居着王、洪、钱、徐、方、宋、胡等多个姓氏。村落形成于唐宋，完善于明清，老式民房均为徽派建筑风格，古寨气息浓厚，每个自然村的村口都有风景防护林。据村中老人回忆，方店村口曾经古柏参天，施家门前翠竹临风，潘店青松掩映，避暑坞香樟拥翠，荆树坞荆花献瑞，石山巨枫作屏，鸠岭山桂柏联芳。由于历史原因，现如今只有施家翠竹、避暑香樟、石山红枫抖擞依然。方店村口仅剩两株幼柏，静观沧桑，其余的都沉积在人们的记忆当中，无不令人惋惜。村民长期以来循守祖训，耕读传家，崇尚文化，尊师重教，薪火传承。“书香门第”“教师家族”名声遐迩，避暑坞村口牌坊有联赞曰：“重教兴文英贤荟萃荣朝野，耕仁播义风物传奇耀古今。”更有联赞教师

家族“一堂五校长，书香门第城乡颂；三代众园丁，德厚人家遐迩扬”。2013年，常青村入选第二批中国传统村落名录。常青村还有竹马、跳神马两项国家级非物质文化遗产和名为“鸠坑毛峰”千年原种贡茶。2014年，全村共有259户748人。村民人均纯收入9452元，村集体经济收益15.6万元。

河村村

河村村隶属淳安县威坪镇，位于县西北部的一个深山中，距离威坪镇15千米，距离千岛湖镇60千米，地形地貌以山地为主，村庄以河村溪分成东、西两岸。2007年，河村村由河村、水碓山、联盟3个村合并而成，全村面积9.9平方千米，其中村庄占地面积200亩。河村村现有户籍人口2550人，其中常住人口1400人，村有耕地1600亩，林地27541亩，水面200亩。2014年村集体收入35万元，村民人均纯收入9800元。

河村村始建于唐末宋初，至今约1200年。河村村祖先从山东出发，经南昌、龙游、青溪，最后开发河村村。河村村有两位著名历史人物，宋代的徐陟，字彦陞，子孝纪、孝友、孝恭，侄孝宁，御赐“五经先生”。明代的徐廷绶，曾任刑部主事，后任陕西副刑提，钦点一级进士。

河村村历史文化气息浓厚，内有风水建筑——樟家殿，清代古民宅3处，古桥13处，宋代古道2处，古井泉2处，古街巷8处，旗杆石2处，古戏台、古渠、古堰坝、古寺庙、古墓各1处。树龄800年赵荣公树1棵，树龄800年赵桐公树1棵。还有记载五经人物、十景图案、徐廷绶手序重修谱序的《五经徐氏宗谱》。起源于南宋年间的河村村板龙，是河村的特色文化资源。每年正月初五，河村村的男女老少会集中起来，进行板龙表演，展现河村村人民对精神文明和文化生活的强烈追求。（编写：宋德富）

宋京村

宋京村隶属淳安县汾口镇，与开化县交界，是汾口镇最偏远的行政村之一，距汾口集镇20千米，地形地貌以山地为主。

宋京村前身为宋朝时的松林庄，元初为纪念大臣礼部尚书宋大人而改名为宋京村，并建立宋庙，后将宋庙改名为松林庙，此庙至今已有800多年的历史，为县级重点文物保护单位。后更名为宋村。1981年地名普查时，为兼顾历史，又将宋村改名为宋京村。

宋京村南侧有一座小金銮殿，是一处造型独特的家庙建筑，依山坡而建，原来有前后三进，形制仿北京金銮殿但规模略小，当地人都称之为小金銮殿。

2014年，全村共有359户1258人，农民人均纯收入8866元，村集体当年收益15.31万元。全村面积12平方千米，耕地513亩，山林16000亩。

朱家村

朱家村隶属淳安县金峰乡，位于朱峰锦坑源头，离千岛湖镇22千米，村域总面积2.5平方千米。据民国《朱氏宗谱》记载，金峰乡朱家村是南宋理学家朱熹的第四代子孙朱澹为逃避元兵的迫害，从江西婺源逃到淳安锦坑源头，因见这里山峦叠翠、溪水清澈，便定居了下来，故称之为朱家村，迄今已有860多年的历史。

朱氏祠堂

村内有百米护村古城墙，有明朝皇帝朱元璋亲笔题名钦送的“紫阳世家”牌匾，有朱澹题写的“诚正堂”匾额，有“锦沙八景”——古石拱桥群、朱峰天台、朱峰庵，有坛主殿、五神殿、水碓、字纸亭、鬼世堂，有古树群、历史古道、古民居、古建筑，有县级文物保护单位——朱氏宗祠。2006年“猪头祭祖”活动被列入淳安县首批非物质文化遗产名录，2009年被列入杭州市非物质文化遗产名录。以朱家村“猪头祭祖”为载体的“金猪赐福”节目荣获“2009中国杭州千岛湖秀水节”文化踩街活动金奖。2013年，因“猪头祭祖”活动项目，朱家村被浙江省文化厅评定为省级春节文化特色地区。

朱家村先后获得浙江省卫生村、杭州市安全文明村等多项荣誉。2014年，全村共有114户354人。村民人均纯收入12421元，村集体收益7.5万元。

富泽村

富泽村隶属淳安县千岛湖镇，位于淳安东部的金竹半岛、杭千高速淡竹出口处，与国家水上运动中心相邻，06 省道沿村穿过，距县城 20 千米，地域面积 21.98 平方千米。富泽村 2007 年起由原富泽村与金竹牌村合并而成，地形地貌以山地为主，是全县唯一的少数民族（畲族）村。全村现有耕地 410 亩，山林 14556 亩。

畲族文化公园牌坊和碉楼

据村里老人回忆，中华人民共和国成立前，富泽村村庄规模并不大，后来随着中华人民共和国成立，富泽村也步入发展时期，人口和社会经济快速发展。富泽村与其他村相比，最大的特色是畲族文化。村内历史故事较多，但是疏于记载，民间流传下来的不多，村里有座“光棍”桥，述说了村民方不才仁义之道。2011 年，富泽村被列入精品村建设，2015 年被列入县“富丽乡村”示范村建设。富泽村先后获得浙江省民族团结进步小康村、省非物质文化旅游村、杭州市小康体育特色村等 20 余项荣誉称号。2011 年，富泽村被列入省历史文化村落保护利用一般村。

2014 年，全村共有 8 个村民小组，247 户 698 人，其中畲族人口 215 人，占 30%。村经济总收入 2429 万元，农民人均纯收入 14054 元，村集体当年收益 18. 6 万元。

郭村村

郭村村隶属淳安县姜家镇，位于姜家镇政府驻地北面，距县城千岛湖镇直线距离约 40 千米，是原郭村村乡政府所在地。郭村村地域面积 10.63 平方千米，其中耕地面积 1121 亩。

古民居

据考证，唐朝末年一郭姓大将及他的副手汪姓人，由于朝廷连年混战，无意为官，各自携带家人游历至此。见此地一风水宝地，从伊家坞隘口狭窄处往里，忽见该处一马平川。四面环山的圆形平地，令人豁然开朗，一条溪将偌大的平地一分为二，且西低东高。东面旗山正对广阔田野，犹如人的天然靠山。西面连岭起伏曲折，犹如一道天然屏障。两人当即在此定居，后逐渐人丁兴旺，居住地依山而建在高处，低处乃开发成千亩良田，郁川溪水滋润着这片土地，繁衍后代，一辈又一辈。北宋熙宁间中宣大夫、邑人詹安建双桂书堂于银峰之麓；淳熙二年（1175）因詹骙殿试第一，遂更名瀛山书院。南宋绍兴二十一年，詹氏家族还有很多在朝中为官，所以，进士出身的詹仪之（詹安之孙）与理学家朱熹慢慢有了交情，以后成为挚交，还邀请朱熹到瀛山书院讲学。为此，朱熹也在郭村村留下了千古绝唱《观书有感》。

2011 年，郭村村成为全县 30 个中心村培育村之一。2014 年，全村共有 618 户 1841 人。村民人均纯收入 11707 元，村集体当年收益 5 万元。

茅屏村

茅屏村隶属淳安县汾口镇，地处汾口镇东北部，龙川溪旁，距汾口镇中心 4.5 千米，距县城 59 千米，地理条件优越，历史悠久。2007 年，茅屏村由原茅屏、双联两村合并而成，汪姓居多。茅屏村以丘陵平地为主，村域面积 2.96 平方千米。

据载，村落最初形成于北宋太祖建隆年间，距今已有 1000 多年的历史。村内有较多保存完好的古民居、古厅等建筑。凭借紧靠千汾线优越的地理位置，发展生态农业与休闲旅游业相结合的农业产业园，为村民们开辟了致富新途径。2011 年茅屏村被列为杭州市中心村。2014 年起，茅屏村开启杭派民居点建设项目，将村庄的规划与建设方向进一步明确与落实，在打造风格独特、有气韵有亮点的现代富丽乡村之路上迈出了新的一步。2014 年，全村共有 351 户 1158 人。农民人均纯收入 11979 元，村集体当年收益 21.23 万元。（编写：汪爱民）

秋源村

秋源村的上西自然村隶属淳安县屏门乡，位于乡政府西北部，离乡政府12千米，村域总面积3平方千米，是一个典型的高山村、偏远村。该村因山得名，古时建村时也就因此取名为“象狮”村，今方言谐音为“上西”村。

上西村民居依山而建，聚居的是从屏门派二十一世祖高字辈月珠公次子王云公，自明嘉靖年间迁来的王羲之后裔，迄今共十七世300余年历史。全村仅200余人，一色姓王，相传为王羲之后裔为避战乱栖身于此，繁衍至今。村内有王氏宗祠、鹅字书碑。上西以瀑布群、古村落、石景奇异为特色。在以上西村为中心的方圆2千米的绿色峡谷内，因拥有九座形态各异、声若咆哮的山瀑而更名为“九咆界”。九座瀑布集聚一地，其规模和观赏性在江南一带尚属罕见，故有“江南瀑布王”之喻。整个上西村，是由溪流和瀑布贯穿的小村落，整个村庄缓坡而建，村庄、小溪、绿田层叠有序，农舍白墙黑瓦错落有致；村里古木参天，三四人方能合抱；村对面山上的大批梯田非常整齐。2006年，上西村被杭州市评为首届十佳杭州市最美丽的村庄之一，2007年3月，上西村被杭州市评为乡村旅游特色村。

上西村村貌

儒洪村

儒洪村隶属淳安县大墅镇，位于浙江省淳安县大墅镇上坊溪口。上坊溪经儒洪村汇入千岛湖。该村由原儒洪、余家店两个村合并而成，其地域面积 14.6 平方千米，是大墅镇人口第二多的村庄。该村拥有耕地面积 1028 亩，其中水田面积 965 亩，山林面积 15931 亩，毛竹面积 1714 亩，是该镇目前最大的粮食产地和茶叶产地。

儒洪村由迁江南七世祖大康公因避“安史之乱”，由京口迁往九势山下萝蔓塘，至八世祖以礼公偕次子万顷公相宅，后定居儒洪。儒洪村交通便捷、地势平坦，村民居住比较集中，有特色的传统文化风俗。每年的正月十八要闹三天，远近亲戚朋友均回村做客，村里外出务工的也基本过了十八节才出门，村里都称“赶十八”，邀请戏班子给村民送上文化大餐。2014 年，全村共有 487 户 1607 人。农民人均纯收入 13362 元，村集体当年收益 5.65 万元。（编写：余江苏）

厦山村

厦山村隶属淳安县中洲镇，位于镇政府驻地西北部，2007年由泰厦、茶山两个行政村合并而成，坐落在浙皖交界处，西与歙县狮石乡交界、北与休宁县白际乡交界。发源于白际山脉五强溪和凤凰溪构成“Y”形，将村庄分为三个自然村，古时分属浙皖两省三县管辖。由于地处浙皖要冲，元、明、清三朝曾在村内设立巡检司。

村口进德桥亭

泰厦具有千年历史，始称“大川”，徐家自然村居住大多为徐姓族人，迁居历史久远，据传已1000多年。项家自然村原属童姓居住，童姓衰落后，项氏于清嘉庆年间由始祖项士奄从休宁项家山村迁入，至今200余年。汪家村先后有叶、马、夏、朱四姓族人居住，北宋天僖己未年(1019)，汪姓始祖汪得罗从开化霞山村迁来定居，至今996年。泰厦村山水环绕，风光旖旎，物产丰富，其中绿茶、毛竹、杉木、笋干久负盛名。茶山，原由茶山、半山两个自然村构成，原名茶峰，村庄坐落在高山上，村民以方姓为主，清末族人方尚仪曾考取拨贡，并以眉寿载入民国《遂安县志》。1935年年初，方志敏、刘畴西、乐少华、粟裕、刘英等红军高级将领率中国工农红军北上抗日先遣队驻扎该村，并在该村召开中国工农红军北上抗日先遣队红十军团军政委员会紧急会议，又称“茶山会议”。

2014年被确定为县级精品村、杭州市历史文化古村落，同年，县政府在村内投资兴建中国工农红军北上抗日先遣队纪念馆。

狮古山村

狮古山村隶属淳安县浪川乡，位于浪川乡西北部，距离集镇13千米。村庄地处浙皖边境要冲，背倚牵牛岗山脉最高峰——大连岭主峰，地势北高南低，视野开阔，气候宜人。2007年，狮古山村由原狮古山、连岭、陈家3个自然村合并而成，地域面积6.3平方千米。

据史料记载，北宋初年南陈武帝陈霸先、东晋兵部尚书洪绍后代陆续于此定居，子孙繁衍至今已逾800年。古民居、古桥、古道、古树，皆为历史最好的见证。连岭古道始建于西晋五胡乱华时期，由石板铺就而成，是安徽休宁县石门乡经连岭至汾口镇龙山街“休龙古道”的一部分，历来为睦州与徽州旱路商贸往来之要道。这里曾是淳安县新民主主义革命时期中国共产党地方组织级别最高（相当于地专级）的一块游击根据地——中国共产党下浙皖特别委员会（简称下浙皖特委）所在地，领导着淳（安）、遂（安）、歙（县）三县党的工作和武装斗争，书写了一部可歌可泣的“浙西井冈”革命斗争史。连岭脚下的红军墓里还躺着35位革命英烈。狮古山村山清水秀、民风淳朴，村内尚存古驿道、石拱桥、烈士墓和其他传统民居建筑。2013年，狮古山村被列入省历史文化村落保护利用一般村，并被列入精品村建设。2014年，全村共有127户353人。村民人均纯收入11200元，村集体当年收益45万元。

王家源村

王家源村隶属淳安县文昌镇，紧挨05省道，东临桐庐县，西毗文昌镇政府所在地，南接浪洞村，北靠西河村，是个山川秀美、依山傍水的自然生态村。境内属丘陵山区，区域内山体连绵，一座座高山峻岭，常年云雾缭绕。村庄坐落在两山之间形成的一峡谷，一条王家源溪流淙淙依田傍山穿越而过，滋润着这方美丽的土地和土地上的人民。王家源村村地域面积15.88平方千米，其中耕地面积575亩，距县城千岛湖镇约27千米。

文化礼堂

据考证，王氏先祖初唐时从横山卜居丰溪，已有1500多年。丰溪为王家源的前身，主要分布有王家、塔心、丰源3个自然村，历史上数次分分合合，直到2007年，三村合并为王家源村。王家源村区位优势明显，不仅山好水好，地方特色也非常明显，村内有荷塘亭阁、百年古木，还有花猪、高山蔬菜等特色有机农产品。其中，淳安王家源花猪养殖在海拔500米的高山上，是杭州地区唯一的地方家猪品种，也是省重点保护物种。通过2011年美丽乡村精品村建设，王家源村交通条件、村民房屋、村内景观、农业基地等面貌焕然一新，并被列入省历史文化村落保护利用村。2015年，王家源村又成功被列入县“富丽乡村”培育村建设，重点加强民宿、精品水果等业态培育。2014年，全村共有10个村民小组，330户1108人。村民人均纯收入11076元，村集体当年收益7.5万元。

乌龙村

乌龙村隶属淳安县安阳乡，位于县乡政府东南部海拔 1281 米的千里岗山脉三井脚下，距千岛湖镇 45 千米，地形地貌以山地为主。全村面积 23.24 平方千米，耕地 136 亩，山林 22409 亩，是一个田少地多、生态环境优美的村落。

村落从清代形成，自祖先迁居以来，已经历了 200 多年的历史，全村以储、徐、许、钟、金等姓氏为主。直至 2007 年，原来的乌龙由乌龙行政村和桐坑源行政村合并，由乌龙庙、纸槽上、山脚栖、山岭脚等自然村组成。乌龙村气候宜人，是天然的避暑山庄，这里山清水秀、山势磅礴、瀑布飞流，是尚未开发的旅游胜地。这里有浙西罕见的原始森林，是珍稀动物的天堂，也是远近著名的生态示范村。茶叶是这里农民的支柱产业，林木是这里山民的生活之根本。2012 年，乌龙村被列入精品村建设，2015 年被列入县“富丽乡村”示范村建设。2014 年，全村共有约 100 户 330 人。农民人均纯收入 11234 元，村集体当年收益 44 万元。

登山步道

下姜村

下姜村隶属淳安县枫树岭镇，位于县西南部的一座深山中，距千岛湖镇 58 千米，地形地貌以山地为主。2007 年，下姜村由原下姜、乍碣、伊家 3 个村合并而成，全村面积 9.7 平方千米，耕地 599 亩，山林 12375 亩，森林覆盖率 97%，最高峰稻子尖海拔 1078 米。

下姜村貌

下姜村古名雅墅峡涧，宋末隶属遂安县凤林乡。据《姜氏渭水郡和天水郡宗谱》考：渭水郡姜氏在北宋末 1114 年前后从四川迁至上姜村，后部分姜氏从上姜村迁至雅水峡涧定居。据《杨氏宗谱》记载，遂安县城西杨氏德同公派下于宋宁宗时（1194—1224）迁居凤林雅墅上姜村，后迁入下姜村。天水郡姜氏明洪武初年（1368）从汾口富石坞迁入下姜村。下姜村村基似戏台形，每年正月有唱戏的习俗，八月初三还有祈祷平安的庙会活动。民间传有姜氏行侠仗义，为国捐躯的悲壮传说。村中枫林港将村分为南、北两片，房屋依山傍水而建。2001 年至今，下姜村先后成为浙江省委书记张德江、习近平、赵洪祝、夏宝龙的联系点。在历任省委书记的指导下，下姜村在美丽乡村建设中迅猛发展，成为淳安县新农村建设的排头兵，先后获得了全国创先争优先进基层党组织、全国生态家园村、浙江省先进基层党组织、杭州市先进基层党组织、浙江最美村庄等荣誉。2012 年，下姜村被列入精品村建设，2015 年又被列入县“富丽乡村”示范村建设。2014 年，全村共有 225 户 759 人。农民人均纯收入 12958 元，村集体当年收益 35 万元。

汾口村

汾口村隶属淳安县汾口镇，地处集镇西侧，武强溪旁。2007 年，汾口村由畹墅、大福基、狮朝、湖川塘四村合并而成，余姓居多，是汾口镇人口最多、社会经济水平最好的村。汾口村除湖川塘自然村地貌特征以丘陵为主外，其他均以平地为主，村域面积 4. 33 平方千米。

思成堂

宋建炎二年（1128），璜堂余氏祖先自金溪高屏迁居至遂安十二都大屋基（今汾口村大福基自然村），璜堂余氏自此发宗。余氏后代文三栋公，带领部分村民由大屋基迁居汪墅（今畹墅），后又有部分迁至湖川塘、狮朝等地。汾口村多为璜堂余氏后裔，自古人才辈出，经贸繁荣，文化底蕴深厚。村内有“思成堂”，厅堂十分壮观，距今已有 500 年历史，经过多次修缮，现为村级文化礼堂。2014 年，全村共有 712 户 2284 人。农民人均纯收入 10190 元，村集体当年收益 116. 75 万元。（编写：童庭瑞）

富阳区

蒋家村

蒋家村隶属大源镇，位于富春江南岸，富阳区东南部，距县城 10 千米。据 1940 年成书的《蒋氏宗谱》载："迁富始祖火台公，字炳如，太学生，自明初定居富阳之赵岭下，子孙聚居，遂成村落，世为蒋家门口，迄今五百余年。"至今，蒋家村已有 600 年左右历史，现蒋姓传世 26 代，人口已近 3000 人，成为闻名于富春江畔的巨族大姓。

蒋家村坐西面东，环村皆山。四季碧波的大源溪自南而北，从村口直入富春江。富阳至常绿的公路穿村而过。在《赵岭蒋氏记序》中，对村庄的自然环境有以下记述："大源山明水秀，独赵岭下形胜胜诸地。故蒋门卜居于斯。东之凤山屹立而端坐，西之亭山虎踞而龙盘，虎首回绕于其间，龙门山环抱于其后，更有珠山为其案，虎山为其御。"村庄附近，原有赵岭古道、净居晓钟、西山古迹、长春古庙、源云印月、龙门跃鱼等名胜。蒋氏宗祠，是远近闻名，保存完整的古迹。祠堂始建于清康熙二十六年（1687），后经几代人多次扩建、改建，至光绪三十年（1904）重建，规模为二进三厅，十一大开间，建筑面积 2000 余平方米，画栋雕梁，工艺水平有很高的造诣和研究价值。

东梓关村

东梓关村位于富阳区场口镇西部，地理位置独特，面临富春江，背靠小山群，上接桐庐建德，下承富阳、钱塘。东梓关村交通便利，周边旅游资源丰富，有杭千高速连接杭州和千岛湖，东有十里洋涨沙，西有十里桐州岛。目前的东梓关村由东梓和屠家两个自然村组成，行政村面积 2.77 平方千米，全村 639 户，人口 1828 人。

宋《咸淳·临安志》记载："东梓浦，在县西南五十一里，东入浙江，旧名青草浦，宋将军孙瑶葬于此，坟上梓木枝皆东靡，故以名。"据清光绪三十二年《富阳县志》记载"公元 1386 年（明洪武十九年）于东梓关设立巡检司，领逻卒为戍，因名东梓关"。

东梓关村历史渊源悠久，文化底蕴深厚，是杭州境内颇有名气的古埠名镇。民国时期东梓关村许家"十房头"是当地望族，至今村中留存的很多清末民初古建筑都是"十房头"所遗留，如郁达夫小说《东梓关》中提到的"徐家大院""春和堂"大药房，以及著名骨伤科老中医张绍富先生最初行医的安雅堂，目前正在修缮的许家六房、八房，即将进行修缮的积善堂（安吉祥南货店）。另外，村内的其他古建筑以及"官船埠"遗迹，越石庙、古驿道、姐妹山、千年古樟和富春江一起，描绘了一幅典型的江南风光长卷。

红星村

红星村地处富阳区西南部，南侧为瓜江入壶源溪口，西侧紧邻富春江，位于王洲的东面，为王洲的东入口。红星村距杭州55千米，距富阳区中心18千米，距场口镇中心2千米。村中共有农户668户，人口2041人，田地面积1260亩，山林面积3717亩。

东汉时，牧亭侯何腾始居于潜，后迁淳安，再迁富春江，以姓名村，称何家村。1956年起因设立红星高级社，改名红星村，一直沿用至今。红星村历史底蕴深厚，宗族文化保存完好，目前尚有“上何”“中何”“下何”三座宗祠，均保存完好。

这里田园风光优美，《叶氏宗谱》记载为“王洲四望皆水，平沙数十里，千家星布，万峰拱列，烟树迷离，桑麻稠密。东挹孤屿之清风，西仰双台之皎月，蛟腾赤岫而达，北辰鹤翥，桐岗而鸣，南极绕千里波光，屏四围山色，固已人在画图，身游蓬岛矣。……遗事于瓜桥，怀古刹芳音，听钟声于净土，山影空濛，间出飞帆片片，水光潋滟，引来雁阵行行，一曲渔歌频起，与数峰情韵可迎人”。近年来，红星村凭借三江两岸、场口镇“孙权故里”精品旅游线建设，抓住机遇，努力推进新农村建设。

金竺村

金竺村于2007年由原双浒、喻家湾、导岭三个自然村合并而来，地处银湖街道北面，与余杭、坑西毗邻。金竺村地形狭长，南北向进深3.5千米，东西向面宽仅200米，属于典型的山村。

村内现存古建筑共六处。一幢古民宅坐落在喻家湾自然村，兴建于19世纪10年代，建筑规模达500平方米。两座古祠堂分别坐落在导岭和下浒，均是于19世纪60年代设立，建筑规模共计750平方米。一座古戏台，搭建于20世纪60年代，隶属下浒。一座古桥横跨下浒小溪，建筑规模约有12平方米，始建于20世纪30年代。仙林洞镶嵌在洞山之内，建筑规模约420平方米，形成于18世纪10年代。村内现存古树共六棵，分别是两棵300余年的枫香，三棵230年以上的银杏，一棵200多年的红豆杉。

2012年，金竺村纸伞制作手艺被列入省级第四批非遗名录。2013年，金竺村被定为省级历史文化村落保护利用一般村。村域面积达7.24平方千米，其中村庄占地面积1070亩，耕地面积10735亩，林地面积2973亩。全村现有人口1506人，常住人口1500人，农户439户。2014年村集体收入46万元，村民人均纯收入31366元。

上村村

上村村地处富阳区西南部，坐落于美丽的富春江南岸，距杭州 50 千米，距富阳区中心 17 千米，距场口镇中心 1 千米。

上村，清代名为让村，因音讹为上村。这是一个有着 1700 多人口的大村，主要姓氏有曹、孙、徐、姜、王。曹氏于明万历元年，从安徽歙县雄村迁徙过来，三国曹魏陈思王后裔；孙氏于宋朝回迁王洲再于明朝中叶迁到上村，是孙权后裔；姜姓于明初从灵桥里山迁徙过来。中华人民共和国成立后，上村先后隶属东梓乡、东图公社、东图乡，现属场口镇。

上村曹氏，三国曹魏陈思王后裔，于万历元年（1573）随着徽商的脚步自安徽歙县雄村迁居而来。多年来，上村村还保存着完整的宗族文化，村内弄堂幽深、几幢古宅错落分布。上村曹氏宗祠是上村曹氏为纪念先祖而建，为恢宏轩敞的三进式徽派建筑。宗祠始建于明末，最早建造的是靠北的一进荫堂，经过几代人的努力，到清乾隆五十七年全部建成。祠堂里的 72 根方石柱用各种字体镌刻着楹联，讲述了曹氏家族不凡的渊源。“祀奉黄端家传孝友，节高青岱世笃忠贞”“一门显秩树唐代勋劳，三世侍中定汉廷义礼”“上溯陈思才超邺郡，再传节度望重晋阳”……一句句读来，上村曹氏的历史与文脉，自钟嵘称之为“建安之杰”，谢灵运誉之以“才高八斗”的先祖陈思王曹植以来，慢慢浸润着子孙后代的心田。

东坞山村

富阳区银湖街道东坞山村位于杭、富、余交界处，东邻杭州西湖茶村“上城埭”，北接杭州森林公园高教园区“小和山”，南面杭州野生动物世界景区，千年古道直达杭州。2008 年由原东坞山村和施家园村合并而成，全村总人口 3037 人，农户 791 户，全村辖区面积 10.48 平方千米，林地 10023 亩，园地 425 亩，水面 113 亩，耕地 1378 亩。2014 年人均收入 28658 元。村庄距杭州 11 千米，距富阳 9 千米，祝闲公路穿村而过，交通便捷，受降溪自北而南流经东坞山村，溪水长流，两岸春来柳树成荫，秋来丹桂飘香，地理和自然环境优美。

东坞山村具有深厚的文化传承，享有“中国素食文化村”之美誉。1300 多年前东坞山村是杭州佛教胜地，鼎盛时期有“九庵十三寺”之称，由此催生了享誉海内外的传统特色农产品——东坞山豆腐皮，现东坞山豆腐皮被列入省非物质文化遗产。经过 1300 多年的发展，东坞山豆腐皮从传统手工制作，逐渐向机械化生产发展，产量和质量不断提高，产品多次获得浙江省农博会金奖，生产企业多个商标被评为浙江省著名商标，产品畅销海内外，利用豆腐皮为原料加工制作的素食品有 30 多个。2010—2012 年已成功举办三届杭州东坞山素食文化节。

龙门古镇

龙门古镇地处杭州市西南 52 千米的富春江南岸，仙霞岭余脉的龙门山下。龙门古镇历史悠久，自然资源和人文资源十分丰富，自北宋起至今已有 1000 余年历史，较完整地保留了大量的明、清古建筑群。

龙门古镇四面皆山，山体连绵，重峦叠嶂。其中杏梅尖海拔 1068 米，为富阳区第一高峰，也是杭州至千岛湖沿江最高峰。内有龙门山瀑布，上下落差达 250 米，光绪《富阳县志》有“非遇暑炎冬涸，殆不可近”的记载。龙门是三国吴大帝孙权后裔最大聚居地，是中国传统的宗族文化传承体系的典型山乡古镇。中华民族巧妙的营造技术在龙门古镇众多厅堂建筑中得以展现。龙门古建筑厅堂以前拥有 100 多座，现存 47 座，古民居 150 多幢。国内外专家赞叹“神奇龙门古镇”。村内最具代表性的民俗是九月初一庙会、同年会。九月初一庙会起源于宋代，龙门孙氏后裔为纪念先祖孙钟种瓜积德而出天子孙权，后裔建造了“荫功天子庙”，并选定九月初一开庙。从此，九月初一庙会沿袭至今。

龙门是一个“中国历史文化名镇”，像这样一个历史文化丰厚的古镇，江南所罕见。杂文学家何满子题词：“来这里，读懂中国。此地为吴大帝子孙千年繁衍之地，积淀了中华民族丰厚的历史文化，仔细审察，可读懂中国。”

上臧村

上臧村位于湖源乡中部，距富阳区 40 千米，由路东和路西两个自然村合并而成，村域面积 5.75 平方千米。现有农户 197 户，人口 695 人，拥有耕地面积 420 亩，其中水田 203 亩，旱地 217 亩。2014 年村集体收入 3.6 万元，村民人均收入 16568.79 元。

上臧村背靠延绵群山，面临风景秀丽的壶源溪，坐落于群山绿水之中，自然景致得天独厚。生态环境极佳，溪流清澈见底，野生石蛙鸣叫不止，深山群鸟高歌，气候宜人、四季常青，人居环境非常优越。村内环境整洁，古树林立，是杭州市生态村。上臧村建于宋末明初，至今建村已有 700 余年，村内现存臧氏宗祠、孙家祠堂、臧家厅等多处古建筑，雕梁画栋，工艺精湛，有较高的文物价值。上臧村旧时为壶源溪十八渡的最主要渡口，具有深厚的文化底蕴。据《臧氏族谱》记载，村内有“四仙八景”，同时八景还对应有八首古诗。至今仍有“小洪宇观棋烂柯”“洪宇公骑虎上天”等传说。

杨家村

杨家村位于富阳、临安、桐庐三县（市）交界结合部。全村区域面积9.67平方千米，有11个自然村，23个村民小组，354户农户，人口有1193人。全村现有上百年古树1600余株，其中古银杏880株，有“十里古银杏”美称。夏天遒劲葱绿，秋天金黄可掬，景色宜人。近年来，这个原本名不见经传的小山村观光旅游吸引来越来越多的游客，这都源于一棵树——银杏。一到深秋，那村前屋后十里银杏黄的壮美景色吸引来无数摄影爱好者，杨家村的名声也随着无数美景照片的流传而被人们记住和关注。杨家村近年充分利用古银杏资源，做好环境资源、旅游资源开发和环境保护、可持续发展的和谐统一，在原始乡村特色、田园风貌的基础上科学开发，乡村旅游经济由此迅猛发展。

建德市

新叶村

新叶村位于浙江省建德市南部，东与兰溪市上唐村接壤，南与上吴方为邻，西枕玉华山，北靠道峰山，距 330 国道和国家级风景区“江南悬空寺”6 千米，距离著名的诸葛八卦村 8 千米。

据《玉华叶氏宗谱》记载，南宋宁宗嘉定年间（1208—1224）玉华叶氏始祖叶坤从寿昌湖岑畈（今浙江省建德市寿昌境内）入赘兰溪玉华乡白夏叶村娘舅家（当时其行政隶属兰溪县玉华乡），其后夏姓不堪土地贫瘠迁走。留下来的部分叶坤后人遂复姓叶氏，历经宋、元、明、清、民国 800 多年的漫长岁月，繁衍三十代，发展成现今 3000 多人口的古村落。中华人民共和国成立后，1951 年 7 月玉华乡规划到寿昌县管辖，改白夏叶为新叶村，寓意“万象更新”。

村里至今保留着“九宫八卦”的村落布局。整个村落依山而建，玉华山泉水缭绕全村。村内保存着 18 座古祠堂、古塔、古庙和 200 多幢明清古建筑，被誉为全国最大的“明清古建筑的露天博物馆”。其中抟云塔和文昌阁是新叶村地标性的建筑，塔名取自《庄子·逍遥游》“鲲鹏展翅九万里，抟扶摇而上者九万里”，塔、阁组合交相辉映，寓意“文运昌盛”“扶摇直上”。

2010年被列为第五批中国历史文化名村。全村村域面积为18.5平方千米，耕地面积1868亩，山林17500余亩，共有5个自然村1081户，总人口3487人。2014年村集体经济收入1.31万元，农民人均收入8600元。

陈店村

陈店村位于大慈岩镇西南部，是杭州、金华、衢州三市的交会处，紧邻诸葛八卦村、十里荷花景区。北面狮子岩地势险要，南面为砚山遥遥相对，省道（龙葛线）穿村而过，交通便捷，地理位置优越。

陈店村是个文化古村，始建于明代初期，距今有600多年历史，有浓厚的民间传说，如狮子山的传说、石人天桥的传说、砚山太子传说等，有着翻九楼等民间艺术表演。村中有古建筑一厅三祠堂，属国家历史建筑重点保护文物，有传说中大禹治洪水古建筑——独特完整的禹王庙，是国家级文物保护单位，其东边有三根连环古樟树，有着几百年历史。

陈店村登保堂

全村村域面积3.92平方千米，耕地面积1525.5亩，山林2686亩，人均耕地0.93亩，共有5个自然村，户数495户，总人口1575人。2014年农村经济总收入10638.86万元，农民人均收入12670元。该村曾被评为建德市优势特色农业产业（莲子）强村、杭州市卫生村、杭州市文明村。

大坞村

大慈岩大坞自然村隶属建德市，位于建德市南面25千米处，处于建德、兰溪、龙游三市（县）交界地，坐落在风景秀美的大慈岩景区脚下。2014年年末，大坞自然村有220户，耕地413亩，村民人均纯收入12379万元，村集体当年收入30万元。

元朝年间，兰溪孤塘畈村始祖青睐此风水宝地而身后安葬于此。公元1277年孤塘畈光泽公，号芝山，贤良孝顺，举家居住大坞守墓，成大坞清派第一世祖，至今已有735年历史。大坞方氏系周旁邻地区望族之一。

大坞自然村至今仍保留着完整的明、清、民国时期古建筑民居15幢，目前已经修缮了部分。方氏宗族历史悠久，文化内涵深厚，人杰地灵。大坞村历来以“爱国敬业，明伦正学”的族风和“弘扬祖德，耀国荣族”为主旨，始终贯穿着同族一家的理念，使很多的历史文化得以传承。一部700多年的《方氏宗谱》，记载着方氏家族沧海桑田。至今村居住有800多人口，保存完好建筑有两处厅堂——“墩睦堂”“墩庆堂”，一座寺庙——乌龙庙，民宅十几处，部分民宅已被列为全国重点保护文物。非物质文化有每年八月十五的清洁戏、正月十五的清洁灯等。村风文明，邻里和谐，勤劳善良的大坞人一直延续着祖德，“贻孝悌，明人伦”。

李村村

李村村位于建德市南部，大慈岩镇东面的玉华山脚。东靠芝堰、黄店镇，南与兰溪市永昌街道相邻，西至大慈岩镇，东至诸葛、志棠，北背倚玉华山，偏西邻“江南悬空寺”大慈岩景区。整个村被玉华山脉和大慈岩山脉环抱着。

李村村始建于宋太宗雍熙三年（986），至今已有1000多年历史。李氏已传四十四代，有子孙3000余人。他们避开了战乱灾祸，一直保持着血缘的聚落，繁衍成一个巨大的宗族。李村村由于历史上较少受到战乱的侵袭，也未过多受到经济发展的冲击，村落原始形态仍保存完好。

李村村是浙江省内保存较完整的古代血缘聚落建筑群之一。现存有明清古民居建筑280多幢。还有殿、庵、庙及祠堂、厅堂、房厅、私房、私厅等10多座庞大的古建筑。李村村整个建筑群坐落在整个村落，讲究阴阳八卦。村落呈虎踞之势，以一本堂作虎头，宗祠大门如虎口，街路中石板出村北，形似脊椎，出村道路通白山殿作虎尾，两旁大小巷弄即像斑虎纹图。村中厅堂分三垣（紫微、太微、天市）星象，内脏为肝、心、脾、肺、肾、肠、胃、胆，亦含八卦之诸象。村内由南至北三条主干路，形似八卦的离卦。村南由关帝庙、小武当二庙镇驻水口，作宝瑞辟邪和挡虎之用，村北的白山殿负责护虎之责。李村村群峰环抱、溪水长流，整个村落布局呈虎踞龙盘之势。

2013 年，李村村被列为浙江省历史文化古村落，2014 年被列为全国第三批文化古村落。2014 年，全村人口有 3117 人，共 995 户，耕地面积 2043. 5 亩，村民人均纯收入 9600 元。

麻车岗村

三元村麻车岗自然村隶属建德市大慈岩镇，位于镇区的中东部。

麻车岗村原名为上金刘村，唐姓家族是兰溪市三泉村将士唐良嗣后裔。南宋灭亡，元朝统治，元主帅招降，良嗣拒绝，后战死在仙霞岭，其遗体被当地人民送回故里，安葬在三泉村麻车岗山，其家人为避元兵追杀，携子嗣从兰溪逃亡至严州府寿昌上金刘村，改唐姓为刘姓。明万历二年刘廷育（唐廷育）任江西瑞州府教授，由恩贡进京科选，留宫教太子书，于万历七年上疏请归本宗，正月二十吏部复准奉旨改复唐姓，并以始祖唐良嗣安葬地麻车岗为村名，改上金村为麻车岗村。

麻车岗村坐北朝南，是典型的风水宝地，过去有“乌石朝山，邓宅水口，麻车岗来拢”之说。村庄形成较早，以“东鲁世家”总厅为中心，格局始终未变，村中古建筑含住宅、祠堂、庙宇、水池，还有古樟树等，明代特征较为突出。村中总厅绍芳堂建于明嘉靖乙卯年（1555），一直作为唐氏宗祠，该建筑坐北朝南，占地 417.5 平方米，格局规整，保存较好，用材粗大，做工考究，具有很高的历史、艺术和科学价值。

济美堂为唐氏厅，为清早期建筑，建筑坐西朝东，占地 111.8 平方米，建筑内部格局不完整，原为二进，第一进于“文化大革命”时期被毁，现仅存香火堂，为二层砖木结构，硬山顶，两阔三间，进深四柱三间七檩，雕刻精细、生动。该建筑年代较早，内部装修较好。村中有两座庙宇晏公庙和拱青庵都建于明代，二进三间，格局完整。

2014 年年末，全村有 220 户，耕地 575 亩，村民人均纯收入 1.1 万元，村集体当年收入 0.65 万元。

上吴方村

上吴方村位于建德市西南部，历史上属兰溪市管辖，1951 年 7 月划入寿昌，1958 年 11 月并入建德。其地理位置恰在杭州、金华、衢州三地区（亦即金、衢、严三府）交会处，属浙西山区与浙中盆地的过渡地带。距离镇政府 6 千米，西靠玉华山，东、北与新叶村相连，南接李村村，海拔约 84 米。村域总面积 1.94 平方千米。

据《双溪玉华方氏宗谱》记载："明朝洪武初年，始祖方昊，字元明，自后宅（兰溪下方属地）与玉华吴氏行馆甥之礼与吴氏通婚，因而家焉。今吴氏邱墟，方氏蕃衍，名曰上方。"后中间加一"吴"字，以示不忘其初之意，上吴方由此而得名。

村内保存有较完整的古民居建筑群，有 165 座明、清、民国的古建筑，建筑类型多，结构完整，布局合理，祠堂建筑前大多建有水塘，其中保存较好的有 38 座，包括庙、私塾、厅堂、民居等。祠堂建筑就有 6 座，分别为方正堂、衍庆堂、三乐堂、尚志堂、世美堂、许德堂。有迷宫建筑（俗称长弄堂），始建于明代，弄堂长 47.5 米，宽 1 米左右，九门槛、八八六十四道门，家家相同、户户相连，村内核心区保留原有的历史风貌。村落自明天启七年即有的清明灯会，后至崇祯九年为了纪念先祖方储改为正月二十灯会，内容丰富，有婺剧演出，祭祖迎神仪式，舞狮子、布龙、板凳龙等。

2011 年，上吴方村被浙江省人民政府公布为第六批省级文物保护单位，2014 年 11 月被列入第三批中国传统村落名录。

高桥村

高桥村位于建德市西部，全村占地面积6.18平方千米，人口953人，有畲、汉两个民族，其中畲族人口330余人，是建德市最大的民族村。全村有耕地面积650亩，山林面积5500多亩，村民纯收入14000余元。

高桥村因桥而得名，高桥从清水塘流下有一条小河，传说原小河上有一条很高的石拱桥，过此桥“文官要下轿，武官要下马”，就因为这座石桥故名叫高桥。

高桥村原名高桥庄，以前以郑姓为主，原来人丁兴旺、人才辈出，元宋朝曾出过18位进士。现有记载，传说因李家新桥出天子，当朝皇帝追杀天子，误把高桥当新桥，古村落被抄。现有更鼓楼等古村落遗址，有省级文物保护三处。吴山寺“百步阶”，建于1836年，当时香客进山朝拜而造，“百步阶”因青石条砌成，古朴美观，人们沿“百步阶”拾级而上就到了“至胜桥”。“至胜桥”与“百步阶”同年建造，是一座古老的小石拱桥，桥下流水潺潺，山涧小溪有美丽的石斑鱼，还有娃娃鱼、石蛙等原始的野生小动物。清水塘山民古居前有600多年的古枫树两棵，属省重点古树保护对象，古树需六七个大人才能合抱过来，干活的山民可以在树下乘凉休息。“转弯桥”建于嘉庆二十四年，是一座石拱桥，现保存完好，见证了200多年的历史，有碑记为证。吴山寺遗址，有碑为证，建于1836年。

甘溪村

甘溪村地处建德市中部、更楼街道东面，整个村庄群山环抱、秀水环绕，风光十分秀丽。村庄北倚铜岩，南朝梅岭；村口左为象山，右为狮山；村前有一条小溪，古名龙溪，现名甘溪，发源于岩峒山龙门里，经洪宅、甘溪、湖岑畈等村，至更楼汇入寿昌江。

根据《龙溪方氏家谱》记载，鼎盛时期的甘溪村共有30余座厅堂，由于历史上受战乱影响，尤其是太平天国后期战乱侵袭和“文化大革命”运动的破坏，甘溪村古建筑遭到严重损毁，现存有明、清、民国古建筑共七处，除总祠敦睦堂外，还有中立堂、承恩堂、遗贤堂等，保存较为完好。

敦睦堂建于民国十年，一直作为方氏家族供奉祖先和村民重大活动的主要场所。建筑坐北朝南，占地面积480平方米，共三进，传统砖木混合结构。2010年被建德市列入重点文物保护单位。

中立堂、承恩堂等古建筑均是雕梁画栋，建筑装修精致，中立堂院内有两株千年古树，记录了甘溪村的岁月沧桑。2010年，中立堂被建德市人民政府列入市级文物保护单位，承恩堂等五处古建筑被建德市人民政府列为历史建筑。村庄后山有古墓一座，为龙溪方氏先祖祐五公墓。宋宣和五年（1123）方姓祖先祐五公从淳安迁入建邑龙溪。2010年，该墓列入建德市市级文物保护单位。村水口外小溪上有古桥一座，名集贤桥，又名新桥。据《建德县志》记载：新桥，在龙溪村西三里，嘉庆十八年（1813）重修，2010年被列入建德市市级文物保护单位。

大店口村

大店口村位于建德市航头镇西南部，属浙西山地丘陵地区，离镇中心9千米，离县城32千米。大店口村现由大店口、曲斗、武口、八鼓桥自然村组成。元代以前就有姓方的和姓翁的居民在此居住，名叫方翁塘，后来有从江西、福建迁入的李、黄、王、邵等姓氏居民定居于此，繁衍生息。

大店口村历史悠久，据《寿昌县志》记载，历史上寿昌境内的乌龙溪上有四座古桥坐落在大店口，从上游到下游分别是梅川桥、曲斗桥、鸡公桥和八鼓桥，其中梅川桥和曲斗桥还保存或部分保存着古貌，鸡公桥和八鼓桥则完全被现代化新桥所代替。曲斗桥刻满历史的沧桑，经过800多年的河水冲蚀和风雨洗礼，如今仍坚实牢固，供行人通行，是建德市保存为数不多，且年代久远的古桥之一。在村中有六棵三人合抱粗的樟树，已逾500年。还有保存完好的200多年的吴氏祠堂。2010年，大店口村被列为建德市文物保护单位。2014年年末，全村有910户，人口3216人，耕地2512亩，村民人均纯收入14895元，村集体当年收入11.03万元。

珏塘村

珏塘村位于建德市航头镇南部，距镇政府驻地 17 千米。东与龙游交界，西临大同镇，北与乌龙村衔接，南靠千源村，处于建德、龙游两县交界处。2007 年 7 月由珏塘、梅岭两村合并而成。2014 年年末，全村有 650 户，耕地面积 2050 亩，村民人均纯收入 12000 元，村集体收入 3 万元。

珏塘村历史悠久，村中翁氏家族自唐代便居于此。鼻祖翁洮自唐僖宗年间光启三年柳批榜进士第隐居在珏塘。进士之牌高学位影响珏塘村的世世代代，祖祖孙孙。谢绝皇帝高官之聘的气势影响着珏塘历代祖孙，激励着千秋万代。世祖乐乎田园山野，诺诺吟诗赋，创办书院，鼓励着珏塘村民。自古至今“日出而作，日落而息”，鸡鸣即起，挑灯奋读的精神，深受周边县、乡村的称赞。珏塘村的古代深受宫廷赏识，唐僖宗年间就授珏塘村为第一粮仓，皇帝极其高兴地将“六叶风车、尖底铜鼓、正方胡同”赏赐给珏塘。

村前一条小溪自北向东南流过村南，进入龙游县城。村中街巷以一条东北至西南的街道为主要骨架，构成东北至西南为主，向西北至东南延伸的村落巷系统。所有街巷均以青石铺地。古建筑为木结构，砖墙维护，木雕、石雕、砖雕丰富多彩，巷道、溪流建筑布局相宜。村落原始形态保存较好，始终保持着历史发展的真实性和完整性，现保存较好的古民居 14 栋、古桥 3 座、古井 8 处、古寺庙 3 处，有 12 栋古建筑已被列入建德市农村历史建筑保护名录。

乌石村

乌石村隶属建德市，位于建德市寿昌镇南郊，与大慈岩风景名胜区相邻，铁路金岭线和330国道穿越村口，地处丘陵地带。

乌石村原名叫乌冈村，为传承数块奇异巨石之美丽传说而改为乌石村。唐开元年间，徐富（唐神龙年间，为山河节度使）之子徐绍从兰溪西乡古塘迁居寿昌乌石村，为建德徐姓之始迁祖，也是主要集居地，后有杨姓等少数姓氏迁入集居。

乌石村素有“七堆八景”之称，村东“慈岩捧日”巨大奇石点缀，形状奇观，曰“金果盒”“伏狮头”，且有许多美丽的传说故事；南对笔架山，山脚河道，河水长流不息；西“顺岭关风”即为村口。百年古樟，根深叶茂；北靠宅旺山，一棵古银杏，四季调色，冬天坚韧挺拔，夏季葱郁成荫，秋天金果满株。岁首争相报春。村庄内部布局至今仍保留着传统风水学结构阵型。东西、南北小巷弄连接整个村子。目前还保留着50多幢明清及民国时期的古建筑民居。“紫薇第”“方伯第”“书香奕世”已有800多年历史。西南面一座“进士”牌楼，是乌石村传统村落的标志之一。村中两条小溪形如两支神笔搭至笔架山之上，一口古井形似砚台，周边河道、池塘、古树，前后青山呼应，把整个村庄装扮得绚丽多姿，如一幅山清水秀图。2005年，“紫薇第”“方伯第”祠堂被列入市文物保护单位。2014年，全村有312户，耕地688亩，村集体收入7万元。

乌祥村

三都镇乌祥村位于建德市东部，在梅梓线（梅城—梓州）25千米处，属建德的东大门，距三都集镇约20千米，占地面积10.98平方千米，共有耕地面积680亩，山林面积13000余亩。辖8个自然村，村民小组18个，387户，总人口1254人。

乌祥村以王姓为主，来自义乌。相传，其先祖自南京流落到义乌，因父亡无钱安葬，乌鸦衔泥帮助掩埋。为此，乌鸦之嘴受伤出血，乡人感怜，故名县曰乌伤，后改为义乌（见《太平御览·州郡》与《十道志》）。明末清初，王氏子孙从义乌迁往此地，为纪念义乌，也以乌伤名村。后雅化为乌祥，但老辈人口语仍叫乌伤（wūshánɡ）。

乌祥村历史悠久、人杰地灵、生态环境优美。迹以名传，这里是革命烈士蒋治、周水林同志的故乡，完整地保留着革命烈士蒋治（1910—1940）的故居和墓园，还有清末宣统元年（1909）进士王斯桢旧宅和王氏祠堂等历史建筑。

丰和村

下涯镇丰和村位于建德东面，距离下涯镇15千米，东与梅城接壤，西接马目村，区域面积约3平方千米，02省道从东到西贯穿全村。其自然村孙家村为建德侯孙韶的后裔在五代时由梅城迁居此地，故该村以孙家命名。该村四周群山怀抱，小溪从西向北汇入新安江。村落沿溪流方向而建，南高北低，错落有致，所有街巷均以青石铺地，古韵悠长。

村中现仍保有孙家祠堂，门楣上书“汉富春治”四字。村口有千年古樟，过“度溪桥”可达建德侯庙，庙殿正中供奉着孙膑、孙武、孙韶三座塑像。孙家村每年农历九月廿三，都要举行建德侯孙韶的祭祀大典。逢十年的祭祀更加隆重，村民会请剧团到村祠堂来演出。每年农历正月十四至十六都要擎舞牌灯，以显示孙姓先人建功之德的无上荣耀和人丁兴旺之强盛愿望。牌灯的灯体骨架采用硬木制成，上部呈长方形，高45厘米，宽50厘米，深30厘米；底板分立三枚粗大铁钉，插蜡烛用。灯架的下部为一手柄，长约128厘米，可擎可舞。灯框两边各有四根方木相连，外糊绵纸，涂上羊油。灯箱外画上梅兰竹菊、瑞兽锦鸡、花鸟虫鱼、亭台楼阁等图案，写上风调雨顺、国泰民安、五谷丰登、家和业兴等吉利词语。如遇紧急情况，整个灯架可作武器用。曾有一套牌灯演化的民间武术，或单人或双人、多人，抢人眼球，场面震撼。全村有18个村民小组，2709人。2014年村经济总收入23026万元，人均收入11037元。

于合村

于合村隶属建德市更楼街道，地处建德中部，建德城区南段，距市中心10千米，南距寿昌镇5千米。村东西长4千米，南北宽2千米。

据《寿昌县志》载，三国时属新昌，晋朝归寿昌县，先民在1700多年前就已在此生产、生活。据各姓家谱记载，郑家弄郑氏于元朝（约1319）由安徽绩溪迁居于合破塘湾，后在郑家弄造屋建祠堂，已近700年。邵氏亦与东阳郑氏先后住居于合。其后，新街叶氏，由寿昌县衙前照墙后的新街迁至原于合对面金鹅山麓塘源口，即现在的新街自然村。海塘陈氏的一支于明朝万历年间（约1588）迁居于合。蔡氏则于清同治七年（1855）由东阳西溪迁入。另有徐氏、东阳郑氏、东阳周氏、畲族钟、雷、蓝等姓氏陆续定居于合、新街、桐子源。

于合村有两口古井，一口是在郑家弄，另一口是上新屋叶氏古井。有黄连昌户古宅，该宅始建于清末，结构为砖木结构，占地180平方米，有二进二搭厢，一个天井，天井的牛腿上雕刻的人物兽画栩栩如生，是目前于合村保存比较好的古宅，已被列入县级文物保护单位。其余传统民居，多为砖木结构，各有特色，均代表了各时期的不同建筑风格。叶氏祠堂位于新街自然村，建筑坐北朝南，占地120平方米，一直是叶氏供奉祖先牌位的场所，祠堂是砖木结构，始建于明朝，重修于民国时期，2013年翻修。

章家村

章家村隶属建德市大洋镇，位于镇南白章线道路西侧，与兰溪市接壤。章家村独姓章氏，章氏二十三世裔孙“鍊”行恭字坚仲号鲁云，于1553年从兰溪渡渎迁居，至今近500年，是建、兰两县的望族之乡。历史上三世之祖章仔钧，唐、晋时为当朝太傅，元、明朝有翰林院编修礼部尚书、太子少保章懋，清朝时《唐诗三百首》注疏本作者章燮。

现存章家村的清朝古建筑“章燮故居”，占地2000余平方米，是建德市重点文物保护项目，内有石柱10余根，题“道德系身心不必论穷通二字，馨香格天地却当求孝弟两端”“创业维艰祖父备尝辛苦，守成不易子孙宜戒奢华”。“章氏新厅”占地800平方米，内有天进、石柱。“王家宗祠”占地1000平方米，内有天进、戏台，石柱10多根，有高、低两层。其外，还有五白源黄氏家祠、荷花塘居家堂楼等古建筑。五白殿古桥、荷花樟树至今已有300余年。全村现有676户，2358人，耕地面积1700亩，村民人均收入15000元，村集体收入5万元。

双泉村

双泉村地处杭州、金华、衢州三地交界处，位于建德市西南部，是诸葛后裔第48代聚居地，较之兰溪诸葛八卦村双泉太极早140余年，为诸葛后裔南迁最早村之一。村口太极塘，形如鱼状，原太极塘周围有7棵古樟树、1棵古枫树。区域生态良好，青山绿水，荷田连绵十里，村周围五座小山坡辐射而出，形如五马，称“五马归槽”。村内有三分之二的人为诸葛后裔，三分之一为鲁肃后裔。村中一条太极沟，有两个祠堂距太极沟方向相反、距离相等，两个祠堂为太极鱼眼。几百年来，诸葛后裔和鲁肃后裔生息于此，安逸而富足，留下了许多古建筑和文献资料。村中有镇村三宝，分别是明代《诸葛家谱》《诸葛氏六支图》《送沐阳判簿诸葛君之任序》。双泉村形成了深厚的文化底蕴，有“宁静致远、淡泊明志”的家族修养。

双泉村因村后狮山奔涌不息的泉水而得名。泉水不仅供村民饮用，还灌溉着千亩莲田，独特的养分培育出了驰名中外的双泉白莲。赏荷、采莲、垂钓、品尝莲子系列的农家菜，已成为双泉独有的旅游品牌，双泉因此而入选“杭州市快乐乡村游”“浙江省最美丽乡村游”名录。2014年双泉村畲歌被评为全国优秀作品。目前全村有206户，耕地面积596亩，山林面积2020亩，村民人均收入12093元。

檀村村

大慈岩镇檀村行政村樟宅坞自然村位于檀村村东北面，距大慈岩镇政府2千米，距全国最大露天明清建筑博物馆——新叶古村3千米，位于4A级风景旅游区——大慈岩的背面。东与三元村（麻车岗自然村）毗邻，西与檀村自然村相连，北接本村童宅坞自然村，属大慈岩山脉的中段，整个村庄坐北朝南。山体多为碳酸和花岗岩结构。这里属亚热带中部季风湿润性气候，年平均气温为17.7摄氏度，平均年降水量1497毫米，动植物资源丰富。村落三面环山，处在大青山、菇元山下盆地，三面环山呈畚斗形状，光照充足，水系自西北流向东南，流经村落右侧，清澈见底，山峦叠翠，山清水秀，景色宜人，田园风光十分美丽。

该村以汪姓为主，祖先立言公来自安徽省歙县，当时立言公到宁波慈溪任职时途经此地，见此地山水甚好，山清水秀，于元代1312年迁居此地繁衍生息，形成村落，至今已有700余年。村落传统建筑主要集中在敬承堂区块，与崇义堂族厅构成了一个比较完整的建筑整体，其中敬承堂建筑质量优良，工艺独特，保存完好，格局特殊，门面砖雕精细别致，具有很高的工艺美学价值，内部传统木雕精细讲究，为建德市少见，为典型的清中期建筑。

诸家村

诸家村隶属建德市李家镇，位于李家镇的东边，是李家镇的东大门。全村现有农村人口1470人，453户，10个村民小组，7个自然村，耕地面积1050余亩，山林面积1230亩，区域面积3600余亩，人均年收入16700余元。

在历史上，早先诸家一带住的是童姓人氏，因此叫童村。后来，有夏姓人氏的叶姓人氏迁入，而童姓人则渐渐减少，直至绝嗣，但地名仍旧叫童村。直到诸葛姓氏从兰溪诸葛迁入，地名才由童村改为诸家。夏姓人的祖上是福建邵武，先是迁到石鼓，然后分迁到诸家；叶姓人氏则奉南宋新安郡侯“忠简公”叶义问为祖。现在的诸家是夏、叶、诸葛三大姓并居，间有其他姓氏，且各姓都建有自己的祠堂，为本家族的祭祀、议事之处，编有本族的家谱为传世之宝。

每年的正月里，从初一到十五都要舞断龙，“诸家断龙”已有千年历史。相传断龙原本是龙王的第八子，因违犯天条，被玉帝斩为九截，落在诸家。因龙身分成九截，所以在很狭窄的地方也可以穿梭自如，和其他的桥灯、彩龙相比，可以更加方便地在农家的院子里舞动。舞断龙比舞其他龙难度更大，有很多惊险的动作，比如翻跟头、倒挂，所以参加舞龙的大多是青壮年。据了解，“李家断龙”一共有九大套路72种动作，串梅花、穿龙衣、鲤鱼跳龙门、五福呈祥、青龙脱壳、盘龙绕八字、老虎探腰，还能表演排字，排字是用龙身排出“人丁千口”“一本万利”“开门大吉”“天下太平”等字形。

里叶村

里叶村隶属寿昌县，寿昌撤县后并入建德市。里叶村地处建德、兰溪、龙游三市（县）交界处，属于浙江西丘陵地带。绝大多数村民均为始祖叶籐公的后裔。

据载，宋度宗咸淳四年（1268）寿昌新亭畈人叶籐公因爱砚山北面风景优美，故迁居于此，繁衍生息。现在村中叶姓嫡裔有1600余人。村后丘陵诸山坡，构成了堪舆认定为“飞凤形”。因此，在村庄谋划上限制南北，因两方予以限制，而逐步向东、西两向延伸，目的在于使村庄这只“雏凤”的双翅向外伸展，在凤凰妈妈的羽翼庇护下茁壮成长，向北展翅翱翔。

自始祖手创里叶村起，即在农田种植白莲。由于灌溉的水源是富有矿物质的泉水，而土壤亦富有被莲荷吸收的矿物质。因此，里叶白莲的质地远胜于其他各地出产的同类产品。也正因此，从宋末起，历代以来均成为皇家钦定的贡品，现在已成为中国莲子的名牌产品。1929年就获浙江省西博会金奖；2010 年起连续六年获浙江省农博会金奖；2000 年起每年七月份均举办“里叶十里荷花节”，并由建德市旅游局列为“里叶十里荷花景点”。里叶白莲 2010 年被定为“国家地理标志保护产品”，被国家农业部认定为无公害基地、绿色产品。

寿峰村

三都镇寿峰村由里钱、里陈、里屋和西塘等自然村组成，位于三都镇东南方，在三下线（三都—下陈）支线里里线（里周—里陈）上，因村中寿峰山得名。寿峰山又名售峰山、肇峰山、石峰山，海拔957.3米，为建德东部最高山，山峦层叠，峻拔云霄，是建德市与浦江县、兰溪市界山。站在山顶，东可观浦江城关，南西可眺兰溪市区，西北可观建德梅城，有“越中第一秀”之美称。

寿峰村有大片野生香榧林，附近拥有百年以上榧树7000余株。寿峰村是个名副其实的长寿村，拥有80岁以上老人50多人，90岁以上老人10余人，最高寿的已经97岁。

寿峰里陈自然村古民居规模较大，保存得比较完好，全村透着浓浓的古韵。里陈建村于明洪武年间，距今670余年。里陈村由于地理位置较为闭塞，得幸保存有较为完善的古建群。村中拥有陈氏宗祠、里屋陈氏宗祠、星聚堂、上屋厅、里屋厅、蒋侯王府（庙宇）、三皇公庙、太师殿等古建筑及万年桥、高升桥、丰乐桥、永济桥等古桥梁，同时拥有建德市最大的村级大会堂——里陈大会堂。村庄按照九宫八卦设计，房屋密集，巷道狭小，高低错落，排布有致。

临安市

河桥村

河桥村隶属河桥镇，位于临安西南，距市中心 50 千米。2014 年，全村 1118 户，人口 3138 人，耕地 1237 亩，村民人均收入 1.6 万元。河桥村是柳溪江漂流风景区。

河桥村因河因桥众多起名，历史上为昌化县五都，村址下源栗树溪，明嘉靖年间逐渐迁移至河桥老街，街长千米，宽 5 米，沿溪而筑，东西城门，条石铺街，下设太平沟，南、北两面现存清末民初徽式建筑近百幢，雕梁画栋，青瓦白墙，明堂天井，马头墙，木排门，有祠堂、教堂、药店、茶坊、酒肆、盐店、戏台等古建筑。

河桥历史文化积淀深厚，村里每年农历十月十二举行庙会，起源于五代，是河桥百姓为纪念钱镠将柯宁在河桥治水之功绩而发起，每逢闰年元宵，要举行灯会活动，有龙灯、鱼灯、马灯数支队伍。

河桥村还是浙西军事战略要地，历经洪杨革命、抗日战争、解放战争。抗战期间，浙西民俗日报曾刊文“抗战起至卢沟桥，结束在河桥”。

2000 年，河桥老街被列入省级文化保护区，2011 年，河桥村荣获浙江省卫生村、杭州市示范村、临安市精品村称号。

岛石村

岛石村隶属临安市岛石镇，位于浙江临安西部山区，浙西大峡谷以西，18 省道穿村而过，海拔 475 米，村域面积 9. 69 平方千米。南宋咸淳年间（ 1265—1274 ）属昌化县玉山乡，明、清时期岛石庄和丰隆庄属玉山乡十二都，民国初属昌北乡。1950 年为岛石乡岛石、舒家村，太平乡丰裕村。2007 年六村合并为岛石村，辖 15 个自然村。

村以居地岛石坞（又名岛石湖）得名。据《昌化县志》载原名岛石坞，别名岛石湖。仁里溪、黄川溪在此汇合。三面临水，一石隆起，形似半岛，故名。四周崇山，中为盆地，称岛石坞。又因山区缺水，常有呼陆为水者，山坑称川，山坞称湖，亦称岛石湖。胡氏从安徽黄墩迁居，有千余年。

2014 年年末，全村有农户 836 户，人口 2285 人，耕地 987. 8 亩，村民人均纯收入 18319 元，村集体经济收入 89. 15 万元。山林总面积 8419 亩，其中山核桃林地面积约 6700 亩，占山林总面积的 80%。（编写：帅军武）

后渚村

后渚村位于临安市於潜镇北，由后渚、鹤村（2007）合并而成。全村有21个村民小组，567户，总人口1683人，村民人均年收入达19850元。后渚村狮子山中有2004年恢复重建的古寺化田寺，山顶有革命烈士纪念碑（市重点保护文物），山脚下有竹笋销售市场。从后渚桥南沿天目溪往东三四里的鹤村有文化礼堂和“民族日报社”纪念馆。

於潜镇在距今2100多年的西汉时就设县，唐代设潜洲，是连接浙皖的要邑。古时候，皇上的圣旨要经过安徽宁国，越千秋光沿於宁古道到达潜洲。州县官须出北门过天目溪到桥头恭候圣旨。因此，这座桥就叫“候旨桥”，桥边的村庄也以桥得名。几经变迁，据其谐音，这个村就定名为“后渚村”。过去，后渚村以桥得名。后渚村是抗日战争时期“民族日报社”所在地。

后渚村先后荣获临安市卫生先进村、科普示范村、农民增收先进村、市信用村以及杭州市生态村、文明村等荣誉称号。现被列入浙江省历史文化村落。

呼日村

呼日村隶属临安市岛石镇，位于浙江临安西部山区，华光潭水库上游。东南邻浙西大峡谷，西临绩溪，北靠安徽宁国，海拔440米，是中国山核桃第一镇的门户，浙西世外桃源的源头，自然条件得天独厚。

据传，呼日村昔有水塘，被称为黄泥塘，后来雅称为呼日塘。因山高谷深，日照时间短，村民盼望太阳，呼唤日出，故名呼日。

呼日村在第三次全国文物普查中录入名录的不可移动文物有株川古民居群、株川高氏宗祠、龙山双溪社庙、帅锦承等合葬墓4处，其中株川古民居群、龙山双溪社庙分别于2006年和2012年被列为临安市级文保点。2007年浙江省非物质文化遗产普查中，呼日村录入民间文学、民间音乐、民间舞蹈、岁令时节、人生礼俗等类别普查条目25项。

呼日村村庄总面积7.4平方千米，总户数415，总人口1096人，耕地面积90.43亩，村民人均纯收入12002元，村集体当年经济总收入21.25万元。

华光潭村

华光潭村隶属临安市，位于临安市龙岗镇境内，村庄依国家中型电站华光潭水库而居，坐落在华东第一大峡谷浙西大峡谷境内，依山傍水，生态优越，18 省道经村而过，还有华浪线、鱼坞线、前车线等村道，以及兔川和坞口的两座悬索桥相连接。移民新村整齐亮丽，村里道路硬化、路灯亮化、环境美化、卫生洁化。

明朝，徐、方、凌、汪姓祖先先后从浙江的淳安和安徽的屯溪、绩溪迁徙到此，以各姓独立成村，现在的华光潭村由原来的坞口、兔川、车阓寺和石浪 4 个行政村合并而成。

华光潭村荣获浙江省文明村、杭州市文明村、卫生村和全面建设小康社会示范村等荣誉称号，是临安市文明村、文化村、文明富裕村、重点村。2014 年年末，有户籍 325 户，人口 812 人，耕地 551 亩，村民人均纯收入 17937 元，村集体当年收入 35.4 万元。

锦绣村

临安市玲珑街道锦绣村位于临安西南方，距离市区6千米，区域面积11.63万平方千米，2006年全市进行村规模调整后，新锦绣村由原锦秀、姚家、殷家三村合并。村地域狭长，以玲殷公路为终点，两山夹溪，修竹参天，村落沿山垄分布，村庄以山地为主。全村有16个村民小组，人口2288人。2014年村集体可支配收入60.9万元，农民人均收入17567元。

锦绣因境内锦秀亭而得名。锦绣有8个自然村，耕地918亩，毛竹山近万亩。村内有一廊桥——永乐桥，南北向横跨姚家溪，木结构，桥两侧面两根圆木搁于溪岸，圆木上横铺木板作桥面，上建桥亭，面阔一间，进深四柱三间，三檩，顶盖小青瓦，左、右两侧设栏杆，长凳，全长11米，桥面宽4米，桥北端置重修碑，阴刻“永乐桥”“清道光二年重修”。该桥整体保存完整，2006年被公布为临安市文物保护点。村内有多处清晚期、民国时期古宅，保存较好，且有村民居住。整个锦绣村地势狭长，沿公路依山而建，居住分散，地势起伏不大，风景壮丽，植被完好。

浪广村

清凉峰镇浪广村坐落于临安市西部海拔 800 米的山区，东靠海拔 1400 米的太子尖，南临清凉峰国家级自然保护区，西邻浙川村，北与安徽绩溪县荆州乡隔山相连。四面环山，环境优美，村风淳朴。村口三棵 180 年的大柳杉与具有徽派建筑风格的水口庙相对而立。根据《昌化县志》记载：由于与安徽绩溪县荆州乡接壤的浪岗岭远眺形似海浪而得名浪岗，后因浪岗与浪广谐音渐演变为浪广。

浪广村行政区域面积 5.9 平方千米，其中耕地 500 亩，山林 6876 亩，水面 80 亩。全村有农户 285 户，人口 790 人，辖 10 个村民小组，分居 7 个自然村。村民以种植水稻、高山蔬菜、山核桃为主要产业，2014 年人均纯收入 16200 元，村级集体经济收入 18 万元。始建于 20 世纪 70 年代初的村中心占地面积 500 平方米的大礼堂是村民逢年过节开展文娱活动的重要场所。每年腊月家家户户杀年猪，年三十祭祖等习俗流传至今。特别是每年农历二月初二唯独浪广村家家户户包粽子、煮果汤以祭拜土地公为浪广村传承了近千年的民间习俗。浪广村具有浙西文化与徽文化相交融的民俗风情。

龙井村

龙井村位于龙岗镇，临近汤家湾村和浙西大峡谷。龙井村溪源纵深，森林覆盖率高，山水资源丰富。现已开发临安市杭临龙潭水电站和浙西大龙湾风景旅游公司，有龙井峡漂流、龙井峡大闯关旅游项目。2007 年由龙井、地塔、新建三个村合并组建。

龙井村历史文化悠久，拥有七渡桥——古代石拱桥，建于唐朝的佛教圣地龙井寺遗址，杭徽古道，明清时期的古宅。龙井村拥有山林面积 27542 亩，其中生态公益林 10000 余亩，耕地面积 1200 余亩。全村现有总户数 367 户，人口 1092 人，2013 年人均收入 17500 元。

太阳村

太阳镇太阳村由王家、乌岗口、下太阳、毛竹坪、高拔5个自然村组合而成，杭徽高速公路和02省道横穿村域，是太阳镇的政治、经济、文化和交通中心。太阳村村域面积10.8平方千米，耕地面积1696亩，山林面积19046亩，32个村民小组，916户农户，总人口2780人，是杭州市的文明村、临安市五星党风廉政行政村。

“太阳庙会”起源于唐朝末年“安史之乱”时期。巡因在平定安史之乱中，立下赫赫战功，受封为“东平王”，在转战浙皖时，于太阳一带殉职。为纪念这位英雄，太阳附近的百姓在后龙山、太阳街的东门头建造了一座东平王庙。清朝年间农历十月廿四，一位姑娘到东平王庙烧香，出庙时被大瓦片砸死在殿门口，当地的老百姓就在东平王旁边为她塑了一座像，取名“东平娘娘”，故每年的农历十月廿四都供奉这两位圣像，举办祭祀巡游活动。因集聚了大量的人气，衍生出了庙会，成为一种集英雄崇拜和商业贸易于一身的传统民俗活动。

童家村

童家村位于临安“小西藏”之称的西南偏远山区——洪岭，与桐庐、淳安二县交界，地域面积17.774平方千米，辖9个村民小组，由原西川、赤坑、童家3个行政村合并而成，常住人口1365人。2012年成功创建临安市绿富精品村及杭州市美丽乡村精品村，2014年被评为杭州市文明村，2015年被纳入浙江省美丽宜居村庄创建村。

青坑溪贯穿全村，早先，当地人将小溪流叫作“坑”，童家这个地方有“东坑”“西坑”两条溪流汇合，故叫“坑口”，东坑溪在童家由东折向西流，是昌化地区唯一东水西流的村庄。童家村庄整体民居呈V状分布，何氏宗祠、张家祠堂、百年石灰窑、潘琢章纪念碑、淮公墓、胡氏始祖坟、何首屋、百年石坝、古石拱桥、特大枫香树、古槐树等沿分（水）老（坞）线分布于各自然村。其中童家自然村民居以徽派建筑为多。村民姓氏以童、张、何为主。过半年习俗（高山馒头节）被列入省级非物质文化遗产目录，村拥有市级文保单位一处；何家青毛狮子、张家纸竹龙灯、番薯干制作均被列入镇非遗名录。钦点知县、剿匪烈士、革命殉难英雄等历史人物在当地影响深远。

湍源村

湍源村位于湍口镇的南部，东接洪岭村，南靠淳安，西连湍口村，北面迎丰村，是湍口四条源中地势最平坦、居住人口最集中的一条源，毗邻湍口氡温泉度假村。2007 年由勤丰、陆家两村合并而成，全村 11 个村民小组，396 户，农业人口 1235 人。

湍源村历史文化悠久，拥有乌狮桥、五圣桥、陆公桥等古代石拱桥 9 座。《昌化县志》中有记载的佛教圣地普相寺遗址尚有可寻，陆家祠堂也得以修复。还有上通严州下达苏杭的古驿道，别具建筑风格的考坑仓库和陆家仓库。村内有银杏、榧树、枫杨、桂花等多种保护古树，数量多、分布广。

下许村

下许村隶属临安市岛石镇，位于临安的西部山区浙西大峡谷的上游，钱塘江一级支流昌化江的源头，距临安市区100余千米，地处浙皖交界，四面环山，西连安徽省荆州乡，北接安徽省宁国市，历史上一直就是浙西昌北地区的革命老区。

下许村挟昌化溪源头后溪分南、北两岸，溪水绕村而过，是一个枕山挽水的人间仙境。下许村历来民风淳朴，勤劳善良，尊孔推儒，耕读之风世代相传。《昌化县志》载有许家地名，北区图载有下许。村多许姓，得名许家，地处下游，故称下许。下许自安徽歙县迁徙而来，当时地名称为河露。南宋咸淳年间属玉山乡，明、清均属玉山乡十二都；清雍正七年(1729)，称许家庄；之后历尽更改，在1984年确定为新桥乡下许村，由下许、毛坦、阮家畈、堰头和竹坞5个村合并而成。全村地域面积6.38平方千米，有农户367户，总人口1036人。现保存文物有临安市级文保下许许氏宗祠——一本堂，其余清代到民国建筑50余幢，古树群2处。下许村被列为临安市文化特色村。

孝村村

孝村村位于临安市青山湖街道西北面，距离市区约 20 千米。全村村域面积 8.71 平方千米，14 个村民小组，440 户人家，共 1358 人。孝村村的地貌属于丘陵——宽谷区，众多的高山、丘陵相互交错，白水溪自西向东流经村落，形成两岸狭长的宽谷地带，构成两山夹一水的地貌格局。这里山清水秀、竹海茫茫，伴随着古村小道。小溪夹着小桥，古色古香，风光十分秀丽。“百年古树深山顶天，千年古钟岩石犹存”，奇石名树为江南之最。仙人石、和尚石、红石岩，各领风骚。中华红楠、江南白玉兰、大樟树、银杏树、千年古枫群，巍然耸立。它又是白水溪源头，白玉带似的瀑布飞流直下五龙潭，气势十分壮观。目前孝村村保有的古建筑有白马禅寺遗址，属于明清时期的古建筑。六角亭、古枫树群等是传统村落和乡土文化景观的重要组成部分。孝村村无论是从历史传统来看还是从风俗人情来看，均形成了独特的“孝”文化。

杨溪村

杨溪村位于浙西之巅清凉峰东麓，隶属临安市清凉峰镇，村庄坐北朝南，前临杨溪清流，后背群山环抱，地理位置优越。村域面积9.5平方千米，耕地面积674亩。2014年农户491户，常住人口1421人，人均纯收入18791元，村集体收益8万元。

杨溪村（古名义涧），经考证建于唐朝，既是抗金名将韩世忠（1089—1151）的归宿地，也是敕封孝子陈斗龙（1325—1387）的出生地，“忠孝文化”相得益彰，自古被誉为中国“忠孝文化第一村”。据《昌化县志》记载：十都义涧在宋、元两朝鼎盛时，村内有八十四条弄，七十二口井，是一个人丁兴旺的千家村。虽经沧海桑田，世事多变，但古木掩映、古迹点缀的古村落风貌犹存。人杰地灵造就了一个“忠孝立村，耕读传家”浓厚历史精髓的古村落。2007年浙江省文化厅命名其为首批“省级文化示范村”。

杨溪村现保存文物有省级文保——孝子祠、市级文保——韩世忠墓、灭渡桥（又称永安桥）、郎氏宗祠及古民居 90 余幢，其中清、民国年代古居 17 幢。杨溪村已成为浙江省科普教育基地、杭州市关爱委基地、临安市中小学课外教育基地，创办了“忠孝学堂”，打造了“忠孝文化”教育基地和旅游开发区，已被列为浙江省历史文化保护古村落。

浪山村

浪山村位于临安市太阳镇以南约 10 千米，离杭徽高速公路太阳出口 8 千米，横麻公路从中经过，交通便利。村落依山而建，民屋傍水而造，属八山、半水、一分半田的典型山区村。清康熙、光绪《於潜县志》载有浪山地名：浪山，上有三池相接在悬崖绝壁间，瀑布飞流，古木交荫，每逢阴晦，柯侯潭中浪与山相连，故名浪山。2007 年村庄规模调整后，由诸家、浪山、杨家坞 3 个村合并为现在的浪山村。

浪山村的畲族起源于广东潮州的凤凰山，至今已有 130 余年的历史，在浪山已传至第六代。畲族村民在生活习俗上基本与汉族一致，但是在重要节日和祭祀活动期间，仍保持典型的民族风俗和习惯，尤其是畲族的对歌、婚嫁、织锦、服饰等习俗。浪山村特意编排了舞蹈节目——彩带情丝，将畲族的织带文化融入舞蹈中，展现了畲族姑娘们出嫁之前给心爱的男子边织彩带边唱歌跳舞的美好场景。除了“彩带情丝”，浪山村根据畲族传统习俗编排了“青稞红酿”“木拍舞”“畲族山歌”等歌舞。

全村村域面积 12.9 平方千米，现有耕地面积 1122 亩，山林面积 17170 亩。2014 年村集体收入 25 万元，村人均收入 19945 元。浪山村先后获得浙江省民族团结进步小康村、杭州市文化示范村、临安市清洁乡村示范村、临安市林业生态经济双赢村、临安市信用村等荣誉。

桐庐县

芦茨村

芦茨村位于桐庐县西南部，在国家级风景名胜区“两江一湖”黄金旅游线上及省第一家慢生活体验区建设试点区域内，毗邻东汉古迹严子陵钓台、印象富春江、芦茨湾、白云源风景区等景点。境内山川秀美、风光旖旎，富春江和一弯青山将整个村庄环抱。“一折青山一扇屏，一湾碧水一条琴。”清代诗人刘嗣绾描绘的就是芦茨村的美景。芦茨村现有农户448户1313人。近年来，芦茨村先后获得“浙江省农家乐特色示范村”、首批“杭州市乡村旅游示范点”“杭州市全面建设小康示范村”“杭州市级农家乐休闲旅游特色村”“桐庐县社会主义新农村建设标兵村”“桐庐最佳休闲去处”等荣誉，是首批“杭州市风情小镇”创建示范点之一。

以唐代著名诗人方干及其后裔十八进士为代表的历史名人，成为芦茨村独一无二的人文品牌，有着“十八进士”之乡的美称。自南北朝以来，许多名人雅士在这里留下足迹，也留下了浩如烟海的诗文杰作，远有北宋

文学家范仲淹、南宋诗人谢翱、元代画家黄公望等抒发情怀、挥毫泼墨，近有国画大师李可染、绘画大师叶浅予、当代文学家林语堂等寄情芦茨、流连忘返。此外，芦茨村民风淳朴，民俗文化、民间手工艺丰富多彩，还有保留较完整的具有历史传统特色的古民居、古街、古巷、古道、古桥、宗祠、寺庙，有着丰富的物质文化遗产和非物质文化遗产。现在的芦茨村已是湖、峡、屿、瀑等自然景观与楼、台、街、巷等特色建筑相互融合，集生态、旅游、休闲于一身的特色风情人居佳境。“风情芦茨”已经成为名副其实的《富春山居图》实景地。

荻浦村

古村荻浦是桐庐的东大门，与富阳接邻，有农户 645 户 2378 人，2012 年农民人均纯收入 14209 元。村先后荣获了“全国亿万农民健康促进行动示范村”“市小康体育特色村”“市级卫生村”“县最清洁村”等荣誉称号。

荻浦建村已有 1000 多年历史，村内尚存明清古建筑堂屋 20 余幢（最早的咸和堂，建于 1489 年），其中申屠宗祠（家正堂）和古戏厅（保庆堂），属于省级文物保护单位。2006 年，荻浦村被列入省级历史文化保护区，是中国历史文化名村深澳古村落的重要组成部分。在美丽乡村建设过程中，荻浦村突出“乡风文明身心美”，重点挖掘古孝义、古戏曲、古树林、古造纸等特色古文化，全力培育“古风荻浦”。

金塘坞村

金塘坞畲族村位于百江镇西部，地域面积 1.37 平方千米，有耕地 258 亩，林地 2326 亩。全村有 107 户 358 人，其中少数民族 328 人，均为畲族，是全县民族纯度最高的畲族聚居村。雷、蓝、钟为村里三大姓氏。

金塘坞畲族村历史悠久，民俗风情鲜明。一是畲族民歌。每逢佳节喜庆之日，歌声飞扬，即使在山间田野劳动，探亲访友迎宾之时，也常常以歌对话。畲族的演唱形式有独唱、对唱、齐唱等。二是编织工艺。勤劳纯朴的畲族妇女，不但是生产能手，也是编织刺绣的能工巧匠。她们的手工艺品种类丰富，色彩斑斓，风格独特。如编织的彩带，又称合手巾带，即花腰带，图案花纹多样，配色美观大方。三是传统节日。畲族节日主要有农历的三月三、农历四月的分龙节、七月初七、立秋日、中秋节、重阳节、春节等。另外，每年农历二月十五、七月十五、八月十五都是畲族的祭祖日。

儒桥村

儒桥村位于桐庐县西北部半山区，三面环山，一面临河，北连05省道，交通便利，地处分水江上游，辖朗家园、赵家、陈家、毛山、前岩坞、后山6个自然村。村域面积5.16平方千米，耕地面积1361亩，林地面积6600亩。全村有农户558户1643人。

儒桥村昔称凤市街，据《光绪分水县志》载："凤市在县西十里，相传昔人垦地，遇古冢有凤飞出，因名其地为凤市。"

左有大小雏源水与右首东辉、百江西下之水回绕宅基，舆家谓之两水合金。水口石桥本名雏桥，因发族滋繁多弦诵声，为士大夫嘉尚，遂美其名为儒桥。古藤缠绕，保存完好的儒桥历经100多年风雨横跨在雏溪（今刘家溪）上，为明万历年间建造，桥上石栏板西侧刻有"廻龙吉庆"四字，在其下拱圈石上刻有阳文"儒桥"二字。现村中尚存"重修儒桥碑记"断碑半块，刻有"大清乾隆庚戌科岁进士陈元熙"旗杆石础一只，下马石两块，"双桂联芳"古匾一块，"凤泉"井口石圈一只，庙宇一座。现在儒桥村仍保存着八卷《儒桥陈氏宗谱》。

茆坪村

茆坪村位于桐庐县西南、富春江镇东南、芦茨（白云源）溪流域的大山峡谷中段，紧挨杭新景高速公路、320国道。村域总面积29.1平方千米，其中山林面积35908亩，土地面积783亩。全村人口1263人，七成为胡姓。

茆坪村始建于宋元之际，至今已有700余年历史。古时，深居大山的村民靠山吃山，以烧炭为生。沟通桐庐与浦江两县的马岭古道穿村而过，运送竹木柴炭等山货的芦茨（白云源）溪绕村而出。过往客商货物的必经驿站茆坪村，成为明末清初浙西地区兴旺富裕的村落之一。如今，村内历经沧桑后的文安楼、胡氏宗祠、马岭古道、万福古桥等一批古建筑保留良好，劲柏、香樟、黄连名木苍劲挺拔。成串的泉水小池，纵横交错的弄堂小巷，折射出山村特有的闲暇，曾为康有为、叶浅予、谢晋等名人大家所钟情，也为当下的文人墨客、摄影拍客、大众游客所青睐。

翙岗村

翙岗村属浙北丘陵半山区，东北临大源溪，西南靠山。地势南高北低，山体多为石灰岩体，属喀斯特地貌。属亚热带季风气候，温暖湿润，雨量充沛，四季分明。春季低温多阴雨，夏季高温强日光，秋季气爽舒适，冬季低温少雨。2004 年村规模调整时由原凤岗、凤镇、凤新、石桥、梅山 5 个自然村组成，是凤川街道办事处所在地，东南与三鑫村接壤，西连西庄村和园林村，北靠 320 国道，杭千高速穿村而过并设有互通出口。

三国两晋时期，翙岗村即已有聚落存在。1998 年在凤岗考古调查中发现一批东汉至三国时期的墓葬。翙岗村自古以堪舆绝佳闻名于世，元末刘基曾寻主设馆于这里，就是看中这里龙盘凤翥的天子气象，他给翙岗题“凤翙高岗”匾，翙岗之名即由此而来。翙岗村聚龙门之灵气，集春江之秀美。村南黄杨尖三峰插天，犹如护卫列戟于后，东面大源、小源两水滢回，南起群山护城郭，狮山如吼，虎镇山静，华林香水垂手可挹，北望平畴掩村舍。

现有古建筑 72 幢 23000 平方米，建造年代基本为明、清两代。古建筑显得较为古朴、沉稳、大气。所用木、石构件和建筑材料的规格和材质

考究，建筑雕凿精细。翙岗古街长420米，基本保持了清代末期的历史风貌，有较为深厚的历史文化底蕴。从沿街的店面，隐约可看出曾经的繁华。翙岗村的水系十分发达，它的特色在于“精细的水利灌溉”功能和颇有特色的清洁街道的“洗街”功能。

全村地域总面积8.7平方千米，有农户1674户，总人口4713人。2012年村集体经营性收入91.07万元，农民人均纯收入13972元。

青源村

青源村坐落于桐庐县江南镇东南面，三面环山，与富阳区域隔山相邻。离杭州65千米，距县城13千米，东、南、北三面环山。下辖青源、合联、西坞3个自然村。村域面积3.8平方千米，有2800余亩生态林，400多亩耕地。全村共有617户，人口2017人。2012年人均纯收入12000余元。

青源村南与富阳“孙权故里”龙门古镇相邻，西面与本镇环溪、徐畈、深澳、荻浦古镇古村连成一片，村内有清代建造的古祠堂、古厅各三处。特别是现存连片古民宅（潘氏古村落）近50处。20世纪60年代建造的集体大礼堂（收粮店）两处。百年以上古拱桥八座，古井泉五口，古凉亭五座，古道两条，古渠道5000余米，教堂一座，堂屋四座。还有70年代建造的村中狮子山上的青源小学。每年农历九月十九是青源村庆丰收的大日子，会有盛大的祭祀活动，有200多米长的“青狮毛龙”龙灯，十里八乡的村民都会来赶集。

村中有东、南两溪贯穿村巷蜿蜒而去，长年潺潺细流。这里群岭环抱，林茂竹修，野趣横生，风景如画，气候宜人，拥有丰富的旅游和观光自然生态资源。

石舍村

石舍村是桐庐县富春江镇最偏远的行政村，该村地处著名的浙西旅游带上，与建德、浦江交界。辖区 6 个生产组，7 个自然村，由石舍、枫林、长洲、茶叶坑、传粥组成。

古建筑是石舍村的一大特色，厚载堂、金义堂、存仁堂组成了石舍明清古建筑群，面积共计有 3000 余平方米，坐落在村落的最中央，古建筑群显得古朴而典雅，但又不失气势，与这里的山水、人文很好地融合为一体。

石舍村获得省级卫生村、省级兴农富民示范村、市县级文明村、县特色农业专业村、县最清洁村等荣誉称号。村域总面积 56.01 平方千米，耕地面积 352 亩，山地面积 80455 亩，其中有 4 万亩被列为国家生态公益林。全村共有农户 320 户，人口 901 人，2013 年人均收入达到 15438 元。

松山村

新合乡松山村素有“千年古村”之称，村落群山环抱、依山傍水、林木茂盛、重峦叠翠，是不可多得的人居佳境。

钟氏祠堂是松山村的文物瑰宝，祠堂众多，最为典型的为光裕堂、合德堂和云和堂，都是保护较好的古建筑。目前已组织县文物保护单位对合德堂进行整治。村内南宋履坦桥，距今已有千年历史，已被列入第四批县级文保单位。松山村历来就有“舞故事龙”的传统习俗，全县闻名的故事板龙就源于此，村拥有一支10余名民间艺人组成的板龙制作团队。松山板龙具有制作工艺精致、故事性强、表演阵容庞大、表演难度大、可观性极强、群众参与性强等特点。2004年，松山板龙被列为浙江省民族民间保护项目，2006年又被列入县非物质文化遗产名录。

松山村历来具有浓厚的历史文化底蕴，人才辈出。宋朝游击将军大先锋钟厚，字惠民，在抗击契丹南侵的澶渊大战中英勇杀敌，为保护皇上安全脱险而战死沙场。于庆历三年（1104）皇帝下旨追封钟厚为“忠救王”，到建炎戊申二年，皇帝又下旨追封他为“天官明王”，赐田一顷（15亩）立亩享祭。

松山村先后获得浙江省卫生村、杭州市文明村、杭州市全面小康建设示范村、桐庐县最清洁村等殊荣。全村区域面积18.08平方千米，耕地515亩，林地23425亩，是一个地道的山区村。2011年村集体收入61000元，村民人均收入10976元。

环溪村

环溪村地处桐庐县江南镇的最东面，坐落于三国文化的发祥地——著名的天山岗山麓。清澈的天子源和青源两条溪流汇合于村口，环溪村三面环水、一面靠山，村由此而得名。“门对天子一秀峰，窗含双溪两清流”是对环溪村地理风貌的真实写照。环溪村系省级历史文化保护区古村落之一，拥有著名的爱莲堂、尚志堂、安澜桥、保安桥等众多古建筑。村口的千年古银杏，被誉为“夫妻树”，成为该村的一大景观。

环溪村是国家级深澳历史文化保护区的古村落之一，为北宋大哲学家、理学鼻祖周敦颐后裔族居地，环溪建村始自周氏第 14 代孙迁居于此，至今已有 620 余年历史。近年来，环溪村相继获得桐庐县先进基层党组织、浙江省种文化百村赛“群芳奖”、浙江省“千镇万村种文化”活动先进村、浙江省文化示范村、杭州市文化示范村等荣誉。

安澜桥

深澳村

深澳村是位于江南镇东部的一个行政村，东靠富阳，南至凤川镇凤源村，西部临山，北抵富春江，距桐庐县城20千米，距杭州65千米，320国道、杭千高速过其境。村域总面积5.192平方千米，耕地面积1508亩，山林面积8452亩，总人口4262人，1290户，由2个自然村组成。

2006年浙江省人民政府授予深澳历史文化保护区为“历史文化村镇”，2007年被授予为“国家级历史文化名村”。深澳古村整体格局是基于完善的水系基础上逐渐发展起来的，是中国古代“先规划、后建设”的村镇建设的范例。深澳村的水系形成于明代，是自然与人工的完美结合。整个水系由溪、澳、渠、塘、井构成，是一个独立而完善的供水系统，并且整个供水系统实行分质供水，已初步具备了现代城镇的规划用水雏形，具有一定的科学及人文价值，对研究古代的供排水体系及村落建设具有较高的价值。深澳古村落建筑风格采用徽派建筑与浙西山地民居相结合，“两纵四横”的街巷格局和空间特征保存尚好、整体结构完整。至今存有明清时期的古建筑140多幢，民国时期的古建筑60多幢，单体建筑村落形态保存较好。

徐畈村

徐畈村位于江南镇东部，毗邻320国道、杭千高速，接近杭新景高速深澳出入口，为金华徐偃王在南宋时迁居于此，为申屠氏姻亲发展而来。如今徐畈村主要居住着徐氏、申屠氏、朱氏等三姓。全村区域面积2.4平方千米，耕地428亩，山林3692亩，共有8个村民小组，394户农户，户籍人口1279人。2007年，徐畈村被评为省级历史文化名村之一。村内拥有26幢明清古建筑、多幢民国时期建筑物。徐畈村曾先后获得浙江省卫生村、杭州市园林绿化村、杭州市级社区服务中心等荣誉称号。

梅蓉村

梅蓉村位于县城东北面，坐北朝南，南面是富春江黄金水道，与凤川——江南新城隔江相望，依山背水，境内山清水秀，田园风光独好。村庄区域总面积 12.7 平方千米，辖 11 个自然村，总人口 3109 人。

梅蓉村古代系荒洲，由历代洪水泛滥、泥沙淤积而成，因临富春江而屡遭江水侵扰，作物无收，故前人遍种果林，尤以梅树为最，遂雅称梅州。梅蓉村在二十世纪六七十年代大搞农田水利建设，使荒滩变成绿洲而闻名遐迩。1966 年，李先念副总理陪同阿尔巴尼亚部长会议主席谢胡前来参观访问，并赠送了“阿尔一号”麦种。据统计 1963—1991 年，梅蓉村共接待 60 多个国家 48 批次 482 名国际友人。

2011 年该村实施特色村建设，共投入 1400 万元，通过村庄整治拆迁、基础设施建设、村庄景观改造，增强全村服务功能，改善居住环境。2012 年在前期建设基础上又投入 1300 万元开展特色村提升扩面，重点对龚家祠堂、郭侯王庙等古建筑进行开发保护，重塑“十里梅花洲”，在村内遍种梅树，建杨梅基地，培育特色农产业。经过多年的建设，正慢慢发展成为乡村旅游亮点村：景观节点有水杉大道、蓉湖公园、杨梅基地、绿道 1 号线、香颐兰苑；文化节点有罗家大院、龚氏祠堂、郭侯王庙。

瑶溪村

瑶溪村地处桐庐西部，毗邻临安市、淳安县，面积共计 10.4 平方千米，其中山林地面积 14694 亩，耕地 436 亩。瑶溪村的第一代祖先陈氏在宋朝南迁时，由颍川迁至分水儒桥，后因机缘巧合，举家迁至今瑶溪一带。在唐代这里属分水县管辖，属名生仙里乡八管一保。1935 年，生仙里乡八管废除，属地更名分水县岭霞乡一保。2004 年，村落并入合村乡，正式属名瑶溪村。现存古祠堂、古牌坊各一座，合村绣花鞋是省级非物质文化遗产。

瑶溪村共有 6 个自然村，常住人口 734 人，在册人口 657 人，曾获得浙江省文明村、浙江省卫生村、市文明村、市生态文明村、市卫生示范村等多项荣誉。2014 年村集体收入 4.24 万元，村民人均年纯收入 12561 元。

余杭区

山沟沟村

山沟沟村地处余杭区鸬鸟镇，南与临安交界，西与安吉交界。全村辖8个自然村，总面积15.3平方千米，36个村民小组，人口2267人，森林覆盖率高达95%，生态环境保护情况优良，山沟沟国家森林公园就坐落该村。

山沟沟村历史悠久，中华人民共和国成立前，山沟沟村是颇负盛名的“36村”第七社。中华人民共和国成立初，1956年首成高级社。2003年，以原嵩村、下余、上高三村合并为山沟沟村。现存清末民初古民居30余处，清古祠堂1座，明中期古道700多米，市级文保3处。千年红豆杉位于汤坑汤氏宗祠前，千年银杏王位于下余村东，树围达6.6米，高近30米，常年旺盛浓茂，堪称当地头号银杏之王。

葛巷村

葛巷村位于杭州市西郊，隶属余杭区仓前镇，东邻西溪湿地，西接组团中心余杭古镇，是余杭区创新高教基地所在地。全村户籍人口 4701 人，村域面积 5.4 平方千米。

葛巷村因以前最大的东、西葛巷而名，明清时，东、西葛巷为安乐乡章郑庄、朱葛庄，金家弄属金宋一庄。民国时，今葛巷村地域大部分属仓前镇，西南部分属金朱乡。2003 年葛巷、圣殿、林场、渔民四行政村合并组建新的葛巷村。

自乾隆年间葛巷村就有“掏羊锅”民俗。近年来全村以特色饮食文化“掏羊锅”为导向，摸索出了集羊肉生产加工、畜牧屠宰、旅游、餐饮、观光一体化的特色农业休闲旅游，葛巷村“掏羊锅”已经在周边地区有了较高的声誉，“太炎故里仓前掏羊锅”如今已是葛巷村的一张“金招牌”。葛巷村先后获得省旅游特色村、省（市、区）级卫生村、杭州市社会主义新农村建设标兵村、杭州市体育特色村、杭州市四星级民主法制村、杭州市区级文明村、余杭区十佳魅力新农村等荣誉称号。2014 年葛巷村集体收入达 2030 万元，人均收入达 23000 元。

王位山村

古村落高村位于余杭区黄湖镇北——王位山半山腰，唐代称寺前村，南宋初改名高村；至明代中期，明代住着“朱、杨、张”三姓人家，明末为防兵犯建起山寨，成为富甲一方的小山寨。2007 年被定为古村落。村域面积 0.5 平方千米，户籍人口 600 人，常住人口 352 人。传说唐末起义将领黄巢在此屯兵据守，所以留下了许多关于此的传说和景观，如洗马坑、放马场、点将台、龙箱石等 20 处风景名胜。村内现存明、清代古民宅 3 处。2014 年村集体收入 34 万元，村民人均年纯收入 24350 元。

宁波市

奉化市

西坞村

西坞村隶属奉化市西坞街道，地处东江之西，因形似船坞，故称西坞。西坞村地势平坦，四面环水，河流密布。河道把古镇划为四个板块，五个村落：居敬、高丰、庆南、西仲、桑园，而镇宝桥、聚义桥、居敬桥等众多桥梁又把水乡连成一体。

居敬桥

西坞村是邬姓一族聚居之地，有“一姓五千户，浙东第一家”之称。明朝宰相叶向高曾题匾额“名阅钜宗”于盘龙公祠。村中古闾门、古墙门、古祠堂、古堂前、古阁楼、古走弄比比皆是，700 年来一直流传着“三十六祠堂，七十二堂前”的传说。现存古建筑以清代最多，民国次之。西坞村环境优美，布局精巧，河道两侧种有香樟、古枫等古树群，映着古宅古巷，如同一幅活的水乡水墨画，素有“船在波上游，人在画中行”的美誉。

西坞村历来为浙东名镇，因其特殊的地理位置，曾一度成为“北通宁绍，南达台温”的重要交通枢纽，成为物资交流的集散地和中转站。水陆两路，交通发达，商贾云集，市场繁荣，百业兴旺。其传统文化浓厚，文风昌盛，人才辈出。据记载，宋、明、清时期名人就有 584 人。2014 年年末，全村有户籍人口 5561 人，耕地 2030 亩，村民人均纯收入 13800 元，村集体当年收入 200 万元。

董家村

董家村隶属奉化市大堰镇，地处奉化江上游。董家村是一个历史悠久、文化底蕴深厚的古村落，董氏为大姓。董姓始祖世居浙西龙游，五代初由嵊县迁至奉化境内。明朝永乐二十年（1422），董家先祖庆云公自大

堰后畈村迁入衍发至今。当地人又称该村为中心岙。村子依山傍水、山清水秀。村南有奉化第二高山“第一尖”，发源于第一尖的奉化江穿村而过。村北枫潭桥建于民国初，镌刻着台湾“书法界大师”董开章（董家村人）的亲笔题词“枫潭秋月”。董家村不仅古宅保护完整，有13个阊门、16个道地，近200间正偏房间和一个祠堂（含古戏台），被众多民宿学家和建筑家誉为浙东古山村的标本，而且人文荟萃，有父子登科的传说（“父子登科”匾额为证），有近现代涌现出的董才如、董子敖、董庭威等多位教育家、科学家，还有从董家村走向海外的当代台湾“书法之父”“亚洲之宝”之称的董开章。从董家村走出上海发展的董姓人数有1200余人。董家村人大多会说上海话，在奉化有“小上海”之称。全村总面积3.73平方千米，有337户995人，耕地面积336亩。2014年村级集体收入23万元，村民人均收入9699元。

青云村

青云村位于奉化市萧王庙街道建成区，北临剡江，西傍泉溪，南望同山，东南距市中心 8 千米，西距溪口雪窦山风景名胜区 10 千米。

青云村建村已有 1000 多年历史，是孙氏师祖李唐时原甫公来奉作宰时所选择的世居之所。宋代，村落相连成市，名泉口，中华人民共和国成立后，成立农民协会，因村子东南有一“联步青云”的牌坊，故名青云村。现存传统古建筑数量庞大，主要类型有民居、祠堂、藏书楼和桥梁等，如清代大丰商业银行董事长孙鹤皋故居、清代进士孙锵故居东初阊门、清代中期举人杨裕丰故居杨裕丰阊门、蒋介石时期中央乐团指挥孙延康故居五丰阊门、蒋介石舅父孙勤丰故居官青阊门等，保存完好的民居有三茂阊门、大茂房、汤房阊门、杨家阊门等 20 余处。这些古民居，多以条石为底，青石为墙，墙高 2 米以上，大门口均饰以精美的砖雕，屋顶瓦片呈多种样式，木制结构，整村整体风貌仍然保持了清末及民国时期的江南古民居风格，是保存较好的古村落之一。

全村占地面积 2.84 平方千米，拥有山林面积 1605 亩，耕地面积 1838 亩，现有村民 807 户 2119 人。全村以孙、杨、戴三姓为主，其中孙姓村民约占总人口的 80%。2014 年村集体经济收入 64.8 万元，村民人均年纯收入 10705 元。青云村先后获得第三批中国传统文化村落、浙江省乡村记忆示范基地、宁波市历史文化名村、宁波市级生态村、宁波市卫生村及奉化市五星基层党组织等荣誉。

岩头村

溪口镇岩头村，位于奉化西南山区与西部山区的交接地带，南距溪口镇区 11 千米。它是一个自然与人文各擅的浙东山区古村落。面北的村口狮子、白象双山对踞，形成“狮象迎宾”之形胜；双山夹成的隘口，剡溪支流岩溪穿村潺潺北流。自明洪武三年（1370）起，岩溪溪谷的这片土地，始成毛姓子民繁衍生息的聚居地。

明代末期至民国时期，岩头村筏运发达，始终是奉化西南山区的一个物资集散地。如今，村内的东街、西街隔溪相望，古街风貌依然；古苍高耸的封火墙接二连三，随处可见；建筑风格各异的明清民居院落尚有端房、三道阊门、下三院、廿四间走马楼等 30 余处；遗存至今的还有崇本堂、报本堂、钱潭庙、存善局、筏埠等许多旧时乡村公共建筑。

岩头村堪称“民国第一村”。清末民初以来，岩头村相继成为少年蒋介石读书地、蒋经国外婆家。同时，因蒋介石对姻亲的不断照拂，岩头村还相继走出了六位将军。时至今日，整修如初的蒋介石原配夫人毛福梅故居、国民党空军副司令毛邦初故居、蒋介石最敬重的私塾老师毛思诚故居，它们与世代相传的岩头烟霞民居相得益彰，娓娓述说着渐行渐远却不同凡响的岁月。

2005 年岩头村跻身首批宁波市十大历史文化名村，2006 年被列入第三批浙江省历史文化名村，2012 年上榜首批中国传统村落名录。同时还赢得了“国家 AAA 级旅游景区”“浙江省绿化示范村”“浙江省文明村”等诸多荣誉。2014 年年末，全村有农户 892 户，耕地 1289 亩，村民人均纯收入 1. 8 万元，村级集体经济收入 160 余万元。（编写：裘国松）

明溪村

明溪村隶属奉化市溪口镇，自南宋到当代素称晦溪，2004 年改现名，下辖晦溪为主的 4 个自然村，位于溪口镇西端的奉化与余姚、嵊州三地交界地带。村内单、应、邹、徐、周、赵为大姓。远在宋代，单姓最早在此发族，由东阳迁来。从“浙东明珠”亭下湖沿湖公路向西驰行，一路上白墙黑瓦的村落散落山间；过尽库区，山随路转，蜿蜒曲折，沿途风光无限；那条清粼粼的 38 千米之长的西晦溪之水，一路伴随。明溪村就处在奉化江主源西晦溪的源头一带，离源头仅数里之遥，为“西晦溪九曲”之二曲，乃西晦溪流域最大的村落。

溪边的村落，处于群山环抱之中，地势北高南低，依山面水，是藏风纳水的理想之所。溪流潺潺向东，村庄临溪依山而筑，层层叠进，形成了独特的人文与自然互为呼应的极佳环境。村内多见清一色白色马头墙和墙面，屋顶则是统一的黑色，这黑白分明的深山村落，让人似乎走进了人间仙境，陶醉于这世外桃源。

村头高高的金山亭连着金山廊桥，始建于清末，由当地先民集资而建，曾是出入外界的必经之路。廊桥横跨于西晦溪之上，为双孔石木结构，全长 28 米，桥面宽 4. 5 米，桥墩为条石叠砌。上建单檐廊屋，十一开间。桥面铺设木板，两侧设置全木封闭式护栏，安有长条木椅，为行人憩息休闲、躲风避雨之用。明溪村保存至今的古代碉堡建筑，在整个江南都相当少见。古碉堡地处明溪村的制高点，是数百年前村民为防范土匪、强盗扰民而建。碉堡呈六角形，分三层，总高约 10 米，顶部还有瞭望孔和枪眼。村外的明溪古道，曾为“浙东唐诗之路”东支线的一个中转地，唐代诗人们转探四明山腹地诸景的主干道之一。

2014 年年末，全村有农户 790 户，耕地 1417 亩，村民人均纯收入 1. 14 万元，村级集体经济收入 32 余万元。（编写：裘国松）

三十六湾村

奉化市溪口镇三十六湾村，地处四明山脉南翼、雪窦山西北的海拔600多米的高山顶上。清朝乾隆年间三十六湾开始建村，竺、张、傅三户先祖，相继来到这个长长的山湾，分别在相距不远处构筑简陋的土房、茅屋而居。最早定居的竺姓村民，来自山下的董村下东岸自然村。先祖竺绍炎，攀越陡坡，进入岩墩岗的背面，择这块不知名的处女地而生息，称之“上厂”。张姓村民来自附近的西岙，先祖张绍贵住进了与竺姓相近的燕子窝边缘，当时称为“外厂”。傅姓村民来自本县萧王庙滕头村，先迁至附近的西岙，而后定居在三十六湾长湾山中部，当时称为“下厂”。

那里地处高山岗直落而下的一个无名山湾，当初的先祖们便形象地将该地称作“山刷落湾”。直到清同治年间，“山刷落湾”这个口头上的地名，才正式用文字表述为“三十六湾”。这个村名，也是地理环境的真实写照：从大山之下的溪口镇到三十六湾村，沿着雪窦山道经过了多少个山湾，谁也说不清，只能用“三十六湾”来形容了。

祖祖辈辈以培育苗木为主业，为浙东最早的花木培育专业村。清末，成为中国水蜜桃名品奉化水蜜桃的发祥地，当代被誉为“中国五针松之乡”“高山花园村”。2014年年末，全村有农户131户，耕地63亩，村民人均纯收入1.2万元，村级集体经济收入60余万元。（编写：裘国松 王开甲）

葛竹村

奉化市溪口镇葛竹村，位于奉化市境西端，地处奉化、嵊州两个县级市接壤地带，坐落在四明山主脉南麓的西晦溪谷地上。明初建村时，葛竹属宁波府奉化县剡源乡。晚清至民国初期，葛竹隶属绍兴府嵊县。清末民初，葛竹渐成四明山区南部奉、嵊、余交接地带的一个主要村落和交通要冲。1931年，为了便于对蒋介石故乡的行政管理，葛竹及周边八村，重新划归奉化县。民国时期，以村中“仙人洞”“笔架山”胜景，一度设仙笔乡。抗日战争期间，这里是新四军浙东游击纵队的根据地。现为溪口镇辖下的一个行政村。因这里是蒋母王采玉出生地、蒋介石外婆家，民国时期晦溪谷地冠盖如云，官宦名流时有叩访，村中也走出了多位少将以上的蒋氏近臣。1956年和1980年，葛竹还曾两度设乡。2014年年末，全村有农户215户，耕地342亩，村民人均纯收入0.88万元，村级集体经济收入20余万元。葛竹村是第五批浙江历史文化名村。

葛竹村聚居区总体呈“南北奇峰夹峙，间有清溪横贯”格局。从传统风水学审视，葛竹村泰然自若地靠坐于一把“金交椅”——高椅山，肖形山，如巨大的交椅；村右置有一台“笔架”——笔架山，肖形山，五峰相连；面对一座文峰——剑山，肖形山，像一把宝剑，又酷肖一支文笔。真可谓天人合一，风水殊胜。优越的村落选址，与自然环境和谐共处。时至今日，千百年来形成的自然格局依旧如故：诸山山体、植被未遭破坏，溪道仍处于自然状态，未作改直等人工改造；村落传统格局基本保持在20世纪40年代鼎盛时期状态；聚居区规模没有大的拓展，村口、道路走向等基本要素保持不变。葛竹之水也非同一般，村落西近“甬江之源”——奉化江主源西晦溪之发源地，东邻宁波主要饮用水源亭下湖主水源——驻岭水库，澄澈见底的西晦溪流经村中，山川秀丽，丛林修竹围村绕舍，自然环境十分优绝。（编写：裘国松）

栖霞坑村

栖霞坑村，位于奉化市溪口镇西北，与余姚市唐田村接界。村落地处四明山南麓的雪窦山徐凫岩大峡谷中，其水为剡溪支流筠溪之源头。村南有雷峰山，海拔 778 米，是栖霞坑村附近的最高峰。天气晴朗的时候，置身山顶上可望见宁波市区。村民多姓王、周。栖霞王氏，明代中期由朝镕公之子三府君，自定海金塘山迁居栖霞。追溯历史，四明栖霞王氏，为东晋右军王羲之后裔。

栖霞坑村中，有一条清亮的筠溪潺潺流过，夹村两边是巍巍青山。聚居区依山傍溪而筑，前后延绵 600 余米。如今的村内民房，除偶有几幢新房外，绝大多数为清一色青砖黛瓦的传统式民居。建筑群充分利用山区地形地貌，错落有致，背山面水，既宜居又极具观赏性。据传，古时村民宅前和溪边多植有桃树、梨树，春暖花开季节，花簇如绚丽彩云。山坑中的小瀑布飞溅的水花与桃花相映成趣，组合成了一幅迷人的山水画。清初行世的《四明谈助》，在当代被誉为“宁波的徐霞客游记”，它对栖霞坑如此记述：“坑上有栖霞岭，从奉邑董村达嵊县唐田等处必经此路。坑内多周姓、王姓聚居。两岩崇竦，饶竹木，夹溪逼视，曲突相错。其锁处如鸲口然，为一村门户。岩下溪水奔赴如雷，岩上众绿阴翳，不见天日。有巨石俯于溪边，可坐数十人，行者必于此乘凉、盥漱，移时乃去。出半里许，溪回路转，仰见徐凫岩瀑布摇曳空中，仅露其半，盖半为立石岭脚所掩也。”清人笔下 400 年前所见的桃源般景状，几乎没有大的改变。

2013 年，栖霞坑村被命名为宁波市第二批历史文化名村。2014 年，入选第三批国家传统村落。2014 年年末，全村有农户 265 户，耕地 420 亩，村民人均纯收入 0. 9 万元，村级集体经济收入 20 余万元。（编写：裘国松 王开甲）

黄贤村

黄贤村地处奉化东南沿海，位于象山港畔。东临水墨古村马头，南与中国第一渔村桐照相邻，西眺千亩青山，北通裘村镇直抵甬城，村前沿海公路鱼贯而过。黄贤村拥有4A级省旅游景点——森林公园而闻名遐迩。

全村以林姓为主，是北宋著名诗人、书画家林逋后裔。原村庄沿山分散而建，均系旧式木结构房屋。20世纪80年代后全村住房统一规划建造、统一粉刷，既美观又整齐，形成新农村住房新格局。村内尚保存明代古刹——蟠龙寺，占地5000余亩，是浙东沿海大刹之一。森林公园内拥有林逋广场、高山景区、明珠湖景区、海上长城等四大板块共20多个景点。

黄贤村历史悠久，有着2000多年的文化沉积，内涵丰富的人文古迹和历史资源。汉朝时有张良老师黄夏公就在此隐居。

黄贤村现有农户476户，人口1428人，2015年集体收入180万元，村民人均收入22000元。黄贤村环境优美，绿树成荫，民风淳朴，村风和谐，先后获得全国绿化千佳村、浙江省文明村、宁波市十佳避暑胜地等荣誉称号。

岭丰村

岭丰村是岭东和永丰两个自然村2014年合并后得名的，位于奉化市萧王庙街道所在地，萧云公路从村边道过，东西贯通。全村465户农户，1270人，占地5.6平方千米，集体用地750亩，2014年人均收入为9800元，获得宁波市卫生村等荣誉。

现存一批传统的清代老闾门，如杨家墙门、五丰墙门、登科闾门等都很好地保留了历史的遗迹。而萧王庙更是远近闻名，始建于1042年，是为纪念北宋名臣萧世显（奉化县令）而建，这位一心为民的清官，就逝于岭丰村。至今每年的正月十三到十八的庙会仍见证着历史。萧王庙1983年被定为奉化市文物保护单位，2005年被浙江省政府公布为文物保护单位。

马夹岙村

马夹岙村隶属奉化市莼湖镇，位于甬临线西侧。马夹岙村原名挟风堡，也称马家岙，因坐落山岙之中，改成马夹岙并沿用至今。

宋嘉定年间（1208—1224），马姓始祖罕言、简言二公，为避战乱，携眷自山阴会稽（今嵊州）迁移至此，在今马家弄择地构居。随时间推移，马姓族人不断发展，开始在前山脚、治头墩居住，至明初，迁入徐、邵、孙、张、陈等外姓人，村庄扩建，形成现今马夹岙村格局。马夹岙村三面环山，村前是一片绿色田野，山涧流水自三方而来汇入锦溪（十景诗中有描述），溪水清澈见底与群山交相辉映，登高远眺，象山港尽收眼底，可见潮起潮落，渔家扬帆捕鱼、埠头拢船之繁忙景象，可称得上世外桃源。马夹岙村现存伏波庙、古戏台、风水亭古树群等，其中伏波庙是马氏族人的祖庙，已有700多年历史，据洪武二十一年马氏先祖清远公撰写宗谱记："吾罕言、简言二公因建固海寺，舍田一十亩……立庙祀神伏波将军于其中……。"至明朝，马氏族人又对此庙进行修缮，并更名为伏波庙。

2010年，马夹岙村被评为宁波市文明村，2015年荣获宁波市全面小康村等称号。2014年年末，村集体经济收入63.3万元，人均收入12780元。

马头村

马头村隶属奉化市裘村镇，位于镇东南、象山港北部海滨。村区域面积10.5平方千米，现有耕田2300亩，山林13500亩。全村有农户807户，户籍人口2142人。2014年，村集体收入22.2万元，人均收入12000多元。近年来曾荣获“宁波市文明村”“宁波市全面小康示范村”等殊荣。

马头村三面环山，东南面临象山港。源于银山东南山谷的两条小溪在村东村西流经，造化了银水龙盘，凤山虎踞和“东边旗（指山），西边鼓（指古井古水池），不是文就是武”的胜景。山上竹木茂荣，溪中流水潺潺，田畴广袤平整，河道水系纵横，禽畜成群，海鲜生猛，是一个富饶美丽的鱼米之乡。

马头自古有两个村名，一个以马头山得名，取名“马头”；另一个叫“鸡鹳”（鸡鹳是古代一种美丽吉祥的水鸟，乐山乐水）。马头有山有水有田，祖先希望子孙像鸡鹳一样仁智地适应这里的环境，休养生息传宗千秋万代；祖先又期盼后裔能像马那样忠诚骁勇，功于国家，荣宗耀祖。早在唐末天祐二年（905）陈怀珙从福建长溪徙来这里，后又在宋天圣五年

(1027）和大宋南迁（1127）陈怀珙同宗后裔两支陈姓迁来，共同开发，谱写春秋，迄今已有1100多年历史。由于元初特别是清初立桩划界海禁，桑田沧海使马头村人员流落他乡外无一幸存。至康熙八年解禁，村民才陆续返回故土，重建家园，才留下了现在还保持原生态的祖庙、祠堂、寺院和十多个堂前夹厢楼屋门进及晚清和民国时期建造的十多个三合院楼屋闾门。这些斑驳的古宅旧居，连同古树、古井、古池潭，仍守望在那里诉说着历经岁月的故事，构成长幅的水墨画卷。

林家村

林家村隶属奉化市萧王庙街道，位于奉化城郊西侧，东临八面同山，西眺十里泉溪，南接弥勒大道，北通甬金高速。村庄三面环山，一面临水，状似燕子窠。临水处有五条小溪交汇成梅花状，俗称梅溪。林氏家族本姓徐，与唐朝将领徐敬业同族。徐敬业反武则天失利后，后裔为免受牵连和残害，改姓林。400 余年前，林家太公林英从福建莆田金堂山迁居奉化，先在曰岭之西的马岙落脚，后移至同山脚下的燕子窠结庐垦荒，繁衍生息，渐成林姓村落。村中遗存建于清中晚期的上、下祠堂各一座，以及晚清仿牌楼式黄道阊门等建筑。村周多低山缓坡，植桃林 5000 余亩，阳春桃红满坡，仲夏果香四溢，堪称天下第一桃园。村民有日耕夜读的良好习惯，家中“犁锹锄耙”与“文房四宝”并列，故有“白天扶犁锄禾，晚上舞文弄墨”之美誉。1990 年 5 月成立浙江省第一个农民书会——“耕人书会”，现有会员 40 余人，作品在全国、省、市比赛中多次获奖，有的作品入选现代书画篆刻名家作品集，被国内外名人收藏。2003 年起，每年举办“桃花笔会”，形成“万亩桃花漫山争艳、耕人书会翰墨飘香”的别致风景。2012 年，获农业部授予的“一村一品”特色文化村称号。2014 年年末，林家村有农户 296 户 775 人，耕地 720 亩，村民人均纯收入 12050 元，村集体当年收入 52 万元。（编写：沈国毅）

桃园

棠岙村

棠岙村位于萧王庙街道西部山区，村沿棠溪而建，呈狭长形，四面环山，是萧王庙街道第一大村，由许家山、东江、西江、溪下四个自然村合并组成，具有悠久历史和丰富文化底蕴。棠岙村以江氏为主姓，占总人口的80%左右，江氏源于河南正阳，唐僖宗二年，先祖江若土卜居棠溪，后子孙繁衍成为现棠岙，明朝时出过四名进士；其次为袁姓，主要居住在溪下自然村，许家山自然村还有少许葛氏村民居住。整个行政村共有农户1450户，3540人，村有山林16500亩，耕田668亩。2014年村级集体收入达到15万元。棠岙村风景秀美、环境怡人，山区主要种植毛竹，棠岙造纸已传承60余年，被列为宁波市级非物质文化遗产，并且拥有较好的旅游资源，现已开发的西江漂流项目深受广大游客的喜爱。2011年被评为奉化市文明村。

条宅村

条宅村位于奉化市尚田镇西南部，大雷山脚下。全村共有 1158 人，420 户，土地面积 4.11 平方千米，耕地面积 630 亩，林地面积 5270 亩。2014 年农民人均纯收入 10156 元。约 950 年前，陈氏祖先从奉化三石村迁移至此，落脚发展。1983 年成立了村民委员会，2004 年条宅、张家滩、范家等 3 个自然村合并成立了新的条宅行政村，主要姓氏有陈、张、范、毛等。

条宅村以条宅龙舞闻名于世，是奉化布龙的摇篮。条宅布龙在民间具有广泛的群众基础，每逢喜庆佳节，民间便有舞龙、赛龙的传统，且规模颇为可观，条宅村也曾多次代表省、市赴京演出比赛，并获全国和省内外大奖。2009 年，条宅村被评为浙江省非物质文化遗产传承基地，2014 年成功入选第二批中国传统村落名录。近年来，条宅村先后获得宁波市文明村、奉化市文明村、奉化市卫生村、奉化市五好党支部、奉化市特色文明村等荣誉。

桐照村

桐照村位于奉化市东部、象山港北岸，与宁海县强蛟村、象山县柴溪村隔港相望。据《奉化市志》记载，五代时已有桐照之名：“后山名高梧，山上梧桐繁生，枝叶对照映辉，故名桐照。”自唐中叶至清末属忠义乡，1949 年称梧山乡，以境内高梧山而得名，中华人民共和国成立后，称桐照乡。1958 年人民公社化后，又称桐照公社。1983 年重建桐照乡，1998 年撤乡建镇。

全村村域总面积 16 平方千米，耕地面积 1840 亩，山林面积 8270 亩，滩涂面积 1655 亩，浅海面积 3798 亩。现有户籍人口 7000 余人，流动人口 5000 多人，全村有 85%的人从事外海捕捞和近海养殖。目前全村拥有大马力钢质渔船 600 余艘，约 80%的经济收入来自海洋，海洋渔业经济收入 10 亿元以上，村集体经济收入 300 万元以上，村民人均收入 2. 5 万元以上。

桐照村背山面海，依山坡而筑，整个村被群山碧海环绕，梧山路以北为古村，呈菜刀形，以南填海建屋为桐照新村。传统建筑主要是清、民国时期修建，错落分布在古村老街两侧，多坐北朝南，其间弯曲小巷，纵横交错，相互连通，房舍鳞次栉比，居住极为密集。桐照村拥有着悠久的海洋文化，有着丰富多彩的民间工艺和民间风俗，如渔嫂歌、农民画及渔民出海祭龙王习俗等。

2010 年 1 月被评为“中国第一渔村”，并在近几年陆续获得了宁波市中心村、奉化市文明村、宁波市渔业互保协会十周年先进集体、奉化市法制宣传教育先进集体和奉化市五星级基层党组织等多项荣誉。

大堰村

大堰村隶属奉化市大堰镇，地处奉化江上游，是大堰镇政府的所在地。大堰村原名大万竹，是一个历史悠久、文化底蕴深厚的古村落，汉时就有人居住（南宋舒岳祥《留耕堂记》记述）。王氏为大姓。王姓约在宋初由柏坑村迁居，北宋时村前县溪筑大堰塨，遂改今名。村子依山傍水、山清水秀。奉化江穿村而过，溪上有廊桥。村前溪流汇入横山水库，是奉化、宁波两地居民的饮用水源地。大堰村人杰地灵，是明代工部尚书王钫和近代著名文学理论家巴人的故里。

明代尚书门第

巴人故居是省级文保点，尚书门第历时 500 年见证了大堰村的过去。丽江风格的大名路、大溪路店铺林立，地方特色明显。村中有迷蝶香、廊桥怡梦、花雨醉等多家风格各异的民宿，还有乡村酒吧。全村总面积 2.57 平方千米，全村有 323 户 907 人，耕地面积 685 亩。2014 年村级集体收入 30 万元，其中旅游收入 10 万元，村民人均收入 8530 元。

象山县

东陈村

东陈村位于象山县东陈乡驻地沙岗村东北1.8千米处。东邻岳头，南接大塔，西靠西庄、洋里，北通北山下，呈块状分布。全村以陈姓为主，占村总人口的47%。

南宋末年，陈姓始祖五十四评事自福建迁象山，卜居姆岭下东南，后子孙繁衍，渐次移居相距咫尺之今地，因号其里曰东陈。嗣后文人辈出，遂立宗祠，兴庙宇，造家谱，至今可查者已有二十五世。始属归仁乡，清宣统二年（1910）属靖南乡。1931年属东陈乡，为乡公所驻地。抗日战争初期属靖南三乡，为乡公所驻地。1944年，靖南三乡改为靖海乡，仍为乡公所驻地。1951年属东陈乡，为乡人民政府驻地。1958年属东陈管理区，为管理区驻地。1961年属东陈人民公社。1983年属东陈乡。

东陈村历来被誉为象山县闻名的文化村。宋代便有八进士。清嘉庆年间，举人陈文昌，以选贡入太学，名噪一时。同治年间，陈之翰为恩科举人，拣选知县，即用训导，著有《绿满庐文集》等。清末，陈汉章、陈畲、陈得善等连连中举。民国时，全村有各类大学毕业生数十人，师范、中等专业学校毕业生上百人，陈中适等还留学日本，被村人称为“洋博士”。

全村村域面积1.35平方千米，现有275户926人，耕地面积464亩，山林1100亩。2014年农民人均收入14500元。

溪里方村

溪里方村位于象山墙头镇南部，背靠大雷山，坐望西沪港，因为村东、西两侧有溪，自源头蜿蜒流过村庄，村民以方姓为主，故而村名为“溪里方”。现为第二批宁波历史文化名村。

相传溪里方村方氏祖伯礼，是方孝孺从弟，进士出身，官至御史大夫，明朝洪武年间从宁海缑城迁居溪里方。民间传说朝廷官兵灭方氏一族，欲至溪里方抓捕方伯礼。在柴溪村，向导回答“居住溪里方”，方言音如“居住千里方”，官兵以为路有千里之遥，风声鹤唳，方氏哪里会不逃之夭夭，又念及方孝孺之忠义，于是糊涂交差，不了了之。又传说，官兵围溪上方，方伯礼躲在溪坑里，沿沟浃而走，乘夜逃到象山，在此繁衍生息。虽不敢以家谱示人，但思念家乡不已，建村命名为溪里方。溪里方村最大的特色，便是保存完好的民居群，雕梁画栋，精致大气，有“九房三堂”之称。这些古建筑连成一片，别具一格，汇聚成100多户人家。大户人家居住的屋子称为“房”，中户人家居住的地方称为“堂”，小门小户人家的屋子没有名头。溪里方村有座屏风山，整座山像一匹静卧的骏马。山上有个岩洞，洞里有尊佛，佛前有个香火盏。

全村共有248户672人，拥有耕地501亩，山林350亩。2013年村人均收入13039元，村集体可支配收入32万元。

溪东村

茅洋乡溪东村坐落在小大雷山脚下，依山傍水、风景秀丽、历史悠久，紧靠溪口水库东侧，依山而建。

溪东村，原名东岙村。据《石氏家谱》载，西汉时期，丞相石奋（史称“万石君”）后裔流散于宁海九江一带。明万历间，髦公年轻时，喜欢农家山川，借外出游览山水之际，寻觅人居佳地。当他出游至象山虎头山下，发现一个山岙地形，三面环山，置身于虎头山东麓，前面白扇山像天然屏障，遥远望去犹如一条青龙环绕三周，山腰中一泉清水四季不涸，汩汩而下，穿村而过，流向田间，蔚为壮观，史称“青龙谷”。1981年10月，由东岙村改名溪东村，2004年8月，由溪东、花露山两个自然村组成，现有278户840人，耕地824亩，山林4309亩。

溪东村建村已有1000余年，拥有古老的人文历史和庙宇文化，其中比较知名的文化遗产就有千年青龙庙、千年蓬莱寺、千年古柏、600余年的石氏宗祠、500余年的古石碾子、600余年的古井4处。

2014年村集体收入11万元，农民人均收入22146元。溪东村先后获得省级绿化示范村、省级园林式村、市级生态示范村、市级文明村等10多项荣誉称号。

东门渔村

东门渔村位于浙江省象山县石浦镇东门岛上，与石浦镇城区隔港相望，唐神龙二年（706）象山立县，它是辖村之一，明代昌国卫从舟山迁到东门。东门渔村北港口为铜瓦门，南港口为东门门头，扼航路要津，历来为海防要地和渔业重镇。该村拥有大马力钢质渔船 240 艘，渔业经济发达，被誉为“浙江渔业第一村”。现有住户 1210 户，人口 3806 人，果园面积 274 亩，山林面积 1799 亩，海水养殖面积 200 亩，全村 80%以上青壮年从事海洋捕捞业。东门渔村山海兼备，风光旖旎，海防历史悠久，岛上古迹、古貌、人文景观众多，海洋文化历史遗存丰富，渔家风情浓厚，是一个“活炭”的渔文化博物馆，以“渔家乐”为主题的旅游业发展势头良好。2014 年村集体收入 98 万元，村民人均年纯收入 32068 元。

东溪村

东溪村位于五狮山麓南首，新桥镇西北部，省道茅石线、县道东旦公路交会点，地理条件优越，交通十分便捷。东溪村历史悠久，据今有743年历史。据《励氏宗谱》载：北宋末，其祖自义乌迁此建村。因沿东溪北岸布村，以溪名村。村内约26姓，其中励姓占90%。东溪村面积纵横2.5平方千米，沿蜡烛台山东南麓块状公布，约1100户，3100余人（其中老人588人），耕地面积1800亩，旱地面积1100亩，山林面积7880亩。中华人民共和国成立以来，为原东溪乡、公社和新桥区驻地，办有以针织为主的工业企业30多家，东溪中学（原中心小学）、卫生院、文化站均设于此。东溪街南北走向，长200米、宽8米水泥路面，沿街各类商店80余家，为主要农贸市场。村内兴办企业9家，为村民提供了大量的就业岗位。

井头村

井头村地处新桥镇西北 5.6 千米，茅石 80 省道线临村东侧而过，沿玉带溪北岸呈块状，东至东沙岭与王兴村毗邻，南至板岭头山玉带溪，西至西沙岭与海台公村为邻，北接海台与里岙村机耕路为界。全村共有近 347 户 1054 人，顾姓占 80%。据民国《象山县志》载，元末，顾氏祖自南田迁此建村，因旁有水井，故名井头。1992 年属新桥镇。现村域总面积 1.66 平方千米，山林面积 572 亩，耕地面积 572 亩，养殖面积 500 亩，是典型的农业村。境内有晒场山、洋坑山、龙头山等山脉，海拔 250 米左右。玉带溪东接外岙坑，西流海台塘，流长约 800 米。有槐花塘等河塘二口，水域约 2 亩。1959 年与山根村人合建尖岭坑水库，库容量 1 万余立方米，供村民饮用水。村民以农为主，种植水稻、番薯、麦类等。历年来修筑拦水坎 6 处，为灌溉农田用。村有古井 6 口，村民自挖水井 40 口。2014 年，村集体收入 110 万元。

勤丰村

勤丰村位居西周镇区域东北面6.5千米，位处君山南麓，三面环山，西南平地，坐北朝南，冬暖夏凉，东临西沪港，南濒34省道，西连乌沙山大唐电厂，北依象山港。勤丰村中华人民共和国成立以前，称勤稼场。据家谱记载：清代乾隆年间，周姓先祖宗茂公自鄞县日湖迁入，崇尚“以勤为本，以俭持家”，取“勤于稼穑”义，即勤于耕种，必有丰收。方言“勤”与“鄞”同音，意思是不要数典忘祖，不要忘记自己的迁居地。中华人民共和国成立后，属莲花乡，1958年取“勤劳才有五谷丰登”义，改名勤丰生产队。1961年称勤丰大队，1983年改为村，1992年属西周镇。勤丰溪穿村而过，水清冽，村居沿溪两侧，“品”字形分布。村民多从事农业，因临海而居，农闲时节，村民从事小海作业。1978年围蚶岙塘，开始养殖对虾、梭子蟹等。全村现有村民226户708人，耕地410亩，山林2885亩，旱地288亩。村民基本以从事农业为主，养殖、运输、经商为辅。村民的经济收入主要以外出务工为主，村民人均年收入12000元。

下营村

下营村位于象山县定塘镇的东南角，距镇政府 3.5 千米，距县内著名的影视城约 6 千米。自清康熙年间陈氏等祖先从玉环迁徙来象，围涂造田、开荒拓园，立村至今已有 300 余年历史。传说村名源于明时朝廷曾在此设立抗倭兵营，但今时兵营遗址已废。2005 年，庙山、地龙两个自然村并入下营村，全村有 576 户，1767 人，山林面积 3799 亩，田地面积 2350 亩。下营村一半村民为陈、罗、许、蔡四大姓后裔，并有陈、罗、蔡三姓古宅、宗祠及一"行馆"等建筑群落完整存世。村南有牛头山，东有双峰山为县内第四高峰，村内道路畅达，风光秀美，民风淳朴。下营村生态环境良好，村人多高寿，80 岁以上老人占全村老年人的 40%以上，人称"长寿村"。

渔山村

渔山村位于象山县石浦镇。清朝初期，由福建兴化等地渔民陆续迁移来渔山谋生，定居南渔山、白礁、北渔山三个岛屿。1955 年春，全岛 100 多户、500 多人由国民党带往台湾，建立富岗新村，俗称小石浦村。1955 年，由政府组织抽调共 30 多人组建渔山村，1985 年被浙江省人民政府定为文明岛，1987 年，象山县人民政府在北渔山立地名标志碑，2008 年被定为国家级海洋生态特别保护区，2013 年被批准为国家级海洋公园。北渔山是国家领海基点岛之一，有上海海关远东第一大灯塔（渔山灯塔）。2014 年户籍人口 588 人，村集体收入 115 万元，村民人均年纯收入 28580 元。

樟岙村

樟岙村在沙岗西南2.5千米处，沿洋山头北麓呈块状分布，因该村有株1200年的古樟而得名。古樟胸径大于3米，枝繁叶茂，苍翠有力。樟岙村以鲍姓为大姓，其次姓谢。自宋朝末年（约1271）至今已有730余年，鲍族世居樟岙村，已有子孙28代。鲍家对山楼清晚期建造，砖木结构三合院楼屋，天井地面弹石铺设。村南庙下坑水源出背后山，旁有一黄家井，据说是村中第一口吃水井，保存至今。“文革”时期建造的绵羊房较有特色，为县内少见。村西东溪岭古驿道，通往东溪、石浦，随着乡村道路建设发展，现已日渐荒废，樟岙村规划对此古驿道进行保护维修，在此举行登山比赛。村中的迴龙桥及青龙桥保存较好。青龙桥跨庙下坑，过桥即是2008年建造的谢才华剪纸艺术馆，建筑气派，装修精美，馆内满目皆是谢才华的剪纸艺术展示品。村域面积3.5平方千米，村庄占地面积550亩，现有户籍人口2925人，村集体年收入89.65万元，村民人均年收入12318元。

中站村

中站村位于定塘镇区西部，距镇区 2.4 千米，沿大漕港东岸呈南北条形分布，下辖一个自然村。清乾隆中期，蔡姓从黄岩迁此围一小塘建村，陈姓于清嘉庆间从县内黄避岙迁入大塘建村。建村围垦时因处大泥塘中部，在一块形若舌状的高地上，故名中搀。方言“搀”“站”同音，后称中站。中站村处处洋溢着浓厚的乡土文化气息，著名的大塘红庙即位于中站村境内，为大塘 9 个村联合纪念“十八先贤”之庙宇已被列为县级文物保护单位。

珠水溪村

象山县珠水溪村位于象山县工业园区西侧，离县城中心不足 4 千米，交通便捷。相传东海边上有一村庄，名为“三香地”，由马塘、里夹岙、谢家三个居民点组成，一共住着 400 户人家。有一年三月初三，身怀六甲的东海龙王之女闻知三香地百姓的疾苦，动了恻隐之心，她化作一只白蟹前来人间了解实情。不巧刚一出海，就被渔民捕获，挑至县城出售。渔民路经三香地村边的一座四板桥，想点一支烟休息一会儿。在渔民点烟之际，白蟹趁机逃至山脚下的水潭潜伏下来。当晚，龙女托梦给三香地族长老：“若要摆脱疾苦，必须择地形而居，并更改村名。”族长老照办，将三香地百姓集中到一地形较好处居住，村名改为“珠水溪”，村后建造了一座迴龙桥（目前还在）。全村共有 245 户 718 人，山林面积 1490 亩，林域面积 160 亩，企业 8 家，村劳动力主要以工厂上班为主。2014 年村集体经济收入 150 万元。该村先后获得过县级环境整治村、县级卫生村、县级生态村等荣誉。

慈溪市

大山村

大山村隶属慈溪市横河镇，位于慈溪市最南端的群山之中。西、南与余姚市丈亭镇接界，东与慈溪市匡堰镇相邻，平均海拔160米，是慈溪市第二高山村。

大山村以戚姓百姓居多，曾叫戚家大山。明嘉靖三十八年（1559），戚继光于浙江广招兵马，成立了戚家军，基本荡除东南沿海一带的倭寇。隆庆二年（1568）戚继光调任，而作为戚家军成员的大山村先辈们则因伤留下，定居于此，从此繁衍生息，日渐人丁兴旺，戚氏一族沿袭至今。

大山村占地4.44平方千米，村子呈东西走向，坐落在四面环山的山坳里。“紫梅依绿茗碧波映山泉，苍松伴翠竹白云缀蓝天”，用它来形容大山村最合适不过。全村土地以山地为主，苍松翠竹连绵成荫，溪流水库镶嵌其里，雨后春笋破土，明前茶山吐绿，拥有良好的自然环境和生态资源。夏天，满山遍野泛红的杨梅，则是村子最主要的产业特色和经济来源。村里种植有3600亩杨梅，大肚山、斧头石岗、小岭岗等山坡随处可见郁郁葱葱的杨梅树。村子中央有一座桥，横跨在淙淙溪涧之上，这是有名的“戚继光大桥”，是戚氏后人艰苦奋进的见证。

大山村是“浙江省全面小康建设示范村”“浙江省兴村富民示范村”。2014年年末，全村有住户377户，人口1157人，山林面积5400亩，耕地400余亩，人均年收入20577.6元，村集体当年收入45万元。

岗墩村

岗墩村隶属慈溪市匡堰镇，位于匡堰镇最南端，为全市第一高山村。

明朝嘉靖间（1522—1566），宁波、绍兴一带兵荒，民不聊生。为躲避战乱，一对方氏母子从宁波镇海方家河头（今慈溪范市河头村）逃难至岗墩深山隐居。后儿子下山娶妻再返岗墩，繁衍后代，为岗墩方氏始祖。始祖方公有妻室三房，共生三子；三子生三子，三子又生三子，即成岗墩方氏“九户头”，九户又各生三子，渐成大家族。胡氏第二十一世迁徙岗墩，繁衍生息，人丁兴旺。岗墩成方、胡姓聚居之地。岗墩原属余姚，设乡，1979 年划慈溪后改村。

岗墩村至今有完好的古道 5 条、古泉井 11 口，有 300 多年的古树，有显突生态居住环境的民国时期的诗句“石蹬盘盘一线天，别教天地辟鸿蒙”“万山晴雪围楼外，一握青天入掌中”“山上寒山楼上楼，苍松翠竹望中收”“石泉争汲双龙眼，鸟道偏夸两凤头”，等等。

岗墩村 2010 年被评为浙江省乡村旅游特色村，2012 年被评为宁波市森林村庄、美丽乡村、幸福家园先进村，2013 年被评为宁波市全面小康村。2014 年年末全村有 257 户，耕地 225 亩，人均收入 18000 元，村集体收入 40 万元。

河头村

河头村位于三北东南部，今属慈溪市龙山镇，是目前国内最大的方姓集聚村落之一。

河头村古时又称河头岙，早在秦汉之时就是一大港口。据说秦始皇东巡达蓬山，便是以兰屿为临时行宫，足迹遍留河头岙，徐福东渡也留下过痕迹。方氏自南宋末由始祖方绅、方天柱父子迁至桃花岭脚下，在此勤劳耕作、繁衍生息，渐成当地望族。

现存河头村格局为双龙风水村，由明初开国功臣汤和于洪武二十年(1387)所构筑，是一处“三山四湖”环抱、“双龙”拱卫的古村落，迄今已有600余年的历史。古村入口处的镇风岭，如一道天然屏障，为河头村村民遮挡风潮。至今村内仍完好地保存着大量明清及民国古建筑，大大小小的古井如明珠般散落在村庄内，两条贯穿整个村落的百年老街则见证着河头村的兴衰沧桑。在村里树龄几百年的古树比比皆是，最令人瞩目的莫过于屿生态公园内两棵盘根错节的“鸳鸯樟”，虽历经500多年的风雨，依然枝繁叶茂、生机盎然。除了古建筑、古井与古树之外，境内古道纵横，桃花岭、仙霞岭古道久负盛名，现为国家级登山健身步道所在地。

2003年，方家河头村被列为慈溪市级历史文化保护区，现为宁波市历史文化名村，国家3A级旅游区。2014年年末，全村有1037户2406人，耕地面积1587亩，山林面积8555亩，村民人均纯收入1.93万元，村集体年收益35.07万元。

任佳溪村

任佳溪村地处慈溪市掌起镇南部，旧属镇海西绪乡。

春秋战国时期，任佳溪一带已有先民活动。到东汉建武初，任佳溪狮子山下形成自然泻湖——灵绪湖，先民聚居生活，烧制陶瓷。据传东汉末年，有名士任奕隐居于灵绪湖畔，读书著述。旧时的《镇海县志》人物传都把任奕排在首位，并称任奕子孙世居灵绪。任佳溪以所居大姓任氏得名，村以溪名。民国《镇海县志》记载："任溪，以邑大姓任氏得名（荥阳集），五都水入灵绪湖。"

现村域面积 8.6 平方千米，由原上宅、下宅、湖墩三村合并而成，有毛竹、杨梅和名优茶叶等土特产。村里古迹甚多，千年古刹洞山寺、宋代古塔、白云洞、摩崖石刻、高山寺、呼童庵、任氏宗祠等。在任佳溪入灵绪湖的出口处建有沙湖庙，以镇风水。

最具特色当属灵龙宫，初建于清乾隆年间，道光年间改建，占地 700 余平方米，重檐歇山顶建筑，是旧时里人敬奉龙神的重要场所。每逢旱情，四方乡邻到此求雨，端午节龙廷庙会的场面更为壮观。1982 年 5 月，慈溪县人民政府公布为第一批文物保护单位。

2013 年，任佳溪被列入浙江省特色旅游村，2014 年被列入第二批宁波市级历史文化名村、宁波市文明村、宁波市生态村、宁波市园林式村庄。2014 年年末，全村有 1050 户，耕地 1896 亩，村民人均纯收入 16497 元，村集体当年收入 35 万元。

山下村

龙山镇山下村位于慈溪市东部，东临滨海区，南邻西门外村，西临329国道，北傍伏龙山。山下村始于南宋，至清康熙二十七年（1688），属镇海县东绪乡管辖。1954年，属慈溪县龙山区龙山乡，后龙山区改为东方红人民公社，山下村为红山大队。1961年11月，红山大队改为龙山公社山下大队。1983年9月，龙山公社山下大队改为龙山乡山下大队。1992年5月，因扩镇并乡，龙山、雁门、龙场三乡合并为龙山镇，山下大队改为山下村，直至现今。

山下村是国家级文物保护单位——龙山虞氏旧宅建筑群的所在地，该建筑系宁波帮代表人物虞洽卿赴上海经商发迹后在家乡营造的中西合璧庭院。村庄文保点众多，虞母亭、继勤堂、百年万顺酿造厂（宁波市非物质文化遗产）等位于村庄南端，与位于村庄西端的虞氏旧宅、山下小学隔河相望。伏龙山位于村庄西北角，山中风光旖旎，古迹众多，构成以千年古刹——伏龙禅寺和以全国滑翔伞基地为中心的系列景观。

山下村先后被评为浙江省卫生村、浙江省旅游特色村等。到2014年年底，村拥有户籍人口2115人，户数926户，暂住人口1719人，耕地面积1813亩，山林3024亩。2014年村社会总产值达2.39亿元，村集体年可用资金120万元，农民人均收入23206元。

双湖村

双湖村属于慈溪市观海卫镇，位于慈溪市区东南 15 千米，由原鸣鹤镇翁家岙、瓦窑头、盐仓三个自然村合并而成。双湖村东靠杜湖，南邻白洋湖，早在商周时期，沿山一带已经有人活动。双湖村历史悠久，江南特色浓厚，素有“慈溪小乌镇”之称。

双湖村人杰地灵。自东晋始，在这片土地上以虞、叶望族为首的名人志士辈出。虞世南的先祖虞耸，曾在这里建造过世界上第一座天文观测站“测天楼”。其侄虞喜，就是利用这一高楼，观测日月星辰的变化，发现了“岁差”。清康熙年间，叶氏一族崛起，举人、进士、诗人、巨贾层出不穷，尤其是叶天霖兴办国药业，开创慈溪国药贸易之先河，鸣鹤被誉为“国药首镇”。

双湖村还拥有自唐代开始的海盐文化。2000 年并入双湖村的盐仓村，从宋咸平元年始建盐场，产盐量位居全省之首。由于宋代盐税是国家经济收入的重要支柱，盐仓也被称为“东南邦赋之最”。

双湖村先后获得慈溪市平安村、慈溪市庭院整治示范村、宁波市生态村、宁波市卫生村和宁波市美丽乡村特色村等荣誉称号，并被评为“慈溪镜头中最美丽的村庄”。现全村总户数 869 户，常住人口 2180 人，耕地面积 1200 亩，山林面积 2200 亩。2014 年人均收入 21630 元。

余姚市

柿林村

柿林村位于余姚市大岚镇东南部，是国家AAAA级景区丹山赤水的所在地，村区域面积6.05平方千米，有耕地3054亩，山林面积6202亩，由三个自然村组成，现有农户289家，人口676人。

村庄四面环山，西高东低，错落有致，布局紧凑合理，村中道路弯弯曲曲、小巷悠悠，是一座文化结构十分完整的古村落，至今已有600多年的历史。由于地处平均海拔为550米的高山台地，境内阳光充沛、雨量丰富、四季分明，柿林村所在地又名“丹山赤水”。早在东汉年间，就有许多道教名士来此隐居修身，被道家尊之为“三十六洞天之第九洞天”，宋徽宗曾御书“丹山赤水洞天”。历代诸多名人雅士到此揽胜抒怀，留下了许多优美诗篇。全村只有沈氏一姓，又村中有一古井，井水清澈纯净，冬暖夏凉，是全村人的饮用水源，故有“一村一姓一家人，一口古井饮一村”之说。近年来，柿林村充分利用本地丰富的山水、人文、红色资源优势，因地制宜，积极引导村民发展旅游等第三产业，依托景区打造农家乐基地，逐渐形成了“游丹山赤水、吃农家饭、住农家居、享农家乐”的山水田园旅游模式，营造经济发展良好氛围。

柿林村先后获得中国最佳山村旅游胜地、浙江省全面小康示范村、浙江省特色农家乐示范基地、浙江省兴林富民示范村、浙江省卫生村、宁波市历史文化名村、宁波市生态示范村等荣誉称号，2014年被列入中国传统古村落保护名录。

天华村

天华村位于余姚市朗霞街道西部，距朗霞街道驻地4千米，以旧有“天华禅院”而得名。东接熊家街村，南与马渚镇开元村相隔，西连泗门镇东蒲村，北毗天中村。村域面积约5.6平方千米，耕地面积4820亩，1396户4445人。

现境原属天华乡，南宋时符姓迁居成为大族。1992年朗霞、天华、新新三乡（镇）合并称朗霞镇。2001年3月天华、张朗、乐城、后禾山四个行政村合并称天华村。村内有“符氏宗祠”，为余姚市文物保护单位，清代建筑，现存二进二侧，头门横七开间，上悬“符氏宗祠”匾，礼堂五大开间加二侧楼；祠堂结构独特，木雕精湛，有八仙、三国等历史故事。祠堂2003年进行修缮保护，2011年进行祠堂后井修建，现为村落文化宫和老年活动中心。“五马山”具有江南“徽派”建筑特色，为清代商人符学公老宅，是余姚市重点文物古迹。

2014年全村工农业总产值6.5亿元，村级集体可用资金1200万元，村集体资产总额4252万元，村民人均收入26898元。

晓云村

鹿亭乡晓云村地处余姚南部山区，距余姚市区40千米，宁波市区60千米。村东邻上庄村，西接中姚村，南连龙溪村，北邻梨州街道，是鹿亭通往梁弄的便捷之路。晓云村村域面积8.1平方千米，有山林面积9255亩，其中毛竹山5950亩，耕地面积487亩，现有843户农户，共2535人。2001年，晓云村由上村、平桥头、洞桥、大溪、羊坑5个自然村合并而成，现共有31个村民小组。晓云村历史文化悠久，前有历史名人褚遂良，后有始建于1944年的新四军浙东游击纵队后方医院。

村境数山林起伏连绵，气候温暖湿润，光照和雨水充沛，冬暖夏凉，四季分明，晓鹿大溪贯穿晓云村，经由上庄，中村流入皎口水库，为宁波市重要的饮用水水源地之一。近年来，晓云村紧紧依托丰富的山林、毛竹、花卉、水电等农业资源，村级集体经济不断壮大。晓云村境内名胜古迹现有纪念历史名人褚遂良的褚氏祠堂，建于清朝时期的大方桥，纪念鹿亭乡抗日战争光辉岁月的后方医院陈列馆及“云河漂流”景点。

新东吴村

余姚市牟山镇新东吴村位于姚西平原西端，西与上虞市小越镇为界，南与上虞市驿亭镇五夫村相邻，北邻黄家埠镇。这里历史悠久、古色古香，处处洋溢着文化的气息，这里经济腾飞、物富年丰，是余姚市乃至宁波市的西大门。村域面积 2.7132 平方千米，2001 年由东吴、西吴、王剡作、胡头堰 4 个自然村合并组成，现有户数 853 户，户籍人口 2438 人。

新东吴村历史悠久，王剡作村马家堰的历史可以追溯到清朝，马家堰河畔建筑古色古香，似乎还保持着几百年前的旧貌，双邑桥上那四只栩栩如生的石狮也在向人们昭示着它那曾经的辉煌。关帝殿古戏台在阳光的沐浴下，越发显得寂静安详。关帝殿古戏台内清一色的圆形石柱，在余姚境内仅此一例。非物质文化遗产黄鳝舞也得以传承下来，在每逢重大传统节庆活动，为周边的群众带来一份祥和、喜庆……

凤东村

凤东村位于丈亭镇东北部，东与三七市镇姚东村相邻，南至萧甬铁路，与胡界村接界，西接渔溪村傅庄自然村，北至半岙村郑家潭自然村，与三七市镇西茅山村相连，因地处凤凰山东首而得名。村域面积6.36平方千米，由官墩、桐岭、周家山、柯家等22个自然村组成，人口2990人，951户，有耕地2587亩，山林6289亩。全村地形南北狭长，北部山区，青翠叠嶂，南部平原，绿茵葱葱，生态环境较好。2014年年底农民人均收入6613元，村集体收入28万元。

凤东桐岭古村位于余姚市丈亭镇东北部的山坳之中。早先，进入桐岭，必须需要翻越一道2500多米长的山岭，岭道两侧松木参天，树荫茂密，山里人几乎每天都要翻山越岭，带着“饭桶”，走出岭外，中午在田头吃些冷饭，傍晚返回。由于桐岭地形优越，易隐蔽和守护，加之群众基础好，抗日战争时期，曾为浙东新四军三五支队后方医院。

山村风景迷人，隧道、水库、旧宅、溪流、山谷、林木、杨梅、古桥交织成一幅绚丽的大自然画图。古村住宅、祠堂、明堂等古建筑为清代早期建造，古朴端庄，整齐幽雅，格局错落有致。村庄四面崇山峻岭，绿水环绕，鸟鸣幽谷，风光旖旎。

北溪村

北溪村位于四明山镇东面，距镇政府所在地约 4 千米。该村住宅大多坐南朝北，村前有一溪从东向北而流，由此得名北溪村。东南与茶培村相邻，西接梨洲村，北连大岚镇大俞村。现村境总面积 8.9 平方千米，有耕地 720 亩，山林 7533 亩。

据《卢氏宗谱》记载，北溪第一世讳文记后唐举进士，后任平章事右丞相。中华人民共和国成立前属于奉化县亭下区，1958 年属奉化县董村乡唐田管理区管辖，1960 年划归余姚，1962 年属四明山公社管辖，1985 年余姚撤县设市时改属梨洲乡北溪村，1992 年撤扩并后改为四明山镇北溪村。村民大多姓卢，据《卢氏宗谱》记载，其祖先是《水浒传》中的玉麒麟卢俊义的后裔。

农业以水稻、毛竹为主，兼有部分杂粮。到 20 世纪 80 年代，引种红枫、樱花等苗木，至 90 年代初花木产业得到了蓬勃发展，目前已形成融产、供、销为一体的花木专业村。第二、三产业以早期的竹箕、篾等手工竹器为主，到 90 年代发展成一家竹木制品加工厂，产品主要销往余姚、宁波以及安吉等地，随着“花木富民，旅游强镇”的方针确立后，北溪村依靠青山秀水、民情风俗之特色，目前开发了水浒风情农家乐等旅游产业。

袁马村

袁马村离姚城25千米，离陆埠中心镇10千米，城乡公交每天100多趟穿梭于袁马村，是重要的交通枢纽。东邻河姆渡五联村、小镇洪山村，南靠鹿亭乡，西接杜徐岙村，北毗兰山村。

袁马村位于陆埠水源上游，是明嘉靖年间阁老袁文荣公故里，浙东区党委，三北司令部，四明公署夏原洪山乡政府所在地。村区域面积12.8平方千米，耕地面积620亩，山村16151亩。全村共有户数1098户，人口3100人，有外来人口1500余人。

袁马村——以袁姓、马姓共居而得名。据《蓝溪袁氏家谱》所述，袁氏为汉太尉袁安之裔，传至三十二孙袁潮自河南汝南县，避兵至四明，悦山水之胜，迁居于此。据《慈水马氏宗谱》所述，马氏祖先从陕西扶风县徒迁于句章蜀山渡，再迁至马家埜（马家），两姓历六朝唐宋元1400多年。曾有袁代宗祠楹联中所书“以伏波为邻”之句，足证袁与马两姓共处一村，和睦相处。

袁马自唐开元二十六年（738），属庆元府慈溪县石台乡十七都。1367年，明朝将庆元府改为明州府，所属区域不变，1381年改明州府为宁波府，区域至清末民国初均未改变。1942年，浙东区党委进驻四明山后，建立民主政权。中华人民共和国成立后，于1954年调整县界时，始正式划入余姚县，归陆埠区管辖，时称兰山乡袁马高级社。2001年4月洪山乡各行政村合并，原袁马村与杨家岭、郑新、上方、陈巴、沿山六村合并为一村。2003年5月，由洪山乡并入陆埠镇，袁马村为陆埠镇管辖。

兰溪村

兰溪村位于陆埠镇建成区内，村委驻地兰溪村，东与五马村相接，南与干溪村为邻，西与南雷村接壤，北与江南村相连，内与上、下街居委地域交错。村域总面积5.1平方千米，全村耕地面积806亩，山林面积2891亩，由3个自然村组成。全村户籍人口2403人，外来人口4000余人。2014年全村集体收入399万元，村民人均收入19151元。

兰溪村历来为四明山东南部与平原交会门户，浙东贸易要地，宋、元已形成街市，明代聚成集镇，至清已是“三里邮亭路，烟留午时尘”街市。目前旧街道经过整修，平坦整齐，主要街道有陆埠大街、老街，两边百货、食品、旅馆、饭店等商业大楼鳞次栉比，大街道南有姚南最大农贸市场。

大隐村

大隐村位于余姚市大隐镇，由原里埠头村、外埠头村合并而成，村委会驻地外埠头。全村有 4 个自然村，共 407 户，常住人口 946 人，外来人口 1820 人。该村东与鄞州姜岱村为界，南与云旱村为邻，西北与学士桥村接壤，位居大隐镇的中心，总面积约 2 平方千米，其中山林面积 1320 亩，耕地面积 465 亩。2014 年大隐村村级集体可用资金 40.64 万元，人均收入 17844 元。

大隐村的石雕艺术历史悠久。村内长命山上的青石，纹理细腻，颜色纯正，坚固耐用，是石雕的上好材料。现在的大隐村石雕并不完全依靠青石，村民们把石雕加工发展成为一个产业。大隐村的石雕艺术品不仅销往全国各地，还跨洋过海，远销到欧洲、美洲等地。大隐村获得宁波市文明村等荣誉称号。

干家路村

干家路村位于朗霞街道北部，距街道驻地 5 千米，东接新新村，南邻朗霞村，西邻杨家村，北与小曹娥镇曹一村接壤。村域面积约 3. 8 平方千米，耕地面积 3450 亩，10 个村民小组，1035 户 3280 人，外来人员 3061 余人。2014 年全村工农业总值 10. 17 亿元，村级集体可用资金 366. 93 万元，人均收入 31674 元，村集体资产总额 2085 万元。

干、黄、许为大姓，旧时有一条大道直达海边，2001 年并村以东干、许家场、黄家路 3 个行政村各取一字，“干家路”由此得名。村内有余姚市大佛寺，明代永乐年间称安仁寺，为余姚古刹之一。1920 年修建称大佛寺，1995 年扩建，总投入 600 万元，寺院占地面积 16 亩，建筑面积 7000 余平方米，寺内有僧侣 12 人，是余姚市第一批旅游景点；红色联络站旧址在黄家路自然村，“吴顺利贳器店”原址为四明山革命根据地联络站，现辟为爱国主义教育场所。

横坎头村

横坎头村于2001年4月由原紫溪村、半山村、百丈岙村、大岭下村、牛轭丘村、横坎头6个自然村合并而成，东有著名的白水冲飞瀑，南有羊额古道，又是“唐诗之路”的重要驿站。相传在秦朝，梁弄集镇黄姓真门支之分支迁居到安山岭下，繁衍生息。因其东南有姚江源头（北斗湾和钱库岭、羊额古道、白水冲等水系）由东南向北流入至安山岭脚，又由东向西流去，形成横溪，为便于横溪两旁的居民行走方便，祖辈们在横溪中砌了双埠石坎，以石代桥，“横坎头”由此得名。

横坎头村村域面积6.6平方千米，人口2514人，农户871户。村内有中共浙东区党委旧址、浙东行政公署、浙东抗日军政干校、浙东银行、浙东报社等旧址，被浙江省人民政府授予“省历史文化名村”的称号。

金冠村

金冠村由金岙、冠珮两个自然村组成。金岙村的历史可追溯到北宋由金姓先人从安徽彭城入岙聚族而居，命为金岙；冠珮自然村则在《余姚县志》中约有记载："冠珮里在双雁乡南山，宋朱廷碧熙宁时拜兵部尚书，致政来姚，见双雁石仓之美而小筑，遂世居焉。石仓如冠如珮，因名冠珮里。"冠珮里即现今冠珮。从史籍史实中可看出，金冠村至今有近千年的历史。金岙与冠珮 1956 年分别成立金岙、冠珮高级社，1961 年改称黄明公社金岙大队、冠珮大队，1966 年更名为黄明大队、繁荣大队，1981 年称金岙大队、冠珮大队，1983 年改为黄明公社金岙村民委员会、冠珮村民委员会，2001 年金岙与冠珮合并，改称金冠村。

金冠村位于余姚市梨洲街道南部山区，村域面积 4. 78 平方千米。全村户数为 579 户，常住人口为 1539 人，享受下山移民政策迁居在阳光小区的有 96 户，有耕地面积 305 亩，山林面积 6065 亩，其中 80%以产毛竹为主，茶山 200 亩。

石门村

“石门”一名，据《余姚市地名志》中记载：今村后高八米之二巨石，仍左右屹立。村名殆出于此。

元顺帝至正年间（1341—1363），罗江罗甫（唐代大臣，官拜兵部尚书）第十二世孙，石门罗氏之始祖罗聪，感石门之绮丽，从罗江迁至石门，子孙世居于此已有670余年。村内保留有纪念唐代书法家虞世南的永兴庙，云顶寺旧址（浙东后方医院曾设在这里），罗家老屋，300余年历史的72处水碓旧址（“菲特”台风中损毁），民国时期的姚慈分界桥（新修），100多年的姜家新屋“安之居”。

石门村地处四明山北麓，位于陆埠镇南部山区，东连陆埠杜徐岙村，西连梨洲街道燕窝村，南连梨洲街道上王岗村，2011年由原石门、鲁岙、下鲁、江沿山、上岗五个自然村合并而成，民国时分属左溪乡一保、九保，1983年改村。全村地域面积8平方千米，山林面积10497亩，耕地面积400余亩。全村住户720户，户籍人口2008人。在抗日战争与解放战争时期，是四明山根据地游击队活动的基地之一。

棠溪村

棠溪村位于余姚市四明山镇西端，东连平莲村，南接杨湖村，西靠芦田村，北与大山村相接，距余姚市 71 千米，离镇 11 千米。棠即甘棠之下，后人爱其树而不忍剪伐，因有棠荫之义。昌朝公慕召伯舍于甘棠下之义，居棠溪之滨，遂名其村为“棠荫”。光绪丙申张应奎寿唐香山太翁七十荣庆诗中尚有“七秩筵开棠荫村”之句，更名棠溪。

村内有东溪和南溪，两溪水向西流入上虞曹娥江，水叶分紧闭，因村内形貌如“海棠一朵”而得名。村东有狮子、白象把守，南有长寿神龟和神马把守，西有凤凰和倒挂龙把守，北有窜天、大鲤精把守，环村自然山貌颇具神话象征性。据《棠溪宗羲》记载，一世祖始崇相公，自邑土地移居而来。北宋 1127 年建村，经过宋、元、明、清、民国等时期，至今已有近千年历史。早从北宋居住起全村以唐姓为主共有十八姓。中华人民共和国成立前属绍兴府嵊县十八都五联乡管辖，当时约有 188 户 407 人。1949 年中华人民共和国成立后棠溪村属嵊县里东区新建乡管辖，1958 年成立芦山公社（社址棠溪），1960 年 10 月因台湾反攻大陆，中央、军委、浙江省委民政厅决定把浙东四明山大山区作为空降基地，同时革嵊县的棠溪、芦田、宓家山、西湖头、白杨树 5 个村，革奉化县唐田、壶潭、北溪、梨洲 4 个村，革余姚县华山、大岚诸村，革上虞县的悬岩、溪山、大山等为余姚县四明山区，统一指挥和调动。2001 年并村时，黄海田村并入棠溪村，现全村区域面积 14.6 平方千米，共有 441 户 1292 人。

中村村

中村村位于鹿亭乡东部，紧邻鄞州章水镇小皎村，村落依晓鹿大溪而建，荷梁线穿村而过，是鹿亭去宁波的必经之路。

历史悠久、风景秀美的中村村，拥有众多的人文、自然景观。区域内主要有金牛山、算坑次森林等自然景观，白云桥、仙圣庙、古戏台、中村战斗纪念碑等人文景观和舞龙、沙船、抬阁等民俗风情资源以及竹木制品等风物特产。其中白云桥为省级文保单位，仙圣庙为市级文保单位。

目前，全村面积 8.2 平方千米，由中村和算坑两个自然村组成，全村现有家庭户 730 户，人口 1965 人。现有耕地 930 亩，茶山 145 亩，毛竹山 4460 亩，薪炭林和用材林 4168 亩。中村村先后获得首批中国传统村落、宁波市第二批市级历史文化名村、余姚市文明村、余姚市先进基层党组织等荣誉称号。

镇海区

十七房村

十七房村，宋时称路沿郑村，明代始称郑氏十七房。十七房村位于镇海区北麓，与慈溪市交界，西临329国道，南有沙河站，内外交通便捷。居宅河网密布，水资源丰富，又是宁波东排工程最重要一处出口处。十七房村被誉为商帮吉祥之地，宁波帮的摇篮，人才辈出，江南富甲。

十七房郑氏自700年前的南宋即将灭亡之时，由郑公靖侯从河南荥阳卜居于澥浦镇和尚塘下，史称“路沿郑”。靖侯公为周王室周宣王母第郑恒公的后裔，在路沿郑始建东房、西房、中央房。到了明代，郑氏繁衍很快，东房郑东沧名奎，排行十七，其父命其开辟新宅，因其称十七太公，故新房名为“十七房”。东沧公即为十七房始祖。十七房也因此得名，一直沿用至今。

十七房民宅

全村郑氏民宅建筑群总占地面积8万余平方米，现存建筑面积4万余平方米。十七房村现今的民宅绝大部分为清中晚期建筑（也含有部分明代建筑），马头墙，错落有致，三合院、四合院鳞次栉比，誉称全国第一。它是继唐、宋、元、明建筑之后，是清代民宅建筑达到高峰时期的最后代表作，是清代建筑的典范。

十七房村全村占地面积480多亩，耕地1215多亩；居民1100户，常住人口2494人，其中郑姓四成以上。2014年村集体可支配收入285万元。

鄞州区

走马塘村

千年古村走马塘位于鄞州姜山镇，地处鄞南平原，依傍奉化江支流东江。人称其为“四明古郡，文献之邦，有江山之胜，水陆之饶”。村中明清古建筑众多，民风淳朴，文物古迹众多。历朝历代，这里出过76位进士，被誉为“中国进士第一村”。据记载，它始建于北宋端拱年间(988)，当年陈氏从江苏长洲迁此歇脚居住，至今已逾千年。当时长洲进士陈矜任明州知府，死后葬于茅山，其子为父守陵，带家眷定居走马塘，遂成为今走马塘人的祖先，至今已传38代。今天存放在宁波天一阁的《陈氏家谱》，清楚详细地记载了这个家族的千年变迁。

民居

村中明代建筑目前保留下来的尚有8处，清代建筑更是比比皆是，另外三幢民国时期具有西洋痕迹的建筑也极为典型。古村建筑以飞檐和石窗最具特色。石雕花窗的雕刻艺术令人惊叹，窗上所饰各式图案，人物类有“八仙”中的张果老、蓝采和、吕洞宾等；文字类有“福”“乾”等，寓意丰富深刻。古村最精妙的石窗在新祠堂后面的一条小巷中，古建筑学文献中将其命名为“浙南石窗”。石窗雕刻细致，并且可以开启自如，和木窗并无两样。走马塘村独特的水系，也是一大特色。全村由四条河流环抱，有紫来桥、西沈桥、庆丰桥等于河上，联系各水系。东邻漕、邵家漕、蟹肚脐、后王漕、徐家漕散落其间，还有十余个大小参差、形态各异的小池掘于村中。走马塘先民建造的水系能泄能排，形成了完备的河网防务系统，能使村民最大限度地抵御旱涝和火魔的侵袭。

李家坑村

李家坑村位于宁波市鄞州区章水镇，村民主姓李，至今已在这块土地上生活了近400年。2014年村集体收入已达670余万元，村民人均年纯收入达9500元。

李家坑村地处四明山革命老区，村东是周公宅水库，南依巍峨的四明山，西与余姚大俞交界，北邻余姚大岚镇，距丹山赤水景区仅1千米。李家坑村靠山而居，依溪而建的民居疏朗有致。据传，李家坑李氏的始祖叫李龚荐，字龄一，系南宋进士、吏部侍郎李景祥的十六世孙，明末清初自永康迁居李家坑，从此繁衍生息，耕读传家。因村落建在溪坑边，故名李家坑。

村内民居大多为清中晚期和民国年间的建筑，房子以木结构为主，布局讲究，层次分明，多为格局对称的四合院。新屋通转是李家坑村最大、保存最完整、装饰最精美的四合院：台门上题“凤跃鱼游”，正楼两厢和门屋浑然一体，正门槛窗的八对栓斗样式各异，窗闩上有穗状雕饰，细腻雅致，内院檐下一圈十二个牛腿是一套雕工精细的圆雕人物，栩栩如生，极具观赏价值。村内还有宗祠建筑李氏家庙。李氏家庙始建于清康熙末年，2010年重修，亦为四合院建筑。

南头村

南头村是咸祥镇著名的历史文化村落之一，辖金家高墩、七份头、后史家、王口江、桥头、前施家、南叉（chan）、南头横 8 个自然村。村域面积 1.39 平方千米，其中村庄占地面积 520 亩，耕地 1003 亩，林地 19 亩，水面 21 亩。户籍人口 1389 人，常住人口 1590 人。2014 年村集体收入 81.3 万元，村民人均年纯收入 17940 元。因位于老皇塘外南面尽头，故名“南头”。千百年来，勤劳智慧的当地百姓以惊人的毅力围海造地，捕鱼种棉，艰苦创业，共同在这块热土上创造了“渔俗文化”“制盐文化”“鲜食文化”“围垦文化”。南头人民，以其独特的风俗民情，为咸祥和鄞州辉煌的历史和文明增添了光彩。

咸六村

咸六村位于咸祥镇政府东南1千米，曾名咸七村。该村民国末期为咸祥乡第七保，1949年5月废保甲建村，按序数排列为咸七村。农业合作化初期，建有七一、和平两个初级农业生产合作社，1956年升级为民建、和平两个高级农业生产合作社。1958年10月人民公社化运动中合并为旭光（大嵩）公社咸祥大队（管理区）第六耕作队。1961年撤销大公社建立咸祥公社后改称咸六生产大队。1968年建立大队革委会。1983年政社分设，改建为咸六村，建立村委会，隶属咸祥乡（镇）。全村村域面积2.5平方千米，其中村庄占地面积640亩，耕地1130亩，林地2068亩，水面41亩，户籍人口1683人，常住人口2098人。2014年村集体收入123.52万元，村民人均年纯收入17200元。

宁波市鄞州区东南、象山港北岸，原先只是一片海涂、一个盐场，明代成陆。嘉庆年间，盐场之名雅化为“咸祥”，民国时建镇。千百年来，勤劳智慧的咸祥人以惊人的毅力围海造地，捕鱼种棉，艰苦创业，在生产劳动中，创作了民间百作手艺，其中一项是灰雕工艺。灰雕的主要原材料——蚵灰，是用浅海中捞上来的贝壳煅烧而成，咸祥镇背山面海，得天独厚，煅烧蚵灰业发达，因而灰雕工艺产生也有千年历史。

蜜岩村

蜜岩村坐落在风景秀丽的四明山的东南，距宁波市区（县府所在地）35 千米处。蜜岩建村已近千年，村中 90%的百姓都为应姓。据《应氏族谱》记载，蜜岩应氏居此历时已 870 年之久。鄞州的应氏，起源于唐长庆年间（约 820）的应彪公，官拜明州刺史，其子肃，跟随父亲，一同上任到鄞州，后固家于鄞。初择居鄞江光溪（唐时县治）。至刺史之十二世孙（约 1120 年宋始南迁时）应高时，方迁至蜜岩村定居。

蜜岩村锦鸡山下的海澄庵（俗称道观）在山中放养大量蜜蜂，加上蜜源充足，久而久之，蜂蜜竟溢流到山岩上顺着岩缝往下流入山脚的清潭内。村南的狮子山因此称为蜜岩山，山下龙潭因此而成为蜜岩潭，村落也因此命名为蜜岩。蜜岩山上的祭天坛即为道观所建，蜜岩村落的规划布局即按照道家的《内经图》设计，难得的是现今蜜岩村的整个布局基本完整。应氏族人在他们的族谱上是如此描述的：左“青龙”（樟溪河紫气东来），右“白虎”（锦鸡山雄卧村边）、前“朱雀”（蜜岩潭深如谷宽如江）、后“玄武”（龙山、望海尖、四明七十二峰），还有“狮子山”（蜜岩山）和“白象山”把守。从蜜岩山顶往北望去，正方位穿过蜜岩村中轴线，对应北斗星。狮子山上是祭天之地，设有祭天坛，白象山下则设祭地之坛。

村里的祠堂，如今保存下来的只有桂馥堂。在光绪三十二年，村人应维青在这座祠堂里创办过愈愚国民学校，是新式学堂。而在它近旁，旅沪村人应文生与其儿子应桂馨，创办了崇义学堂。后来，两处合并，成了最初的蜜岩小学。村里有一座清代的石拱桥叫万安桥。蜜岩村的很多老房子都是木结构的长排屋，一些老房子的构件规格都很高，村里应该有过名门望族的光辉岁月。

北仑区

民丰村

民丰村位于东海象山江北岸，四面环山，面积 3.06 平方千米，距春晓镇中心区 9 千米，北仑城区 19 千米。东临象山江畔，南衢鄞城区瞻岐镇，西接东南佛国天童寺，北通大海线与 329 国道衔接，直达大碶北仑。四周青山簇拥，九条山脉犹如九条青龙，汇集村中九龙潭，具有九龙抢珠之象。四季交替分明，气候宜人，山上植被茂盛，自然生态呈原始状，山清水秀、空气清新。当时周氏祖先将上周岙的山水风景，归纳为十大景点，记录在《周氏宗谱》之中。根据民丰村《周氏宗谱》记载，民丰村周氏祖先约在宋末元初时，从鄞南茅山迁居于此，距今已有 800 多年历史了。现存清代民宅 6 处，祠堂 1 处，另有明代古渠等建筑遗存多处。

江北区

半浦村

半浦村位于宁波市江北区慈城镇最南端，紧临姚江，是宁波市十大历史文化名村之一，历史悠久，名人辈出。南宋末年，宋理宗朝宰相郑性之避战祸辗转隐居此处，古称鹳浦，亦称灌浦、官浦，谓取灌溉农田之意，清代定名为半浦。

村南有古渡遗迹，尚留有天灯石柱；村中有二老阁、进士第、中书第、郑家祠堂、周家祠堂等24处文物古迹；二老阁，清康熙年间郑性所建，以藏书著称于世，一度与宁波天一阁比肩。有郑溱、郑梁、郑性、孙衡甫等历史名人。半浦村人文故事浓郁，围绕着二老阁的郑氏三代人与明末清初的思想家刘宗周、黄宗羲、万斯同等人关系密切；孙衡甫曾任四明银行行长，并出资助建半浦小学、慈浦公路、宁波灵桥等善事。半浦民间故事为宁波市村落非物质文化遗产，传承800余年，代表作品有《半浦地名趣谈》《二老阁故事》《林则徐三访半浦》《祠堂习俗》《古礼祭师》等。

2014年年末，全村有农户1342人，耕地2501亩，有龙虾基地340亩，葡萄、梨头等水果基地280亩，花卉苗木基地900亩。村民人均收入22859元，村集体当年收益46万元。

宁海县

许家山村

许家山村位于宁海县东部，现属茶院乡许民行政村，距县城 13.5 千米，全村有 277 户，总人口 720 人，分张、叶、胡、王四姓。据宗谱记载：南宋末年，右丞相叶梦鼎后人叶大卿父子自东仓避乱至此定居，至今已有 700 多年历史。

许家山村区域面积 4718 亩，现有耕地面积 821 亩，山林面积 3008 亩。因地处山坳，村内空气纯净，凉爽宜人，是得天独厚的“天然氧吧”，也是理想的避暑胜地。村内劳动力多外出打工，现有在村人口 200 余人，以务农为生，兼营旅游业，村民们至今还延续着牵牛耕田、制番薯粉、制番薯干、酿土酒等传统农家工艺。

许家山石头村是县内现有建筑群规模最大的石屋古村，整个村落坐西朝东，近 300 户石屋依山而筑，独具山乡民居原始之美。许家山村的石屋大多为清中晚期至民国建筑，采用了当地特有的玄武岩堆垒而成，总体风貌保存完好。此外，村内石院、石井、石巷、石桥、石路、石凳、石避水等遗存触目可见，叶氏宗祠及古戏台古韵犹存，见证了许家山的沧桑风云，也展现了该村原始、古朴的人文特色。2010 年许家山石头村被评为第五批“中国历史文化名村”。(编写：徐巧琼)

东岙村

东岙原名东洲，明代朱元璋巡游至此谕“山间平地应为岙”，故改称东岙，一直沿用至今。该村史上很长时间隶属台洲，现为宁海一市镇管辖。东岙村位于宁海最南端，三面环山，一面临海；北望状元峰，层峦叠翠，涧泉成溪，分东西环村南去；西接台州，天台山脉至此驻足，千年风土相承；南临旗门港，东折出龙头，经三门湾，奔腾入海，被史学家胡三省誉为“东连云峤近乎蓬莱，西接爱山而通天台，南挹中山而显秀气，北坐五峰而崔巍居中”。

东岙村历史悠久，隋末唐初，即有周、陈、娄、费诸姓定居，后又有王、褚、林等相继迁入，北宋年间，周、郑、陈等家族依托旗门港，置大船、兴海运，远航日本，成为三门湾地区海上丝绸之路发源埠，盛极一时。村亦因海运而集聚，杂 50 余姓，成宁海出南门第一大村。现有 1230 余户 3700 余人，村域面积 16 平方千米。全村产业主要以水稻、小麦、枇杷、猕猴桃等种植为主。1990 年围垦旗门塘，进行海塘养殖，为村民主要经济来源。2014 年村民人均可支配收入 12000 元，村集体经济收入 100 余万元。

东岙村文化底蕴深厚，北宋航帮总舵周氏后人周弁弃商就学，1061 年中进士，为宁海史载第一位进士；其五子皆登科，有“一门六进士”之称。乡人受此激励，自此学风蔚然。《陈氏宗谱》有十八学士之记载，王姓则有王应子、王应渭、王应杰、王愚可等举人、贡生达数十人之多。至今留存有唐代假山，倒官殿，王、褚、陈、林各姓祠堂，航帮道地，七姐妹湾等遗迹。自明代始的元宵吃馏民俗沿续至今，被浙江电视台拍摄专题片《发现东岙》。2014 年，东岙村被评为宁波市第二批历史文化名村和第三批中国传统古村落。（编写：陈方梁）

力洋村

力洋村位于宁海县东部力洋镇。村域面积7.3平方千米，其中村庄占地面积1500亩，多为平原。现有耕地2432亩，林地4933亩。户籍人口3857人，常住人口4587人，主要姓氏为叶、冯。2014年村集体收入158.55万元，人均年纯收入6882元。村庄离县城23千米，周边有茶山、力洋水库、力洋溪。

力洋村始建于唐代而盛于宋、元、明、清。村内居住着应、胡、冯、叶等诸姓居民，其中以叶氏人口为最。力洋叶氏自清康熙年间从岭峧迁居于此，以渔樵耕读传家，家族得以迅速壮大。现存力洋古建筑多为叶氏古宅，共有19处，其中保存完好的12处，无不精雕华饰、结实牢固，具有相当规模。另有古寺庙与古树若干。叶氏家族有叶梦鼎、叶颂清、叶水夫等名人，盛传茶山龙、如海等民间传说，有十里红妆婚嫁风俗及剪纸工艺等特色文化。

据考证力洋村至少有1200年以上历史。南宋丞相叶梦鼎在力洋岭脚捐资建庵“沥阳集庆庵”读书，距今也将近800年，此时力洋已具有完整村落。清朝雍正六年设庄，“沥阳”改定名为沥洋庄，后集市兴起，又称沥洋街。民国以来，力洋历经建乡建镇，都是乡镇治所。抗战时期，宁海东部设文正区，辖力洋、长街等九大乡镇，文正区区署设在力洋。中华人民共和国成立后，力洋是力洋区和力洋乡两级政权治所。1958年10月，宁海、象山两县合并为象山县，县城设在力洋。1962年，宁海县人民政府将“沥洋”改为“力洋”，地名演变至此固定下来。（编写：杨小娣）

力洋孔村

力洋孔村隶属宁海县力洋镇，位于力洋镇北5千米茶山南麓，力洋（金塘）水库上游，距县城20千米。因村初建近力洋，孔姓居住，故名为力洋孔村。力洋孔村孔氏先祖为孔子北宗一支，明朝洪武年间辗转迁至力洋孔村居住。全村现有168户，人口508人，人均收入7580元，村域总面积1.8平方千米，其中耕地面积316亩，山林面积5400多亩。

力洋孔村，背靠盖苍山（茶山），面向浩淼水库，青山、碧水、蓝天、白云，两岸桃花夹古津，风光优美，环境宜人，人称世外桃源。村中古迹众多，600多年的古树，美丽传说的洗珠古井、喜鹊潭，刻有“孔、傅”等字样的省级文物古碾子，三排九间明清双层古建筑，古朴静谧，文化底蕴深厚。现村中在原先“中央道地”上建有文化广场，树有孔子石像，建有孔子书屋，还有修复的大成庙、仰高门、杏坛，新建别墅错落分布于古村间。夜不闭户，路不拾遗，“脚踏檐阶一杯茶”，儒家文化弥漫在村庄各处。2008年以来，力洋孔村先后获得省（市）级文化村、市级环境整治村、市级村落文化示范点、市级全面小康村示范村、县级廉政文化进农村示范点、县级卫生村、县级乡风文明示范村等荣誉称号。现在力洋孔村正努力挖掘孔子文化底蕴，通过祭孔、冠礼与孔子文化学术报告等活动，弘扬传统文化精神，“教传百世恭宽信厚惠仁义，觉醒万民诗书礼乐易春秋”，打造“孔村蕴文化，美景醉人心”生态文化旅游古村。（编写：袁伟望）

联溪村

联溪村坐落在宁海出西门至黄坛街的徐霞客游线古道上。村庄离本乡镇距离 1 千米，村庄离县城距离 8 千米，交通便利发达。村周边有杨溪、龙眼潭、黄坛水库。村落形成于 1300 年前，是位于宁波市宁海县西面黄坛镇的行政村。

黄坛是宁海出西门第一镇，历为台甬、台绍古道交会通衢，如今沿海高速公路与省道甬临线穿境而过。黄坛早在唐朝建中年间就有村民定居，两宋显贵门间，明清儒商名流，代有人出，交通发达，商业繁荣，以“黄坛三堂”为代表的古迹古建筑，为“东乡大湖谷，西乡黄坛屋”民谚作了最好注脚。

联溪村户籍人口 720 人，常住人口 1120 人，90%以上都是陈姓人家，其他林、潘、邬等少数姓氏，多为入赘或迁徙或外来打工的，也曾用陈家村名。村谱里，陈姓始祖第一世记载于唐建中时期。现有村域面积 3 平方千米，地形地貌以平原为主，有耕地 270 亩。2014 年村集体收入 18.1 万元，村民主要经济收入来源是创办企业、打工及手工业。

村保存有姓氏家谱一部。村原有古祠堂、古桥、古牌坊以及一座 48 孔长 168 米的雄伟古桥等已在岁月中湮没，尚存一座 120 年历史的古寺庙和村口一株 200 年的古树，有九节布龙以及与之配套的龙舞音乐等市级非物质文化遗产，还有古时盛名超越前童古镇（现在前童行会已被列入国家级非遗）的元宵行会及制品手工艺传承。（编写：杨小娣）

岙胡村

岙胡村隶属宁海县梅林街道，位于梅林街道西侧。村原名项岙，属古代明州（宁波）至台州的交通枢纽，有多姓杂居。明初，祖居城内盛家街（现水角凌）的胡文捧携家人迁徙定居于此，渐成胡姓聚居之地，遂改名岙胡。目前全村共有260余户，总人口735人。截至2014年年末，全村耕地面积410亩，山林面积1985亩，村集体桔场50亩，村民人均纯收入近1.7万元。

岙胡宗祠古戏台为省内稀有的三连贯藻井戏台，建于清代中期，至今有300余年历史，仍保存完好，并于2006年被评为全国重点文物保护单位，现属国家非物质文化遗产。村内有一禅寺名“尚山禅寺”，始建于清乾隆年间，群山围绕，望之如宝莲相托，故又名“宝莲寺”，该寺曲径通幽，现修葺一新，展现了独特的宗教文化。

岙胡村拥有着良好的人文环境，三面环山，环境整洁，村庄内还留传着传统的制酒工艺。岙胡的番薯烧酒香气四溢、供不应求，每逢酿酒时节，家家都在烧番薯、蒸煮米饭。此外还有木作、制陶艺术亦曾闻名一时。岙胡村村民热情好客、勤劳善良，现以务农为主，农产品丰富，另有多人经商创业，村内办有企业8家，吸引外来务工人员300余人，本地人与外来人口和谐共处、亲如一家，是远近闻名的文明村。该村曾先后获得省级文明村、省级卫生村、宁波市千村绿化工程示范村、宁波市生态村等多种荣誉称号。（编写：徐巧琼）

仇家村

仇家村隶属宁海县梅林街道，位于梅林西翼3千米处，现有中巴车直达仇家村，交通便利，穿村而过的相见岭古道系古时连通甬台温的交通要道。该村由仇家和杏树两个自然村合并而成，仇姓人口占70%，另有吴、谢、华三姓约占30%，拥有居民600余户，人口1800多人，耕地700亩，山林1.1万亩。

仇家村内建有仇氏宗祠，南靠雷婆头峰，北望大殿岗。宗祠门口有一抱联，联曰“宋代名臣起，湖山望族长”，讲述了仇氏先祖仇愈精忠报国的丰功伟绩。梅林仇姓为南宋名臣仇愈后裔，时金国侵宋，仇愈临危受命，与岳飞联手抗金，共保国土。仇氏子孙牢记先祖遗志，自迁居宁海900年来，英杰辈出，武术代有传人，村里至今存有先祖仇愈的著作和兵器。

作为仇家村的“湖山十景”之一，雷婆头峰深受国画大师潘天寿喜爱，家乡的青山秀水熏陶了他的艺术灵性，成名后，潘天寿自号“雷婆头峰寿者”，以此寄寓他对家乡的怀念。如今，雷婆峰下的国家健身步道像一条彩带，将湖山十景如珍珠一般连缀起来。拥有900年历史的仇家村至今古韵犹存，村内有衍庆桥、螽斯桥、双板桥等5座古桥，以及普云寺、云渡寺等4座古寺。现存数个中晚清老道地建筑特色明显，构造考究，展示着宁海工匠精湛的建筑工艺。村民勤劳仗义，制陶、制酒工艺历史久远，传统制陶（仇家缸瓮）曾远销宁绍等地，现尚存一批手工艺人；传统酿酒习俗经久不衰，现仍有酿酒人家近百户，有糯米老酒、糟烧、番薯烧等，陈酿醇香可口、远近闻名。（编写：徐巧琼）

团结村

团结村位于宁海西南隅桑州镇东南面山区，距镇区约9千米，由南山、黄罗洋、夏家3个自然村组成。全村共有耕地面积286亩，山林面积1218亩，农户301户，人口857人。夏家自然村地处屿南岗上。据当地《夏氏宗谱》记载，夏茂长于明正统年间（1436—1449）自黄岩灵山举封里迁西埝（夏家）。村存有被国家林业部门列入一级保护的树龄在500年至800年以上的罕见古树群，与周边石屋、竹林、茶园、绿坡相处相融构成独特的自然美景。黄罗洋村位于桑洲官山西坡的山腰。据《海游章氏宗谱》载，距今约800年前，章云浦自海游迁居黄罗洋。云浦父再十曾于宋嘉熙三年（1239）向海游广润寺助银，为祈望田畈上金黄稻谷盛满萝，每年有好收成，称黄罗洋，是屿南岗15个自然村中历史最悠久的村庄。该地最出名的是村下的麻源水帘，是《宋嘉定赤城志》记载的宁海两个名洞之一。因“有洞深广，可坐数十人，瀑水沿崖而下，日照如晶帘，盛夏有寒气”而成为当地著名避暑胜地。南山村山坡缓延，村民有长期在梯田上成片种植油菜渐成习惯。阳春三月，漫山金灿，煞是壮观，充满别样的山地风情。

团结村村民以外出务工（砌石）经商和发展茶叶等农业经济作物为主要收入，2013年村民人均纯收入6241元。近年来全村一边积极开发“望海茶”基地，一边挖掘推出风味独有的传统饮食手艺——“桑洲麦饼”，构思着“绿茶古树人家”的发展新蓝图，借此推进茶叶产业和旅游业。目前团结村正以“家家种茶，户户烙饼”的形式规模诠释着山乡独特的景致，为悠然和谐的古村落添注了更加浓厚的人文色彩。（编写：娄美琴）

龙宫村

龙宫村隶属宁海县深甽镇，位于宁海的西北，地处新昌之东，天台华顶山北麓。龙宫村历史悠久，唐代为杨氏、庞氏聚居地，宋代以后陈氏一脉兴隆，独秀至今。据龙宫《陈氏宗谱》记载，陈姓始于陈仲和（1091—1153），于北宋宣和年间（1119—1125）由新昌平湖迁居龙溪。自此，陈氏族人在此地落籍生根，代代繁衍，发展至今已成为一个有近900年历史的古老家族村落，村内99%的居民为陈姓。迄今为止，龙宫村居住着700余户人家，2000多村民。龙宫，曾名“龙溪”，又名“窦溪”，到明正统，“龙宫”作为村名正式定名。龙宫村山水资源丰富，自然风光奇秀，“龙文化”是其一绝。村舍依溪而筑，故有“前门开开溪水涌，后门开开麻雀叫”的景象。龙宫村有保存完好的古民居建筑36处，整体风貌为晚清至民国江南农村建筑风格。走进村子，古道、古宅、古碾、古祠、古寺、古集、古意扑面而来。村内有国家级文保单位1处，国家一级保护古树4株，村西南至今还存在一条7千米长的汉代石砌古驿道，历经千年仍保持完好的路面和生态环境；县级文保单位五处，古寺、古庵各1处。龙宫历史文化底蕴深厚，集福禅寺内藏有明朝早期《华严经》一套。2012年被列入中国传统村落名录，2014年3月入选第六批中国历史文化名村。（编写：王亚明）

马岙村

马岙村隶属宁海县深甽镇，位于宁海县西北部。它东接本镇龙宫村，南依天台大同山，西壤新昌三坑村，北邻奉化大公岙村，为四县毗邻之地，是个历史悠久的古村。马岙原名马坡村，相传原住民多为马氏，五代后周显德四年（957），新昌五峰俞氏（原籍山东青州东杏）九世祖俞仁厚迁入后，繁衍生息，人丁日渐兴旺，渐成宁海望族，如今俞姓村民占九成以上，而村仍名“马岙”。马岙村方圆约22平方千米，山多田少，虽通四县之地，但由于被群山环绕，运输不便，先民多以种植水稻、砍柴、烧炭、畜牧为生。村人极重宗法传承，现有宗祠三座，均保存完好。大宗祠名永思堂，为六世族唐刺史稠公家庙，创建于明万历八年，民国五年重建而成；义祠建于宣德初年，乾隆十四年迁建于新址；小祠堂为祖堂，始建于后周迁居之时，后迁至桥棚新址，距今也有近600年历史。大宗祠边有“黄道街”，长38米，宽2.5米，石板铺就，族谱记载此地段原为南宋二十二世祖殿前将军俞极宗府第，为感皇恩而铺石为街，取名“黄道街”。村中早年还有杏坛、素庵、芳泉、�泉、五峰等五个书院，供弟子读书，现无存。2014年年末，全村有农户850户，耕地1600亩，山林31000亩，村民人均纯收入7500元，村集体当年收益75万元。（编写：黄海清）

清潭村

清潭村由清潭、上陈、上张3个自然村合并组成，位于宁海西北25千米的深圳镇以西山区，九峰环抱，物华天宝，山清水秀，上建紫金石塔，古称清潭为“九龙抢珠”之地，有“里岙八景”之胜，自然生态环境良好，为浙江省文化名村。

清潭村村域面积20平方千米，其中村庄占地面积400亩，多为丘陵地貌。清潭村现有耕地1307亩，林地8665亩，户籍人口2007人，常住人口1342人。村主要姓氏为张姓，约1800人。2014年村集体收入70万元，人均年纯收入7500元。

清潭古村具有近千年的历史，奉张质为始祖，为汉名臣之后，系张良后裔聚居村落。有保存完好的古民居、古祠堂、古桥。双枝庙古戏台有“缑北第一庙”之称，被列入全国第六批重点文物保护单位，初名灵隐庙，建于明正德年间，明万历年间进行修缮，1911年间重修，占地近千平方米；有建于清光绪九年的飞凤祠，包括仪门、祖堂、二厢楼、古戏台，斗拱藻井、方口、圆攒尖，尤为珍贵的檐枋彩绘，20余幅戏曲场景十分完好；有始建于北宋的紫金岩塔，又称罗星水口塔，为“护村镇邪、振兴文风”的风水塔；有建于清光绪十三年的双涧桥，村口跨溪双孔块石拱桥，桥长19米，宽5.4米，孔跨7.7米，高7米，至今桥体完好；还有花阊门、花车门、六马头、石板道地、长道地、仁房道地等。

宋明时期的清潭村，有大小书院20余所，最有名的叫文望书院，叶梦鼎、胡三省等在这里教过书、讲过学。清潭村民风淳朴，文化底蕴深厚，世代有耕读之风，历代科举入仕者有五六十人，如北宋大学士张盛、南宋宝章阁相张佁等。村中清廉大义、勤劳勤学、尊祖重孝之风代代传承。（编写：杨小娣）

三省村

三省村位于宁海县深甽镇西南部，距县城30千米，西连新昌，北接奉化，属丘陵地貌，北山高陡而南面平坦开阔。村域面积1.2平方千米，耕地面积616亩，山林面积4588亩，其中茶园200亩。全村442户，总人口1446人。农民人均收入10367元。

三省村由中胡、岩头里、老屋、大庄4个自然村组成，并以中胡村为中心，呈“一”字排开。中胡村至今已有近900年历史，始祖为胡瓘（1046—1094），于北宋神宗元丰年间（1078—1085）从会稽新昌（今绍兴新昌）迁入，其长子胡绅择居中胡，繁衍生息，渐成胡姓聚居之地，秉承着“耕读传家，学而优则仕”的传统理念。宋元之际，史学家胡三省出生于此，更有胡元叔、胡世佐、胡世佑、胡义冕、胡伯源、胡伯可、胡天麟等俱登皇甲。村中胡氏宗祠为民国时期重建，现仍保留旧地名有马园、前厅、串堂、中央石街、后堂、大瀑潭、桥棚、百丈街、梅涧井、下车门、梅涧桥遗址（梅涧桥正在修复中）。村南东边有荷花塘，村西与山脚连接处，有2米多宽的山涧穿村而出，因涧边山上多植梅树，故称“梅涧”。胡三省墓在村西坡上，两侧镌有对联：“青山不为折腰辱，长使寒梅伴涧芳。”墓饰刻有“司马功臣，爱国史家”。三省村林木资源丰富，世代多以手工造纸业为生，代代传承。三省村曾获得省级文明村称号，注重传统文化建设，充分挖掘、做好胡三省文章。目前已集资建成胡三省文化主题广场、梅涧休闲公园，成功创建森林村庄，并拟创办胡三省读书会场所，展示三省文化名片，传承三省内在精神。（编写：叶国秀）

岭口村

岭口村位于西店镇西部，北与奉化市接壤，西与深甽镇相邻，距县城25千米，村子背靠杉树岭，东临香岩山，西枕洪泉山，南接长洋岭，故名岭口，由岭口、牌门舒两个自然村合并而成。

岭口村因地处香岩山阆风山麓，古称阆风里。唐大中十三年（859），时封天龙大将军的舒师锡进驻宁海平乱，后举家从余姚迁徙到这里定居，繁衍生息，成为舒家始祖。舒氏一族一开始居住在花架山麓一带，后迁徙到牌门舒、塘下、岭口等村，历史上文人荟萃、才子辈出，出生在牌门舒的舒岳祥是宋末元初浙东一代文学师表。岭口村建村千余年，民风淳朴，文化底蕴深厚，历史遗迹保护意识强，村内现存有保护较好的明清古建筑30多处，村内古道、古桥、古井、祠堂、牌坊一应俱全，有建于明景泰年间（1450—1456）的舒氏宗祠敦义堂、嘉庆二十四年（1819）建成的舒氏公井元吉井、光绪十年（1884）建成的阆风桥、光绪十二年（1886）建成的碧云亭等，村子周边现存有唐、宋、明、清四条古道。

岭口村为省级文明村、省级卫生村、全省妇联基层组织建设示范村、省农村基层党风廉政建设示范村。全村共有510户，户籍人口1520人，现有耕地面积1150亩，山林面积3500亩，村内有企业51家。2014年社会总产值3亿元，工业总产值2.8亿元，村民人均纯收入18761元，集体可用资金56万元。（编写：黄海清）

箬岙村

箬岙村，隶属宁海县一市镇，原名东城，位于宁海县城南，三门湾西岸，东临大海，三面环山，整个地貌形如燕窝，又若凤巢。箬岙村始迁于明朝永乐元年（1403），褚裕卿、褚德卿兄弟自本县牛台迁此，迄今已有612年的历史。历经600年沧桑，经过几代人的努力，现今的箬岙已成为800人口的殷富古村。

褚姓家族第一世祖褚世民，南宋理宗时曾任浙江省绍兴嵊县“学谕”，重耕读，奉孔孟之道，“鑿井耕田风近古，闲来击壤乐升平”，因此褚姓后人承先遗泽，孜孜自读学而不废，曾有“代代有鸿儒，举村无白丁”之说。箬岙建村以来，先后建有植桂、引之堂等五个书院。明、清两朝有“秀才”37名，故有“书香门第”之称。据说，同治七年戊辰，宁海知县孙熹曾巡视到此，见箬岙村小而读者众，亲手书“植桂书舍”以资嘉勉。

最能体现箬岙村历史文化内核的是保存完好尚具规模的古建筑，其中“褚氏宗祠”“城门桥”“老城墙基”“近智堂”“近仁堂”“道地门楼”，还有“后门山”“角三背”等景观为最。这些古建筑多属清代建筑，门户威严，庭院舒畅，雕梁画栋，美轮美奂。2003年3月，被宁海县人民政府公布为第五批县级文物保护单位。（编写：王亚明）

梅枝田村

梅枝田村隶属宁海县越溪乡，位于宁海东南部、白峤港畔。

始祖田均振为田什将军第十四代后裔，为避战乱于南宋开庆元年（1259）从宁海城关迁居梅枝，繁衍生息渐成田姓聚居之地。中华人民共和国成立前此地曾设立过乡公所，中华人民共和国成立后命名梅枝田村，现由上田、隔坑、肖支湾及小梅枝等四个自然村组成。

梅枝田村古称梅里，围月山而居，明代有古洞仙踪、狮刹晨钟、九皋灵岳、曲港渔歌、双溪垂钓、青屿雪浪、牛山牧歌、七星追月、角井饮泉、灯台夕照十景，历代相延。整个村落布局合理，选址精巧，显现堪舆学“大风水”的概念，尚保存集中成片并较为完整的明末清初及民国年代的古民宅，比较典型的有祥下、新楼下、高堂等21个大小道地。

田氏家庙，建于明朝嘉靖年间，为田氏族人为尊宗敬祖而建的祠堂建筑，类似冠以家庙的祠堂在宁海屈指可数。家庙坐东朝西，建筑面积1200平方米，木结构品字形，中三间大殿，马头墙，南北建两厢，中天井，西戏台。内挂历代官府赠送匾额8块，最早可溯清乾隆年间。庙前三大门，中间两旁立石鼓，庙外立石旗杆架。每年的清明，田氏家族都要在家庙中祭祖，场面庄严隆重。田氏家族以耕读传家为训诫，历代文风盛行，人才辈出，远近闻名，素有状元村之称。1908年，宁海县第一家村级小学诞生于梅枝田村，后规模扩大，现已撤并。从这所小学里共走出了五位黄埔军校的学生。村有寺庙多处，如天灯寺、关帝寺、白鹤庙、瑞福寺、如意庵等，最早可追溯到晋朝。

2014年，梅枝田村被列为第三批中国传统村落。全村455户，户籍人口1475人，村域面积2.5平方千米，人均收入4600元，村集体收入3.5万元。（编写：葛兴林）

王干山村

王干山村隶属宁海县越溪乡，毗邻白峤港、三门湾，距城区 20 千米。据《王监山王氏宗谱》记载，始祖王珩为避战乱，于元末明初决意仕进游学于此，越溪苏赞公许女助资筑室监山，繁衍生息，遂渐成王姓聚居地，至今近 700 年。

王干山村村民依山而居，散布于王干山顶（海拔 168 米）。山海资源丰富，四周群峰围绕，南有前山头，北有中山头，西有烟灯岗，东有岩山。站王干山之上，5000 亩双盘涂、万亩蛇蟠涂一览无余，近千亩跳鱼基地阡陌纵横，日出日落，潮起潮落，遂成“东海日出，沧海桑田”之胜景。

王干山村文化底蕴深厚，现有千年油盐古寺、明戚继光抗倭遗址烽火台等人文景观。油盐寺旧名崇寿寺（又名石头寺），据清光绪《宁海县志》记载，该寺建于北宋乾德二年（964），大中祥符三年（1010）改为延寿寺，后又改为油盐寺，寺内有千年不枯的佛井，寺所在的岩山有八仙石洞、石桌和棋盘等景观。王干山烽火台为戚继光抗倭遗址。明抗倭名将戚继光曾沿浙东沿海设计构筑了许多座烽火台，以备战时联络与军队的调度。嘉靖四十年（1561），倭寇大犯浙东，戚继光坐镇越溪巡检司，取得首战大捷，现今王干山烽火台是三门湾畔宁海境内保存最完整的烽火台，也是当年戚家军取得首战大捷的见证者，具有重要的历史纪念意义。近年来，王干山村立足现有生态休闲资源和独特山海人文资源，规划并推进发展休闲农家乐旅游经济。2014 年国庆期间，因中央电视台在此直播东海日出景观而使该村声名鹊起。2014 年年末，全村有农户 103 户，人口 313 人，耕地 366 亩，林地面积 397 亩，海水养殖面积 120 亩，人均收入 9500 元。

西岙村

西岙村，距离宁海城区30余千米，位于长街镇东北6.5千米王家岭西面山岙间，因名西岙，古称西洲。村民以陈姓为主。北宋时期，陈姓先祖自福建迁居于此，至今已有1000余年历史，为宁海县最古老的村庄之一。现有340余户1140人，2014年人均收入7200元。村域总面积5平方千米，其中耕地面积1000余亩，山林面积6500亩。

西岙村，山明水秀，人杰地灵，文才辈出，古迹名胜众多。历史上有“兄进士，弟进士，兄弟四进士”的登科盛举，有“生同乎里，仕同乎朝”的“四姓合祠”：受南宋度宗褒奖的四位同朝同村良臣右丞相陈吉甫、发运使郑霖、国子祭酒周成童、翰林学士王良宠，合祠方式，国内罕见，号称“四大名宗”。村内拥有省级非物质文化遗产项目——正月十八夜“游大龙”，并保存有古祠堂、古道、古桥、古墓、古寺、古牌坊、古石碾等多处文物古迹。其中距今700余年的南宋寺前桥、祠前桥、惠德桥，桥上莲柱、柱头石狮、“素云圭角”如意云纹饰、雕刻莲花海棠梅花等花卉的龙门石（横锁石），极具特色，所采用拱券石与券脸石交合构造，造型优美，与张择端《清明上河图》中所绘虹桥相媲美，村内更有“石桥钓月”“曲水留香”等八景点缀。西岙村已被列入第二批中国传统村落名录。西岙村古村保护已进行全面规划，将以丞相文化、南宋文化为灵魂，以白岩山、车岙港山水风光及生态观光旅游和绿色农作物种养体验基地为补充，多方位展示西岙古村的历史风情和山水风光，打造成为宁海知名的“丞相故里、南宋古村、诗意山水”生态休闲文化旅游基地。（编写：袁伟望）

竹林村

竹林村离县城13千米，由原来的七星、七宝、七贤3个自然村合并成为前童镇的第一大村。全村共有1464户4392人。历史建筑占地面积600余亩。据《竹林王氏宗谱》载，五代时期，王姓迁入前童，宋嘉祐年间迁入竹林。另《竹林里居考》记载：竹林之名，由古时该处多竹而得名。竹林村建村时间为938年，现在拥有大量的历史建筑，以传统道地、古道、祠堂为主。道地中比较完好的是在明清时期显示富有的石板名堂，也留存很多清朝时期富有特色的建筑物：三个大祠堂，另有大车门、花坦鼓、花车门、花桥、弯洞桥、三角桥等古建筑。古街遗迹内一条清渠围绕而过，两侧古建筑房屋鳞次栉比，无不显示着当时的繁华昌盛和深厚的历史文化底蕴。

竹林村东头有一棵1200多年的“五叉樟”，高18米，胸围15米，巨身五叉分开，如五条虬龙盘旋而上，尤为壮观。“五叉樟”中空内径6米，底土面积40平方米，构成一座可容10多人的天然木屋。昔日常有村民在其中宴饮、娱乐，既可避暑纳凉，又无栉风沐雨之虞。据专家考证，此树年龄在1200—1500年，为国家一级保护古树，有“浙江第一古樟”的美誉。

竹林村世传五匠手艺（木匠、泥水、雕花、漆匠、石匠），特别是木匠和漆匠尤为闻名。漆匠又将彩漆工艺和泥金工艺结合为“泥金彩漆”这一特殊的漆器工艺，受到市场的青睐，2010年被列入国家第三批非物质文化遗产名录。（编写：娄美琴）

嘉兴市

海盐县

澉浦村

澉浦村隶属海盐县澉浦镇，位于南北湖风景区东侧，2001 年由原澉浦村和凤凰山村合并而成。

澉浦于唐朝开元五年（717）开始建造，北宋沿袭。直至北宋晚期，澉浦主要以产盐著称于世。淳祐十年（1250），澉浦当时已有“小杭州”之称。澉浦村至今还保留着较多文物保护点，较有名气的分别为澉浦城墙遗址、陈德志民宅、凤凰山摩崖石刻、凤凰泉井、毕宏述故居、孙湾民居。澉浦城墙，位于澉浦西门（肃武门），明洪武十九年（1386），为防倭寇入侵，始筑城墙。其中自然村孙湾，相传是因东吴大帝孙权族人居住之地而得名。孙湾的凤凰山东麓有宋代摩崖石刻，“南国子华营父坟于山南，淳熙六年春”十五字。其中一处小山吴山（吴家山）来历，又与元代大画家吴镇家族有关。山西孙湾有古井，为名泉之一。另有非物质文化遗产——蚌精灯舞，又称“渔夫与蚌精”，是流传在澉浦地区的民间舞蹈，现被列入嘉兴市市级非物质文化遗产名录。“海盐骚子”于 2005 年被列为省民族民间艺术保护工程专业试点项目和第一批浙江省非物质文化遗产代表作名录。

2014 年，澉浦村被列为省级历史文化村落。澉浦村现有农户 702 户，耕地 1137 亩。2014 年年末，村民人均纯收入 20774 元，村集体当年收入 321. 3 万元。

永新村

永新村吴家埭隶属海盐县澉浦镇，位于澉浦镇东北侧，东与秦山镇北团村相连，南与秦山镇永兴村相接，北与通元镇雪水港村毗邻，山连山、河通河，环境优美。

永新村吴家埭自然村是由吴姓、鲁姓、张姓等族组成，以吴姓为主。根据吴家老人回忆，吴家一族是“大船吴”的后裔——吴和的子孙。在宋朝末年，吴家人分乘三艘海船从杭州出发，沿着钱塘江东来，其中一艘船在澉浦海面侧翻，船上人只得就近上岸在山边住下，其余两艘驶向了绍兴；吴家在澉浦的这支就在这里买地置业定居。元代吴家一度海上经商成为巨富，人口众多，形成了吴家埭。吴家埭最有名的当属其出产的山毛笋，每年的三四月间，吴家埭山毛笋以脆甜不耗口而受到大众欢迎，相传吴家埭山毛笋的这一口感还与朱元璋有关。

永新村先后获得省级全面小康建设示范村、省绿化示范村、市绿化示范村、市级文明村等荣誉称号。2013 年，永新村吴家埭被列为省级历史文化村落。永新村现有农户 661 户，耕地 3250 亩。2014 年年末，村民人均纯收入 18750 元，村集体当年收入 125 万元。

文溪坞

文溪坞隶属海盐县秦山街道，位于老沪杭公路西侧，属丘陵地貌，三面环山，一面临海。文溪坞别名畚箕坞，宋时（1230）《澉水志》已有文溪坞地名。明嘉靖年间董谷《续澉水志》记载：“隐马山分二支，两山如巷，有村落，奇秀幽僻，俨一桃源。”

文溪坞早在古时就已名为海盐十二胜景之一，雅称“文溪寻幽”，村内山清水秀、绿树成荫，古人喻之小桃源。村子东侧有一狭长池塘，取名马河。唐宋时期在马河的池底筑有一条土堤，从红山脚沿百家塘到隐马山脚。到清代时，文溪坞大屋里先祖任盐务官，组织百姓从马河中间筑起一条马道，两侧种上树木，直到20世纪70年代中期，马道尚存且土质坚硬，车行自如。村子西侧有一处马鼻泉，古书记载“巨石中有二孔，以形似名，深藏池底，恒不见，唯天旱地涸时涌出。二孔一清一浊，一寒一温。泉水色白味甘，下有顿坎，约二石许，汲干即盈，不汲亦不溢”。民国二十三年闹大旱，当地村民见证了这一传奇。在明清时期，文溪坞就有种茶采茶的历史，产自坞内隐马山的文溪龙井茶于1991年被评为农业部优质产品。村庄内民风淳朴，邻里和谐，“节妇化蝶”“孝女葬父”等故事在民间广为流传。

2013年，永兴村文溪坞被列为省级历史文化保护村落。现有户籍人口169人，耕地面积151亩，林地面积600亩。2014年村民人均纯收入21028元，村集体经济收入90万元。

嘉善县

北鹤村

北鹤村隶属嘉善县姚庄镇，位于申嘉湖高速公路北侧，区域面积3.25平方千米，素有姚庄的大西北之称。因四周环河，盛产黄桃，又名“浙北桃花岛”。

北鹤村前有白毛河（又名白鹤河），后有北姚浜，各取一字而得名北鹤村。红旗塘与和尚塘横贯全村，西与西塘镇东汇、地甸两村相邻，北与丁栅俞汇接壤，东临横港村，南接武长村。村里有个自然村叫白毛河，早年此河常有白鹤登栖，河形又像白鹤，故名白鹤河。村以后因当地方言“鹤”“毛”字音演变为白毛河。清光绪《嘉善县志》已载白毛河。

北鹤村气候温和，季节分明，雨量充沛，特产丰富。除种植水稻外，家家都有果园，种植的黄桃、黄花梨已在县内外闻名。特别是以黄桃产业为依托，积极发展农业生态旅游，小桥、流水、桃花让无数游客流连忘返。在此基础上以“农家乐”为主要形式的乡村休闲旅游业得到突破性发展，已建成“农家乐”休闲区、水韵风情区、垂钓乐园、桃韵广场、桃园采摘区、锦绣亭、白鹤亭、休闲小木屋、观光台、桃源、清凉游廊等景区（点）。

北鹤村荣获浙江省文明村、浙江特色旅游村、浙江卫生村、全国绿色小康村、浙江绿化示范村、农家乐特色村、全面小康示范村、兴林富民示范村、浙江省十大生态旅游名村等称号。2014 年年末，北鹤村共有农户 363 户，耕地 3026 亩，村民人均纯收入 10200 元，村集体当年可支配收入 232.91 万元。

丁栅村

丁栅村隶属嘉善县姚庄镇，位于申嘉湖高速公路北侧，北依沉香荡、南邻洪字圩港，区域面积6.88平方千米。丁西公路、姚丁公路贯穿全村。

丁栅原名六塔，原址在剑字圩东北湾上。明朝万历至崇祯年间的工部尚书丁宾进京做官后，其家属在屠家浜北岸建造府宅，并在镇四周河、港水面建栅栏，以防盗贼，镇因此得名。清光绪《嘉善县志》载“丁家栅，治东北三十里，明丁氏居此”。光绪初年形成市镇，民国时名丁家栅镇，后来由于行政区的修改之后并入姚庄镇，改名丁栅村。

丁栅村位于丁栅水乡生态旅游区入口，村落自然环境优美，绿化率高，四周河网密布，拥有得天独厚的优势，农户临水而居，房屋错落别致，散发着浓浓的田园气息，具有典型的江南水乡风貌。当你来到丁栅，无疑置身在水乡泽国。碧波荡漾、绿水涟涟的河荡中，游弋着的龟、鳖、鱼、蟹，飘扬着洁白的芦苇花，传唱着千年的田歌……

丁栅村先后被评为省级全面小康农村新社区、省级绿化示范村、省级卫生村、省级行政村示范化档案室、市级卫生村、市级文明村、市级生态村等。2014年村集体可支配收入160多万元，农民人均年收入25600元。

东云村

东云村隶属嘉善县大云镇，位于沪杭高速公路浙江接轨上海浦东的第一出口处——大云出口处东侧，沪杭高速公路和善江公路穿村而过。东云村地处江南水乡平原，河港交错，水网纵横。

大云古名蓉溪，又名净众。北宋乾德二年（964）建造净众寺；治平二年（1065）改称大云寺，因寺而人烟渐多，集聚成市，故而以寺名名之，谓之大云。明、清属胥五区，清光绪年间（1875—1908）形成市镇，当时的东云与甘泉同称西律圩。中华人民共和国成立之初称甘泉村，1953年析出称东云村。之后几经调整、更名，直到1999年最终定型，名东云村。

东云之胜，独在于水。“小桥，流水，人家”的规划格局和建筑风格，处处绿波荡漾，家家临水映人。无论是稻耕、渔牧、船桥、民居，还是服饰、饮食、信仰、习俗，无不体现水文化底蕴之深厚。

东云村气候温和，季节分明，雨量充沛，特产丰裕。水，是东云村的灵魂，稻作、舟船，是东云村生产、生活的代表。船，过去是东云人生产、生活必须备用的工具，现在成了游客观光、休闲的道具。

东云村近年获得省级文明村、市级卫生村、市级生态村、市级优美庭院示范村等荣誉称号。2014年东云村有576户，耕地2922亩，村民人均纯收入28578元，村集体当年可支配收入88. 95万元。

洪溪村

洪溪村隶属嘉善县天凝镇，位于申嘉湖高速公路天凝出口北1千米。

洪溪村下辖塘上、西周浜、中龙港、洪港岸、北汇头、高浜、蔡家浜等7个自然村。其中高浜自然村，因村民种植茭白而被称为茭浜。当地方言“茭”“高”同音，后叫为高浜。“高浜”这个称呼一直沿用至今。洪溪村人杰地灵，村民民风淳朴，兴学重教之风世代相传，其中影响最广的要数顾氏家族。洪溪村顾氏家族的历史可以追溯到明代，当时，顾氏家族为了躲避战乱，途经洪溪时见到这里河网如织、风光秀丽，便在此安顿下来，繁衍生息。

高浜老宅已有几百年的历史，原有五厅，是顾姓大宅，属于明代建筑，“文化大革命”时曾改为粮仓。该厅占地118平方米，坐北朝南，两阔三间，通面宽8.7米，进深10米。厅内梁架及北面雕花落地门窗保存较好，中间梁架为五架梁，前单步，后双步，带前廊。厅南现存内河埠2座、八字形河埠1座及船坞残存石柱（原两座船坞）6根，总长28.9米。顾家厅虽然结构比较简单，但梁架、雕花保存较好，并且还有保存完整的河埠。顾氏家族历来倡兴文风，重视教育，后代以教师、会计等居多，最为杰出的代表是中科院院士、地球物理学家顾功叙。

洪溪村荣获全国“妇联基层组织建设示范村”、全国“民主法治示范村”、浙江省“全面小康建设示范村”等荣誉称号。全村总面积 1.38 平方千米，总户数 561 户，户籍人口 1696 人，耕地面积 1308 亩。2014 年村级可支配资金 263 万元。

渔民村

渔民村隶属嘉善县姚庄镇，紧邻太浦河，距320国道30千米、318国道10千米。

据《嘉善县志》记载，全县59只大小湖荡中丁栅占有20只，占总数的33.3%。宽阔的水域、丰富的资源引得四方渔民来丁栅、俞汇捕捞并长期定居，形成了当今的浙北水乡最后一个渔村——姚庄镇渔民村。该村是以养殖、捕捞生产为主的专业渔民村，是嘉善县唯一的现代渔业园区。

村内非物质文化遗产资源主要有竹编技艺、腰鼓、莲湘等，而从事非物质文化遗产延续和展示的工匠、艺人和参与人员有100多人。渔民村既有丰富的非物质文化遗产，又是一个旅游景区。渔民村的村民世代以捕鱼为生，风雨飘摇的渔船就是他们的家，在20世纪70年代，村里的部分渔民上了岸，他们不仅在岸上定居下来，而且还围湖造塘开始养鱼养鳖的生活。

渔民村景色秀丽，气候湿润，生态优越，具有浓郁的江南湿地风光，又有先进的无公害现代化生态养殖基地，成为融休闲、观光、旅游为一体

的现代休闲渔业新村。村先后获得“浙江省卫生村”“嘉兴市文明村”“全面小康建设示范村”“县级生态村”“嘉善县绿花示范村”等荣誉称号。2014 年渔民村有 190 户，水面 1600 亩，村民人均纯收入 25325 元，村集体当年收入 31.4 万元。

海宁市

尖山村

尖山村位于海宁市黄湾镇，南临钱塘江，东侧与海盐县相临，以村域内有大、小尖山而得名。

尖山观音寺

尖山村历史文化底蕴浓厚，清雍正十三年（1735）副都统隆生奉敕建造的尖山观音寺，位于小尖山巅，历史上香火很盛，游客如云，有“夜普陀”之称，与杭州玉皇山齐名。原庙共有大殿三楹，东西配殿六楹，前有垂花门、御碑亭、钟鼓楼、前山门、庙东建御座亭。清高宗乾隆于1762年、1765年两度登临，并御题匾额“补陀应现”“海阔天空”，御题柱联“耳观海潮音非彼非此，心源甘露品大慈大悲”“台临上下空无际，舟织往来波不兴”。相传，“红嘴绿鹦哥、金镶白玉嵌”（菠菜豆腐汤）的名肴，乾隆皇帝就是在这里尝到的。1938 年 8 月 7 日寺庙被日寇焚毁，现已在大尖山西麓选址重建。尖山村现为浙江省旅游特色村、省兴林富民示范村、省农家乐特色村。2014 年年末，尖山村有农户 1514 户，耕地 5082 亩，村民人均纯收入 24955 元，村集体当年收入 85 万元。

路仲村

路仲村位于海宁市斜桥镇北部，毗邻桐乡，村域面积 5.1 平方千米，全村共有 24 个村民小组，1230 户，人口 4900 人，耕地 5222 亩。2014 年度全村工农业生产总值 10.3 亿元，村级集体经济收入 81 万元，农民人均收入 24490 元。

路仲村内有一个年代悠久古村落“路仲里”，现是一个居民、村民合居的古村落。“路仲里”的名称，据考证“路仲”应为名，“里”则为行政区域名。“里”作为古代的一种居民组织，先秦以五家为一邻，二十五家为里；八家为邻，三邻为朋，三朋为里是先民世代相传沿袭，一直叫下来的名称。“路仲里”是一座典型的江南水乡古村落，南北长约 150 米，东西宽约 300 米，占地面积约 4.5 公顷。村落许多店铺房屋临水而筑，住

德义桥

家枕河而居，这些依水凌空而筑的水阁房，在清冽河水的衬托下显得飘逸而别具一格。古朴典雅的石桥，高高围墙的庭园，都散发出水乡古镇恬静的韵味。旧时的盐号、油坊、米行、粉坊、竹铺、药铺、豆腐坊等遗迹，依稀可见，尚存清末民初之格局。古村落还保留着德义桥、德风桥、张子相宅（明厅）、朱淑真故居、钱君匋祖居等古迹。整个村落不大，却名人

辈出。南宋有女词人朱淑真，明代有礼部侍郎吴太冲、刑部侍郎陆子孟，清代有湖北学使管式龙、成都知府钱保塘、著名史学编志学者管庭芬、学者陆家淑，现代有植物学家钱崇澍、医学家钱崇润、动物学家钱燕文、装帧篆刻书画家钱君匋、中国第一代水彩画家张眉孙、收藏家钱镜塘、外交家朱黎青、新闻学者朱汝谐……其人文底蕴之深厚，可见一斑。自宋朝后又逐渐形成“张、钱、朱、管”四大家族，钱家大宅院、管家大宅院、朱祥福大宅院、张家大宅院，现在所能看到古村落的基本轮廓就是在这一时期开始逐渐发展起来的。

桃园村

桃园村位于著名的观潮胜地海宁市盐官镇中部，距海宁市区 20 千米，01 省道南侧，南接杭浦高速公路，交通便捷。桃园村是由原桃园、众联、莲花三个村撤并而成的平原村，区域总面积 5.7 平方千米，辖区内 26 个村民小组，1128 户农户，总人口 4436 人。2014 年全村实现工农业总产值 4.8 亿元，村级集体经济总收入 309 万元，农民人均收入 28102 元。

桃园村也是马家浜文化和良渚文化主要传承之地，村里有千金阁遗址，有休闲垂钓的观看台和神奇的九曲桥，还有美丽的桃园村传统农耕文化园。

桃园村获得全国民主法治村、全国妇联基层组织建设示范村、全国人口与计划生育示范村、浙江省先进基层党组织、文明村、卫生村、全面小康示范村、兴林富民示范村、美丽乡村等荣誉称号。

平湖市

金家村

金家村隶属平湖市当湖街道，坐落于当湖街道最南端，新07省道依村而建，杭浦高速公路（G15）横贯全村。

明宣德五年（1430）平湖正式立县，当时李墩隶属二十一都。中华人民共和国成立后重新进行区域调整，将李墩村调整为前进乡属牌楼、张家泾行政村。2000年将李墩村和金家村并为目前的金家村。

金家村有新石器时代的遗址“李墩遗址”，经钻探确认，遗址总面积约3.09万平方米，文化层厚1.3—1.45米。经普查在遗址地表采集到印纹硬陶片、泥质红陶片和夹砂红陶片等，器型包括陶钵、罐等，纹饰有席纹、米字纹等。在以往普查中，曾在此处采集到夹砂红陶、泥质红陶、黑皮陶各种陶质等包括罐、鼎、豆、釜、纺轮等器型的各类新石器时代遗物，以及商周时期的有曲折纹、编织纹的印纹硬陶片。2002—2003年遗址土地曾经过平整，原有高墩被严重破坏。2004年6月公布为平湖市文物保护单位。金家村又有清光绪期间的牌坊“望重内台坊”，位于金家村杨家浜自然村，东侧隔坟池浜与李墩遗址相望。现存台坊立柱两根，立于农田中，柱为花岗岩质地，相隔2.43米，西侧一根据地表高4.47米，东侧立柱高5.52米。立柱地面以上部分为讹角柱，地下部分为圆柱，柱子上端及中部均有卯口，立柱边长0.13—0.3米。据光绪版《平湖县志》卷五·建置下·坊表：“望重内台坊。其阳栾世柱史。为叔侄御史马曦、马昆立、李墩。”

金家村还有抗日战争时期的掩体（碉堡）。该批掩体共25座，分布于广陈塘至乍浦塘之间的河神塘北岸，其中圆柱形掩体23座，多边形掩体2座。

全村总面积2.89平方千米，耕地面积3339亩，有13个村民小组，总户数801户，村民2951人。2014年村集体可支配收入55万元，农民人均纯收入21250元。村先后获得“嘉兴市生态村”“浙江省旅游特色村”“省森林村庄”等荣誉称号。

龙萌村

龙萌村位于平湖市东北，广陈镇北面，东、南相邻港中村，西与新埭镇以河为界，北与上海市接壤。明清时，属武原乡东十九都西区。民国二十四年（1935），龙桥、洪九属新仓区广陈乡，水圩属新埭区时大乡，实行保甲制，后划归广泗乡管辖，后又属泖南乡第十保中八甲、十五保全部，十四保中一甲，共25甲。1950年春废除保甲制，现辖区建龙桥村、洪九村、水圩村（时属新埭区石桥乡）三个行政村，属新仓区港北乡。1954年，龙桥、洪九组织起两个初级农业社，1956年合并为龙桥高级社港中七社，1958年10月，人民公社成立，龙桥与跃进社（李马、牛桥）合并为港中人民公社第七农业大队。1959年1月，成立萌芽大队。1981年地名普查后更名为龙桥大队。1982年4月调整规模，分为龙桥大队、萌芽大队。2000年11月，龙桥村与萌芽村合并为龙萌村。

古桥新兴桥位于广陈镇龙萌村洪家浜12号西北30米，该桥始建于清嘉庆甲戌年（1814）。木雕传承源于清宣统年间，由东阳一位姓张的木雕艺人到广陈居住，收徒传艺，龙萌村陆荣奎就是其中之一。乡村记忆馆建于2013年，收集了村内保留下来的农耕文化，展示了龙萌人的聪明才智以及邻里和睦、崇文尚德的精神。

村先后被评为省级卫生村、省级特色旅游村、省级森林村庄、省级民主法治村。2014年全村经济总收入19750.3万元，人均纯收入24352元，村级集体经济收入241.03万元。

马厩村

马厩村隶属平湖市曹桥街道，地处曹桥街道南部，东邻当湖街道通界村，南邻海盐县西塘桥街道大宁村，西连野马村，北邻严家门村，距街道办事处南偏东 3.5 千米。

据《平湖县志》记载，春秋时期，齐国国君齐景公曾受命寻猎来到吴地，古称“大易”。相传为齐景公驻军养马之所，古称马厩，后人在他的“蓄马之地”造庙祭祀，建造起齐景公大王庙，简称马厩庙，因村驻地马厩庙集镇，故名。

村里有马厩庙大桥（省保），马厩遗址（市保），大坟山墓（市保）三处文物保护单位以及手马灯市级非物质文化资源。马厩庙大桥，明天启《平湖县志》有“厩马桥”记载，光绪《平湖县志》载有“马厩庙桥光绪年间重修”，现桥是民国十八年（1929）重建。马厩遗址于1980年被发现，面积为 12 万平方米，文化层厚 0.85 米，可分为良渚文化、青铜时代、东周序列。采集有良渚文化的陶器、石器；青铜时代的印纹硬陶；东周的原始青瓷和印纹硬陶等。遗址东至毛家村到马厩庙大桥的南北向小路，南至金黄公路，西至堰西村东浜、高剅浜，北至塘子堰桥北侧 225 米，总面积约 21 万平方米。遗址南部有一条东西向的赵泾港河（曹兑港），东部有一条南北向的小浜，金黄公路南北向穿遗址中部而过。大坟山又名“鲁附翼家族墓地”，地表原有高墩，占地面积约1000 平方米。《手马灯》源于马厩庙地方，古人为纪念齐景公功德，立庙祭祀，并在马厩庙会上表演跑马戏、跑马灯。为使跑马灯活动形式更丰富、表演更灵活方便，有人仿照马的形状创造性地制作了手马灯。《手马灯》获北京第三十一届春节龙潭庙会全国优秀民间花会展演金奖。

2008 年获浙江省旅游特色村、2013 年获浙江省森林村庄荣誉称号。村区域面积 5.4 平方千米，耕地面积 6185 亩。2014 年年末，全村有 1076 户 4096 人，人均纯收入 23159 元，村集体当年收入 50 万元。

姚浜村

姚浜村隶属平湖市新埭镇，位于镇东部吕青公路北侧。清代属二十四都，民国后期属泖南乡第十保。中华人民共和国成立初期为南厍乡姚果、黄泥、范张3个村，1957年为大新高级社，1958年属前港公社第九大队，次年为大新大队。1961年起属南桥公社并拆分为姚果、范张、黄泥3个大队，1967年3个大队合并为先锋大队，1978年改名为三丰大队，1981年又改名姚浜大队，1982年拆分为姚浜、范张2个大队，次年改大队为村。2000年12月，姚浜、范张合并，村名为姚浜村。

紫青禅寺俗名紫青寺，位于姚浜村7组，与南阳村交界。南有南旺港，北有顾家桥、杨家桥，东有泖河，西与汪东坊相距不远。明天启《平湖县志》有载："紫青禅院，在石庄南，旧名北圣堂。"早先紫青寺面积很大，以里而计，历经战火，屡毁屡建，特别是太平天国时期，整个紫青寺被大火全部烧毁。华严庵位于姚浜村1组张家浜，南与紫青禅院相距不远，其门前今为跃进河，北有张家浜，东有范巷，西有黄泥浜，与青阳汇、汪东坊较近。华严庵初建于清同治三年（1864），房屋建筑为三间，宅基及周围占地面积为6亩。后来，扩建成为前后两埭，前埭三间是庵内尼姑修行做佛事的地方；后埭共四间，是庵内尼姑自己建造的私房。20世纪70年代，华严庵的建筑被全部拆去建造民房，从此华严庵彻底消失。

姚浜村现有耕地面积2801亩，农户511户。2014年村集体可支配收入265万元，农民人均纯收入23566元。村先后获得全国文明村、全国民主法治示范村、浙江省文化示范村、浙江省森林村庄、浙江省兴林富民示范村、浙江省首届十佳群众最满意的平安村、浙江最美村庄等荣誉称号。

鱼圻塘村

鱼圻塘村位于平湖市新埭镇东南，东邻上海市。

春秋战国时期，本地就有先民在这里繁衍生息。秦王嬴政二十五年（前222）建武原县（海盐），本村隶属武原县华亭乡。明宣德五年（1430），析海盐县东北境之大易乡、武原乡、齐景乡、华亭乡置平湖县，新埭镇属华亭乡二十三、二十四、二十五都，本村域址二十五都。进入清代后，村域仍属平湖县华亭乡。雍正六年（1728）实行都庄制，平湖分东、南、西、北4个区域，村境域在新埭区域的东南方。民国三十五年（1946）撤销新埭区建制，村属泖南乡境域内的一、二、三、四、五、七保。

刘公祠是当地为纪念南宋“四大抗金名将”之一——刘锜将军而建立的。绍兴十年（1140），金兵入侵，刘锜奉命率八字军4万余人，大破金兵主力，获“顺昌大捷”。因刘将军坚持抗金，反对议和，遭到秦桧等奸臣排挤，后呕血愤恨而死。至宋孝宗淳熙年间，追谥“武穆王”。鱼圻塘人民为追思一代民族英豪，醵资在刘将军当年的军营故址“即宅为祠”，尊以“刘千岁”，并塑像视其为保护神。

鱼圻塘重阳日迎大蜡烛习俗发端于当地百姓对南宋抗金名将刘锜的尊崇，有800多年的历史。每对大蜡烛均重达数千斤，可以点燃一整年，烛光不灭，以象征生生不息。从农历八月的请烛、九月初四的迎烛、初五至初七对蜡烛的绘画题词，到初八至初十举行点烛、祭拜和演戏。“大将军”“大蜡烛”“大戏台”“大锣鼓”并称“四大”保持了旧俗原貌，地域特色鲜明，2008年被浙江省文化厅列为浙江省首批18个民族传统节日保护基地之一。“鱼圻塘龙旗龙伞舞”是当地一个失传已久的非遗民间舞蹈节目，它起源于南宋时期，再现了南宋抗金名将刘锜在鱼圻塘要塞剿匪安民时出征、凯旋的场景，含有30多种阵法，比如长蛇阵、跑马阵、龙门阵等。该节目获得了第29届北京龙潭庙会全国优秀民间花会展演金奖、2012韩中国际“木槿花”音乐舞蹈艺术大赛最高奖、组织金奖、2013年台湾阿里山杯音乐舞蹈大赛最高奖。

鱼圻塘村全村总面积13.6平方千米，耕地面积11754亩，在册户数

2331户，人口8390人。2014年村级集体经济经常性收入达到515.2万元，农民人均收入23417元。村先后获得了浙江省全面小康建设示范村、浙江省农村基层党风廉政建设示范村、浙江省特色旅游村、浙江省非物质文化遗产旅游景区、浙江省乡村记忆示范基地、浙江省“种文化”先进村等荣誉称号。

桐乡市

桃园村

桃园村隶属桐乡市梧桐街道，位于沪杭高铁、沪杭高速公路北侧。村中居民世代沿袭，种植桃、李、梅、杏等果树，故称桃园村，民国时期曾称桃源村，然以种植槜李最多，也最有名。桃园村古称槜李墟，为春秋时期、吴越两国争战之地。《春秋》杜预注曰："吴郡嘉兴县西南有槜李城，其地产佳李，故名。"《大清一统志》记载："槜李在秀水县（今嘉兴市秀洲区）西南七十里，为吴越战地，境内盛产桃李。"现在果树主要种类有槜李、桃、梨、葡萄等，槜李品种有夫人李、美人李、潘园李、黄姑李、鸡血李、石灰李等。20 世纪 60 年代，曾将槜李呈送北京，获朱德委员长嘉评，并要求引入北京试种。1984 年在浙江李杏果品鉴评会上，被评为优质果品。目前全村有槜李园 1050 亩，平均年亩产 500 斤。2014 年年末有农户 592 户，耕地 3200 亩，村民人均纯收入 21500 元，村集体当年收入 45 万元。

东田村

东田村隶属桐乡市洲泉镇，位于桐（乡）德（清）公路北侧。洲泉吴氏自东汉迁入居此，耕读传家，历2000余年而不衰，故有“洲泉千年吴”之称，是桐乡境内最古老的望族世家。吴氏有许多庄园，东田为其一，东田村名由此而得。明末，抗清志士吴尔埙葬一指及衣冠于此，后世称“一指坟”。清光绪《石门县志》记载：“庶吉士吴尔埙墓在东田村，俗呼一指坟。尔埙入《昭忠录》，铭其墓，见《槜李诗系》。”2014年年末，东田村有农户550户，耕地1120亩，村民人均纯收入25600元，村集体当年收入320万元。

海华村

海华村隶属桐乡市大麻镇，位于杭州、嘉兴、湖州三市之交，境内多水域湿地。民国前一直隶属德清县，《德清新志》载："大麻，为杭嘉湖三府接界，属德清县。" 1950 年划归崇德县（1958 年，崇德、桐乡两县合并，称桐乡县）。海华村由原来海卸、新华两村合并而成，此地原为泽国，是杭州湾口之一部分，后因海水泻去，逐渐形成陆地。海卸村历史悠久，原称"海泻村"，南宋嘉泰年间编撰的《吴兴志》中有"广法教院，在县（德清县城）东南七十里海泻村"的记载，并建有海神庙，祭祀海神。民国十六年（1927），湖州著名企业家纽家连兄弟三人在此建苕溪丝厂，为浙江首屈一指的现代化缫丝企业，后毁于抗战中，机器设备被侵华日军掳去。2014 年年末，海华村有农户 736 户，耕地 2230 亩，村民人均纯收入 24260 元，村集体当年收入 265 万元。

桂花村

桂花村隶属桐乡市石门镇，位于古运河之畔。原名姚家埭，是一个典型的聚族而居的古村落，目前尚保留清末至民国时期的农居十数间。桂花村种植桂树已有400余年历史，现存最早的一棵已有150多年树龄，大部分树的树龄在50年上下，全村共有大小桂树1000余棵。鲜桂花、腌桂花、桂花年糕和农家乐餐饮是该村的主要副业收入。近年来，每年接待游客10万人。桂花村三面环水，植被极好，常年常绿。2010年被评为特色示范村，现为AAA级旅游区。2014年年末，桂花村有农户645户，耕地4500亩，村民人均纯收入25000元，村集体当年收入120万元。

汇丰村

汇丰村隶属桐乡市屠甸镇，位于沪杭高铁、沪杭高速公路南侧，邻近海宁市。境内于家埭是于姓聚居之地，村民是明朝忠臣、民族英雄于谦的后裔，村内有于谦衣冠冢。现村内建有汇丰楼，为村史村情陈列馆，塔高20米，六层。农民公园、文化广场、游泳池、生态园等一应俱全。村先后获得省、全国小康农村新示范社区、省卫生村、省绿化示范村等称号。2014年年末，汇丰村有农户1153户，耕地4779.5亩，村民人均纯收入21032元，村集体当年收入751万元。（编写：颜剑明）

湖州市

安吉县

鹤鹿溪村

鹤鹿溪村隶属安吉县开发区（递铺街道），位于安吉县中部，村域面积8.6平方千米。

鹤鹿溪村早在唐代就已炊烟缭绕，五峰兴国禅院建于唐龙纪二年

鹤鹿胡氏旧居

（890），规模庞大，香火鼎盛。古民居鳞次栉比，西苕溪支流鹤鹿溪环村穿行，清渠终年流淌，两岸石砌整齐，渠上古桥比肩，卵石村道四通八达。村民以诸姓为多，村风以耕读传家为古训，建有“九房书厅”私塾，形成了耕读传家的村风家风。诸氏后裔受耕读传家的熏陶，大多走上了耕读道路，一生以耕读为己任。如诸氏六兄弟，一个个出类拔萃，尤其是诸乐三一生为美术事业做出了贡献。更有胡宗南青少年时代深受家乡耕读传家启蒙，影响和成就了他的后半生。最为著名的是刻有吴昌硕亲笔题字

“耕读传家”的诸氏旧居和吴氏旧居，为县级、省级文保单位。诸氏旧居建筑风格为浙北与徽派相结合的江南古宅，大气而不落俗套。胡氏旧居历经两次修建，占地面积 2280 平方米，为当时安吉宅院之最。

2014 年全村有农户 888 户，总人口 2992 人，耕地面积 6000 亩，林地面积 4000 亩，村民人均收入 22838 元，村集体收入 50 万元。近年来相继获得市级绿化示范村、市级生态村、市级村务公开和民主管理规范化建议示范村、市级美丽乡村、县级生态村、县级文化示范村、县级文明村、县级民主法治村等称号。（编写：黄文乐）

郎村村

郎村村位于安吉最西南端，距县城45千米，地处浙皖交界处，是湖州地区仅有的两个少数民族村之一。

郎村村口

郎村是畲族村，据考证，郎村畲民在光绪年间（1875—1908）相继从浙江丽水，龙泉县迁入。初到之时与本地的百姓不熟，迁入时在山上搭篷居住，以捕猎、种植为生，时间久了与当地汉民也有了感情，陆续将居住点由山上向平地迁移。传承100多年的雷氏、蓝氏家谱，记录了家族兴衰发展变迁。

畲族在建筑风格上有与众不同之处，内含了自己的本族元素，村内至今保留有逾百年的凤仪桥、祠堂、古民宅、古道、古井、古塘等。其中，20世纪60年代以泥巴夯实建造的土木结构的民宅有25幢。村内的一条通往邻县的山间古道，关口上还保留着“将军石”字样，几百年来，人们一直传说着它是“神石”。郎村村是一个有着古老历史的少数民族特色村寨，致力于发展乡村旅游业，畲族郎村近年开展了“别样郎村”建设，富有民族特色的畲族民俗博览馆、畲族广场、畲族文化馆、悠闲茶馆、“牛牯坳”畲族民俗风情园亭亭玉立地呈现于村中心，广场上畲族姑娘们不时地在这里跳着畲族舞、敲着欢快的木鼓舞迎接远方慕名而来的客人。

郎村村域面积10.79平方千米，全村拥有山林面积13406亩，耕地面积850亩，生态资源丰富。2014年村民人均纯收入19120元，村集体可支配收入25万元。（编写：冯刚）

上舍村

安吉县梅溪镇上舍村位于天目山脉东枝末梢，是西苕溪支流昆溪水发源地之一。境内四面环山，山峦叠翠，茂林修竹。村子内外古树参天，风景人，源于四面山的水系穿村而过，向北汇入西苕溪主流。上舍村是一个历史悠久、文化内涵极为丰富的古村落，群山环绕，利于隐蔽。据传承千年的《朱氏家谱》记载，汉末及三国时吴国将领朱治后裔为避世祸最早迁居于此，并在此繁衍生息。

上舍村竹叶龙 2008 年在天安门广场迎奥运演出

上舍村在抗日战争时期曾是德清、吴兴、长兴、安吉、嘉兴、崇德、桐乡七县县府办公地，现村内保存比较完整的朱家大院便是浙西抗日游击大队办事处。上舍村拥有古村落遗址 1 处（位于村落西南），现存古建筑 20 处，其中清民居约 3 幢，民国至中华人民共和国成立初期 10 幢，目前迫切要修复的有 11 幢，现存古石拱桥 5 座，古井泉 1 处，百年以上的古树木 7 株。村内古道 7 条、村外古道 3 条。上舍村龙舞文化世代相传，由竹化龙，变化万千，堪称一绝的“竹叶龙”在这里得以延续，2009 年还远赴法国参加第37届国际和平艺术节。“进门是花灯，出门是龙灯”的上舍“化龙灯”在2014年获得国家级非物质文化遗产。

村域内全系山区，面积4.6平方千米，下辖14个村民小组，农户385户1320人，山林面积4484亩，其中毛竹面积3925亩。2014年村集体收入20万元，农民年人均纯收入达20053元。（编写：杨斌）

双一村

双一村隶属安吉县经济开发区，位于安吉东部，与德清、余杭毗邻，村域面积 18.2 平方千米。

朱氏祠堂

双一村为宋代古村落，南宋大儒朱熹之第四代孙朱椿举家从安徽歙县迁徙而至，目前朱熹后裔有 300 余户。古民居、古树、古井比比皆是。特别是朱氏祠堂历经 300 余年不衰，风韵犹存，三间两厢两过弄一天井，西连两层楼层偏屋，建筑面积约 540 平方米。朱氏家规家训代代传承，先贤辈出，发扬光大，涌现了朱氏后裔第二十四代孙朱岳年等“礼仪道德”典范，曾获全国劳动模范等荣誉称号。2014 年年末，全村有农户 810 户，人口 2632 人，耕地 880 亩，山林面积 2.5 万亩，其中毛竹 1.2 万亩，是全县最大的毛竹生产村。村民人均纯收入 27850 万元，村集体收入 124 万元。近年来相继获得省级绿化示范村、省级文化示范村、省级全面小康示范村、省级档案示范村、省级美丽宜居示范村、省级文明村、省级卫生村等称号。

姚村村

姚村村位于安吉县杭垓镇西南部，东邻吴村村，西接高村村，南与安徽省宁国市交界，北与磻溪村相连。

姚村村自汉代起，即有人在此居住。唐代始祖为避战乱徙此定居，主要以“胡”姓为主，定居于此。至明清时期，又有湖北、安庆等地人员迁徙至此，“姚”姓与“胡”姓结合，逐步发展壮大，形成以姚家、俞家、陈家等为主要自然村的行政村。

南车悬瀑

姚村村以石片盖屋，源于何时，无可考证，但随着改革开放人民生活质量提高，村民都把原来破损的石片屋拆除建造成两层的现代洋房，剩下石片屋已经很少了。行政村百年以上古树名木近400余株，境内有号称“浙北第一悬瀑”高度达29米的南车悬瀑，遗留古石片屋27幢。

姚村村区域面积20平方千米，山林面积35000亩，生态公益林24674亩，2014年村级集体收入12万元，农民人均收入22000余元。

鄣吴村

安吉县鄣吴镇鄣吴村地处秦鄣郡之南，宋以来为吴氏宗族聚居地，俗称鄣南吴家村，简称鄣吴村，是一代艺术大师吴昌硕先生故里。

鄣吴村古宅

北宋后期金兵南侵，中原战乱频繁，民不聊生。江苏淮安望族吴瑾因避战祸而携家人南迁，辗转溯苕溪而上至鱼池乡归仁里；吴瑾“乐其风土”遂定居于此，吴氏人口繁衍，成为村之大姓，遂称鄣吴村。鄣吴村背靠高峻挺拔的金华山，面对村东豁然开朗的千顷平畴，一弯清澈的溪水绕村而过，溪边绵延着一脉参天的柳树林，风景十分美丽，享有“半日村”之雅名。整个村子依山傍水，现存“吴氏宗祠”遗址，吴昌硕故居大院以及古门楼、古民居；纵横交错的街巷，曲曲折折、贯穿全村的穿村小溪依然是几百年前的格局，等等。因此，其总体格局仍基本保持了明清时期形成的“鲤鱼形”古村落的风貌。

2014 年，鄣吴村被评为省级历史文化名村。2014 年年末，全村 1062 户，常住人口 3605 人，村集体收入 60 万元，村民人均年纯收入 23800 元。(编写：胡英)

大溪村

大溪村隶属安吉县天荒坪镇，古时属浮玉乡静丰里，大溪谓大溪庄。光绪版《孝丰县志》载：“浮玉乡大溪庄，距城六十里，辖八个甲。”大溪村位于安吉县天荒坪镇最南端，与杭州临安接壤，全村区域面积23.4平方千米，辖11个村民组，9个自然村，人口2116人。山林面积30099亩，森林覆盖率达92%，生态环境优美，山川秀丽，民风淳朴。山川地形相附会，村落建筑与自然生态相和谐，农民生产、生活与山水环境相互交融，自然生态环境、古树名木、特种树木以及相应村落建筑保护较好，树龄超过300年的古树就有15株，主要有金钱松等珍稀树种。

大溪村的古树群

大溪村依山而建，村庄布局合理，远看像是山林中的一点白，近看融为一体，天人合一，是一个典型的自然生态村落。境内有闻名世界的天荒坪抽水蓄能电站，江南最大的瀑布群“藏龙百瀑”。大溪村是中国“白茶祖”所在地。“九龙峡-白茶谷”景区，是全县最大的旅游集散地。

大溪村现有180余家“农家乐”，2014年旅游人数150多万人次。生态旅游的发展极大地带动了村级经济发展，村级集体收入248万元，农民人均收入26028元。

德清县

白彪村

白彪村隶属德清县新市镇，位于新市镇西北端，处于杭嘉湖水乡平原中央，河网交叉，港湾密布，苎溪漾、韶村漾即在其旁，水上交通极为便利。

早在南朝前（约1522）即已形成村落两处，分别叫东高田头与西高田头，南北向的河流名曰“彪溪”环村而流。最早有沈氏家族定居，到了南朝齐永明年间（483—493），高地沈氏弟子沈豫出仕，任丹阳郡（今江苏镇江市）太守。沈太守清正廉明，得斯时士庶之爱戴，他将故居捐舍为寺，得到齐武帝嘉奖，命名为“松山寺”，唐代元和六年（811）更名为永宁禅寺，现为文物保护单位。其后有车氏家族、冯氏家族、姚氏家族先后定居高地村，因三姓皆民风彪悍，又因当时永宁寺住持从杭州虎溪召来三只白额神虎，将人间害人豺狼吃尽，故后来以上述二典故中各取一字曰“白彪”为村名，更名时间约为元明时期。现白彪村由原白彪村、西村村、东村村三个行政村合并而成。

千余年来，白彪人物辈出，先后中进士17人，举人4人，秀才16人，如此耕读重教，在古村中实属鲜见。早在明代，白彪村即已重教，有村人姚僖尚书告老还乡后，即在永宁寺藏经楼与穿堂楼讲学谈经，使村人有就学之场所，后名为“永宁书院”，邀村中车、冯二姓中老儒与社会名流作教授。永宁书院培养有三个官员，即房察院、魏通判、嵇催征，还建有纪念三位官员的“三官殿”。古迹有古亭聿渡、环桥双樟，还有明清古桥12座，明清青石板古道100余米。

2014年村集体收入113万元，村民人均年纯收入23780元。2015年，白彪村被列为浙江省历史文化村落保护利用一般村。（编写：韦秀程）

蠡山村

蠡山村位于德清县钟管镇西南部，村域面积 5.57 平方千米，除了南部的蠡山海拔 56 米外，大部分地区地势平坦，境内河网交织、鱼塘棋布、桑园遍地，是典型的江南水乡。全村 24 个村民小组，总人口 2788 人。桐德公路东西贯穿全村，交通条件十分优越。

蠡山村历史悠久，相传春秋时越国大夫范蠡辅助越王勾践“亡吴霸越”后功成身退，携西施隐居于此山，故名蠡山。距今已有 4100 多年的新石器时代遗址——蠡山遗址，是县级文物保护单位。山上建有范蠡祠，清光绪年间重修，是县级文物保护单位。环山有蠡山八景：陶朱古井、西施画桥、碧山凤翥、翠岭马回、石池剑跃、柳浪浮珠、竹林云屋、松峤天梯。普济桥、茆山桥等一大批古桥至今保存完好，尤以普济桥为最，为全国重点文物保护单位。诸多名胜古迹见证了范蠡、西施的千古爱情绝唱，而在蠡山村流传至今的民风民俗、民间传说，如蠡山祠做佛事、蠡山戏台看戏、庙貌扁舟、西施送蚕花、范蠡西施与鱼簖、范蠡与《养鱼经》、蒸谷米等，也为蠡山村添加了历史文化底蕴。蠡山村先后获得全省妇联基层建设示范村、省级卫生村、市级全面建设小康示范村、湖州市魅力村庄等荣誉称号。

南路村

南路村隶属德清县，位于德清、安吉、吴兴三县（区）交界处，地处山区，紧邻国家级风景名胜区——莫干山。南路村 2010 年由溪北村、福水村、横岭村三村合并成立。据周边遗留古迹显示，宋代以前即有居民在此居住生活，现以王、沈、吴、崔姓为多。

莫干黄芽

南路村至今保留的古建筑有崔氏宗祠、崔家旧宅、王家旧宅和蒋家旧宅，为清代晚期建筑。村域内古树名木众多，树龄 300—500 年，总数有 14 棵之多。南路村虽无历史名人，但郁郁葱葱的古树见证了村庄的发展，宁静、安详，世代相传。南路村以横岭“莫干黄芽”最为有名。茶圣陆羽在湖州隐居时撰写的《茶经》中记载：“浙西，以湖州为上……生安吉、武康二县山谷。”南路村横岭即在“武康山谷”之范围内，自古为茶业主产区。1980—1982 年，横岭茶场采制的“莫干黄芽”茶样，被浙江省农业厅评为“一类名茶”。当年被公布为首批浙江省“省级名茶”，列“西湖龙井”“余杭径山”之后，居第三位。2009 年上海世博会上，黄茶类“莫干黄芽”入选我国六大茶类中黄茶类代表名茶，作为礼品茶赠送国内外贵宾。

2014年年末，南路村有850户，总人口2916人，耕地752亩，林地28999亩，集体经济总收入116万元，人均纯收入16178元。村曾获特色产业强村、和美家园精品村等荣誉。（编写：罗永昌）

燎原村

燎原村地处德清县西部著名的避暑胜地——莫干山山下，有阜溪自西北向东南从中间穿过，北面皆山，南面则为丘陵平原。

燎原村原名庾村，在1400多年前的南北朝时期是地荒人稀的无名山村，是樵夫进出山林的小憩之地。梁简文帝大宝元年（550）文学家庾肩吾受封为武康县侯，次年病逝，其子庾信袭父职。后人为纪念庾氏父子，将该地命名庾村。在明清时期，庾村尚是人烟稀少、没有街市的山村，村民多以抬轿烧炭为业。

19世纪末、20世纪初，随着“清凉世界”莫干山的声名鹊起和开发建设，当时政府从三桥修公路通达庾村，与山上新马路相衔接，在燎原村设站，供上山游客在此中转，形成了一定的规模。到20世纪30年代，曾任国民政府外交部部长的黄郛和夫人沈景英，在燎原村筹建私立莫干小学、办农场、牛奶场、蚕种场等实业和建立藏书楼一所，收藏古版珍贵书籍及《万有文库》等万余册，供师生借阅。通过兴办教育、发展实业、探索农村发展道路等举措，在当时江浙一带的农村开风气之先，取得一定的成绩，庾村形成了一定规模。因此，燎原村目前还处处可见民国痕迹。

沿阜溪为上山道路，两侧多为店面，沿路行道树俱近百年之法国梧桐，向西北过阜溪则为原私立莫干小学、蚕种场、藏书楼等旧址，成带连片，保存较完好。

燎原村是 2014 年浙江省“深化千万工程建设美丽乡村”现场会考察示范点。2014 年年末，燎原村有 450 户，总人口 1720 人，耕地 1555 亩，林地 8830 亩，集体经济总收入 166 万元，人均纯收入 21500 元。（编写：罗永昌）

张陆湾村

张陆湾村隶属德清县洛舍镇，东苕溪擦境北行。村因陆姓居多而命名（未并村前，称陆家湾村），周边为溪漾，地势低洼，苕苇丛生。1957年前，为德清、吴兴、武康三县交界处。

首批村民自明末清初战乱时避难迁徙而来，开垦芦滩，作埂养鱼，白手起家，耕读传承。清嘉庆后，村民建起灵应侯庙一座，作为祈年祈福活动场所，为村上唯一古建筑。惜日寇侵华，毁于兵燹。今人虽重建，已古貌不存。唯留古樟一株，树冠荫亩，矗立庙前，树龄200有余。目前村中劫余古迹为石桥两座，均修建于咸、同、光、宣之间。中华人民共和国成立后，村民自力更生、奋发图强，成为浙江省“农业学大寨”先进集体。1994年，张陆湾村被列为浙江历史名村。2014年村域面积3.88平方千米，有农户1634人，耕地1873亩，村集体总收入89万元。该村先后荣获“国家级生态村”“省级全面小康示范村”“浙江省文明村”等多项荣誉。（编写：陈景超）

勤劳村

勤劳村隶属德清县筏头乡，位于乡西南，黄回山北侧。09 省道纵贯全村。东接沈约故里，南有黄回山做屏，西北均与余杭接壤。

勤劳村原名百家坞，是以郎姓为主的山村。五十八世祖（明忠烈公户部主事）郎理，因山西征赋受屈害，郎理之子郎壬因避难，明太祖 1387 年从安吉邵溪凤乡亭迁徙定居于甘岭东侧百家村繁衍生息，渐成以郎姓为主的聚居之地。全村分百家坞、上郎、下郎三个自然村。勤劳村南麓卢林庵，北侧龙王庙，都有 1000 多年历史。众多风水神士定论，勤劳村的全貌尤似一艘“神舟”：“东眺迎朝阳，黄回作蓬帐，金银伴两厢（金银山），甘岭做舵掌。”

村域面积 9.5 平方千米，拥有耕地 544.5 亩，旱地 31 亩，毛竹山 8840 亩，小竹山 428 亩，柴山 536.6 亩。2014 年年底总人口 1329 人，400 户，村民人均纯收入 17820 元。该村先后获得森林村庄、和美家园“精品村”等荣誉称号。（编写：王凤鸣）

山民村

山民村隶属德清县武康镇，位于104国道上柏段西侧，属于半山半田地带。全村农户1324户，耕地4225亩，历史悠远，文化积淀深厚。

在唐王朝时，有唐皇某宗室李王封地在武康一带，死后葬在山民村金车山麓并建有家廟（享殿）春秋祭祀，故谓“报恩寺”。清雍正十一年，下诏按京城皇宫模式重建报恩禅寺。该寺坐南面北佛殿有五。一殿为山门，左右有哼哈二将。拾级而上为二门，两旁为四大金刚，左右两边有古樟多株。再向上为天皇殿，前有弥陀后有韦驮菩萨，两旁有钟楼鼓楼。出天皇殿向上有一圆洞门，上书“大觉扬”三字。再往上便是“大雄宝殿”。两边的附房为伽蓝堂、禅堂、祖师堂和斋堂。最后有毗卢阁、观音殿等。寺院共有999间，田产300亩。顺治曾因多尔衮迫害而逃离京城到该寺当过和尚，又因该寺玉琳禅师被封为“大清国师”而盛兴于清朝顺治、康熙、雍正、乾隆年间。报恩禅寺毁于抗战时期和“文革”时期。至今仍保留清代建筑的有月池、残碑、古樟树、寺院步道等古建筑。淡坞古戏台，建于清宣统二年，2006年9月被列为县级文物保护单位。（编写：黄妙林）

东沈村

东沈村隶属湖州市德清县筏头乡南侧，是前溪、红溪的发源地，09省道纵贯全村。

公元453年，沈约父亲沈璞因严浚谗害，被孝武帝骏杀害，随母到处藏匿。454—458年，沈约随母追至天目山西望天山北侧的桃源山庄，与同姓村师沈経拜师认亲，就居住于此。据《道光县志》记载，当时吴兴沈仪、沈士麟也定居桃源。459年，沈约出山，投靠沈庆之，步入政坛。当时沈约居住地在桃源前村（东沈），全村同为沈氏，桃源村人把桃源改称为东沈，将沈约“为善最乐”的座右铭作了沈氏家训。如今，也成为沈约故里的村规。沿袭至今，东沈村（桃源村）至少已有1700多年的历史。

东沈村地域面积14.21平方千米，拥有耕地346.9亩，水田197.4亩，旱地49.5亩，毛竹山8149亩，小竹山3555亩，柴山3608.36亩，共有440户1620人，人均纯收入16006元，村集体收入32.31万元。该村先后获得县（市）文明村、全面建设小康示范村、“和美家园”特色村、市级“民主法治村”等荣誉称号。（编写：王凤鸣）

南浔区

辑里村

辑里村，元末成村，又名七里村，位于南浔南栅。该村地处平原地区，四面环水，南面为王弹桥港与屯圩交界、北面为阳安塘与联谊村交界，东面为息塘与灯塔村交界，西面为茅针塘与南林村交界，是一个典型的江南水乡村落。辑里村成村后村民就开始栽桑养蚕，精于产丝。宋、元时属乌程县移风乡，明成化八年（1472）后属乌程县十七区四十四都，清代属十六区170上庄。明清时有居民数百家，分东村头、西村头，村中有万善庵。辑里村原属南浔区的横街乡，现属南浔镇。

辑里村拥有独特的传统技艺文化、古建筑。“辑里湖丝”，又称“辑里丝”，因产于湖州市南浔镇辑里村而得名。有明代史料书：“天下蚕桑之利，已莫胜于湖，而一郡之中，尤以南浔为甲。”2010年6月，辑里湖丝手工制作技艺被列入第三批国家级非物质文化遗产名录。村庄内古建筑多在“文革”时毁坏，现只余些许，分布零散。始建于光绪七年的分龙桥，于1882年完成。到1935年，南浔镇四象家族刘家管家蒋少卿募捐款项，建造了南浔镇辑里村四周三座桥梁，并用多余的水泥和其他物资修缮了分龙桥桥栏杆的地方。还有一座博济桥（苏鲁桥），是砖制桥，简称三塘桥，1934年开始修建，1935年完工，更名为苏鲁桥。

全村约3.28平方千米，辖19个自然村，510户农户，常住人口1685人，外来人口850人。2014年村集体经济年总收入81万元，农民人均收入18000元。

射中村

射中村地处湖州市南浔区菱湖镇西南 8 千米处，辖 18 个自然村，区域面积 5. 5 平方千米。全村共有农户 876 户，村民 3276 人。农户主要经济来源为蚕桑和特种水产养殖，2014 年人均收入 22000 元。

射中村原名射村，为湖州市著名古村之一，也名石村，又名宝溪。清代《归安县志》记有“旧有集市，名射中村市”，是传说中后羿射九日的地方，古老的村庄也因而得名。

射中村古有“十桥十庙”，著名的有吴狮子吼寺（三国），这是菱湖有文化记载的最早建筑物。西晋开化院、南朝的梁鹿苑寺、宋东岳宫等，庙毁已久。此外，其特有的“桑基鱼塘”，始于吴越范蠡提倡，汉朝的习郁引导，三国时的吴时杨俊成推广，明代中期兴起高潮，至清末已将低洼田圩基本改造，并形成池塘养鱼、塘基种桑、养蚕缫丝的产业格局，至今已有 1000 多年的历史。射中村历史辉煌璀璨，走出了多名状元、进士、举人，据称产生过倪、孟、葛、何、夏五名相国，颜真卿、苏东坡、胡仔等文化名流也都曾在射中把酒吟诗，留下一段段佳话。文人、神话这些浪漫符号更使这个偏居小村散发出独特魅力。

下昂村

下昂村隶属湖州市南浔区菱湖镇，位于菱湖镇西北5.5千米，是原下昂镇人民政府所在地。村域地形为水乡平原，村区域总面积3.4平方千米，其中耕地1531亩，园林地404亩，内水塘1680亩。下昂村总户数742户，总人口2509人。2012年村集体经济收入约28万元，村民人均纯收入17250元。

据《湖州名村录》中记载，下昂之前叫松雪古镇，是一个花园式的小镇，有近800年的历史，风景秀丽，人杰地灵，是元代著名书画家、文学家赵孟頫的寓居地。下昂村文化遗产丰富：曾出土过“青瓷杯”和“龙泉青瓷鱼耳炉”等宋代文物（现收藏于湖州市博物馆）；明嘉靖状元范应期的墓在下昂村吴家田，名范家坟，现存石马、石羊等。此外，下昂村古桥众多，现存古桥9座，其中3座是湖州市文保单位，分别是：镇东“望晖桥”（清光绪），寓意看太阳升起；镇西的“听月桥”（清道光），寓意夜深人静时可听到月亮说话；镇西南的“众安桥”（清乾隆），寓意为大众百姓能过上安居乐业的生活。另外，镇西北的“清远桥”（清早中期），站在桥上可见到一片绿色桑海，农家采叶养蚕，男耕女作，渔歌荡漾的情景。下昂村还有一定数量的古民宅，以及1000米左右的古护岸和古码头。

荻港村

荻港村是杭嘉湖平原上一个典型的江南水乡古村。因河港两岸芦苇丛生而得名，自古有“苕溪渔隐”之称。全村面积 6.3 平方千米，中心村面积 1.3 平方千米，总人口 4126 人。该村曾获全国文明村、中国传统古村落、中国历史文化名村等荣誉。

荻港村历史悠久，古迹众多，有市级文保单位 3 个，市级文保点 4 个。庙前桥、秀水桥、隆兴桥、馀庆桥等记载的 31 座古石桥，桥桥有别；章家三瑞堂、吴家礼耕堂、朱家鸿志堂等 50 座堂，名居之萃；还有那平铺着的石板路，纵横交错。荻港村蕴含着典雅大气的古村气质，兴建于史称乾嘉盛世的南苕胜境；嘉庆帝御赐“玉清赞化”的金匾，耕读文化代表名噪一时的积川私塾；残照烟柳的千年古刹演教寺；门前宋代石狮、百年梧桐的总管堂；沿运河建于清代的 500 多米外巷埭到临市河而建 1000 多米的古老街市里巷埭。

鸟瞰图

荻港村人杰地灵，名人辈出。在历史鼎盛时期曾走出 2 名状元，57 名进士，200 多名太学生、贡牛，110 名诗人（曾留有 1600 余首诗）。近现代更是诞生了著名的地质家、外交家、教育家、科学家、实业家等。荻港村传承了千百年来的渔文化，每年举办的渔文化节促进渔业民俗风情继承和弘扬。联合国粮农组织命名的桑基鱼塘，已成功入选第二批中国重要农业文化遗产，还有器乐表演《江南丝竹》、荻港渔庄“陈家菜”、民间山歌《十房媳妇》等非物质文化遗产。

港胡村

港胡村位于旧馆镇最西端，东与光明村相连，西与吴兴区八里店镇移沿山相连，南与和浮镇云北村为邻，北与新兴港村连接。全村总面积2.7平方千米，村与村之间都通公路。全村共有13个村民小组，农户361户，总人口1471人。

港胡村最早在南宋时已有人居住。元末明初，由于江浙沿海一带倭寇横行，为避侵扰许多渔民背井离乡，逆水而上迁徙于此定居繁衍生息，形成今日之大村落。发现最早标注新兴港（新兴港以河为界分成如今的港胡村和新兴港村）地名的是1673年刻印的《乌程县图》，1893年刻印的《浙江省水陆道里图》将它标注为“新兴港市”（前清时对乡村集市称为市）。这样的称谓一直沿用至20世纪40年代，民国1947年出版的《吴兴县图》标注“新罗乡”，乡治所在地就在港胡村。

住在港廊的村民把自己住的街叫店埭，意为店铺聚集之地。在湖州仍保存着的村级小镇已是不多，还拥有河边古集市的恐怕是最后一座了。小河由东向西穿村而过，把古村一分为二，由毓秀桥（市级文物保护桥）、沈氏桥、木桥三座古桥横跨相连，两岸是青砖黛瓦的明清建筑风格的老民居，河边石岸之上是宽敞可市的亲水连廊，随着时代的发展因河而兴的小集镇渐渐没落、被淡忘。

含山村

含山村是南浔区善琏镇南大门（原含山镇政府所在地），东邻桐乡，南接德清县、三新公路，京杭大运河穿村而过，交通便捷。现村域面积5.8平方千米，辖21个村民小组和1个社区，农户1324户，人口4749人。

含山村是一个千年历史古村，人杰地灵，名人荟萃，古建筑多，具有丰富的旅游资源。含山又名涵山、寒山，为水乡平畴之中卓绝高丘，京杭运河傍山而过。山巅有始建于北宋年间的千年古塔——含山塔，高耸挺拔，似笔卓立，故又称笔塔。含山笔塔已被列入省级文物保护单位。笔塔周边建有蚕花圣殿、观音殿等宗教场所和亭台楼阁等文人景观。每年的四月五日是民间清明轧蚕花活动，当日近10万人前来踏青，轧蚕花，祈求来年蚕茧好收成，生意有个好兆头。节日热闹非凡，香火旺盛。故有“蚕花圣地”之美誉。据考证资料，大约是西施从越国到吴国，路过含山，西施送蚕花一直流传至今。含山旅游风景区在2012年被列入“浙江省非物质文化遗产旅游景区（民俗文化旅游村）”。含山村先后获得南浔区富民强村工程示范村、湖州市文明村、省级“全面小康建设示范村”等荣誉称号。

新庙里村

新庙里村位于菱湖镇的西北部，距离湖州市中心约 20 千米，距离镇区约 9 千米，东邻和孚李市村，南与下昂村相接，西、北分别与后庄漾河和孚镇勤益村为界，水路交通区位条件较好。新庙里村现有 16 个自然村，共 880 户，总人口 3150 人，村域总面积 6 平方千米。

朱家坝是新庙里村的一个古村落，唐时为乌程县，宋、元、明、清时，以村中市河为界，河北为乌程县治，河南为归安县治。清时属归安县。村中以朱姓为多，其前辈系紫阳朱熹后裔。据《菱湖镇志》记载，宋元时，朱熹后裔就已迁居此地。岁月涵养之下的朱家坝，已览胜千年风华文萃。据当地村民介绍，该村家风敦厚，除《朱氏家训》外，还有“做人要和气，邻里要和睦”“桑树从小绑，儿女从小管”“忠得厚，尖得薄”等延伸家训。近年来从这里走出了 130 多位大中专毕业生，出了好几位硕士生、博士生。文风昌盛由此也可见一斑。

竹墩村

竹墩村位于湖州市南浔区菱湖镇北郊，北距湖州市中心城区20千米，东南距菱湖镇中心建成区2千米，交通便捷。现有13个自然村，共657户，总人口2429人，村域面积约5平方千米。

春秋战国时期就有沈氏居民从事渔耕，唐宋时形成村市，名竹墩市。清光绪《湖州府志》《归安县志》记载："沈、朱二姓多习儒业，明以来科名蔚起。"其中沈氏系战国时河南沈国被楚灭后，沈氏一支迁徙至菰城，然后至竹墩，因当时竹墩由八河六墩组成，岸边地头遍生箭竹、芦竹，而"竹"字有六笔，代替六墩；"竹"又生"笋"，"笋"与"沈"谐音，意为沈氏家族像竹笋一样兴旺发达、生生不息。

2014年村级集体经济年收入约44.68万元，农民人均收入19063元。村荣获"省级绿化示范村""市级卫生村""市级生态村""市级文明村""市级文化示范村""湖州市全面小康示范村""中国魅力水乡示范村"等荣誉称号。

吴兴区

菰城村

菰城村隶属湖州市吴兴区道场乡，面积约 10. 31 平方千米。村庄西北靠金盖山，东南临东苕溪，各自然村呈带状分布在东苕溪西岸的山前河网平地上。

菰城村得名于村中部的下菰城遗址。公元前 248 年，战国四君子之一的春申君黄歇在湖州受封筑城，因当时湖州地区遍地菰草，“城西溪泽菰草弥望”而得名。内、外城垣外侧都环有 30 米宽的壕沟，内城正南有一阙口，阙口前有许多池塘，以前是一条护城河。这里是湖州正式设置地方行政政权的肇始之地。

下菰城遗址

自南朝时起，就有陆静修在金盖山下的桐凤坞内筑宅修道，即为纯阳宫（又名梅花观）的前身；公元 816 年建净众院，后改为上金禅寺；另外，金盖山及道场山麓还有多处名人墓地。东苕溪是湖州一带重要的航运通道，吴沈门村岸边设苕溪港，往来船舶皆在此停靠。吴沈门古道就是从码头到古梅花观的道路，吴沈门村即是沿古道形成的商业聚落。

村庄南侧水网密布，村民主要从事水产养殖和丝织业、水稻种植业，是名副其实的“鱼米之乡”。2007 年，菰城村被评为省级兴林富民示范村。2014 年年末，全村户籍人口 2291 人，耕地 360 亩，人均收入 16000 元，村集体收入 130 万元。

路村村

八里店镇潞村村位于吴兴区八里店镇西南部，湖盐公路贯穿南北，申嘉湖高速公路横穿东西。

据路村《慎氏家谱》记载：潞村慎氏祖宗起源于慎镛。在宋朝仁宗年间，慎镛与欧阳修、范仲淹为同榜进士，慎镛被调任湖州府太守，历任18年，后因范仲淹主张新法变革，遭到旧派反对而被排挤，因慎镛为范仲淹奏本皇上遭到牵连，辞官后在吴兴潞村定居。慎镛为何到潞村定居呢？有这样的传说：慎镛出生衢州，因调任湖州府太守，带了家属，官船在开往湖州途中，路过一地（今潞村），刚好中饭时间，停舟吃饭，饭后使女洗碗，不慎将太守之金碗失落河中，因而惊慌失措，无奈只得汇报太守。太守立即对四周察看一番，非但不责怪使女，反而高兴地说："此地河水纵横，乃风水宝地，是我今后子孙饭食之地，故有此兆。"慎镛后来辞官，就定居此地，取名潞村。2001 年潞村两个大自然村并村之后改名为路村，原古村仍为潞村。

以"千年古村落，农耕文化源"为文化定位的路村村，原是一个屽塘密布的水乡古村落，名人、名迹众多。慎微之、慎镛、慎修均为路村人士，水乡古镇无处不见历史古迹。由慎镛、慎修出资修建的腾蛟、起凤、化龙、天宝四座宋代古桥风韵犹存，静静地交织在路村的水面上，编织了历史的长河。由慎微之博士发现的距今 4700 多年的钱山漾文化遗址坐落在潞村古村落，此遗址出土了我国迄今发现年代最早的丝、麻织品。

2014 年，路村村被评为省级历史文化村落。2014 年年末，全村有 2400 户，耕地面积 3100 亩，水面 190 亩，村集体收入 73 万元，村民人均年纯收入 2 万元。

泉益村

泉益村隶属吴兴区东林镇，位于镇区东南角。东与泉庆村相邻，南与德清县钟管镇曲溪村相接，西与泉心村相靠，北与泉庆、泉心毗邻。

泉益村源于村内的泉家潭，中华人民共和国成立后泉益村先后属泉溪乡、锦山镇管辖，锦山并入东林后，成为东林镇下属行政村。泉家潭古称钱家潭，后因属泉溪乡管辖，改称为泉家潭。自清中期开始有明确可查的记载。《嘉庆·德清县志》中记载："钱家潭出杨条，均挺柔韧，制笆斗销于远处。"清《光绪·归安县志》卷六记述："钱家潭市，在县南六十里，倚水构屋，市廛十数家。市之盐店湾又俋秀庙之文昌阁，俱德清分界处，东为汴溪，其地芦苇，建有白芦庙，南德清界。"

泉益村现共有自然村 7 个，主要沿泉益—泉庆公路建造。其中最有水乡特色的当属泉家潭，泉家潭空间上总体呈条状分布，由东向西层层构建，层次清晰。建筑多临水，朝向不采用典型的南北向，而采用东西向面朝航运河道。以旧码头为中心，向周围发散。区域内道路为树形格局，由沿河主路向村内派生小巷。村落具有典型江南水乡特征，水系发达，河道纵横交错，四通八达。泉家潭地处吴兴德清两地交界，村落最南端两地居民交错定居，具有"一街连两地，一村跨两县"的独特格局。

2013 年，泉益村入选浙江省级历史文化村落保护利用一般村。2014 年年末，全村有 303 户，户籍人口 1003 人，耕地 829 亩，村民人均纯收入 1.5 万元，村集体当年收入 38 万元。

义皋村

义皋村隶属湖州市吴兴区织里镇，位于织里东北6千米，滨太湖，有皋桥。

宋代尚称为“义高”，宋嘉泰《吴兴志》有“兴善院在县东北二十七里湖上义高村，钱氏建，号善庆院”的记载。其集镇则形成于五代和宋代。民国十七年（1928）前称“义皋里”，此后称为“义皋镇”。

沿太湖七十二溇港，是重大水利工程。“鱼米乡、水成网、两岸青青万株桑”，塘浦圩田所催生的稻文化、渔文化、丝绸文化等文化景观，构成了太湖南岸风华无尽的溇港文化带；而坐落在太湖畔的义皋古村落，为溇港文化的典型载体和展现，可谓曼妙的溇港文化戴上了一颗璀璨明珠。义皋老街以尚义桥为中心，桥东、桥西店肆林立，街石排列规整，街道2米宽、百余米长，显得深邃，老字号店铺门前都有石阶数级，至今保留完好。尚义桥东清代民居“范家大厅”为市级文物保护点。

2014年，义皋村被列入浙江省第二批历史文化村落保护利用重点村。2014年，全村有442户，耕地1889亩，村民人均纯收入2.1万元，村集体当年收益35万元。

妙西村

妙西村历史悠久，自然环境幽雅，青山环抱，绿水倒映，生态良好。妙西村位于妙西镇中心，村交通区位便捷，区域面积9.2平方千米，辖自然村13个，18个村民小组，农户488户，人口1480人，土地面积11576.23亩。

妙西本名妙喜，以寺观得名。梁武帝大同七年（541）建妙喜寺于湖州西南部的金斗山，“帝以东方有妙喜佛国因而名之”。唐贞观六年（632）移妙喜寺于杼山，即今妙西的宝积寺，而妙喜之名未易；因“喜”与“西”方言音相似，故有妙西之名。2011年，原妙西村、妙南村合并为妙西村并沿用至今。

妙西村人文景点和文化底蕴深厚，村北有杼山，东有珍珠泉、饮马寺，法学大家沈家本、茶圣陆羽无不给以生态著称的妙西带来了浓重的文化笔墨。茶文化的发祥地——杼山就在境内，茶圣陆羽曾在此撰写了世界第一部茶文化专著——《茶经》，现存的“三癸亭”就是当年刺史颜真卿为纪念陆羽而筑。

长兴县

丁新村

丁新村位于夹浦镇西北部，村域面积约 3 平方千米，下辖 6 个自然村，495 户 1725 人。2011 年村集体经济收入 74 万元，农民人均纯收入 18675 元。近年来，丁新村先后获得中国魅力乡村、全面小康实验示范村、湖州市生态村、湖州市文化“八有”保障村以及县级文明村等荣誉称号。

村内有鼎甲桥、接官亭、臧懋循纪念馆等文化建筑。鼎甲桥，又名丁家桥、鼎嘉桥，位于长兴县北 15 千米鼎新村，跨光竹涧。相传桥为唐末陆龟蒙隐居横玉山始创，后圮。明初，里人臧仲和鼎新之，始得名。鼎甲桥是长兴县有记载的最古老石桥，历代屡修屡记。今古桥为纵联分砌单孔石桥，长 30 米，净跨 6 米，宽约 3 米，高程 7 米；桥墩两侧遗有明清时期建桥的铭记。

接官亭是古代豪门望族接待外地官员拜访的礼仪客亭，鼎甲桥接官亭位于村口光竹涧旁，无论是陆路还是水路都是进入庄园的必经之路上，是明清时代长兴第一望族臧氏接迎京师以及各地官员拜访臧氏的驿站。接官亭见证了臧氏500余年兴盛历史，是鼎新村重要古迹之一。20世纪60年代，古亭被毁。2013年鼎新村在古亭原址，傍路临涧，修六面两层飞檐斗拱仿古凉亭一座，重建接官亭。丁新村还是元曲大家臧懋循的故乡。

方岩村

方岩村坐落于十里古银杏长廊的中部。中华人民共和国成立初期，这里曾设方岩乡，由八都岕最著名的两座高山方山和岩山得名，撤乡后变成现在的方岩村。方岩村村域面积 11.13 平方千米，人口 2583 人，农民人均纯收入 12868 元。村内银杏遍布，处处修竹苍松，绿树红花，是省级绿化示范村，也是县首批省级全面小康建设示范村。

方岩村历史悠久，具有独特的地方文化资源，素有浙北戏迷村之誉。早在 20 世纪 50 年代，方岩村戏迷就组建了“方岩京剧团”，村里一半劳力都参加了演戏，周边各乡镇都留下了他们的足迹。在原嘉兴地区京剧汇演比赛中，方岩京剧团与嘉兴京剧团并列获得一等奖，被誉为“浙北京剧两枝花”。2012 年，“小京班”走进央视《新闻联播》，并被文化部授牌为“全国少儿京剧十大培训活动基地”。

方岩村还活跃着一大批刺绣爱好者。老虎鞋、老虎帽、香袋这些濒临失传的传统技艺在方岩村得到了很好的传承。此外，方岩村的竹编技艺、剪纸手工都非常有名。方岩村除了公路外，还有一条村中道路和多条穿梭于民宅间、山冈上的小石路。这些石路修筑考究，保存完好。路的外侧是两排大石头，里面是片石编排而成，中间有不同的图案。每座老宅门前都有不同的图案，有铜钱、有元宝等，分别代表老宅主人的身份。纵横于山间的石阶路更是一大奇观，被文人学者称为“岕里的长城”，意思是修筑规模犹如长城。方岩村有一棵特别的银杏树，被称为“怀中抱子”：一棵大银杏树的空心树干里，单独长出了一棵小银杏树。

上泗安村

上泗安村位于泗安镇和仙山湖景区之间，距泗安镇和仙山湖景区均在2千米以内。仙山湖景区是国家级湿地公园、国家AAA级旅游区，上泗安村域面积1.74平方千米，下辖3个自然村，人口1758人，2012年人均收入17853元。该村获省级“小康文明示范村”、市级文明村、市级生态村、市级“绿化示范村”、长兴县最美乡村等称号。

上泗安村自明代以来就是长兴县重要的商业集散地，有“千年古商阜”之美誉，古时称上泗安，自然条件优越，民风淳朴厚实。村内有保留完美的古石板桥、古运码头、航运休息驿站以及凹凸不平的石条商贸古道遗址，皆彰显了古时之繁华。徽派的民居与新恢复的古色亭台楼阁相得益彰，走进村内，让人联想到旧时之繁华景象。特别是村内的泗安塘古航道，旧时曾有“十里荷花古板道”之称。

古码头陈列馆

2014年，上泗安村被列为长兴县首个美丽乡村精品村，重点加强了塌水桥景点建设，对原有的古石桥、古石板路、古码头等遗迹进行修复和完善，同时新建了古码头陈列馆和广安亭、牌坊等徽派建筑，将上泗安村打造成为集文化、旅游、休闲等功能于一体和古商埠、古村落风味浓郁的美丽乡村精品村。

长中村

长中村位于长兴县泗安镇北部，东与林城镇交界，南与泗安镇师姑岗村毗邻，西与泗安镇毛家村交接，北与泗安镇长潮村接壤，辖区总面积16.5平方千米。全村总人口1852人，共545户。

长中村整体位于长潮芥山区，拥有优美的人文风光和良好的生态环境，群峰竞秀，峰林环抱，绿水相依，乡村秀美。村落布局、空间走向与山川地形相附会，村落建筑与自然生态相和谐，农民生产、生活与山水环境相互交融，彰显美丽乡村的地域特色和人文特点。长中村有保护完好的古宅2处，古树名木4处共18棵，古桥1座，古庙宇1处，古戏台1处。

古香樟

2012年长中村成功创建美丽乡村，建成集影视播放、网络传播、文体娱乐和展示长中村人文历史、自然风光、村史村情、文化古迹、特色物产于一身的文化大礼堂，修复了长兴县委成立会议遗址，陈列长中村革命史迹。

陈家埭村

陈家埭村位于长兴县洪桥街道东南侧，东临陈桥村，南至弁山，申苏浙皖高速公路边沿，西接长洪公路，北至中道港，杨家浦港贯穿其中，地理条件十分优越，公路和水路交通条件相当便捷。2002年，陈家埭村进行了村级规模调整，由原陈家埭村、陈家浜村扩并组成新陈家埭村。目前全村共有8个自然村，538户农户，总人口1845人。全村耕地总面积2266.54亩，山林近2800亩，鱼塘130余亩。

村内现存古民宅3处，古寺庙1处。陈武帝陈霸先出生在该村。陈霸先（503—559），字兴国，小字法生，吴兴（今浙江长兴）人，汉太丘长陈寔之后。通过平定“侯景之乱”，陈霸先渐渐控制了梁朝的政权，太平二年（557）废梁敬帝，自立为帝，建立大陈，改元永定，是为陈武帝。称帝后平叛之战主要有三：平王僧辩余部之战、平萧勃之战、平王琳之战。在位三年，谥曰武皇帝，庙号高祖。养子陈蒨即位。吕思勉评曰：“从来人君得国者，无如陈武帝之正者。”

方一村

方一村坐落在享有“十里古银杏长廊”美誉的长兴县小浦镇八都岕内，村庄呈线状，依山傍溪而建。村域面积 3.5 平方千米，下辖乌川岕、杨岭涧两个自然村，有村民小组 8 个，农户 325 户，人口 859 人。全村有耕地 574 亩，山林面积 7045 亩。

方一村是以“原、野、奇”为特色的八都岕古生态旅游的重要组成部分，整个村庄遍布百年以上树龄的古银杏树，环境优美，生态怡人。村内青山排挞，大涧中流。人们称誉“走遍天下景，难见银杏古树群”。我国有十二大银杏主生产区，但就银杏文化、古银杏数量而言，长兴八都岕银杏堪称“世界银杏的故乡”。银杏是植物“活化石”，中科院化石专家在考察“长兴灰岩”时，将 2 亿多年前的“银杏化石”拿来同现在的八都岕银杏比较，竟毫无变异，证明银杏“活化石”的美誉名不虚传。“村在林中，屋在树中，人在画中”是如今方一村写照。

方一村先后获得省级小康示范村、省级绿化村、省级生态村、市级文明村、湖州最美丽乡村、湖州市美丽乡村、远程教育示范村等荣誉称号。

顾渚村

顾渚村位于长兴县水口乡西北部，三面环山，东望太湖，西靠煤山镇，北接宜兴市，距长兴县城西北 20 千米，距水口集镇 6.5 千米。全村总人口 2682 人，963 户，辖 32 个承包组，5 个自然村。村域面积 18.8 平方千米，其中水田 570 亩、耕地面积 887 亩、林地面积 27638 亩，属山区村。顾渚村交通便捷，长水公路、水顾公路直通该村。

顾渚村作为中国茶文化的发祥地之一，茶圣陆羽久居此地而铸就旷世巨著——《茶经》，并由他推荐而建造了中国历史上第一家官办茶厂——皇家贡茶院，紫笋茶、金沙泉更是前后续贡 801 年。顾渚的山灵水美也养育了纯朴奋发的顾渚人。村内霸王潭景区大山壁立，翠竹蔽天，中间涧水淙淙。相传西楚霸王项羽同叔父项梁避仇在弁山。项羽曾到顾渚山游玩，当步行到这里的时候又累又渴，口干似火，一头扑在涧水中狂饮，由于项羽用力很猛，在岩石上留下两个膝迹和一个胸部痕迹，因而得名“霸王潭”。

大唐贡茶院

顾渚村先后获得浙江省全面小康建设示范村、浙江省首届魅力新农村、浙江省最美乡村以及中国魅力乡村、浙江省农家乐特色示范村等荣誉称号。

潘礼南村

长兴县小浦镇潘礼南村地处“十里古银杏长廊”中部，村域面积 6 平方千米，人口 2172 人，2013 年村民人均纯收入 13000 元。村庄依山傍水。一条沥青公路、一条石铺古道、一条蜿蜒山溪贯穿整个村庄。整个村庄遍布着几百年或近千年的古银杏数千珠，环境优美，生态怡人。村民的房屋就坐落在树与树的空间。这是一个具有 2000 多年历史的江南古山村，历史悠久，人文丰富。

古道

潘礼南村现存的古建筑，遗留和继承了千年前江南山村的民居风格，可以称得上文化精品、古迹瑰宝，典型的代表建筑是钱家老宅。钱家老宅已有 160 余年历史，老宅占地面积 1100 平方米。整座宅子由三进组成，每进正屋有五间房屋，东西分布着两排侧屋，三个堂屋相通，称为“穿堂”。堂屋装修极其考究，门面拼装着方格木屏，线条流畅，雕刻精细，图案清晰。方格中还藏有秘密，仔细辨认，依稀能拼出“富、贵、福、寿”四个字样。门面的中间，有四幅图案，分别用食物表示出了“琴、棋、书、画”。门面的最下方是六块木雕，雕有鱼鼓、宝剑、笛子、荷花、葫芦、扇子、玉板、花篮，这是“暗八仙”图。据族谱记载，钱宅中走出了四位八品以上的官员和六位秀才以上的文人。第二进大厅里至今悬挂着光绪年间江苏某官员赠送的写着“衣锦堂”三个颜体大字的匾额，说明这里曾有人在外做官后衣锦还乡。

天平桥村

天平桥村地处林城镇西南，以泗安塘、李王港、姚家港三面围圩作界，境内田陌沧绵、河网交错，属典型的斗区。2002 年由原天平村、新桥村、仓里村合并成新村，全村总面积 3. 68 平方千米。该村是“中国民间艺术百叶龙”的发源地，也是长兴县乃至湖州市的重要文化遗产。1957 年至今，“百叶龙”五次“闹”京城、二进中南海，舞向新西兰，蜚声海内外，成为民间艺术的瑰宝。2008 年“百叶龙”已经被列为国家级非文化遗产。

天平桥村民舞百叶龙

仰峰村

仰峰村位于具有“江南小延安”之称的长兴县槐坎乡西北部，村域面积9.44平方千米，人口总数1408人。村内的长兴新四军苏浙军区革命旧址群是全国重点文物保护单位、全国爱国主义教育示范基地、国家国防教育示范基地、全国红色旅游景点景区。

长兴新四军苏浙军区革命旧址群共有17处，其中保存最完整、规模最大的新四军苏浙军区司令部旧址、新四军苏浙军区政治部旧址和新四军苏浙军区供给部旧址位于仰峰村内。新四军苏浙军区司令部旧址原为沈家大院，系清代光绪年间徽派民宅，旧址住南朝北，现有建筑面积2260平方米，大小房间51间，新四军司令部等多个重要作战部门都设在这里。新四军苏浙军区政治部旧址原为韩家大院，系清末大户韩家民宅，韩氏祥五第九世迁居仰峰村，是南宋抗金名将韩世忠后代，至今已有300多年历史。新四军苏浙军区供给部旧址原为曹家大院，系清末大户曹家民宅。

此外，仰峰村内还有古祠堂和古寺庙。古祠堂是韩氏宗祠，总面积1500平方米，为二进加侧屋，祠堂内存有韩姓的名人记录、诫子书、韩世忠图像等文件资料。古寺庙是建于清代末年的土地庙，砖木结构，旧址占地面积224平方米，后改为新四军苏浙军区旧址。

小沉渎村

小沉渎村是太湖旅游度假区的一个行政村，北临太湖，西接洪桥镇，东望吴兴，是长兴的一个水乡型村落，历史上曾是一个古河商埠，拥有古桥、古树、古宅、古堤等遗迹。古谚语云“上有天堂，下有苏杭”，苏杭之间，小沉渎到新塘。

2012 年，小沉渎村作为“太湖风情”实验示范带沿线整治村庄之一，结合美丽乡村创建工作，大力改善居住环境。按照“十有十无”标准和“处处优美、村村似景”的总体要求，坚持全域覆盖、全员发动，扎实开展环境整治和美丽乡村工作，重点进行道路硬化、河塘清淤、污水治理、村庄亮化、村间绿化等工作，经过整治和创建，村庄面貌焕然一新，百姓生活水平大大提高。2014 年，小沉渎村开展了美丽乡村、特色村和省级美丽宜居示范村的创建工作，重点是对古渔街改造恢复、古桥古堤修复以及滩簧戏的传承、村集体经济发展，同时对农房改造、村庄墙面白化、村庄绿化。小沉渎村以“太湖畔渔村，古桥边人家”为形象定位，以历史悠久的太湖文化为背景，努力打造成为一个燕雀归巢、蛙鸣蝉声，充满乡土气息和渔家风情的美丽乡村。

锁界桥

绍兴市

柯桥区

陈村村

陈村村隶属柯桥区稽东镇，位于镇西南 5 千米处。

村域内生长着大量的古树名木，特别是稀有树种香榧树分布较广，村路两边青山叠翠，公路沿溪而行。“稽东千年香榧林”林区在村内高坡上，放眼望去，到处都是郁郁葱葱的榧树，千年古树随处可见。在全村范围内，树龄在 1000 年以上的榧树有 16 株，其中树龄达 1300 年的全国最大的中国香榧王树就生长在村内的前山坪。

陈村村是绍兴中国香榧之乡和绍兴省级香榧森林公园主景区之一，省级香榧森林公园陈村景区项目也在建设中。陈村村不但名木古树多，而且村庄内还保存着一批明清时期建造的古民居（老台门），如上台门、里台门、下台门（黄百万台门，历史上有名的陈村富豪）、长台门、登山望倍

台门、青峰常秀台门、耀峰下祠堂和十谷祠，以及官田头回龙庵等明清古建筑。

近年来，陈村村获得省级兴林富民特色村、市级环境整治示范村、市级全国小康建设示范村、市级绿色生态村、县级新农村建设示范村、县级美丽乡村精品村等荣誉。至2014年年末，村域面积4.87平方千米，耕地728亩，有农户516户，人口1684人，村民人均纯收入17028元，村集体收入117万元。

东村村

东村村隶属柯桥区王坛镇，位于南绍甘线公路东侧，与嵊州市交界，地处会稽山腹地丘陵地带。

望梅亭

东村原名董村，旧时为孙岙芝坞山董姓人之庄园，故名董村，后为蔡姓人集居，改称东村，沿袭至今。东村蔡氏，同姓不同宗，上堡由嵊县下显潭迁徙而来，下堡由萧山迁入定居于此。宋时，东村属会稽县东土乡所辖，明成化八年（1472）划归嵊县，1950 年 10 月又从嵊县划入绍兴县。东村村至今仍保留着清光绪二十五年（1899）重建的白鹤庙和始建于清代的蔡氏宗祠，是具有历史价值和地域特色的乡村古庙宇，均被列为县级文物保护单位。

村口有 8 棵三人合抱粗的苦木清、枫香，已逾 300 年。东村村土地肥沃，现已开发形成东片面积 6500 亩的青梅基地，素有“十里梅廊”之称，连片面积堪称华东地区之最。每当梅花盛开时节，芳香四溢，“东村梅花节”吸引了绍兴及其周边地区的游客慕名而来，赏梅观景，吟诗作画。

2008 年绍兴市旅游局命名东村“香雪梅海”景区，成为浙江省首批省级特色旅游村。同年7月，荣获“中国青梅之乡”美誉。2011年11月，东村“香雪梅海”景区荣获国家AAA级旅游景区。全村村域面积4.58平方千米。2014年年末，东村村有农户324户，有水田368亩，旱地343亩，青梅6500亩，茶山1034亩，竹园362亩，山林5203亩，村民人均纯收入16361元，村集体当年收入156.88万元。

稽江村

稽江村隶属绍兴市柯桥区稽东镇，坐落在稽东镇最北端。绍甘公路直穿而过，交通便利，风景秀丽，环境优美。

稽江村历史发展悠久。尧郭老街，文化积淀深厚，充满乡土民情，能够充分体现绍兴南部山区一带的生活文化；尧王殿为明清时期的建筑物，是明清时期绍南地区建筑风格的体现；洋中“别有天地”摩崖字画充满神奇色彩，相传为晚清时期文人墨客来此探源，在莲花岩壁、神仙洞口镌“别有天地”四个大字，笔力遒劲，至今保存完好。稽江村农业资源丰富，以特色农庄和四季常绿生态林为特色，是融登山、攀岩、垂钓、踏青、野外拓展训练、葡萄园采摘为一体的生态旅游好去处，有“天然氧吧”之称。

稽江村先后被评为省级兴林富民示范村、省级农家乐特色村、市级兴

林富民示范村、市农家乐特色村、市级绿色生态村、市级森林休闲旅游特色村等。全村村域面积7.6平方千米。2014年全村共有山林7344亩，茶园1285亩，农田1585亩，旱地835亩。全村农户721户，人口2143人，村民人均纯收入15014元，村集体当年收入463万元。

青坛村

青坛村隶属绍兴市柯桥区王坛镇，位于会稽山腹地绍兴南部山区。小舜江交流——北溪江流经村前，省通绍甘公路绕村而过。

村庄宅地据传为虞舜祭地之所。村内所居之族为明朝初年由新昌雪溪迁徙定居的董姓祖先，至今已有600多年历史。

曹素民故居

青坛村历史悠久，古建筑众多。据统计，现有古民宅8处、古祠堂2处、古戏台3处、古牌坊1处、古桥1处、古道1处。清同治年间建的董氏家庙、清代陶氏家庙及新祠堂于2009年均被列入县级文保单位，曹素民故居在2011年被定为绍兴市党史教育基地。民居大部分属清至民国期间的建筑，具有绍兴典型的地方特色，完整的街巷格局体系，其独特的古村格局和空间形态，是江南古村落的典型代表。青坛村古时出过六个翰林，近代更是名士贤达层出不穷。绍兴县首任县委书记、革命烈士曹素民，著作家、教育家、翻译家董秋芳等一批著名人士都是青坛人。

青坛村区域面积9.75平方千米。至2014年年末，全村有农户548户，水田675亩，旱地550亩，山林10693亩，茶园1059亩，竹园868亩，村民人均收入15566元，村当年集体收入59.07万元。

裘村村

裘村隶属柯桥区稽东镇，位于柯桥区南部山区，小舜江源头。小舜江支流北溪穿村而过，竹杨公路沿溪而上。大溪两边是错落有致的民居，整个村子呈玉带状。

据《裘氏宗谱》记载："裘氏之由来本东鲁青州（今山东省潍坊市）人，始祖仲宁公汉司徒康定公二十四世孙，宋徽宗时朝登进士，第仕广西宣抚使，值靖康之乱，扈驾南渡而卜居于稽山之阳名曰裘村。"至今已绵延10余代，有500多年历史。

古桥

在漫长的历史进程中，勤劳智慧的裘村先人创造了许多灿烂辉煌的业绩，给后人留下了不少宝贵的物质文化遗产。现有两处被列入县级文保单位（三官庙和长发其祥台门），有三处被列入县级文保点（镇东桥、裘氏新祠堂、吉庆有余台门）。还有建于清乾隆二年的炫西桥和圣旨石碑，建于明清时期的台门、古井、石碑等。抗战时期，绍兴沦陷，国民绍兴县政府迁居裘村达三年之久，至今仍有许多抗战时期的遗迹留存。

近年来村庄先后被评为县级新农村建设先进村、县级环境优美村、县级绿色生态村、环境整治先进村、县级卫生村、县级文化村、县级文明村、市级生态村以及浙江省特色旅游村等。全村村域面积 5.21 平方千米，有耕地 903 亩，现有农户.443 户，人口 1371 人，2014 年人均可支配收入 17501 元。

上王村

上王村隶属柯桥区王坛镇，位于镇东与嵊州交界处，地处会稽山腹地丘陵地带。

据上王村《王氏宗谱》记述，始祖王庠，字养正，“为青州签判，多异政，晚年归老，凡此地佳山水，遂字焉”。于南宋年间自嵊县南岙迁徙定居于此，繁衍生息，人丁兴旺，渐成王姓聚居之地，故名上王，距今已有近800年历史。宋时，上王村属会稽县东土乡美箭里，明成化八年（1472）由会稽县划归嵊县，1950年10月嵊县又还归绍兴县。上王村境内山峦连绵、地势险峻，是一个青山环抱的大村，清清的上王溪自南而北流经万乔注入小舜江，穿村而过的溪流把村落分割成东、西二片，横卧溪流之上的天保桥、天佑桥、双联桥、復初桥等石梁石拱石桥又把两岸连成一个整体。这里的店铺多依溪分布，民宅则傍水沿山而建，青砖粉墙瓦房，一派古朴风情。

上王村至今仍保留着清代建筑的王氏宗祠、王氏分宗、土穀祠、财神庙。始建于清代的王氏分宗，呈四合院式，雕刻精美，有较高的文物价值，2009年7月被列为县级文物保护单位，电影《笔中情》曾在这里拍

摄外景。茶叶和竹笋是上王村两大特产，尤以该村黄泥山所产“黄须头、白壳笋”而远近闻名。

2014 年，全村村域面积 5. 48 平方千米，有农户 599 户，农田 904 亩，旱地 798 亩，山林 6047 亩，茶山 1068 亩，竹园 2602 亩。村民人均纯收入 17503 元，村集体当年收入 103. 75 万元。

石岙村

石岙村隶属柯桥区稽东镇，位于省级林业观光园区绍兴县稽东镇“峰秀榧香”农业观光园境内。

石岙村唐、方、黄氏占多数，祖籍河南。相传河南一石氏在宋朝为官，因坚持抗金被罢黜，为逃避追究而隐姓埋名，流落到绍兴。他们见此处狮子山、白象山分立村口两侧，老虎山如猛虎下山，守卫村口，风水看好，就在此居住下来，繁衍生息，人丁兴旺，渐成了现今石岙村人民的聚居之地名。后有人编了“狮子白象管门口，老虎蹲在洞里头”的顺口溜，世代相传，石岙村也因此得名。

该村是会稽山千年香榧林的主产区之一，在各自然村村庄中，房前屋后到处都遍布着古老的香榧树。村域范围内生长着大量的古树名木，古老而珍贵的香榧树分布较广，树龄在1000年以上的榧树有3株，比较有名的有一处千枝榧树湾，有世代流传至今仍较为神奇的香榧湖及斗坑瀑布等自然景观，竹园面积居全县首位。村庄内有保存完好的古寺庙3座（其中田岙土地庙为县级文保点），古祠堂4处，古戏台2座，古桥8座（其中白鹤庙前进龙桥为县级文保点），村内还有古道6处。

石岙村是省级兴林富民示范村，也是县级文明村、县级卫生村。2014年年末，全村耕地面积224亩，有省级生态公益林4448亩，竹园面积1851亩，山林面积5286亩，有农户378户，村民人均收入9556元，村集体当年收入72.56万元。

王化村

王化村隶属柯桥区平水镇，位于东南部会稽山区。

王化是古越国故地，先民“随陵陆而耕种，或逐禽鹿而给食”。南宋建炎三年（1129）宋高宗赵构驻跸王化，“王道圣功千载赫，化醇俗美两村团”，王化村名由此而来。据王化村最早氏族资料《日铸宋氏宗谱》记述：樸，会稽日铸始祖，其四子淳（景阳公）徙居王化，至今已有850年历史。此前方姓、华姓、张姓已在此居住。

王化庙

王化村文物古迹众多，被列入县重点文物保护5处：五代后晋的千年古刹日铸寿，宋代的大舜庙，清代的王化庙，建于光绪年间的宋家台门，民国初的瑞兴台门，整组台门113间，这些古遗存至今保存完好。王化村生产茶叶历史悠久，在中国茶叶的历史上有着光辉的一页。南宋御旨特贡珍品日铸茶、平水珠茶的原产地就是王化村。王化村茶香飘中外，宋周瑞创办于清道光二十五年（1845）的瑞泰茶栈生产平水珠茶，赢得客户信誉，远销欧美市场，被视为“绿色珍珠”。1915年，平水珠茶荣获巴拿马万国博览会金奖。2014 年，平水日铸茶获第九届浙江绿茶博览会金奖。2015 年中央电视台来王化采访并拍摄纪录片《珠茶记事》。

王化村被评为绍兴市卫生村、绍兴市平安创建村、绍兴县文明村、绍兴县绿色生态示范村。2014 年年末，全村总面积 11.391 平方千米，有农户 801 户，总人口 2327 人，耕地 1125 亩，村民人均收入 14710 元，村集体当年收入 66.7 万元。

尉相村

尉相村隶属柯桥区稽东镇，位于柯桥区南部山区，小舜江源头，风景秀丽，环境优美，区域面积 7.19 平方千米。

村民有汤、相、费三个大姓，但多以尉氏为姓。据《绍兴县志·氏族》篇记载："尉氏，宋绍兴间，尉亹，字廷原，不忍左衽，随宋士大夫南迁之流，由河南尉氏县徙越，初居炉坞（今楼坞，属稽东镇相岙村），后子姓繁衍，相继分徙上塔（今均属稽东镇尉相村）等地。"

尉相村始于清代年间，村内拥有众多的古建筑，古台门 10 个，古祠堂 4 个，古牌坊 2 个，古桥 5 座，古道 4 条，古井泉 3 口，古祠庙 4 座。其中通往诸暨市赵家镇三条古道，其一坐落会稽山脉黄来岭，高程 590 米，长达 10 千米；其二为会稽山脉的香炉尖，高程 541 米，长达 8 千米；其三九曲岭是本村村民通往上京的行人道。仙岩寺是区级文物保护单位，位于塘坞自然村祝家岭山顶仙岩古寺，原称胡公殿，建于清代年间，于 1997 年绍兴县人民政府批准为仙岩寺文物保护单位。

近年村先后被评为市级卫生村、市级平安村等。2014 年年末，全村有农户 449 户，耕地 1220 亩，生态公益林 6583 亩，茶园 770 亩，桑园 772 亩，竹园 1574 亩，板栗 1047 亩，村民人均纯收入 15470 元，村集体收入 19 万元。

冢斜村

冢斜村隶属中国香榧之乡柯桥区稽东镇，地处绍兴市柯桥区的南部山区，位于小舜江上游稽东镇东北首的省道绍甘线旁。

相传，舜妃和大禹王“禹妃”及越国宫人多葬于此地。“冢”，坟墓，按冢者大也；“斜”，宫人之坟也。又有一种说法认为禹妃葬于古村斜后方，故冢斜村名由此而来。此外，著名地理历史学家陈桥驿先生提出冢斜是早期越国古都——嶕岘大城所在地。《绍兴府志》载：“冢斜在会稽平水上三十余里，接嵊界，相传越国宫人多葬于此。”

冢斜是历史上远近闻名的古村落，至今仍保存着丰富的历史文化和富有绍兴典型地方特色风格的古建筑。古建筑有始建于唐贞元年间的永兴公祠，清乾隆年间的余氏宗祠，明、清时期的余氏老台门、高新屋、下新屋、上大院台门屋6座，清乾隆年间的古桥“永济桥”，明、清官员来冢斜祭典舜妃、禹妃和永兴神的驿站“上道地轿屋”，明末清初的永济茶亭和通往诸暨大、小西岭的山区邮道，清代的下新屋古井和大龙山麓的木瓜塘、刺菱塘和下塘湾塘等。目前尚存16个台门及古建筑物，这些古建筑群落与周边的自然环境巧妙地融合在一起。

2010 年，冢斜村被列为中国历史文化名村。2014 年年末，全村有农户 751 户，耕地 528 亩，林地 4700 亩。2014 年人均纯收入 14359 元，村当年集体收入 22.97 万元。

州山村

州山村隶属柯桥区柯岩街道，位于街道南部，104 国道穿村而过，距柯桥区行政中心 5 千米。州山村四周青山环列相传，明代开国元勋刘伯温游历至此，曾曰“此地可作一州”，故名州山。

州山村历史建筑集中，格局、风貌完整，人文特色鲜明，历史原物保存较多。古建筑以明末清初的台门为主，建筑面积约 11000 平方米，以两板、三板、四板的石萧墙为特色，主要分布在老陈家湾和兜溇底两处，其中培风馆、让德堂、善庆学校等保存较好。目前遗留保存的各类古建筑、古桥及遗址有 24 处。

州山村历史悠久，名人辈出。自明以后，州山人文蔚起，正统至道光 400 余年间，共有各类生员 370 余名，中举人、进士的有 130 人，其中进士 39 名。州山村作为历史文化村落，浓郁的风情和独特的建筑风格，是弘扬优秀传统文化的重要载体，是不可再生的历史文化遗产。

州山村被评为省级卫生村、省级绿化示范村、省级小康体育村、省级历史文化名村。2014 年年末，全村村域面积 2. 73 平方千米，有农户 1153 户，耕地面积 801 亩，山林面积 904 亩，村民人均纯收入 22187 元，村集体当年收入 427 万元。

紫洪山村

紫洪山村隶属绍兴市柯桥区兰亭镇，位于绍兴市区 15 千米的南部丘陵地带。

全村至今尚存明清风格古建筑群 20 多个，保存完好古台门尚存 12 处，是柯桥区三个保存完好的古村落“样本”之一。村口关殿庙旁一棵银杏树，县政府命名为“千年银杏王”，历时千年而茁壮繁茂，既是本村的形象，更是全村居民和旅外乡亲同胞发达平安之庇护。父老乡亲视之为

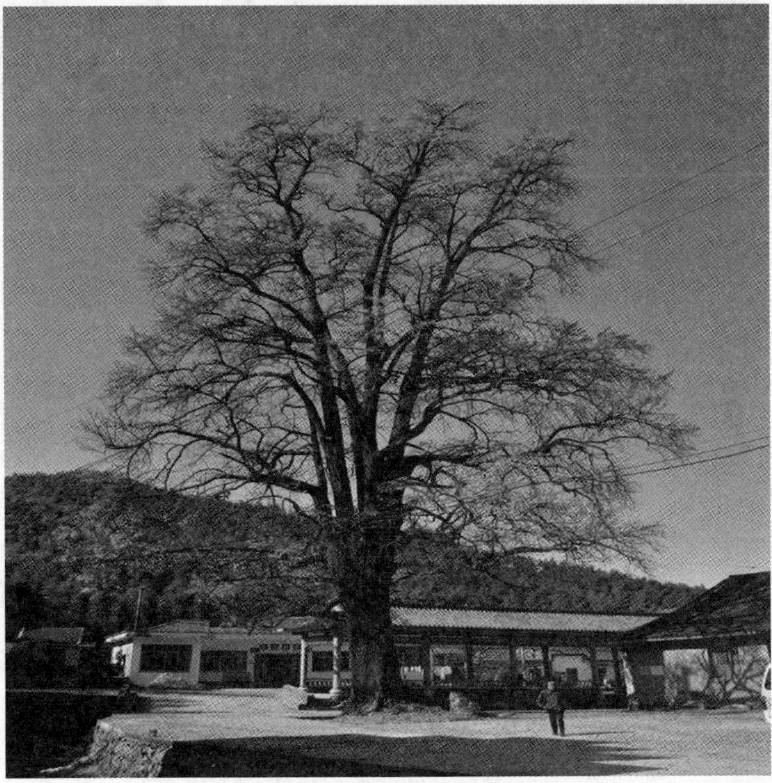

紫洪山村千年银杏王

“镇村之宝”。紫洪山村有两点引人瞩目：一是侨乡。紫洪山村地处穷山僻址，少有耕地，为了生计，紫洪山有胆识的部分青壮年，远渡重洋，赴港澳、下南洋，艰辛谋生创业。待自己站稳脚跟后，即以亲带亲，亲邻相

帮，共同会聚在异国他乡闯荡。因此，紫洪山村被称为绍兴“三大侨乡”之一。全村现有侨眷110户，旅外侨港胞1700余人，旅居于世界数十个国家和地区。紫洪山村建有全区唯一的村级侨联组织，2010年被浙江省侨联授予全省五星级村（居）社区“侨界之家”。二是酱乡。旧时紫洪山人北上京津沈阳，南下港澳南阳，当时开在全国各地的酱园，都有紫洪山人作为掌门人或大师傅，一度名震南北。独特的酱文化是中国酱文化的缩影，是酱文化的重要发源地之一。

全村村域面积6.08平方千米。2014年年末，全村有农户435户，总人口1302人，耕地729亩，山林8293亩，村民人均纯收入17347元，村集体当年收入10.35万元。

王城村

王城村隶属柯桥区王坛镇，位于会稽山腹地丘陵地，与嵊州市谷来镇紧密相连。绍甘公路穿村而过，村东小舜江交流——南溪环流境内。

王城村历史悠久，据传是虞舜巡狩之城和越王勾践被吴败，以余兵5000人保栖会稽山山域而命名。王城集居族众多，有喻、金、张、王、包、裘、杨、蔡等多家族姓，在不同时期来王城营商开店、掌筏搞运输、开作坊等而定居。何时始居，传说不一，据村（北）口天官庙重修石碑

记述："始建于唐"和原万年庵内的金桂树龄已超过500年。村内保留长500多米、宽2—3米的古街一条（原用鹅卵石铺面，现为水泥路面）。清和民国期间，街市兴旺（设镇和里），有水作坊18家，肉店13家，药店5家，米店、茶店、南货铺、酒店、果品店等，总达数十家。村境内房屋多为清代二层砖木结构瓦房。今保留裘家、王家、包家、张家、金家等台门25座，裘氏、张氏、金氏等祠堂多座。天官庵、万年庵、普渡庵、水

口庵等被损毁。

2014 年年末，全村有农户 283 户，村域面积 2.24 平方千米，水田 507 户，旱地 567 亩，山林 2292 亩，青梅 500 亩，茶园 717 亩，竹园 85 亩，村民人均收入 16758 元，村集体当年收入 117.41 万元。

占岙村

占岙村隶属柯桥区稽东镇，位于小舜江源头，柯桥区、嵊州市和诸暨市三地交界。因村庄分布在山湾之中，天然的山岙湾口地形酷似一个“占”字，占岙村名就由此而来。

占岙村以“千年峰秀榧香”闻名于世。这里千年榧树随处可见，珍贵的古树群落与会稽山区的奇峰秀谷和文化遗存形成了榧乡独特而丰富的旅游资源，构成了会稽山“千年香榧林”景区独特的风味。既有姿态奇异、观赏价值极高的古香榧树，又有树龄超千年、香榧青果产量超千斤的中国香榧王，最古老的香榧王树龄有1500多年。村内四处绿树成荫，民居粉墙黛瓦、古朴纯情，崇山峻岭、生意盎然、秀色其中，朝闻流水鸣潺潺，暮至归鸟声喳喳，有“天然氧吧”之称。

千年香榧林园区

近几年，占岙村先后获得县级社会主义新农村建设先进村、市级文化村、市级科普示范村、市级全面小康示范村、市级美丽乡村精品村、省级兴林富民示范村、省级农家乐特色村、省级卫生村、省级绿色生态村等荣誉称号。2014 年年末，现有农户 296 户，耕地 467.7 亩，村域面积 4.69 平方千米，农民人均收入 16130 元，村集体当年收入 146 万元。

新昌县

拔茅村

拔茅村隶属新昌县羽林街道，位于县城东南 9 千米，杭温公路与甬婺公路交叉口。拔茅村原名白卯村，据万历《新昌县志》记载：“始名白卯，村后山中有高蟠潭（现为水库），传为白龙母所栖，上有龙亭，天旱求雨必灵验。元泰定丁卯年，王伦授新昌县尹。将之任，舟次扬子江，梦一妪来谒问之，曰新昌高蟠人，姓白，闻公远来，故相迎耳。觉而怪之，到任询之，果有高蟠潭。”白卯村名恐由此而得，后来演变为白茅、拔茅。

南明张氏始祖张响之玄孙张光祖（1279—1329），原居县城仁政坊，其子应著（1303—1359）在元末徙居拔茅。许氏从龙皇堂迁来，村中居民以张、许居多。村有张姓“千柱屋”大型民宅一处，建于清代乾隆年间，房屋三进，大小天井 18 个，占地 30 余亩，用料考究，精雕细刻，具有清代中期建筑风格，原有围墙已毁，房屋大部分完好。此外，明代正德年间太子太保、兵部尚书何鉴陵墓坐落在何家庵荣山南坡，系奉旨安葬于此，墓前树立石羊、石马、石翁仲、石牌坊，墓区宽阔，古木参天。1965 年被发掘出土玉带、墓志铭等文物，现存新昌县文物馆。2014 年年末，全村有农户 918 户，林地 7652 亩，村民人均收入 18948 万元，村集体当年收入 87 万元。

方泉村

方泉村隶属小将镇，位于集镇西北5千米处。村由原方泉乡得名，2004年5月由方口、陈家坞、田西3个村撤并建立，现行政村村委会驻地位于方口，传方姓始居，地处溪口，故名方口。

方泉村乡贤吴公祠

据《吴氏宗谱》记载：二十世祖吴仕谌、吴仕饵兄弟于明成化十八年（1482）由铜溪迁方口，建村约530年。后经繁衍生息，渐成吴姓聚居之地，现方泉村户籍人口1600余人中，有吴姓1300多人。村历史悠久，文物古迹众多。乡贤吴公祠为县文物保护点，始建于清雍正七年，民国初年重建，2005年再次修缮。吴公祠整体坐北朝南，占地面积550平方米，传统建筑格局，西洋风格装饰。另一处县文保点为保泉庵，建于清道光十一年（1831），现存建筑分前廊、两厢、正殿，廊、檐等有雕画。庵前溪泉淙淙，后山松石如画，环境清幽。村中还有永安桥、林平台门、文昌阁等明清建筑多处。方泉村人杰地灵，文化深厚，近现代有吴星灿、吴庭枢等名人涌现，乡贤祠前“为民族做敢死的先锋，向敌人作反攻之英雄；彻底认识民族复兴的意义，坚决抱定抗战必胜之信念”的对联还在不断激励和警示着从此过往的后人。

2014年年末，全村有耕地1090亩，林地3500亩，村民人均纯收入2.1万元，村集体经济收入6.51万元。

横渡桥村

横渡桥村隶属新昌县儒岙镇，距县城约30千米，位于绍兴和台州的交接处，因村内古桥“皇渡桥”而得名。“皇渡桥”跨溪而卧，相传该桥因助南宋小康王过河躲避金兵而得名。横渡桥村也因此得名。

据新昌旧县志记载，现桥为清道光二十四年（1844）重建，系单孔石桥，块石并列砌筑，桥长23.9米，孔径17米，宽5米，高9米。此桥为新昌至天台关岭古道上的重要桥梁。距桥30米处有古驿道路廊，曾是专供传递官府文书和军事情报的人或往来官员途中食宿、换马的场所。村内还有一座历史悠久的大桥庙，庙中有两件镇庙之宝：一是左侧竖着的一块石碑，上刻“皇渡桥碑记”，碑石高1.92米，宽0.72米，厚0.15米，碑中大致记载了皇渡桥的历史，迄今已有160年；另一镇庙之宝就是大殿内案桌上的一石质香炉，炉身铭文为：大桥庙，康熙二十三年甲子仲冬至。村内古迹众多，村中“万年亭”上有诗：“谢公开道传书羽檄之姥驿，宋室蒙尘跸驻宸留皇渡桥。海月洞云碧血丹心报国寺，垂虹涵翠枕流息足万年亭。”一首诗把横渡桥村的古驿道、皇渡桥、报国寺、万年亭等几大古迹和人文历史都勾勒得清清楚楚。2014年年末，全村共有农户517户，耕地面积771.5亩，人均收入13546元，村集体当年收入15.01万元。

后岱山村

后岱山村隶属新昌县，位于东茗乡南部，地形属于山区。后岱山村因村四周为山，中间一湾，形似袋底而得名。

村中以王、张、赵姓居多，多以姓氏分区域集聚在一起。据考证，该村为王氏天姥派二十一世庚辰，三子梦念徙居岱山而建村。村内故居和古建筑较多，有建于清代的张家、赵家大堂前等大台门，每个台门均为清代风格建筑，雕梁画栋，古色古香，尤其张家台门，至今保存完好。还有建于民国二十七年的下张家台门，合抱粗的屋柱和精美的壁画，使其成为近代重要史迹及代表性建筑。布袋木偶在东茗流传已有百余年历史，已处于濒危状态，2006 年经抢救挖掘，得以重放光彩，并被新昌县人民政府确定为首批非物质文化遗产，现在已经成功入选绍兴市第二批非物质文化遗产名录，并应邀参加绍兴市第三届鲁迅艺术节民间特色文艺专场演出。建于 1974 年的“十大渠”，位于村西侧村口，南北走向，该渠全长 2000 米，“U”形槽身为水泥浇制，宽 0.5 米，深 0.4 米。2014 年年末，后岱山村有农户 462 户，耕地 5187 亩，村民人均纯收入 11000 元，村集体收入达 20 万元。

梅渚村

梅渚村隶属新昌县梅渚镇，位于县城西南 10 千米处，西邻澄潭江，新镜线从村前通过。

梅渚村始建于宋代，是原梅渚镇政府所在地。据民国《新昌县志》记载："其地古时多梅，聚落连片，故名梅渚。极富江南特色，绿柳依依，桑竹成荫，依山傍水，土地肥沃，物产丰富。"宋、明、清属乡，清宣统二年属西区，澄潭乡。民国二十一年置梅渚镇，民国二十四年下衣乡、坂平乡合并为梅渚乡。民国二十八年并入梅渚乡。1950 年置梅渚乡，1956 年白鹤乡并梅渚乡，1958 年置澄潭人民公社梅渚生产大队。1961 年成立梅渚公社，1983 年改乡，1992 年扩乡并镇，成为梅渚镇，镇政府设梅渚。村民经济收入主要依靠蚕茧、加工羊毛衫和织布。古村原貌未变，文化底蕴深厚。村内保留了宅前塘、更楼、庵堂、祠庙、民居、店铺等大量明、清、民国时期有价值的古建筑，其石柱木梁、飞檐雕阁、窗棂楼台等处处独具匠心，并承载着剪纸、戏曲、酿酒、蚕桑、蜜枣等传统工艺，堪称一座民间建筑雕刻艺术博物馆。

2012 年，梅渚村被列为浙江省首批历史文化村落保护利用重点村。2014 年，全村有农户 866 户，耕地 3000 亩，村民人均纯收入 12954 元，村集体收入 65 万元。

南山村

南山村隶属新昌县儒岙镇，位于著名的天姥山中、浙东唐诗路上。

早在晋代就有先人居住，王姓家族自太原迁入，属王烈（字彦方）后裔，建村已有1600多年历史。

南山村自然风光优美，人文积淀深厚，自古崇尚耕读文化，迄今仍传承着传统的生产、生活方式，民居建筑等方面在江南历史文化古村中极具代表性。古祠、古树、古桥、古井、古民居建筑等人文古迹散布村落，村中原有大小宗祠15座，现存2座，现有大禹庙1座，有古民居30多座，古石拱桥6座，尤其是大宗祠永思祠、小宗祠奉先祠、乐取桥、永安桥等6处已被列为县级文物保护单位（点）。现存的古旧祠堂和民居（老台

门）大多建于元、明、清、民国时期，具有各个时期的风格特征和典型的江南古建筑风格，不仅保存着原来建筑的样式和规模，还隐隐约约显示着当年的光彩和气魄，很有保存和研究价值。水磨砖雕组合而成的照壁和门面，精制木条镶嵌成几何图形的高阁长窗，雕刻精细镂空的拱斗、耍头、牛腿、雀替、卷棚，方形磨砖铺成的厅堂地面，还有残留在石制门楣上的题词和匾额……永思祠保存着始建于明嘉靖年间（1522—1566）的古戏台。《绍兴古戏台》一书专门介绍此台，并认为是绍兴地区为数不多的纯木结构的早期古戏台。村中央有方圆二水井，法地象天，井水清冽甘

醇，永不枯竭。二井开凿于明万历年间（1573—1619），井壁题刻了“井铭”。

2015 年，南山村被列入浙江省历史文化保护利用村。2014 年年末，全村有农户 597 户，耕地 1145. 4 亩，村民人均收入 14821 元，村集体收入 64. 64 万元。

南洲村

小将镇南洲村位于新昌县域东部，距县城约 36 千米，在菩提峰的东北麓，新昌乡间流传有民谚“先有南洲丁，后有新昌城”。据新昌地方史籍记载，新昌建县在公元 908 年，南洲有村却在公元 147 年光景，时间是东汉，始祖名丁崇仁。祖先丁崇仁（104—174），原籍山东济阳，由承事郎仕至太尉，目睹过朝廷的昏暗，请求当地方官，在担任剡县令期满后，不愿回故乡原籍，而想着找一个远离纷争和尘嚣的地方隐居，丁崇仁带领家人在这里扎起了一个安享天年的窝。丁崇仁尊奉为南洲丁氏第一世祖，现今的丁氏大都是丁崇仁的六十几代孙。南洲村人口以丁氏最多，约占全村的三分之二。关于南洲丁氏的祖先，除了宗谱文字的记载，还有丁氏祖先画像，收藏在村老年协会。

南洲村历史文化保留丰富，主要有南洲丁家祠堂，为清早期宗祠建筑；古墓，主要有两个，一为丁崇仁墓，为东汉古墓，在南洲飞凤山有个叫牛皮行的地方；二为潘音墓，为元代墓葬，在飞凤山东的半山坡上。南洲宋井，南宋时开凿，明嘉靖年间疏。一座颇具特色的清晚期古民居“下四房”，坐北朝南，小青瓦屋面，硬山造。

近年来，南洲村先后被评为省级历史文化保护村落、信息化示范村、体育特色村。2014 年，南洲村共有农户 516 户，耕地 1067 亩，山林面积 12804 亩，村民人均纯收入 2.2 万元，村集体经济收入 5 万元。

藕岸村

藕岸村隶属新昌县羽林街道，坐落于新昌县北，背靠四明山余脉，紧邻黄泽江。

藕岸村建村历史悠久，古称藕津，亦称“高碲藕岸”。建村时间在南

宋嘉泰年间（1201—1204）之前。据村中《石氏家谱》记载，北宋新昌名儒石待旦的九世孙石奕垓即卜居于此，为藕岸村石氏始祖，说明藕岸村建村早于嘉泰年间。另据《新昌县文物志》记载，藕岸村孟石家有出土六朝古墓砖，地下可能存在从汉朝至隋朝的古墓群。村中传统建筑有文昌阁、衍庆祠、观音堂、古戏台、真君庙、敬训堂、励德堂、礼文台门、吕绍虞故居等，现存建筑都为清代，做工考究，具有较高的文物文保价值，第三次全国文物普查登记有九处不可移动文物。其中真君庙始建于明成化年间，清嘉庆二十五年重修，庙前有 800 年以上古柏一棵，2006 年被认定为县级文保点。文昌阁始建年代失考，光绪二十三年重修，2009 年被认定为县级文保点，2013—2014 年重修。藕岸村党支部是新昌县第一个诞生的农村党支部，该村是抗日战争及解放战争时期革命活动区之一。

2014 年年末，全村有农户 811 户，耕地 1697 亩，村民人均收入 1.2 万元，村集体经济收入 9.4 万元。

外婆坑村

外婆坑村隶属绍兴市，位于新昌县西南 45 千米处，地处曹娥江源头，与东阳、嵊州、磐安三地交界，地处山岙，四周皆为崇山峻岭。

外婆坑村原叫楼基湾。350 多年前，一批林氏人从福建逃难到此，租用楼基湾山地生活。山地主人每年免去收租，林氏族人都把最好的东西拿出来招待。山地主人十分感动地说："你们就跟外婆一样亲，以后就改叫外婆坑。"村随之改称外婆坑村。

村中多林姓，为林则徐后代。外婆坑村地处曹娥江源头，体现古人择水而居选址理念，村落依山势而上，南低北高，呈"Y"字形分布，位于崇山峻岭的山岙中，又恰好起到天然挡风的屏障作用。主要传统建筑风格为木石结构，且多为石头屋，既保存有完好的古台门、石头墙和黄泥墙，也有始建于清乾隆初年，后 20 世纪 30 年代初由林家木（又名林翊）筹资改建属木石结构的林氏宗祠。宗祠正厅一进，三开间，明间后下金檩上挂有"克配上帝""明照四方"两方清光绪年间匾额，鎏金大字苍劲有力。明间山墙置放着林则徐和林家祖先像，见证了该村龙腾虎跃、名人辈出的历史。

2010年被列入“上海世博之旅”示范点，2011年被评为浙江省特色旅游村、浙江省首批乡村记忆示范村，2012年被评为浙江省第二批物质文化遗产“民俗文化旅游村”。2014年年末，外婆坑村有农户158户，耕地174亩，村民人均纯收入15860元，村集体当年收入6万元。

西坑村

西坑村隶属新昌县镜岭镇，距县城 25 千米，是受政府保护的千年古村落，由西一、西二、西三和石宕四个自然村组成。

西坑村古台门

西坑青石是浙江石雕艺术文化的瑰宝。石宕自然村盛产碧石，历史悠久，素有“江南第一石”的美誉。西坑村历史悠久，人文荟萃，古迹众多，古民居保存完好，有着古老的人文景观和山水风光，是浙江最古老的石器凿刻发祥地。不论是吴越时代的古石宕，还是 1600 前的新昌石刻大佛，都体现了先民们的智慧和汗水，也是浙东唐诗之路的组成部分。有唐代诗人罗隐路过时留下了许多脍炙人口的诗篇，还有朱元璋及其军师刘伯温在国母岭吃麦碎饭的故事。在蟠龙湖尾部与国母岭脚的交界处，有织女盼郎岩，酷似新婚的少妇，梳头髻，着罗裙，深情远眺，盼望与牛郎早日相聚，真是惟妙惟肖，远近乡邻对这尊仙女岩极为推崇，也称之为“岩头妈”。

西坑村的文化沉淀非常深厚，人才辈出，有宋代郡马户部尚书兼礼部侍郎陈梦弼，近代宗教领袖人物——兴慈法师，被誉为“蚕头”和“茶圣”的陈石民及其妹夫吴觉农，影响深远，极大地丰富了石、佛、茶、蚕的文化内涵。西坑村的吹鼓亭表演艺术，起源于清朝光绪年间，至今已有 100 多年历史，已被列入新昌首批非物质文化遗产名录。村还有历史悠久的舞狮表演。2014 年年末，全村共有农户 799 户，旱地 438 亩，山林 14051 亩，村民人均收入 1. 33 万元，村集体经济收入 5 万元。

雪头村

雪头村隶属巧英乡，距今已有1000多年，位于新昌县东部，离省道象西线约10千米，距宁波市100千米。雪头村由上雪头、下雪头、同坑、马坑、安头五个自然村于2003年12月撤并而成。

据记载，雪头有一座大山，山名为鳌坑，因山高寒冷，积雪较多，雪水沿溪而下经过村庄，是雪水下来的第一个村庄，古称为“泄头庄”。古以龙潭坑为界，龙潭坑有一瀑布，名为“泄岩”，就以泄岩为界，上面通称为“泄头”，下面为“泄下”，后来将“泄头庄”改名为“雪头村”，其村又分为上、下堡，中华人民共和国成立后分为雪头上、下村，也就是后来的上雪头、下雪头自然村。相传马坑自然村边山坑为董氏太公的战马死难地，故名马坑。安头自然村原名堰头，因“堰”字书写不便，1966年改名为安头。据明万历《新昌县志》记载：“武功烈士公健葬桐岗。”此岗在桐坑西面，岗前一条坑，人们取“桐”与“坑”来命名该村为桐坑，为区别小将铜坑，1981年改为小同坑。

雪头村主体依雪溪而建，现存有董氏大宗祠“思本堂”，二房南泉公祠名“思源堂”，庆神庙等古建筑。雪溪上有石混公路桥3座，铁桥4座，石板桥2座，还有1座古老的石拱桥，名“定安桥”，桥额上有“雪溪关键”四个大字。村中有古树8棵，最久的已逾300年。雪头村人杰地灵，文才武略，衣冠济美，贤俊豪杰，代不乏人。

2014年，全村有农户706户，耕地1878亩，林地10080亩，村民人均收入15000元，村集体收入20.44万元。

岩泉村

岩泉村隶属新昌县镜岭镇，位于镇东南 8 千米，与双彩乡接壤。始祖甄熊为避战祸，于宋末从山东青州迁徙于此，繁衍生息，人丁兴旺，渐成甄姓聚居之地。岩泉古村距今已有 800 年历史，位于穿岩十九峰南侧、彩烟台地林壑深秀处，兀立一山峰，形似泉涌，故名“岩泉山”，岩泉山又名东山，有“东山八景”之胜。

村中至今仍保留有明代建筑的祠堂、牌坊、府堂、古桥、古道以及古树名木等。村东“甄完祠”，彩烟甄氏族人感念甄公德泽而建，原址位于苍骊山脚，又名“复庵公祠”，也是甄氏宗祠。后因祠堂地形局促，至清朝乾隆年间（约 1778），乡民在村口进行了易地重建，距今已有 230 多年。甄完（1392—1465），为新昌甄氏八世孙，谱名道完，字克修，号复庵，新昌彩烟岩泉人。明永乐十九年（1421）进士，历仕刑部山东清吏司主事、刑部河南清吏司员外郎、广西布政使司左参议、湖广布政使司左参政、河南左布政使。居官清廉仁政，刚正不阿，秉公断案，厚德泽民，御赐“清官第一”。景泰六年（1455）辞官返乡，造福梓里。著有《复庵稿》《杂录》《南游稿》《归田录》等。祠堂正厅上一副“清官垂国史，光争日月；硕德重乡贤，气满乾坤”的对联，见证了该村耕读传家、名人辈出的历史。2014 年年末，全村有农户 285 户，耕地 671 亩，村民人均纯收入 10119 元，村集体经济收入 5 万元。

班竹村

班竹村隶属新昌县南明街道，位于104国道旁，距离县城15千米。班竹村，又名“斑竹村”，因有“斑竹”而命名，地处浙东天姥山麓，四面环山，惆怅溪在村前缓缓流过，村后拔云尖（899米）是班竹山最高峰。

班竹村中兴时期在宋元，明初有驿站、客栈、公馆、大堂、监所、米行、商店等。班竹村宋至清属仙桂乡，十八九都；清置班竹铺，石井堡，现完整留存鹅卵石古驿道横贯而过，四处路廊遗迹，落马桥被列为县文物保护桥，桥边古木参天。村内以章、盛、张三姓居多，其中章姓原籍在福

建，最早入住者名章木，南宋时迁入县境，章大宗祠为县文物保护单位。唐代诗人李白为“浙东唐诗之路”留下了千古绝唱《梦游天姥吟留别》。唐朝玄宗时期，司马承祯在村口的落马桥（又称司马悔桥）前落马悔悟，落马桥的传说流传至今。南朝宋元嘉六年（429），谢灵运率众伐木开径、越天姥山至临海，以后遂成驿道，随着台州、越州的经济、文化交往的日益频繁，也引来了诸多的文人墨客、黄冠僧侣，留下了为数不少的华章。明崇祯五年（1632）四月十八日，大旅行家徐霞客午后从天台万年寺经牛牯岭，下会墅岭夜宿班竹驿铺，在《徐霞客游记》中留下了近200字的记载。章氏祖先章木于南宋绍兴二十四年进士及第，曾任越州推察。章木三世孙中，有一名岳者登进士第，仕至仕御史。章氏子孙章鋆咸丰壬子

年（1852）中恩科进士，钦点一甲一名状元及第，官至提督福建广东全省学政、上书房行走、国子监祭酒加四级，诰封资政大夫。

2014 年，班竹村被列为省重点村历史文化村。2014 年年末，全村有农户 222 户，耕地 440 亩，村民人均纯收入 19350 元，村集体收入 15. 5 万元。

大市聚村

大市聚村隶属新昌县大市聚镇，村址坐落于鳌峰台地，东邻水帘尖，西望天姥山，南濒沃洲湖，北靠差林胡卜村，紧邻四明山，为新昌县东第一重镇，104 国道靠边而过。旧时古道纵横，历来为人文荟萃之地。

在梁氏家族文化最盛的宋明时期，诸多骚人墨客来此会文访友，吟诗

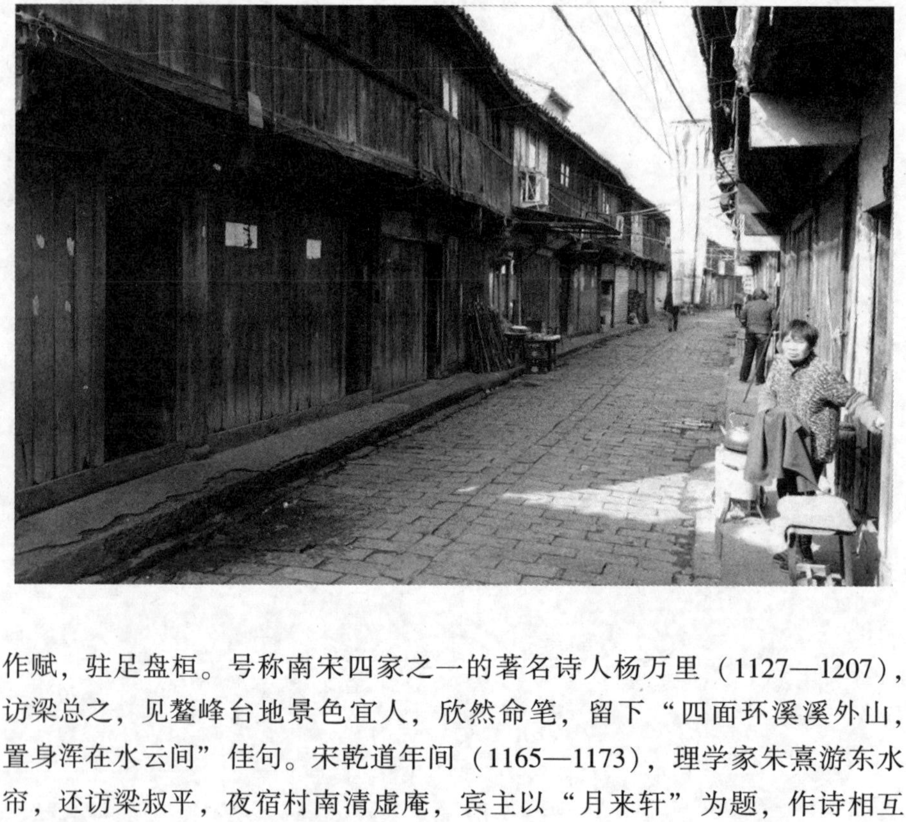

作赋，驻足盘桓。号称南宋四家之一的著名诗人杨万里（1127—1207），访梁总之，见鳌峰台地景色宜人，欣然命笔，留下“四面环溪溪外山，置身浑在水云间”佳句。宋乾道年间（1165—1173），理学家朱熹游东水帘，还访梁叔平，夜宿村南清虚庵，宾主以“月来轩”为题，作诗相互酬和。几代文人名士，为鳌峰留下诸多华章。清光绪二十八年（1902）开办知新学堂，1913 年改为东区公立高等小学校，学校治学严谨，学生笃实好学，不少外县子弟前来求读。中共早期党员、中华苏维埃共和国重要领导干部梁柏台，在校就读期间，就立下以身报国之宏愿。大市聚老街布局保留着 1922 年规划的格局，大路为“丰”字形结构，一条主街，三

条横街。老街大路为块石铺就，因为整条街地势上街低下街高，所以在上街到下街的整个路段分为三段，每段的临界点分别有三个、六个、九个台阶标志。2014 年年末，大市聚村共有农户 1195 户，耕地 1248 亩，村民人均纯收入 1. 3 万元，村集体当年收入 62 万元。

丁家园村

丁家园村隶属新昌县羽林街道，坐落于新昌县北，紧邻黄泽江。

在宋代，潘姓集聚居住在此繁衍生息。丁家园村现存文化遗迹主要有潘家新祠堂、潘家全台门，两处遗迹均属清晚期建筑，布局规整、做工考究，具有明显的地方传统建筑风格。丁家园村是革命老区，1917 年 1 月创建了丁家园小学。抗日战争期间，陈士标、石康泰、江维城、魏文英等数名共产党员、先进人士先后在该校执教，同时秘密开展抗日宣传革命工作。高岳相、范兴鳌、潘大源等村里一批批热血青年为革命献身。1949 年发生在潘家祠堂的“丁家园缴枪事件”，打响了浙东主力北撤后嵊新奉地区武装斗争的第一枪。2007 年，在潘家祠堂内建成新北区革命纪念馆，内设革命史料陈列室，成为新昌县开展革命传统教育和群众性爱国主义教育的一个重要基地。2014 年年末，全村有农户 811 户，耕地 1697 亩，村民人均收入 1.14 万元，村集体经济收入 8.7 万元。

回山村

回山村隶属新昌县回山镇，村庄主体坐落于回山镇集镇内，今由回山、姜岙两个自然村组成。

回山村原名迴山村，隋炀帝曾孙杨白为避战乱，于公元 641 年从江都兵变逃难到彩烟山，定居于此，繁衍生息，人丁兴旺，渐成杨姓聚居之地。

村中有明嘉靖年间所建的杨氏古台门敬胜堂，又称旗杆台门，中华人民共和国成立前浙东临委当年就驻在旗杆台门，建筑保留较为完整。村东原有东壁塔，清咸丰丙辰年（1865）建，1966 年破“四旧”时被毁；村南有回山镇中心小学，1907 年创办。敏慎堂台门、云幔堂台门、小隐仙台门、瀚亭公台门等古色古香老台门，清雅而质朴，宁静而祥和，于 2007 年公布为新昌县文物保护点。2014 年年末，全村有农户 708 户，耕地 1328 亩，村民人均可支配收入 11000 元，村集体当年收入 5 万元。

潜溪村

潜溪村隶属绍兴市新昌县，位于新昌县城西南，距离县城 12 千米，四周青山环抱，村边潜溪江的绿水长流。

潜溪村由三山、平丰岩、丁村 3 个自然村合并而成，明朝就有蔡、吕、李等姓氏居民在此地居住生活。蔡氏十九世先祖蔡守明于 1425 年迁居潜溪丁村，并在此营构村落。吕氏十五世孙吕世良，在乾隆年间官拜兵部尚书，其子吕光洵，在嘉庆年间官至一品，为兵部、工部两部尚书兼都察院右部御使。潜溪村村中有雍正元年（1723）建造的蔡氏祠堂一座，名“崇本堂”，取“本崇而枝始茂”之意。后来在 1900 年左右，又在溪旁新建祠堂一座，取名“福善堂”。

潜溪村人杰地灵，是一个以农立家、以工富家、以商发家的古村落，旅游资源丰富。有天烛湖、七盘仙谷、石沟洞等著名旅游风景点，被列为县级文物保护单位。2014 年，潜溪村有农户 516 户 1330 人，耕地 922 亩，村民人均收入 9200 元，村集体当年收益 5 万元。

芹塘村

芹塘村隶属新昌县小将镇，坐落在新昌第一高峰菩提峰山下，是沃洲湖源头之一，与天台石梁接壤，走象西线，东至小将，转石梁方向，行进约5000米处便到竹海古村——芹塘。

这里流传着一个“讨饭骨头圣旨口”的古老传说。唐末五代时，江东才子罗隐每言成谶。一天，罗隐去游访菩提峰，借宿芹塘。晚上蚊虫嗡嗡使人睡不好觉。于是他默默叨念：“罗隐芹塘宿，蚊虫去叮竹。”话音刚落，蚊子果然就飞到竹林，至今芹塘人依旧很少用蚊帐。据史载，北宋初年，董氏第八世祖董梧入赘将山（小将）石氏，同居不利，徙居芹塘，遂繁衍后裔。现有董、张、俞、袁四大姓。芹塘村历史悠久，始建于宋。早时村基位于两大水系交汇处，因沼泽潮湿，村内水芹菜繁盛，古称芹谷。

村内现存古祠堂、古台门、石桥、古墓等古建筑，最负盛名的是芹塘

八景之一“七桥一祠”。

近年来，芹塘村先后被评为省级历史文化保护村落、市级兴林富民示范村、县级清洁家园示范村、县级生态村、县级卫生村、县级文化特色村等。2014年，芹塘村共有农户326户，耕地700亩，村民人均纯收入1.2万元，村集体当年收益5万元。

上下宅村

上下宅村隶属新昌县双彩乡，位于横镜线公路两侧，坐落于一片马蹄形的山冈上。

隋末战乱，炀帝曾孙荣王杨白逊荒，抵沥江而居此，是为今彩烟杨氏之始祖。荣王传十四世有名杨乾者，任吴越国大理寺评事，生孟、仲、季。二房仲公居上宅，为上宅派祖，三房季公居下宅，为下宅派祖，延绵千年，繁衍生息，遂有今上下宅村。上下宅古村呈“品”字形格局，北面是大村，紧连的东南方、西南方是两个居民小区。走进南门，古色古香的都宪牌轩是下宅村的标志性建筑，旗杆前原有两对旗杆石，古时人们经此，“文官落轿，武官下马”。进门处便是一口“回”字形大塘，里面是五步金阶，上书“尚书府”“都困府”“圣旨”等字样。村里还保留着“七荡八井”的古迹。下宅村后，是一片具有千年历史的古枫林，最大的枫树需要四人合抱。

上下宅村自古人杰地灵，人才辈出。彩烟杨氏第二十六世祖杨荣，在明太祖朱元璋朝官至刑部尚书，因直言敢谏而死；二十九世祖杨信民，官至佥都御史，为广东百姓奔波劳累，终因积劳成疾而亡，得当地百姓着白

衣相送。祖先的伟大事迹依然在今天上下宅村村民口里代代相传。2012年，上下宅村被列入县级历史文化名村。至2014年年末，上下宅村有农户676户，耕地2794亩，村民当年人均纯收入12100元，村集体当年收入5.83万元。

新宅村

新宅村隶属新昌县沙溪镇，地处龙溪支流汇合之地，东有俞公岭，西有石岭头。村基犹如“金钩挂月”，形似船身避风停靠之地。

据县志记载，早在唐朝后期就有人在这里居住，距今已有1000多年历史。村中有一古建筑房圆（现称老屋头，一座四合院），古称花屋，始建于清乾隆后期，建筑的时间长，工程大，工艺复杂，全是手工精雕。古花屋最后落成于清乾隆癸丑年（1793），起名“培德堂”，与老堂屋“树德堂”相临。整幢建筑花园是古建筑的古风韵味、江南古韵的真实形象，离今已有200多年历史，是清朝官员老家建筑风格的体现。据县志记载，早在南宋时期1156年，在离新宅村西面200米的羊精岗上建有一座古塔“羊精塔”，高3米，是新昌县内的三塔之一，毁于“文化大革命”时期，现在仅存的只有一根石刻“荷花柱”，高0.8米，直径0.33米，呈六角形状，重约200公斤。村有道士盘石屋、壁甲、三重岩等景点。

2014年年末，新宅村有农户286户，耕地694亩，村民人均纯收入12348元，村集体当年收入达37.05万元。

雅庄村

雅庄村隶属新昌县镜岭镇，位于省级风景名胜穿岩十九峰下，澄潭江上游，紧邻新蟠公路，距县城22千米。

雅庄古名濑石，后名雅张，俗称下张。雅庄村村民大部分姓张，据宗谱载，始祖鼎新公，住澄潭，祖籍洪都（今江西南昌）。南宋丞相爚之太祖王徽所生二子，均系伯母徐氏抱至穿岩徐千口（今雅庄上龟山脚四泉塘上首）娘家养育成人，念徐氏为祖上抚孤之恩，在雅庄村建有思忠之所——俗称两脚台门，其遗址可见当年恢宏规模，并在狮子峰背建有高川庵。庵旁有明司礼监秉笔太监高起潜墓（高起潜曾受命提督江北各藩镇兵马并沿江一带水师），墓前有石牌坊，叙其官衔，年款为“弘光乙酉年捌月”，旁有神道碑及古柏。石栏杆头镌有立体透雕狮子，显示了明代石

雅庄村全貌

雕艺术风格。雅庄村东的穿岩山为全国罕见的丹霞地貌。宋时王爚来往穿岩，见其地山川秀丽，赋诗赞美，为十九峰立名。明清以来文人墨客陆续题咏甚多。其间峰峦挺秀，洞穴深广，谷壑幽邃；岩奇石怪，泉清瀑逸，步移景异。峻岭盘旋于峭壁间，剑门天梯；峰与峰间，鸟道相连，悬崖云栈；江流绕行山麓，辉映山光。河谷平野，阡陌纵横，沟渠错综，竹

柳桃李掩映，小桥流水人家，情趣盎然。

近年来，雅庄村先后被评为省级农家乐特色示范村、绍兴市生态村。2014 年年末，全村共 276 户 754 人。目前有山林 100 余亩，山地 69 亩，水田 46 亩。村民人均纯收入 10047 元，村集体收入 10 万元。

严丹赤村

严丹赤村隶属新昌县大市聚镇，距县城25千米，坐落于大市聚镇东北5千米处，黄泽江沿村而过，上游巧英水库，下游钦寸水库，群山拥抱，清溪依流，环境十分优美。

严丹赤村由严家山、丹坑、赤岩三个自然村组成。丹坑是严丹赤村委驻地，曾名丹溪，村由溪得名，后演变成丹坑，村口有400多年古银杏一株。赤岩村口有一岩山耸立，悬岩如壁，夕阳西照，通体赤红，赤岩由此得名。中华人民共和国成立前，严丹赤村是一个典型的闭塞、贫困山村，严丹赤三个村和几十个散落在周围大山中的居住地组成了严家山、丹坑、赤岩，是出了名的土匪、强盗出没和驻扎地，有句谚语概括了当时的经济状况："丹坑、赤岩卖柴吃饭。"中华人民共和国成立后，山里人坚忍不拔、艰苦奋斗的精神在严丹赤老百姓身上得到了充分的体现。单是"文革"结束前的丹坑村，在历任干部带领下，在没有任何机械设备的条件下，完全靠人抬肩扛，完成新造良田110亩、开垦茶山150亩，丹坑曾被评为全省先进集体。2014年年末，严丹赤村有农户454户，1132人，旱地203亩，村民人均纯收入11200元，村集体经济收入5万元。

元岙村

元岙村隶属绍兴市新昌县，地处十里潜溪入口处。

始祖南宋名相张浚及其子迁居于此，宋建炎三年，张浚护驾南渡临安，后其子张轼、张均迁居新昌县，张轼迁居拔毛镇，张均则迁至元岙村繁衍生息，渐形成了元岙村的张氏家族。

时至今日，元岙村仍保留着“宋左仆射张公家庙”，该建筑始建于明代，由张浚后人所建，占地面积约450平方米。“文革”中曾经被严重破坏，前几年经过村里的修葺后逐步恢复了原本的风貌，目前元岙村重点对其进行保护。元岙村是新昌县重点历史文化村落，是美丽乡村示范区之一，有着特殊的丹霞地貌结构，山清水秀，大批游客慕名而来。2014年年末，元岙村有农户460户，耕地850多亩，村民人均收入2万元，村集体当年收益10万元。

真诏村

真诏村隶属新昌县沙溪镇，距离县城34千米，由真诏村、新坑村和大坑村三个自然村合并而成，地貌多为沃洲胜地，四明山脉入境，水绕峰环，土沃风淳，山多田少。

“真诏”两字是由王羲之的口头禅而来，相传王羲之弃官陷剡，晋帝念之，多次下诏，王羲之避而不接。后人命名诏书下达村坊即为“真诏”。真诏村历史文化悠久，旅游资源丰富，其古建筑群大都是以砖、木、石结构为主的徽派建筑风格，用石头作房屋的基础承重之用，高度一

般在膝盖以下。以青砖作为外墙主料，外涂生石灰作罩面，再配以黛青色的瓦，即形成了白墙青瓦马头墙的江南古韵。随着岁月的流逝，如今已变得黑白斑驳、深浅不一。沧桑痕迹更显江南古村的文化魅力，又如张大千的写意山水，只不过融合了剡东地区的乡村古风韵味而已。大庆桥、俞式祠堂、老街、汀步等富有古村风情的标志性建筑仍伫立其中。真诏村人才辈出，文化积淀深厚，各类代表人物中以文化界尤为突出。县志指出，真诏村，多次设馆，入庠者众，俗称“秀才可夹笆”。唐镜湖前辈说，清末期间真诏村每年有60多担书担出门教书。

2014年年末，真诏村有农户578户，耕地850亩，山林10065亩，村民人均纯收入约12281元，农村集体经济总收入9.09万元。

诸暨市

斯宅村

斯宅村隶属诸暨市，位于东白湖镇中部，由斯宅、螽斯畈自然村合并而成。斯宅古称上林，以五代后汉乾祐二年（949）在五指山麓所建之上林院而得名。斯宅，“斯姓宅第”之谓，现为全国斯姓最大聚居地。斯姓发祥地在东阳，“斯”本作“史”，三国赤乌元年，吴大帝孙权感史敦孝行，诏赐“斯”氏。唐中和四年，斯敦第二十五世斯德遂由东阳梵德村迁居诸暨上林，为斯氏始祖，至今已有1100余年的历史。斯宅村集天赋

自然之林、泉、山、水及人文景观古建筑于一身。村落格局保存完整，以家族聚居为基础形成的大型清代古民居建筑群，数量众多，规模宏大，与建筑技术、美学和生态学完美结合，占地面积在3000平方米以上的就有14处，都为江南民居的上乘之作，尤以斯盛居（千柱屋）闻名遐迩，形成了沿上林溪以大型民居为核心团块状分布的特点。斯宅村物华天宝、人

杰地灵，尤以耕读传家、孝义传世，走出了斯道卿、斯霞、斯行健等100多位教授。斯宅村熔耕读文化、民俗文化、孝文化于一炉，不仅布局奇妙，且无声地体现了“天人合一”的哲学理念以及崇拜自然生态环境的思想意识。2002年斯氏古民居建筑群被公布为全国重点文物保护单位，2012年斯宅村被公布为中国传统景观村落、浙江省首批重点历史文化村落，2014年被评为国家级“AAA”景区，入选中国首批50个传统村落保护利用实施村（浙江省共3个）。2014年年末，全村共有农户1009户，耕地1311亩，村民人均纯收入1.6万元，村集体当年收益353.8万元。（编写：孟琼晖　杨士安）

赵家新村

赵家新村隶属诸暨市，位于赵家镇西北部，由菩提、芦狮、赵一、赵二、赵三、赵四、上下坞自然村合并而成。赵家新村古称兰台里。清光绪《诸暨县志》载“兰台里，居民皆姓赵，人文秀出，甲於县东……村口有兰台古社”。始迁祖赵孟良（宋太祖赵匡胤十一世孙），宋宝祐年间（1253—1258）自山阴柯山迁诸暨长阜乡兰台（今赵家新村）。兰台赵氏尊赵抃（宋衢州西安人，时称“铁面御史”）为始祖。为纪念先祖功名，故名“兰台里”。700多年来，赵氏子孙繁衍，聚族而居，成暨东望族。赵家新村耕读传家、诗书继世，历史名人众多，文化底蕴深厚，历代出有秀才70人，太学生、国学生108人、贡生20人、举人7人、进士1人。现存明清兰台赵氏宗祠清献堂，清代的兰台古社、兰台世泽、兰台赵氏宗庙，唐代芝泉亭（唐以孝悌名通朝廷者张万和庐墓处）等10多处历史建筑，见证了赵家新村独特的兰台和清献文化。自西入口当铺台门前到东入口兰台世泽有长约1000米的古道，古田畈、古井泉纵横交错。2014年，赵家新村被列入浙江省历史文化村落保护利用重点村。2014年年末，全村有农户1630户，耕地2503亩，村民人均纯收入1.70万元，村集体当年收益42万元。（编写：孟琼晖　杨士安）

十四都村

十四都村隶属诸暨市，位于五泄镇东南部，由前庄畈、塘头、狮象、藏绿自然村合并而成。自宋设乡都，该处属十四都，故名。十四都村以

周、赵为主姓。周姓，宋理学大师周敦颐之后，始祖周廷琮，行清三，偕弟周廷玠，行清五，于正德十五年（1520）自余姚浒山迁入藏绿坞。赵姓为“莼塘赵氏”一支，始祖师恪公（1190—1272）（宋燕懿王德昭公之第八世孙）。自宋南渡后，隐居诸暨县西之蒲岱，再传徙居莼塘，是为莼塘之始祖。十四都村现存的清代古民居建筑数量众多，狮象有东园台门、前庄畈有新前庄畈台门、塘头有新屋台门、藏绿有周氏宗祠、马鞍山古民居建筑群、东院台门、霞塘庙、藏绿井组成的藏绿古建筑群，规模庞大，建造精美。尤以马鞍山古民居建筑群最具特色，占地8319平方米，是诸暨规模最大的古民居建筑群。门前种植百亩荷塘，观“荷画”，赏“荷影”，古韵美景，相得益彰。十四都藏绿村，“诗书世泽、忠孝诒谋”，在历史上被誉为“状元村”，素有“科甲蝉联”之美誉。《国朝三修诸暨县志》载，仅清道光一代，该村出有进士4人，翰林4人，举人25人，贡生8人，太学生128人，另有一品官员、监

察御史、吏部侍郎、内阁中书等 70 余人。2011 年，十四都村“藏绿乡土建筑”被公布为浙江省文物保护单位。2014 年年末，全村共有农户 998 户，耕地 1345 亩，村民人均纯收入 2.26 万元，村集体当年收益 39.55 万元。（编写：孟琼晖　杨士安）

十里坪村

十里坪村隶属诸暨市，位于东和乡西北部，由卓溪、朱村自然村合并而成，以十里坪山得名。十里坪村以卓、王为主姓。卓姓，北宋时由应官

翰林学士从成都而迁往越州，至万九公卓棣迁于诸暨左溪（今卓溪）。王姓，明末清初从枫桥桥亭村迁此。十里坪村至今仍保留着明、清、民国时期祠堂庙宇、宅第民居、古桥、古戏台等历史建筑。境内有近千亩十里坪生态有机茶园，群山环抱、连绵起伏，生态环境十分优美。名山秀水开奇葩，十里坪村是国家级非物质文化遗产“诸暨西路乱弹”传承基地。卓溪、朱村一带在清同治至光绪年间（1862—1908）开始，民间戏曲活动就十分活跃，已有职业戏班，出演“宜路”和“西路”两种乱弹剧目。由于时代变迁，几经起落，濒临失传。为了让已有300多年历史的“诸暨西路乱弹”重新焕发生机，2011年，十里坪村成立“西路乱弹艺术团”，并开始创排《斩经堂》《哑背疯》等剧目，西路乱弹激昂的旋律在暨阳大地重新飞扬。2014年剧团创排的《梨园竞辉争芬芳》节目参加浙江好腔调比赛荣获浙江好腔调奖；《乱弹神韵》入围浙江好声腔——2014

戏曲音乐（演奏）汇演。十里坪村让这传统濒危剧种薪火赓续。2014 年，十里坪村建立“诸暨西路乱弹展示馆”，同时被命名为“浙江省传统戏剧特色村”。2014 年年末，全村共有农户 823 户，耕地 884 亩，村民人均纯收入 1.40 万元，村集体当年收益 54.2 万元。（编写：孟琼晖　杨士安）

榧王村

榧王村隶属诸暨市，位于赵家镇东南部，由钟家岭、西坑自然村合并而成。两地多古老香榧树，尤以西坑的榧王树闻名，故名。榧王村主姓蔡、骆。蔡姓本出自周文王第十五子叔度之子仲建封新蔡，因以为氏。其后人蔡宏（1067—1152），字世远，宋宣和年间官参知政事，建炎三年（1129）偕族随驾南迁，至陈宅乌岩，后由陈宅乌岩蔡迁入西坑，为蔡姓始祖。骆姓，先祖骆雍临（字季周），汉章帝时任户部尚书郎，避祸由陕

西骆谷迁浙江义乌。其后人骆文超，宋淳熙年间（1174—1189）由义乌迁至枫桥，后由枫桥迁入钟家岭，为骆姓始姐。榧王村地处深山区，平均海拔500米以上，整个村落掩映于古香榧林之中。香榧林面积6000余亩，百年以上树龄的榧树9700余棵，其中位于钟家岭仙坪山的古香榧林，被认为是世界上规模最大的香榧古树群，数百年甚至上千年的珍稀古榧树连绵成林，历经沧桑风雨，姿态奇异，气势壮观。榧王村是目前世界上香榧面积最多、产量最高、质量最佳的香榧专业村。西坑村马观音畚箕湾香榧古树群中的一株树龄约1350年的香榧树名闻遐迩，树高18米，胸围9.26米，树冠直径26米，覆盖面积1.2亩，年产鲜果800公斤，被誉为“千年香榧王”。榧王村建有香榧博物馆，传承着古老的香榧文化。香榧采制

技艺、香榧传说、诸暨香榧习俗被公布为省、市、县级非物质文化遗产。2013 年榧王村绍兴会稽山古香榧种植园（赵家古香榧林）被公布为浙江省文物保护单位。2014 年年末，全村共有农户 619 户，耕地 494 亩，村民人均纯收入 1.63 万元，村集体当年收益 0.7 万元。（编写：孟琼晖　杨士安）

东溪村

东溪村隶属诸暨市，位于赵家镇中部，由东张坞、皂溪、丁家坞自然村合并而成。因原为东溪乡（驻地皂溪）部分辖区，故名。东溪村以张、韩、丁为主姓。张姓，始祖张万和（657—727），字尧叟（唐时诸暨以孝悌闻名且被朝廷嘉奖的一个孝子），由剡徙居诸暨大部乡，后人从诸暨庐墓迁入此地。韩姓，明宣德年间（1426—1435），从山东滕州迁入此地。丁姓，清初，先祖由嵊县迁入此地。东溪村是典型的半山区，平均海拔500米，全国最大的国家香榧森林公园位于村境内，并以“古榧奇姿、林茂树古，佳果名茶、阶梯十景”著称。相传越王勾践曾在此卧薪尝胆、操练兵马。皂溪自然村东侧有凤涧桥，北有涧头山，南邻龙头山，地处两山之间的凤涧溪上。丁家坞自然村北侧有太平桥，地处外半山与桥头龙山两山对峙之峡谷溪流上。东溪村至今保留着清代、民国时期祠堂庙宇、宅第民居、古桥、古堰坝、古道等历史建筑。境内有千亩樱桃林，美不胜收。独特的人文、天然的景观、丰富的物产使东溪村农家乐蓬勃发展，全村以茶叶、樱桃、农家乐旅游为主要产业，逐步形成了以“游榧乡美景，观千年榧林，品天赐珍果，过农家生活”为主题的农家乐产业。该村先后被评为“浙江省农家乐特色村”“浙江省兴林富民示范村”。2014年年末，全村共有农户689户，耕地面积783亩，村民人均纯收入1.58万元，村集体当年收益24万元。（编写：孟琼晖　杨士安）

周村村

周村村隶属诸暨市，位于街亭镇中部，由周村、江口自然村合并而成。周村，因周姓聚居而得名。周氏，尊周敦颐后裔周靖为始迁祖（1102—1163），宣和二年（1120）随宋高宗南渡。绍兴十一年（1141），有感于岳飞被害，中原收复无望，遂退隐诸暨紫岩，后繁衍发族，分布于南门三踏步等地。十三代孙周仕昂于明洪武二十九年（1396）至永乐十年（1412）迁入周村。周村三面临江，一面临山，村落布局非常优美。

东与青山头相接，南至开化江，西接双江口，北毗陈蔡江，属平原地区。境内古树芬芳，至今仍保留着下新屋、义屋、周氏宗祠20多处清代、民国时期古建筑，画栋雕梁、建造精美。周村历经千百年理学思想的熏陶，文化底蕴深厚，仁义致远，涌现了一大批践行理学思想的典范。如清乾隆年间太学生周其楠（1759—1840）崇学好义，以十亩良田收益，支助百名学子。他捐资、捐田、助学、励志的传奇故事，传颂至今。周氏后人，更是弘扬理学文化，传承理学思想，不断探索保护传承之路。境内新建江南清代建筑风格的拙园（濂溪山庄），占地250亩，依山而建，风景如画。拙园以周敦颐的理学思想为基础，以中国的传统道德为核心，现已成为诸暨市的道德教育基地。2014 年年末，全村共有农户 792 户，耕地面积 1180 亩，村民人均纯收入 1.52 万元，村集体当年收益 26.7 万元。（编写：孟琼晖　杨士安）

仙日村

仙日村隶属诸暨市，位于同山镇西部，西与浦江县接壤，由仙过岭下、南日自然村合并而成。仙过岭下，村东岭上石面痕迹，相传为仙人经过留下的脚印，村处岭下，故名仙过岭下。南日，由东向西是一个山湾，太阳从山湾下山，故名日入坞。因原属南源乡，取“南”字，改名南日。

仙过岭下、南日合并后，各取一字，命名为仙日村。仙日村为边姓聚居地。汉代，其先祖从河南之东镇关，随驾南迁，至温州松门。始祖边谨（1164—1225），号敬斋，宋绍熙年间（1190—1194）仕为承奉郎，好游山水，遂由松门里迁徙至同山南源，至今已有800多年的历史。仙日村境内有一条仙日溪，沿溪从南日茶厂进山翻岭至浦江中余至今留存着3000多米的石板古驿道，百年前乃盐商交易交通要道。沿途有竹海幽林、古树茶园、田园果林等一路如画卷般的美景，踏上石板路仿佛可见古时候的仙日村商贾云集、繁华如市。如今这条承载历史、曾经繁华的古道正在结合当地的古建筑、古桥等旅游文化资源进行维护、开发。仙日村是远近闻名的枇杷专业村，境内有近千亩的枇杷种植园，枇杷真正成为当地村民的“摇钱树”。仙日村现为浙江省非物质文化遗产同山烧酿造技艺保护基地。2014 年年末，全村共有农户 271 户，耕地面积 248 亩，村民人均纯收入 1.1 万元，村集体当年收益 47.6 万元。（编写：孟琼晖　杨士安）

花明泉村

花明泉村隶属诸暨市，位于赵家镇北部，由花明泉、夏湖、后京自然村合并而成。花明泉村古称花纹前，清光绪《诸暨县志·山水志》载“五岫山水经花纹前村”。民国六年（1917），因何氏宗祠匾额题字“看花明白水溪绕黄檀”之句改称花明泉村。花明泉村以何为主姓。始迁祖何

兆（字时占），宋漕贡进士，仕福建长乐令，其子何规（1189—1258），字大矩，宋开禧间自新丰迁暨阳之檀溪（今属赵家镇）。明代，其十世孙何宗广迁花坟（今花明泉）。花明泉村依山傍水、崇文尚武，是远近闻名的“尚武村”，与泉畈村、山口村的武术（俗称“拳棒”），誉为诸暨武术“三大房”。清道光年间花明泉村已建有恭清堂、承先堂两座武祠。受“拳棒”的熏陶，何氏后人习武风气日盛，“尚武村”声名远播。近代著名武术家何长海（1913—1981），就是其中的佼佼者。他独创七十三式“武林活拳”，毕生精武报国，传承和发扬中华传统武术。花明泉村也是闻名遐迩的“名人村”，创办景紫书院的书法家何蒙孙，首任北京大学校长何燮候，国民党中将何竞武，著名水果专家何荣汾等一大批文武名人都来自花明泉村。抗战时期，省立绍兴中学亦曾搬迁至花明泉古祠堂，当时

陈桥驿、毛汉礼等名师毕集，盛极一时。花明泉村现为浙江省非物质文化遗产“赵家拳棒”的传承基地。2014 年年末，全村共有农户 1304 户，耕地 3439 亩，村民人均纯收入 1.56 万元，村集体当年收益 16 万元。（编写：孟琼晖　杨士安）

岭北周村

岭北周村隶属诸暨市，位于岭北镇南部，东南毗东阳市，西邻义乌市。唐开元十四年（726），岭北境域属东阳县甘泉乡太平里。1967 年，划归诸暨县管辖。现由船山、桐坑、西周、岭北周、下新屋、高台门自然村合并而成。岭北周位于东阳岘山山脉之北，故称岘北周，后因地处大岭

之北，改名岭北周。岭北周村为周姓集聚地。远祖世居河南，唐元和年间（806—820），周迎（字东源），自东阳白玉峰迁至甘泉乡太平里，是为周姓始祖，至今已有 1000 多年的历史。岭北周村山清水秀，风景秀丽。村落分布在石东线两侧，依山而建，岭北溪穿村而过，是石壁水库的主要水源。境内至今留存着明、清、民国时期麟振堂、凤岐堂、彝训堂、周氏宗祠等 20 多处古建筑及古道、古桥、古戏台等历史文化遗产。岭北周村传承家风家训，弘扬德孝文化，位于高台门自然村村口清代的“崇孝楼”见证了岭北周村的德孝文化。岭北周村传统技艺、手工业、美食文化特色鲜明，“岭北大莲花”“岭北盐焗鸡传统技艺”被公布为绍兴、诸暨市级非物质文化遗产，高台门古建筑群（崇孝楼、光

裕堂、洋房）被公布为诸暨市级文物保护单位。岭北周村曾获得浙江省生态休闲旅游村荣誉。2014 年年末，全村共有农户 1403 户，耕地面积 1328 亩，村民人均纯收入 1.28 万元，村集体当年收益 69.99 万元。（编写：孟琼晖　杨士安）

溪北村

溪北村隶属诸暨市，位于璜山镇北部，由溪北、下马宅自然村合并而成。溪北因“梅溪”之西北而得名。溪北村以徐为主姓。徐偃王之后徐元洎，汉元帝时任金紫光禄大夫，为避王莽之乱，南迁浙江姑蔑城北，为始迁江南之祖。清康熙甲午年（1714），其后人徐俊（祥十八公）从大成坞迁至溪北，成为当地徐氏始祖。溪北村前有萃溪从东山下过境，后有龙

泉溪流经溪口接纳梅溪之水，沿山而下，经庵基湾口曲折向东流出，向来以大量美轮美奂的明清古建筑群而负有盛名。清嘉庆年间就流传着一句民谚：“溪北人的屋，斯宅人的竹，浮塘人的谷。”从徐俊父子在溪北建造了“行五堂”“燕翼堂”后，至清末徐氏后人建造了“鸿顺堂”“成三堂”“德一堂”等20多幢相当体量的古民宅。惜抗战时许多古建筑被日寇烧毁，所幸现还留存着“继述堂”“务本堂”“聚智堂”等10多幢雕刻精美、规模宏大的清代、民国时期的古建筑群。溪北村人文荟萃、名人辈出，走出了孝子徐大雄、省都督府总务长徐文耀、中医名家徐究仁等重要人物。尤其是徐文耀，携徐氏后人秉农桑为本，一生关怀桑梓。他弃政经

商富家乡的故事，迄今犹为人们传颂。2005 年溪北村“继述堂”“新一堂”被公布为浙江省文物保护单位。“徐氏宗祠”等 8 处被公布为诸暨市级文物保护单位。2014 年年末，全村共有农户 596 户，耕地 1246 亩，村民人均纯收入 2.06 万元，村集体当年收益 58.97 万元。（编写：孟琼晖 杨士安）

石门村

石门村隶属诸暨市，位于马剑镇东北部，西北连富阳区，原属浦江县，后划属义乌县，1967年划归诸暨，由石门、永新、上山头自然村合并而成。石门，明末清初建村，因村南两山对峙，形似石门，故名。石门村以戴为主姓。戴氏为马剑戴氏分支，尊戴昭（825—882）为第一世。戴昭，字德辉，唐懿宗咸通间，授浙江东道五部兵马大元帅、太子尚书令来镇越，始居诸暨陶朱乡，实为始迁东南之祖。石门村青山环抱，依山而

建，风景秀丽，与九灵山相连。九灵山高峰隐隐，轩翥缥缈，古松错落，有参天势，其地素有“灵山矗云、建溪澄碧、云门古松、凤山修竹、西潭观鱼、东桥踏月、后溪樵唱、野碓春声、笔架霏烟、金沙练影”十胜之说。潺潺的石门溪穿村而过，融合至今保留的清代、民国时期祠堂庙宇、宅第民居、古桥、古田畈等历史文化遗产，组合成一幅美丽的古村画卷。石门村东部之山脉为浦阳江水系与壶源江水系之分水岭，村南有石门水库，村中“石门祠堂”为浙东人民解放军金萧游击支队成立地旧址。

石门村传承革命精神，利用自然景观、红色资源、独特的农耕文化，开展古田畈保护，开发生态旅游。2014 年年末，全村共有农户 499 户，耕地面积 618 亩，村民人均纯收入 1.40 万元，村集体当年收益 87.69 万元。（编写：孟琼晖　杨士安）

坑西新村

坑西新村隶属诸暨市，位于牌头镇东南部，句乘山北麓，西南与义乌市接壤，由坑西、枫塘、蒋家坞自然村合并而成。坑西新村明代始建。因村庄在越山溪西面，故名溪西，诸暨方言称“溪”为“坑”，后改名坑西。坑西新村主姓张、楼、何。坑西以楼姓为主，始祖楼文和自南宋后期

从东阳大磉迁居诸暨花亭乡磨石山，明太祖洪武二十四年（1391），第六世辉一公楼敬远，从磨石山迁居二十六都溪西（现坑西）。枫塘村以张姓为主，始祖张万和自唐从凤翔迁徙至枫桥孝感里，十五世孙宿公迁居于平阔，明万历年间，二十四世孙隋十九公仰山由平阔迁居于枫塘。蒋家坞以何姓为主，何氏于明成化至矿亭迁入。坑西新村村落布局注重水、土、木相结合的村口风水，称之为“风水埂”。埂上种植古樟树、苦槠树、枫香树，甚至有罕见的女贞树，树龄都在300年以上，为村子挡风聚气。风水埂里两条粗大的古树根，悄然跃过小溪，形成独特的“双龙穿溪”之景，成为上百年来村民进出的天然桥梁。绿树成屏枫满塘，坑西新村至今保留着清代枫圹张氏宗祠、枫圹合津桥等历史建筑，正以明净的溪流、古朴的拱桥、参天的古樟、“文官下轿，武官下马”的碑石等景观，散发着其独特的古村落魅力。2014年年末，全村共有农户876户，耕地1863亩，村民人均纯收入2.30万元，村集体当年收益49.17万元。（编写：孟琼晖 杨士安）

上下文村

上下文村隶属诸暨市，位于草塔镇西南部，由上文、下文自然村合并而成。上文，明代建村。因建宅于下文之南，称上份，后以示崇尚文化，改尚文，1960年简作“上文”。下文，旧称下份，与上文同宗同族，也称霞纹，1960年简作“下文”。上下文村以“杨”为主姓。据《蕾山杨氏宗中谱》载：“先祖杨衡，宋奉议郎，由婺迁赤岸。至四世孙杰，行泰十

九（字正子），宋高宗朝为宣议郎，自义乌赤岸徙诸暨蕾山（今上下文村），为蕾山始祖。”上下文村沿山、环溪、高低错落规划，从高处俯视全村整体建筑为圆形，而在其中的庭院处处都呈方形。这种内方外圆、融通沉稳的结构，正是中国儒家处世哲学的外显。上下文村被人雅称为“内廷太史府”，内廷民居为四纵八横格局，分为南北走向的四条长弄堂，东西走向的八条长弄堂，弄堂石子甬道，纵横交错。古村落的下水道布局更是精妙绝伦，看似蛛网密布、杂乱无章，却包含着古人顺势而为的智慧。每一户人家都筑有小溪，各自的下水随地势的走向，终归一处，经过

大自然降解后，流向村外。境内有青山革命烈士陵园，为诸暨市爱国主义教育基地。上下文村现有 200 多亩蓝莓基地，蓝莓产业已成为当地村民致富的“摇钱树”。2015 年，上下文村被公布为浙江省森林村庄。2014 年年末，全村共有农户 447 户，耕地 653 亩，村民人均纯收入 2.04 万元，村集体当年收益 44.85 万元。（编写：孟琼晖　杨士安）

次坞新村

次坞新村隶属诸暨市，位于次坞镇中西部，由次坞、上蒋、新岭、新庵桥自然村合并而成。次坞古称茨坞，相传因山坞中多荆茨而得名，民国时改名次坞，现为全国俞姓最大聚居地。俞氏属“次峰古邗堂俞氏”，始迁祖于孟仁，迪功郎，唐天祐三年（906）避乱，自浦阳县迁居萧山县大坞，改姓俞。五代时，俞氏后人自大坞村迁居次峰村（今次坞新村）。“千山环翠毓灵秀，万壑争流式廓基”，千百年的文化积淀形成了次坞新村独特的地域人文和建筑文化。旧时诸暨有民谚曰“诸暨台门，要看大，到上林（今斯宅），要看精，到次峰（今次坞）”，足见次坞之富庶。现还留存明、清、民国时期古民居建筑40多处及古街、古井、古桥、古渠、祠堂庙宇、古墓葬、古遗址等历史建筑，交错布局，风姿独存。次坞新村传统手工技艺、手工业、美食文化特色鲜明，民俗民风浓厚，保留着麦草编织、花果制作等传统。然而真正让这个古村声名鹊起的，是“次坞打面”，至今已有600多年的历史，跻身诸暨“十大传统风味美食”。凭借千锤百炼“功夫”打的韧劲面条，加上秘制高汤，“次坞打面”铸造了“闻香下马，知味停车”的传奇美誉，现为诸暨市非物质文化遗产。2014年，次坞新村被列为浙江省历史文化村落保护利用重点村。2014年年末，全村共有农户984户，耕地1159亩，村民人均纯收入2.61万元，村集体当年收益171.46万元。

十二都村

十二都村隶属诸暨市，位于应店街镇东南部，由十二都、庄院、前十自然村合并而成。明清时期属十二都，故名。十二都古称夫概、概浦、概里。相传战国吴越争霸，公元前 494 年吴王夫差之弟、大将夫概战死于此，为纪念他而得名。十二都村主姓孟，也称“南孟故里”，最早可追溯

到南宋初。当时金兵南侵，二帝北掳，哲宗皇后孟相临朝监国，命内侄宋信安郡王孟忠厚（孟子第四十七代孙）护帝南迁，开基浙江，为迁越始祖。其幼子太尉孟德载，以勋戚南渡著功绩，授诸暨开国男、环卫上将军昭佑明应侯，于绍兴十七年（1147）择夫概里十二都定居，成为诸暨孟姓始祖。十二都整个村落按“金、木、水、火、土”规划布局，五行齐全。东：南泉岭为木；南：纛山为火；西：梳头山为金；北：茅篷庙山为水；中：前孟为土。这里环山如城，乃钟灵毓秀人居福地。历 800 多年，孟氏聚族而居，崇尚孟子思想，倡导“仁义礼智”，寓中华传统美德教育于社会教化之中，形成独特的“南孟风教”。明代，就被称为“风教之基地，耕读之典范”。十二都村内现存业绍三迁、诗礼传家老台门、清朝乾隆帝赠“端范夫人”（孟母）石碑、南孟子庙、贞女祠遗址等历史遗存。南孟故里，俊贤迭出；风教文化，源远流长。贞节才女孟蕴的传奇故事，

世代传颂。十二都村现被公布为浙江省传统节日保护基地。“南孟风教”被公布为绍兴市非物质文化遗产。2014 年年末，全村共有农户 1683 户，耕地 3397 亩，村民人均纯收入 2.27 万元，村集体当年收益 102 万元。（编写：孟琼晖）

嵊州市

彦坑村

彦坑村地处嵊州市、奉化市、余姚市交界，四明山深处，坐落在北漳镇最北端，由陈大坑、余家坑、董家彦 3 个自然村组成。全村共有农户 293 户，总人口 787 人。该村共有山林 15259 亩，茶园 427 亩，农田 656 亩，村民人均纯收入 8870 元，村集体经济年收入 6.7 万元。

彦坑村深居在连绵起伏的山脉之中，世世代代生活在这里的村民过着世外桃源般的生活。建村历史 300 多年，当地村民就地取材，用石头和泥土建成了连片的颇具规模的土坯房村落，构成丰富而独特的村落结构元素，成片的土坯房至今保存比较完整。现存土坯房民宅 125 幢、古桥 3 座、大会堂 1 座，具有较高的历史文化价值和保护利用价值。充满乡土民情的连片土坯房，能够充分体现绍兴南部山区一带的生活文化，具有历史考察价值。彦坑村农业资源丰富，有上千亩的红豆杉基地，也有上千亩的香榧基地，村庄四周均是花果树木，有“天然氧吧”之称。

六村

六村坐落在崇仁集镇的东部，崇王公路穿村而过，建设中的环镇大道、规划中的镇行政中心及新区紧临该村。该村村域面积约116公顷，其中传统历史文化村落区约10公顷。全村总农户429户，常住人口1148人，2015年村集体经济收入50万元。

崇仁镇六村建村已有约1000年，古村区域由50座具有明清特征的古民居及10口古水井、1座古祠堂、1座古庙宇、1座古茶亭、1处古指道碑、1条古渠、1处古戏台、1条古街、若干条古小巷组成，其中15处重要建筑在2006年被评为全国重点文物保护单位。

崇仁镇六村明清时期的古民居及商业街、祠堂、庙宇等保护相对完好，这些古建筑群规模宏大，文化积淀深厚，历史遗迹类型丰富多彩，保存完整。明、清、民国发展脉络清晰，清一色古建筑，庄重典雅，基本保持明、清风貌。小巷弯曲多变，路路相通，既珠联璧合，又独立成章，砖、石、木三雕工艺精湛，题材丰富，具有很高的历史、艺术、科学价值和欣赏价值，历来被中外古建筑专家学者所推崇。同时民间艺术如围棋、越剧、舞狮、民乐等传承顺利，木工、箍桶、弹花、篾匠、箩匠等手工艺至今尚在，其中古建筑营造艺术、舞狮、民乐等分别被列为省、市、县级非物质文化遗产名录。

二村

二村位于崇仁古镇的南端，省道绍甘线穿村而过，区域面积 0.64 平方千米。至 2015 年年末，全村有农户 295 户，人口 906 人，耕地面积 244 亩，2015 年农民人均收入 14589 元。

村落始建于唐朝，至今已有 1300 多年历史。村内所居之族为宋庆历年间从绍兴云门斗坵（今绍兴市柯桥区平水）迁徙定居的裘姓为主。村落历史悠久，古建筑众多，据不完全统计，现有古民宅 16 处、古祠堂 1 处、古庙 1 处、嵊州市级文保单位 2 处、嵊州市级文保点 2 处。比较有名的古建筑有石鼓台门、维康药房、前庄台门、南镇庙等，这些古建筑群落不仅与周边的自然环境巧妙地融合在一起，而且真实地记录了崇仁二村的传统建筑风貌，反映了村落的历史变迁和文化渊源，承载了一定的非物质文化遗产。

九十村

九十村位于崇仁镇西北，崇仁江穿村而过，区域面积3.54平方千米，至2015年年末，全村有农户972户，人口2795人，耕地1876亩，村民人均收入15306元。

村落始建于三国时期，以现存方井（赤乌二年）为证。村内所居村民以裘姓为主。崇仁九十村历史悠久，古建筑众多。据不完全统计，现有古民宅台门16处、古祠堂1处，其中全国重点文保单位1处、嵊州市文保点2处。这些古建筑群落蕴含着深厚的文化底蕴和传统特色，真实记录了九十村传统建筑风貌，反映了九十村历史变迁和文化渊源。民国十九年裘光贤在九十村戒德寺创办越剧科班，取名“高升舞台”，培育出筱丹桂、张湘卿、筱灵凤、裘大官、周宝奎等一批著名越剧演员，后又在戒德寺续办“小高升”和“小小高升”两副科班。九十村物阜民丰、人杰地灵，历史上曾出进士1名、举人7名。近现代以来，应运妹（董大妈）曾被评为全国“三八”红旗手，五次上北京，六次受到毛主席及中央领导人接见。

廿八都村

廿八都村位于嵊州市西北15千米的五百岗南麓，区域面积4.60平方千米。村落始建于南宋时期，距今已800多年。廿八都村名延用了明朝时对乡镇一级的称谓至今，村内所居村民以张姓为主。廿八都村历史悠久，古建筑众多。据统计，现有大量的古民居，以清时期建筑为主，其中有比较大的文物价值的民宅50多座、祠堂3个、戏台1个、寺庙1个，被列入嵊州市级文物保护单位1个、嵊州市级文物保护点2个。在众多的古建筑中，瞻山庙是最有代表性的古建筑之一。晋诗僧帛道猷结庐瞻山之麓，后入天台不返。后人感其恩德，迹其故址，原建小祠堂纪念他，至南宗乾道八年，于村东重建瞻山庙，称谓至今。1929年，辛亥志士张佰歧出资重修。

村中著名人物中，辛亥志士张佰歧，是蒋介石密友，官至国民革命军陆军中将；目录学博士张秀明，一身著作等身，是中国图书馆研究馆员，也是越南史权威；著名越剧青年演员张琳；等等。廿八都村有农户964户，2710人，耕地1791亩，年人均收入12000元，村级年集体经济收入52万元。

七八村

崇仁镇七八村坐落于崇仁古镇北面，离嵊州市区约 15 千米，七八村建村 1700 多年，三国东晋时称永富乡，至南宋时大量北方人员南迁，特别是裘氏从绍兴云门迁移到此，原永富乡、清泉里、杏花村合并于是称为崇仁。七八村在民国时期由七村和八村合并而成，村名由此而来。七八村兴起于南宋，繁荣于明清。据《裘氏宗谱》记载："先祖裘睿（西晋大司马），于晋建兴四年（公元 316 年）随晋元帝南渡、隐居婺州（今金华）。子裘尚（晋黄门侍郎）于义熙中徙会稽（今绍兴）云门，世廛耕桑，守以仁义，凡十几代，聚族六百，人不异居，家不分炊，循规蹈矩，尽绳家法。大中祥符四年（公元 1011 年）宋真宗皇帝敕旌表其号义门，以励风俗。"宋庆历年间，裘氏第二十一世裘永昂赘于崇仁商氏，居永富乡禅房里，即长善溪之东八角井旁，为崇仁第一世祖。

古村核心区由 35 座具有明清特征的古民居及 9 口古水井、4 个古祠堂、1 个庙宇、1 座黄氏碑亭、1 口池塘、1 条古渠、1 处古戏台、1 条古街、若干条古小巷等组成，其中 8 处重要建筑在 2006 年被评为全国重点文物保护单位。崇仁镇七八村的明清时期古民居及街堂、庙宇等保护相对完好，同时越剧、舞狮等民间艺术得以顺利传承，紫砂手工艺至今尚在。富有特色的老台门构成了江南民居的典范，传承了 160 多年的老字号"陈氏炖鸭"更是誉满全国。

四五村

崇仁镇四五村位于崇仁镇西侧，崇仁江穿村而过，省道绍甘线绕村而过，区域面积 1.79 平方千米。四五村始建于唐代，至今已有 1300 多年历史。四五村历史悠久，古建筑众多。据统计，现有古民宅台门 23 处、古祠堂 3 处、古庙 1 处、古桥 1 座、古戏台 1 处、古井 3 处，其中被列入全国重点文保单位就有 7 处、嵊州市级文保单位 2 处、嵊州市级文保点 3 处。这些古建筑群落蕴含着深厚的文化底蕴和传统特色，真实记录了四五村传统建筑风貌，反映了四五村的历史变迁和文化渊源。四五村物阜民丰、人杰地灵，历史上曾出过进士 1 名、举人 6 名，近代名士贤达层出不穷。民国时期，崇仁围棋“老五虎”之首沈守庚杭州打擂誉满杭城。至 2015 年年末，全村有农户 611 户，人口 1642 人，耕地 1158 亩，农户人均收入 15391 元。

一村

崇仁镇一村位于崇仁镇东南侧，东圳坑穿村而过，省道绍甘线绕村而过，村庄建成区面积0.8平方千米。村落始建于唐代，至今已有1300多年历史。崇仁镇一村历史悠久，古建筑众多。据统计现有古民宅36处、古祠堂2处，其中被列入嵊州市级文保单位1处、嵊州市级文保点2处。这些古建筑群落蕴含着深厚的文化底蕴和传统特色，真实记录了崇仁镇一村的传统建筑风貌、传统民俗民风，反映了村落的历史变迁和文化渊源，承载了一定的非物质文化遗产。崇仁镇一村物阜民丰、人杰地灵，自有记载以来，曾出过8个举人。另外，清朝武显将军裘成全，民国时期少将裘时杰、裘轸，现代著名画家裘沙等一批著名人士都出生和成长于崇仁镇一村。至2015年年末，全村有农户378户，人口1117人，耕地面积654亩，村民人均收入13071元。

苍岩村

苍岩村位于嵊州市甘霖镇东南面，澄潭江和小乌溪江交汇处，村域面积5.3平方千米，共有1350户3800多人，是甘霖镇第一大村。俞姓为村中第一大姓，先祖俞公澄官承事郎于1190年徙经苍岩，趣喜山水景观，遂定居，由名山多彩而设名乌岩，现已有800多年历史。苍岩村以前是远近闻名的明清古镇，有明清一条街、葛仙翁古迹、俞氏大祠堂等古建筑，亦有望午春耕、狮山独钓、石壁晚霞、明觉钟晓、莲花积雪、宝鸡渔唱、燕尾晴岚、岩潭夜月等苍岩八景。

苍岩村古建筑数量众多且保存相对完好，极具开发和保护价值。村中最古老的建筑俞氏大宗祠始建于1220年，建有前楹、中厅、廊房、大堂、戏台等，不幸于清咸丰辛酉年惨遭粤匪之乱全祠被毁，后经裔孙筹资重建并于光绪丙戌年重新开馆。俞氏大宗祠的建筑雕栏画栋、十分美观，建筑以多根青石大柱支撑，房顶坡度极大，望之气势恢宏，宗祠内青石柱直径大且高，皆为整根青石雕琢而成，很好地展现了前人的智慧。苍岩老街始建于明清时期，老街保存了较为完整的明清风格，街中有街心亭，街心亭四个石柱留有插槽，插入横梁上铺木板就可以建成一个简易戏台，这样的设计巧妙且罕见。

苍岩村中青石资源较多，村民多从事青石雕刻工作，逐渐形成了一定的石雕文化。越剧艺术在苍岩村传承得较好，村内组建的越剧艺术表演小队每周三都相聚切磋交流，形成了良好的艺术氛围。淳朴的民风，多样的文化，良好的氛围使苍岩村形成了独特的人文底蕴。

东王村

甘霖镇东王村历史悠久，村落完整，底蕴深厚。相传，三四百年前，祖先姓黄，又因村址位于东山之东，故名东黄。后黄氏衰落，王姓兴起，改名东王。全村现有331户936人，耕地面积437亩，由东王、梅涧桥两村合并而成。村落所处地理位置优越，紧邻省道绍甘线和甬金高速甘霖道口，是著名的百年越剧诞生地。

1906年3月27日（农历三月初三），甘霖镇东王村的唱书艺人李世泉、李茂正在乡亲们的热情鼓励下，邀请了其他唱书艺人10余人，在本村香火堂前用四只稻桶垫底、铺上门板搭起草台，演出了《倪凤扇茶》、《十件头》和大戏《双金花》，标志着越剧男班的诞生。2004年7月越剧诞生地标志碑在东王村香火祠堂前建成，2006年农历三月初三在东王村隆重举行《百年越剧》华诞庆典，2013年12月又承办了全国越剧男票友擂台赛。从此，东王村越剧诞生地名扬四海，也成为东王村最闪亮的一张名片和最大的一笔无形资产。近年来，东王村做强做大越剧文化这篇文章，在充分发掘和保护村落历史遗迹、越剧文化遗存的基础上，实施村庄整治，硬化村内道路，建设文化广场，把越剧文化村落培育成为与现代文明相结合的美丽乡村。

黄胜堂村

黄胜堂村位于嵊州城西 14 千米，嵊义线南侧，是一个美丽而古老的村庄。现存古建筑 24 座，其中古民宅 19 座，古祠堂 2 座，古戏台、古塔、古寺庙各 1 座。其中吕氏宗祠、环水亭是嵊州市重点文物保护单位，具有较高的历史文化价值和保护利用价值。

吕氏宗祠坐落在村中心，建于清代康熙七年（1668），清光绪四年（1878）重修，为黄胜堂村吕氏的族祠。宗祠坐北朝南，前后三进，占地面积约 880 平方米，建筑面积约 1430 平方米。祠内装饰精美，尤以保存完好的各类木雕最为经典，其中古戏台的“鸡龙顶”雕刻精美，东西厢房二楼前缘设置挑台与护栏，是嵊州市古建筑中独一无二的设计，1988 年被列为嵊州市重点文物保护单位。据记载，宋时，吕大入赘上戚庄（今黄胜堂），为黄胜堂吕氏始祖。2010 年 8 月该村成立了“吕氏宗谱续修委员会”，历时一年多时间编订了《吕氏宗谱》。从吕氏始祖吕大开始编制至今，共 16 世，有名望的吕姓 1000 多人。环水亭（俗称八角亭）位于村北，建于清代康熙十七年（1678）。环水亭坐北朝南，占地面积约 400 平方米，古塔 3 层，高 15 米。亭内装饰精美，为石木结构，前石柱雕刻清代文人所书写的对联，左联：浩气塞天地，右联：文光射斗牛，横批：映带鹅峰。相传环水亭镇住流沙鳖，保佑村民消灾祛邪、兴旺发达。1988 年环水亭被列为嵊州市重点文物保护单位。

施家岙村

施家岙村是中国女子越剧发源地，坐落在风景秀丽的澄潭江下游，靠山面水，盛产优质水蜜桃，个私经济以丝织、石雕为主。青山秀水与勤劳的村民孕育了一代越剧名流，村内有“绳武堂”古戏台、“八卦台门”等古迹。村先后被评为绍兴市级文化特色村、浙江省全面小康建设示范村、省级农家乐特色村。现施家岙村由施家岙、石宕、下岙、娄盛、黄泥岗等五个村撤并而成，共449户1268人，区域面积6.86平方千米。

近年来施家岙村按照“青砖灰瓦景中现的生态新村、小小竹排江中游的和谐新村、越剧声声绕耳旁的文明新村”的新农村建设目标，以修缮“绳武堂”、重修“八卦台门”开启新农村建设序幕，逐步推进通村公路、村道的拓宽硬化，路灯、公厕、垃圾房、绿化等基础设施建设，村民生产、生活条件有了较大改善。充分利用得天独厚的地理环境，投资开发绍兴第一漂——剡溪漂流，建成追鱼农庄、漂流戏水、落地唱书亭等设施。打响女子越剧发源地的品牌，推进越剧寻根游景点建设，整修女子越剧早期演出地“绳武堂”和“八卦台门”，新建越剧纪念亭——四工亭，建成介绍越剧历史的文化长廊，组建施家岙“娘家戏班”。目前，施家岙村正在规划打造融旅游、观光、养生为一体的越剧小镇。

袁郭岭村

袁郭岭村位于会稽山脉南麓，西与诸暨市赵家镇接壤，群山环抱，风景秀丽，村域面积 3.4 平方千米。袁郭岭村历史发展悠久，自然资源丰富，村域内覆盖着大量上百年的香榧树，为会稽山脉主要的香榧产区之一，也是全国范围内香榧成片分布面积最大、栽培历史最悠久、品质最优、文化最深厚的区域之一。2010 年建成了香榧森林公园，园内森林风景资源独特而丰富，区域香榧栽培历史在 1300 年以上，拥有古香榧树群 60 处，其中香榧古树树龄在百年以上的 5000 株，500 年以上的 3000 株，千年以上的 100 多株，是名副其实的香榧王国。园内还分布着广阔的毛竹林、高大的古红豆杉树、古风杨树、古枫香树、古香樟、古榉树等珍贵树木。公园内水体清澈、空气清新、天空碧蓝、繁星点点，构成一幅幅优美清新的山区画卷。村先后被评为绍兴市香榧森林公园、浙江省森林公园。2012 年申遗成功，成为世界上第一个以山地经济林果为主要特征的农业文化遗产利用系统。2015 年全村共有山林 3402 亩，茶园 306 亩，耕地 473 亩，水田 144 亩。全村农户 285 户，村民人均纯收入 17278 元，村集体当年收入 44 万元。

贵门村

贵门乡贵门村，位于嵊州市西南部，海拔350米，距嵊州市区35千米。村共有360户1200人，区域面积2.89平方千米。2015年农村经济总收入880万元，村集体总收入18万元，农民人均收入1.3万元。

贵门村历史悠久、民风淳朴，由吕氏始建于南宋初期，有900多年的历史，环境优良，百姓乐居，域内形成的古迹、古建筑较多，也曾是3000多户村民的热闹集镇，有过18座碗窑的辉煌历史。村北的更楼、鹿门书院闻名遐迩，是省级文保单位，是朱熹游学讲道明理之地。鹿门书院（整个建筑为翁城式，下部为关隘，上部为楼房）为重要古建筑，构成有书院、天井、演武台、演武场、观枫台、忠义祠、步道、望湖亭、石牌坊等。书院，既是贵门乡乡土文化博物馆，也是贵门乡的综合文化站。现书院里面设有阅览室、教育培训室、特色文化室、多功能厅等，特色文化室也叫贵门风华院，是贵门农副产品、手工艺品及戏剧服装的集中展示厅。

贵门村坐落在两峰之间，没有溪流，多以自然井泉为饮水之源，形成独特的井泉之村。经统计，有古井泉19处、古水塘1口、古道1条、古巷1处、古宅1处、古寺庙4处。

贵门村附近还有南山湖、浙东大龙谷、石和尚、叠石岩、鹿门书院、更楼观枫、访友桥、梅墅堆琼等人文景观，重修后的鹿门书院将串起一条风景优美、文化底蕴深厚、建筑风格独特的旅游景线。

华堂村

华堂村地处奉化、嵊州、新昌三县（市）交界，全村2132户5800多人，是书圣王羲之后裔的最大聚居地。华堂村地处卧龙山脉、毓秀山和平溪江环抱之中，环境秀美。村内古建筑群规模较大，类型丰富，包括庙宇、庵堂、祠堂、民宅、牌坊、桥梁、更楼、池塘、水井、水圳等，尚存老台门55座，有国家级文保单位王氏宗祠、省级文保单位王羲之墓和文物保护点九曲水圳。

王氏祠堂

书圣王羲之，于公元303年出生在山东琅琊，永和十一年（355）辞官游历东南山水，游览到金庭时，被这里秀丽的山水所吸引，于是携妻带子归隐金庭，六年后即公元361年卒于金庭，终年59岁。王羲之故居旅游区内，王羲之的墓道坊，始建于唐朝，因年代久远，古墓道坊早已毁坏，现存为清朝由王氏后裔重建的牌坊，这条弯弯曲曲的石弹水上径可直达王羲之墓。广场上的几棵古柏和古樟据考证已有1000多年的历史了。

华堂村先后荣获中国传统村落、省级小康示范村、省历史文化名村、省级农家乐特色村、绍兴市文化特色村、绍兴市五好基层党组织、绍兴市级农家乐特色村等荣誉称号。

灵鹅村

嵊州市金庭镇灵鹅村地处嵊州市东部，交通便利，风景秀丽，南邻甬金高速公路，南面上东江，坐北朝南，三面环山，一面傍水，可谓典型的江南水乡三山一水式建村风格。灵鹅村历史源远流长，自东晋建村至今已历1700余年，相传古时村名叫石鼓庄，后因晋代书圣王羲之追寻化鹤腾飞的白鹅到此显灵而题词“化鹤飞来”而得现名。素与名人结缘，文化底蕴深厚，历史遗存众多，留有竺绍康故居、贞节牌坊等嵊州市级文物保护点2处，石鼓寺、真武大帝庙、灵西庙、韩氏宗祠、竺氏宗祠、竺绍康故居、竺水招故居、萃文书塾等大型古建筑保存完好，总建筑面积达7600平方米。灵鹅村土地肥沃，独特的山地热岛效应以及早晚温差大的气候特点为当地特色农产品——桃形李种植提供了自然条件，桃形李给灵鹅村村民带来了相当丰厚的经济效益，灵鹅村也建成了以书圣王羲之命名的“羲之”桃形李的主要生产基地。近年来先后获得浙江省特色旅游村、浙江省卫生村、绍兴市生态村、绍兴市文明村等荣誉。全村有农户844户，人口2474人，村域面积5.04平方千米，山林3494亩。2015年，村民人均收入15375元，村级集体经济收入101万元。

浦口村

浦口村坐落于嵊州市东北面，黄泽江和长乐江交汇处。104 国道、上三高速绕村而过，交通便利，景色秀丽。村域面积约 2.6 平方千米。浦口村历史悠久，村中一条老街最为出名，因为中国著名的经济学家、人口学家、教育学家马寅初先生的故居就坐落于此，故被命名为名人街。名人街两边至今还保存着许多晚清时代的低矮建筑，对于研究晚清建筑特色有较高的价值。马寅初故居位于名人街 68 号，前后三进，中有天井，两侧厢房，白墙灰瓦，属砖木结构的江南传统民居建筑，先后被列为省重点文物保护单位、国家级重点文物保护单位、浙江爱国主义教育基地、省级德育教育基地、省生育文化园区、省级廉政文化教育基地、省马寅初人口思想教育实践基地等。近年来，浦口村大力宣传具有嵊州特色的廉政文化教育和爱国主义教育，并设立重要基地“风节园”展厅。浦口村内建有嵊州市马寅初小学和浦口街道初级中学。2015 年，全村共有农户 698 户 1865 人，耕地 3300 亩，其中水田 2480 亩，旱地 700 亩，村民人均纯收入 1.8 万元，村集体经济当年收入 228 万元。

楼家村

楼家村位于嵊州市石璜镇，背山临水、面朝平原，山清水秀、风景秀丽、名胜众多，《剡录》（南宋时的《嵊州志》）曰："距楼家五里有响岩，落雨岩响，旁有东泄潭有龙居焉。"楼家村历史悠久，在新石器时期就有人类居住，在楼家村已发现了多枚古人类用过的新石器，如石刀、石斧、石犁、石穿孔等。经多个部门鉴定，是嵊州市最早有人居住的村落之一。楼家村有众多精彩的传说，又有清代遗留下的众多高大雄伟的古豪宅、老台门，如楼氏宗祠及关圣殿等。其中一座宗祠的门额为书圣于右任所题。现保存有七块旗杆石板、圣旨碑、进士匾、中翰匾等。楼家村极重视教育，历史上曾出过多个进士、贡士、举人及众多的秀才，还有众多名人。楼家村不仅在清朝时已办起了小学，而且还有自己的校歌，据记载，是嵊州市第二座小学。历史上还出现了众多财主，而且大都是乐善好施之人，曾独资一万银圆建造嵊县南桥（据《嵊县志》）。楼家村水利资源丰富，在清嘉庆年间就建造了拦河大坝，引溪水建渠穿村而过。当时水碓水磨众多，建起嵊州市最早的抽水机埠，最早的水电站之一。楼家村自然资源丰富，据说在20世纪60年代村内有多人见到过华南虎、金钱豹等珍稀动物，还有铁皮石斛、七叶一枝花、八角金盘等珍稀植物。农业资源丰富，自古就有"楼家梨头溪西梅"之说；楼家村自古富裕，有"嵊县出西门，楼家第一村"之说。楼家村村域面积19.5平方千米，有山林6500亩，茶园1750亩，农田1500亩，旱地614亩。至2015年，有农户892户，人口2480人，村民人均收入1.4万元，村级集体经济收入12万元。

白雁坑村

白雁坑村位于嵊州市区 35 千米西白山北麓，市内与长乐、雅璜、石璜等乡镇相接，市外与诸暨接壤，有公路直通诸暨，交通方便。白雁坑村由 6 个自然村组成，村庄区域面积 6.03 平方千米，人口 777 人，2015 年村民人均可支配收入 11946 元。

白雁坑村处在群山环抱之中，村内茶叶、香榧、毛竹资源丰富，与村落遥相辉映，形成一道亮丽的风景线。村内生态观光旅游资源丰富，包括嵊州最高峰西白山（主峰海拔 1096 米）、百年香榧观光园 1 个、高山湿地 1 个、地质崩塌遗迹、百年以上香榧树 2000 多株等。近年来，白雁坑村按照建设生态休闲旅游村庄的目标，全面实施村庄美化、洁化提升工程，硬化村内道路，提升村庄品质，从白雁坑村到西白山顶观光的游客与日俱增，民宿产业得到蓬勃发展。2012 年成功举办了浙江（嵊州）森林旅游节系列活动暨嵊州首届登山节，2016 年举办了“西白茶人节”。白雁坑村是世界文化遗产——会稽山古香榧群核心村之一、全国生态文化村、省级宜居示范村、省地质文化试点村、绍兴市农家乐特色村、绍兴市森林村庄。

泉岗村

泉岗村位于嵊州市东北部，属四明山区，离下王集镇约10千米。村域面积7.36平方千米，共有382户1003人，村北有海拔861.3米的覆卮山，交通便捷，环境秀美。村民多为俞姓。据《俞氏族谱》记载，公元1222年前后，第一代俞姓人在此定居，建村已有800年历史。

村落传统格局具有典型的风水特征，后山龙脉由覆卮山奔涌而来，收于现俞丹屏故居处，村落主体布局于龙脉两侧的谷地之中，背山而景扩，藏风而纳水，较好地保存了“山—林—村—菜园—梯田—茶园”的传统格局。村庄依山而建，呈弧形状，错落有致，灰墙黑瓦，古风俨然，远远望去，犹如一幅水墨画，透着江南特有的灵性与滋润。村里保留着规模较大的古建筑群，这些老台门总体格局规整，显示出浓重的古村气息。上坎台门，建于清光绪年间，占地面积1350平方米，依山而建，前后三进，逐层升高，神龛、灰塑、牛腿均工艺精致、保存完好，为嵊州市文物保护点。民国初期国会众议院议员、少将俞丹屏（1872—1942）的故居位于小山丘之巅，凭高独立，极富个性。俞丹屏出资建造的民国时期小学——启祥小学，保存完好。茶叶是泉岗村的一大特色，泉岗辉白茶早在清同治年间已驰名大江南北，成为贡茶，民国初期被列为全国十大名茶之一，曾得到农林部“全国珠茶类不能相与伦比”的赞誉，1995年获得第二届中国农业博览会金奖，被评为国家级一类名茶产品。

长坑村

长坑村位于嵊西会稽山脉，东至嵊州45千米，西至诸暨50千米，北至绍兴60千米，雅璜乡至竹溪乡的盘山公路穿村而过。长坑村四周群山秀峙，村口有两山环绕，状如狮子、白象，可谓水口严实。东、南、西、北九水归村，特别是孙树弯一坑，发源于雾露尖，东水西流，左缠右绕，犹如长龙款款而来。因其秀长，脉源滋润，取名长坑。

长坑村历史悠久，文化积淀深厚，充满乡土民情。思成堂建于清戊辰年，祠堂全用砖木结构，以长坑出产的上等硬木为柱，虽经历300多年，至今依然完好。牛腿、雀替、梁枋等部件有木雕，多以花鸟山水为主。门厅正面滴水檐下有一排彩色壁画，多数作品清晰可见。遗落的胡公殿，传说中，横山相公在雅璜乡长坑村的象鼻山上，看中一块宝地，托其外甥胡公到玉皇大帝那里去审批，而胡公要玉帝把这块宝地审批给自己，回来后胡公动土建庙，横山相公气得脸孔转黑，亲自到玉帝面前诉告，玉帝只得同意在胡公殿下面建一个庙叫下庙。2007年，李氏十四世派孙李祯祥出巨资，翻新胡公殿。全村200余户，600余人，有耕地368亩（其中水田210亩），茶园212亩，山林3951亩。

坎一村

坎一村位于嵊州市西面，距城区26千米，地处西白山麓，长乐江之源。山峦叠翠、溪山秀丽、土地肥沃，主产香榧和茶叶。村域面积6.5平方千米，共有农户480户，人口1080人。2015年村级集体经济收入35.96万元，村民人均收入13800元。

坎一村历史悠久，至今已有600多年，村民以邢姓为主。明朝万历年间，先祖建造了邢氏宗祠，俗称“坎流祠堂”，誉称“剡西第一族”。坎流祠堂面对坎流荷花塘，民宅鳞次栉比，进入大堂气势恢宏。坎流祠堂为嵊州市文物保护点，是中共绍属特委、嵊县县委机关驻地旧址。1905年创办了坎流学堂，1939年宁波中学迁至坎流，1940年建立了中共坎流小学党支部，学校成为绍属特委机关驻地，创办《联声》报，宣教革命文化，宣传革命道理。古建筑“坎流祠堂”与周边的自然环境巧妙地融合在一起，蕴含着深厚的革命文化底蕴和传统特色，真实地记录了坎一村传统的建筑风貌、传统的民俗民风，反映了坎一村历史变迁和革命文化渊源，承载了一定的非物质文化遗产，是江南村落的典型代表。坎一村有着丰富的革命历史文化底蕴，名士贤达层出不穷。革命烈士应怀易，著名哲学家、中共中央党校副校长、清华大学马列学院首任院长邢赍思等一批著名人士都生长于坎一村。

小昆村

小昆村隶属嵊州市长乐镇，坐落在嵊州市西部西白山麓，平均海拔550余米。小昆村是以农业为主的大山村，历代村民因地制宜发展种植业，自清末至今，萝卜、白术、茶叶、香榧先后成为村级经济特色产业。全村拥有水田545.68亩，旱地196.78亩，茶园1400多亩，山林8518亩，千年香榧树3086棵。全村450余户，总人口1128人。

村民房屋依山而建，层层叠叠，错落有致，村庄格局有“江南布达拉宫”之意境。四周峰峦叠翠，古木参天，一年四季空气洁净，风物美景俯首皆是，环境静谧宜居，有“世外桃源”之说，也有“小上海”美誉。小昆村建于南宋德祐二年（1276），马氏始迁祖马嵩率子孙乔迁西白山建村，因其年轻时曾游西白山，“以山乃剡水滥觞，犹河之于昆仑”，遂取名为小昆，至今已有800年历史，村落文化底蕴深厚。小昆村村民以马姓为主，近800年来，耕读传家，民风朴实，乡贤辈出。清末民初以小昆萝卜为经济基础，村庄发展达到一个高峰。万年桥、梯云桥、马氏家庙、昆山境庙等至今保存完好，充分体现了马氏的人文历史以及发展脉络。

2015年，嵊州市启动美丽乡村西白山乡村旅游区块开发项目，小昆为该项目的核心村之一，深山中的小昆村正越来越散发出独特的芬芳。

盛家坞村

盛家坞村位于嵊州市西北部，距市区 60 千米。村落位于会稽山山脉香榧主产区，是香榧品质最好的区域之一。全村共有百年以上旺产古香榧树 2000 余棵，年产干果 6 万余斤。近年来，该村建成香榧交易市场，占地面积 300 余平方米，并承办了 2015 年度“嵊州香榧”推荐品牌评选活动，进一步打响了盛家坞香榧品牌。近年该村对年久失修的大会堂进行维修加固，修复了通往古香榧林的古道，开辟了特色游步道，并注重抓好优质香榧基地的培育和本土香榧品牌的保护，积极培育高品质香榧，推进香榧产业提档升级；推广香榧、茶叶、山稻套种项目，在增加农户经济效益的同时，减少山林水土流失。盛家坞村共有农户 477 户，水田 750 亩，旱地 743 亩，山林 1440 亩，茶园 926 亩，竹园 1350 亩。2015 年，村民人均收入 14270 元，村级集体经济收入 10.8 万元。

竹溪村

竹溪村位于嵊州市西北部，是竹溪乡政府驻地，距市区 60 千米。竹溪村以盛产竹子并有清溪而名，周围崇山峻岭，茂林修竹，村落海拔 400—800 米，被誉为“江南第一深山古村”。竹溪古村格局较为完整，小巷空间特色浓厚，文化积淀深厚，是浙江省历史文化名村，被列入第二批中国传统村落名录。曾被诰封朝议大夫的武肃王第三十世孙钱万象，在清朝道光二十六年（1847）以封号营建旗杆台门。整体建筑南北深 50 米，东西长百米，共 66 间，占地面积 5000 多平方米，其整齐科学的建筑构思，独特的建筑风格，精致的雕刻艺术，特显豪宅气魄。以旗杆台门为中心，周围错落有序地分布老屋台门、新屋台门、前台门、大房台门、将军台门等 10 多座保存完整的建筑物，构成 20000 多平方米的清代古建筑群。镶嵌在旗杆台门护墙上的满文石匾，其意为“蕴玉含辉”，系清嘉庆年间和珅之子丰绅殷德因感念逃难时的收留之恩所赠。20 世纪 70 年代，根据林彪“571”工程纪要的部署，在竹溪村南面约 1 千米处修筑了一处大型战略粮库和地下军事指挥中心，该工程的一部分现已开辟为浙江省省级国防教育基地并对外开放。2015 年年末，全村有农户 530 户，水田 850 亩，旱地 925 亩，山林 1075 亩，茶园 828 亩，竹园 1250 亩，村民人均收入 12500 元，村集体经济收入 6 万元。

舟山市

岱山县

东沙社区

东沙社区隶属东沙镇，位于岱山岛西北端，北濒岱衢洋，东邻桥头社区，南与岱西镇接壤。

东沙社区所在地原为最繁华的古渔镇。东沙古镇建制于唐，兴盛于清。据《中国渔业史》记载：东沙渔港形成于清康熙年间，之后每逢鱼汛，各地渔船聚集东沙，船以千计，人达数万。遂以渔兴市，以市兴镇，成为中国东部沿海著名的渔业商埠。

悠久的历史，繁荣的商贸，形成了东沙特有的建筑文化、宗教文化、食文化和民俗文化。百年古镇东沙角，虽然已淡去了昔日的繁华，但浓郁古朴的渔家风土人情依然吸引着外来游客，让人们驻足留恋。今天的东沙，越来越重视古镇文化价值，对古镇进行了妥善的保护，并有序地推进开发，相继建成修复了中国海洋渔业博物馆、中国书雕城、聚泰祥布庄、香干老作坊、渔都古镇“非遗”一条街等项目。东沙古渔镇，不论是在总体规模、街区格局、建筑类型，还是文化积淀、传统风貌、文物遗存及保存现状等方面，都成为舟山海岛古渔文化的重要印记。

2014 年被浙江省列入历史文化古镇名录。2014 年年末，全社区共有常住居民 4199 人。

司基村

司基村地处岱山本岛中心，四面环山，距东沙镇 0.5 千米，是一个农业大村，也是以工兴农之村。辖区内有 7 个自然村，11 个村民小组，6 个党小组。2014 年总户籍人口 2396 人，992 户。村域陆地总面积 3 平方千米，耕地总面积 1275 亩，主要有淡水养殖、蔬菜、水果、水稻和苗木等经济作物种植，山林面积 296 亩。

司基村历史悠久，历史文化资源丰富。辖区内有岱山盐民运动的重要场所、指挥中心——东嶽宫；建于清乾隆五十六年间，岱山县发现的唯一保存较为完整的清代双孔石板平桥——太平桥；清乾隆年间所建老式三合院结构民宅冯家大院；龙眼井、三眼井、淡水井等古井及地藏禅寺、运司庙和天后宫等。

2008 年被浙江省绿化委员会评为绿化示范村，2012 年被誉为“美丽海岛社区——银杏特色社区”。

倭井潭村

倭井潭村位于长涂镇小长涂岛东北角，2006 年 4 月由原倭井潭、长东一、长东二、捕捞四个行政村撤并而成倭井潭村。辖区拥有丰富的港口岸线和海钓资源，是国家二级渔港，舟山渔场著名的避风良港。辖区内有大沙河程泰休闲旅游基地、抗倭明井——倭井潭、百年古刹——传灯庵、参府庙、西鹤嘴灯塔、望海潮海钓基地、岛礁博物馆等多处人文历史和自然景观。

2014 年实施历史文化村创建，第一期投入 184 万元完成“乡村文化礼堂”建设，2015 年初完成倭井潭村历史文化园建设，进一步提升了生态文明、历史文明及精神文明新格局。历年来荣获省级文明村、市全面小康社区（村）、市和谐文明新社区（村）、舟山市美丽海岛精品社区（村）、市级生态村、县绿色社区（村）、舟山市渔农村文化礼堂创建示范村等荣誉称号。村域面积 340 公顷，其中农田 350 余亩，山林 4100 亩，现有居民户 2013 户，户籍人口 4883 人，常住人口 5000 余人。2014 年村集体经济总收入 120 万元，人均收入 14856 元。

秀北村

秀北村地处舟山市岱山县秀山岛中北部，总面积约9.8平方千米，其中耕地1920.5亩，林地6000亩，海水养殖基地520亩。2005年6月由原双凤、大坑、圆墩、黄泥坎、红岩和吽唬六个行政村撤并而成，建立秀北村和秀北社区，实行“一村一社区一经济合作社”的运行模式。

秀北村历史悠久，据史载，辖区内的长寿禅院始建于后汉乾祐二年(949)；文化积淀深厚，历代名人辈出，被北宋大文豪苏东坡赞誉为“兰山摇动秀山舞，小白桃花半吞吐”；辖区内保存有多处具有历史文化价值的古建筑，具有独特的海岛风格。

目前，社区人口近3500人，总户数1311户。2014年村级集体经济收入115万元，村民人均收入18500万元。村先后被评为市级小康建设示范村、市级和谐文明新社区、民主法治村、绿化示范社区等。

石马岙村

石马岙村地处岱山中南部，是舟山群岛历史上一个典型的“秀才村”，有着深厚的历史文化底蕴的古村落。

村名因清康熙年间，在本岙出土了宋代状元、官至兵部尚书兼吏部尚书袁甫墓前的文物石马而得名。村庄背靠摩星山，面向大海，三面青山环抱，两边有大小山头20多座，山峰叠嶂，奇松怪石，触目成趣。石马岙村人杰地灵，人才辈出。村名胜古迹众多：宋代状元袁甫墓、石马、石将军、举人、举人旗杆、乾隆元年造河清桥、《於氏宗谱》、居士林、皇帝御批贞节牌坊、於氏义学堂——文昌宫、三眼桥、定海出北门的第一墓——花墓，为防盗起筑的泥城河和前清建筑二十四间走马楼，旗杆墙门举人府、楼屋道地、接椽墙门三格步坎等。清代出举人1名，贡生3名，秀才22名，太学生10名，国学生28名，六品、八品、九品顶戴5名，官府任职9名，当代解放军将军1名。

石马岙村村总面积5.92平方千米，山林地面积3450亩，耕田面积2495亩，其中水稻田1563亩，旱地932亩。全村户籍1172户，人口2934人，人均年收入约18800元。

双合村

双合村，位于岱山本岛最西端，原是个悬海小岛，分为南、北两岛，中间相隔一条港湾，两头通海，故称“两头洞”，后海涂逐渐涨高，港湾淤塞，两山相连，又名双合山。1980年10月，仇江门促淤大坝建成，与岱山本岛相连。双合原为单独小乡，1992年撤并为岱西镇所辖的一个行政村，2004年12月成立社区，是“一村一社区一股份经济合作社”模式。辖区内建有通往上海洋山的车客渡码头和法籍华人投资建设的石壁景区——东方蜜月城堡。

双合村素以开采石料著称，其质细而坚韧，是磨制或刻碑的好原料。双合村石景以奇、险、峻见长，系300多年来人工采石形成，至今留有大大小小50余处雄浑、壮美的石景：有形如刀削的石壁、孤矗挺拔的石峰、色彩缤纷的石幔、曲径通幽的石廊、清澈见底的石潭、清凉幽静的石洞、坦荡可行的石道、一人当关万夫莫开的石门……这些苍劲嶙峋的石景赋予了双合独特的石文化内涵和底蕴。清代诗人刘梦兰曾有诗曰：“石壁孱颜影倒横，夕阳闪闪十分明。若教移入天台郡，霞彩何曾让赤诚。”

社区总面积2.58平方千米，其中建成区面积1平方千米，有山林2200亩，耕地30亩，围塘养殖290亩，现有人口1372人，563户。2014年集体经济年收入78.1万元，渔民纯收入达21856元。村曾先后获得省级“全面小康建设示范村”、市级“旅游文化示范村”、市级“全面小康社区”、“第一批省重点培育示范中心村”、市级“美丽海岛精品社区”等荣誉称号。

定海县

叉河社区

叉河村地处盐仓街道东北端，位于虹桥水库上游，呈东西走向分布，三面环山，与马岙镇、城东街道相邻。

自唐开元二十六年（738）县治设于叉河，名翁山县始，历经清末、民国、人民公社各时期，于2002年叉河撤并成三个村——长春村、共裕村、明胜村（荣胜村、西鸣村合并）；2005年5月三村合并为叉河社区（村）管理委员会。社区交通便利，东边定马公路横穿长春、毛叉线贯穿整个社区，正在建设的定马复线横穿共裕、明胜两村。村内有大型水库1座（虹桥水库）及古树20棵。村落内古建筑刘家宗祠始建于清末，坐北朝南，由穿堂、祠堂和井组成，刘氏宗祠位于叉河社区共裕刘家堂33号，祠堂通面阔三间13.36米，通进深10.50米，明间五架梁带前后单步，次间穿斗式用七檩，硬山顶，屋面盖小青瓦，堂内前檐下地面用石板铺筑，挑尖梁雕刻精美。长春岭驿道与马岙镇接壤，始建于清光绪年间。

叉河村户籍人口3642人，集体可支配收入约45万元，农民人均收入1.67万元。村落区域面积13.5平方千米，耕地面积2225亩，山林面积6913亩。

大鹏岛村

大鹏岛旧时又称“大平山”，位于金塘岛西北面，是金塘除本岛外唯一居住人口的独立岛屿，因形似大鹏展翅，故曾名鹏山。

胡家大屋

大鹏岛村四面环海，环境优雅，历史文化底蕴深厚，素有“海上周庄”的美誉。村内尚存的三合院、四合院、骑楼等各种明清古建筑精雕细作、风格各异，是海岛地区罕见的古建筑群，弥散着浓郁的孔孟古韵。2012年，大鹏岛村成为第四批省级历史文化名村，太平山灯塔、刘氏民居、沈氏民居等为代表的31处不可移动文物被列为保护对象。其中，位于岛西北角上的太平山灯塔始建于1902年，是舟山海岛仅存的百年灯塔之一。此外，岛上物产丰富，盛产黄花梨、文旦、李子、海瓜子、黄泥螺、跳鱼等农副产品，是休闲度假、体验生活的好去处。全岛陆域面积4.09平方千米，隶属金塘大观社区，现有在册人口1853人，实际住户约320户。现有耕地1126亩，林地3153亩。2014年村集体收入6.5万元，村民人均年纯收入14600元。

光华社区

光华社区位于定海区小沙街道南部，青山环抱，环境优美，东至马岙的大九岭山，南至双桥的狭门，西至岑港的柴戴、小沙青岙的青林，北至小沙街道。

社区不仅风景秀丽，而且有着源远流长的历史文化底蕴，在辖区内分布着不少文物古迹，譬如傅家老宅、寺基老井、和尚浇花老井、王家村复翁堂、地爿里六德堂、花厅里美德堂、小沙甩龙桥、鲍家祖堂、西头王祖堂、马家桥、花厅门桥头、光明孙家老井、花厅水井、大寺岭墩凉亭、王家老宅、全福寺，其中复翁堂、甩龙桥已被列入舟山市文物保护单位。

全社区行政区域面积 7 平方千米，其中山林面积有 6000 多亩，有华厅和红光两个生态公益林面积达 5575 亩。2012 年社区在册户籍人口 2611 人，村级集体经济组织经营收益 16.95 万元，社区居民总收入 3788 万元，居民年人均纯收入 17344 元。

后岸村

后岸村地处长白北部，三面环海，一面靠山，由大满、小满、余家等3个自然山岙组成。东起乱石棚，西至礁门岗，区域面积4.42平方千米，共有住户534户，户籍人口1299人。村庄主要姓氏为胡、余、虞，均在清乾隆年间由镇海清水浦和慈溪三北迁来，以打鱼和耕种为生。

这里有几处好地方，说它们好，就是因为那浑然天成的环境：好山与好水。在这个角落里有一座刺棚庙和一座白马庙，有深水涂和小满滩涂，还有余家。余家是长白所有自然村当中最有特色、保存得最为完整的古老村落。据考证，清代乾隆年间搬迁而至的余姓、虞姓居民繁衍生息已经十余代，有300多年的历史。

村落中所有街巷都用老旧石板铺成。村中的房屋具有独特的风格，基本上都由石头堆垒而成，石墙、木牖、泥瓦，老旧古朴，颇具山里人家特色，房屋边随意堆放的干草堆和残破的坛坛罐罐透露着点点滴滴的艺术风

格。村落空间韵味有致，建筑色调朴素淡雅，体现了余家人在环境营造方面的杰出才能和成就，具有很高的历史和艺术价值。

后岸村有耕地面积 986 亩，山林面积 3000 余亩，以农业为主。2014 年村集体收入 4.5 万元，村民人均年纯收入 1.1 万元。

金山社区

金山社区（村）位于白泉镇中西部，社区西北部与干览镇接壤，省道定西线越境而过，面积4.6平方千米，丘陵地形，村民依山脚下居住。

金山村民俗活动以舟山锣鼓、舞龙舞狮、跳蚤舞为主，舟山锣鼓、舞龙舞狮、跳蚤舞均被省、市列为非物质文化遗产，所以金山村也被列入“非遗”项目传承基地。舞龙队成立于1990年，由白泉出会时组建而来。一般舞龙舞狮在节庆的时候表演，现在通常在国家指定重大节日和村民办喜事及外出才有偿演出。村内有古建筑一处，古桥一座，古庙一座，古庙遗址一处，古井一口，古道一条，古石凳二张，均属清朝年间。由于古建筑年久失修现已经多处垮塌。永寿庵，光绪年间的古庙现如今也只剩遗址，失去了原有的价值，留下的只有被风雨摧残的痕迹。2005年6月由金山村和金星村两村联建，区域面积4.04平方千米，社区（村）居民962户，常住人口2656人。金山社区（村）有耕地面积573亩，山林面积4200亩。

里钓山村

里钓岛在连岛大桥的桥头堡岑港街道西南部，原有一座小岛，现在舟山跨海大桥的岑港大桥、响礁门大桥，已经将里钓山与本岛连在了一起。里钓山村位于舟山本岛与册子岛中间，东与岑港隔海相望，岸距 150 米。

据传，古时一年四季有人在此岛及附近岛屿钓鱼，临时搭棚居住，遂称钓山，又因近距岑港，故名“里钓山”。中间隔着岑港，港湾呈“S”形，窄而长，最窄处仅百米，里钓的宕口是舟山最古老的宕口之一，是沿海一带少见的石板村。岛上石质优异，原先以开采石板、块石和各类建筑石料为主，历史悠久。

这个不大的小岛蕴藏着非同一般的资源——钓山石板。奇异的石头，是这个古渔村的主角，精美的石头会“唱歌”，这里盛产的红石板，色泽肉红，鲜艳夺目，质地醇厚，闻名海内外。走进村子，古朴的气息扑面而来。这片古朴与“石”息息相关。百年的石屋、石窗、石巷、石阶、石井、石磨、石门、石墙、石柱子、石捣臼……弥漫着浓浓的石文化气息。每家每户院落前都砌有一堵低矮的石围墙，随意而粗放，野草乘隙生长，绿藤蔓延，几乎将整堵石墙覆盖住，宛如一道绿色的屏风。

里钓山村岛呈南北走向，长1.98千米，宽0.77千米，陆域面积1.65平方千米，现有户籍人口375人，共133户。村集体经济年收入20万元，目前村民以从事海运业为主。

柳行村

柳行村位于金塘镇东北部，属于平原地形。2014 年村庄户籍人口总数为 2401 人，村集体可支配收入 31.91 万元，农民人均收入 17307 元。

村落最早形成于清光绪年间，大柳河从村中蜿蜒流过，村落东西走向，因沿河栽柳成巷，河岸单边筑舍商，遂成街市，故称“柳巷半边街”。村落整体保存比较完善，现保有的古建筑有 21 处，其中历史建筑 2 处，总占地面积 9000 多平方米。其中位于柳巷老街 28 号陈家老宅“天佑堂”，有 200 年左右的历史，是海岛典型的融入儒家文化的传统民居。而徐家“司马第”更是定海乡村海岛唯一遗存的官邸建筑，有三四百年的历史。

马岙村

马岙村位于马岙街道教育、文化、贸易之中心，离定海城区 9.5 千米，原有勤丰、茂盛、五四 3 个自然村，2002 年 5 月，实行村级合并，称马岙村，2005 年 7 月建立社区。

马岙村以“林”为宗姓。马岙林氏早在南宋的宝庆年间（1225—1227）就从福建莆田迁入马岙定居，至今已传 39 代，更有“林氏宗祠”完整保留，堂名曰“二桂堂”。辖区现有在籍人口 1700 余人，农户 623 户。马岙村才人辈出，有影响深远的马岙三陶（陶回孙、陶椿卿、陶铸），颇有乡誉的秀才王亨彦等。

马岙村历史悠久，人杰地灵，村内现有土墩遗址多处，历史文化遗迹 20 余处，包含古民居、古祠堂、古井、古道、古亭、古寺庙等。位于辖区内中国第一家乡镇级博物馆——马岙博物馆，保存了多件新石器时代珍贵文物。更有民间传说、马岙锣鼓、滃州走书等多种非物质文化遗产留存。

社区先后荣获“浙江省全面小康建设示范村”“全国五四红旗团支部”“浙江省绿化示范村”“浙江省村务公开民主管理示范村”“浙江省农家乐特色村”“浙江省特色旅游示范村”“浙江省文明村”“全国文明村”等荣誉。村区域面积 4.5 平方千米，有耕地 1500 亩，山林 4000 余亩。2014 年村集体收入 30 万元，村民人均年纯收入 19760 元。

紫微村

紫微村位于定海区双桥镇北部，于2005年由狭门、永锋、紫微三村联建，享有“木偶之乡”的美誉。全村共有居民1325户，总人口3447人，区域面积12平方千米，有耕地面积3245亩，山林面积10779亩。

舟山的历史上曾经流行两种木偶戏：杖头木偶和布袋木偶。紫微村是布袋木偶戏的发祥地。定海紫微木偶戏之所以一直能够流传至今，本身就体现了它的广泛的民俗性。据双桥镇桥头施社区夏阿鼎老人讲，木偶戏古人称为“傀儡戏”，相传秦朝统一全国前为齐国将军陈禾为安定军心首创。目前定海区传承的布袋木偶戏的第五代弟子侯雅飞，师承其父侯惠义。1998年定海紫微乡由于木偶戏发祥地被评为省“民间艺术之乡”；2003年和2005年，定海双桥木偶戏分别被舟山市和浙江省列入民间艺术资源保护项目。

嵊泗县

峙岙村

峙岙村隶属舟山市嵊泗县黄龙乡，靠山临海，是典型的海岛原生态渔村。

据《嵊泗地名志》中描述，峙岙距南港（黄龙乡政府所在地）北偏西3.5千米，从北至南有两个岙口，称大峙岙、小峙岙，现屋舍已连成一片，大峙岙岙口左右两山嘴呈蟹钳形，得名为蟹钳岙（明《海盐县图经》写成蟹钳山），演变成钳岙，谐音为峙岙。大约在14世纪前，大黄龙岛即有人聚居渔作，并有深水山、元宝山、石刀山、黄陇山等多个古名。清初海禁，海岛荒废，现住居民先祖多为康熙年间后期开放海禁后陆续从宁波、镇海、乍浦等地迁入的渔民。

淳厚的历史，使黄龙峙岙文化与大陆文化之根紧密相连，漫长的渔村生活岁月，又使得当地积累了大量的海洋文化元素，逐渐构成了特色鲜明的峙岙渔村文化。如“小小黄龙脚踏江浙两省”、元宝石传说等许多脍炙

人口的典故在这里代代相传，黄龙“渔用绳索结”这一手工技艺被列为浙江省第二批非物质文化遗产代表保护名录。

峙岙村地质独特，石材在舟山首屈一指，峙岙村的建筑多采用本地石材，有的房屋整体都用石材建造而成，没有现代化的钢筋混凝土，显得淳厚古朴。村中平地稀少，民居多为依山而建，一座座石屋高低分明、错落有致，上接蓝天，下连碧海，与鱼鸥为伍，与青山为伴，因此素有“东海石村”的美誉。被誉为东海第一奇石的“东海云龙”元宝石、“一指泉”、“诸葛帽顶”石、“海鉴”石、“悠然村”等一系列自然与人文景观星罗棋布，与周围的民居环境相映成趣，构成了峙岙村独有的石村风情。

2014 年年底，峙岙村共有在册人口 2413 人，843 户。全村共有大小渔船 52 艘，主要从事帆涨网和近海涨网作业生产，2014 年全村经济收入 8921 万元。（编写：彭辉）

灯塔村

花鸟乡灯塔村位于花鸟岛西北部，三面环山，一面靠海，道路崎岖，生态环境优美。

村内文物古迹较多，如建于清同治九年（1870）的花鸟灯塔位于灯塔村西北端，规模居远东第一，塔高16.5米，上黑下白，为砖砌圆形建筑，2001年被列为全国重点文物保护单位；建于清晚期的赵氏民居位于灯塔村大坑弄17—79号，坐东北朝西南，占地面积约250平方米，由正间和东厢房组成，采用青瓦硬山顶，穿斗式梁架，进深八柱八檩，檐柱下垫鼓形石柱础，是保存较为完整、较为完好的木质结构古民居；建于清末年间的天后宫，坐北朝南，占地75平方米，由正殿和围墙构成天井，砖木结构，清水山墙硬山项，上盖小青瓦，面阔三间，穿斗式梁架，柱间通阔无隔断，后金檩下建落地神龛。灯塔村天后宫对研究海岛民间信仰与海洋文化具有深远的意义。村内古树枝繁叶茂，据初步调查，灯塔村现有150年以上古树2棵，约100年古树3棵，树高在5—6米，树围2米左右4棵，分支树围在90厘米左右。

古树、古塔、古屋、古道孕育出了具有历史文化意义的古村。灯塔村

内村居民宅依山而建，石墙青瓦，质朴依然；古树下的逶迤古道，石板铺合，青苔浮迹。人文与自然的完美结合，使该村成为一个名副其实的历史文化村落。

全村现有户籍人口 557 人，总户数 217 户，集体拥有土地 238 亩，山林 831 亩，无耕地。村内经济以渔业生产为主，是一个保留着原生态面貌的小渔村。2014 年，全村集体经济收入 46.2 万元，人均收入 18066 万元。(编写：吴剑)

青沙村

青沙村是嵊泗列岛历史上最早有居民定居的地区，位于菜园镇西北部，东靠嵊泗县城，其西部为李柱山客运码头，东北隔剑门水道与金平相邻。全村陆地面积2.06平方千米，由青沙滩与石子岙、黄沙岙3个自然村落组成。

元大德《昌国州图纸》记作鲸门，清光绪《江苏沿海图说》记载“有泗礁居民，以北面青沙、菜园两岙为最盛”，青沙滩以岙口沙滩呈青色得名。清乾隆《崇明县志》，写成青砂，村北山嘴头称南剑门，以地处剑门而得名。民国十三年《定海县志》标有青沙滩（港口）。

近年来，该村先后获得市、县先进基层党组织，浙江省村务公开和民主管理示范村，省、市全面建设小康示范村，省文化示范村等荣誉。截至2014年年底，总户籍人口3005人，户数1180户，60周岁以上老年人917人，共有大小船只110艘。全村社会生产总值8866万元，集体收入150万元，人均收入18191元，村集体资产达827万元。（编写：刘白羽）

民富村后头湾

民富村位于嵊山镇东南部，由泗洲塘、大坑、万年溪坑、太平峙螺、大玉湾和后头湾等自然岙口组成。

清光绪《江苏沿海图说》记载：泗洲塘曾建有一座泗洲塘宫殿，直至20世纪50年代。大玉湾与泗洲塘并列，以村前港湾得名。清光绪《江苏沿海图说》称玉环岙，大玉湾山谷狭长，谷底倾斜，水源甚丰，建有水库，是渔船补给的良港。西起枸杞乡大宫山，东至满嘴头，长5千米，宽2.5千米，海湾面积约11平方千米，水深8米，近岸处3.7米，最深处20米，可避10级西北风和北风，可泊5000艘各类船只。

后头湾位于嵊山岛东北部，建制于1950年，当时人口约3000人，1952年后头湾被划分为东方、城子、中心3个渔业生产大队。随着生活质量的提高，后头湾村公路不通、物资补给困难、基础设施落后等都已经不能适应后头湾村村民日益增长的物质文化需求。2002年并入民富村，目前村民基本搬迁出村，只有零星几位老年人至今仍留守。经过近20年的变迁，废弃的房屋爬满了绿色植物，演变成“绿野仙踪”般迷人的景象。后头湾有着海岛渔民的独特建筑文化，同时也是一个海景幽静迷人的海湾，是观光、徒步、海钓、探险、采风、摄影等艺术创作之胜地。全村设6个村民小组，居民825户，常住人口2164人。（编写：陈波）

大王村

大王村隶属舟山市嵊泗县枸杞乡，是嵊泗列岛最早有居民定居的地方之一。

据《嵊泗海洋与渔业志》记载，早在元代，大王村就有人居住生活了，但并无明确记载究竟是何人，从何地，最先来到了这里。贺氏为该村第一大姓，据贺氏后人口述，光绪年间，其曾曾祖母贺宰相夫妻二人由宁波姜山村（今为姜山镇）迁徙至此，从此在此生活并繁衍后嗣，直至今日。历史上，大王村俗称“山大王”，清光绪《江苏沿海图说》认为，大王村俗名应为“山大王”，即盗魁，并说到该地“诸岛多种山芋，唯此独能种稻，山溪灌溉，生意勃焉”。《嵊泗地名志》记载：“1949 年 9 月，国民党江苏省政府逃亡嵊泗，部分机构曾驻此。”

2014 年，大王村总户籍人口 1604 人，常住人口 1998 人，村集体收入 5. 26 万元，村民人均年纯收入达 19394 元。近年来，随着该村旅游业的发展，村民纷纷开办渔家民宿，旅游业已成了该村的又一特色产业。（编写：王群洁）

龙泉村

龙泉村隶属舟山市嵊泗县枸杞乡，是目前全国保存较为完整的海岛原生态渔村，同时也是祖国最东的人居村落之一，位于祖国的东大门。

该村得名于那块“山海奇观”摩崖石刻书写者侯继高将军的字号。据《嵊泗海洋与渔业志》记载，早在元代，当时男性在春夏秋季临时居住在此销售各种海产品，以晒干的海货、咸盐为主，再运到宁波等大陆销售换回生活用品，后因此地收入比宁波等大陆高，宁波、温州、福建等地居民纷纷移居本村，并常年居住，而该村的第一大姓汤氏，正是由宁波鄞县移居至此。《嵊泗地名志》曾记载，20 世纪 50 年代，枸杞解放，解放军正是由该村龙泉沙滩登陆。

龙泉村有奇礁怪石、洞穴无数，有鲸鱼戏水、老虎岩、情人石、佛指山、老人岩、象礁、小蓬莱等。而大海、沙滩、岩洞、怪石、奇礁构成了该村独特的自然景观，村里代代相承的美丽传说和民俗风情也恰巧于此相连。屹立至今的“山海奇观”摩崖石刻，正是见证了当年大明水师平定海疆、抗击倭寇的历史传说。

2014 年年底，龙泉村总户籍人口 2406 人，常住人口 2383 人，村集体收入 93 万元，村民人均年纯收入达 19396 元。（编写：王群洁）

花鸟社区

花鸟社区位于舟山群岛最北端，马鞍列岛北部，北纬 30°50′，东经 122°40′。因其形似飞鸟，且岛上植被众多，故得名花鸟。

花鸟四面环海，东邻东海，南接壁下洋面，西南近绿华，距泗礁本岛 26.5 千米，由 11 个岛屿组成，除本岛外其余 10 个岛屿均无人居住。陆地面积 3.28 平方千米，海岸线长达 17.16 千米。岛上建有远东第一大灯塔——花鸟灯塔（1870 年清同治九年建），2001 年 8 月该灯塔被列为全国第五批重点文物保护单位。2002 年 5 月 18 日，花鸟灯塔特种邮票首发仪式在嵊泗举行。花鸟岛前坑顶海拔 236.8 米，是全县最高峰。

截至 2014 年年底，户籍人口 2074 人（其中外出人口 1270 人），总户数 812 户，集体经济收入 82.53 万元，渔民人均纯收入 17126 元。（编写：吴剑）

温州市

永嘉县

苍坡村

苍坡村隶属永嘉县岩头镇，位于镇北仙清公路西侧。

苍坡村原名苍墩，始祖李岑（号苍墩）为避战祸，于后唐同光元年（923）从福建长溪赤岸迁徙永嘉楠溪仙居乡五十一都灵山棣上，五代后周显德二年（955）始宅苍墩并定居于此，繁衍生息，人丁兴旺，渐成李姓聚居之地。

现存苍坡村是南宋淳熙五年（1178）九世祖李嵩邀请国师李时日设计，占地146亩，已有800多年历史，至今仍保留宋代建筑的寨门、寨墙、路道、住宅、亭榭、祠庙、水池等大量古民居建筑。

村落按“文房四宝”规划布局，建有长306米、宽2米的直街（称“笔街”）对村西笔架山；以两方池作“砚台”，砚台两旁搁置长4.5米、厚0.5米、宽0.3米的条石以为“墨”，村四周展开的平坦田地以为“纸”。村东池立有南宋时修建的望兄亭，是李氏七世祖李秋山、李嘉木

兄弟情谊佳话的见证。村东池、西池之间有一座仁济庙，是按照《周礼考工记》“前朝后市”的构思设计，由十世祖李伯钧于宋孝宗淳熙十四年（1187）始建。庙前有 3 棵三人合抱粗的柏树，已逾 800 年。苍坡村古韵悠远，村寨大门上一幅“四壁青山藏虎豹，双池碧水贮蛟龙”的题联，见证了该村龙腾虎跃、名人辈出的历史。

1991 年，苍坡村被列为浙江省历史文化保护区。2014 年年末，全村有 914 户，耕地 463 亩，村民人均纯收入 0. 9 万元，村集体当年收入 10 万元。

埭头村

埭头村位于“全国环境优美镇”大若岩镇境内，背依九螺山，丹崖如染，面对梧山，苍翠挺秀。埭头古村建于元顺帝至元年间，至今已将近700年历史，古称埭川或埭谷，地形由西向东倾斜，其形如船，人称船形之地，为陈姓血缘聚居之村落。

陈氏大宗

埭头村是典型的平民生活村落，具有鲜明的以宗族为主体的乡村文化特征。村里元、明、清时期的古民居以及古池塘、古井、古樟树群等保留完好。以陈氏大宗到卧龙岗为中心区，分布“松风水月”“墨沼生香”“屈庐”“淡如轩”等一批文化古宅和“墨沼池”“方开一鉴”等古池塘以及裕后祠等宗法建筑，堪称中国乡土建筑之瑰宝，处处蕴含“天人合一”的哲学思想，无不让人发思古之幽情，领略先人这寄情山水营造家园，泽被后世的崇高理念。

埭头村先后被评为国家级生态村、中国景观村落、全国最美休闲乡村、浙江省关心下一代工作先进集体、省（市）级环境教育基地、省级绿化示范村、市首届十佳魅力乡村、温州市“千百工程”全面小康建设示范村、十大最美村庄等。2014年年末，全村有354户，1498多人，耕地360亩，村民人均纯收入0.87万元，村集体收入100多万元。

茶园坑村

茶园坑古村隶属永嘉县岩坦镇，是龙园行政村下的一个自然村，距离岩坦中心镇 7.8 千米。

茶园坑全村姓戴，是清朝时从合溪南山三房分派迁移至此，至今已有 300 年的历史。

村落房屋均是溪岩垒成和木头结构，依山而建，错落有致，石阶道路从下而上。整个村庄背靠“金”字山，一条蜿蜒曲折的溪流从村前而过，真正体现了“小桥流水人家”之风貌。村内有一处天然空调寒风洞，常年恒温 14℃，冬暖夏凉，既是村民游客夏天避暑的好去处，又是村民的自然冰箱。还有一处冰泉水，水质清甜，冬暖夏凉，冬天直接用冰泉水洗脸都不冰。全村有清代建设的古祠堂 1 座、古民宅 10 座，村庄山清水秀、山场辽阔、植被丰富、环境优美，自然景观极多，是发展乡村旅游极具潜力的村落。

2009 年，茶园坑被评为第二届中国景观村落。村域面积 7000 多亩，2004 年年末，全村有 90 户 315 人，耕地面积 191 亩，林地 7000 亩，村民人均纯收入 7500 元。

岩龙村

岩龙村隶属永嘉县岩坦镇，位于潘坑社区西侧。岩龙村始建于宋淳祐年间（1241—1252），为季姓聚居繁衍之地。民国时至2010年均属潘坑乡，自2011年乡镇撤扩并后属于岩坦镇。

岩龙古村落，依山环水面山、古树簇拥，众多居民建筑层级而上，村旁梯田层叠，体现出楠溪江上游村落田园山水景观的许多特征。岩龙古村落背后寨涧山环抱，村前龙门溪水环绕，对面垅头炮略似笔架，水口崖壁对立，上架古桥，设庙宇，原还设有寨门，村落主体均坐东朝西，溪水玉带环绕，宗祠侧面向正南，祖坟位于村子上水位，布局选址，具有较为明显的风水理念选址特征。村中沿溪点缀枫香、樟树、银杏，古树环绕村落。山上除祖坟处栽植糙叶树、红豆杉等多株古树外，亦在村东北端设一处古苦槠树园，似有一定的位置安排。

2010年，岩龙村被列为浙江省历史文化保护区，2013年被评为第四届中国景观村落。2014年年末，全村有213户，耕地262亩，村民人均纯收入6500元，村集体收入2万元。

芙蓉村

芙蓉古村隶属永嘉县岩头镇，包括芙蓉上村、芙蓉下村 2 个行政村，位于岩头镇南仙清公路西侧，距岩头镇 1.2 千米。据史料《陈氏宗谱》明弘治十年（1497）记载："唐末，为避乱世，有陈氏夫妇，从瑞安场桥迁徙，沿楠溪江深山坳林，至芙蓉峰旁，只见此地前横腰带水，后枕纱帽岩，于是筑屋定居，遂建四水归塘，村以'七星八斗'布局而建，寓意人才辈出，人杰地灵。"村西南有山，因三峰突起，早晨阳光反射下白里透红，状若含苞待放之水芙蓉，故取名芙蓉峰。村中有一水池，芙蓉峰倒映水中，村以此而得名。

芙蓉村内文物古迹繁多，有元朝建筑歇山式两层阁楼建筑芙蓉车门、礼制建筑陈氏大宗祠、明末清初如意街、两层楼阁式歇山顶芙蓉亭、芙蓉书院、国民党第五军少将参谋长陈毓秀的故居将军屋、建于清康熙年间的司马第大屋等。芙蓉村民间民俗文化也十分丰富，雕刻、制布、刺绣、剪纸、印染工艺源远流长，民间舞蹈、武术品种繁多，历史悠久。在每年农历正月初一至正月十五日举行舞鱼灯活动，农历二月初二进行陈氏宗族祭主仪式。该曾举办具有浓郁气息、乡村味道、楠溪江地方特色的民俗风情大游园活动，丰富了群众的文化生活。据《芙蓉陈氏宗谱》记载，历代考中进士、举人的有 34 名，仅宋朝在京做官的就有 18 人，世称十八京带。今珍藏“十八京带”容图、朝笏、朝服及祭品、圣旨、金瓶、匾额等。

2005 年，芙蓉村民居被浙江省人民政府公布为第五批浙江省文物保护单位，2006 年古建筑群被国务院授予国家级重点文物保护单位。芙蓉村先后获得首届“浙江省魅力新农村”、第二届“中国景观村落”等称号。2014 年年末，全村有 821 户，耕地 380 亩，村民人均纯收入 0.58 万元，村集体收入 13 万元。

枫林村

枫林村隶属永嘉县枫林镇，包括枫一村、枫二村、枫三村、枫四村、枫五村、大门台村、后山村等7个行政村，位于国家级旅游风景名胜区楠溪江中游东岸，距离县城38千米，是为省级历史文化名镇——枫林镇区所在地。

枫林是永嘉最古老的历史文化名镇。据镇内东岸庄村出土的石刀、石矛证明，远在新石器时代就有人类在这里活动。东晋时期，就有中原士族迁入开发枫林这片土地。初唐时期，枫林村落已经初具规模，村西就是楠溪江中游重要的水运码头昭浦，航运的发达促成浦亭街的繁荣，进而吸引许多名门望族来此居住，共同开发这片肥沃的土地。

村内名胜古迹众多，有新石器时代东岸庄遗址［始建于北宋徽宗宣年间（1119—1125）］，明清时重修城墙的枫林古城，纪念京畿道监察御史温州军政分府都督徐定超的御史祠，始建于明成化二十年（1484）而在民国时期重修的念祖桥，清光绪二十一年（1895）重修的圣旨门楼，南宋状元木待问（1140—1212）墓地，建于1902年的天主堂，建于1841年，为纪念明林一龙的孝行而建的孝子亭，始建于唐先天二年（713）的惠日寺，始建于嘉庆二十年重建于民国二十四年的徐定超旧居，建于清嘉庆三年的谦益堂，建于清乾隆年间七宅房等一大批文物古迹。

枫林村有“武术之乡”美称。自古崇尚武术，自宋朝以来，村民们就喜欢练武，渐渐形成了集中性的武术表演活动。每年的农历二月廿二，永嘉县枫林镇都要举办传统武术节。2009年，当地南拳还被列为“浙江省非物质文化遗产”。

2000年3月，枫林古村被浙江省人民政府命名为第二批省级历史文化保护区。2014年年末，枫林古村有2965户，耕地7645亩，村民人均纯收入12000元，村集体收入260万元。

缸窑村

缸窑村隶属碧莲镇，位于楠溪江上游，该村至今还保存完整、仍在使用的“活文物”——缸窑。缸窑村李氏由李元清于清康熙年间自江西建昌府松城县迁居黄岗村西南角落，因土质适宜烧制陶瓷，故开设缸窑，后改黄岗村西南角落部分为缸窑村，至今已300余年。

缸窑村世代相传烧瓷工艺，烧制的胎质较为坚实，造型古朴，鼎盛时期年烧缸达数万只。缸窑村目前已成了温州的缸产品集散地，全村从事缸销售有20多户。村中的传统制缸技艺于2008年被列入县级非遗名录。2014年年末，全村有206户，总面积900平方千米，村民人均纯收入0.7万元。

花坦村

花坦村隶属永嘉县沙头镇花坦社区，包括花一村、花二村、花三村 3 个行政村，位于楠溪江支流珍溪北侧。花坦村始迁祖朱兴五代进士，官永嘉尉，爱此景色，遂行定居。元至元十四年（1277）村宅被元兵烧毁，明洪武七年（1374）重建。

花坦村落呈“舟”形，坐北朝南，外围鹅卵石寨墙，东、南、西三面开设寨门。现存民居祠庙、牌楼亭阁等古建筑 80 余座。花坦村自古以来文风鼎盛，文人多出。自宋朝至清朝，有 10 多人先后考取功名，最高官至御史。温州民间流传极广的“布衣文王”朱墨瞿，就是花坦文人中的翘楚。2014 年年末，全村有 1290 户，耕地 1200 亩，村民人均纯收入 5559 元。

黄一村

黄一村，原名黄皮，隶属永嘉县岩坦镇溪下社区，位于岩坦镇西北部山区，距岩坦镇65千米。黄一村以麻、应、暨姓为主，最早由暨姓祖先于北宋年间由仙居黄坦村迁入，在此安家立业。中华人民共和国成立前属于仙居县管辖，后划归永嘉。

黄一村有一座黄皮寺，法名“广福禅寺”，原属仙居县管辖，中华人民共和国成立后划永嘉县，寺名编入《中国佛教名胜大辞典》，1992年2月，被永嘉县人民政府批准列入文物保护单位。据《光绪仙居县志》记载，黄皮寺始建于北宋咸平三年（1000），清咸丰八年（1858）重修。中国佛教协会副会长静权法师就在黄皮寺出家。黄皮寺还是浙南红十三军根据地之一。溪下马灯戏是省非物质文化遗产，而黄一村是主要发源地。马灯戏全部由小孩子（12—14岁）来表演，村里的大部分小孩都会表演。

黄一村村域面积约5平方千米，村庄占地约100多亩，2014年全村共206户，人口642人，耕地面积349.5亩，林场面积4900余亩。2014年村民人均纯收入7000元，村集体收入2万元。

暨家寨

暨家寨隶属永嘉县岩坦镇深龙村的一个自然村，位于岩坦镇西北面，楠溪江源头。全村以暨姓为主，暨氏祖先明末清初由仙居迁徙至此，至今有 300 多年历史。

暨家寨是温州楠溪江保存最完整的山地林区民居，村古、水美、山秀，在暨家寨后山对山冈东边的山坡上分布着多幅线条粗浅、粗率原始、以石器敲凿而成的千年岩画。岩画刻画有人物、动物、简易房子，还有其他类似圆盘之类的东西，是古代先民记录在石头上的形象的史书，是人类早期艺术的化石。暨家寨于 2009 年被评为第二届“中国景观村落”。2014 年年末，全村有 38 户 175 人，耕地 36 亩，村民人均收入 1.1 万元。

坑口村

坑口村隶属于永嘉县巽宅镇，位于永嘉县西北部。300 年前，坑口村主要由麻埠村麻天官支派迁徙过来，当时主要建草棚居住。180 年前，才开始有瓦房。中华人民共和国成立之初，坑口村属于应坑卢山村管辖，直到 1953 年坑口建村。

坑口麻氏始祖麻韶，字志禧，号九畴，又号应德先生。金兴定间（1217—1221），开封府殿试，词赋第二名，经义第一名。建炎元年丁丑，九畴官拜史部大学堂，第二年封吏部尚书。天兴元年（1232），麻九畴时年五十，为躲避战乱，带家属潜归故里永嘉麻坡，建设家乡，广修寺庙。麻天官传说被列入第八批永嘉县非物质文化遗产名录。2014 年年末，全村有 141 户 451 人，耕地 230 亩，村民人均纯收入 0. 5 万元。

廊下村

廊下村隶属永嘉县沙头镇花坦社区，位于楠溪江支流珍溪中段南侧，包括廊一村、廊二村、廊三村 3 个行政村。

廊下村本来有一道很长的走廊，因一位当地的秀才进京赶考长时间未归，其母每日在这走廊的尽头盼儿早归，望眼欲穿，故后人称之为廊下村。廊下村有孝思祠、南宋王坟等名胜古迹。

廊下村是一个有着文化底蕴的古村落，当地《朱氏宗谱》载，幼主赵昺南逃，元兵进入温州时，朱猛善率族人建此寨墙防御。廊下村有历史名人朱直清，“廊下王坟”的墓主人。孝思祠于明孝宗弘治元年（1488）始建，该祠规模宏大、制作精细，具有浙南山村建筑特色，为当地明代典型建筑，1997 年被列为省文保单位。2014 年年末，全村有 1390 户，耕地 1530 亩，村民人均纯收入 5879 元。

里龙村

里龙村隶属永嘉县枫林镇，位于枫林镇东北面，地处山区，山势陡险，道路崎岖，紧靠北坑风景区。在清朝时为避灾徐姓祖先从枫林村迁徙到里龙村，而后在此繁衍生息，渐成为徐姓聚居地。

里龙村山清水秀，空气清新，人杰地灵，自然资源丰富，是永嘉县著名革命老区。村庄现有房屋全以明清时期古建筑及近现代建筑为主，村内有清朝古祠堂1座、古民宅12座。楠溪江风景区北坑景区就坐落于里龙村。2014年年末，全村有65户230人，耕地70亩，村民人均纯收入8000元，村集体当年收入2万元。

丽水街村

丽水街古村隶属永嘉岩头镇，是岩头中心镇所在地。南宋咸淳年间(1265—1274)，始祖金安福从附近的档溪西巷里迁居上芙蓉，金安福就是岩头始祖伯二公。明代，岩头以横街为界划分为上村和下村，横街以北为上村，横街以南为下村。1962年岩头村又被划分为岩头、河一、河二、河三4个行政村。

丽水街在岩头东缘的蓄水堤上，又名丽水长廊。作为楠溪江的景点之一，这里显示出古朴之风，一切都是那么的古老与沧桑。长廊全长300多米，有90多间店面，每间面宽约3米，进深10米，为两层楼建筑。成列的商店前，空出2—2.5米宽的道路，有屋檐披盖，以利于行人遮阳避雨。蓄水堤建于明嘉靖年间，当时地方宗族规定堤上只许莳花种树与建亭，不准筑屋经商。到了清代，岩头村长堤成了担盐客的必经之路。清末之际，长堤发展成为初具规模的商业街。太平天国起义时曾遭火焚，近年重修。村内还有接官亭、丽水古桥、水亭祠、文峰塔、文昌阁等一批明清时期的古建筑，以及永嘉革命先驱金贯真曾在此建“溪山第一图书馆”，1958年毁于风灾，现遗址犹存。

2005年，丽水街村被列为浙江省历史文化保护区。2014年年末，全村有2603户，耕地1300亩，村民人均纯收入1.2万元，村集体收入200万元。

林坑村

林坑村隶属永嘉县岩坦镇黄南社区林坑村，位于岩坦镇北面，距岩坦镇 15 千米，楠溪江源头。据历史资料记载，始祖毛氏来自江西省吉安县迁至台州，繁衍生息，迄今已有 45 代约 700 多年历史。因此处竹木繁茂，故取名“林坑”。

林坑村是一个历史悠久、底蕴深厚的山地民居聚居处，是温州楠溪江保存最完整的山地民居。村古、水美、山秀，有人誉之为湮没在深山中的璞玉。林坑村舍从一个石板桥的两侧向山依次搭建，屋瓦毗邻。浙南地区典型的以竹木作支撑结构的房子，白砖墙青黑色瓦。桥下涓涓细流，卵石裸露，有些浙江山水冬天时的萧瑟味道。两座石拱桥与三座木廊桥高低走向不同地架设在溪涧之上，小桥流水沟通村两岸。群山起伏，蜿蜒曲折，像五龙捧珠，在村中汇合，犹如天工造物，“天人合一”美妙绝伦，村后一片原始森林更显大自然之神韵。山地民居是自然景观和人文景观的高度和谐统一。“养在深闺人未识”，沉睡了 700 多年历史的林坑古村，于 2001 年被著名画家赵瑞椿发现后而唤醒，一篇题为《林坑古村处处画》的报道，引起社会各界关注。2001 年 9 月，因香港凤凰卫视中文台副台长（中国航拍第一人）赵群力拍摄《寻找远去的家园》殉难而建立“赵群力纪念馆”，馆中陈列着“小蜜蜂”飞机与拍摄的作品。

2011 年被评为第三届中国景观村落。2014 年年末，全村有 148 户 453 人，耕地 180 亩，村民人均收入 1.2 万元。

岭上人家村

岭上人家是位于永嘉县鹤盛镇罗川村的一个自然村，坐落在半山腰，距楠溪江石桅岩景区小三峡入口约 3 千米，距永嘉县城 50 千米。村庄形成于明朝嘉靖年间，如今还保留着有 400 多年历史的田园古村落。

岭上人家村落依山而建，布局自然大方，空间层次优美多变，村下是一湾清溪，水流平缓，村后是崇山峻岭，竹木茂盛，空气清新，生态良好，前山峰峦如画。得天独厚的自然生态环境，人称“天然氧吧”。该村先后被评为温州市市级农家乐休闲旅游特色村、温州市十大魅力农家乐、浙江省农家乐特色村、浙江省特色旅游村。2014 年年末，全村有 62 户，耕地 15 亩，村民人均纯收入 0.8 万元。

茗岙村

茗岙村隶属永嘉县桥下镇，位于桥下北部和碧莲镇交界处。茗岙村始建于晚唐，名茶岙，“茗，茶也”，后改为茗岙。清时属清通乡四十六部，有着1100多年的历史。茗岙村为多姓氏杂居之地，陈、胡、徐为其中三大姓。

茗岙村有着位居江南第二的梯田，是中国摄影家协会的创作基地。茗岙梯田和茗岙牛市，是永嘉耕读文明的一个标识。茗岙村出产“茶叶、田鱼、番薯枣”三样特产，被称为“茗岙三宝”。近年来恢复的“茗岙开犁节”更成了永嘉地方文化的旗帜。2014年年末，全村有914户，耕地463亩，村民人均纯收入0.9万元，村集体当年收入10万元。

瓯渠村

瓯渠村隶属永嘉县桥下镇，包括瓯渠村、前山村、瓯山村、双进村等4个行政村，地处永嘉县城西南部，瓯江溪流西溪上游。

瓯渠延陵吴氏始祖，金明公祖居仙居厚里，自南宋淳裕1242年拼官宦游至渠川（瓯渠）隐居（龙升窟）小地名，繁衍至今已有773年。现瓯渠以吴姓繁居，少有尤、潘、陈、胡、黄等姓，皆历世修好。

瓯渠村是闻名温州的武术之乡，中国南拳发祥地之一。瓯渠村习武历史源远流长，早在南宋时期就已远近闻名，而到了明清时期，达到了鼎盛，设立瓯渠武书院，名噪一时，涌现出不少武术世家。传统医药《瓯渠上新屋吴氏骨伤疗法》被列入市级非遗名录，瓯渠上新屋吴氏骨伤科传统医药于2008年被列入县级非遗名录，传统体育、游艺与杂技《南拳》被列入省级非遗名录，瓯渠上新屋吴氏拳棍于2008年被列入县级非遗名录。瓯渠景区是县级风景名胜区，永嘉县瓯渠民俗博物馆也是爱国主义教育基地。2014年年末，全村1900户，4000亩耕地，村民人均纯收入7500元，集体当年收入15000元。

蓬溪村

蓬溪村地处永嘉县东北部山区，位于楠溪江七大风景区之一——石桅岩景区，距离温州60千米。本村现有三个行政村，包括蓬一村、蓬二村、蓬三村。

宋文帝元嘉十年（433），谢灵运在广州被杀后，后人扶柩回到永嘉，建墓并定居于温州城内。北宋年间，谢氏后裔又回到鹤盛溪畔建村筑寨，圆了600年前谢灵运的一个山水隐居之梦。

蓬溪村的村民以谢氏为主，杂居着少量的李姓。楠溪江流域的谢氏都是名门之后，他们的远祖是古代赫赫有名的山水诗人谢灵运。谢氏在东晋一朝，既是百年望族，又有中兴之功。谢灵运世袭爵位康乐公，世称谢康乐。刘裕篡夺司马氏政权后，打击旧家世族，谢灵运在政治上郁郁不得志。南朝宋武帝永初三年（422），38岁的谢灵运被放逐为永嘉太守。到永嘉后，谢灵运意气消沉，寄情山水，不问政事。《宋书》本传这样记载："郡有名山水，灵运素所爱好，出守既不得志，遂肆意游遨，遍历诸县，动逾旬朔，民间听讼，不复关怀。"村里有纪念先祖谢灵运的"康乐亭"，有朱熹题写的"近云山舍"等古迹。1984年，"花墙"被永嘉县列为县级文物保护单位。2014年年末，全村有948户3930人，耕地695亩，村民人均纯收入6860元。

浦东村

浦东村隶属上塘中心城区东城街道，位于上塘中心城区东北面。

浦东村建村已有800多年，浦东人的祖先大部分由温州水心村迁徙而来，村里有叶、杜两个大姓，至今保存着完善的两氏宗谱。过去的上塘村名叫浦水村，而浦东村正好坐落在浦水村的东边，顾名思义取名叫作浦东村。

孝佑宫是为纪念孝女卢氏娘娘而建，位于上塘镇浦东村龙山山麓，始建于唐朝，历经元、明、清扩建修缮。上塘庙会，是孝祐夫人的节日，也是孝道文化的体现。浦东村村庄占地面积500多亩，有耕地110亩。全村共有350户857人，其中叶姓与杜姓就有750人左右。2014年，村民人均纯收入1.5万元，村集体当年收入85万元。

前溪村

前溪村隶属永嘉县岩坦镇，位于楠溪江上游，岩坦镇南大门入口，41省道和大楠溪穿村而过。300年前金氏祖先从岩头迁移到前溪村，因为这里交通相对便利，有耕地水源，地势比较平坦，自然条件比较优越，便在此安家落户，繁衍生息。

前溪村历史悠久，全部传统建筑占村庄建筑总面积的比例达10%，有古戏台1处，有古牌坊1处，有古井泉3处，有古寺庙1处。村内有中华人民共和国成立前所建小学校一座，由民族英雄金家藩将军所建。

前溪村区域面积约3.5平方千米，耕地210亩。全村共有3个自然村，384户，总人口1272人，2014年村民人均年纯收入10000元。

水云村

水云村隶属大若岩镇，地处浙江省东南部，瓯江北岸，永嘉县楠溪江中游，距县城上塘约30千米，距温州市约50千米。原始祖茗岙照远公派下白泉始祖灏公派下逸公迁徙居水云定居，衍生后代子孙形成今日陈氏族群。

著名的“天下第十二福地”陶公洞就坐落在水云村，它是浙南最大的石室。2000年前，后汉甘露年间，道士傅隐遥曾隐居于此；三国时有道士王玄贞在此修炼；南朝齐梁年间，被称为“山中宰相”的著名道教思想家陶弘景隐此撰《真诰》一书。洞内殿宇始建于唐懿宗咸通七年(866)，宋、明、清曾陆续修建。村内有县重点文物保护单位赤水亭和白云亭。水云村于2015年被列入浙江省历史文化村落保护利用一般村。2014年年末，全村共435户，人口1580人，耕地面积400亩，村集体经济收入200多万元，人均收入8750元。

五尺村

五尺村包括五上村、五下村两个行政村，隶属温州永嘉县岩头镇，位于楠溪江上游。五尺村始祖字文先（号苍松）881 年为避战祸，自福建宁州长溪迁徙定居于此，繁衍生息，人丁兴旺，渐成胡姓聚居之地。

五尺村形状似船，约占地 150 余亩，虽今已历时 1134 年，但至今仍保留着宋、清时代建筑的古民居八处，另有祠庙、古池塘等。五尺村中心建有胡氏大宗祠一座，胡氏大宗祠始建于大宋淳华五年（994），建筑面积 850 平方米，占地面积 1032 平方米。1930 年 5 月 16 日，五尺村建有溪尺亭和对喉亭各一座，两亭隔溪相望，108 矴步相连。五尺村是红十三军军长胡公冕的家乡。五尺村对岸沿溪建有长廊一座，降头山脚有红十三军军部旧址一座、纪念碑群一处、纪念馆一座，总建筑面积 4000 余平方米，是省级爱国主义教育基地，也是浙南红色旅游的一大亮点。2014 年年末，全村有 734 户，耕地 607 亩，村民人均纯收入 6000 元。

溪口村

溪口村隶属永嘉县岩坦镇，由溪一村、溪二村组成，又因其位于潘坑乡浮流与黄南溪流交汇之处，故而古时候又统称为“合溪”。

两村中居民主要以戴姓与李姓为主。溪口戴氏始祖戴天旭在北宋仁宗皇祐年间（1049—1053）自仙居皤滩迁居于永嘉县合溪（今溪口）定居。李氏始祖为李怀远，因大宋1129—1279年遭寇之乱李将军遇害，后其妻携幼子李钰逃难到合溪，并与村内潘家女结婚生四子，到如今已传35代。

溪口古村落人才辈出，官儒盈门，著名的理学家“二戴”和“一门四代六进士”都出现在这一时期。元明以来，虽然开始衰落，但“遗风余韵，元明间时有所闻”。村的正门称“车门”，也称“明文里门”，是供奉宋光宗御赐“明文”两字匾额的地方。历史上村里就有五所书院，其中东山书院是永嘉最古老的书院之一。而最著名的要数被列入省级文保单位的戴蒙书院，它是楠溪江耕读文化的历史见证。“戴蒙书院”是南宋理学家戴蒙和文字学家戴侗父子俩共同创办，宋光宗赐了一方御题匾，上书“明文”二字，因此又称“明文书院”。现存的书院地基仍为宋时所建，地面建筑为清代风格，为清乾隆年间重建，占地面积1500平方米。

溪口村村域面积约4.8平方千米，村庄占地约1600多亩。2014年全村980户3297人，耕地面积638亩，林场面积6208余亩，村民人均纯收入达7000元。

小长坑民族村

小长坑民族村隶属永嘉县岩坦镇，位于岩坦镇东北部，距岩坦镇 22 千米，四海山森林公园入口处。

小长坑民族村约建村于清高宗乾隆年间（1736—1795），分别由黄岩半塘岭赖姓和福建的邬姓先民移居形成，畲族人口长期占全村总人口的 35%左右，村内其他汉族姓氏由于避难聚在该村。

村内有古民宅、古祠堂、古戏台各一座。村庄位于四海山森林公园内，植被生长茂盛，种类繁多，资源丰富，生态环境好。村内有多棵 200—300 年红豆杉、枫树、松树的古树名木。

小长坑村是永嘉县唯一的少数民族聚居地，全村面积约 2.2 平方千米，共 137 户 508 人，村民人均纯收入 7500 元。

屿北村

屿北村隶属永嘉县岩坦镇，位于岩坦镇北侧，南距岩坦镇3千米，距县城60千米。

屿北村原为徐氏聚居地，始建于唐代。南宋时，吏部尚书汪应辰、汪应龙两兄弟为避秦桧奸党迫害，“一薰一莸，香履抵温”，从江西玉山迁隐于此，迄今已历三十五世。现在汪姓占屿北村人口90%以上。

屿北村从风水角度看是一个莲花之地，整村规划严整，布局合理。环村有9座寨门、2道寨墙和1条护寨河，7座大小桥梁。村内过去有7座宗祠，其中尤以始建于南宋淳熙十三年（1186）的尚书祠（汪氏大宗祠）最为著名。还有30多座古宅，40余座四合院大屋，每座院子都有一个典雅的“堂”名。每个“堂”又都是一个与百姓生活息息相关的作坊。整个村落犹如陶渊明笔下的世外桃源。屿北村还有徐氏先祖“荷花坟”、汪氏“老太坟”、风水岗、中共温州独立支部创始人谢文锦从事革命工作的娴存堂、中共瓯北中心县委旧址钟寿堂、屿北武装起义纪念亭等名胜古迹。屿北村俊士代出，曾先后出过1名状元、8名进士、10名贡生和庠生。

2009年，屿北村被评为第二届中国景观村落，2010年被列入第五批中国历史文化名村，2012年被评为第一批中国传统村落。2014年年末，全村有450户1562人，耕地605亩，村民人均纯收入0.72万元，村集体当年收入100万元。

林坑村

林坑村隶属永嘉县岩坦镇张溪社区，位于岩坦镇东北部，距岩坦中心镇 25 千米，大楠溪上游沿岸，四海山脚下。林坑村建村于清圣祖康熙年间（1662—1722），村民以周、潘、朱等姓氏为主，自永嘉、台州一带迁入。

林坑村依山而建，每座房屋造型各异、结构独特，有四合院、三合院、横屋等。全村还保存完好的有 32 座古民居。最具特色的是一排有 11 间房子的横屋，有众多的台门、水门，堪称楠溪山地民居之典范。2014 年年末，全村面积 2.6 平方千米，有 176 户 723 人，耕地 360 亩，林地 2846 亩，村民人均纯收入 14051 元。

苍南县

五亩村

五亩村是苍南县灵溪镇南水头社区的一个山区村落，距离苍南县城 9 千米。五亩村主要姓氏有李、钟两姓，均为少数民族。钟姓先祖钟良贤

公，由闽省明崇祯年间迁浙平卅五都状元内金岙钟宅，后分布新基湖自然村。李姓先祖景楮公，由闽福州汤岭明末清初迁浙平卅五都状元内枫树湾，架屋立业，屋基地面积五亩，故此以屋基地形成为村名。李宅水尾栽种香枫树三株、蚊母树一株，为绿荫避风，建水尾宫等。村水口种香枫、香樟、木樨各一株。五亩村四周五山落如五猪，中心一小垟，垟为槽，形如五猪争槽，人们都叫五猪落垟。至今还存在一个石猪母，罗星把水口重重护卫。2008 年被列为浙江省千村整治百村示范点，同年又被评为温州市生态村。目前五亩村有农户 188 户，户籍人口 680 人，耕地 560 亩，林地 240 亩，村民人均收入 8300 元，村集体当年收入 5 万元。

白湾村

白湾村位于苍南县赤溪镇东南2千米处，三面环山，东北临海，属浙江东南沿海丘陵地区。港湾蜿蜒绵长，因退潮时遍布白色滩涂，故称“白湾”，村名由此得之。

白湾堡依山傍水坐落在山岙之中，呈方形，占地总面积约17000平方米。城墙全部使用大块青石垒砌，总体布局完整，各种设施一应俱全，是一处明代抗倭重要遗址，迄今仍保留有堡门、城墙、路道、居民、祠庙、戏台、泉井、练武场、天灯等古建筑。2006年5月，被列为第六批国家重点文物保护单位。

据考证，宋至元时，白湾有居民在此居住，繁衍生息。明早期，为抗击倭寇侵扰，民间自发建造城堡（一说为公助民建）。清顺治十八年（1661），清兵下“迁海令”，白湾堡民房全部被烧毁，居民被迫内迁。清康熙二十三年（1864）复界时，白湾堡空无一人，土地荒芜。现在白湾村民吴、董、张、郑、温等姓均为康熙二十三年后至乾隆年间从平阳北港和闽南一带迁入的先民后裔，民居大多为清代时期风格。在此后的300多年，倭患频发，白湾堡人闲时为农、战时为兵，坚贞不屈，保家卫国，尚武之风代代相传。每年正月，白湾村都要举行文化节，吴、董两姓后人祭拜先祖，切磋武艺，纪念古人丰功伟绩。

白湾村现有城内、海尾、牛田礁、石井头4个自然村，村域面积2.5平方千米，其中耕地面积258亩，山林927亩，水面1500亩。全村有468户，共1860人，主要从事海上捕捞、紫菜养殖、海产品加工生产，年人均收入10150元，是苍南重点渔业村之一。

富源村

富源村隶属苍南县岱岭畲族乡，位于乡政府西北侧老78省道公路沿边，与福建省福鼎市佳阳畲族乡毗邻，地处山地区域。

富源村于2001年由龙凤、斗垮、南山和朗腰等四个行政村合并而成。始祖雷应三于明弘治十三年（1500）从福建连江迁徙而来，定居龙凤村。后蓝、钟、李、陈等姓氏分别从连江、罗源、台湾金门等地陆续迁入此地周边聚居。

富源村现存清末民国期间古建筑民居10幢。目前保护较好的有2幢，大厅堂上神龛两边雕刻有神话中人物和木镜，门窗板柱上刻着青龙跃虎以及各种各样的图案，技术精湛，独具匠心。富源村至今保留着清朝咸丰年间福鼎大坪头银匠蓝茂福制作的畲族妇女头饰凤冠（畲民俗称银花）、部分银饰品及清末民初时期的凤凰装上衣。畲族妇女凤凰装历史悠远，上衣传统刺绣手工技艺十分精致。

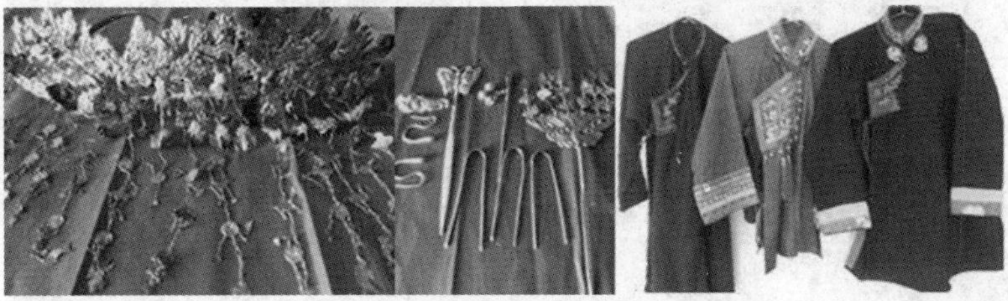

畲族婚俗文化在浙南闽东畲乡一直保留至今，本民族内同姓不婚，盘、蓝、雷、钟、李五姓自相婚配。畲族的婚俗过程有：提亲合“八字”、看亲、定亲、择日子、送日子单、请表姐、挑猪肉、送嫁酒、哭嫁、撬蛙、迎娶、闹洞房、食茶泡、说四句、回三天、回头年、抹新女婿等。

2014年，富源村被列为浙江省少数民族非物质文化遗产保护示范村。2014年年末，全村有368户，总人口1518人，其中畲族人口占48.2%。全村耕地770亩，林地4160亩，村民人均纯收入0.96万元，村集体收入2万元。

矴步头村

苍南县桥墩镇矴步头村现为桥墩镇碗窑社区所在地，全村共有 346 户，1476 人。全村总面积 4.12 平方千米，共有水旱耕地 655 亩，林地 4156 亩，森林覆盖率达 81.7%。村落距苍南县城 23 千米，距桥墩镇 12 千米。桥莒公路穿境而过，东与桥墩镇大龙社区、分水关接壤，西南与泰顺县彭溪镇毗邻，北与桥墩镇莒溪社区、腾垟社区相隔。自古以来就是浙闽二省苍南、泰顺、福鼎三县间之通衢要道。玉龙湖、横阳支江、鳌江之主要源流——莒溪、清水溪、南岙溪三水汇流于此，古称“顶鳌头”，意指溪水与鳌江相连，是水之源头。

矴步头村位于黄金风景带“玉苍山—玉龙湖—碗窑—矴步头—莒溪”之间，是“滨海——玉苍山风景名胜区”中的一个著名景区，历来有“雁齿矴步、广昌大厝”之誉，是一个集古村落、青山碧、溪水清、溪潭深、溪滩美、溪林秀、大桥多、水碓特、窑址旧、街厝陈、矴步奇于一身，自然与人文景观相辉交映，属苍南县典型的自然、文化、生态的旅游村。村里有历经 180 多年风雨的省级文保单位——广昌谢氏古民居和已有 130 多年历史的古“丁步齿”。矴步头村现存古民宅中，洪湖谢氏祖宅 20

间，至今约有230年历史；金山岭谢氏祖宅18间，约有240年历史；广昌古民居28间，约有187年历史；洞后李厝古民居9间，约有300年历史；黄厝门屋1座，约有200年历史；岭脚赖氏祖宅15间，约有150年历史。矴步头村现存古祠堂2处：谢氏祠堂，约140年历史；赖氏祠堂，约有130年历史。矴步头村现存古戏台1座，约有100年历史，2005年进行了修缮。矴步头村现存古街道1条，共有房屋21间，约有80年历史；并有古堰坝、古渠各1条，约有100年历史；古道3条（原为二省三县的通衢要道）；古城堡1处；始建于清光绪年间的古宫庙2座；百年以上的古树名木16棵。矴步头村生态环境条件独特，自然景观优美，2011年成为省特色旅游村，同年被评为温州市第一个省级慈善村。

福德湾村

福德湾村地处苍南县矾山镇西南面，距离矾山镇 1.5 千米，村庄沿山坡而建。村庄内街道长 200 米，始建于清末民初，有民居 60 座，均为砖木石构造，建筑活泼、自然，与地形结合紧密。村落格局保存完整，具有浙南典型山地民居特色，与炼矾旧址相辅相成，是矾山产矾历史文化发祥地，见证记载工人生产、生活的历程。1995 年 3 月被列为省文物保护单位，2013 年被公布为“第一批列入中国传统村落”，2014 年被列为中国历史文化名村。

福德湾居委会原为福德湾村委会。中华人民共和国成立前，福德湾旧称苦竹垵；中华人民共和国成立后，被命名为矾山镇第九居民区。“文化大革命”期间，为了响应所谓的破四旧运动，一度被改名为幸福村。2000 年以后，雅化为福德湾至今。

这是一座历史上因采矾炼矾而生而盛的村落，整个村落沿鸡笼山自然山体而建，坐南朝北。福德湾村所在的鸡笼山是浙江省 10 处大型矿床之一，村南散落大量炼矾遗址。宋末，矾山发现明矾矿，始有住人。至元朝，有零星住户居住于此。明朝洪武年间至清末，明矾业迅速发展，吸引了众多逃难者和以明矾产业为生的工人散居于现福德湾村境内。福德湾村几百年采炼发展历程，不但在村内遗留下了矾山矾矿遗址这一较完整的20世纪50年代采炼生产、生活系统，也遗留下了大量因生产、生活变迁需要遍布该村各角落的矿硐（采空区）、街巷、石台阶、古树、古井及大量的特色民居。

福德湾村独特的发展历程使其形成了从山上到山下具有不同时代特征，却又一脉相承的工业村落民居风格，也使该村逐步形成了当前从山上至山下依次为矿硐（采矿区）、居住区、炼矾区的基本布局。福德湾村域内占地21.39公顷，被认为是浙江省级文物保护单位的工业“活遗址”，也是矾矿采炼技术发展、工艺变迁“活的教科书”。

护法寺村

护法寺村位于钱库镇望里社区东南面，燕窠硐东山脚下，三面环山，主要以农业为主。护法寺村以寺多而得村名，村庄最早住户始于夏氏始迁祖，来自江西南丰，定居在护法寺村，后邱、陈、黄等姓从各地迁入，形成了村落。

建于唐大中年间（847—859）的护法院（后称护法寺），是苍南县境

内原来最大的寺院，是文人雅集的胜地。民国三十三年（1944），国民党军队在清剿大刀会时，放一把火把它烧成一片废墟，只留下寺前的桥和塔。现今护法寺虽已重建，但规模远没有原来的大，废墟上仍存莲花尊和残留的门台。位于护法寺前的这座古塔是仿木构楼阁式六角平檐青砖塔，相传原有九座，现存宋代原物一座，塔顶已毁，残高4.2米，底层台基雕刻九山八海纹，上置两层须弥座。上层束腰，各面刻宝相花；下层雕饰莲瓣、花草纹；束腰每面刻有浮雕狮兽；塔身瓜楞形，正面辟壶门，宝盖周围饰垂幔；塔檐由棱角牙子叠涩挑出，檐下以斗拱承托，简瓦屋面。砖塔小巧玲珑，造型精致，是研究浙南地区宋初砖塔建筑工艺的实物资料。现

存完整的两座为后人仿建。古塔边上的石桥为三孔梁式桥，长约 10 米，宽 2 米，造型古朴大方，结构稳固，保存良好，中孔北首桥板一侧楷书横刻“大宋元祐三年建”字样。古塔和古桥都是省级文物保护单位。

龙泉禅寺始建于清乾隆年间，玉虚道观建于清末年间，慧恩寺和瑞云寺建于民国年间，还有一座距今有 100 多年历史的杨府庙。占地面积 2000 多平方米、建筑面积 1000 多平方米的玉虚道观，始建于清朝，后被兵火所毁，1926 年重建。村内还现存宋代的石桥一座，唐代牌坊两座，清代的四角井一口，三门头古路一条，建于民国的陈乃寒古屋一座，民国的陈氏祠堂一座。护法寺村不仅有历史悠久的古建筑，还有古树相伴。一株距今有 165 年的清代的古榕树，静静地守护在沧桑的古塔旁，它们带着那些不老的神话，静默着每一个物换星移的过往。

2013 年，护法寺村被列为省历史文化一般村。全村有 278 户，共 1153 人，耕地 220 亩，村民人均纯收入 3500 元。

桥南村

桥南村位于莒溪大峡谷南岸，全村总人口1086人，是个畲族占71%的畲族村。“一山依傍，二岭环抱，三水汇源”，村庄布局以莒溪为纬，以二古道（半岭炉古道、柯岭古道，皆通泰顺）为经，临溪临道而建。

桥南村山岭苍翠、峡谷幽深、村舍宁静、建筑古老、美食惊艳、传说美丽。桥南村山川秀美、林木蓊郁、竹海涛声、清流泠澈，以富有自然野趣的清溪、飞瀑、碧潭、幽洞、林海见胜，有清溪坐月、白水洞、白水瀑、仙人梯、柯岭古道、三枫亭、竹林冬笔、国师桥等景点，还是理想的避暑胜地，素有“天然氧吧”之称。

桥南畲族古村落文化保存完好，风情淳朴。其古屋村寨，大多百年以上，选材以木、竹、红赤土、蛮石、块石、青瓦为主，或依山就势，前后相连，或临溪而筑，左右相间，建筑古朴，布局协调。畲族群众除保存有本地传统风俗习惯外，还有许多畲族特色的习俗文化。如“二月二”会亲节、“三月三”畲歌会节、六月辰日“尝新”、“七月十五”乌饭节、“九月九”糯米饼节等，均是桥南畲族的传统节日。桥南畲族不仅有优美动听的神话传说和民间故事，还有粗犷、奔放的畲族舞蹈，清丽婉转的畲族民歌。其中对歌是桥南畲族中开展最普遍、最经常且又是最具特色的一项传统民族民间文化活动，具有独特的畲族风情。

桥南村文化底蕴深厚，风俗朴茂，古建成群。村落内现有古建筑 18 处，具体有刘基庙、兰氏宗祠、莒南寺、刘氏古宅、柯岭脚兰氏旧居、乌岩内雷氏古屋群等古建筑。内有座“刘文成公庙”，至今已有 500 多年的历史。近年新建刘基文化园，含“伯温碑林”“伯温文化广场”“伯温生态公园”，是苍南县“十二五”期间的重点文化工程。已建成的“伯温碑林”，全长 258 米，刻碑 200 余方，堪称浙江省内最具规模的当代书法碑刻群。桥南刘基庙的“春秋二祭”被列为浙江省级非物质文化遗产名录。

桥南近年先后被评为温州市“文化下乡”重点扶持村、浙江省“古建村落”、浙江“书法村”。

金星村

金星村隶属苍南县金乡镇，位于龙金大道西侧，金乡卫城南城门区域。

明洪武二十年（1387），朱元璋命信国公洪武在金乡置卫筑城，金星村即为城南居民点。金星村现有明清时期的古式大院三座，至今保留有抗倭将士操练时使用的浴室，为祭祀抗倭将领而建造的孤魂寺一座，有始建于乾隆元年的水月寺和建造年代相当的圆通庵，在金乡民谣“四门五所六庵堂”中提到的钱所庙就位于金星村水月寺旁，明置卫筑城时建造的南水门至今还保留完整。清康熙年间，曾在南水门下挖得石碑一块，碑曰：“九里包罗乾与坤，交流夹屿脉南分。青龙度马钟灵杰，甲子三三蛇启门。”明筑卫时也在金星村掘出石碑一块，碑曰：“大地原从海上来，两峰交夹果奇哉！火星落地文明现，木曜参天秀色开。西北最宜添两印，东南原是有三台。期间会聚千家众，五百年间出异才。”此两碑曾被后人称为金乡历史发展的谶石。

金星村共有900多户，耕地100多亩，集体年收入200多万元。2004年荣获省、市“全面小康建设示范村”荣誉。

鲸头村

鲸头村隶属苍南县龙港镇，距县城 8.7 千米，属半山区地形。2014 年年末鲸头村有农户 885 户，耕地 921 亩。

鲸头村保有多处古建筑，其中包括建于清朝年间的秀水路（古街巷）、鲸头殿古戏台，以及中华人民共和国成立初期修建的革命历史纪念亭、载福堂、庵基堂、杨府殿等县文保单位，以山清水秀、峰峻石奇、庙宇林立、建筑宏伟见胜。自然景观有灵岩七洞、进士洞、观音洞等洞穴景观和炼丹岩、登仙门、鲸鱼冲天、雷打岩等岩石景观以及铜钱坑双瀑布、白岩瀑布等瀑布景观，九龙岗和笔架山等峰峦景观。人文景观有杨府殿、瑞岩寺、广福寺（包括宋代双塔）、龙隐寺以及“二战”革命遗址——庵基堂等，尤其是杨府殿（民间神），飞檐重叠，巍峨壮观。我国著名书法家赵朴初和谢云，分别为之题写了“杨府殿”和“灵岩古殿”匾额。其中杨府殿始建于北宋熙宁七年（1074），历史最为悠久。

鲸头村宗教信俗文化丰富多彩，有“温州小普陀”之称，其中以杨府爷信俗最负盛名，信众遍布浙闽粤、港澳台乃至东南亚地区。鲸头村自

然风光优美，以山岳恬奇幻、涧险石怪、塔古洞幽、花果飘香而出名，其周边有“广福双塔”“杨府朝圣”“庵堂星火”等一批出名的景点。鲸头村的非物质文化遗产丰富，有省级非遗项目太平龙迎新春和参龙、火塑、彩扎等市级非遗项目，民俗活动十分精彩，辐射面广，内涵丰富而又贴近生活，独具地方特色。

麟头村

麟头村隶属龙港镇，位于镇西南角，西面与横阳支江相邻，北面灵龙快捷便道与林陈村相邻，东面是新光村，咸云公路贯穿村中，南面士金兜村。全村共有475户1887人，以姜、缪、林、李、董、黄、姜氏为主，占全村的49.5%。村辖面积约2.2千米，现有耕地900多亩。

麟头村原名叫睦程里，后来改为淋头村（顾名思义），穿纱头、不戴斗笠的意思，再后来近代姜立夫先生把地名改为麟头村。

麟头村是人杰地灵的好地方，五代后唐清泰二年（935）缪氏祖先缪铜，从福建、宁府、长溪、赤岸，迁居温州府平阳县江南睦程里十六都（今苍南县龙港镇凤江社区麟头村）。缪元德才识卓越，政声甚佳，宋咸淳八年（1272）回乡兴办朝阳书院。睦程（麟头）姜氏始于瑞安市东谿而东谿之始祖实始于蜀成都宣二公。中国数学之父姜立夫先生，创建南开大学数学系，在中国现代数学事业上做出巨大的贡献。村内有姜立夫先生创办的爱敬小学。

麟头村村居集中，老古宅、门台、牌坊甚多，姜氏宗祠、林氏宗祠、麟头太阴宫、潜龙寺、姜立夫先生的古宅以及至今保留的清代建设的寨墙、四合院、住宅古居建筑，依旧很有特色。2013年被评为省历史文化村、县精品村、文明村、市生态村、水乡文化宜居村、美丽乡村等。

金城村

马站镇金城村位于蒲城社区东南侧，2000 年 12 月由城东、城南两村合并而成，现有 515 户，人口总数 1745 人。该村环境优美、民风淳朴、文化底蕴深厚，村内古城为国家文保单位。中共金城村党支部现有党员 67 人，其中女性党员 15 人。近年来，该村先后获“温州市文明村”“市卫生村”“苍南县环境整治示范村”等荣誉。2012 年 10 月被评为温州市卫生村，同年 11 月被浙江省文化厅、浙江省旅游局命名为浙江省非物质文化遗产旅游景区（民俗文化旅游村）。2013 年被列入温州市历史文化保护与利用重点村落。

龙门村

马站镇龙门村由城西、城北两村合并而成，是原蒲城乡政府所在地，2011 年行政区划调整并入马站镇。村内蒲壮所城是明洪武十七年（1384）为防御倭寇而建，1996 年国务院公布为全国重点文物保护单位。龙门村于 2012 年 10 月被评为温州市卫生村，同年 11 月被浙江省文化厅、浙江省旅游局命名为浙江省非物质文化遗产旅游景区（民俗文化旅游村）。2013 年被列入温州市历史文化保护与利用重点村落。

龙门村作为戍守海疆卫所官兵后裔形成的古村落，其城堡建筑形制和独特民俗价值为各界所关注。而蒲壮所城“拔五更”晏公信俗被列入省级非物质文化遗产，是其爱国精神、乡土文化的集中体现。该民俗传承近 300 年，是当地春社、迎神、抗倭遗存的文化载体，也是凝聚乡情、寄托乡愁的乡土气息。马站镇龙门村现有人口 1796 人，村落居住面积 0. 13 平方千米，耕地 760 亩，旱地 800 亩，林地 600 亩。

岭脚村

岭脚村原名将军岭脚，位于钱库镇括山社区南部，属半山区地带，山清水秀，气候宜人。东邻东括底村，西邻西括村，南有公路通往山区各村及望州山，北邻斜路村，有通往钱库镇的公路。村内有百年老街及老屋、菜市场、卫生院、农家乐、多家商店等，每日行人车辆频繁，属半山区中心村。沿海公路通车之前，该村的将军岭千年古道是通往南岭、霞浦、霞关等地的必经之路。古道旁有清朝以前的山寨。在1990年煤气普及以前，该村有柴市场，是柴草、番薯丝等山货的集散地。

2014年年底，全村有356户，共1482人。全村水田面积319亩，旱地面积327亩，水果林258亩，生态林1042亩，村民房屋463间。村民基本依靠农业和外出办厂、经商等为生，村民人均收入6800元。

碗窑村

碗窑旧称蕉滩或蕉滩碗窑，始于清代康熙年间，以烧制陶瓷为业，中华人民共和国成立后始称碗窑，并沿用至今。20 世纪 30 年代碗窑村是中共开展革命活动的地区，中华人民共和国成立后在西庵山修建了烈士墓。1981 年苍南建县后属桥墩区碗窑公社，1992 年至今属桥墩镇碗窑村。现辖 3 个自然村，总面积约 7.4 平方千米，全村林地面积 9963 亩，耕地面积 662 亩，其中粮食作物种植面积 418 亩。全村共有农户 305 户，1236 人，常住人口 767 人。碗窑古村位于桥墩镇玉龙湖畔，始建于明洪武年间，因烧制陶瓷而兴盛，以陶碗传家，称为碗窑。最繁华时，有 4000 余人，四十二姓氏。

碗窑古村落现存 300 多间连亘的吊脚楼、八角楼等屋宇层层叠叠，清一色的木质结构古建筑。村民们引溪流穿村而过，流经家家户户门口，以水流冲力带动水碓磨瓷土，制成碗、盆、壶、罐等器物的坯胎，晾干后装入炉窑烧制，最繁忙时 40 多个水碓 18 条龙窑一齐开工，彻夜不眠。这里

的瓷窑层层叠叠，沿坡而上，因像龙，俗称“龙窑”。现存13级老窑建于清康熙年间，至今仍在使用。村中心有一座清同治时留下来的古戏台，为木斗拱结构，斗形与弓形横木相互卯榫嵌合衔接，形成上大下小的托座，纵横交错，逐层挑出，共有16旋，旋形边上的四个角还雕有四只翩翩起舞的大蝴蝶，造型典雅精致，不用一枚铁钉。戏台对面是一座三官大帝庙。

2012年，碗窑村被列入省第一批历史文化村落保护利用重点村，是第三批省级历史文化名村。碗窑村乡土建筑还被列为第六批省级文物保护单位，是国家AAA级旅游景区。碗窑古村拥有丰富的清、民国时期传统民居建筑以及制瓷作坊等遗存，自然山水资源优越，文化底蕴深厚，充分体现了当地先人在村落选址、院落布局、建筑构造、装饰技巧、制陶技术等方面的高超水平，被誉为“明清时期手工业制瓷的活博物馆”，是研究浙南乡土文化、乡土建筑和陶瓷发展史的活教材，具有极高的历史、艺术和科学价值。

洞头县

东岙村

东岙村位于洞头本岛东南海边，三面环山，南西临海，与洞头中心渔港相毗邻，因位于洞头渔港东侧，故名。现为百岛渔家乐，品海鲜特色村，口头语云："游览百岛品海鲜，东岙渔家味最甜。"

东岙村居民以陈、曾、张三姓为最，据《陈氏宗谱》载：第十一世陈谦于清康熙癸亥年（1683）自福建炳州迁居东岙，继后，曾姓祖先曾呈财于清乾隆庚戌年（1790）自福建普江澄坑乡迁居大石头。继而张氏、林氏等诸姓先后迁入，繁衍生息，人丁发达，聚成族居村落。

"东岙"是洞头渔村古老村庄之一，东岙古街是洞头渔港船舶购买生产资料、生活用品的集聚地。现存的古建筑有秀才居、陈氏渔家小院、卓家古宅、仿欧楼、聚财居。秀才居呈合院式，围墙装饰具欧式，建于1830年；陈氏渔家小院围墙饰虎纹，称虎皮墙，属罕见；卓家古宅，屋主后人一名女子活到103岁（2010年去世），因屋古人寿故称"长寿宅"；仿欧楼主人姓洪，早年从事对台营运，常年旅台，耳濡目染，仿台欧式建筑风格，建成此楼；聚财居因屋呈凹状，有入多出少之意，即生财有道，故得此名，现为县民俗工艺民俗馆。

于1929年竖立码头上的“张振声纪念碑”，是为纪念褒扬抗击海盗义勇献身的义士张振声而建，碑文为秀才陈澜撰写。该村现为洞头七夕成人节和情人节的双节举办基地（已被列入国家非遗文化名录）。

自2003年以来，东岙村荣获温州市文明村、生态村、省文明村、最佳渔家乐特色村、浙江省农（渔）业最佳体验村等称号。村落现有620户，共1832人，村民依靠渔、工、商经营收入，年均收入14880元，村集体年收益7万元。(编写：郭温林)

金岙村

金岙村隶属洞头县东屏街道，位于半屏岛中部山坡上，东南向海，西北紧临洞头中心渔港。

金岙村居民以金氏为最，故以此为名。据《金氏家谱》载：其祖先金台公于宋元祐年考中癸酉科举人，元符三年知永嘉县知事，遂将其户籍由闽赤岸固仪乡（泉州一带）迁入永嘉，卸任后隐居永强，十七世文帮、文如二公于清康熙年间迁居半屏山，从事近海张网作业，繁衍生息，至今已传九代。其他尚有方、甘、高、王等诸姓，均为内陆移民。

金岙村山坡平缓，林木葱笼，山清水秀，中华人民共和国成立后至21世纪初为乡政府所在地。金岙村现保留的大部分民宅均为晚清时期建筑的石头厝，依山而建，错落有致。两座族居老宅保留的雕刻石窗、栩栩如生的鲤鱼排烟口、精雕细琢的屋檐等，具有明清风格。始建于1859年和1915年的天后宫和陈府庙，成了村民“祈福求安”的清静之场所，每年农历二月十五和十月廿七分别是天后圣母和陈府庙的圣诞，要进行“作祭”和戏演，既隆重又热闹，经时三至五天。陈府庙现拓办“村民文化活动中心”，民俗文化和现代文化相得益彰，十分活跃。

该村已被浙江省文化部门确定为古村落保护村，先后获得过温州市村庄整治合格村和民主法治村等荣誉，通过卫生村创建和森林村庄建设验收，生态村考核和省绿化示范村验收。全村有 367 户 1018 人，村民依靠海洋渔业和外出经商为生。2014 年人均年收入 10370 元，村集体年收益 6.74 万元。（编写：郭温林）

东沙村

东沙村隶属洞头县北岙街道，西北靠山，东南临海，岙口是一个方形港湾，为洞头渔场第二个中心渔港。该村因坐落于双垄山东面，岙口有一片金黄色沙滩，故名。村民大多带有姓氏族居痕迹，六个小自然村居住着16个姓氏。据陈、王、徐三姓宗谱记载，他们几乎在相同时间——清康熙年间（1670年前后）由闽南的莆田、同安、崇武等地迁入。他们先驾舟楫，带渔具来洞头近海域捕捞鱼虾，然后选择好居住地，带家眷定居下来，繁衍生息，聚成村居。

东沙村主要几个族系，均由闽南迁入，其习俗民风基本与闽南人相同，礼佛敬神比较突出。村里有寺庙七座，祭祀的神祇有十多尊，尤其是对海神妈祖更为崇拜。建于清康熙五十一年（1712）的天后宫是洞头百岛14座天后宫的最早一座，于1991年被列入省文物保护单位。妈祖习俗于2011年被列入国家非物质文化遗产保护名录，并拥有省、市级传承人。村里与妈祖神有关的古迹达八处，形成妈祖文化特色。村里还有一条渔港老街和两株近300年的古榕树（被农林部门列入古树名木保护）。东沙村有陈氏古宅一座，曾出过一位秀才，因教课时常带学生到海边捕捞墨鱼(乌贼)，被称“墨贼秀才”。

东沙村现为温州市非物质文化传承基地，妈祖平安节祭典举办地之一，2013年获浙江省文明村荣誉。全村340户1106人，村民年人均收入12100元。(编写：郭温林)

白迭村

白迭村隶属洞头县北岙街道，位于县本岛西部边缘西端，与霓屿岛隔海相望。

白迭村原名湾仔。清康熙二十一年（1683）福建同安人吕贤明、名昭和一陈姓乡人相约，一同携家眷乘木帆船往北行驶寻找新的家园，航途中一晚停船一岙口，天明见岙口内绿树葱茏，山坡繁花似锦。随即上岸探看，见溪渠流水，澄清如镜，绿茵铺地，沃土滋润，是个宜居之地，决定在此落户，于是砍树垒石，搭建居宅，放火垦地，开拓农耕。继而从事海养，耕海牧渔，日复一日，繁衍生息，随后叶、甘、林三姓相继入住，遂成一大村。

白迭村处于东南、西北两条山坡长廊延伸入海之间的两山廊下，呈“凹”字形，东西走向，入海口是一片布袋状浅海滩涂。岙口有一座古老的“五通爷庙”，为镇海护岙的“平安保护神”。村角头一口石栏水井，为陈氏祖先所开凿，300 多年来清泉涌流，泽披全村，被称为“古井”。由陈、吕、叶三姓族人最早建构的三座木石结构，明清风格的三合院于

20 世纪 60 年代拆除，族裔后人同时建成同一款式风格的“火柴盒”形石头厝 18 座，别具海岛渔村特色。村前山坡下，红枫古道旁的一块巨石名“石头契父”，几百年来延续着古老的习俗——“拜石头，认干爹”；100 多株红枫和一条爬坡石道成百岛之最，金秋季节，枫林如火，古道通幽，闲情雅韵，为现代人的休憩好去处。

白迭村现为温州市最美十佳乡村，全村 183 户 741 人，年人均收入 14520 元，村集体经济年收益 20 多万元。（编写：郭温林）

海霞村

海霞村原名桐桥村（因有一条用桐树架设的桥，故名），为传承与弘扬“爱岛尚武、励志奉献”的海霞精神，于2005年3月经县批准更现名。海霞村位于洞头本岛东北部，依山傍海，隶属北岙街道。

海霞村居民大多为姓氏聚居，有许、郑、王、张、杨、刘等诸氏，他们祖先于福建莆田、同安、厦门等地迁居平阳、苍南再辗转至洞头择居，历经200多年繁衍生息，人口兴旺，聚成村落。

1952年1月在解放洞头列岛时与国民党残部最后一战获全胜的战场就在海霞村的“棺材岙”，为纪念这一“改天换地”的大胜利，特命名“胜利岙”。现有红色印记——胜利桥、洞头先锋女子民兵连纪念馆、军民友谊池、胜利岙解放纪念碑、将军林（占地20亩），还有近百名将军为先锋女子民兵连的题词、庆典贺词等。还有一部海霞电影和一本由军旅作家黎汝清写的《海岛女民兵》都比较客观、真实地反映了海霞原型汪月霞和她的先锋女子民兵连在一个非常年代的突出表现、高尚精神。所有这些构成了一幅“海霞精神”的时代原景特征与保家卫国的壮丽画卷。

在共圆中华民族伟大复兴的中国梦的时代精神背景下，“海霞精神”已成为优良的革命传统，要加以弘扬。

海霞村先后获得浙江省卫生村、绿化示范村、特色旅游村、红色旅游基地、文化示范村、省森林村庄和最美村庄荣誉。2014 年全村共 338 户，1032 人，年人均收入 16850 元，村集体年收益 24.5 万元。（编写：郭温林）

小朴村

小朴村隶属洞头县北岙街道，位于77省道延后伸线跨海大桥靠南桥头，与县二期围建区毗连。

据颜、林二姓宗谱记载，清乾隆1737年间，两氏祖先从玉环迁入，当时住地称作“外湾仔”，后因“内湾仔”的山梁上长出两棵朴树，靠内湾仔那棵朴树比靠外湾仔那棵大，故内外湾仔各改名为“大朴”和“小朴”。小朴村以颜、林两姓为大族，其人口占全村的74%，两氏历来重教

和耕读，故人才辈出、人文兴盛。小朴村至今保留完好的有白马庙，而与白马庙有关的古迹有马蹄坡、马落湾、千步崎、白马古道（直达山上望海楼）。另外，小朴村还保留颜、林二姓古宅两座，建于清初的七幢民居，古式古韵。从这些居宅成长走出的文人、名人较多，最有名的是“三鲁一帆”，他们名字很特别，鲁与橹同音为划船用具，帆即船上的风帆，意有“摇橹前行，扬帆远航”。民国时的颜绍鲁、颜志鲁和颜荣鲁均毕业于高等学府，学业有成，名满百岛，有“洞头三只虎”（有财势地位的人）不值小朴“三支鲁”的口头禅。近时的林海帆（父姓颜，从母氏），现为美国耶鲁大学终身教授、著名学者。

小朴村的海洋民俗文化——马灯舞已被列入温州市非遗保护项目；中华人民共和国成立后建造的驻岛部队卫生连营地，“七二五”战备物资地下库隧道，军用码头等，成了一个新时代的历史见证。小朴村是新渔村建设优秀村，已被列入县古村落保护单位。2014 年全村 425 户，年人均收入 12000 元，村集体收益 80 万元。（编写：郭温林）

小荆村

小荆村坐落在大门岛西南侧的烟墩岗下，隶属大门镇，三面环山，南面临海，灵昆大堤隔海相连，系全县最古老渔村。

陈姓始祖，陈真德于宋建炎年间（1127—1130）登临该地时，见到处长满绿葱葱荆草，此草四季常青、生命力强，取其坚韧顽强特性为村子命名。清光绪《玉环厅志·黄大岙图》有记载，村民以陈、林、南三姓居多，说吴语（温州话），生活习俗接近乐清、永嘉一带，历500多年，繁衍生息，人丁兴旺，渐成一大村落。

古迹遗址有一建造于南宋建炎年间的烽火台，又称烟墩岗。当时浙南沿海一带海盗猖獗，劫船杀人，进村掠夺时常发生。陈真德在小荆落户后，为防不测，便立即建造烽火台，用于传递信息，及时组织防盗。到了明代，倭寇横行浙江沿海，陈氏后裔秉承先祖风范，加固烽火台，再筑一道御寇的土石防护墙，与倭寇几经拼杀，护村保家，至今留下不少传说。

小荆村自然古迹居多，以奇石著称，每一块石头按其形状都被拟物化，均有一段动人故事，如和尚岩、将军岩、老鼠岩、乌龟岩、大象朝天、野猪望空、狮人头、海虫上山、双螺听经、河蚌岩、企鹅岩、双冒岩、核桃岩、双岩、磨刀岩、格柜岩、鱼群赴龙宫、象贴野猪等，不胜枚

举，千奇百怪。还有建于清代的古寺庙——紫感庙、西云庵。

小荆村现被评为浙江省绿色生态村、文明村、特色旅游村、森林村庄。2014 年全村住户 276 户 813 人，农耕土地 212 亩，林地 856 亩，年人均纯收入 8614 元，集体收益 51.55 万元。(编写：郭温林)

垅头村

垅头村隶属洞头县东屏街道，位于洞头本岛东部半山坡上，为百岛旅游风景名胜区“大沙岙”“仙叠岩”的必经之处。

村名由地形特征而来，其东北山丘连绵起伏像一条龙延伸至仙叠岩（为龙尾），龙脊上有“大龙山”和“崎头山”两座景色秀丽的高坡，取两山坡中各一字，合成龙头，又因龙在地上，地为土，故龙下加个土，命名垄头，含有“龙山灵地，人杰地灵”之意，后又改为垅头村。

垅头村居民以陈、曾、张三姓居多，分别在清康熙（1710—1735）、乾隆（1739—1742）、乾隆三十七年（1772）由福建晋江、泉州同安、汀川永定等地迁入，余有王、林、李、黄等诸氏先后在清同治、光绪年间由崇武后安及内陆永嘉、乐清等地移居至此。垅头村历经二三百年繁衍生息，垦荒种植，耕海捕捞，养育后代，人口骤增，形成海岛最大村落。中华人民共和国成立后，由于人文相承，该村从政的副处以上多人，故洞头本地人戏该村为“人头村”，“人头”与“垅头”两词在闽南语音中属谐音相同，隐含人口多、居官多之意。

垅头村人文底蕴比较深厚。陈氏族人为纪念祖先——开漳圣王陈元光的功绩所建造的“陈元光纪念馆”已被列入县文物保护单位。该村的海洋民俗文化历史悠久、内涵丰富，有传统的舞龙、迈火鼎、鱼灯舞、腰鼓舞等和纸扎渔灯工艺，并拥有省级传承人。

垅头村先后获文化示范村、绿化生态村、浙江省农民“种文化”群芳奖等荣誉。全村658户2058人，以渔、工、商经营为主，年人均收入15000多元，村集体年收入100多万元。(编写：郭温林)

松柏园村

松柏园村隶属洞头县东屏街道，位于半屏岛东北隅，三面临海，在“洞、屏跨海大桥”南桥头。

村因早年有一片茂密的松柏林而命名。据说在这片松林里常有海盗贼影出没，掠船劫财，又叫扒抢，后以闽南语的谐音雅化为北厂，现改名小北岙（村所在地）。村居民为福建和内陆迁入，主要姓氏有陈、林、叶、周等十姓，初始入住的为陈氏，于清乾隆年间（1740 年前后）从福建崇武迁入，余各姓大多从内陆的乐清、永嘉等地迁入，身居海岛海作田——他们均以海洋捕养为业，繁衍生息，养育后代，人口渐多，聚成村落。

盼归亭

昔日的原始松林换了新装，相思树、针叶林、乔木丛漫山苍翠；鱼戏浅海，鸥逐银波，潮音清唱，轻帆归舟，别具渔村风调。这里有闻名海峡两岸的“神州海上第一屏”，一首“半屏山，半屏山，一半在大陆，一半在台湾，两岸儿女同根脉，山水相依心相连”的歌谣牵动了炎黄子孙的难舍亲情。2010 年 3 月，温州、高雄两岸半屏山旅游文化交流活动在松柏园村隆重举办，两地代表在“迎风屏”前的海湾上共注同源水，随后在松柏园山上建造了“盼归亭”共立同源同根碑，共植台湾相思树，以志永世情相牵。半屏山悬崖峭壁，悬空屏幕，直立千仞，连绵千米，成海上天然岩雕长廊，堪称神州一绝，四屏十八景如雕似塑，鬼斧神工，物像逼真，惟妙惟肖。屏崖下石奇滩美，海面上碧波荡漾，游客尽可捡拾贝螺，畅游戏耍。

松柏园村获温州市园林生态村等称号。全村 360 户，1018 人，村民以海洋捕捞业为主，人均年收入 14500 元，村集体年收益 50 多万元。（编写：郭温林）

外埕头村

外埕头村位于半屏山岛南部末端，与大瞿岛相望，三面环海，西北面紧靠洞头中心渔港防浪大坝。

早年村民为抵御海盗抢夺和倭寇侵袭，在临海的山坡险要筑起土石墙，俗称“埕头”，共有两处——分外埕头和内埕头，如同前、后两道防线，村以此命名，以志不忘艰辛历史。该村最早迁住的为吕氏，于清嘉庆年间（约 1812）迁入，其后有林、王、郭、杨、赵、金等诸姓从内陆和本地移居。200 多年来，各氏族人耕海为田，繁衍传世，人口聚集，村落扩大，成宜居之地。现存古迹有白露门炮台遗址，遗址朝向岙口，地处海上航道要冲，炮台建在距岙口约 200 米山坡上，中通小溪，台墙上方开炮眼。炮台始建于鸦片战争（1880）前后，为抗倭而建，清同治年间由温镇左营游击水师巡防。此前，村民曾遭受倭寇侵袭，被杀害不少人，尸横山坡，白骨成堆，故“白露门”（地名系由“白脑门”惨案演化而来）。该炮台亦由村民出资建造，并购火炮，自行组织防设训练，防御杀寇（遗址已被定为文物保护单位）。

外埕头村是温州市科普示范村、绿化示范村，是浙江省卫生村。现全村共 427 户 1252 人，村民以渔为主辅之以工、商经营兼作农耕，年收入 10100 元，村集体年收益 1. 25 万元。（编写：郭温林）

花岗村

花岗村隶属洞头县元觉街道，由花岗岛（村本岛）、金笠岛、孤岛等岛屿组成，位于三盘江海域，是三盘大桥与花岗大桥的结合部。

村以岛命名，因岛的高坡似花瓣，故名。又每年春天山坡上开满金黄色花朵，远望一片花海，灿烂夺目，航海人都指为花的山冈，故成了岛名。据《庄氏宗谱》记载，清康熙年间（1680），其祖先从福建同安携家眷乘木舟北上寻找新的栖居地时，中途遇大风停舟花岗岛一小港湾内避风。时正阳风三月，当风浪平息，放眼岛上，见漫山遍野花红树绿，景色迷人，便弃舟上山，探看结果，决定在岛上择居，随即搭建茅屋，拓荒种地，耕海捕捞，繁衍生息，聚成族居。后来内陆有叶、陈、黄、林、郭诸姓相继入住，便成了一大村落。

村民的生活习俗自成特色，既有闽南的，也有乐清、永嘉的，方言亦为闽南语和温州话，两共交流，相悦和谐。主要古迹有：建于清初防海盗与倭寇的报警设施烟墩岗（烽火台）已被列入县保护文物，为航海导航的灯塔又名灯楼；独具海岛特色的群居石头厝，错落有致，风格划一，已被市文化部门列入特色古渔村保护，称“石头村”；还有一座据称是建在

龙脊上（占风水宝地的龙脉）的土地庙，具 200 多年，现成为村民文化活动中心。

花岗村是省、市级生态村，村民大多外出经商办企业，年人均收入 10000 元，村集体年收益 3.5 万元。（编写：郭温林）

沙角村

沙角村隶属洞头县元角街道，位于状元岛东端，与花岗岛连桥相接，依山傍海，景色宜人，是融“青山绿水，幽洞奇礁，古村虹桥，古庙古树”为一体的美丽渔村。沙角村海湾的东岬头环岙口岸线往西南有一条金黄色沙洲，村庄在沙洲角头内，故名“沙角”。村民以庄、曾、叶三姓居多，始住民庄氏于清康熙年间（1675）从福建厦门的同安迁住本地，随后曾、叶两氏于17世纪初亦从厦门、同安迁徙而来，他们均从事近海域张网作业，繁衍生息，聚成村落。

沙角村以自然景观著称，有相思岙、琵琶岩、灵官洞、青牛屿、黄龙卧滩、天泉眼等景观。这些景观都有优美动人的故事。建于清乾隆年间的天后宫一直以来是当地百姓祈福求安的圣地，它坐落在海滩边上，成为挡风锁浪的守护神。庙内悬挂一块题字“半入江风”的牌匾，据传为清咸丰进士、内阁大学士黄体芳（苍南人）所题。自2010年由乡政府承办、县文化部门牵头举办的首届“妈祖文化旅游节”大型祭典活动以来，至2015年已举办了六届（后均称“妈祖平安节”）。每一届参与人数均有3000人左右，仪式隆重，场面热烈，内容丰富，古今结合，异彩纷呈。

2010 年在天启宫背后的小山丘上竖立一座身高 12. 8 米的妈祖露头立像，头顶蓝天白云、脸朝碧海沧波的妈祖像庄严肃穆，瞻仰者络绎不绝。

沙角村现为洞头县生态村、文明村、新渔建设示范合格村。全村共 707 户 2101 人，年人均收入 10030 元，村集体年收益 65 万元。(编写：郭温林)

乐清市

黄檀硐村

黄檀硐村位于乐清市城北乡灵山景区最北端，始建于宋代宝庆年间，面积20.7公顷，海拔400余米，全村350户，1400多人，村落由寨门、村口、村巷道路、溪流沟渠、宗祠、庙宇、院落组成，是浙江省现存为数不多未受城镇化破坏的古村落之一。

黄檀硐村石丁步

根据《浙江省名村志》记载：明朝初年，卢可穆从清江蔡岙迁此。因在黄土高基上构屋，故以黄檀为地名。古村落黄檀硐历经几百年的风雨，依然保存着明清时期的古建筑，清代为多，明末清初保存较好的有二进屋和东不上屋，艺术性较高的为高屋下座屋，规模较大的为下垟大宅；檀庙祠堂有卢氏宗祠、五福古庙、赤黄神庙、下庙等5座；古桥梁有硐桥、祠堂桥、步溪根桥等6座；石丁步以村口为代表的6处；寨城门现保存西、北2座古城门；上百年的古树5棵，分别为樟树、罗汉松、红头杉和红楠；古井6口已弃之不用，还有靛青作坊和染布作坊；等等。

黄檀硐村以林茂、水美、石奇、硐怪，村内古屋、古庙宇、古祠堂等存留尚好的独特景观和文化多样性，入选首批“中国景观村落”。

黄塘村

黄塘村建制于北宋太平兴国六年间，已历经1000余年。历代属泉州府惠安县管辖，民国属惠安县黄塘乡，中华人民共和国成立后属惠安县第九区，1984年10月改为黄塘村民委员会。

北宋嘉祐年间，原籍湖南道州、时任福建漳州通判的鼻祖周端颂奉调温郡弃官，择处江村箬溪不久，二世周仕勋即于嘉祐六年（1061）自永嘉箬溪迁至周岙（今淡溪水库边），然后移徙黄塘定居。盖因其地水山环绕，隐然如城郭，预立千万世子孙之基，唯地当永邑。

黄塘村位于乐清市北雁荡山支脉白龙山的南麓，淡溪水库下游，村面积1.53平方千米，现有农业居民451户1753人，耕地面积700亩，林地面积1338亩。杨梅是当地传统特色产业。

后垟村

据《芙蓉林氏宗谱》载：芙蓉后垟林氏始迁祖林瑞，为避海氛（海岛受倭寇侵犯），又因祖墓（南宋吏部侍郎林莲屿墓）辽远艰于祭扫，于元末自玉环东岙（今楚门镇东西村）迁居后垟。至今700余年，繁衍24世，后裔数万人。

舞板凳龙是芙蓉的一种传统习俗，芙蓉人习惯将其称为“划板凳龙”，简称为“划龙”。芙蓉乡间，每年正月初八都会举行声势浩大的板凳龙巡游活动，意在驱邪纳福，该项活动在当地已有400年历史。据说，“芙蓉板凳龙”是由后垟林氏祖辈深夜提着灯笼去海口蔡氏外婆家探望的故事演绎而来，盛行数百年，至今不衰。芙蓉板凳龙被列入第五批温州市非物质文化遗产名录。

后垟村板凳龙

蒲岐村

蒲岐古城建于宋淳熙年间，距今已有800余年历史，是历代海防要地，明朝的抗倭重镇。洪武二十年（1387），朝廷派信国公汤和视察乐清沿海防卫设施，加固了蒲岐城，并在蒲岐城设立千户所，由朝廷派遣抗兵屯守。

据《蒲岐镇志》记载：北门侯宅自先祖北来嘉祐游此，世代发祥，簪缨迭起，宋时两朝最为鼎盛，且有“进士村”之誉。其建筑物皆是一进一进的四合庭院式，既宜人情的交往和相互关怀，也宜鹄峙鸾停式人物宁静的独处，做龙骧豹变的处所。

蒲岐抬阁

蒲岐镇不仅是一个历史悠久的古镇，也是著名的海鲜城，有全国最大的鱼翅生产基地。2004年成功申报“中国鲨鱼加工基地”和农业产业金名片。蒲岐镇的民间活动也丰富多彩，著名的有抬阁和高跷等。蒲岐镇的特色可以用三个“镇”来概括，即“海鲜镇”“军事古镇”“民族文化镇”。目前蒲岐寨城的城墙已不存在，仅留有四座城门和瓮城，是市级文物保护单位。蒲岐镇是古老的渔区，名优特产有花蛤、蛏、蛸蠓、黄鱼、白鱼、带鱼、鳗鱼、弹涂、望潮等，经过加工的鱼翅、鱼皮、鳗鲞、墨鱼干、黄鱼鲞、虾米、蛏干等闻名遐迩。蒲岐古镇是县级文物保护单位，是浙南地区海洋水产品特色镇。

后西村

后西村位于中国电器之都——柳市镇，人口 1125 人。全村占地面积 1320 亩，距离乐清市区 15 千米。后西村高氏为瑞安高氏分支，迁徙于后西村后，其他姓氏如诸葛、陈之类的以入赘、定居的方式加入后西村。

后西村有保嗣酒的风俗，已经有 300 多年的传承历史，时间一般都定在每年的农历正月初二或者初三。乐清方言中，“嗣”和“自”发音同，所以有些村民说，“保嗣酒”也可称为“保自酒”；又因为宴席上所有的菜肴摆成一尺高（约一根筷子直立的高度），有人又因形而称“高盘酒”。2009 年柳市保嗣酒被列入第三批浙江省非物质文化遗产名录。

北閤村

北閤古村落由上北閤、下北閤两个行政村组成。北閤历来为仙溪政府所在地。2006 年 12 月 21 日被温州市人民政府列为市级历史文化村镇。

据《乐清县志》记载：北閤村开发于晋代以前，距今有 1000 多年历史。晋唐以前，北閤街居民皆姓潘、吴、蔡等，晋天福三年建崇宁寺于北閤下岙，唐元和九年建白岩院于溪南白岩之麓。东晋（374）山溪属永嘉郡乐成县，宋末元初由于抗元，北閤一带被杀被焚殆尽，亦有外迁。自明初，始祖考端云徙居北閤，在北屏山下丹灶之前，长街大圳，临水建房，李姓家族逐渐繁衍发展，至今北閤成了李姓聚居之地。

北閤村古民居

北閤村古村落历史悠久，文化内涵丰富。北屏山上相传为周代王子晋炼丹飞升之所，现北屏山上还遗留明代摩崖题刻遗迹。北閤村历史上曾有双溪书院、崇宁寺、白岩院、济艰堂等，现存的古建筑大都建于明清时期，清代为多。坛庙祠堂有大小李氏祠堂、砥水殿、关庙（镇风庙）、三官殿，民居以合院式为主，有宝善堂、叙伦堂、宝亲堂、宝耕堂、李振镳故居、新家里、陈家里等，具有时代特征和代表性；北閤街上还保留许多清代店铺，紧靠老街有大圳，称“黉渠”，而黉渠夹道是“仙溪八景”之中最具特色的景观；两座牌坊——“钦旌孝行坊”和“钦旌节孝坊”为乐清市级文物保护单位；古墓葬也不少，保存较好的有奉直大夫墓，林銐墓和林朴山墓等；除此之外，还有石碑、镇风墙等古迹。

南閤村

南閤村以其处雁荡北部两条山垄汇如门口的南面而故名。唐末五代时，官任括苍提举的章贲，辞官后家居南閤，是南閤章氏宗族的始祖，在南閤扎根繁衍。南閤村是章姓聚居之地，是明代“忠节名臣”章纶的故里。

南閤牌坊

村中古迹众多，主要有尚书第、牌楼群、藏书楼、古城门等，其中以牌楼群最为壮观。现存的 5 座牌楼建于明正统四年（1439）至嘉靖二十三年（1544），为国家级文物保护单位。民居以三合院、四合院为主，有尚书第、举人第等台门民居 50 余座，宋代形成的“南閤八景”呈自然地理面貌与人们生产、生活相结合的地方人文景观之聚焦，至今仍有极高审美价值。明代的主要有章纶故居、尚书第、笃忠堂、藏书楼、章纶墓，最为壮观的牌楼群排列在从北向南纵向一字展开的以红褐色卵石铺成图案的中直街上，作为旌显功名的几代人。明代古迹还有重思堂、爱日堂、终慕堂、风木堂、栎斋、思诚斋等，因年久月深仅留颓城桓断墙。清代形成自西向东的村北沿溪的桂花街，以其路旁植桂花，取“摘贵”吉祥之意。村内筑有“南閤堡”以自卫。咸丰十一年（1861）筑就“南閤堡”长300多丈，共五门，现存部分残墙和西南“望平”门。

龙湾区

皇岙村

皇岙村隶属龙湾区瑶溪街道，位于大罗山北麓。皇岙村三面环山，山形似张翼凤凰而得名。

南宋理宗年间（1225—1264），始祖张黄岗公，字九美，从福建赤岸迁徙至温郡皇岙，现已传至二十三世，有700余年历史。九世祖张中蕴是明万历四十七年进士，历万县知县、凤阳知府，颇有政绩。

国安寺全景

国安禅寺建于唐乾符年间（874—879），原寺九进数百间。国安寺塔建于北宋元祐五年至八年（1090—1093），平面呈六角形，九层实心，台基雕“九山八角”图案，须弥座上刻有仰覆莲，束腰各面浮雕狮兽，塔身各层每面均浮雕坐佛共1062尊，故名千佛塔。1989年为省第二批重点文物保护单位。2013年为第七批全国重点文物保护单位。王瓒墓、张璁祖墓、王良心墓和陈三善公墓等古墓群，均列市、镇文保点。皇岙太阳宫、陈府庙、钵山宫等均为皇岙历史遗留的古庙寺。张氏宗祠为二进五间、左右轩房四合院式仿古式殿寺，现为村民娱乐休闲、传统文化教育的场所——文化礼堂。张氏古宅距今有 290 年历史，是本村豪门大宅典型。皇岙有四条古道，其中皇岙岭古道是永嘉古时通往瓯海之路。

皇岙村曾获浙江省森林村庄、美丽村庄的称号。

宁村村

宁村村位于温州市龙湾区海滨街道，毗邻龙湾国际机场，是瓯江注入东海的最东端。

宁村村在明代是战略之重地。据《永嘉县志》载："宁村所城于明洪武二十年（1387）信国公汤和建。"汤和于洪武十九年至二十年（1386—1387）在整个浙江（含今上海）地区修建了59座城堡，宁村就是59座城堡之一。所谓"宁"，取自祈求安宁、免于遭受倭寇侵扰的意思。

汤和庙

汤和庙是为纪念汤和，巡抚御史报请朝廷在宁村所立庙以祀，宽约20米，纵深约为120米，坐北朝南，五间四进回廊式合院。主体从照壁到大殿始建于明嘉靖七年（1528），后殿为清乾隆年间（1736—1795）扩建，2011年被评为"浙江省文物保护单位"。该村的"七月十五汤和文化节"相继入选市级、省级、国家级"非物质文化遗产"名录，"拼字龙灯"入选省级"非物质文化遗产"名录。

2007年宁村村被评为省级科普示范村，2008年该村被省委宣传部授予"浙江省文化建设示范点"称号，2012年被区人民政府评为"十佳村居"，2013年被省书法协会评为"浙江书法村"。

普门村

普门村隶属温州市，位于龙湾永中，是普门张氏族人最大聚居之地。普门张氏祖先在宋末由福建赤县迁入，有勤劳俭朴之德，淳笃友爱之行，力学奋发之宗风。始祖慎庵公讳懋，二世祖介庵公讳兴，在明嘉靖首辅大臣是普门张氏四派守房六世。曾祖转宝，祖名敏，父名昇。

张璁祖祠

村中现有张璁祖祠（省级文保单位）、张天麟家庙（区级文保单位）；有古桥三座，分别为：五芳桥（明嘉靖年间）、漪观桥（明朝）和集贤桥（明朝）；现有古庭院坐落于村桥北；现有百年榕树分别在太平巷和龙池巷。同时，普门村有一项文化民俗活动传承至今即春节放花灯活动和张璁祭祀，这两项活动已有几百年的历史，是普门村群众十分乐意参加的民俗文化活动，在龙湾具有非常重要的民俗文化历史地位。2007 年张阁老传说被列为省级非物质文化遗产，2014 年张璁祭祀被列为市级非物质文化遗产。2014 年年末，普门村有 1092 户，耕田 1600 余亩，村民人均纯收入 16000 元，村集体当年收入 660 万元。

双岙村

双岙村隶属温州市永中街道，位于龙湾区政府南部，坐落于永中街道西部大罗山脚下，三面环山，地处丘陵地带。因村西有倒泷坑、平坑两条山垄“二坑”溪流汇合此岙，故名双岙。

自唐（672）以来为避战祸，有李、胡、郑、王氏祖先先后迁入定居于此，繁衍生息，沿袭至今。

石胜观摩崖石像群

双岙村境内有石胜观摩崖造像（古佛岩）始建于唐乾封三年（668）及非物质文化遗产道教音乐。安仁禅寺始建于五代晋开运元年（944），白岩宫始建于北宋960年。明朝成化十二年（1476）二都殿前青儒王瓒慕名至此，觉得岩异泉清、池水涟漪、林茂清幽、必隐大穴，故于此攻读诗书，后中榜眼，平番封王。当时白岩宫就成为了王瓒书院。双岙村人杰地灵，自古以来就是旅游胜地，明中叶著名诗人何白等留有双溪诗篇：“双溪百里翠扑眼，天劈两岸开胜观。杏花压雨倚春态，槠叶拂云生螟寒。旅梦不迷越山岳，客心无赖随风湍。芳堂日午息徒侣，浊酒剑歌行路难。”

2011 年被评为浙江省森林村庄，2013 年被评为浙江省美丽乡村精品村，2014 年被列为省级历史文化村落。2014 年年末，双岙村有 78 户，耕地 82 亩，村民人均纯收入 11250 元，村集体当年收入 60 余万元。

新城村

新城村隶属温州市，位于龙湾区永中街道的东南面，是国家级文物保护单位永昌堡所在地，新城为永昌堡别称。

明初，浙南沿海屡遭倭寇焚掠。明嘉靖三十七年（1558），在京任兵部车驾主事的王叔果回家扫墓，正倭寇猖獗之时，乃上疏请筑永昌堡，由其弟王叔杲筹集资金，具体负责监造。1558 年 11 月开始动工，次年 10 月竣工，永昌堡由此得来，王氏阖族聚居于此。

永昌堡

新城村不但建筑雄伟、布局合理，而且学风浓厚、人才辈出，现存著作有 150 多部，是明清时温州的一个文化中心。现存有都堂第、状元府第、圣旨门巷、世大夫祠、花园古井、洞桥底 40 号、大派宗祠、状元里 6 号等多处古民居、祠堂及多座古桥梁，均具有较高的历史文化价值。新城村人杰地灵，聚族而居，耕读传家，自强不息，形成了独特的地域文化和价值取向。

1989 年 12 月被列为省级文保单位，1994 年被命名为爱国主义教育基地和国防教育基地，2001 年 6 月被国务院列入国家级重点文物保护单位，2013 年被温州评为“十大最美历史文化村落”，现为国家 3A 级旅游区。2014 年年末，新城村有 1400 户，耕地 323 亩，村民人均收入 1.08 万元，村集体当年收入 350 万元。

瑶溪村

瑶溪村隶属温州龙湾，位于大罗山东北方下游，明张聪少年习文之胜地，相继繁衍后裔第14世—18世，是本村董、张两姓氏最大聚居地。

瑶溪村原名姚川村，元朝就有姚、章等姓氏居民在此居住生活。公元1474年正德年间，年幼的张聪跟随哥哥张雪厓离开出生地石浦到姚川村居住，在罗峰书院读书，先生李阶，同学有王瓒等人。公元1522年，张聪官居内阁大学士首辅，李阶为吏部主事，王瓒为明弘治礼部尚书，张雪厓为五品修积郎，四人或读书或讲学或归隐于此。张聪为纪念育才之胜地，并挥笔题词将"姚川村"更改为"瑶溪村"，意指"溪石皆玉色"，至今沿用。董姓于公元1496年从福建长溪赤岸手艺经商迁徙定居瑶溪村，繁衍生息，人丁兴旺，成董姓最大聚居之地。

尖刀岩摩崖题刻

村内市（区）级文物点有张璁书院遗址、兄弟岩诗碑与观荷亭记碑、板嶂潭摩崖题刻、尖刀岩摩崖题刻、倒垄坑摩崖造像、玄真观民国厢房等。现有古建筑及古代雕塑共计20余处，以明清建筑为主，约15处，涉及古宅、古祠堂、古渠、古寺院、古路廊、古堰坝、古凉亭、古渠、古桥、古雕塑等，并在瑶溪山内现保留古代摩崖石刻10余处。

1989年被誉为市级文明示范村，1991年被列为省4A级风景名胜区。2014年村民人均纯收入1.326万元，村集体当年收入117.6万元。

鹿城区

驿头三村

驿头隶属鹿城区藤桥镇，位于温州市鹿城区临江镇西部，与西洲岛隔江相望，下辖和平、平山、岙底3个行政村，自然环境优美，水陆交通便捷，有八百里瓯江风水宝地之称，是一个有着数千年文化的古村落。早在明朝内阁首辅张孚敬登驿头大鹏山题诗二首“西溪第一峰”。古驿站，是温州古代通往中原必经之路，历史文化底蕴深厚，而且人杰地灵、名人辈出，第59届联大主席、第18届非盟委员会主席的祖居地在此。让平先生曾4次携妻儿回家乡，寻根祭祖，探亲访友，出资建设家乡。

驿头有大批的历史古迹，如圣旨亭、义官桥、程弈古居、辛亥革命程登云故居、“太极四象”溪边文化长廊、民国八年普利碑、中加友谊馆、民俗风情展览馆、廉政文化厅、爱国教育基地、金山寺宗教文化活动区等。驿头古村落，就像一幅优雅恬静的中国山水画，沿着村庄石板路进村巷，两旁错落着古朴的传统民居、院墙，一切都是那么的和谐、自然。

瓯海区

黄坑村

黄坑村是浙江省级历史文化遗产古村落，属于泽雅镇自然村，距离泽雅镇南向位置 5 千米处。村落东向是岩门村，南面是仙宅村，西向是西岸村，北上是黄岭头村。来自东“坳东坑”，南“南角溪”，西“东江潭溪”三个方向的小溪汇聚于黄坑村前河流，东水西流，“东江潭溪”流经村落当中。一条山路自下而上从村中延伸上去，通往黄岭头、林垟，再到青田，古时便是官道，是上京赶考的必经之路。古人在风水上称其为“三龙抢珠”风水宝地。

吴氏宗祠

黄坑村自古以来便具有丰富的历史气息与人文景观。居民主要为黄姓和吴姓两大家族。黄氏先民迁自福建漳州、泉州，具体时间不详。吴氏先民于南宋德祐年间迁自永嘉楠溪上吴，为宋吏部尚书吴湛然后裔。至今村里还保留着 50 多座传统民居，大多为清朝时期的建筑。房屋布局大多为三合院式，典型的清代江南民居格式。其中保存较好的“黄氏老宅”尤为经典突出。

黄坑村 20 世纪 80 年代调查在册人口 310 户 1284 人，现常住人口约 80 人，大概 30 户。黄坑村是典型的纸山村落。最昌盛时期水碓 35 所半，纸槽有 260 多条，腌塘有 500 个。现在遗留下来的水碓只剩 2 所，纸槽、腌塘已经废弃，湮没于杂草之中。沿村中山路上行，山路两侧密密麻麻地分布着纸槽、腌塘、水碓，可见当初黄坑村纸业之繁荣昌盛。

金堡村

金堡村位于瓯海区西南部，距温州市区 10.5 千米，东接娄桥街道，西与瑞安交界，北靠郭溪和瞿溪街道。清为永嘉县建牙乡十七都，民国时期属于永嘉县第四区会昌镇，1981 年 12 月划瓯海县管辖。金堡村地处海拔 600 多米的偏远山区，八九十年前，这里曾是红十三军、红军挺进师、浙南游击纵队的根据地之一，又是浙江省委、特委通向温州市区、瓯江南北党组织的秘密联络的地方。

金堡村现有人口 1371 人，全村有 8 个自然村。30 多年前，由于村庄交通、通信等方面的缺陷，全村绝大多数村民外迁。如今的金堡村分山上、山下两部分，绝大多数村民外迁山下的岷岗，过着现代便捷的生活，而山上仅剩二三十名老人留守村庄。

罗山村

罗山村原来名叫大茶山，因村内自然实体茶山而命名。据清光绪《永嘉县志》记载：“茶山，在城东 25 里，大罗山之支，产茶，故名大茶山。”现为中国名茶“黄叶早”产地。

据《瓯海县地名概况》记载，大茶山清属永嘉县德政乡十二都、十三都，民国时期称罗山，现属于温州市瓯海区茶山街道管辖。村落相距温州市区 12.3 千米，东与龙湾区毗连，南与瑞安市交界，西与南白象相连，北与龙湾状元接壤。

罗山村山清水秀，人杰地灵。村里人多为管姓。早在北宋元丰年间，管氏祖先次慧公从山东济南来到温州担任郡守，后代子孙都迁移到这个风水宝地安居下来，子孙代代兴旺发达。村庄距今已经有 900 多年的历史。孝德文化曾给予罗山村很多文化内涵，村里有清朝和民国时期两块御赐的节孝牌坊。现村庄占地面积 50 亩，户籍人口 1800 人，常住人口 400 余人。

节孝亭

桥下村

桥下村是瓯海区瞿溪镇下属自然村，因处于塘坎桥下首而得名，东北连河头村，西接溪头街村，南邻瞿溪村，瞿溪河在村落东南方向蜿蜒流淌。全村总面积1207亩，总人口488人，合计174户。

村落形成于宋代，村民主要为吴、陈、黄、张等姓氏。中华人民共和国成立初期，桥下称村，属瞿溪镇，1956年属瞿一高级社，1958年称瞿溪管理区桥下连队，1961年改称桥下大队，属瞿溪镇公社，1983年恢复村建制，属瞿溪镇（瞿溪街道）。

桥下村因依山傍水地理位置优越，历史上一直是经济文化发达地区。浙南一带著名的二月初一百年会市就发源于瞿溪老街，见证千年纸山文化的纸市也繁荣于此。桥下村物阜民安、钟灵毓秀，历史上出过不少名人。民国一代儒将潘鉴宗故居就在瞿溪潘宅。潘鉴宗一生为家乡做了许多好事，捐资办学，捐资建设家乡，并有诗词、著作留世。著名作家琦君

1924 年入住伯父潘鉴宗在瞿溪建成的庄园。她一生出版文学作品 30 多种，多部著作获世界大奖，其作品中有很多篇幅描写作者在瞿溪的童年生活。

桥下村曾获“省级文明村”“市级生态村”“市十佳示范文明村”等荣誉。

上潘村

上潘村，现为泽雅风景区内的一个古村，属温州市瓯海区泽雅镇行政区。上潘村位于泽雅镇西南部，东邻林岙村，南界周岙村，西连西岸村、唐宅村，北依石榜山村、吴坑村。村落依山环水，山高水丰，丛林茂密，阳光充足，宜农宜居。

据上潘村现存的《潘氏宗谱》记载，宋宣和年间（1119），潘氏始祖潘文绕自福建迁至永嘉龙湾（今为温州市龙湾区），至三世孙潘雷焕得功名之份，官江西上饶知县，后因龙湾位于海口，屡遇潮汐，又频遭海上倭寇骚扰，至六世时移居今上潘村，其时约为宋末元初（1300），距今800余年历史。

上潘村现存明嘉靖年间建造的古寺1座，明清时期建造的民居44座。

村中有 300 年以上树龄的号称“活化石”的珍稀树种红豆杉 3 株。村里还留有大量当年手工造纸使用的工具。

上潘村居民有 362 户 1365 人，拥有 475 亩水田，500 亩旱地，1365 亩山地，12 所造纸用的水碓。村内 90%以上的人口以手工造纸为业，务农为辅。上潘村村居古朴，民风淳朴。

吴坑村

吴坑村位于瓯海区泽雅镇南部，距温州市区30千米，离泽雅镇政府驻地12千米。村落三面环山，西邻泽雅水库，南依上潘村，东靠石榜山村，北接将军岩。吴坑村山清水秀、环境优雅，村内唯一的一条小溪流从东往西蜿蜒而下，最后流入泽雅水库。村落辖区面积1.96平方千米，6个村民小组，有耕地228亩，山塘水库1座。村落主种水稻，兼种番薯、油菜。全村共有186户712人，2014年村民人均收入6800元。

吴坑村是一个有着400多年历史的古村落，民风淳朴。村落建筑保留着浙南传统建筑的古朴风格，都是一色的青砖瓦房。房屋结构大多为土木搭建的二层若干间楼房，正中一间通常不做居所，系奉祀先祖或婚嫁丧葬活动场所。每幢楼房前均建有大小不一的院子，以方便农耕活动和晾晒各种谷物。

吴坑古村落年平均气温20℃，森林覆盖率达90%以上，空气清新，雨量充沛，气候适宜。村内有山岳、竹林、瀑布、峡谷等自然风光，古庙、古戏台、古祠堂、古桥、古道、古树等人文景观。

平阳县

大屯村

大屯村隶属平阳县山门镇，位于山门镇北侧半山腰，群山环抱，绿树掩映，具有浓郁的浙南山村风光。康熙年间，始祖郑士椿从福建安溪经凤卧迁居于此，并构建村落，除郑姓家族之外，还有黄、陈、廖、吴等姓氏居民在此聚居，距今约300年。全村拥有浙南闽北建筑风格古建筑16幢，集中于大屯坑内片，从东向西，呈现“弧形梯田式”布局。古建筑以自然生态和谐为特色，仍较好地保存着百年前的村落风貌，民居依山而建，古井深藏村中，古樟树屹立村口，古梯田纵横山间，犹如世外桃源。

1938年中共闽浙边临时省委机关从凤林村移驻大屯村。革命前辈曾山、刘英、粟裕等在此留下足迹。不仅在这里召开过省委与国民党浙江当局的和谈筹备会、创办抗日救亡干校筹备会，而且召开了浙江党史上的一次重要会议——大屯会议，被誉为“浙南烽火”。

烟波浩渺的溪水，古朴沧桑的台阶，秋意盎然的山稻，互生共长的茶杉，惟妙惟肖的布袋戏，百年洗礼的竹编墙，北上抗日的集结号……无不映刻着岁月的风雨侵蚀和历史留下的踪迹，呈现出古朴苍老的凝重，令人感到时光于此倒流，令人陶醉于古村的旖旎风光。

2014年年末，全村有农户129户，耕地200多亩，村民人均纯收入7100元。（编写：董文堵）

凤林村

凤林村地处平阳县水头镇西北方向，距平阳县城约 37 千米。全村由过溪、满洋、房山、面前山、冠尖 5 个自然村组成。

凤林村内遍布丰富的红色旅游、历史人文资源及自然生态景观。除中共浙江省一大会址外，红军挺进师驻地、郑海啸故居、“浙南刘胡兰”——郑明德纪念室及革命摇篮——凤林小学等多处革命圣迹均保存完好。革命战争时期，闽浙边临时省委、浙南特委、平阳县委都驻在本村，被誉称“浙南西柏坡”“浙江红村”。

当年凤林村的家家户户都住上了红军，全村被敌人烧房屋 56 间，为党牺牲了 14 位革命烈士，老区人民为浙南的解放事业做出了很大贡献。2006 年被命名为温州市首批历史文化名村。2005 年平阳被列入“全国 30 条红色旅游精品线路、全国 100 个红色旅游经典景区”名录。凤林村是平阳红色旅游的核心景区，正积极打造“浙江红村”。

凤山村

凤山村形成于明末清初，远看像一只卧着的凤凰，以山为主，故名凤山。凤山村位于后南线西南侧，鳌江上游，由岭门头、凤山两个自然村组成，总面积 1850 亩，其中水田 340 亩，旱地面积 428 亩，山地占 60%，人口 1480 人，以陈氏占绝大部分，约 1000 人。村主要经济收入以花边、锦带为主，年产值 250 万元左右，人均收入 8000 元。

村中有古井泉一眼，水质甘甜，夏凉冬暖，建于明崇祯辛未年，名“凤山龙泉井”。三棵榕树是贯穿整个村道亮丽的风景线，其中一棵树龄已有百年的历史。二月二抬佛的民俗已有 200 多年的历史。村庄名人有：陈阜，原浙南红军游击根据地创始人之一；陈旭华，1936 年 8 月随粟裕北上抗日，中华人民共和国成立后曾担任过军分区司令员，被授予中校军衔。（编写：陈永瑞）

南丰村

南丰村地处平阳县城岭门南坡（又称坡南），东依东门山，西靠九凰山，南连凤山、皇岙村，北接铁岭村，104国道线与狭长的坡南街南北纵贯其中。全村430户1500人，耕地400亩，山地约1000亩。

明清时期，在半山庵下建有县（谷）仓，因仓址位于县城南隅，故称南丰仓，后渐以南丰为村名。南丰村地处县城南隅，自古以来是通往福建的要塞。历史悠久，文风鼎盛，地灵人杰，一直是平阳文教儒学的村苑。现在村域内有县级重点文物保护单位四处："师儒侍养"牌坊，建于明万历年间，为四柱三间楼式仿木结构，次间与明间上下阑额的正背面均装有青石镂空雕饰的麒麟、龙、花卉和人物等，雕工精湛，形象逼真。通福门，为平阳县唯一保存至今的古城楼，清代建筑。此门原为浙闽交通要隘，上有望楼培风阁，门墙由花岗岩错缝砌筑，拱形门洞，气势雄伟。东岳道观，始建于宋治平三年（1066），宋神宗熙宁元年（1068）曾钦赐"圣寿"匾额。道观建筑有四进与左右厢房等，总面积达5000平方米。道教文献《委羽山龙门宗谱》称该观为浙江省重点道观之一。平阳县烈士公墓，1956年1月建造，原为古新罗庙遗址，总面积1465平方米。

南雁村

南雁村位于平阳境内的国家级 4A 风景名胜区南雁荡山东西洞景区内，距温州市区 87 千米，离县城 32 千米。

南雁开发于唐代中期，盛于五代、两宋。唐李皋任温州长史时，曾作诗《游南雁荡山》。《方舆胜览》记载：五代高僧愿齐闻平阳有雁荡，遂杖锡寻访，结茅屋其间。北宗时期陈经邦、陈经正建会文阁，后称会文书院，南宋理学家朱熹曾来此讲学，一时人文荟萃、热闹非凡。历代摩崖石刻碑记林立，儒、释、道三教遗址四布。

古人云："北雁好峰，南雁好洞。"所谓的好洞仅对南雁东西洞景区而言。其实从该村总体分析，南雁溪流纵横，滩潭四布是构成山明水秀的根本原因，故就自然景观而言，溪滩、幽洞、奇峰、石堑、银瀑、景岩可称"南雁六胜"。

就人文景观而言，这里的儒教、佛教、道教汇集在东西洞一个景区里，可称三教荟萃实属罕见。三教分别是：会文书院是讲学场所属儒教，观音洞属佛教，仙姑洞、三台道院、怡心院属道教。九溪汇流于南雁也实属罕见，其上游的九溪分别为：怀溪、郭溪、畴溪、顺溪、青溪、岳溪、雁溪、蒲溪、碧溪，此九溪均汇流在南雁东西洞两山间，形成一道亮丽的风景线，使得南雁东西洞景区风景更加亮丽多彩。因此，这九条溪流汇流成一条溪流，也就是所谓的九流，慢慢地使九流之说也就因此得名。所以南雁东西洞也就有"三教九流"之地的说法。

前爿村

前爿村位于平阳县昆阳镇西北角，东距县城 3 千米，西北与后岙行政村连片形成水亭社区新农村综合体。这里山清水秀、环境优美，素有昆阳后花园之美誉。因该村西靠管奥山，西北依龙井山，大部分耕地处于龙井山东南部山岙，与西北部的后岙相对，故名“前爿”。

前爿村旧属万全乡管奥。早在五代十国时期，此处即建有崇慧寺(今前爿村状元寺)。明隆庆五年（1571），（平阳县志）始载有管奥村名，隶属万全乡一都。全村现拥有 546 户 2065 人，总面积 2.33 平方千米，下辖闸桥、中巷、西岸、鲍河底、黄长、山茶、岭下、前溪等 8 个自然村，村委会驻地闸桥。

千百年来，前爿人秉承勤劳致富思想，勤于田间劳作，农耕文明世代相传，主要以种植水稻、油菜花、马蹄笋、茶叶和杨梅等农特产品以及黄栀子等传统中药材为主。改革开放以来，前爿村积极保护生态环境，大力发展乡村旅游，先后获得了浙江省文明村、文化示范村、小康示范村、绿化示范村、森林村庄，温州市生态村、示范社区（村居）、村庄整治合格村、历史文化村落和平阳县优美乡村（特色村）等荣誉称号。

钱仓村

钱仓村位于平阳县中部，与中国农民城龙港镇一江之隔，104 国道、高速公路、温福铁路穿境而过。现有村民 4000 多人，外来人口有 2000 多人。

钱仓村迄今已有 1000 多年历史，晋时已成村落，五代时期成为集镇。宋至清初称前仓，乾隆时又改称钱仓。乾隆《平阳县志·古迹志》载："以石罅中有钱流出，故名，一云'吴越钱王游此'。"明隆庆五年（1571），建堡抗倭。明、清为钱仓镇，民国初年废镇为市，属小南乡十三都。民国时期设钱仓乡时，称钱仓街。钱仓村北靠凤山，东南濒临鳌江，系浙闽陆路交通要道。南宋著名诗人陈与义有诗《泛舟入前仓》，陆游经过这里时，写下了一首清丽动人的《平阳驿舍梅花》。北宋元丰年间（1078—1085）温州共有七个经济非常繁荣的镇，前仓镇就是其中之一，也是北宋温州六大税收中心之一。

钱仓村仍然保存着众多的名胜古迹，有古街、古城门、古码头、古塔、古寺庙、古牌坊、古井、古桥、古驿道等多处省、县重点保护文物。宝胜寺双塔建于北宋乾德三年（965），系省级文物保护单位，也是钱仓文化历史的标志。双塔所在的宝胜寺，俗称"东寺"，与之相连的广福寺，俗称"西寺"，始建于唐朝咸通年间（860—873）。钱仓村是三教荟萃的地方，儒教有东海名儒史伯璿先生为代表，在钱仓山清华书院传授儒家文化。钱仓村的道教文化历史源远流长，城隍庙俗称"京城隍"，于 1996 年被评为平阳县重点文物保护单位。钱仓村 2015 年被列入浙江省历史文化村落。（编写：周仁多）

青街村

青街村位于青街畲族乡月落山脚，东临太申，西接睦源，有青街溪绕村而过。畲汉杂居，聚居集中，全村现有 377 户，人口 1470 人。有耕地面积 255. 75 亩，林地面积 1154. 55 亩，山林资源非常丰富，森林覆盖率达 85%以上。

青街村毗邻南雁群山，尽得雁荡峻秀之灵气，山水清秀，风景宜人。虽无熙熙攘攘之闹，独得一份清静祥和、怡然自得。此处枕青山、环青溪、面竹屏，有茂林修竹、百年古屋，有载入世界廊桥名录的睦源桥，始建于宋，重建于清。

村后即月落山，山林郁郁葱葱，有松柏立英姿，有毛竹影妖娆。青石小径通村而过，始于廊桥，渐入村居古屋深处。青街村历史悠久，共有保存完好的古屋六处。其中池氏大屋、李氏大屋是省级重点文物保护单位，有着数百年的历史。古屋连同古廊桥、古丁步、古河埠等遗存，为这里的青山绿水平添了浓浓人文气息。青山绿水育英才，小小的青街村，从唐至清，各类中举者就有十数人。现定居美国的数学家李学数，祖籍为李氏大屋；著名画家池伯成，亦是从青街弄堂里走出来的。

上顺溪村

上顺溪村隶属平阳县顺溪镇，位于顺溪镇建成区，仰矾线北侧，顺溪老桥西侧。明隆庆年间（1567—1572），居住在县城昆阳附近大岙底地方的20世祖陈育球率领妻儿，翻山越岭西行上百里，从敖江下游平原来到四面环山的顺溪山坳定居下来。经历17世代的宗支繁衍，人丁兴旺，渐成陈姓聚居之地。

百僧堂——顺溪陈族聚居地唯一的佛寺，是位于上顺溪村铁障峰下的云祥寺。这是南雁荡山风景区一个景点比较集中的地方，著名的景点有“渡飏桥”“燠馆凉台”“木石缘”“冰廊”“侧面观音”“二宜亭”“七星连环洞”“了了大师墓”等。云祥寺始建于元至正七年（1347）。后来由于地震的影响，岩塌山崩，这座偌大的寺院被乱石淹没。清康熙时重建云祥寺，光绪七年（1881）僧英禅，顺溪陈族陈少文又予重建，宣统二年（1910）又行扩建，并曾作为办学之所。现存的旧寺五间是其遗迹。1977年僧了了、达慧在冰廊前废墟基础上，依着山势建筑了新寺，经历次扩建已接连旧寺并在一起，四周筑起围墙，共有五进33间房屋，建筑面积达2000多平方米，有新、旧两个大雄宝殿。

上顺溪村区域面积3.1平方千米，共有537户1786人，现有耕地493亩，林地1100多亩，2014年村民人均纯收入6000多元。

腾带村

平阳县腾蛟镇东南侧，与镇署仅一溪之隔处，有块恰是“龙舍”形的风水宝地，因它周边有一条形如“玉带”的大溪流环抱着，故称“大溪边”，又称“带溪边”，即今腾带村。村前方有座形似“官冠”的高峰，称为“冠山”。村后方有座形似“卧牛”的小山，俗称卧牛山。

卧牛山腰建有南宋爱国诗人林景熙墓园。因他死后无子嗣，于清乾隆己卯年，平阳县令徐恕为纪念他化装冒死盗拾宋六陵帝骸的忠孤精神，捐资所建这个纪念坟。1990 年林氏族人添建了碑林和亭园。卧牛山侧建有“棋王”谢侠逊碑林，有棋王与周恩来对弈的铜像，有国共两党元首，军政要员题赠的墨宝遗迹。卧牛山脚有“卧牛山文化园”，以及拟建中的“苏步青数学园”；卧牛鼻前是数学家泰斗苏步青的故居，故居西侧门屋上有华国锋同志亲笔“苏步青故居”匾额。门屋正前方对着一座“笔架山”，正屋堂前正对冠山。故居左前，建有“苏步青励志教育馆”。村西北边有一座全县境内最长（148 米）的花岗岩石古石桥，它是苏步青胞兄化学家苏步皋于 1933 年为首捐资建的，桥头右侧竖有刘绍宽撰写的《联安桥碑记》石碑；桥头左侧有苏步青思念故乡的拂尘亭。

桥东仍存前清的古街、老店、打铁铺。村中原有十八座前清时期建的三进四退大住宅，清末，因平阳钱仓“金钱会”造反，纵火烧掉十六座，至今尚存两座大宅和一处苏子权大宅废墟残墙宅基。

全村 308 户 1144 人，95%是苏姓族人。他们于明末万历四十四丙辰，从闽南泉州迁徙至此。原系北宋哲宗的宰相、科学家苏颂（泉州人）家族的后裔。他们十分崇敬祖先的功绩和风范，每年春（正月十五）秋（八月十五）二祭祖宗，400 年来从没间断。世代传承祖训家规“勤俭持家，诗书第一”的精神，置学田、立奖学金，激励子孙求学争前途。自清康熙至宣统 250 余年间，簪缨辈出，科甲蝉联：解元、举人、贡生、秀才 350 余人，成为望族之村。自民国至今，家家出人才，行行有精英，产生了数学家、物理学家、化学家、画家以及院士等一大批人才。（编写：苏尔信）

顺溪村

顺溪村位于顺溪镇建成区，地理位置优越，生态环境优美，是一个典型的家族繁衍形成的村落。据《陈氏宗谱》《平阳县志》记载，明隆庆年间（1567—1572），陈育球举家从大岙底迁至顺溪落户，成为顺溪陈氏始迁祖。这是顺溪历史上记载的一次最大规模的人口迁移。

顺溪村处于顺溪溪畔，两山山坳之间，两侧山峰加上村落所在山坳，整个就像一只大船，西侧秀丽的画眉峰，看上去呈一个高耸入云的等腰三角形，像是一艘大船的桅杆，象征着一帆风顺，给顺溪带来好运气。中国古代的宫宇建筑，一般均是坐北朝南，而顺溪陈氏宗祠和杨府庙却是坐东朝西，就是为了面对画眉峰，吸收天地灵气。

顺溪老街沿线建筑多为清末民初所建，建筑体量、建筑风格与文保单位相似，为木结构建筑。另存有部分小型民居，建筑体量相对较小，多数建于民国时期，为砖木建筑。顺溪村现有的全国重点文物保护单位：陈氏老大份大屋、陈氏新二份大屋（聚德门）、陈氏宗祠。历史建筑材料多就地取材，以素木蛮石构造精巧、灵活多变。建筑细部精美、考究，木雕、石雕图案精美，工艺精湛，体现了当地古代工匠较高的艺术造诣。

顺溪村由原顺溪自然村和牛场自然村两村合并，现有户籍人口 391 户 1300 人。

下顺溪村

下顺溪村隶属平阳县顺溪镇，位于顺溪镇建成区，仰矾线北侧，水口大桥西侧。

明隆庆年间（1567—1572），温州平阳凤凰山陈姓大族的一支在经营四方时，居住在县城昆阳附近大岙底地方的20世祖陈育球率领妻儿，翻山越岭西行上百里，从敖江下游平原来到四面环山的顺溪山坳定居下来。经过400多年的筚路蓝缕，经历17世代的宗支繁衍，人丁兴旺，渐成陈姓聚居之地。

下顺溪村具有得天独厚的人文景观和生态资源，拥有国家级文保单位“顺溪古屋”五座：陈少文故居、老屋、新大份、老大份和老七份。顺溪古屋设计独特，工艺精湛，令人赞叹不已。然真正让下顺溪村发展起来的还是他们祖祖辈辈流传下来的适意自然的生活情趣、开拓进取的创业精神、重视教育的明智举措、礼让智勇的处世策略。与周遭世代为农的山民相比，顺溪陈族最有特色的是擅长做生意。他们开发山区资源，发展工商贸易，功不可没。陈少文（1858—1934）是平阳近代有名的实业家，慈善事业家，与近代北雁荡山的开拓者蒋叔南并称为“南陈北蒋”。

下顺溪村区域面积0.98平方千米，现有耕地403亩，林地1000多亩。2014年村共有418户，人口1328人，人均纯收入9000多元。

鸣山村

鸣山村隶属平阳县昆阳镇城东社区，处全镇中心地段，紧邻G15平阳互通入口，位于建成区近郊，距县城中心2千米。村庄背靠鸣山，三面绕河。平瑞塘河从村前蜿蜒而过，村民环河而居，自然环境和谐，充分体现“天人合一”的古村落意境美，有“百鸟齐鸣山，塘河第一湾”之称。

鸣山村历史悠久、人杰地灵，商周时期就有人类活动，东晋年间形成村落。凭借北塘河发达的水系，依着千亩良田，鸣山村在南宋时发展成为一个远近闻名的富裕之村，人才辈出之地。

鸣山村古屋多。村内有八大古屋，大部分建于清代和民国时期，基本上属于八处合院式建筑，占地规模较大。门台均为青砖构筑，造型精美，木雕精致、细腻，建筑古朴、规整，融合了浙南、闽南传统民居特色，古韵古香。鸣山村古迹多，文保单位、文保点6处：明陈宣墓石刻造像，古平瑞塘河码头（鸣山码头），宋代石马石刻，清代水涯桥、战备粮仓、古井等；古榕树4株，其中150年树龄1株；宗教神殿4处：净士寺、马九宫、太阴宫、东岳殿。鸣山村名人多，宋代爱国名将蔡必胜纪念馆设在村内，曾任贵州镇远知县、黎平同知的蔡时豫就是鸣山人。此外，南宋永嘉学派大儒陈傅良、元代浙南大诗人陈高、明末布衣诗人何白、清代浙南名宦徐恕，都留下过游访鸣山寺的美丽诗篇。南宋工部侍郎徐谊和明代平阳司千户马俊、云南布政司左参政陈宣，均以鸣山为人生最后归宿。

鸣山村全村2000多人，36姓氏，家家有历史，户户有家规，家规家训齐上墙，古风古韵村飘香。鸣山村是省农房改造示范村、市生态村、县文明村、县历史文化名村。

仙口村

仙口村地处飞云江口南岸，南依层峦迭叠，北接万顷田畴，东枕浩瀚大海，村庄碧水环绕，是平阳县最古老的千年古村。仙口村隶属平阳县万全镇，下辖仙口、脉穴头 2 个自然村，面积 2. 25 平方千米，农田 560 亩，山地 2180 亩，人口 1211 人，306 户，人均收入 12000 元。

仙口承载万全平原沧海桑田的变迁。据乾隆《平阳县志·沿革》载，置县曰始阳，距今已有 1730 多年历史，是平阳县城的发源地。在三国东吴赤乌二年以仙口为中心置横屿船屯，是当时东吴的三大造船基地之一。南宋太常博士吴蕴古倾囊筑沙塘陡门，宋朝诗人林景熙避寇乱于仙口，存有的吴蕴古墓、吴太博纪念亭和《避寇海滨》《神山寺访僧》《过风门岭》《蜃说》等都是良好依据。明洪武元年，为防海患，建过仙口城墙。近年来，县考古专家在村烟台山北麓遗址中，发现了印纹硬陶片，推断该处属于商周遗址。

仙口亦承载古貌美景与神话色彩。仙口村拥有平阳县最为悠久的风门岭古道，有千年古刹神山寺、助福亭、风门头宫、伏龙寺、明代烽火台，还有完整的民国古建筑民居、楼店、老屋、老埠，以及水碓、老城河、古石板桥、古井泉等古貌美景。同时，还流传仙人洞、仙人脚迹、南蛮十八洞、龙船墩、仙池等众多神仙故事。东晋著名炼丹术士葛洪的炼丹灶遗址以及其居住过的仙人洞遗迹尚存。

瑞安市

东源村

东源村隶属高楼镇平阳坑社区，位于飞云江畔浙南名胜圣井山脚下，南接南山村，西接晚垟头村，是一个有上千年历史的文化古村落。

东源村木活字印刷技术完整地保留了中国古代活字印刷的传统工艺和传统文化的韵味，具有极高的历史价值。2008 年木活字印刷术被列入国家级非物质文化遗产，2010 年被世界教科文组织列入世界人类亟须保护的非物质文化遗产。村里建起了著名的木活字印刷文化展示馆，完整再现了古代四大发明之一——活字印刷的场景，是活字印刷术源于我国最好的实物证明。2010 年东源村被列为 AAAA 级旅游村。

黄林村

黄林村在瑞安市区的西部，距离湖岭镇约 30 千米、瑞安市区 70 千米。黄林村隐在号称“东瓯第一山”的金鸡山东侧半山腰深处，海拔 700 米，北依青田县仁庄镇，南接湖岭镇六科村，东为奇云山山脉。这里民风淳朴、环境清幽，有瑞安的“香格里拉”的美称。

黄林古村

据史料记载，该村始建于元大德八年（1304），至今有 700 多年的历史，传说第一代村民从青田县黄砚迁入。现有村民 215 户 828 人。黄林村依山而建，错落有致地分布着 68 幢 289 间青瓦石墙的晚清民居建筑，大部分为两层木楼，它们绝大多数坐北朝南、层层叠叠，最大的十开间联体。村里有两座庙：杨府庙，初建于乾隆五十三年（1788）；娘娘庙，也建于清代。除古老屋和古庙外，黄林村后还有神秘的七星潭。在村后山溪流上，逐级镶嵌着大洋潭、姑娘潭、神龟潭、谷皮潭、酒缸潭等 10 多个绿幽幽的深潭，其中 7 个个体较大而且很有个性特征，好像北斗星散布于山谷之中，所以得名“七星潭”。七潭连珠，潭底有五彩岩石，碧水覆盖，堪与黄龙五彩池媲美。

2012 年，黄林村被评为温州市十大最美历史文化古村落，2014 年入选第三批中国传统村落名录，也是中国民俗摄影协会摄影创作基地。

林南村

林南村隶属瑞安市南滨街道，位于飞云江下游南岸，南滨街道西部，地处瑞平冲积平原的沔河中心地段，与林中、西湖村隔河相望，村中河网密布、交错纵横，鱼虾资源丰富，自然景观秀美，是一个有着上千年历史文化的古村落。林垟以水多、桥多而远近闻名，是典型的江南水乡古镇。千百年来，这里的民居临河而建，傍桥成市。

林南村历史文化底蕴深厚，而且人杰地灵、名人辈出，是新月派作家陈楚淮的故乡，著名教育家和社会活动家金嵘轩先生曾经学习生活过的地方。这里历史古迹有西湖宫、善应堂、陈氏孝节牌坊、林氏孝节牌坊、陈氏古宅院、柯氏古宅院、谢氏古宅院等。

曹东村

曹东村落形成在1000多年前，属于浙江省瑞安市马屿镇曹村社区。公元935年，曹家祖先为避闽乱由福建长溪（今福建霞浦）迁徙而来，早前曹村称许峰村，后因曹家兴起，人才辈出，遂名为曹村。

曹东村产生了一些有影响的人物，曹逢时，南宋绍兴二十七年首登进士第；曹叔远，永嘉学派著名学者；曹豳，永嘉学派著名学者，著作丰，其《春暮》被选入《千家诗》，建虎丘书院。

曹东村村域面积2平方千米，其中村庄占地面积200亩，地形地貌特征为平原和山地，耕地面积610亩，林地面积280亩。曹东村户籍人口1408人，365户。2014年村集体收入10万元，村民人均年纯收入11500元，曾获温州市文明村荣誉称号。

曹东村灯会

碗窑村

碗窑村位于温州市瑞安市曹村社区，毗邻平阳县梅溪乡，古时候是浙、闽两省的交通要道。村落拥有耕地 1303 亩，主种水稻和小麦，常住人口 2320 人左右，565 户，以陈、詹、曾姓为大姓。

村内有明代碗窑瓷窑址、古亭、石塔和曹氏家族墓葬群等。

龙尾山碗窑瓷窑址

均路村

均路村坐落在瑞安市湖岭镇永安和桂峰的交界处，巾仙溪上游三十三溪流域的高山峡谷中，瑞枫公路南侧山上，海拔 400 多米，距离瑞安市区约 50 千米。全村总人口 865 人，居民多为陈姓，其中华侨 300 多人，大部分旅居意大利、荷兰等欧洲国家。目前留在本村的仅 100 多人，以老年人居多，其余的均在全国各地经商、办企业。电视连续剧《温州一家人》主人公周万顺的老家瑞安古树村原型拍摄地。

古石拱桥

据《均路陈氏颍川郡重修宗谱序》记载：在明朝嘉靖己酉年，青田人陈叔翰迁居此地，历经明、清及现代，形成一个有着 500 多年历史的古村落。村里有条进出的山路，山路由 800 多级大小平均的石阶砌成，取名均路村。

均路村里有百年以上古原貌房屋 41 幢 195 间。屋子依山而建，高低错落，层次分明，有石头垒成的石拱桥名为平安桥，至今已有上百年的历史。村里有枫香、红豆杉、香樟、苦槠树等有着上百年树龄的古树。村头有古庙一座。均路村背山面溪，四周群山壁立，风光优美。每到深秋，均路村层林尽染，非常美丽，堪称“世外桃源”。均路村是省级历史文化古村落一般村。

东寺前村

陶山镇东寺前村位于瑞安市中部，瑞安中心城区的西北面，云峰山（现在集云山脉）山腰坡地上，西北与西寺村相连，东南接道张坑村，距瑞安城区约16千米。

老屋精美雕刻

据《毛氏族谱》记载，明代毛氏八始祖必达公从青田迁入瑞安二十五都云峰山，因在东寺前择地而居，取名东寺前，必达公成为东寺前村的始祖。东寺前村有400多年的历史。东寺前村原属瑞安市桐浦乡，2011年瑞安区域再调整，桐浦乡合并到陶山镇，东寺前村现隶属陶山镇管辖。东寺前村多为毛姓，少数姓林。

东寺前村建村历史悠久，留下许多宝贵的人文遗迹。宝积禅寺，始建于元朝，位于村最西北部，坐西北朝东南，规模庞大、构建精巧、气势宏伟，由前殿、前院、后院、附房等组成。后大火烧毁，现为重建。关圣庙，始建于明朝的位于流过村中溪流的尽头，坐西北朝东南，有前殿、戏台、正殿、左右厢廊组成院落式建筑。现关圣庙于近几年集资重建。庙后原有一座“心印和尚塔铭”，为明朝的石刻，2003 年被盗。村里有一处瑞安市的重点文保——孙衣言墓。孙衣言（1814—1894），清代官吏、学者、藏书家，字绍闻，号琴西，晚号遁披，斋名逊学，瑞安潘岱砚下村人，道光三十年进士；授编修，光绪间，官至太仆寺卿。孙衣言及其兄弟孙锵鸣、其子孙诒让都是瑞安重要的历史人物。村里还保留着许多清代、民国时期的老屋。该村还有求雨龙潭、双龙戏珠、棋盘岩、三条古道等旅游资源。

2014 年，东寺前村被确定为瑞安市美丽乡村建设的重点村落。2015 年，被评为浙江省历史文化村落。

山皇村

山皇村位于温州市瑞安仙降街道，距离仙降街道10千米，距离瑞安市区18千米，是古代平阳通往瑞安的咽喉之地。

原山皇村在山皇寨内，山皇寨又称山皇城，建于宋宣和二年（1120），为旧时瑞安域内10处关隘唯一的存留。山皇寨位于瑞安西泰山的山脉延伸带上，虽海拔只有180米左右，却是古代瑞安通往平阳的咽喉之地，是冷兵器时代的雄关隘口。山皇寨曾经先后驻守过官兵、土匪，史载这里也是戚继光抗倭军队的驻地，后来成为山村。

山皇寨是一座石头式城堡建筑，呈多边形，东西长，南北窄，城墙是南面、西面低，东、北面高，全寨依山形的走势修建。现在墙基基本保存完整。城墙周长约3千米，面积达100多亩。块石垒筑的城墙，最高处3—5米，断面梯形状，上宽2—3米，下宽3—5米。现在还有西、南两城门，城门呈长方形，上横铺数长条石，异常坚固。

上泽村

上泽古村地处瑞安高楼镇高楼社区东北部，依山下田山（原称壶山）西南麓而建，村落以南北长方形分布，海拔约20米。泮溪绕村流过，隔泮溪是笔架山，南为始建于南宋的孚泽庙和明代残存的上泽堡，东为壶山脚下的村公路。村落幽谧僻静，冬暖夏凉，常年平均气温17.9℃，年降水量1527毫米左右。上泽村原为水泽，后筑堤拦水，沉积为旱地，本村居北，故名上泽。

上泽古村民风淳朴，人文资源较丰富，有孚泽庙、上泽堡、兴福寺遗址等多处文物古迹。全村现有270余户，1000多人，曹姓为主。

霞岙村

霞岙村位于温州市瑞安市马屿镇，飞云江上游的北岸，距离马屿镇2千米，距离瑞安市区30千米。霞岙村属浙闽两省的交通要津，霞岙渡口从中华人民共和国成立到马屿大桥通车前，这里是交通要道，为飞云江上的第二大渡口。

据《林氏族谱》记载，明代林姓始祖从福建迁入，择地而居，一代一代繁衍至今，现在霞岙林姓占70%。因地方后面是山，中间是田，前面是水，取名为黄岙。直到20世纪80年代，因马屿片区有同名的村，才改名为现在的霞岙。过去，霞岙村隶属梅屿乡，2011年，瑞安市区划调整，梅屿合并到马屿镇，现霞岙村隶属马屿镇。

村内遗存几处人文遗址。黄岙宫，又名太阴宫，历史悠久，始建清咸丰三年（1853），至今有162年历史，几经变迁。2012年，霞岙、宫后两村民众集资七八百万元重建落成，现规模宏大。霞岙渡口的“奉宪”石碑，系光绪年间，为了保证霞岙渡口安全有序，特制订章程，立“奉宪”石碑，现存立在渡口遗址——霞岙渡口遗址。“奉宪”石碑、渡口遗址是研究、见证飞云江流域水运交通和地方社会经济发展的珍贵的历史物证。霞岙“熙朝人瑞”百岁坊，建于同治七年（1868），奉旨而筑，是纪念地方一位“百岁寿民”林昌观奉旨而建的，至今已有近150年历史，现保存完好。2013年，霞岙村成为瑞安市历史文化古村落。

泰顺县

庵前村

庵前村隶属泰顺县三魁镇，因村对面古时有庵而得名。村距县城 18 千米，村域面积约 2 平方千米，居民 1201 人，以张姓居多。

清康熙五十四年（1715），张梦鹍、张梦鹏两兄弟因不愿与外姓纷争，率家人从县城避居此地。兄弟俩披荆斩棘，艰辛创业。以后，张姓生意日繁，家产渐丰。嘉庆、道光年间，庵前张姓已富甲一方，远近闻名。家产殷富后，张姓习文练武，有例贡生、太学生等多名。

境内有“飞鹰赶兔”“帐下美人”等自然景观和“迎福宫”“古牌坊残件”“张氏宗祠”“七廇”“九廇”等人文景观。至今仍然得到较好保存的规模宏大的古民居“七廇”（指七开间）和“九廇”（指九开间）以及张氏宗祠，系清代乾隆年间所建。这些建筑布局严谨、做工精致、用材考究，具有较高的文物价值，2003 年 1 月均被列入县级文物保护单位。庵前水尾有株近千年“罗树抱桂”古树，十分奇特，远近闻名。罗树（学名江南油杉）高数十米，树身离地米许处，长出一株桂树，桂树高六七米，开出的花馥郁芳香。

2014 年年末，全村有 365 户，耕地面积 426 亩，村民人均收入 4900 元，村集体收入 15000 元。（编写：张之冰）

茶石村

茶石村隶属泰顺县竹里畲族乡，台黄线过村境腹地，村域面积 22.7 平方千米。

茶石村由茶坪村与石角坑合并，各取首字而名。现有户籍人口 1002 人，常住人口 352 人，少数民族 35 人。石角坑村，为清康熙年间福建城连罗元植公至石角坑。清嘉庆年进士、泰顺罗阳人董正扬曾到访过石角坑村，访文房四宝之纸，曾写下《久客怀归作山村杂忆十首（之一）》《晚度金鸡岭到石角坑》（诗两首），有“石角坑边去，深林又一乡。蕨根澄粉嫩，楠木种菰香。冶铁飞星火，栽蓝捣蛎房。遗文夸绝险，更与说牙阳”诗句。近 300 年来，石角坑村以竹纸传统技艺兴村，并有“竹纸，产一都，康熙三十一年，汀州人罗元森游泰至里庄，见其地多竹，因创为纸，后遂及于邻邑其利甚薄”（《泰顺分疆录·卷二·物产》）。村庄藏在竹海中，生态环境与人居完美结合。

2003 年，茶石村被推选为温州市十佳生态村，2012 年被评为温州市森林村庄。（编写：雷霄）

村尾村

村尾村地处泰顺县天关山之北，毗邻乌岩岭国家级自然保护区，隶属罗阳镇。

据家谱记载，宋崇宁三年（1104），原籍平阳的张义存徙居岭北村尾，成为岭北一带张氏的始祖，至今已有900多年。村中居住汉、畲两个民族的村民，每年通过提线木偶戏、舞龙灯、舞八仙灯、对歌等民间表演，以及百家宴、野外“踏青”，吃乌米饭等民俗活动欢度民间节庆。

村内现保存有古民居77幢、古祠堂1个，为清初明末时候浙闽山乡建筑风格，其结构独特、造型美观。屋檐下的悬鱼构建是村尾古民居建筑装饰的一大特色。4座古桥横跨于村内溪流水间，其中用花岗岩建造的石板桥已有300年历史。2004年由村中董直机老人主墨恢复的乾隆年间的同乐廊桥，是中华人民共和国成立后第一座以传统技艺建造的编梁木拱桥。村内的古道共7条约18千米，其中最具特色的千年天关山古道，全长8.3千米，古道两旁有红豆杉、香樟、檵木、苦槠、红枫等珍贵稀有古树名木50多种约2000株。天关山古道凭借它的完整性、原始性、极其独特的自然和人文景观被誉为四级旅游单体。此外有古渠1条、古井泉

6 处。

村尾村先后荣获“温州市级十佳魅力乡村”、“浙江省全面建设小康示范村”、“浙江省生态村”和首届“浙江最美乡村”等称号。2013 年被列入浙江省历史文化村落保护利用重点村。2014 年年末，村尾村有 424 户，村民人均纯收入 9436 元，村集体当年收入 13 万元。（编写：柳雅娃）

东洋村

东洋村隶属泰顺县筱村镇，东洋林氏一世祖林建［唐天祐二年（905）内阁长史］为避乱于后唐同光三年（925）迁居泰顺筱村东奥（新楼），后其五子均定居东洋，在此繁衍生息。

东洋村现存的古民居有三片，分别为门楼外古民居、新厝下古民居、西村门古民居。最为出名的当属门楼外和新厝下两处古民居。其中门楼外古民居位于东洋村门楼外，其特色一是它的二重门结构，一进门楼为砖石做，突出了防御功用，二进门楼为木架结构，显得温和而实用；特色二是宅中铺满了大小均匀洁白如润的鹅卵石，其中还用瓦片或深色石勾勒出鹿、鹤、蝙蝠、花瓶、花篮、鲤鱼跳龙门等图案，令人叹为观止。新厝下民居特色为木雕，其廊檐木雕繁缛而精致，门窗隔扇、斗拱和牛腿的雕刻都非常逼真，“二进民居”厅堂门上、中绦环板和花心的镂空雕饰更是堪称精妙绝伦，足以让人啧啧称奇。

村内有一座端庄典雅的国保廊桥“文重桥”，距新厝下古民居150余米，与玉溪下游另一闻名遐迩的“文兴桥”遥相呼应，有“文化重兴”之意。东洋村历史上曾有过两处书斋，现存书斋称为“东洋书斋”，建在林氏宗祠的右侧，为东洋林氏三房后裔林凤鸣、林方任（时任杭州新城儒学正堂及杭州训导）父子于乾隆二十五年（1760）建造，为三房私塾。民国初年，始招全村子弟入学受教，时称东洋书院，并聘请泰顺名士许笃仁先生授业教学。

2014年年末，全村有农户784户，耕地面积753亩，村民人均纯收入6200元。（编写：王珊珊）

峰文村

峰文村隶属泰顺县彭溪镇，位于泰顺县城东部42.4千米处。峰文村原名凤门，明代就有叶氏居民居住于此，据传叶姓随义军抗击暴政，被官兵抄族。清雍正丁未五年（1727），峰文始迁祖林文魁从平邑北港薛岙（今平阳县腾蛟镇龙凤山）迁徙定居于此，时称蜂门。民国初期置凤山乡，建国初置峰门乡，因县内重名，1952年更名为峰文，1958年称峰文大队，1984年5月改称峰文村。峰文村是典型的革命老区村，也是被誉为“爱情村”的历史文化村落。

峰文村海拔630米，居山岙地，山环水抱，古树参天，环境优美。“红军路”穿村而过，直通白柯塆中共闽浙边临时省委成立旧址、中国工农红军挺进师纪念馆，与小南山中共浙南特委成立旧址仅一村之隔，是重建红十九师旧址、峰文大战旧址所在地。辖地内的峰文大峡谷巍峨壮美、三角尖峰（海拔1200米）耸峙如门。村中多对成双结对的百年红豆杉朝夕相伴，“狮子踢绣球”、飞凤上山、蜂穴自然景观形象逼真、栩栩如生。原村名凤门、蜂门、峰门，源于飞凤上山、蜂穴、三角尖的自然地理景观。村落东、南、西、北四面对应着旗杆宫（现重建红十九师纪念馆）、大坪宫、毓英宫、盘古宫四大宫庙。其中毓英宫是峰文村最大的宫庙和主要的祭祀场所，供奉马仙娘娘神像，其背靠卧狮弄球穴，面朝七星献寿之灵峰（又称七星墩、寿桃山），是峰文人心中的福泽之地。每年七月初七在此举行的祭祀、求福、聚会活动是七夕民俗的核心内容。

峰文村是温州市爱国主义教育基地。2014年年末，全村有441户1570人，耕地面积392亩，2014年村民人均收入7000元，村集体当年收益2.8万元。（编写：夏叶琼）

埠下村

埠下村系雅阳镇 27 个行政村之一，地处浙闽交界，位于省级自然保护区承天氡泉缓冲区，东临福建福鼎市，南、西接吴家墩村，北靠有着千年古刹宝林寺的白巢村，雅承线穿境而过，是往承天氡泉必经之地。埠下远古一片汪洋，鸟瞰此地，明显的一条河床源此流经白巢、浙南氡泉大峡谷、库口、福鼎而入海。现在偶尔还能在地里挖出各种形态的贝壳，极可能先人在此筑码头设埠，也许埠下之名由此而来。

埠下村廊桥

埠下村境内有廊桥、连理古樟、千年古道、抗倭遗址等。清中后期，埠下曾名温州府瓯海道归仁镇归仁乡。这里的商业贸易曾红极一时，特别是埠下印石前（现名岭仔尾）至排岭这条浙闽千年古道的馆、堂、店、楼及传统技艺作坊等共计 50 多家，茶馆、酒馆、旅馆（客栈）、药铺、南北货、布匹、鱼米、粉干、柴禾、烟花、豆腐坊、瓦瓷窑、日什百货、铁器、裁缝、木偶剧团、马灯队、钱庄、赌馆等，商埠林立，盛极一时。曾一度被认为早已失传的源于宋代的烟花木偶，至今仍有传承人生活在本村。而埠下村的打马灯、抬铁技、吊九楼等民俗活动更是久负盛名。

埠下村辖6个自然村，耕地面积826亩，林地面积3445亩。全村共634户2338人。2014年，村级集体收入3万元，人均收入8800元。2009年和2012年被评为省级和市级绿化示范村、卫生村。(编写：陈贵强)

国岭村

国岭村隶属泰顺县雅阳镇，位于镇城区 14 千米的西北角，北临泗溪廊桥 4 千米，是一个历史悠久、文风昌盛、明贤辈出的古村落，又是泰顺

国岭王氏宗祠

县二级革命老区村。四面青山环抱，俨似一座天然城堡，只有东、南、西、北四个鞍门通向村外，四达皆岭，得名“国岭”。下辖 4 个自然村：冥斋岩、山头仔、下柘头、水尾，全村区域面积 3. 855 平方千米，常住人口 1287 人，95%为王氏。始祖王逌为避战乱，于北宋宣和年间从平阳象岗迁居国岭，至今已有 800 多年。

国岭村山清水秀，风光旖旎。最著名的景点柳家尖，主峰海拔 1056 米。登上峰巅可俯瞰浙闽大地，天气晴朗时可远眺闽海，更吸引人的是云海景观。山上有终年不竭清泉，清冽爽口，宋人称之为“圣泉”。清光绪甲午年间在主峰之巅建石宫，曰“天下第一山”，香客络绎不绝。还有冥斋岩、莲花岩、狮子岩、蛤蟆岩、头基岩、金龟上山、石合洞等自然景观。

塔头底村

塔头底村位于泰顺县雅阳镇境内，为季氏家族聚居之地，始建于清康熙年间。塔头底季氏始祖茂龄公为明成化四年（1468）举人，在癸卯年间（成化十九年，1483）考中登上皇榜的进士身份提拔任高邮府尹，为官四年，以政绩闻名；成化二十三年（1487）升迁翰林学士，之后辞官隐居，于明正德戊寅年（1518），由丽水景宁梅岐故里迁居泰顺雅阳大坪洋后湾锁寮。

据村《季氏宗谱》记载：清康熙己未年（1679），其后裔德重、德立二人游经塔头底，观其景色美丽，茂林修竹，秀山清泉，水源充足，地形山脉似回龙顾祖，五猪围槽，面向笔架山，捍门巨兽把水口，甚合风水格局吉地，遂从锁寮迁移此地建屋定居，因水口捍门山顶有般若古塔，故取名塔头底村。

塔头底季氏始迁祖德重、德立等人来此定居时，最早先建造下厝，下厝为五祖厝，大厝底新洋季氏子孙后代无不是从此分出。旗杆底、中央厝、旁厝亦称旧厝，尾座厝为国和公长子正华同弟分别先后依次而建，是塔头底国和公派下子孙定居房。塔头底古村落房屋构建格局，均以古代四合院三进或二进式全木构建，前一进为门楼，中进为正式住房，最后一进为火房。该古村落房屋虽然不是富贵大户人家雕梁画栋建造，却也有古时代一种民房代表性的特色，而逐渐形成的一个完整的自然村落。如今季氏后裔1800多户5000多人，大部留守本埠雅阳外，还有迁居福建福鼎的杨梅溪、梅溪、塔下、贯岭、龙安等地，可谓人杰地灵、子孙满天下。塔头底村是省级历史文化名村。（编写：季永族）

库村

库村位于筱村镇锦库社区（原新浦乡），始建于晚唐时期，距今有1200多年的历史，是唐宋遗风的古村落。村落背山面水，平面呈半月形，规划严整，布局合理，11条小溪从山谷中流出，汇成库水注入南浦溪，由于山峦重叠，人们站在山上只能看见溪水汇入谷地，却看不见流出，民间说法是风水在此汇集，形成了天然的风水宝库，故名库村。又因街巷、山墙等皆用鹅卵石砌造，库村也被称为“石头村”“鹅卵石的城堡”。

库村是以吴、包两姓为主的血缘聚居村落，唐进士长溪知县包全、唐谏议大夫吴畦分别于元和七年（812）、乾宁三年（896）迁入库村，千余年来，包、吴两家坚持“耕读传家”，开启了泰顺耕读文化之先河。南宋中期，小小的库村先后拥有三个书院。另据县志记载，唐五代两宋时期本境考中文武进士共有82位，而单单库村的吴氏后裔，在两宋就占了19位，学风之盛由此可见。

古村落现存古建筑房屋大小70多幢，其中明清前建筑有衣德堂、食德堂、恒德堂、“外翰第”等19座。除古民居外，主要历史遗存有吴畦陵园、世英门、清阴井、锦绣谷、三友洞、古戏台、牌坊和古树、古道等。

库村于2006年被评为温州市历史文化街区名村（镇）。2014年年末，库村共有常住人口2512人，其中户籍人口2198人，村域面积7.8平方千米，村民人均纯收入6900元，村集体收入4.8万元。（编写：潘韦奇）

林岙村

林岙村属泰顺县百丈镇，是泰顺县保存最完整的古村落之一，距离县城 67 千米。全村共 5 个自然村，户籍人口 1191 人，常住人口 300 人，2014 年村集体收入 1. 5 万元。

林岙村坐落在包垟社区西面的山谷中，西北邻飞云湖，三面环山，其后有一个千年历史的树林，一年四季枝叶繁茂、花果飘香。民居多为清代建筑，坐北朝南，由内外门楼、正屋、左右厢房组成传统民居。现有古民宅 11 处、古祠堂 1 处、古牌坊 3 个，还有古桥、古道、古井泉等历史文化实物。其中林秉权故居，是一座具有百年历史的两层木结构古民居，占地面积 2800 平方米，建筑面积 3600 平方米，由 11 间正屋和两边各 3 间厢房组成。该故居有两进门楼，外门楼单开间，歇山顶，门框门楣质地为青石；内门楼为木结构，三开间，进深三柱五檩，抬梁式梁架，歇山顶；内外楼有 21 级，由块石条石砌成。大院为三合院式建筑。天井正中设通道，块石铺成几何图形，两侧条石压边。正楼二层重檐悬山顶，七开间，进深七柱九檩，带前廊，抬梁式结构。明间为穿堂敞厅，檐柱架斗拱，檐口置瓦当滴水，花草纹饰。两侧重檐悬山顶，四开间。故居门楼挂黑底金字木匾“林秉权故居”。(编写：吴乐乐)

上交洋村

上交洋村位于泰顺县城东大门郊区，常住人口960人226户，曾氏人口达到90%以上。村域总面积4456亩，其中耕地面积490亩，林地面积3300亩，2014年村集体经济收入8万多元。清嘉庆年间，福建泉州同安同严邑风俗强悍，争夺相杀，盗贼滋炽，社会环境很不安定，肇作之子奎象在得到父亲的支持后挈伴直抵平阳。在桥墩门一客邸遇到一人，其告知："泰顺乐土与桃源之地相比，只多一赋税耳！"奎象闻知大喜，欣然前往，时为嘉庆十四年（1809）。奎象往温途中嘉庆二十年（1815），也就是奎象考察交阳后的第七年，肇作挈眷举家迁徙到泰顺交阳，当年肇作已63岁，一家共15口人聚族而居。

曾氏乔迁交阳，肇基于此地后，支派繁衍，世代荣昌。传至第八世，烟火已达60余家。"男耕女织，户裕家饶。有礼让风，无苦窳习。弦诵之声不断，文学之秀朋兴。可称全邑之模范村焉。"在这种长期安居乐业的环境下，曾氏一族出了不少人才，至清季科举停止，全族功名计有举人1名、恩贡1名、文庠生3名、武庠生6名、监生24名。"其光祖宗，可谓荣耀于当时矣。"（编写：曾文利 曾文权）

桥西村

桥西村是雪溪社区政治、经济、文化的发展中心，全村共245户981人。从村头至村尾1.5千米，是一个人口居住十分集中的村庄。

桥西村是一个休闲人文观光旅游村。国内外闻名的“胡氏大院”古民居建筑群恰好在村中心地段，每年接待游客2万人以上；三魁溪、东溪溪汇合而成的宽阔、清澈的溪流在青山的衬托下显得格外秀丽。

胡氏大院位于仕水流域雪溪过境段的西岸，是一处大型的合院式建筑群，由主体建筑胡氏大院和附属建筑胡氏大宗祠、胡氏小宗祠、凤垅厝、外垟厝、胡氏书斋等构成。主体建筑胡氏大院坐西朝东，为结构对称的“吕”字式二进院落，占地面积4500多平方米。胡氏大院做工精细、布局严谨、用材讲究，在其周围环绕着胡氏小宗祠、胡氏大宗祠、凤垅厝、外垟厝、胡氏书斋等清代建筑，与胡氏大院一同构成一个规模宏大的建筑群。2005年3月被列为浙江省第五批文物保护单位。（编写：罗雅恋）

溪东村

仕阳镇溪东村是仕阳社区政治、经济、文化发展中心，全村共有1169户5167人，是一个人口居住十分集中的历史文化村庄。

溪东村有文字记载的历史已有1000多年，民风淳朴，景色优美。似蛟龙凌波的仕水碇步，配以青山、碧水、沙洲、汀兰，如诗似画。仕水碇步位于仕阳镇溪东村村南仕阳溪上，清乾隆五十九年（1795）建，嘉庆二十五年（1820）重修，系双层结构堤梁桥。碇步共223齿，全长136米，规模宏伟，造型优美，技艺精湛。仕水碇步于1985年被列为泰顺第二批重点文物保护单位，1989年被列为浙江省第三批重点文物保护单位。

溪东村有许多具有历史文化研究和保护利用价值的民居古建。现在保存较好的只剩清代古建筑。其中有林氏四房底建筑群，叫“故厝”，它不讲究对称，顺其自然，因地制宜。建于乾隆初年，双层楼，北面正屋九扇，东西厢房各四扇，木结构门楼，东、西各两间，形成四合院。廊檐的弓形木拱条，镶嵌梅、兰等图样的天井，匠心独具，实用性与艺术性兼优。从故厝尾扇向西，就是“横厝”，七扇，没有厢房。从横厝南侧石阶下去，就是“下厝”。房子有正屋七扇，左、右厢房各四扇。建于嘉庆年间，是仕阳最为精致的房屋。画栋雕梁惟妙惟肖，都是珍贵文物。下厝南、北各连接着一座五扇的房子，称为“厝仔”。下厝后面可以直达“北厝”。正屋七扇，无厢房。此外，保存较好的还有上胡厝、下胡厝、底旗杆、外旗杆、“新厝”等。仕阳碇步龙被列为省第三批非物质文化遗产。（编写：罗雅恋）

下排村

下排村位于仕阳镇的南部，是福建福鼎进入仕阳镇域第一个“路口”，距离仕阳镇政府6千米，距离国家级文保单位仕水碇步景区6千米，国家级文保单位茂竹园土楼4千米，全村共576户1813人。

下排村居布局相对集中，依山而建，沿公路呈带状分布，小溪从村中而过。村庄边上有小二型水库，环境优美，是个避暑的好去处。村周围山清水秀，环境优美。村中有小溪绕村而过，小桥流水，涓涓不断。公路从村中穿过，交通方便，南来北往，车水马龙。村内巷道纵横交错，村前池水明清如镜，村外群山环抱连绵。

下排村是个革命老区村，距今已有400多年的历史。村内老房子众多，比较典型的有后洋底吴厝，刘英、叶飞等老一辈领导人曾经在此活动过。1934年闽东游击队在万排建立了中共泰南区下排党支部及苏维埃政府，领导群众开展抗租、抗债、抗税和打土豪、分粮食的斗争。（编写：潘雪剑）

台边村

清朝黄、吴两姓氏迁入台边员州，经过百余年的发展，昔日的员州成为今日拥有包括园州在内6个自然村的台边村。村域面积4.466平方千米，村庄占地面积5374亩。2014年村集体经济收入2.69万元，人均年收入11570元。全村户籍人口1178人，常住人口732人。

园州作为台边村最古老的一个自然村，也是台边村最早的发源地。据《黄氏宗谱》记载，黄氏先祖博十为避乱，挟青囊以遨游，途中闻知浙瓯山水名胜，只身前往。入瓯期间，泰邑人士邀他进泰择地，博十入泰后见圆州后有靠山，前有案山，左右为护砂，堂局分明，地势宽敞，且有“玉带水”曲流环抱，乃“四灵地”，风水极佳，便携家眷在此安居，而后就形成了现今的台边园州古村落。

园州作为泰顺迄今为止保存最完整的古村落之一，现存四座古厝、一座宗祠，分别是洋头厝、老厝、吴厝、外厝和吴氏宗祠。四座民居在总体建筑风格上非常接近，均为合院式，二重门楼，民居围墙高筑，一进为砖石木构筑的牌楼式门楼，彩绘处处可见，且用色较多，这是圆州民居的一个特点；吴氏宗祠建在黄氏洋头厝的右边，四围筑墙，规模不大，仅二

进。一进为门楼，牌楼式，悬山顶，阔三间，深二间；二进为寝堂，梁架上悬挂一匾额，中书“洛中遗老”四字，系泰顺县儒学署正堂事吴若庚为生员吴正口、耆宾吴君岳立，年代为康熙四十年（1701）。寝堂木构梁架为抬梁与穿斗混合结构，屋架九檩。吴氏宗祠与四厝相比较显得不那么考究，这跟宗族的财力有一定的关系。

瑞岭村

瑞岭村，曾名石岭，位于泰顺县南面，地处闽浙泰顺、寿宁、福安两省三县交界处，距离县城 30 千米。全村姓董，是泰顺境内唯一一个单姓聚族而居的血缘古村落。据《董氏族谱》记载，周威烈王时太子太保、显谟阁大学士董轩公之后裔大致经历陇、晋、苏、粤、赣等省辗转后，其中一支于唐末迁入泰顺，元武宗至大三年（1310），董轩第七十五世孙董文骤（泰顺洲滨第一世）迁徙瑞岭肇基，至今 700 多年，繁衍 24 世。2015 年，全村耕地面积 600 多亩，人口 227 户 927 人，村民人均收入 8000 元，村集体收入 2 万元。

村庄依山而建，坐北朝南，山清水秀，民风淳朴。村内景点众多，村头三幢保留完整古民居，2014 年被列为温州市第二批保护村落。其中昌桥底建于清乾隆二年（1737），占地面积 2000 平方米；柏榠底建于清乾隆二十四年（1759），占地面积 1600 平方米；旁山许建于清乾隆二十六年（1761），占地面积 1500 平方米；村中两条“阴阳”溪，一由东向西，一由东北向西，汇聚于村尾。村尾文昌阁，建于清道光二十年（1840），占地面积 200 平方米，为三重檐楼阁式建筑，2015 年被列为温州市第一批重点保护文物；董氏宗祠建于咸丰十一年（1861）；龙游寺建于清同治元年（1862）。此外，还有大王宫、瑞祥楼、仙台宫等名胜古迹以及传承上百年的舞龙队、三月三百家宴、四季祈福祭祀等民间习俗。（编写：董宁波、董正东）

西溪村

西溪村地处泗溪镇东、南、西、北四条溪流中的西部溪流，故称此地为西溪村（以往也有称泗溪头、西溪头村等名）。村中有周、林两姓，周姓于明朝万历年间（1573—1619）从庆元县后溪周氏宗祠名下迁居于此，而林姓约于南宋年间从泗溪下桥分支迁居此地。看来迁居时间一前一后，但目前所属地盘、人口、习俗等基本相同，一居上游周姓上垮自然村，一居下游林姓南阳自然村，两村行政管辖时分时合，人情也时睦时仇，但长期相处，双方难免出现各种问题，不过都善于相互谅解、相互克制，故而平安过日。

西溪村的上游有半路、李洋、夏炉等10多个村的溪水汇流直下，自然地形构成了多处雄伟壮观的瀑布，瀑布以下渐趋平坦的河谷，狭长的两岸有农田、民居、桑竹之属构成了山水秀丽、风光旖旎的西溪村。村中除了村头的四折瀑布和村尾的“鲤鱼上滩”等自然景观外，尚有国家级保护的古树10余株。更有古寺3处、古祠3座、古民居20多座、丁步2条等，保持着古色古香的原始状态。在这个风光秀美的小山庄里历代出有进士、武举人、贡生、文武秀才，真可谓人杰地灵、人才辈出。2014年年末，全村有农户276户，耕地610亩，村民人均纯收入9100元，村集体收入0.75万元。（编写：周万巩）

下桥村

泗溪镇下桥村素有“泗水洄澜”之称，系南溪、东溪、北溪和西溪4条溪交汇而成的山间溪谷盆地，溪旁为成片水田，又以梯田形式沿山势而上。下桥村在唐代时便有人定居，该村主要姓氏有林、汤、陈等。林氏始祖林建，闽建阳人，唐内阁长史，唐亡不受梁命，于后唐同光三年(925)，从福建莆田北螺村迁居筱村龙须岩下，亦是看中下桥“逢荒不饥，逢兵不乱；山可樵，水可渔”，于宋建隆二年（961）迁居下桥后池。

“田中有村、村中有田”为下桥村原始村落风貌。下桥村传统民居基本留存，主要位于后池。后池片民居置于田野之中，集中连片，后山竹木拥翠，前方北溪潺潺流过，依山、临田、面水分布。南山底聚落历史环境风貌保存完好，村落他处也有民居散在分布。民居建筑质量良好，仍有部分居民继续生活使用。

林建迁居下桥后，世代务农，到了第五世孙林韶，在下桥花园开设儒蓝宅学馆，招收族人及四方弟子从学，从此林氏家族科甲蝉联、文士辈出。自北宋熙宁三年（1070）至南宋咸淳四年（1268）的198年中，下桥林氏家族中文武进士者达43人，其中具有学士衔者18人，时称“十八学士”。花园遗址和位于下桥东山的林韶墓是“十八学士”文化的见证。

“姐妹桥”为中国古代拱桥的杰出代表，被誉为张择端《清明上河图》汴水虹桥的活化石，是第六批全国重点文物保护单位，并已被列入2012年更新的“中国世界文化遗产预备名单”。北涧桥坐落于东、南、北三溪汇合处的古渡口，建于清康熙十三年（1674），嘉庆八年（1803）重建。桥下溪流相聚，桥畔千年古樟参天而立。距北涧桥东南500米处有溪东桥。溪东桥始建于明隆庆四年（1570），桥旁有祭祀场所陈大翁宫及浙南最大的临水殿。姐妹桥无论在桥址选择，还是内外体形结构上的科学性、艺术性、历史性，堪称世界独一无二。姐妹桥不是简单的交通建筑，还兼具民间的风水观念、宗教祭祀、商贸集市、娱乐社交、婚娶祈嗣及公德教育、人文教育等诸多功能。

除了廊桥和传统民居，下桥村传统建筑还有水尾宫、宗祠、寺庵、丁步、古渠、古（水）井、古墓、古道等。下桥村还拥有中国木拱桥传统营造技艺（联合国教科文组织“人类急需保护的非物质文化遗产名录”）、提线木偶戏（国家级非物质文化遗产）、陈十四信俗（省级非物质文化遗产）等非物质文化遗产。

下桥村于2012年入选浙江省历史文化村落、温州市重点历史文化村落。所隶属的泗溪镇也于2012年被评为第四批浙江省历史文化名镇。2014年年末，全村有农户768户，耕地645亩，村民人均纯收入9300元。

仙居村

仙居村隶属泰顺县罗阳镇，位于泰顺县城东北面，距离县城 10 千米，境内风景秀丽，美如仙境，有松林烟雨、东岱横云、长桥夕虹、灵幢晚钟等名胜。

关于“仙居”地名，当地《张氏宗谱》载，“名仙居者，先是五代时，马氏二女尝修炼于此，二女女仙也，而居焉，后之人慕之，因名。为仙居之名，此盖其始欤”。自唐宋以来，仙居先后有项氏、陈氏、金氏、徐氏、沈氏、张氏等入迁，历史上以徐姓与张姓最繁盛。

仙居村已有 1100 多年的历史，具有悠久的历史和丰厚的乡土文化。

仙居村整体沿溪呈东西方向排列，遵循了“背山面水”的选址原则，村落前面有条仙居溪，形状正如玉带一样，又称有“腰带水”。仙居村主要由村巷和沟渠系统构成基本框架。这种框架划分成不同性质的区域，如文教中心、娱乐中心、休闲中心、礼制中心等。仙居村共有南北主要传统街巷四条，自东至西为：徐宗巷、三阶步、红古档、石门楼路。仙居村水系设计较为简单，但功能系统严密，村内排水沟渠纵横交错，形成网状，除供水外，还有排水，都靠自流的形式，所以沟渠系统就成了村落规划的先决因素，决定了村落的竖向设计。传统民居在选址上趋向“坐北朝南，背山面水，前有屏障，后有依托，左辅右弼”的境界。

2003 年，仙居村被列为泰顺县第一批历史文化保护区。2014 年年末，全村有 351 户，耕地 824 亩，村民人约纯收入 7000 元，村集体收入 7.5 万元。

新联村

新联村隶属泰顺县雅阳镇，位于镇中心西北侧，与名胜氡泉相毗邻，泉眼直线距离仅2千米，东面直望和平村塔头底古村落，西侧紧挨百福岩廊桥和百福岩古村落，东南与中和村交界，山界与柳峰和上岚接壤。村辖区有9个自然村，全村面积7.4平方千米，其中耕地面积744亩，林地面积8242亩。全村常住人口3285人，农民人均收入7009元。

季氏宗祠

新联村是泰顺山区的大村，村内有明清时期建筑的季氏宗祠。宗祠相望有一处古树群，站在岗坝村的古道上远远相望的古树群像一朵刚刚出土的绿色蘑菇，又像绿色的燕巢，绿色蘑菇里有一个小小村庄，这个破旧古老而又失修的小村庄叫塔尾村，改革开放以来这个村的居民大多都搬迁至村边附近的开发区域。清代时期塔尾村就曾被誉称“书生门第之家”，此誉非浪得虚名。《毛氏族谱》记载着清代雍正年间毛起南子孙三代（毛起南之子毛聖泮，之孙毛大椿）均被恩授迪功郎之衔。清朝年代在贫穷的农民家庭中，毛起南对教育子女拥有非一般人的方法和魄力。毛氏史书记载毛起南为日祯公弟五子，字春榕，号振东，平生赋性纯朴，言行不苟，温恭处世，勤俭持家，见人穷苦竭力扶持，且教子有方，一堂苟兰桂雍雍睦睦。至今塔尾老屋还挂着当时清代届时温州知府及泰顺县令赠送毛起南六十寿和七十寿“芝兰挺秀”“弘德荣裕”的牌匾，代代相传教子做人思想品德教育典范。（编写：毛方慰）

徐岙村

徐岙村位于“省级历史文化名镇”“东海文化名镇”的泰顺县筱村镇，是泰顺县保存最完整的古村落之一。徐岙为吴氏血缘村落，乡民为纪念宋宣和年间抗倭名将徐震（忠训郎）将其地称为“徐岙”，后又在村中立祠祭祀。后库村吴畦（唐谏议大夫）五世孙吴承褚由库村迁居筱村柏树底，越几世后，后裔吴莱羡徐岙“曲径坦途，引人入胜，崇峦叠嶂……自成幽秀”。于宋端平三年（1236）自柏树底迁居徐岙，700多年来，吴氏家族“诗书礼相传，簪缨相继，可谓能光其祖、显其宗矣”！

徐岙底古村落，前有玉溪萦绕，后倚金山，左右群山环抱，奇峰对峙，似龙虎踞镇之势。村落内小溪自南向北汇入玉溪，村中山泉潺潺、古树苍翠、环境优美。一条鹅卵石径逆溪而上，贯穿全村，成为古村落骨架，间或有横巷交织，共同构成网状脉络，街巷两侧古民居依脉而生，错落有致，密集、散列兼有，农田、菜畦散落其间，形成“田中有村，村中有田”的典型山区村落风貌，并与国宝级廊桥“文兴桥”南北方向遥相呼应，形成“古桥配古村”的优美格局。村内主要建筑有文元院、举人府、水尾厝、吴氏宗祠等，并有忠训郎庙、三井、七齿石丁等人文景观，具有多方面的文物研究价值，与古村落相匹配的风土民俗主要有乌衣红釉、六月六禳神节、筱村木偶戏等。

2014 年年末，徐岙村共有 382 户 1359 人，全村总面积 5843 亩，有耕地面积 500 亩，林地面积 3155 亩，村民人均纯收入 6700 元，村集体收入 4 万元。（编写：叶春岚）

百福岩村

百福岩村位于泰顺雅阳镇，地处泰顺县雅阳镇西南边，东、西、北接新联村，南接雅阳坪村，距泰顺、福鼎城关不足50千米，离同三高速公路分水关入口处仅31千米。省级文物保护单位百福岩村因村后有一岩石颜色奇异，恰似食物“白腐”，故早期村名称“白腐岩”，后周氏族人改名“百福岩”。百福岩村为多姓共居的古村落，有周、李、林、叶、卢、姚、马、施等姓氏，唯周氏繁衍最盛，且民居密集，形成聚族而居的家族区域。

百福岩村中保存完好的古代民居建筑系周氏所建，周氏所建六座古宅中，以旗杆底、石门楼和与其相邻的中央厝最为精美。百福岩古村落的格式很有特点，旗杆底：为三进三合院式，门楼梁架结构为穿斗式，悬山顶，面阔有三开间，正脊两端饰鼻子，中墩作腰花。正房面阔七开间，歇山顶，正脊两端饰鼻子，中墩饰腰花。左厢房面阔五开间，中间为厅堂。第三进面阔七开间，悬山屋顶。旗杆底厝系周定槎建造，定槎，讳永清，字镜海，“颖异多智，略寡言笑，自幼严重如成人，及长嗜学，笃行威望著于乡人……亦善于治产，昆仲异居后恢拓阡陌，独起第宅，赀累巨万……”旗杆石，想象一下古时候中了进士、举人的人家，屋前竖起代表身份地位象征的旗杆一定很威风！“壬”字悬鱼，表达了祈水乐民的寓意。鱼为水中生灵，水深任鱼跃，壬、癸五行方位代表水，根据古代传统五行相生相克原理，水能克火，木构建筑极易遭火灾，古人认为雕刻与水有关的图案文字，可起到镇火并消除火患的作用。（编写：周大吕）

阳山村

阳山村原属洪口乡的一个行政村，位于洪口花品坪之间（洪口到阳山约2.5千米），有田300多亩，约300多人。阳山村虽是小山村，但历史悠久、人才辈出，人文资源丰富。据传说，该村村头有寺院，村尾有尼姑庵，遗址现在人们称佛堂底。此外，古代还有人在徐家垅、叶坑底等地住过留下的老地名。

古民居承载着乡土百年的历史记忆。随着时代的变迁，城市化的进程加快，这些“老宅子”往往年久失修，濒临坍塌、荒弃。因此，对阳山古民居进行修缮就是在充分发挥百丈镇自身生态优势和村落特色的基础上，通过对历史文化古民居的修缮、生态环境的改善以促进农村各项事业的全面进步，力求使阳山村的历史文化古民居焕发新的光彩。洋头刘氏故居建于清宣统元年，历时106年，古建占地面积约1500平方米。外店刘氏故居，刘奇顺屋，历时100多年，家族有四代医家，有一位县长，古建占地面积约800平方米。阳山后刘氏故居，第十一世祖含斋公于道光元年（1821）始迁阳山，十三世祖瘦峰公仔光绪后期荣建此屋，房开七刘二厢房二横楼，占地三亩余，历经三朝二甲子风雨，孕育数百人。（编写：刘曾荫）

张宅村

张宅村是三魁镇所在地中心村，村中心海拔439.40米，包括原张宅、金家坑、塔头3个村。本村人口2257人，外来流动人口2700多人。全村总面积9089亩，耕地面积813亩，林地面积6501亩，茶果园面积783亩，人均收入6100多元。

张宅村东面倚山，南面与秀溪边接壤，西面与秀水溪为界，北与薛外村相邻。三魁镇张宅村，古称龟岩，后多张姓聚居，更名为张宅。据泰顺《分疆录》与张宅村《张氏宗谱》记载，张氏先祖于南宋时为躲避战乱，从河北清河迁到泰顺三魁。

张宅村传承着许多传统的民间活动，其中百家宴是传承最完整的民间信仰活动。张氏后裔每年正月十五都要举行祭祖活动，祭祖时举办“祠堂饭”，其目的是“聚宗亲，商族事，祈上苍，保平安”。后来外姓人也加入其中，逐渐演绎为与邻村之间的联谊聚餐，意为迎春之福，祈求新的一年风调雨顺、国泰民安、五谷丰登、六畜兴旺，渐渐又演变成了一场元宵节的大聚餐。在活动中除了祭祖，还要祭拜地方神祇木偶戏神王乞佬、陈十四娘娘。发展至今，有越来越多慕名而来的客人来参加百家宴，内容也由过去单一的祭祀活动发展到如今唱大戏，演木偶戏，舞龙灯、马灯、狮子灯，踩街游行等民间传统文化节日。

2008年浙江省文化厅授予张宅村“浙江省民族传统节日保护基地”，2009年百家宴被评为“浙江省非物质文化遗产普查十大新发现入围终评项目”，2010年张宅村被授予“温州市非物质文化遗产传承基地”。（编写：张光辉）

洲滨村

洲滨村处泰顺西南与闽寿宁县交界的古道上，东北与洋溪、南院毗邻。现隶属罗阳镇，洲岭社区住地。洲滨境内群峰属洞宫山脉，呈东北—西南走向，海拔430米，多山地丘陵，四季分明，属亚热带季风气候。

晚唐（907），周姓从福建宁德迁“石邦”（洲滨。因多石，故名），至今1100余年。康、乾时，是移民与开发的鼎盛。砌堤成岸，遂成一水分两村的格局：东洋深、西周湾，更名“洲滨”，意即临水之村，可以克火。嘉庆初，多外出经商返乡建房置产。现存古民居，均此时构建。民国时，洲滨遂成大商埠，每天食盐交易在1000担以上，闽赣瓯等地商贾常集于此，是经济最繁荣时期。

全国重点保护文物——毓文桥

洲滨村名人辈出，有同治时任绍兴府训导吴世芳，民国初任闽省府秘书处主任、陕西特税局长要职的范俊人等。洲滨村重文兴教，历百余年的洲滨小学曾有在校生1200多人的辉煌，学子有就读于北京大学并在清华大学、中科院等单位工作，更有毕业于耶鲁、加州等名校的博士。洲滨村人文荟萃。毓文桥与三条桥、古民居、马灯舞、百家宴、东坡肉等自然与人文景观都闻名全国。

洲滨村曾获省文化示范社区称号。目前村域面积28平方千米，共有958户3670多人。2014年村民年均收入0.58万元，村集体收入4.35万元。（编写：庄美双　吴承许）

竹里村

竹里村隶属泰顺县竹里畲族乡，228 省道穿村西北部，台黄线过村境腹地，为乡政府驻地。

竹里，原名竹垟。唐宝历元年（825）进士徐相避乱，从金华迁徙定居竹里溪下游木棉村一带。唐时建无相寺。宋代徐奭为温州历史上第一位状元，开创浙南人文先河，还有徐暹、徐履、徐宏中三位进士，而后徐姓外迁村废。存留永嘉学派代表人物叶适《无相寺道中诗》。明初，徐姓从竹里溪下游入迁，始建村。王姓入迁，曾建王厝（2007 年拆除）。金山垄《冯翊郡雷氏宗谱》载：明万历年间，雷调庆、雷调光从景宁县东盛（在今景宁东畔）迁居竹里村梅花垟丁步头，为最早入迁泰顺畲族先民，其派下分居竹里境内、外各地，还有蓝、钟、李姓 6 支畲族入迁。100 年前，陈姓建有陈厝。2015 年年末，全村 31 个自然村 55 个姓氏居住。

畲族文化广场

竹里村是浙江省畲族生态文化保护区，也是泰顺三月三民俗发祥地。相对封闭的环境里繁洐生息 450 多年，其民族特征得到保护。现有畲族民歌传承人 8 人，畲族谚语、畲族医药、彩带编织传承人各 2 人，畲族民俗、婚俗传承人各 1 人，并被列入县市非遗保护名录。2005 年举办首届“三月三”畲族民歌邀请赛，2010 年改为瓯越畲族风情节，2014 年为浙江省畲族三月三旅游节。

竹里村为浙江省畲族生态文化保护区之一。2014 年年末，全村有户籍人口 1356 人，常住人口 850 人，少数民族 998 人，耕地 887 亩，林地面积 21327 亩，村民人均收入 8200 元，村集体收入 1. 77 万元。（编写：雷霄）

左溪畲族村

左溪畲族村坐落于泰顺县北部，司前畲族镇南1千米。村内主要居住着蓝、雷、钟三姓畲民，是畲族“大杂居、小聚居”分布现状中“小聚居”的典型村寨。据族谱记载，三姓畲族先民分别于清顺治十一年(1654)、清康熙甲寅年（1674）、清雍正乙巳年（1725），从景宁县四格驮马庵（今澄照乡金丘村）、平阳章山（今青街畲族乡）、青田培头（今文成县富岙乡培头村）等地迁来左溪，聚族而居。祖先均从广东凤凰山辗转迁徙而来。在历经300多年的刀耕火种、繁衍生息，在村内又形成了赤潭、筱条、阳斜等20余座畲族小村落。其中又以赤潭古村落保存最为完整，其民居建筑表现得最有特色，同时在共生的条件下又形成了比较一致的生产、生活方式和风俗习惯，构成了民族特色鲜明、生活丰富多样的完整体系，在产业结构、民居样式以及风俗习惯等方面都集中体现了畲族经济社会文化传承的特点。

左溪畲民在日常生产、生活中使用畲语进行沟通交流，至今仍保留着“二月二”“三月三”等畲族传统节日，在传统节日和婚嫁等重大日子均有对山歌、唱山歌的习俗。畲族民歌、畲族“三月三”已被列入国家级非物质文化遗产名录。

左溪乡村旅游资源十分丰富。2012年，左溪村被列入温州市历史文化村落保护利用“百村千处”工程创建重点扶持项目。2014年年末，全村共567户2285人，其中畲族人口1350人，是泰顺县畲族人口最多、最集中的村寨。

文成县

桂库村

桂库村地处文成县境南端，与泰顺、平阳、苍南三县交界。地属文成高山，境内山峰陡峭、峰峦叠翠，桂库村平均海拔 835 米，社区所在地桂山最高峰“仙岩山”海拔高达 1125 米，因此素有“文成青藏高原”之称。据载，明景泰前桂库原为桂库乡，属泰顺县管辖，1948 年才划归文成县。中华人民共和国成立后，桂库乡与山垟乡合并，取其两乡首字组成桂山乡。桂库村是桂山乡辖内的一个百年古村，不仅是鳌江水源发源地，当地特产黄年糕也远近闻名。

古树

诗人陈志岁在《江南靖士诗稿·桂库村》诗中就曾写道：“涧流纵出廊桥下，高落鳌江是首源。”此诗正是鳌江源流出山的形象写照。而诗中的廊桥，所指的就是桂库村桂库溪水口上面那座已有 298 年的木廊桥。该桥为文成县现存完好的第二座木廊桥。

桂库村主要由两大姓氏家族组成，其中毛氏家族在 800 多年前（南宋嘉定十五年）从泰顺桂阳迁入，黄氏在 700 多年前从泰顺迁入。村庄形成前，桂库村还是一片森林，四面环山形似“仓库”，而祖先为了不忘根本，留用“桂阳”的“桂”字，从而取名“桂库村”。2014 年年末，全村共有 805 人，耕地 800 亩，村民人均纯收入 5800 元，村集体当年收益 0. 35 万元。

武阳村

武阳村是明朝开国元勋，军事家、政治家、文学家刘伯温的出生地和寿终之地，位于南田镇的西北，东临青田县万阜乡，南接南田镇梅树村，西连南田镇言山村，北靠青田县岭根乡。

刘基五世祖刘集，处士。据刘耀东《南田山志》载：尧仁子集欲卜迁，祷于丽阳山神，梦见执羊头而舞者，旋游南田山，上岭至一处，问地名，或告曰“武阳”，恍悟梦所示“舞羊”，遂自竹洲徙居武阳。今文成县南田镇武阳村，成为南田刘氏祖居地。

村内有刘基故居、武阳书院、刘伯温读书路、金龟山、马尾瀑、白鹤仙桥、聪明泉、刘集墓、天葬坟、武阳三亭（武阳古亭、云来亭、刘文成公故里纪念亭）等人文古迹，其中刘伯温故居属县级重点文物保护单位。武阳地处海拔650米左右的高山平台之上，四季分明，雨量充沛，年平均气温15.0℃，即使在七八月酷暑时期，最高气温也在30℃上下，成为城市人十分向往的“天然氧吧”和别具特色的“避暑胜地”。2014年年末，全村总人口650人，全村面积8.65平方千米，耕地370亩，村民人均纯收入6800元，村集体当年收益1.2万元。

毛坑村

毛坑村地处珊溪镇东南之巅，上通桂山、泰顺，下达南坑、珊溪，距离镇政府所在地 3.5 千米，高山峻岭，重峦叠嶂，村内有两山——狮子山和白象山，两峰——笔架峰和黄岗峰，三井——龙潭瀑布形成的三个深井，两岩——神仙岩和龟岩。村内有一条溪流，名为毛坑，溪流上架有九座桥贯通南北，碧水环绕、青山掩映犹如龙骨般搭起了这个小山村。

南宋嘉定元年，即公元 1208 年，伯欢公五世孙静公是湖广知府，他的第三子贤翠公寻到了桂川，也就是现在的毛坑，而后渐成毛氏聚居之地。历史上出了两名进士，一名是北宋时期的毛崇夫，一名是南宋的毛珍。

漫步古村幽巷，文化古迹举目可见，古道、古桥、古堰坝、古屋、古庙、古祠堂，描绘出形形色色的文化长卷；探访阅深老者，红色传奇张耳可闻，革命红军朱大孝、朱昌阁多次莅临毛坑村，召开群众大会，发动农民起义，一件件陈年往事，沉淀了厚厚重重的文化底蕴，形成了毛坑村独有而古老的文化特征。2014 年年末，全村总人口 690 人，耕地 200 亩，村民人均纯收入 6500 元，村集体当年收益 1.5 万元。

东方村

东方村位于文成县东南部，距县城 20 千米。东方村原称“方源”，因宋初方姓始祖聚居之地而得名，翁氏祖先系唐末宋初徙居于此，叶氏至明代迁入同居，翁、叶两姓人聚居于此历尽朝代相处久远。

现存古建筑为清代风格，依山傍水而建，风景优雅。村前小溪蜿蜒而过，村中河卵石步道纵横交错，堵堵石墙错落有致、处处可见。村内有木樨、榕树、香枫、香樟、苦槠等古树名木 12 株沿溪分布，其中有株 400 余年的大木樨，境内少见。村后群山层叠、环抱连绵，东方源森林公园深处其中。村落内现有古建筑 16 处，具体有方坑太阴宫、新楼叶继普旧宅、翁氏宗祠、方坑亭古道等。2012 年，方坑太阴宫被列入文成县重点文物保护单位，新楼叶继普旧宅 2012 年被列入文成县文保点。东方村文化底蕴深厚，尤以耕读文化为最，清盛时，全村有 40 余人，农忙时种田，农闲后挑书外教。

民居

东方村先后获得“省级文明村”“省级民主法治村”“市级生态村”等荣誉称号。2014 年年末，全村总人口 1227 人，耕地 793 亩，村民人均纯收入 8500 元，村集体当年收益 3 万元。

梧溪村

梧溪，以溪为名，是西坑畲族镇的一个行政村，位于县城西北 19.6 千米，总面积 5 平方千米。《富氏宗谱》载："富氏第 12 世孙宋咸进士应高公于元至元三十一年（1294）自南田泉谷始迁梧溪。"建村至今已逾 700 年。旧谱又载："有泉汇于溪水，声涓涓沥沥如人语，故名'语溪'，因行书'语''浯'形近，后遂名'浯溪'。"1939 年青田县在本村邮柜，邮戳误铭"梧溪"，故"梧溪"沿用至今。

梧溪村是一个历史悠久的文化古村，宗祠、古民居等名胜古迹众多，文化底蕴深厚。富相国祠，始建于乾隆二十九年（1764），现存建筑完整；文昌阁，始建于清嘉庆十三年（1808），高三层，木构歇山顶式建筑。以上两处，1977 年被列为县文物保护单位。国家 4A 级旅游景区龙麒源位于梧溪村蟹坑自然村。此外，还有国民党中将富文故居、新闻泰斗赵超构出生地"金阳旧家"与"南阳旧家"至今仍在；东庄有"马栏基"，西庄有"太师堂"，唯世所罕见的三顶棕，也算是一大景观。

梧溪村先后被评为浙江省旅游特色村、温州市十大最美历史文化村落等荣誉称号。2014 年年末，全村总人口 1030 人，耕地 300 亩，村民人均纯收入 6500 元，村集体当年收益 10 万元。

岭脚村

大会岭脚村位于大岗镇西北部，距县城大岗镇所在地约 3 千米，村内以王姓为主。村庄四周环山，山川秀丽，泗溪穿流而过，溪水清澈见底，空气新鲜，环境优美。著名的大会岭红枫古道就位于岭脚村，是历史上连接浙南山区的交通要道。古道两侧遍布多种名木古树，且人文景观众多，有会吉桥、岭脚亭、半岭亭、会云寺、云亭庵、云顶寺和元末吴成七农民起义时建造的白杨寨遗址等。古道历经数百年，仍保存完好，沿途集中了多年文物遗存类型，大会岭全程约 5 千米，有 4500 多级台阶，现存树龄 350 年以上的名木古树 84 株，显示了各个时代的历史气息。秋日丹枫似火，红枫与古道一同蜿蜒盘绕在群山之中，形成了独特的人文景观。

岭脚村是浙江省旅游“十百千”工程特色旅游村和特色农家乐精品村。2014 年年末，全村共有 841 人，耕地 131 亩，村民人均纯收入 10000 元，村集体收入 0. 3 万元。

岭脚村景

九都村

南田镇九都村距文成县城33千米，位于文成县西北部海拔650米的高山平台上，是天下七十二福地之第六福地，也是明朝开国元勋刘伯温的故里。

九都村是明代古建筑风格的村落，依华盖山东南麓方向而建，前有良田千亩，附近有一处独特的210亩红砂岗。村落内现有古建筑19处(其中历史建筑3处)，具体有刘基庙、刘府旧居、伯温渠、华阳小筑和西山挹秀等古建筑。2001年，九都刘基庙被列入全国第五批重点文物保护单位，位于该村华盖山东南麓，建于明天顺三年（1459)，500多年来历经数次维修，仍保持明建筑格式与风范，为浙江省境内少数由皇帝敕建的家庙之一。九都村的太公祭（春秋二祭）被列为第三批国家级非物质文化遗产名录。刘伯温传说被列为第二批国家级非物质文化遗产名录。九都盘谷亭处有25株黄檀、江南油杉等古树名木。九都还是抗日战争纪念地。

刘基庙

九都村虽处海拔650米之高山，却有“大旱不绝收，大水不漂流”

之说；由于地处650米高的山顶平台上，有“九都九条岭，条条透天顶”之说；九都村还是理想的避暑胜地，素有“浙南庐山”之称。2014年年末，全村总人口2868人，耕地1245亩，村民人均纯收入9500元，村集体当年收益7万元。

公阳村

公阳村地处紫华山脚，位于文成县东面，距离县城20千米，下辖攀门降、陈公坑、黄处等14个自然村。

公阳村，古代曾叫过杏园、积谷里、旁坑等村名。从公元975年叶氏徙居此地千余年来，一直都是公阳政治、经济、文化的中心。明、清两朝，是公阳村发展最鼎盛时期，曾出过几十位文武官员和许多富甲一方的财主，村里曾建过19座四合院，竖过32对功名旗杆，许多财主“田连阡陌”“租有万袋”，产业遍及原嘉屿乡六个都几十个庄、里、堡、甲。据民国二十年建乡时的调查资料显示：“公阳村老街，长150丈，宽7尺，房屋45座，商业10户。”

叶氏宗祠

古建筑相对保存都较为完整。叶氏宗祠始建于明中期，清乾隆十四年（1749）重修；公阳木樨树民居，建筑时间已有150多年的历史，是叶氏太极拳宗师叶大密的故居；公阳村第三份叶宅，始建于清乾隆年间（1736—1795）所建，是一座很完整的四合院，是叶氏太极宗师叶大密夫人的故居。公阳村是浙江省书法村。2014年年末，全村总人口1877人，578户，耕地861亩，村民人均纯收入6500元，村集体当年收益3万元。

朱川村

朱川村位于珊溪镇西南侧 7 千米处，文泰公路贯穿全村，交通便利。村内林木茂密、植被丰富，有着良好的森林生态景观。明嘉靖年间朱氏先祖迁此建村居住已有 500 年历史，因村民全为朱姓，且有两条溪涧交汇于水口而取村名为朱川。

朱川村具有明清时期的古民居，其中又有大量近现代的土坯房，保存较为完好，非常具有特色。村内有古建筑 15 处，五世同堂牌坊一座，建于清道光九年（公元 1829 年，道光皇帝为表彰坑底太公太婆五世同堂的和谐、孝道家庭特下圣旨修建）；朱川村水口自然形成的百年古树群是文成全县较为少见的景观，其中两株 500 年的红豆杉是文成县最古老的南方红豆杉，民间又叫下雨树，逢大旱时节会下毛毛细雨，以供人纳凉。其中一株称为落雨树，天久晴时，会飘洒细雨，故名之，极为珍贵。村内至今仍留有教育田、做戏田的传统，为教育学生特开辟田地以供养教书先生和学生，有多余则请戏子来村做戏。

2014 年年末，全村总人口 1299 人，耕地 791 亩，村民人均纯收入 6750 元，村集体当年收益 1.45 万元。

培头村

培头民族村位于文成县黄坦镇西部，全村有7个自然村，畲族人口817人，占村总人口数的61.5%，是县少数民族人口较集中的革命老区村。

据史籍记载，畲族人民最早聚居在广东潮州凤凰山一带，曾多次大规模迁徙。唐代迁居闽、浙、赣三省交界地区，后又从福建迁徙到浙江各地，早在600多年前，畲族祖先就已经进入温州地区繁衍生息。

培头民族村历史悠久，人杰地灵，至今已有300多年历史。村内保存一座留传200多年的钟氏宗祠，为省级文物保护单位。培头村畲民历来重视耕读文化，传承重文习俗，培养出不少对社会有用的人才，较著名的有清乾隆年间的进士钟正芳——官至四川督学使者，培头文化第一人，著《畲民考》；钟笃之——官至布政司，为培头村制定有关禁赌、禁伐等“禁约”（至今仍保存民间）。

培头民族村文化底蕴深厚，在生活习性上，培头民族村畲舞、婚嫁、丧葬、饮食、祭祀、对山歌、打九台、捣糍粑、编草缸、织土布等畲族风情及特色工艺遗风犹存，培头民族村小学至今保留畲歌畲舞的教学。培头民族村每年的农历三月初三举办畲族传统的“三月三”畲乡风情节，至今已举办过八届。2014年年末，全村总人口1325人，耕地950亩，村民人均纯收入7500元。

稽垟村

黄坦镇稽垟村位于黄坦镇东南方向，毗邻底庄、济下、塘底垟村，东面靠珊溪水库。

据稽垟村史料记载，元至正年间（1356 年前后），张氏祖先在稽垟东庄落户居住繁衍，后在清康熙四十九年前后，朱氏祖先由平阳搬迁至玉壶朱雅，后分支族系搬至稽垟下村定居，繁衍生息，至今已有 600 余年历史。

村内现存明、清、民国等期间建筑较多，包括祠堂、民居、寺庙、古道、古牌坊等尚存 21 处，其中有始建于清咸丰十年（1860）的百岁坊，清时期建设的古民居四合院大宅保存完好的有 4 座，民居内雕花牌匾等具有极高的研究和保护价值，还有明代时期建设的稽垟私塾址，后改建为朱氏宗祠，由朱氏后人管理祭祀，祠内古石雕、古戏台等保存完好。宝华寺革命纪念址，曾经三度焚毁、三度重建，这也是当年中共浙南革命根据地联络点之一，1941 年青景丽县委在此召开底庄会议址。村中有千年古樟和村后山马尾松群等古树名木 23 棵。相传元末抗元义军领袖吴成七，栖身于稽垟村后山双尖下，并建有吴成七寨，时隔 600 多年的战寨遗址，依然随处可见。2014 年年末，全村总人口 2430 人，耕地 1400 亩，村民人均纯收入 8500 元，村集体当年收益 7 万元。

街头村

街头村位于珊溪镇，属集镇中心村。据现有的毛氏、刘氏、罗氏等宗谱记载，该村已有1200多年的历史。文成县县志中第一位进士北宋毛崇夫就出生在该村的垟头自然村。街头村拥有7000多年历史的“鲤鱼山古文化遗址”碑刻等文物古迹。

街头村传承孝道，历史悠久。村中流传着“孝顺田头割有谷，孝顺父母自有福”和“瓦檐水点点滴”等谚语，促使该村孝顺父母之风代代相传。1991年街头村成立老年人协会，当年就给年届70、80、90、100岁的老人祝寿，到现在连续坚持24年。1992年开始评选孝顺子孙（含孝廉干部），到现在连续坚持23年，共评出孝顺子孙138名。街头村被誉为“孝文化第一村”，事迹上过《中国新闻周刊》和中央电视台。

街头村先后被评为县“孝文化教育基地”、市“干部教育培训现场教学示范基地”、“全国妇女基层组织建设示范村”、“市委干部教育培训基地”“市科学普及基地”，省“文化示范村”、省“特色旅游村”，荣获省“首届孝贤故事提名奖”、“感动温州十大人物特别奖”。2014年年末，全村总人口3700人，耕地40亩，村民人均纯收入9612元，村集体当年收益3万元。

下庄村

下庄村地处西坑畲族镇西部山区，距离县城52千米，距镇区30千米，全村总面积7.7平方千米。下庄村隶属革命老区，刘英曾率部队在此“雅庄古民居”生活、工作过。

整个村落依山而建，布局紧凑，由近40幢木构建筑组成，构成山地古建筑群落，整体形态完整，具有很高的历史文化与经济开发价值。整个村落是以村内规模最大的四合院“秀挹雅庄”为中心环绕开来。这座始建于清道光十四年（1834）的宅院，屋主最早为嘉庆辛酉年（1801）的太学生——郑育初。

下庄村环村皆绿，景色宜人。尚有4棵百年古树，包括南方红豆杉、粗榧、枫香等品种，都是国家三级保护植物。现依旧还有3条古道，其中包括一条下庄村至三合村的红枫古道。1935年9月至1936年10月，闽浙边临时省委书记刘英率领省委机关及红军教导团进驻下庄，发展队伍，开辟革命根据地。当地人民以国家大义为重，义无反顾地参加与支持革命工作，做出重大牺牲，蒙受巨大损失，留下了诸多可歌可泣的事迹。2014年年末，全村共有483人，耕地300亩，山地面积1548亩，村民人均纯收入5000元，村集体当年收益6万元。

坪头村

坪头村位于大岙镇东部，云峰山腰，距县城2.3千米，全村由枝右、坪头、弯深、驮田下、柴路、六工等6个自然村组成，300多年前有姓王的和姓沈的人居于此处，200多年前姓赵的由龙川等地迁来，并形成了现在的坪头村。

村中山清水秀，前可俯瞰县城全貌，后可游览白云庵景区。岩庵即白云庵，因建在白云洞口绝壁悬岩下而得名。传说，岩庵创建于唐代，现存主体建筑大雄宝殿，系明永乐乙酉年（1417）重建，坐北朝南，依悬崖洞壁而筑。还建有韦驮殿、地藏殿、观音阁、许真君庙等。民间流传着歌谣："岩洞高空一佛亭，半边落雨半边晴。温州五县寻勿到，只有岩庵出胜名。"村内还有一条历史悠久、达十里之长的红枫古道，深秋时节吸引各地游客纷纷前来观赏红叶，十分红火。2014年年末，全村共有158户533人。全村共有耕地面积158亩，山林面积963亩。村民人均纯收入6200元，村集体当年收益1.5万元。

上石庄村

百丈漈镇上石庄村是清、明时期建筑村落，美丽乡村山水奇观寻幽带内，现有26处古建筑，依山傍水，因地在石庄上段故名。上石庄村的林氏则是清初直接从福建迁入一支定居石庄。在石庄生活定居的数百年间充分体现了林氏家族“文”特色，出了宋齋公、毓山公等很多文化名人。

据上石庄村史料记载，因水口东畔一山，满山多石形似铜钟（林氏宗谱语）而得名，后又演变为方言石庄。县城西北20千米，被称为石钟十景的塔下尖，羁马桩、石马槽、铜棋子、师姑院、太师岗名胜，都在此村。村内现存清、民国等时期建筑较多，包括宗祠、民居、书院、公殿等26处，其中清时期建造古民居“林氏民居”等3处保存较好，民居内雕花牌匾等精细、生动，具有明显的地方特色。精美镂刻的木雕牛腿，历经风雨斑驳的墙壁，柱子底下是木头的柱础，有极高的研究价值。还有清代林公书院、林氏宗祠，由林氏后人管理祭祀，祠内古石雕、古戏台等保存完好。2014年年末，全村总人口661人，耕地178.8亩，村民人均纯收入8000元，村集体当年收益5万元。

下石庄村

文成经石庄沿途路畔青山平畴相间，风光宜人，时有景致，是通往百丈漈景区和刘基故里的必经之路。石庄因前有山形如“石钟”而得名。村居住人口 1180 人，以赵姓为主，赵氏系宋太祖后裔，村民尚武、崇善仁义。村内 4 个古祠堂、13 座古名居、富松亭墓等古文化特色，与石钟十景朝辉相映。

大唐后赵氏宗祠于清中晚期至民国时期建，是石庄高山下祠堂群最早建筑，该祠坐东北朝西南，由大门、戏台、正厅及两厢房组成合院式院落。祠堂山赵氏宗祠于民国十五年（1926）建。乌支岗赵氏宗祠于民国十一年（1922）建。祠堂岙赵氏宗祠也建于民国期间。各古民居由石门台古居等组成，属于四合院式结构，由门厅、南北厢房、正厅组成。建筑格局完整、用材考究，牛腿、雀替、斗拱等雕刻精细、生动，具有明显的地方特色。

村内有明晚期建筑的杨府庙、雌雄山、水碓遗址、小溪、水坑桥、古槐树、苦槠树等百年古树，构成了村口文化景观。水坑桥南北向横跨溪流之上，潺潺溪水流经村口，建桥以聚气藏风。下石庄古村落虽经沧桑淅雨，却仍旧颜未改，处处显示出浓郁的古意，俨然又是一处世外桃源之福地。2014 年年末，全村总人口 1094 人，耕地 461.8 亩，村民人均纯收入 8032 元，村集体当年收益 5 万元。

金华市

婺城区

山道村

山道村隶属婺城区安地镇，离市区有 31 千米，与箬阳乡交界。这里风光秀美，树木郁郁葱葱，流水潺潺。村前一棵古樟，已有 300 年之久。村子依山而建，房子泥墙黑瓦，鳞次栉比一直叠到山腰，蔚为壮观。

据《龙溪吴氏宗谱》记载，山道村原村名为三道，又叫蔴铺。200 多年前，该村吴姓先祖从福建省上杭县古田镇来金华开染坊，后到这个山谷种靛青等染布材料，看到这里山水很美，就住了下来，繁衍至今。据了解，村民对外说的是金华本地方言，对内说的却是闽西客家方言，村民称之为“福建话”。如今村民多姓吴、张。村中大多是 20 世纪五六十年代所建的泥土瓦房。

自从吴氏先祖迁居到此后，便把山歌带到了山道，也被一代代人传唱，至今经完整记录下来的山歌有 20 多首。

2014 年年末，全村有 184 户 472 人，耕地 13 亩，林地 12700 亩，水面 5 亩，村民人均年纯收入 4000 元，村集体当年收入 2. 3 万元。（编写：章一平）

珊瑚村

珊瑚村隶属婺城区塔石乡，坐落于海拔800多米的深山之中，是婺城区海拔最高的村庄之一。这里四面环山，依山傍水，地势平坦开阔。

珊瑚村绝大多数村民都姓廖。据《珊瑚廖氏宗谱》记载，廖氏先祖廖文仕，自清康熙年间从福建汀州府上杭县古田来浙江寄居江山县，后到汤邑岱上入赘，于雍正十年（1732）转迁三湖定居，迄今已历十七代。

村内古民居较多，有300多年前的古祠堂一座、古桥一座。珊瑚村共有杉木、红豆杉、枫香、黄山松、红楠和木荷等古树名木100多株。村口的古树群以黄山松居多，村后的古树以香枫见长。村庄风景优美，空气清新，是纳凉避暑观看雪景的绝佳之地。

因珊瑚村地处群山环抱的小盆地内，形似一个湖泊，有山有水，故称为“山湖”，后谐称“三湖”，而后又衍化为“珊瑚”。虽然从福建古田迁徙到珊瑚村已有300多年，但村民们至今仍保留着闽西的语言和风俗。

2014年年末，全村有农户58户148人，耕地126亩，森林3488亩，村民人均收入6378元，村集体当年收入5万元。（编写：章一平 傅伟炎）

上阳村

上阳村隶属婺城区塔石乡，西与龙游县社阳乡交界，南邻丽水市遂昌。

上阳原名“向阳”，因村在社阳源上游，“向”与“上”谐音而成。上阳自古都是金邑通往金龙、金遂、龙遂的交通要冲，地理位置十分重要。古代村里有五个“村门”，村外还有“护城河”，每到晚上9时，村里便关闭“村门”，防止山贼骚扰。

上阳村的古建筑一直名声在外，现在保留下来的明清古建筑有20多处，如项达词民宅、徐子生民宅、徐林新民宅、项宜权民宅、项达连民宅、上阳经堂等。其中规模较大的有两处，分别是明代的存义堂和项氏祠堂，为砖木结构，占地面积500多平方米。上阳村还有一条明清老街，由北往南，转向东，再折向南，大体呈“工”字形。在北端入街口有一门楼，门额上书“带水环流”，中间有骑街楼、过路亭，过路亭内有长木条凳，供行人歇脚。路面全部用大小不一或深或浅的鹅卵石铺成，造型奇特多样，有不少用鹅卵石铺成的铜钱图案。

上阳村虽地处偏远，却有着光荣的革命历史，早在20世纪30年代，粟裕将军带领红军挺进师曾在此活动过。1988年上阳村被当时的金华县人民政府确认为老革命根据地。

2014年年末，全村有326户895人，耕地710亩，林地8812亩，水面243亩，村民人均年纯收入8000元。（编写：章一平 胡敏霞）

石楠塘村

石楠塘村隶属婺城区雅畈镇，该村共有清古民宅16处，3200平方米，徐姓为该村主要姓氏。

明万历年间，徐添（万历三十五年）由西大路迁至石楠塘。徐添放鸭到一片近30亩的水塘，因鸭群一直不肯上岸回家，水塘边上有石楠树，石楠塘因而得名。

村中有徐际兆之妻申氏旌节牌坊一座，系乾隆六年建成，距今已有270多年的历史，至今保存完好。牌坊通体由当地出产的青石打造，高约6米，造型肃穆，气度宏伟，顶上正面刻有贞妇名姓，背后即为乾隆圣旨。村边的徐氏宗祠为明末建筑，由徐姓13村共同出资修建。徐氏宗祠结构严谨，整个建筑五开间，三进两天井，占地近1047平方米，由于基本架构采用石材，立地共98根青石柱，能防火防蛀，故能历经数百年风雨而不塌不倒，十分罕见。徐氏宗祠2010年成为金华市文物保护单位，2011年成为浙江省文保单位。《徐氏宗谱》记有徐添“割股救母”的故事，在当地传为佳话。

2014年年末，全村有289户851人，耕地1237亩，林地1500亩，水面50亩，村民人均年纯收入4600元，村集体收入2万元。（编写：章一平 胡敏霞）

雅畈三村

雅畈三村隶属婺城区雅畈镇。宋绍定四年，三村始祖叶敬甫由叶村蓬迁至雅畈高抬门建房造村。由于芳田埠、孟宅埠、姚车埠船只往返歇宿，雅畈就成了商品交易中心，开始人们叫瓦畈，之后文人改称雅畈。

叶氏在雅畈繁衍子孙，建厅堂，扩街道，发展族群，并根据水、陆两路的走向，建成了雅畈古街。村中如今还保留着众多明清古建筑，是不可多得的历史遗珠。七家厅建于明代，位于雅畈二村，为省级文物保护单位。雅畈老街呈东西走向，全长约 1500 米。从村口“青龙头”走过沿村西桥即是上街，也是老街最繁华之地段，主要位于三村。两侧商铺林立，各式店铺定位明晰、配置完善。在雅畈古街中，还有一座严公庙，庙中供奉的是来自四川的一位将军，名叫严颜。在雅畈上街高抬门弄堂转角处，有一口汲水古井叫陪嫁井，经长年累月提桶倒水，这口古井的石栏圈竟被磨了两个半圆形，形似马鞍，堪称一绝。相传叶敬甫与隔岸姚车村的姚氏结亲，姚氏为表示其门第高贵富有，就以“全堂家私”陪嫁，陪嫁井就是其中之一。

2014 年年末，雅畈三村有 481 户 1299 人，耕地 976 亩，林地 279 亩，村民人均年纯收入 8300 元，村集体当年收入 8. 6 万元。（编写：章一平郦莎）

长山三村

长山三村隶属婺城区长山乡，离金华市区约 15 千米，长山肩伏龙，枕船山，桐溪、石道溪由南而来，潺潺流淌的溪水穿村而过，交通十分便利。

长山三村与长山一村、二村、四村在古代统称为长山村，已有 2000 多年的历史。长山三村位居四村之中，人口最多，即为中心村。该村伏龙山麓有一处旌节牌坊，为清咸丰三年（1853）所建造。长山东村桥是一座三孔石板八字形的支撑桥，桥北侧石板边刻有“宋癸酉元祐八年六月徐宅建造记旦”字样，是村中最古老的桥梁。村中伏龙庙旁的书院是朱大典的读书之处。朱大典（1581—1646），长山村人，万历四十四年进士。清军进攻金华，朱大典率领军队坚守孤城 20 多天后殉难。长山村人在他当年栖身过的伏龙庙里为他塑像纪念，并四时香火供奉。

2014 年年末，长山村有 630 户 1631 人，耕地 2000 亩，林地 2500 亩，水面 1822 亩，村民人均年纯收入 7500 元，村集体当年收入 15 万元。（编写：章一平 杨诗悦）

上镜村

上境村隶属金华市婺城区汤溪镇，位于汤溪镇的东面，西邻九峰山风景区，在汤九线公路边上。上境村原名枫林庄，由先祖刘清于南宋建炎元年（1127）从淮阳迁来，至今已有888年历史，现已第35代。村域面积1.2平方千米，山林2800亩，黄土丘陵2600亩，农田1700亩。全村有447户，常住人口1248人。全村人均年收入4000元，以种植水稻、茶叶、柑橘为主。

上镜村呈八卦阴阳太极图形，有八条大路，由村庄中心向外延伸。上境村东有后大溪，西有姑蔑溪（莘畈溪），酷似双龙抢珠，村上有东、西两条水渠，把村庄中心部分围成圆形，中间有一小渠形成八卦图中阴、阳两鱼。上境村原有36座大厅，现尚存有26座厅堂，其中刘氏宗祠是汤溪镇规模最大、结构最严谨、体量最可观的古建筑，占地面积达6000平方米，建筑面积近3000平方米。它由层叠式斗拱歇山顶、门厅、中厅、后堂、东西两厢、四座角厅、门前广场、防火塘、照壁、四面防火墙、东西车门等十几部件组成，前厅后堂，东西两厢，两厢无廊，明轩拱托中亭，令其显得更加明快、敞亮，其中有方石柱72根、木圆柱36根，意为天地阴阳乾坤结合。东西厢房各达九间，合“九五之尊”之意。刘氏宗祠建于南宋景定五年（1264），明朝永乐年间重修，近年又进行了一次重修，2006年被列为金华市第一批重点文物保护单位。

中戴村

婺城区汤溪镇中戴村位于汤溪镇西部，距金西开发区 6 千米，原系区公所所在地，现为中戴管理处所在地，全村共有 462 户 1403 人。全村建筑面积 0.3 平方千米，耕地面积 2200 多亩，是一个集政治中心、商贸中心、文化中心于一身的千年古村。

中戴村起源于明朝，距今 1000 多年历史，留存古建筑多处，共计古建筑面积 1.3 万平方米。村中现有一批保存完整的明清时期的古建筑，有部乐厅、新宅厅、小厅、花厅、大厅等。建筑集雕刻绘画于一身，体现了浙中居民的独特风格。村中弄堂门楼清逸秀丽，一瓦一砖都散发着悠悠的古韵。大厅原名“敦睦堂”，始建于明朝天顺三年（1460）建造，大厅建筑宏伟、规模宏大、雕刻精细、气派大方；花厅原名“敦厚堂”，建于清朝嘉庆年初，记载于《钦赐皇恩》。花厅白墙黛瓦，院落式庭院，雕刻精细，结构陈简，线条流畅，横梁马腿形状精美，鱼虫花草，飞禽走兽栩栩如生。中戴村曾获得省级绿化示范村、市文明村、市级书香文明之村等荣誉称号。

寺平村

寺平村东距金华市区约 40 千米，西靠衢州市龙游县，北近兰溪市，公路四通八达，交通条件十分便捷。

金华市汤溪镇寺平村坐落在九峰山下。先祖庚三公以“天地对应”的选址理念，看重寺平的地形地貌酷似“七星伴月”，水脉丰盈，土地肥沃，因而在此建村安居。世代繁衍，辛勤劳作，建设家园，已有 700 多年的历史。

寺平村荣获浙江省全面小康示范村、浙江省特色旅游村、浙江省十大生态旅游村、浙江省农家乐示范村等荣誉称号。2010 年，寺平村被列入“中国历史文化名村”，2013 年被评为“中国传统古村落”，当年又被列为“全国文物重点保护单位”。寺平村现有人口约 1700 人，耕地面积 1704 亩，山林面积约 3000 亩。

鸽坞塔村

金华市婺城区汤溪镇鸽坞塔村位于金华市西部，省级风景区九峰山北麓，距市区 37 千米，辖老鹰头、风波垄和石塘里 3 个自然村。鸽坞塔村是一个由畲族为主，汉族、苗族、壮族、布依族、水族 6 个民族组成的少数民族村，现有人口 83 户 258 人，其中少数民族占总人口的 82.3%。全村面积 1.8 平方千米，耕地面积 183 亩，山林面积 1400 多亩。2014 年村民人均收入 10072 元。

鸽坞塔村依山傍水，风景秀丽、山遮水绕，水影山色相映成趣，充满着乡村淳朴的乡韵，洋溢着现代新农村的气息。汤莘公路沿村而过，莘畈溪流经村东而去，交通便利、山林水利资源丰富。近年来，鸽坞塔村深入开展美丽乡村精品村建设，对钟氏宗祠进行了维修，并建成了畲族民俗风情展览馆、文化礼堂，修建鹤溪休闲园。村先后获得区级、市级、省级"文明村"、"浙江省民族团结进步小康村"、"浙江省绿化示范村"、"金华经济技术开发区先进基层党组织"、"金华市四星党组织"、"新农村建设先进集体"、"文化示范村"等荣誉称号。

金东区

曹宅村

曹宅镇曹宅村位于金华城区以东 19 千米，03 省道沿村而过。

曹宅村历史悠久，据《协和曹氏宗谱》和《双溪郑氏宗谱》记载，郑伯卢于北宋大中祥符至天禧间，自拱坦之郭门移居拱坦之郑宅，为曹宅西片的创基之祖；后曹伯康，复自西溪迁至坦之东溪，称“协和”，以协和塘得名。塘北有曹氏宗祠，为曹宅东片之始祖，历数世，总称“坦溪”，后曹氏子孙繁衍，于明洪武八年称“曹宅”。该村历史古迹遗存丰富，现有古街 1 条、古寺庙 1 座、古桥 1 座、古墓 1 座、古祠堂 1 座，还有其他各种古文物。其中，市级以上文物保护单位为建于梁大同年间的大佛寺（俗称石佛寺），南宋抗金名将郑刚中墓，另外还有曹宅新安桥、曹氏祠堂、清代历史文化保护区等文保点。

曹宅村曹氏宗祠

曹宅村人杰地灵、人才辈出，宋朝著名爱国将领郑刚中、清朝北麓书社创始人曹开泰皆出于此。郑刚中为南宋名臣，与岳飞、宗泽齐名，是金华在科举时代唯一的探花，相继任礼部侍郎、川陕宣谕使、四川宣抚副使等要职，为人刚正不阿，立主抗金，后受大奸臣秦桧所害，享年 47 岁。曹开泰，嘉庆三年岁贡生候训导，著有《宜弦堂诗钞》八卷，曾发起组织“北麓诗社”，自乾隆戊申始，前后共有 14 人参加，在清嘉庆、道光年间颇具影响。全村 1954 户 4973 人，耕地面积 1600 余亩，山林面积 10000 多亩，现村民主要产业为盆景种植。

东京村

金华市曹宅镇东京村位于曹宅镇东南方向，旧名官田，后称东陈，1961年改东京。

东京村保留着一座陈武帝祠，1999年被列为县级文物保护单位。每年，这里都会举行纪念先祖的活动，抬神龛，迎銮驾，有“浙中第一、江南无双”之称。东京村陈姓祖上是大名鼎鼎的陈霸先。陈霸先（503—559），湖州长兴人，原为梁朝大将。公元557年，陈霸先废梁敬帝，建立了南北朝时期宋、齐、梁、陈的最后一个政权——陈。陈霸先一生战功卓著，谥号武皇帝。

全村现有285户村民，721人，现有耕地面积660亩，山林面积880亩，曾荣获区、市精神文明先进集体，先后被评为区级来料加工特色村、市级和省级全面小康示范村、省级文明村。

东叶村

东叶村隶属金华市金东区，位于金华北山山脉东部双尖山脚下，地处半山区地带，四周群山环抱。古村落由施五宅村和上陈村演变而来，村中主要以施姓和陈姓为主。

东叶村在元朝中期施姓太祖凤皋由东阳石鼓岭迁入形成施五宅村，明初始有上陈村，至清中期，两村随人口增加逐渐繁荣，合并形成叶村，20世纪80年代，因县域内有村同名，遂改名东叶村。

东叶村文化景观丰富，至今仍存留“鲤鱼冒泡”风水景观，慧因禅寺禅宗文化，麒麟岩、七片岩景区，有施复亮陵园，浙中桃花园景观；有保存较好，群体连片的明、清、民国古建筑百余幢。

东叶村人杰地灵，文化底蕴深厚，是著名社会活动家、民主革命战士、民建创始人施复亮先生和人民音乐家施光南先生的故乡。村风淳朴，耕读传家，半耕半读家风在施复亮先生身上尤为彰显。村内有施复亮、施光南故居，在2006年被省人民政府命名为重点文物保护单位。东叶村是省级旅游特色村，每年正月十五迎蒲莲灯的非物质文化遗产颇具特色。2014年年末，东叶村有561户，耕地702亩，山林3259亩，村民人均收入11080元，村集体经济收入5万元。（编写：周承东）

畈田蒋村

畈田蒋村隶属金华市金东区傅村镇，位于傅村镇北部，金华北山山脉东部双尖山南部，傅溪公路穿村而过。

村祖蒋伯成、蒋義成在明洪武二十七年从义乌县山塘村迁居于此，因村落建于畈田之中，村名遂以蒋氏组合，称畈田蒋，系著名诗人艾青的出生地。

艾青故居

畈田蒋村距今已有600多年历史。村内至今保留清民时期建筑42幢，建筑群中广泛应用木雕艺术，梁、枋、牛腿、雀替、天花、门窗等所见之处无处不雕，在我国古建筑中独树一帜，极具保护利用价值。村庄以名人古建文化为题材，以诗社活动为亮点，以爱国教育、文学交流为旅游活动主题，开发四季花卉生态园、诗歌文化长廊、艾青文化馆、牛城主题公园、民俗文化演绎广场、大堰河农家乐园等旅游项目，将畈田蒋村打造成为集花卉观光、文学交流、民俗演艺、滨水休闲、农趣体验等功能于一身的乡村休闲旅游目的地和东方诗歌文化旅游胜地。目前，畈田蒋村以艾青故居为中心，重修艾青故居、蒋氏祠堂，修缮了2000多平方米古建筑，名人故居建设如火如荼，文化氛围浓厚。

2006 年，畈田蒋村艾青故居被评为国家级重点保护单位，2011 年被评为浙江省旅游特色村，2014 年被评为浙江省美丽宜居乡村。2014 年年末，全村共有 518 户，耕地 1200 亩，村民人均纯收入 21800 元，村集体当年收入 110 万元。

方山村

澧浦镇方山村地处澧浦镇南部，为半山区村。村庄依傍金华至武义、永康古道王山岭，故村以岭为名，称王山岭村。民国时期，以村民多姓方，改名方山岭村，后简称方山村，已有800多年历史。

村内现在有古建筑及遗址遗迹12处，其中古民宅9处、宗祠1处、古道1处，古井1处，占地面积2000多平方米，多为徽派建筑，白墙黑瓦，古朴雄伟，内部雕梁画栋，花草鸟兽，色彩丰富，栩栩如生。村南现存金华至武义、永康官道遗址遗迹，官道边有一奇石，形似青蛙，名曰石头青蛙。根据《方氏宗谱》记载，方山村古有野塘鱼跃、黄山岭松喧、紫庵晨钟、岩山夕照、石涧春淙、平原秋乐、贞元静观、积道晴峦等八大景观。

古井

方山村历史人物辈出。村民方国迪，1924年参加共产党，任共青团上海闸北区委宣传部长，1930年被害，年仅27岁。村民方豪，毕业于国立北京大学法学院政治系，“五四”运动中为北京学生联合会首任主席，全权代表。民国十六年，调任浙江省立第七中学任校长（现金华第一中学），任职 21 年，治校严谨，影响一方。民国三十七年，调任杭州高级中学校长，曾任中国国民党浙江省党部监察委员、浙江省参议员、金华县临时参议会参议长、“国大”代表。1955 年，病逝于杭州。现有方豪故居一处。全村 376 户 1032 人，耕地面积 1160 亩，山林面积 5000 多亩。

岭五村

岭五村位于岭下集镇东面，是岭下朱集镇的一部分。岭五村历史悠久，文化积淀深厚，早在汉、唐时期就已有人居住，当时居住点小而多，星罗棋布，称为百鸟村。

传说故事众多，以岭下朱的人和事为题材背景的民间传说有“刘秀逃难”“坡阳岭止乾隆步”等，宋朝时期的“柳叶飞刀记”、清朝的“双珠花”道情风靡省内外，史上享有“出金华梅花门第一镇”的美誉。岭下朱物产丰盛，所有商品物资都在坡阳街上交易，“三六九”集市日就是从坡阳街孕育而生。村内坡阳街是“上通温台处，下达金衢严”的交通要道，商贾云集，非常热闹，这是目前浙中地区历史建筑保护较为完整的一条古街。

坡阳古街

2012年以来，岭五村作为金东区“美丽乡村”建设规划的一个重要节点，开展美丽乡村精品村及历史文化村落建设，投入400余万元，大力实施公共基础设施建设、绿化提档、墙体美化等工程，改善人居环境，对村内追远亭、坡阳街等古建筑进行保护性修复，充分挖掘古文化，特别是古代商业文化，积极发展农家乐休闲旅游。

岭五行政村建成区面积213亩，耕地面积780亩。全村共有332户，人口850人，党员45人。村民以从事种养殖业（特别是苗木、花卉）为主，2013年人均纯收入11490元。

潘村中心村

曹宅镇潘村中心村地处曹宅镇东部，是原潘村乡政府所在地，03省道环村而过。潘村中心村由5个自然村合并而成，全村人口3281人，总户数1204户，耕地面积2673亩，山林面积2470亩，村民以种植业和养殖业为主。据《莲池张氏宗谱》记载，宋绍兴年间，先祖张隆从严陵碧溪坞（今淳安）入赘潘姓，村中有荷塘，得名莲池或莲塘潘，后改称今名。

张氏宗祠

潘村中心村历史建筑遗存较多，比较有保存价值的有16处，其中古民宅10处、古桥2处、古祠堂4处，还有600年古银杏树1株。张氏宗祠已有700多年历史，建筑雄伟壮观、雕刻细腻，人物花鸟禽兽图逼真、栩栩如生。据传，在元朝至正十八年，朱元璋攻取婺城，屯兵于潘村附近，时正在建造张氏宗祠，朱元璋下山看宗祠建造，觉得宗祠柱子粗大，用双手围抱时，恰好是宗祠上梁之时，所以流传“青龙抱柱”的传说。“文化大革命”时期，张氏宗祠被拆毁。2005年，村民自发出钱在原址、原样、原材料重建。此外，香火厅、崇德堂、善庆堂等明清建筑都属于市级文物保护单位，但由于资金紧张，年久失修被毁。

潘村中心村是金萧支队第八大队抗日活动根据地之一，村西南山头上建有抗日斗争纪念碑和烈士陵园。1987 年 9 月，金华市民政局下文公布潘村中心村为革命老根据地村。

蒲塘村

蒲塘村位于澧浦镇积道山脚，距镇政府2千米处。

蒲塘村文化底蕴丰厚，传统建筑有文昌阁、王氏宗祠、三省堂、九如堂、五份厅、堂楼、元房堂楼、小九间堂楼、学堂堂楼等著名古建筑，有上、下泉古井和棋盘观山等景点，历史上还出了多位进士名人。该村的蒲塘五经拳、白灯笼板桥灯、铜钱八卦等被列入金华市非物质文化遗产名录。

蒲塘村三面环山，一面向水，村落高低不平，古建筑依地势而建，不讲朝向，分片分布，局部相连，是典型的徽州与婺州风格的结合。目前，蒲塘村保存完好的古建筑面积有2万多平方米。2013年，蒲塘村被列入第一批省级历史文化村落保护与利用重点村，重新修缮了金华一中旧址、文昌阁、王氏宗祠、三省堂、五分厅等重点古建，新建了游步道、长廊、九曲桥、演武厅、文化礼堂，把蒲塘村的各个景点有机结合在一起。蒲塘村面积0.16平方千米，耕地1736亩，共有630户，约1500人。

王氏宗祠（明代）

前溪边村

前溪边自然村位于东阳江北岸，三面环水，居住环境优美，2011 年被评为区级生态村。

前溪边村主姓方，据《菱湖方氏宗谱》记载：先祖方叔在周宣王朝下为官，居于河南洛阳，其后人方纮于西汉末因避王莽之乱迁居至桐庐，生子方雄，官拜西河太守，传至三十八世孙方楷系宋天圣八年进士，官居礼部，生三子亦登进士，在礼部任职，后因幼子方昱，字子德，因兵乱由桐庐迁至婺州固塘（今马头方），系方姓始祖，其四世孙子方賙迁至菱湖之畔，因村落位置于菱湖之前和婺江边，故取名前溪边。

前溪边村祖祠堂 1 座（面积近 600 平方米），庙 1 座，古樟树 1 株，古井 1 口，古巷道 2 条，古民宅共有 13 处。

全村共 218 户 606 人，村民小组 4 个，土地面积 486 亩，主要种植苗木、草莓、红心火龙果等经济作物。

山头下村

金东区山头下村位于金义都市新区，03 省道沿村而过，区位优势明显。

山头下村是我国封建时代宗族社会的典型村落，村庄坐北朝南，因建村之始，村址位于一座外形颇似蝴蝶的小山岗下，而得名“山头下村”，是我国著名文学家沈约后裔村。2010 年由住房和城乡建设部、国家文物局联合评定命名为中国历史文化名村。山头下古村落严格依照中国传统风水理论进行选址，与“八卦”说暗合。古村北枕一“蝴蝶”形状的小山坡，西依潜溪，东临慈航溪，南接大片良田沃野，是一处“双溪长流、八塘聚水、山枕水抱”之风水宝地。历史上村落周围有典塘、横塘、湾塘、安塘、柑塘、思姑塘、经塘、破塘等八口池塘（现仍存七口），浑然天成“外八卦”图形，村庄四周众水环抱、绿树成荫、起伏有致。

古建筑群一角

目前，山头下村尚有保存完整的明清建筑 28 幢（其中民宅 26 幢，祠庙 2 幢，另民国仿西洋建筑 2 幢）共 260 余间，总建筑面积达 12902.4 平方米。古建筑大多为典型的婺州民居风格，其中规模较大、等级较高、装饰也较为华丽的有宝田鉴、亦政轩、和乐堂等。全村整体建筑整齐有序，体现出浓郁的文化气息。营造布局街道呈“开”字形，五门通外，古村、街巷完整，院落空间均为合院形式，主要有对合、间弄厢结合，核心区的民居、街道、门洞85%以上保持完好。全村共有323户776人，外来人口980人，村集体经济收入不到1万元，2011年农民人均纯收入10100元。

山下洪村

曹宅镇山下洪村地处曹宅镇北部，毗邻省级风景名胜大佛寺、东岩寺，三面环山，为半山区村。

山下洪村历史悠久，文化底蕴深厚，据《双溪北山郑氏宗谱》记载，郑宗衍在宋绍兴至乾隆年间，从双溪（今曹宅）迁入于此。

郑氏宗祠

村落布局合理，古建筑风格各异，至今保留较有价值的古建筑3处，其中民宅2处、宗祠1处。邢氏民宅九间，占地面积320平方米，以花、木、鸟、兽雕刻为主，距今已有千年历史。郑氏宗祠建于康熙年间，占地面积600平方米，分上、中、下三厅，天井两个，连体八字门，雕梁画栋，高大宽敞，雄伟壮观，至今保存良好。近代建筑洪氏民宅十八间，建于19世纪20年代，徽派建筑，选材精良，精雕细刻，工艺独特，栩栩如生。进村口两棵大樟树巍然屹立，郁郁葱葱，据考证已有400年历史。曾镶嵌一座拱桥，因年久失修，现已毁迹。村内有八座拱桥，是连接东西村落的交通枢纽。村里有古井一口，称洪家古井，井水冬暖夏凉，从不干涸。

山下洪村现有450户1200多人，耕地面积820亩，旱地1000多亩，森林面积5600亩。村民主要以农业种植为主，主产葡萄、柑橘、枇杷、桃子等多种水果。

琐园村

琐园村位于金华市金东区澧浦镇以北 1.5 千米处，地处金衢盆地东部，外部与金义东道路连接，交通便利。地形整体平整，属低山丘陵和冲积平原。地势东南高西北低，中间高东西两头低。汉代名士严子陵六十一世孙严守仁于明朝万历年间从孝顺严店迁居于此，至今已有 430 多年的历史。

琐园村被众多池塘环绕，形成天然的“七星拱月”星象地理。村庄空间布局结构呈现出新建筑包围古村落的整体空间布局结构形态。中间古村落核心区，基本保留原有古村落空间结构特征。十八厅堂历史风貌和生活形态较为完整，不同时期的建筑历史文脉比较清晰。

严氏宗祠

琐园村现保存的古建筑有严氏宗祠、黄氏旌节坊、务本堂、怀德堂、集义堂等明末清初厅堂 10 余座，是金华规模最大的古建筑群之一。1996 年，琐园村被列为“金华县第二批县级重点保护单位”，2011 年又被列为“浙江省乡村建筑保护单位”。该村古建筑结构、艺术风格迥异，极具江南古民居的典型特色。如集义堂，有各种方形石柱、木梁、木栅等，前进置方形花窗，后进方梁上置斗拱承托棱栅。又如两面厅，除梁架、马腿处雕有栩栩如生的花鸟走兽外，窗棂腰板上雕刻的楼台古刹、山水风景更是精湛；四扇大门倾篷均刻有麒麟、凤凰、松鹤、鲜花等形态生动的砖雕，成为古建筑雕刻作品中的上乘之作。琐园村现有住户 482 户，人口 1224 人，以严、俞、徐姓为主。村庄集体年收入 80 万元，人均年收入 15000 元。

溪干村

塘雅镇溪干村坐落在东阳江北岸，与澧浦镇仅一江之隔，东邻孝顺镇，是塘雅镇最南端的村庄。溪干村建村有 600 多年历史，系北宋著名思想家和文学家范仲淹后裔在古婺州最大的聚居地，现尚存范仲淹纪念馆 1 座，皇华保殿 1 座，古名宅数处。

村民以范姓村民为主，民风淳朴，村容整洁。溪干村是省级文明村、市级小康示范村、市级文化示范村。全村 312 户，在籍人口 780 人，耕地 900 亩，林地 500 亩。

仙桥村

赤松镇仙桥村，为赤松镇政府所在地，距金华市区 6.5 千米，03 省道、杭金衢高速公路贯穿而过，每逢农历二、五、八集市，四面八方的经商户都云集镇在仙桥市场，市场十分繁荣，是一个经商致富的地方。

仙桥村原名桥西大队，因与原金华县官田乡桥西村同名，后于 1981 年改称仙桥村。仙桥村发族于赤松镇新屋头村，主姓钱，建村于明嘉靖年间，至今已有 500 年历史。

古村一角

村内现有古建筑及遗址遗迹 9 处，属市级文物保护点 6 处。其中有古民宅 5 处，分别为义质堂、遗给堂、仁德堂、花厅、寿生堂，建筑风貌各有千秋；宗祠 1 处，即二仙黄初平、黄初起兄弟俩寝陵；古井 1 处，位于二仙桥下，水质清晰，原供桥东、桥西两村村民用水，干旱年间周边村都到该井提水，但取之不尽，永远不会干枯；古道1处，即现二仙路，原为金华到浦江必经之路。仙桥村每年十月十六都举行民俗活动迎龙灯，以示风调雨顺、五谷丰登、国泰民安。全村现有农户438户，农业人口983人，常住外来人口500人，人均耕地不足0.2亩。

雅湖村

江东镇雅湖村位于330国道西侧，与岭下镇接壤，拥有较深的文化底蕴。元末始迁祖胡从永康选迁至此地，雅湖坐落在松溪北侧，西北侧为山体，坐西或西南朝向东或东南，构成了山环水抱、藏风聚气的风水格局，体现古人“择水而居”选址理念。村落背靠卧虎山、凤凰台、狮公岩，前有八仙溪，内部有多处水塘，在村落周边有水系环绕。从东南侧进入村落，内部街弄四通八达，以南北走向为主，村前在东西向主路古湖路，像只展翅凤凰。

村内交通便利，自然条件优越，房屋鳞次栉比、错落有序，村中有三处市级文物保护点，保存有胡氏宗祠、十八间、明厅、前园花厅、书房台前后花厅、通天巷古建群、大明堂大厅、新塘大厅、新屋堂楼、风火墙环厅堂楼、四角九间起堂楼、后塘八间堂楼、古井街小花厅、村中街正花厅和古井巷、古建筑群等明清古居。

十八间堂楼

长塘徐村

长塘徐村隶属金华市金东区，位于金华北山山脉东部双尖山脚下，地处半山区地带，四周群山环抱，景色秀丽。

长塘徐村由始祖徐倬在南宋初年从义乌龙陂徐塘迁居金华长塘墩基畈，周边几经辗转到达此处落户，繁衍生息，人丁兴旺，渐成徐姓聚居地，村以塘和姓氏得名。

长塘徐村人文景观丰富，至今仍存留双峰耸翠、艅岭登云、石龙冲霄、天马存鞍、仙人遗石、威灵晚钟景观，并有文人赋诗颂之；村中有保存较好、群体连片的明、清、民国古建筑近百幢。

长塘徐村人杰地灵，钟灵毓秀，源远流长。宋代朱程理学派曾在此建书院授学，时有清文人徐兆岩赋诗“道院迎贤”颂扬朱程理学传播。村内有五处市级古建筑文保点，村外古驿道有一处市级重点文物保护单位——艅艎路亭。长塘徐村是抗日战争和解放战争时期八大队金萧支队革命活动根据地。2014 年年末有 443 户 1203 人，耕地 1011 亩，山林 4000 余亩，其中生态林 937 亩。村民人均收入 8000 元，村集体经济收入 3 万元。（编写：周承东）

中三村

金东区孝顺镇中三村位于孝顺镇东南，距孝顺镇约 5 千米。村庄环境优美，村南有连续不断的南山，村北有金义南线邻村而过，交通便利。

龙盘古寺

中三村历史悠久，现尚存留的古建筑数量较多，村内有义约堂、诗礼堂、五头厅等。义约堂前后五进楼座，每进均为三开间，占地面积约有 1400 平方米。村内有两座石牌坊，如有为孙元渡母亲郑氏赐立的，该牌坊建于清朝乾隆二十七年（1762），是四柱五楼式仿木构石牌坊，牌坊总高 8.2 米，宽 5.5 米，中柱间宽 3 米，正面牌额上置有“圣旨”石匾一块，1996 年 12 月被批准为金华县级重点文物保护单位。在村南面有龙盘寺，龙盘寺始建于梁代天监年间（520—519），1942—1945 年间在此建立了抗日游击队根据地。龙盘寺内有观音寺、天王殿、大雄宝殿、钟楼、藏经阁、玉佛楼等建筑。1996 年孝顺镇建立了龙盘寺风景旅游区管委会。在政府的倡导下，村民更加注重古建筑的维修和保护，对于坍塌严重的地方多次进行抢救性维修，以保护古建筑的完整性。村落还保留每年正月初十迎龙灯和扛花烛等传统习俗。中三村有在册农户 272 户，人口 643 人，耕地 523 亩，山林面积 2195 亩。

东阳市

蔡宅村

蔡宅位于浙江省东阳市东北部，距城区33.5千米，由蔡宅、隔塘、楼村、新庄、西坞塘5个自然村组成，为东阳、诸暨、嵊县边界重要集镇。全村1286户3804人，耕地1797亩，山林2000余亩，土地总面积8平方千米。

蔡宅村以蔡氏居住为主。蔡氏源出黄帝之裔姬姓，后以国为氏，繁衍于河南沁阳、陈留和河北燕地一带。唐光启年间，陈留一支蔡邕后裔迁至固始，不久南下福建。北宋年间，蔡襄胞弟蔡齐自福建迁居浙江平阳。政和四年（1114）蔡齐六世孙蔡季远举解元，任东阳主簿，遂举家落籍东阳，卜居南新塘边。元至元二十一年（1284）因居宅被兵燹，遂迁居十六都永安里上场头，“有官副使者，有乡举进士者……同炊可十年，食指百余，人称永宁巨族”，始号蔡宅，至今已有708年历史。清咸丰初年有任氏落籍，光绪年间有诸暨善溪何氏迁居，民国初又有胡氏、王氏迁入。隔塘村于明崇祯初年有诸暨李埠溪李氏迁入。新庄吴氏系义乌大元吴氏后裔，明弘治年间迁入。西坞塘张氏系张良之后，清咸丰年间从安徽宁国迁入。

大爽村

大爽村隶属东阳市，位于诸暨、嵊州、东阳交界处。温处台至杭城的古道逶迤，穿村而过，志书载经乌竹岭、鹭鸶岭到大爽出东阳，经诸暨姚公埠乘船到杭州，行人络绎不绝。唐宋至今许多诗人如贯休、陆游、辛弃疾、郭沫若等都曾途经此地。唐宋起就有依托古道经营一些服务性质行业的居民，因做生意人来自各方，姓氏不一，故有大散十八姓之说。直到南宋末年，嘉定年间进士楼孟通因避战乱辞官隐居于此。建宅立基时，出土一大磉磐，故村名大磉。至清朝末期有一外来秀才坐馆时，见到外有租田（一万多租）内有种田，妇女不用出田畈，粮食加工有水碓水磨，生活实在爽快，提出改爽为好，所以名成大爽。大爽楼氏系杞国楼氏，是大禹的后裔，姒姓，如今村内居民都是楼氏，是江南山村典型的血缘宗族聚落。

大爽村历史文化源远流长，文化底蕴十分深厚，楼氏以耕读传家，重农经商，人才辈出，曾富甲一方，修建有五芳堂（十里红妆）等厅堂。现存的三溪汇流之水系、一街五路的村庄布局形似五角枫叶，相传此乃元末陈友谅军师目讲大师设计。三座古寺庙、两座古祠堂、几十栋旧宅第计300余间，古石桥、古石道、古石墙、石子门堂（院子）、石级巷道、石墩步、水陂、石坎井、石砌梯田等，带你进入一个石头的世界。村中古建筑大多为明、清两代所建，是典型的山区古民居建筑群。古道白顶山上有唐代古刹“普曜寺”，明清时期的全忠庙、太祖殿、陛寿寺等古寺院。村保留古色古香的摆茶等民俗活动以及罗汉班、昆曲婺剧民间艺术。

大爽村村域面积36平方千米，村庄占地1397亩，农户413户1053人，人均收入3100元。

夏渠村

东阳市江北街道上卢管理处夏渠村，地处浙江中部，距东阳市城区 8 千米。现有农户 238 户 572 人，农田 150 多亩，山林旱地 380 亩。

夏渠村历史悠久，村落整体上保存着比较完整的传统格局和历史风貌。现有杜大宗祠、遗经堂和樊德堂及古民居（墙体用青砖）等古旧建筑。其中，位于村中心、建于清末年间、距今已有 200 多年历史的杜大宗祠，五间正建筑风格，占地面积 1600 多平方米，是村民举行聚会活动的主要场所。还有遗经堂、樊德堂等列为东阳市文物保护单位的古建筑，二堂都是二十四间建筑风格，总占地面积 4000 多平方米，二处左右相邻，建筑风格一致，犹如一对“双胞胎”。二处各有前后厅院、近水楼台、古木门窗，整个建筑物四周道路全是石子铺设而成，古建筑风格保存完整，规模宏大，建筑风格独特，加上其他古民居（墙体用青砖），构成了一大片古建筑群。

古渊头村

古渊头村隶属巍山镇，位于东阳市北部，距城区 25 千米，西北倚峋山，正北而东乌竹溪环抱，南面一马平川。明清属永宁乡十三都。

明永乐年间李泓由义乌迁东阳城隍庙口，再迁今址定居。李泓长子为补廪生，嗣后宗族置产养贤，农户耕读传家，子弟发愤为学相袭成风。明中叶至清末，举进士 1 人，中举 2 人，进学 74 人。至明末有 70 户，文风兴盛，独甲一方。现全村约 700 户 2028 人。

李宅村

李宅村原名蟾程，距东阳市城区10千米，是紧邻城区东郊的第一大村，土地总面积6平方千米。地处东阳江平原腹地，东接北江镇，西邻城郊，南屏青台山，北濒东阳江。

旧属孝德乡八都；1929年属第二区，为区公所驻地；1932年属李宅镇。1949年后，曾为李宅区公所、李宅中心人民公社驻地。现属李宅镇，为镇人民政府所在地，由4个行政村组成。李宅系东阳望族李姓聚居地。李氏源出唐宪宗李纯之裔，先居垅西，后徙河南陈留，五代时迁浙江睦州。南宋绍兴元年（1131）迁东阳南门积庆坊里仁里。

明宣德二年（1427），李毅庵偶憩蟾程槐树下，梦神授锁，遂卜居于此。后子孙昌盛，改称李宅，至今已有577年。李宅，蟹溪绕其东，泗溪流其西，龙山、笔架山、马鞍山矗立于南，山清水秀，为形胜之地。李宅花台门是东阳市重点文物保护单位，三开间，中辟大门，前半间鹤胫轩，采用木雕彩绘装饰，后半间为方格眼天花，次间重檐，格扇门窗封护。前立撇山影壁，水磨砖砌筑，形制高大，结构合理，建筑雄伟，线条流畅，色彩瑰丽，上有“忠孝名家”匾额。

花台门前为桂坡大街，清澈的蟹溪沿街北流。旁为6000平方米广场，既是集市贸易中心，也是李宅镇娱乐活动中心。每逢元宵佳节，沿街张灯结彩，广场金龙飞舞，热闹非凡。花台门向西20米许是文昌阁，再向西行10米为蟾塘，塘面2亩余，形如满月，又称月塘。塘有一条石龙，塘旁有石龙庙。全村共1118户3655人，耕地2068亩。

许宅村

许宅村现有住户1500多户，人口4200多人，由旧厅、新厅、塘里、上宅、王坑岭5个自然村组成。许宅村历史悠久，文化底蕴深厚，它的历史可追溯到1279年时期的北宋，祖宗许就是平“方腊”时战死的。

村中古建筑遗存丰富，始建于后梁年间（908）的祈林寺，被省佛教协会批准为省重点佛教旅游胜地，全国人大原副委员长严济慈为该寺题词“祈林胜境”；许府君祠最早建于宋朝，后到明朝由“三世尚书”许弘纲和“八闽统宪”许达道联合扩大修建，距今已有500多年历史；尚书第(府堂)、世德堂、光裕堂、郭义堂、树德堂、聚顺堂、五美堂，均属明朝建造，结构宏伟、大方；近1000年前的“吴汉桥”尚存；古老的牌坊“尚贤”坊由五代玄孙“三世尚书”许弘纲重修，此牌坊尚存；“八闽统宪”许达道建造的2座牌坊其规模、结构是东阳所有牌坊中最宏伟壮观，可惜毁于“文革”。

许宅花灯始于明朝天顺年间，距今已500多年历史，2007年被列入浙江省非物质文化遗产保护项目。

青溪村

青溪村位于东阳市三单乡，东阳出东门相距50千米，东有名山第一高峰，群山层层包围村庄，南离乡所在地5千米。从磐安交界木屋树岭起源一条弯曲大溪，水源充沛，四季长流，从南流入村前向北嵊州市曹娥江之源，西芭蕉尖山派，一起一伏山峦叠翠，气势雄伟冲入村后，东北与嵊州市流岭村交界。村口有珍稀古木，巨干虬枝，遒劲苍古，已经历了千年。现在的青溪村由青石渡村与下吾岗组成，全村共有农户232户644人。

青石渡姓氏以楼氏为主，下吾岗以黄氏为主。青石渡楼氏的传承可以追溯到大禹时代，有很多源远流长的故事。《青石楼氏族谱》记载：楼姓是夏禹姓中的姒姓氏，大禹儿子啓，建立了夏朝，传到第七世王帝少康，周武王灭商后，把少康的后裔云衢封为东楼公，封他杞国（今河南省杞县），建立杞国（周朝附属国）。他的后代子孙以其名中的楼作为姓（楼氏）。

磐安县

大皿村

大皿村地处磐安县西南部的双峰乡，是瓯江的主要发源地之一，距县城 20 千米，境内设有诸永高速公路互通口，冷双公路与双深公路在这里交会。

大皿进士牌坊

大皿村历史悠久，自唐武宗年间羊氏祖宗羊愔就居住于此，羊愔后裔遵循先祖足迹，在人文荟萃、风光秀丽的皿溪畔休养生息，形成了一个较大规模的羊氏族人聚居地。

大皿村古建筑沿皿溪两侧分布，并向东西方向延伸，通过南北纵横的巷弄联系起来，形成了“一水横穿，两山对峙，六区共辉”的古村落格局，古县道在村落和农田之间蜿蜒。大皿村历史文化遗存丰富，至今仍保存着较为完整的传统村落格局，留存有清至民国时期的各类建筑 60 余处，包括民居、宗祠、庙宇、桥梁等。其中清德堂为省级文物保护单位，进士牌坊为县级文物保护单位。大皿村现存的历史建筑大都是明清建筑，婺州山地风格，沿河成街，临水建房。大皿村的道路、街巷格局与传统建筑、文物古迹和传统生活交织在一起，构成了江南古村落的优美画卷。大皿村非物质文化较为丰富，比如大皿大红宫灯、三块板、道情，三者同时在2007年被列为磐安县级非物质文化遗产。重阳节炼火、八月十三迎胡公、正月十五灯会等民族节日都是大皿村的特色活动。2009年大皿村被列为磐安县特色文化村。2014年年末，全村有1157户，总人口2987人。

大山下村

大山下村隶属磐安县新渥镇，距诸永高速公路出口仅 5 千米，是灵山风景旅游预备区的重要组成部分。

北宋开元年间，越国公卢琰与孙帷温一起率全家老幼，挟蕲王熙诲准备出京，远离朝廷到山野之地过隐居生活。当时宋太祖正在追查蕲王，卢琰隐居归农被怀疑与蕲王熙诲有关联，宋太祖便派追兵前来追查。卢琰只好连夜出京，向临安方向仓皇出逃。当他从东阳方向逃入新渥灵山一带时，追兵已追到新渥与千祥的交界边上。卢琰看见前面有一座大山，便逃到这座大山上躲了起来。因此，后人就把此地叫“朵山”，意即“躲”山。中华人民共和国成立后才改为“大山下”。现在，越国公卢琰墓还在村口处。

大山下村，民风淳朴，历史文化底蕴深厚，古屋、古道、古民风、古建筑众多。陈氏宗祠十分出名，它是明末清初建筑，为县级文物保护单位。宗祠坐北朝南，由门楼、前厅、中厅、后堂及两边回廊组成，明间抬梁结构，边缝穿斗结构，木雕、石雕内容丰富，艺术内涵深厚，从前厅到后厅总共造了 13 年。村口文化长廊共九间，建造于民国初年。门梁为石梁，梁上雕刻着“翠松古里”四个大字，门两边对联在“文革”时遭破坏，现已模糊不清。一口约 300 平方米的池塘依然碧波荡漾，也许还能映照出当年卢公的忠肝义胆、高节清风。特别让人可惜的是，长廊边上号为“九支卢”的九棵古树遭到砍伐，致使长廊逊色不少。

东里村

东里村位于尖山镇西北，距尖山 1.5 千米，全村共有农户 282 户 786 人。东里，原名东厉，历史悠久，建村已有 700 余年。自文才公二十二代孙梦畹公游玉峰朝天龙岗、杨拱尖，见山之南麓，山貌峻秀，土沃风淳便携弟梦笔公择而居之，因念东阳厉氏取名东厉。

东里村文化底蕴浓厚，拥有规模较大的古建筑群。厉氏家庙，建于清同治甲子年（1864），柱大梁粗、雕刻精致，土法架竖，充分证明祖先聪明才干，庙后幢设神龛称“九圣台”，摆祖先神主。现存香烟桌和同治七年石香炉为祭祀所用。中幢为集会、演戏、舞狮、唱曲所用，民初年（1913）废私塾办学堂，在中厅办起“璜溪小学”，为国为民培育大批人才。睦雍堂（大树脚）有 250 多年历史，原系 13 间走马楼，后配上门楼成四合院，宣统元年（1909）废私塾在门楼上创办玉山地区第一所东里小学堂，招收玉山地区高小生 30 余名，后因学生人数增加，迁至下觉庵，后在灵溪庵办起东阳县立第四高等小学。厉家小院，三间两弄二厢，建于民国二十六年（1937），柱脚、桁料、阁栅木料上好，堂屋间阁栅蒲垫阁底（算盘珠式）窗门兜子，墙壁下庄砌乌石，上庄砖头俗称半文半武式，别具一格。另有忍德堂（大门堂）、享睦堂（外菜园）、经纬庙、乌石老街等。东里村风景优美，古木参天，有数百年的香枫、花桐、梦春花、苦槠树。东里村人才辈出，出过很多历史名人，有厉植三（中国同盟会会员）、厉济时、厉茂英、厉熙晖等。

佳村村

佳村位于磐安县东北玉山台地，唐宋时为“婺州望族”临泽的街口，所以宗谱上记载佳村原名“街口”。中华人民共和国成立初期由乡绅孙芑香改名佳村。

佳村现存的古民居有古茶亭、祠堂各一座，原来的名花厅毁于大火。佳村龙文化底蕴深厚，风景秀丽，生态环境优美，曾经有六庵四庙，百年名校（玉山中学），三州古道穿村而过，玉山的母亲河灵溪紧抱佳村，光绪年间灵溪廊桥（1952 年修为石拱桥）现亦在。现存的清代拦水坝二处、澄步一处溪中的龙潭早在唐朝就辟为“放生潭”，九曲灵溪、奇灵山、灵溪院三灵极地名闻遐迩。最为突出的是龙灯文化。传说村中的龙头岩有龙鼻石，通体是岩的二颗龙眼深井，村后的龙额连着淌血的龙脖子，村东的化龙岩为被斩的龙身和淌血的龙尾，村南的下觉庵、化龙坞登天石室为灵溪龙上天的所在。村域范围内带“龙”字的山冈和地名如盘龙、青龙、黄龙等有十八处之多。2008 年香港阳光卫视专题拍摄龙灯故乡而使佳村闻名于全球华人界。

墨林村

墨林村隶属金华市磐安县安文镇，距磐安县城12千米，是42省道和磐新线交接处。

墨林村原名墨岭，为东阳郑宅郑氏后人为避战乱迁居窈川，于元代前迁于西章墨岭，繁衍生息，为金华府三十三都，第十堡西章墨岭，后成郑姓聚居之地。后有元代进士郑境之子郑讴期望“翰墨传家，文士如林”，后改名墨林。

现存墨林古村，以明清三合院建筑为主，至今已有400多年历史。村里的厅门堂就是按元代郑讴“翰墨传家，文士如林”的“文房四宝”设计建造。厅门堂坐北朝南，以金墩山两棵至今有800多年树龄的红豆杉为笔，对村南“笔架山”，以前门塘作“砚池”，以宽15米、长48米铺有河石的厅门堂院场作“墨”，以村边的六十寸、三十寸等田以为“纸”。到明朝后期随着郑氏人口的不断繁衍，后分为圆、亨、利、贞四房，分别建有塘口下、四常院、四方台门、新屋等三合院落。后有陈氏、张氏等姓氏的迁入又分别建有坑干新渥院、张氏台门等院落。村口的永德桥建于清光绪二十四年是连接新昌到磐安、仙居、永康的主要古道。墨林村民间文化丰富，每年的农历八月十三螺岩传统庙会和敲铜锣巡更都已有几百年历史，早年赶庙会有数千人之众，故有墨林螺岩小方岩之说，谱于清光绪年间的铜锣调，曾获 2014 年浙江省农村文化礼堂汇演金奖。

2013 年，墨林村被列为浙江省文化礼堂示范村。2014 年全村共 406 户，耕地 786.6 亩，村民人均收入 8895 元，村集体当年收入 9.5 万元。

横路村

横路因大路横穿村庄而名。横路村隶属磐安县胡宅乡，位于浙中台地，磐安县东北部，东临夹溪，南临尖山镇，西屏紫云峰，北与胡宅乡驻地相连。

横路村是周姓家族聚居地。据《玉峰周氏宗谱》记载，北宋理学家周敦颐第九世周若泗始迁横路。现存最早古民居建于明代，在清康熙、乾隆年间形成老村居住格局。

一片乌石演绎周氏文化。该村乌石遍地，酷似乌金，无论走到哪里俯拾即是，素以乌石街、乌石古民居而闻名遐迩。现有古民居500间左右，总建筑面积38000平方米，较全面地反映了本地区明清时期乡村的传统风貌、地方特色和民俗风情。乌石古街是一条古老的街道，由文昌阁向村中北端延伸，主街分上、下两层，长400米，全是乌石铺设，建有排水小渠，经历了几百年历史沧桑，路面已磨得乌光锃亮，包括周边其他纵横街道共1000余米。在乌石古街两侧，尚保留着十三座明清时期的三、四合院。庭院结构严谨，院落与院落之间错落有致。古村民居的墙体，均由乌石砌建而成，通体乌石，石行整齐，墙体美观。文昌阁，为县级文保单位，建于清代，是一个充满神秘色彩的文化建筑物，它的外墙上画有水墨壁画，梁柱上有雕刻的花纹。老一辈人说，文昌阁是官道上的一个“驿站”，有下通澄溪古道，上连村中街道，是古时磐安与新昌交通必经之地。

横路村是浙江省旅游特色村、省级历史文化名村、中国传统村落。全村共有农户 492 户，人口 1304 人。

仰头村

仰头村原属永康县，后属东阳县，后划归磐安县，位于白云山西麓，距诸永高速2千米。

仰头村曾名鸟头村，始祖马坡公，字尔高，因爱白云山峦秀美，又可避水灾，于南宋淳祐年间从东阳的下安恬村乔迁于此，并繁衍生息。自中华人民共和国成立后，有王、陈、孔、李、葛姓子代来村居住，村落范围下围约0.7平方千米，人口800人。

村落建在三岗四坞六面坡，依山顺势而建，古建以凹形门为主，其结构稳抗风强。村落水口古木参天。整个村落中心有古井、古道、池塘、民国年间的石亭，左、右二翼有龙虎二山护户，整个地形似展翅飞鹏，白云山麓峭壁林立、沟壑纵横、涧瀑飞白、翠木华润。

村中所有可耕田地，均是经历代祖辈用双手叠垒起来的梯田梯地，层层叠叠、蜿蜒盘桓，构成一幅壮观地貌。由于地质独特，先祖东川公凭种荆芥发家。仰头村人性情纯厚实在，孝义为本，民风淳朴，勤俭持家。男人在家闲暇时到深山采集三爪、五爪藤制作藤编，其工艺堪称仰头一绝。2014年村集体收入4万元，村民人均收入6500元。

大柘坑村

大柘坑村隶属磐安县高二乡，是高二乡乡政府和文化礼堂所在地。大柘坑村建于明朝，始为羊姓族人居住，清朝初时有徐姓迁入，传承今日已至八代，现在村中以徐、金、蔡、吴四姓为主。

因地处深山，村庄仍保存着质朴的山乡气息，村中老人过着日出而作、日落而息的传统生活，热情好客。村中仍保留不少木石结构建筑，可以在此感受传统真实的山乡情怀，能较完整地反映当地近代农村民居特色和传统文化风貌。大柘坑村地处高二乡交通要道，自古为高姥山地区文化行政中心。高二乡山高壑深，受海拔地势影响，风光独特。村庄落于深山峡谷，南、北两面高山相夹，呈狭长的M形，全村海拔495—515米，整体地势西高东低，村庄两侧是成片的竹林，从高处看去如“竹海扁舟”。一条东西流向的溪流从村庄中间穿过，住宅建筑沿溪两侧呈狭长分布，溪水清澈，多有野生石斑鱼，水质较好，可养殖石蛙。村头一株古枫树，每到秋时，红叶飘洒，如在礼迎宾客，优美的自然景观和独特的地理位置使其在全乡乡村旅游发展中处于重要地位，能够使生态自然景观和历史文化景观相结合，发展成一个融旅游、观光、休闲、餐饮为一体的美丽小山村，具有较高的保护开发价值。

全村120户，总人口287人，长期在家人口约60人，多数为老年人。全村耕地面积137亩，山林面积2014亩。农民的主要经济来源是外出务工、来料加工、种植毛竹和中药材等，人均收入5374元。

管头村

管头村隶属磐安县尖山镇，位于磐安、新昌、天台三县交界处，尖山镇东北部。

管头乌石村为姜太公六世孙无忌齐厉王后裔厉氏宗族之村，是唐贞观都督厉文才玄孙从东阳横店厦厉墅迁居东里再迁而来，管头建村有谱记载始建于唐武宗年间。据说，在厉氏迁居前已有周姓人家安居于此。

管头厉氏始祖厉仲庸淳三公是姜太公第七十三世玄孙，在明洪武年间迁到管头，淳三公和丁氏结婚后夫妻恩爱，勤俭持家，生了五子养育成人。管头村几百年来，人才辈出，单以明清开始，本房嗣孙中受皇恩钦赐冠带、顶带的就有七人。其中平阳总镇更为杰出，威震海疆。明朝永乐年间，钱塘江堤毁于潮汐，民有昏压之忧。当时藩臬大臣役夫数万，筑江堤捍御，处出厉季明多才智，为众所推为千夫长，总董十一府之役。处出益繁是以事克办而民不扰。藩臬大臣咸羡之曰："厉季明，其人杰也。"因有功，厉封任平阳总镇。厉季明"十里红妆"嫁女的故事一直流传至今。

整个村落坐西朝东，管头乌石古建筑已有1100多年的历史，有460多间房屋，占地面积14720平方米，建筑面积29440平方米。以清一色黑色玄武岩为墙体材料，盖以黑色土瓦而成，乌石墙体石块行行整齐平整，犹如砖砌一般，围成一个个完整的四合院、三合院，其中四合院一个、三合院六个。以黑色玄武岩砌墙为主，集古屋、古井、古树、古塘、古韵于一体，整体感觉古朴典雅、古色古香，并有非遗项目花头台、铜钿鞭、秧歌舞等10多项深厚的民俗文化；有良好的民风，保护了10多棵千年古树，建设了风景秀丽的古树公园，公园内有树龄1300年的国家二级保护植物——红豆杉、千年古香榧和千年古槐树。该村是浙江省内保存较为完整的古建筑群之一。

管头村被评为全国文明村镇、中国文化传统村落、省历史文化名村、省全面小康建设示范村。全村260户800人。2014年村集体收入30万元，村民人均年纯收入11098元。

榉溪村

磐安县盘峰乡榉溪村位于乡域西部，村庄始建于宋建炎年间，是一座以居住孔氏家族为主的血缘村落。

榉溪村是孔氏婺州南宗所在地，是孔子后裔南方最大的聚居地之一。据《磐安县志》和清、民国《金华府志》《永康县志》以及各次修纂的《孔氏家谱》的记载，南宋建炎三年（1129），金兵南下占山东，曲阜孔林遭受兵祸。孔子第 47 代孙，大理寺评事孔若钧“侍兄孔若古，侄孔端友，携子孔端躬等，皆扈宋高宗圣驾去鲁南渡”。孔若钧、孔端躬父子一家随高宗皇帝南幸台州，至章安镇，孔端躬闻其兄衔圣公端友已定居三衢，遂辞驾赴衢会合。当行至榉川时，其父若钧不胜长途跋涉而疾病发作，只得暂时停息，端躬见榉川高山峥嵘、水流磅礴、民风古朴淳厚，乃隐居之胜地；端躬公为官清正，是时奸权当道，早生隐居之意，遂全家寓居于此。不久，若钧公病逝，端躬父葬于榉川北岸钟山后坞。此后，又感父埋于此不忍离去。据传，孔端躬自山东扈驾南下，启程时特向孔林辞拜，并掘有桧木苗一棵，愿曰：“何地植土生根者，即吾孔氏新址也。”因而每到一处，即植于土，不见生根萌发，只有植于榉川之土，不仅放出新根，而且萌发芽尖。端躬公以为此乃天意所决，遂于此地赎地开发结庐而居，繁衍生息，并开办学堂，教育孙邻，乐享天年。自此以后，孔氏子孙，繁衍甚盛，历经三十七世，形成了现在有 1000 余众的榉溪村。

榉溪村的历史建筑面积 15247 平方米。村庄坐南朝北，与一般村庄择地风水意象完全相反。整个村庄有东、西、中三个功能区块，由一条东西走向老街串连而成。该村历史悠久，人杰地灵，具有丰厚的文化底蕴，集古屋、古巷、古井、古树、古墓之古风、古韵于一身，是一个具有近千年文明史的古村落，是孔氏婺州南宗的文化活动中心。

榉溪村是全国重点文物保护单位、国家级历史文化名村、中国传统村落、浙江省民俗旅游村、浙江省历史文化名村、浙江省农房改造示范村、浙江省文明村、浙江省生态村、浙江省森林村庄、浙江最美古村、浙江省文化示范村、浙江省廉政文化教育基地。村民收入来源主要有来料加工、商品蔬菜、香菇、中药材、劳务输出等，人均收入达 8700 元。

冷坑村

冷坑村隶属磐安县高二乡，位于磐安县东南部。因与仙居交界，民俗风情具有明显的台州特色，民风淳朴率真。开始由郭姓和王姓先祖避难于此，约200年，清末时期有张姓入赘，李姓由仙居迁入。

冷坑村自然条件优越，植被保护良好，村庄基本上以古色古香的石头房和泥坯房为主。一条清澈的小溪从村旁穿过，小溪长年流水不断，溪旁绿树成荫，自然环境与村落完美地结合，显得非常和谐自然。2014年年末，全村有83户，耕地119亩，村民人均纯收入5493元。

岭干村

岭干村隶属金华市磐安县尚湖镇，距磐安县城45千米。岭干村历史悠久，自南宋迁基来，历代人才辈出，具有很深厚的历史文化底蕴，现保存完好的古建筑有明清建筑群、祠堂、绳武堂等。传承的龙虎大旗被金华市列为非物质文化遗产，被村民称为村史发展与变迁的“见证人”。

岭干村拥有独特的自然环境，多姿多彩的地方风情，集山水、古民居、姓氏文化、农业观光于一身，旅游资源类型多样、内容丰富、底蕴深厚。鳞次栉比的古民居错落有致，黝黑的屋瓦，灰白的马头墙，雕梁画栋的古建筑，具有较高的观赏价值。风崖谷景区独特的山形地貌、高山流水吸引众多旅游爱好者前来观光游览。岭干村现有农户322户，人口825人，耕地402亩，山林面积17109亩。村庄的主要经济收入来源是香榧、茶叶、药材等种植，年人均收入4500元左右。

马家坑村

马家坑村位于维新乡东北部，距乡政府所在地8千米，与仙居县接壤。马家坑自然村群山环抱，空气宜人，自然景观优美，森林覆盖率达95%以上。峡谷植被茂密，溪流潺潺，瀑布连连，奇峰苍翠，孕育了自然界“峰奇、壁绝、谷幽、瀑多”的独特景观，是百鸟家园和“天然氧吧”，特别是九狮峰、水牛岩、溪流叠瀑、古树群等自然景观，为旅游产业发展提供了良好的资源基础。村民住房依山而建，房前溪流潺潺，四周青山叠翠，农家特色劳作和生活习俗保存完好，整个村庄充满了古朴、宁静、恬淡、自得的山野情趣，素有“小丽江”之誉。

石下村

石下村隶属浙江省磐安县，位于磐安县西南部，坐落于国家级 4A 景区——百杖潭景区入口处，距离县城 32 千米，距诸永高速公路双峰出口约 10 千米。

1950 年的石下村为如公乡石赤下村，1956 年分称和平、翻身社，1958 年为石赤下生产队，1961 年改成石赤下大队，1981 年改名为石下大队，1983 年改为石下村委会。石下的自然村叫下厂，胡庄人移居此地种山，因厂在下石岗村山脚，故名下厂。

村内古樟参天，青松葱茏。现存古民宅、古桥、古道、古街巷、古寺庙等历史文化实物比较丰富和集中，近现代建筑有 18 处之多，布局相对集中成片，传统格局和历史风貌保存较为完整，能较完整地反映近代农村民居的传统风貌和地方特色，具有较高历史文化价值。2007 年年初，按照“开发农家乐，建设新农村”的工作思路，积极开展重点整治。整治后的石下村，小桥流水，白墙黑瓦，新的村落房舍成排成行，四下呼应，新旧房宅相互交错，古樟公园相映生辉，体现了“景中村，村中景”的亮丽迷人的特点，“走进石下村，如在画中行”“青山遮不住、毕竟东流去”，宁静中透着生机，好一幅美不胜收的新农村景象。

百杖潭景区具有“江南第一瀑”之美称，是一处融叠瀑、奇石、曲溪、瀑长、潭深、水清、洞幽为一体的风景旅游区。近年来，石下村依托百杖潭景区的开发，通过秀美乡村建设，与百杖潭景区形成“前庭后院”的旅游格局，是一个集旅游、观光、休闲、餐饮于一身的美丽小山村。现有农户 192 户，共 524 人。

朱山村

朱山村隶属磐安县冷水镇，位于镇东南部，距县城23千米，距诸永高速磐安和双峰互通口各9千米，冷沙线穿村而过，交通十分便利。

朱山村历史悠久，从唐后历经五代、北宋、元、明、清、民国以至中华人民共和国成立，业经四十世，1200多年。历代名人辈出，如宋代曹翰公，封都指挥元帅大将军。第六世元忠公，官至吏部尚书，授华盖殿大学士，赠护国金紫光禄大夫。明代十六世曹璟公，封万户侯。曹思宋受明太祖朱元璋封为“曹千代”，并赐朱元璋画像。清朝曹延苏，从小雄力过人，能拿起120斤大刀，舞动如飞，破得四门，其孙子曹国翰中过武举人。

朱山村拥有丰富的人文景观资源，集中连片的古建筑再现了明清时代的历史风貌，最具有特色的是传统民居院落和街巷格局，都具有较高的历史价值。如文武堂、香火堂、后门堂、前门堂和上门堂。文武堂又叫“文武厅”，其前厅、中厅和后堂保留完整，据说中厅楼上供小孩读书，叫书院，楼下供大人练武，叫武场；香火堂院落铺装由一样大小的石子凑成四方天井，其中有“福、禄、寿、喜”四个石子字，又称之为“天花井”；后门堂建筑工艺上十分精致，人物禽兽雕刻栩栩如生，使人百看不厌，被誉为“百工楼”。全村保存完好的古渠、古街巷、古桥梁、古堰坝、古寺庙、古防洪堤等历史建筑有20多处。

朱山村的非物质文化遗产以逸闻逸事、“文革”语录和古老的民间表演最具代表性。明太祖洪武年间的富商曹思宋就是一个传奇人物，当年朱元璋率部攻打金华府，正逢粮草奇缺，难于坚持，曹思宋慷慨开仓，献出上千石粮食，使朱元璋顺利攻克金华府。朱元璋做了皇帝后召见曹思宋，封其为“曹千袋”，并赐他一幅自己的画像。朱元璋自小讨饭，没有读过书，是个草莽皇帝，在落款时把“曹”字错写了中间一直，站在旁边的侍从示意写错了，朱元璋愣了一下说“朕独封朱山独直曹”，于是留下了脍炙人口的“朱山独直曹”之说。至今，朱山人坟碑题词还保留了独直曹习俗；另外，朱山传统民居外墙上保留了数量众多的“文革”语录，被有关专家认定为省内数量最多、保存最完整的“文革”景观资源，具

有很强的教育意义和研究价值。加上朱山人民的红歌、忠字舞、样板戏，组成了独特的“文革”文化，让游客身临其境般感受“文革”那段特殊的历史时期，寓教于乐，令人回味；在朱山已有上百年历史的迎车灯表演，不仅制作工艺精湛，可荣登车灯造型排行榜冠军，表演方式也变化无穷，表演过程更是规模浩大，盛况一时，展现的是最原始、最生态的表演，祈祷着来年风调雨顺、国泰民安，让游人体验百年前元宵盛况。2015年，朱山村被列为浙江省书法村。2014年年末，全村有231户，耕地182亩，村民人均纯收入9063元。

梓誉村

梓誉村隶属金华市磐安县双溪乡，地处东阳江上游，东阳磐安交界处，东与天秀村、横塘村接址，西与山店、陈宅、后靠等村相接，北连新城东山脚，南接潘庄村，离乡政府所在地 5 千米，区域面积 6.8519 平方千米。

宋朝庆元二年（1196）理学家西山公（蔡元定）其长子渊，尊父训长随朱熹并任婺路教授，在金华地区讲学。听朋友劝，携其子诰避祸到现梓誉山岭脚。中华人民共和国成立前为金华府东阳县“安仁里”，蔡姓入居后改称“梓誉”；金华府东阳县瑞山乡三十三都梓誉保；磐安县双溪乡梓誉村；中华人民共和国成立后，1950 年磐安县双溪区天梓乡乡政府所在地，下辖梓誉、下潘、横塘、横山、天秀等行政村；1956 年撤销天梓乡并入双溪乡；1958 年十月国庆人民公社成立，为国庆公社梓誉管理区，下辖梓誉、下潘、横塘、横山、天秀等行政村；1958 年 11 月磐安并入东阳，为东阳县安文区双溪公社梓誉管理区，下辖梓誉、下潘、横塘、横山、天秀、新城、东山脚、上碧连、柴横、东门等大队；1964 年撤销管理区，为东阳县安文区双溪公社梓誉大队；1983 年恢复磐安县，为磐安县安文区双溪乡梓誉村。

梓誉村是一个典型的“小桥、流水、人家”的江南古村，古建筑遗存丰富，三合院、普通四合院、二进式四合院共计有 13 个，古桥 10 座，建筑大都为明清时期，代表性建筑有蔡氏宗祠、钟英堂、下厅民居、翔和堂、永言桥。1997 年，蔡氏宗祠被列为省级文物保护单位，始建于 1420 年前，1529 年遭寇焚，明万历壬辰年（1552）再次修建。蔡氏宗祠由牌坊式门楼、前厅、穿堂、后厅等建筑组成。门楼为青砖砌筑，明间用抬梁式结构，材料粗大，雕饰高雅，梁枋布满彩画，华而不俗，庄严肃穆。祠堂内高挂朱熹题写的“理学名宗”匾额。“理学名宗”是梓誉村的历史文脉和文化根基。省级文物保护单位“钟英堂”由清进士蔡享洪建于清乾隆 1758 年前，为三合院式住宅建筑，三开间，用直柱，鼓形础，抬梁式结构。堂内圆雕、浮雕、镶贴交相生辉，特别是龙的图案，有 200 余处，体现古代木雕、砖雕、石雕“三雕”精湛技艺。翔和堂为县级文物保护

单位，落成于乾隆丙午年（1786）前，由江南名士，清代江南五才子之首——叶蓁题写“翔和堂”匾。永言桥为明代石拱桥，对于研究明代桥梁建筑及南宋理学在磐安发展有一定的参考价值。受悠久浓郁的理学文化熏陶，梓誉村也积累了独特的民俗文化，主要有“烧夜火”“闹元宵”“宗祠挂灯”“无骨花灯工艺”“梓誉吹打”等。

梓誉村是省级历史文化村落保护利用重点村。全村共 314 户，人口 854 人，耕地面积 571 亩，林业用地 9486 亩，2014 年人均收入 7800 元。

浦江县

古塘村

古塘村隶属浙中重镇黄宅镇，地处浦江盆地东南部边缘，整个村落依山傍水，环境优美。前龙山、后龙山、后山头三座山环绕村庄，形成“三龙抢珠”之态势。延寿溪、浦阳江从村边经过。

村庄建于地势平坦空旷之地，历史建筑分布较为集中，保存较好。村内建筑基本可分为清代建筑、民国时期建筑、二十世纪六七十年代建筑及以后建筑。清代建筑与七十年代建筑占据传统建筑的主要部分。村内有涉台文物两处，分别为陈肇英故居和方青儒故居，陈肇英故居为江南典型民居——廿四间头。陈肇英生前曾兼任国民党中央纪律委员会委员、中央评议委员等职，他于 1932 年在村北面建造了连接浦义通道，横跨浦阳江的普义石桥，也留下了浦江教育史上值得一书的浦江县中山中学，当时初创时名为“普义初级中学”。

杭坪村

杭坪镇杭坪村位于浦江县西部山区，距县城6千米，是杭坪镇政府所在地。全村现有2819人，耕地面积1878亩，山林面积12642亩，2012年人均纯收入6775元。

杭坪村历史悠久，文化底蕴深厚。村内现有建于清朝至民国初期的各种古民居29幢，其中仅古厅堂就有13座。有三支板凳龙队，两个什锦班，一个腰鼓队等传统民间艺术表演团队和一批米塑、叠斗、剪纸等传统民间艺术传承人。始于清朝康熙年间的正月十九“杭坪摆祭”是一项集迎送关公、摆祭、演戏、迎灯、拜斗和什锦班表演等传统民间艺术的大型综合性民族文化活动，具有浓郁的地方特色和传统民俗文化特色，并已闻名省内外。“杭坪摆祭”于2009年被省政府列入省级非物质文化遗产保护名录，并入选金华市十大传统节日。杭坪村也因此成为金华市民族传统节日保护基地和非物质文化遗产传承保护基地，还被评为浙江省第一批春节文化特色地区。

冷坞村

中余乡冷坞村，坐落于仙华山北麓，中余之东南。该村自清咸丰年间由端公带领族人自金华永康迁入，安居繁衍至今，已历百年有余。现今共有冷坞、坪上两个自然村，245 户人家，871 位村民。村域面积达 0.25 平方千米，群山环抱，风光绮丽，是市级生态村。

冷坞村四面皆山，山清水秀，景色宜人。站在村前的苦珠形山上，从制高点俯瞰全村，房舍错落，黑瓦白墙，绿水与青山交相辉映，俨然是一颗镶嵌在绿色丛林中的明珠。一条清澈见底的罗源溪由西南向东北方向穿村而过，如一条洁白流动的飘带。溪上五座由条石砌成的拱桥和两座水泥便桥跨溪而立，将罗源溪两侧的居民紧紧相连。村里还有一条有着数百年历史的大竹岭古道，这是以前从义乌经浦江到杭州的唯一要道。古道由规格一致的长条石板铺设而成，宽近两米。村内现存建于清代晚期薛氏宗祠一处，祠内雕梁画栋，技艺精湛，整体古朴，却不失威严；另有始建于清代晚期的清渭堂一座，虽历经沧桑，但古趣依存。

礼张村

浦江县岩头镇礼张村地处浦江中部，距浦江县城 10 千米，是浦江“中国书画之乡”的发祥地，有“书画第一村”之称。现有农户 214 户 612 人。礼张历有书画文化名村之称，清末，张景春及其堂侄张爽甫常在一起吟诗论书作画，县内外求索书画者不绝，每逢喜庆佳节，又亲手为村民画灯、画窗花。受其熏陶，村民以能书善画为荣，并孕育代代新人。张书旂、张振铎、张世禄、张子屏、张世简等誉名中外的书画大家就是这样脱颖而出的。

中华人民共和国成立后，1956 年办起了全县第一个农村图书室；1963 年礼张俱乐部成立美术组，学习书画，举办书画展览；1985 年浙江电视台来浦江录制专题片《书画之乡》，对礼张村作了重点介绍。为培育下一代，1991 年在礼张中心小学开办了书画班，把书画引进了学生课堂，张世简先生出资 10 万元，成立书画培训奖励基金；20 世纪末，礼张村被评为浙江省书画文化名村，新农村建设成绩斐然，省、市、县各级电视报刊对礼张报道不断。2005 年礼张村建立了书画陈列馆，收藏本村上百人的字画，内容之多，品位之高，为村级收藏馆之罕见。同年，在村后“珠山”建立了书画文化公园，村边公路拾级而上，“姐妹亭”“超然亭”沿途装点书画特色景观，展现了村里大小名家书画石刻，墨香扑鼻，优雅壮观。2008 年成立了农村书画社——浦江礼张书画社，办画展、出画册，促进礼张书画更上一层楼。人民日报社原社长邵华泽盛赞礼张书画成就，挥笔题词“书画第一村”。2010 年 4 月，被中国村社发展促进会评为“中国十大书画村”。2014 年在浦江美术馆举办了“魅力礼张”书画作品展，开创了村办画展的先河。礼张村已成为远近闻名的书画特色村。

马岭脚村

马岭脚村位于虞宅乡北部，系茜溪美丽乡村精品线的源头村，西与建德交界，距浦江县城 20 千米，210 省道穿村而过，现有 112 户 323 人。

村海拔 400—600 米，风景秀丽，气候宜人，因野马岭景区而得名。野马岭名胜景区是国家 4A 级景区——仙华山的组成部分，是一个旅游开发的宝地，景区面积 10 平方千米，有美女峰、穿针石、孝子峰、将军岗、雄师吼天、神龟问天等景点 38 处。山中古木参天，峰峦叠嶂，怪石嶙峋，争奇斗巧，集聚秀、奇、幽、险于一身，是一处自然景观极佳的风景名胜区。

早先，马岭脚村交通闭塞，外出主要靠一条梓马古道。梓马古道也称梓浦古道，在古时候是一条官道，由马岭脚村直通建德梓州村，是当地通往建德的交通要道，抗战时期也是浙西北地区的战略通道。村中山涧小溪，涓涓溪水至山头而下，穿村而出，村落建筑格调与山水环境融为一体。

潘周家村

潘周家村位于浦江和桐庐交界的北部山区，距浦江县城30千米。因四周皆山，环抱如盘，又称“盘洲”“盘溪”。潘周家村以姓氏得名，一个潘家，一个周家，两村毗邻而居，合称潘周家。据资料记载，潘、周两家先后于明朝万历年间分别从杭州和徽州迁来，距今已有400余年历史。

潘周家村，山川峻秀，景物怡人。明朝时，就有“篁渡停舟”“盘溪赛社”“唐岭参禅”等盘洲八景，素有浦北“小桃源”之称。村内明清古建筑连片成幢，气势磅礴；古街小巷，蜿蜒曲折。潘周家村的古建筑群全部是厅堂式建筑，一般以家族分支为单位建造大厅堂。现今完整保存有光裕堂、培德堂、麟振堂、顺备堂等13座不同风格的厅堂。潘周家村素以“耕读传家”，自明代始，就拨贤田、设义学、立兴贤，资助和奖掖子孙读书。清朝嘉庆皇帝的老师戴殿泗曾师从周家村的周璠先生。潘家村仅清朝就出过55个秀才。人文之盛，可见一斑。

潘周家村的传统手工面和特色“一根面”名扬四海。不但口感以长、韧、滑而闻名，而且在制作过程中还有十分壮观的晒面场景和让人惊叹的甩面绝活。

嵩溪村

嵩溪村隶属白马镇，位于浦江县东北部，距县城 23 千米，嵩溪至县城、北乡中余、檀溪等地皆有公路相通。

嵩溪村始建于宋代，盛于清代，至今已有 800 多年的历史，拥有丰富的历史文化遗存。嵩溪村现存古建筑大多为清时所建，其面积约 140522 平方米，优秀历史建筑 88645 平方米。

嵩溪老村内的传统街巷格局保存比较完好，基本形成以前大路、后大路、横街路、后殿巷组合成“日”字形主要街巷格局。同时有众多的小街巷与主要街巷相连，并深入街坊内部，直至入户，各巷宽度 1—3 米不等，总长 1423 米。所建时代以宋、清两代为主，基本上是青石板与卵石铺就，纵横交错，四通八达，百转千折，显得静谧幽深。村内水系（前、后溪）全长 3000 米，现存古井名泉 41 口，主要分布于重点保护区内，多建于明清时代；现存古树名木 50 株，树龄大多在 300—400 年，树种以樟树为主，大多分布于村庄周围群山，有 3 棵位于传统风貌协调区范围内，还有古桥 4 座。最具特色的是溪流与建筑结合在一起，穿村而过的嵩溪分为前、后两溪，一明一暗，终年溪水潺潺，特别是暗溪时隐时现，许多建筑横跨于暗溪之上，空间格局及功能颇具特色。嵩溪村石灰以质优闻名，各个时期留下的古石灰窑遗址已成为特色文物，见证了嵩溪村悠久的历史，因数百年开凿而形成的巨大峭壁巍然耸立，如斧削成，成为“嵩溪十景”之一，曰“东壁石斧”。

嵩溪村素来文风鼎盛。清康熙年间，徐敬臣创立嵩溪诗社，历时 120 余年，诗人承传数代之多，这在整个中国诗社史上较为少见。以书画、诗文知名者也是代出不穷。嵩溪是浙江省历史文化名村、中国历史文化名村。

孝门村

孝门村位于浦江县郑宅镇东部，距浦江县城 14 千米，以驻地孝门桥得名。清属感德乡，民国属青萝乡，中华人民共和国成立后属孝门乡，现属郑宅镇。

孝门桥古时地处交通要道，既在浦江通往杭州的官道之上，又是浦江东南部及义乌等地前往嵩溪挑石灰的必经之路，因此，人流密集、商业发达成为集市，有东西横向街道，素为浦江历史名村。

据明《嘉靖浦江志略》载："思孝桥即孝门桥，俗谓（秦时）颜孝子（名乌）寓所后门。浦阳未置县时为乌伤北鄙，或是其途所从入也。"说明孝门桥在 2000 年前即有村存在。孝门桥有张、陈、潘、柳、吴五姓居民，张为大姓。张姓始迁祖张应明于明万历年间迁自邑城浦阳张氏。后裔寻源守道，孝义之士辈出。世孙张亚居赈灾救难，造桥筑路，一生助金捐银十数万两，名满全省。特别是张亚居在清朝乾隆年间捐金数万，独修"鼓楼"的事迹轰动杭城，成为千古佳话。孝门桥村西依明代文臣之首宋濂故居青萝山，北有嵩溪之水潺潺而来。这里古树参天、鸟语花香，与张氏宗祠、裕后堂、永锡堂、孝门桥等古建筑构成一幅美丽的画卷，令人陶醉。

新光村

新光村俗称廿五都朱宅，全村人口576人。该村四面环山，东为浦江绝景之一的朱宅水口，南为中华山、笔架山、元宝山和瞿岩古道，西为马岭景区和著名奇石美女峰，北为青龙山、高坞，S形太极溪环绕古村。现为浙江省历史文化名村、浙江特色旅游村、首批中国传统村落。

始建于1738年的灵岩古庄园，是一个充满浙商300年传奇经历和故事的江南大院，是一座汇聚杭派与徽派建筑精品的古建筑博物馆，是一处感悟天、地、人和的精神家园。现存16幢160余间古建筑，面积15000余平方米，庄园彰显杭派与徽派建筑特色，石雕、砖雕、木雕工艺精湛，壁画、壁书、碑刻内涵丰富，是仙华文化的有机组成，更是浦江在清朝中后期儒家文化的次中心，时称“金华第一村”，有江南“乔家大院”之美誉。廿九间里、润德堂、敦睦堂、昆山书房、痴泉、美鱼楼、桂芳轩、启明居、长庚居、佣房、儒丰居、立考亭等建筑构思独特、规划气派，极富人文景观和文化内涵，构成一座高档次、高品位的古民居博物馆。

郑宅村

郑宅村距浦江县城12千米，系片村。郑宅镇政府和五房、冷水、枣园、上郑、东明、后溪、丰产等7个村民委员会均驻此。郑宅村位于浦江盆地东部偏北地带，为平原区，人烟稠密，素为浦江东乡著名农村集镇，故亦称郑宅市。

郑宅村中居民大多为郑姓。据《郑氏族谱》记载，其先祖为春秋战国时期郑国公后代。北宋元符二年（1099），郑氏后裔郑淮兄弟3人自遂安迁浦江承恩里，是为迁浦始祖。至南宋绍熙四年（1193），淮之子郑绮主张以孝义立身，肃睦治家，临终前他召子孙，肃立家歃血誓曰：“吾子孙有不孝不悌不共釜炊者，天实临殛之。”是谓同居始祖。至大四年（1311），宋朝首次旌表仁义里为“孝义门”。元朝至元四年（1338）再次旌表为“孝义郑氏之门”。洪武十八年（1385），明太祖朱元璋大赞郑氏《家规》，敕封郑氏为“江南第一家”，又亲笔御书“孝义家”三大字以赐。明代大学士方孝孺因此留下千古名句：“史官不用春秋笔，天子亲书孝义家。”明代开国文臣之首宋濂是以迁居为邻，共同开创了中国同居家族之最的辉煌历史。

郑氏义门全族同居，共财、聚食长达十五世之久，合家食高峰时有3000余口，历宋、元、明三朝，共近360年，堪称人居历史奇迹。郑氏宗祠是郑宅古建筑群的代表，始建于元，有五进两厢六十四间，号称“千柱落地”，现代复建的十大牌坊为全国最大的牌坊群。“江南第一家”拥有古建筑30余处，为全国重点文物保护单位、浙江省廉政教育基地、郑义门营造技艺为国家级非物质文化遗产保护项目。郑宅村现被列入中国传统村落名录。

武义县

沈家村

沈家村位于浙江省中部金衢盆地东南边缘，东临永康、缙云，南连松阳，西接遂昌，北界义乌，坐落在方坑水库脚下，下辖沈家、方坑两个自然村，是名副其实的“金义永武之交，八仙清流之源”。全村共 175 户 516 人，耕地面积 191 亩，林地面积 1. 13 万亩。

沈家村现有村民绝大多数姓沈。据沈家村《沈氏宗谱》记载，沈家村为曾任金华太守的南朝史学家、文学家、政治家沈约后裔的聚居地。明景泰年间（约 1455），先祖沈法时从义乌山头下迁居至武义八素山下王岭脚，建沈家村。后搬迁至现居地与雅畈村叶氏一支和坟头弯陈氏一族合并，成现在沈家村。

沈家村三面环山，奥中有旷，南面敞开，属风水学中典型的“土包屋”地形。左侧东坑，右侧坑底溪，二水绕村而过，交汇于村口。村落周围山势陡峭，植被茂盛，古木参天。村内地形较为平坦，海拔高度在160—175米，房屋错落有致。村后沿东坑房屋渐稀，溪流涓涓，环境幽逸。沈家村以砖瓦结构房屋居多，多为一层或两层，白墙黑瓦，简洁古朴，另有砖木结构老屋零星分布于村内。

白革村

白革村位于海拔 800 米的括苍山脉状元峰之腰，东、南、西三面环山。周边有天士岩、状元峰、三叠台、八宝陵、石佛、石果、仙掌、玉屏、龙井、狮岩等十景。2011 年被评为“全国生态文化村”。

全村现有人口 968 人，总户数 345 户，山林面积 4800 亩，耕地面积 700 亩左右。白革村以竹海、古树群著称，山后绵延万亩竹林，百亩古树群，30 年以上树龄古树有近百株，百年以上古树 100 余株。村内有文保单位“朱氏宗祠”、佛教圣地“大士庵”及古迹岩石等名迹胜地。白革村的非物质遗产有迎大士佛、大头和尚、竹工艺品等，闻名遐迩。

大溪口村

武义县西联乡大溪口村因坐落宣平溪上游西溪（俗称大溪）与支流章溪（俗称小溪）交汇口而得名，该村由大溪口、中央畈、内庵3个自然村组成。现有156户393人，有邹、傅、郑、周、吴、何、朱、刘、陶、曹等10余姓，邹姓为其望族，有300余年历史。

1935—1936年，粟裕、刘英、宣恩金等老一辈革命家，在此建立工农红军游击队和革命游击根据地，从事地下武装革命斗争，1985年被命名为“革命老根据地村”。

大溪口村依山傍水，山环水绕，风景秀丽，森林覆盖率达99%以上，空气清新，冬暖夏凉。村内溪流呈双“S”形，沿村庄蜿蜒向东，流经原宣平县城注入瓯江，呈现出十分罕见的巨型双太极图形，是进入国家级森林公园“牛头山”景区的必经关口。村庄亭台楼阁穿插，黑瓦白墙，鳞次栉比，错落有致，犹如世外桃源、人间仙境。

大溪口村历代子民以种养业为生，勤耕勤作，民风淳朴，文化底蕴深厚。20 世纪 60—70 年代就办有龙灯、马灯、腰鼓、秧歌、道情、乐队等文艺团队。县级非物质文化遗产保护项目有龙灯、马灯、腰鼓、秧歌、道情、竹编、雕刻、壁画等。众多明清时代的古民居建筑仍保存较好。大溪口村是金华市市级文化示范村、农家乐休闲旅游特色村，是武义县“候鸟式”养生养老旅游示范基地、武义县美丽乡村“精品村”。

郭下村

郭下村明清时代就是名门望族，已有650余年历史。据专家考证，郭下古村落是先人仿《内经图》设计布局。郭下村依山傍水，龙溪呈S形流经郭下村于龙山之麓出村，其龙山内百年古树成片，系天然古木林。郭下村历来尊师重教、人才辈出，仅明、清两代就出过秀才、贡生、举人累计146人。

回龙桥

郭下村古建筑群建造在龙溪和龙山之间，村内现存明代建筑12处、清代建筑8处。村中较大的建筑有何氏宗祠、凡豫堂、屋下厅、中厅、纫兰堂、愿贤堂、正修堂、前宅厅、崇庆堂等；建筑类型较多，有民居、宗祠、桥亭、书院、戏台、庙宇、寨门、城墙、牌坊、砖塔、商铺等，几乎包括了宗法制度下纯农业血缘村落的全部基本建筑类型，其中何氏宗祠、凡豫堂、纫兰堂等建筑质量较高，保存较为完好。

华塘村

华塘村有华塘、舍弄、李输弄、后齐、山后坑 5 个自然村，301 户 803 人，耕地面积 975 亩，山林面积 3000 亩。2007 年、2008 年被评为县级文明村，2009 年被评为市级文明村，是新农村建设示范村。

华塘村历史建筑民宅存在多处，有连片古建筑民宅，其中清代 11 处，均为雕梁画栋。民居建筑为三合院、四合院，也有前厅后堂连厢房，都为二层结构，底层为住居用房，二楼为堆放杂物、食物，部分也为卧房。天井一周均设有用牛腿承托的下檐作为通廊，或在廊的檐柱外侧加施牛腿托下檐，不仅丰富了建筑外檐立面，对减少夏季的光直射和雨水侵袭也有很好的作用，是典型的清代和民国时期的建筑风格和特点。其梁栋和牛腿均经细雕精制而成，屋内天井以青石板铺垫或以鹅卵石拼成规则花纹。门前均有几节细石板叠制而成的台阶。外观建筑为硬山西坡顶与头山墙，院墙为三花式，墙体都为青砖墙，纸筋灰粉面。村周围有古树群。

古民居

岭下汤村

岭下汤村位于武义县大田乡境内，村落伴水而建。双港溪自南而北流过岭下汤，注入熟溪，历史上一直是岭下汤土产及竹木外运的水路渠道，是周边乡镇集市贸易中心。古村在选址和建造上注重与水流及周边山势相协调，在山区形成了人类生存和发展的环境空间，反映出“天人合一”的理念。

岭下汤村始建于宋代，南宋绍兴年间（1131—1162），汤姓始祖汤晙从处州碧湖（今龙泉）迁移至此，因村位于少妃岭和大殿岭脚下，故称“岭下汤”。村民以汤姓为主。村内古街形成于明代，清朝乾隆年间及民国时期达到鼎盛。当时有酒店、南北杂货、米行、药材、棉布、裁缝等近百家店铺，街上还设有电话局。

汤氏宗祠

古街沿溪南北走向，长约500米，石板路面宽约3米，两侧店铺多为二层木结构，面宽三间、十间不等，进深一般为三间。店铺采用传统长形排门。古街东侧店铺背溪，其后多建有附房和三合院，因地势低而多建三层。古街以西后大片的是民居，依山就势而建，村中道路铺以卵石或石块，高低迂回，整个古街和村落保持原有的形态和格局，历史风貌保存较好。

岭下汤村内现存明代建筑 8 处，清代建筑 30 余处，民国期间建筑 60 余处，建筑保存较好。传统民居有宗祠、厅堂、戏台、书院、桥梁等，多为传统二层木制结构，硬山坡顶，平面布局为三合或四合，院落一般较小。村中建筑雕塑和彩绘多采用瑞禽家畜、田园风光、自然山水等题材。文物保护有省保单位——石梁架屋，县文保单位——汤氏宗祠和太平天国标语等。

山下鲍村

山下鲍村位于武义县南部山区，源于清代雍正年间（1723—1735）。整个村依金溪两岸狭长的谷地而建，村落依山就势，四周群山环抱，山岭林木葱茏，植被原生态。从高山上流下的金溪和岗坛涧从村中穿过，水质清冽，长流不断。

现存各种历史建筑31处，其中清代建筑28处、民国建筑3处，以民居为主，兼有祠堂、桥梁、庙宇、古井等。山下鲍村历史建筑规模虽然不大，但注重装饰，在梁、枋、楣等显眼处雕有人物、花草、瑞禽、祥兽等。门窗雕刻精美，院墙檐下普遍绘有壁画，题材广泛，表现手法生动活泼，反映出族人对精神审美的价值取向和教化意识。梁家屋为山下鲍村最初梁姓的居住房，清代建筑，占地面积465平方米，主体建筑为三合院，两侧各有附屋，建筑均为两层结构，正屋和厢房前檐均为牛腿托下檐，雕梁画栋。涂氏宗祠建于村落南端村口，是涂氏族人祭祀祖先和对族人进行教育的公共建筑，柱梁粗硕，描金彩绘。

山下鲍村涂氏以耕读为治家兴族之本，以勤俭为上，重视教育，族中常年聘请名师来教子孙学文习武，清代出了秀才 48 名，增广生、太学生等 27 名。子孙繁衍兴旺，出现了德贤公亲见七代五世同堂的盛事，奉旨旌表悬挂“七叶衍祥”匾额。

山下鲍村共有 211 户 623 人，耕地面积 2050 亩，山林 15424 亩，主要经济收入为茶叶、油茶等。目前，多数村民外出经营超市，是武义远近闻名的超市村。传统民俗活动有造火亮、跳马灯等，小调《目莲救母》等流传于村中。村有认樟为母等民间习俗。

上坦村

上坦村位于武义县城西南，距县城约26千米，海拔295米，东、西两侧山峦起伏，发源自龙头眼的坦溪从北向南从村中穿过。村中姓氏以潘姓为主，总人口1453人，耕地面积828亩，山地面积6667亩，属南部山区。2013年全村农民人均纯收入8000元，村集体年收入2.6万元。2012年被省政府命名为“省级历史文化名村”。

上坦村潘氏家族以耕读为本，倡导儒学，恪守宗法，注重教化。据不完全统计，上坦村明、清两代共出进士、贡生、邑庠生、邑廪生等60多名。历代人才辈出，有明太常寺博士升两广总督的潘湘、清安徽主簿升建昌知县转升藩王侍讲的潘秉中、钦授医官达部太医院七品冠带的潘一德、钦授翰林院待诏的潘寿辰等。特别是近现代，涌现出潘璜、潘漠华、潘洁兹、潘恺跃、潘昌候、潘兴旺等名人。

上坦村历史建筑重视装饰。在梁、枋、楣等显眼处雕有人物、花草、瑞禽、祥兽等；门窗雕刻精美，院墙檐下普遍施砖雕，几乎所有民居的院墙、门窗罩的檐下均绘有壁画，题有壁书，壁画题材广泛，表现手法生动活泼；题书内容多诗词短句，取其能表达主人意思者，楷草行篆，书体各异，不仅反映出族人对精神审美的价值取向和教化意识，同时也在院墙、门窗罩檐下形成黑瓦白墙之间的过渡。

水碓后村

水碓后村旧名大树下，又因村口有水碓，故称为水碓后。在县南溪里双坑，距县城12千米。水碓后村徐氏约在明代初神福公游双溪定居，历经25代，至今已有600多年历史，共有农户206户，辖3个自然村，现有人口573人，有徐、邵、唐等18个姓氏。2013年村民人均收入7486元，村集体收入约3.5万元。

水碓后村山清水秀，生态环境优美。相传历史文人刘伯温途经此地曾留下“上至龙门坑，下至八百埂，中有铜锣金鼓盖，谁若得到它，可买浙江大半省”的名言。村中有大树下八景：古藤弄月、鼓谳春雷、野碓春云、修竹迎薰、山桥积雪、双溪垂钓、钲泉秋水、大树听经。

水碓后《双溪大树下徐氏宗谱》中记载，徐氏后人特注重德行操守，德圣公颇有代表性，徐英的祖父徐鸾翔，许得明……明间诗人徐家骥，勇武而建功勋者徐鹤翔等。中共浙江省第五任省委书记徐英就出生在这里。徐英纪念馆成为“浙江省党史教育基地”“金华市爱国主义教育基地”“金华市廉政文化教育基地”。

水阁村

水阁村位于白姆乡东北部的后树片，西与金华婺城区接壤。后树片原为后树乡，1992 年区划调整并入白姆乡。水阁村现有人口 501 人，是一个具有近千年的历史的古村。历史上，水阁村在文学艺术及道教文化、茶叶商业文化等方面的成就非常突出，在武义地方历史文化中占有重要的位置。

文学艺术方面，水阁村“俊秀选造之彦蔚然杰起，沐浴乎诗书礼乐之泽”，涌现了一批具有较高文化水准的人才。晚清时董洹、董干父子就是其中的代表。董洹（1777—1856），字维清，一字旭涟，号芳洲，邑庠生，著有《补萝山房诗稿》。董干（1802—1862），名玉峻，考名干，字茂扶，号立斋，别号云庄，邑庠生，是董洹的儿子，著有《绿映山房诗草》。

水阁村原有三座道教庙宇：白鹤庙、龙女庙、三断龙王庙。现龙女庙、三断龙王庙已废，仅存白鹤庙。白鹤庙始建于宋景祐年间，供奉白鹤大帝即赵炳。白鹤庙奉祀活动为每年正月十二日、十四日迎龙灯祭龙王龙女，十三日迎赵康侯（赵炳），十五日元宵杀猪祭佛，庆新年祈望平安。农历十月初六举行庙会，开展斗牛活动。现在斗牛这项民俗活动仍每年举行，精彩激烈，连续数日，广为人爱。

水阁村在清末已出现比较有规模的制茶业，当时制出的茶叶称“后树茶”，也叫“后树云雾茶”。当时常驻村里贸易的茶行有数十个，目前保存较为完好的还有上新屋和下新屋两座茶行。20 世纪 30 年代末，浙江省茶叶公司迁移到水阁村。民国三十年（1941）一月，浙江省农业改进所在水阁村设立武义示范茶场，这是一个省级的国营示范茶场。

坛头村

武义县履坦镇坛头村位于武义县西北部，距武义县城8千米，东濒武义江，南对十都畈，西临白塔山，北靠后郭山。全村145户，总人口378人，耕地面积514亩，山林面积419亩。村集体年经济收入72.23万元。白鹭溪绕村东而过，十白公路穿越村西。

坛头村历史悠久，源远流长。据《武义县志》记载，南宋宝庆年间（1225—1227）祖先从义乌迁徙现址建村居住，为朱氏后裔集聚地。村中朱氏为第一大姓，建村已有750年。据文物专家考证，坛头村窑街罐窑是“婺州窑”旧址之一，祖先从宋朝开始烧制陶瓷。其出土的陶瓶、陶碗、陶罐，属三国至唐代年间的民间陶品。可见，坛头村早在三国时期（220—280）就有先民在此繁衍生息。

坛头村历史文化底蕴深厚。村中现存明清古建筑17幢，面积3500多平方米。其中古民宅5处，古街巷1处，古花厅2处，古会馆6处，古寺庙1座。明万历年间（1573—1619）坛头村建有武义出北门后最好的花厅，据说花厅主人（坛头村人，姓朱）曾为明朝布政使。坛头马灯，从明朝开始兴起，已有600多年的历史，具有深厚的民间表演特征和传统文化内涵。

陶村村

桃溪镇陶村是武义县人口最多的行政村，是陶渊明后裔在江南最繁盛的聚居之地。自宋代政和至淳熙年间迁居而来，距今有近千年历史。陶村四面环山，村居五山中间，有“五龙戏珠”之形胜。南峰与北峰同峙，西山和东山齐晖，左有泉涌出，注入西溪，右有百丈泻银河，汇入东流。整个村子地势宽平，形成昔日武陵桃源胜景。

村内现存古民居、古桥、宗祠、书院、戏台，共有 89 处，其中明清古民居 72 幢，建筑面积 55000 余平方米。这些建筑造型古朴，结构严谨，建筑格局保留完整。村外的延福寺被日本横滨大学佛寺古建筑专家关口欣也博士肯定其为“真正的元代建筑”。陶村以山水文化气息浸染着，百戏之祖——昆剧在此缠绵传唱，至今仍生生不息。

溪里村

溪里村地处省级旅游度假区——武义温泉旅游度假区的核心区，是省级中心村，有“温泉故里，萤石之乡”的美称。村距离县城 4 千米，省道武丽线穿村而过。区内有“华东一流，浙江第一”的温泉。溪里村民风淳朴、四面环山、环境幽静、空气清新，是避暑休闲胜地。2013 年年底全村有 466 户 1154 人。

溪里村历史悠久，文化底蕴深厚。据溪里村第一大姓——贺姓的《贺氏宗谱》记载：在元末明初即已建村，已有 700 多年历史，曾称溪市。清咸丰年间曾建有“慕韦书院”，是当时武义县六书院之一。溪里村舞龙是全县独一无二的纸龙。整条龙以红纸片粘贴成龙鳞，舞动时龙鳞开开合合，栩栩如生，极为精彩。全村现存明清古建筑 17 处，其中古祠堂 1 处、古井 1 处、古民宅 15 处。溪里村的整体区域已被列入县温泉旅游度假区开发规划，村庄也已被列入县精品村建设。

俞源村

俞源村古名朱颜村，南宋时，俞德迁居于此，至今已有32代，是全国最大的俞氏家族聚居之地，有近800年历史，被评为“中国民俗文化村”“中国历史文化名村”。古建筑群在2001年被国务院列为全国重点文物保护单位。

俞源村三面环山，地处峡谷，村内有两处古树林，最大的在村口伯温草堂北面，另一处在洞主庙西面，主要生长有苦槠、枫香、白栎、香樟、望春、罗汉松等珍稀古树。

俞源伯温草堂

俞源村是明朝开国谋士刘伯温按“天体星象”布局排列设置的村落。当时为营造风水，建造了村口占地120亩的巨型太极图；村周11道山冈与村口太极图，构成了天体黄道十二宫；八卦形排列的28座堂楼，对应二十八星宿，七星塘、七星井呈北斗星状分布。因此俞源村是“天罡引二十八宿，黄道十二宫缠绕”罕见的天体星象布局。俞源村的宋、元、明、清古建筑和古民居数量多，有395幢之多，其中51幢被列入全国重点文物保护单位，包括祠、庙、民宅、学堂、店铺、香火堂，占地面积约

34000 平方米，以俞氏宗祠、李氏宗祠、洞主庙、六峰堂、敦厚堂、谷仓楼、上下万春堂等为代表。古建筑分上宅、下宅、前宅三大建筑群，古建民宅占约 80%，是一个发育程度相当成熟、功能齐全的村落。俞源村的整体形态和各种类型的文物建筑，从一个侧面反映出明、清、民国等历史阶段的政治、经济、社会和文化。古建筑中装饰有木雕、石雕、砖雕、壁画等，尤其木雕，形态各异，内容丰富，雕刻精致，栩栩如生，有随天气而变色的鱼，两面看起来图案不同的雕花透窗，指甲盖大小的太极阴阳图等神奇雕刻。俞源古建筑群营造技艺被列入国家级非物质文化遗产。

俞源村的传统民间文化源远流长，起源于明末清初的擎台阁、迎龙灯等大型文化活动一直流传至今。每年正月十三，是擎台阁活动。圆梦，是俞源的传统习俗，农历六月二十六是洞主庙的圆梦节。

俞氏家族代代尊崇耕读家风，至明嘉靖与隆庆年间和清乾隆与道光年间，就出过京、府、县官 18 人，进士、举人、贡生、秀才 293 人。

丰产村

柳城畲族镇是武义县省级中心镇，全省最大的少数民族乡镇，浙中牛头山及南部景区的旅游集散中心。柳城古称鲍村，是原宣平县治所在地，有着500多年的县城历史，现为柳城畲族镇人民政府驻地。丰产村位于柳城城西，属革命老区村，现有农业居民625户，社区人口加上外来人口共3000多人。

由于当地历史文化悠久，自然环境独特，为打造畲乡风情古镇提供了良好的条件。尤其是现存的历史文物，原太平街、司前街、县后街、县前街等皆为石板路面，古代宫、寺、厅、楼、民居等林立，及城门、码头、街渠、古井、道路等都弥足珍贵。20世纪80年代开始开展新城镇建设，拆旧建新，古建筑受到损害。至今保留并急需修建的古旧民居共50多所，有重要历史文物价值的如司前街吴氏、郑家、县后街林家等。其中坐落在司前街8号的吴氏家院，周围包括宗祠等，已属少有的古建筑群。“县后三大厅”，现有坐落在县后街18号的“双门”郑家厅较为完整，其建于清道光二年（1822），占地614平方米，为二井二进，厅堂高大面阔，排五二层，檐、柱、梁、栅浮雕精美，构建恢宏，正台门面砖雕、壁书、绘画精妙。此外，万寿宫、曹门郑氏宗祠、县后郑氏宗祠、东街协盛酱园也都属待修古旧建筑。

至今急需修缮的还有巽峰塔，建于清代道光年间，在城南绿岩潭背，属县级文保点和当地风景点，连同石亭已30多年未修缮。位于城南的通济桥、城西（县前）堰坝、迎恩门口古道、后龙山下的龙眼井等也是文化古迹集聚点，都存在不同程度的损败。特别是城北长生堰，连接城内古渠（俗称阳沟），是古代柳城居民生活用水的总渠道，建成自来水之后逐渐败落。

义乌市

倍磊四村

倍磊四村地处义乌市佛堂镇南部，全村共 468 户 1011 人，2012 年被评为浙江省历史文化名村。

倍磊四村历史文化悠久，距今已有 800 年历史，从明代中叶起，发展成为商贸集镇，始称“倍磊街”，是义乌市商贸文化溯源最早、最完整的文化遗存。倍磊街鼎盛时期，大客栈开过 8 家，糕饼店有 10 多家，肉铺 8 家，中药铺 4 家，铁店达 18 家，呈现出一派繁荣的景象。

倍磊四村历史名人众多，据记载，抗倭名将戚继光率领的义乌兵中，倍磊籍的将校武官就达 52 人，其中将级 9 人，如陈大成、陈子銮、陈禄等都是高级将官。

相传倍磊有十八祠堂、十九殿、三十三厅堂。倍磊四村有仪性堂、效顺堂、存义堂、善庆堂和秋厅等古厅堂，均为省、市级文保单位。其中仪性堂为三进三堂，两侧四厢，共有房屋五六十间，占地2000平方米，整个建筑雕梁画栋、石栏花窗，大门全部用花砖砌成，造型别致，富丽堂皇，是当时中国南方最优秀、最具智慧的代表性建筑之一。2009年，仪性堂由各方捐资进行重修，目前已被列为浙江省文物保护单位。

牌坊建筑和古井也是倍磊街的一大特色。据记载共有“朝阳门、敌门、迎将门、北泉门”四门和七座牌坊，目前仅剩南门的一座贞节牌坊。倍磊街古井众多，仅倍磊四村就有古井3处，均为文物保护点。

何宅村

廿三里街道何宅村，已有800多年历史，毗邻东阳，位于廿三里街道东南角，地处义乌江边，由何宅、前宅、傅宅、前仓、上江益、下江益、宗塘、更下8个自然村组成。全村共1573户，人口3451人，外来人口1万余人，耕地面积1461.16亩，村民年人均收入13800元，村办企业150余家。何宅村风景优美，民风淳朴。村里留有古民宅16座、古祠堂4处、古井泉4口、古街巷2条，村里注重古建筑保护，古建筑至今保存完好。

黄山五村

黄山五村位于上溪镇北部山区，山清水秀，地理环境优美，建村已有800余年。村现有农户1300余户，人口3000余人，村庄面积600亩，村民人均收入8000多元。

黄山五村有一座历史建筑物“黄山八面厅”，有着200多年历史，古建筑其雕刻工艺雄伟壮观，令人叹为观止，属于国家级重点文物保护单位。义乌市级文保单位“奎聚堂”有着300余年的历史，有200多年的古井2口，通往浦江和兰溪的古道各1条，古桥1座，保存较好的清代古民居16栋，特色近现代建筑1座。给孙中山先生做国医的陈无咎老先生就出生在该村，被誉为义乌“三溪”之一。黄山五村于2012年被评为义乌市“美丽乡村”。

上杨村

上杨村位于义乌市城西街道以西，03省道以北，村西与上溪镇接壤。长城寺、上杨后祠堂、庭梓古民宅、星厅古民宅、花厅古民宅，这些古建筑物作为上杨村历史文化古建筑之代表，正以古色古香的风貌展现给世人，是城西街道一道不可磨灭的风景。

上杨村地势北高南低，宛如一把躺椅。村东有三棵800多年树龄的樟树。村内松树厅是义乌市级文保单位，始建于清光绪二十一年（1895）。松树厅上还挂着一块牌匾，上书“双凤堂”。松树厅是上杨村祖先荣一公、荣二公两位杨氏先人合建，故取名“双凤堂”。建于清初期的四知堂，是上杨村杨氏家族的祠堂。上杨村的长城古寺供奉民族英雄杨六郎，据传说还是上杨村民的先祖。一方水土养育一方人，古树、老屋、古刹等形成了上杨村个性独具的美丽村庄。

田心四村

田心四村，古称环溪，地处义乌南郊，距城区 20 千米，两水交环，蜀山南矗，民风淳朴，厅堂满布。现有人口 945 人 425 户，农民人均收入 15470 元。

明清时期，随着资本主义嫩芽的萌蘖和商品经济的初兴，田心四村的养殖业、腌腿业、酿酒业、榨糖业、手工业均小具规模，声名鹊起。依赖佛堂商埠的水运之便，田心人走南闯北，商贸经济日臻发达。

群贤颖慧迭出，英才奇智旷达。田心四村以慎可公为代表的一代代贤人不断接力，有过清中期的辉煌。培德堂、集义堂、慎可祠、师古堂、善性堂、西新厅、两厅、隔堂等几十幢极具江南民居特式的厅堂错落相间，极具历史文化价值和保护利用价值。其中犹以培德堂含英咀华，先人的善举与民族英雄林则徐的爱国之志凝于牌匾，已成为义乌市级文物保护单位。每年十一月初八举行的猪羊祭民俗文化活动，异彩纷呈，盛况空前。2012 年被评为“浙江省历史文化名村”，2013 年被评为义乌市美丽乡村。

雅端村

在距离义乌西南约20千米的赤岸镇山坳里，坐落着一个环境优美的千年古村落——雅端村。源于八宝山的雅溪静静地从村前淌过，雅端村处于雅溪之源头，得名雅端村。雅端村有村民420户880人。

雅端村现存一系列保存较好的明清风格古建筑，充分体现出一种明清江南民居风貌特色。1000年前，雅端村为陈氏族居地，先祖千石太公在此定居立业，先祖先后在雅端建了德星堂、敦星堂、容安堂、遗安堂、敦安堂、叙伦堂、道肆堂、敦睦堂等古建筑。这些建筑古朴大方，雕梁画栋，具有极高的文化和观赏价值。

村内古建筑群保存较好，除敦安堂已烧毁，两侧配套厢房有部分破损外，以“七栋五堂”、遗安堂、叙伦堂等厅堂及“田亩型”古村巷为核心的古建筑格局完好，具有极高的文物价值。以容安堂（2011年被列为省级文物保护单位）为核心布局着一个典型的古建筑格局，被称为“七栋五堂”。容安堂为主厅，29间三进建筑，南、北两侧对称布局着两重厢堂，名为荣春堂、明星堂、兰翠堂、珠宝堂。

雅治街村

赤岸镇雅治街村坐落在群山环抱，位于风景秀丽的凤皇山南麓，地势平坦，交通便捷，村前龙溪清泉绕庄而行，溪岸杨柳桂花随风飘拂，人杰地灵，环境优美，享有“义乌后花园”之称。全村共有农户706户，人口1775人。

雅治街村历史悠久，文化底蕴深厚，其中国家重点文物保护单位——古月桥就横跨在村西龙溪之上，距今已有800年。村西有两株约500年的大樟树。朱氏宗祠重修于民国二十年，宗祠内有七米左右长石柱60根，雕梁画栋，雕刻成的人物鸟兽图案，造型逼真，规模宏伟，建筑艺术极高。有保存完好的古民居150处、古祠堂6座，村中有连接金华到东阳的古道路500余米，保留着古时候的街道。雅治街村先后被评为“金华市文物保护示范村”“义乌市文化示范村”等。

尚阳村

尚阳村位于赤岸镇西南，距城区 30 千米，南邻永康，西南靠武义，西与金华接壤，是义乌市最偏远的古村落之一。村庄坐落于义乌市最高山大寒尖脚下，三面环山，发源于高陂山的溪流自东向西逆流引入村中，绕村穿村于每家每户的门前屋后，形成户户皆有埠头的壮观胜景。

尚阳建村年代久远，据《绣川毛氏宗谱》记载，尚阳村毛姓繁衍生息的始祖为尚长明一府君下正三四府君尚阳长房，名普霖，字景泽，别号南阳正三四。

尚阳村老街长，厅堂多。老街位于尚阳村中心，东西走向，800 余米，中间略弯曲，首尾不能相望，巷弄纵横交错，宽窄不一，构成鱼骨架形状。过去是义西南角最偏远地区的商贸聚集地。村里古厅堂多，原有十八厅，多为清朝时建造，如今保存的有至斯堂、承德堂、六行堂、光裕堂、树滋堂、绍衣堂、敬修堂、崇德堂、环翠堂、观德堂、石板门厅、九思堂等 16 座，这些厅堂多集中在老街两侧，一幢紧挨一幢，其木雕、石雕、砖雕精美绝伦，弥足珍贵。村内保存的清代、民国老房子，还有 4 万多平方米。

尚阳村特色民俗活动丰富，有迎花烛闹元宵、胡公殿庙会、拉线狮子舞、斗牛、竹编和元宵挂灯珠、水田迎塔龙灯等，这些民俗活动使得尚阳村乡土文化代代传承。

缸窑村

缸窑村地域面积1.7平方千米，耕地面积680亩，432户，人口1000余人。缸窑村一带蕴藏丰富的陶土资源，于宋朝末期就开始建窑，开挖陶土，制坯烧窑（俗称缸），因此这个地方就叫做缸窑。在二十世纪三四十年代一共先后建有六座古龙窑，在二十世纪七八十年代的该村陶器可以说发展到鼎盛时期，产品销往金华、兰溪、严州等周边县市，特别是生产的龙缸专供义乌县供销公司，装上咸鸭蛋“皮蛋”销往香港及东南亚，声名远播，誉满两浙。

现存有龙窑两座，其中一座在2010年被列为义乌市市级文物保护单位。村中心有古建筑群：十八间、十六间、十四间、七间、古井等。特别是古民居，其中一幢名叫“十八间”的古建筑，雕刻精致，人物、花鸟、山水，栩栩如生，屋内挂着美丽古老的宫灯，如竹丝灯、玻璃丝灯、羊皮灯、珍珠灯、红纱灯等，2011 年古民居（十八间）被列为义乌市文物保护单位。

村设有陶器陈列馆，里面陈列着大头缸、大小水缸、花缸、长缸、龙缸、酒坛、大小饭壶、茶壶、花盆等，还有制陶坯的工具，其中有一件陶器是清代同治年间，名叫“坐鼓”。

朱店村

赤岸镇朱店村地处义南山区，村域面积4.8平方千米，山林5300亩，农田1400亩，是义乌市黄花梨和豆腐皮专业村。现有人口1420人，680户，是有名的历史文化古村。

据《王氏家谱》记载，宋王彦超于公元983年开村定居凤林山下，取名王村。因凤林灵性四射和其独特的地理环境，吸引金、丁、杨、王、季、花、朱、毛、胡、张、方、郑等多姓聚居，后以朱姓为多，遂改名为朱店。经上千年的演变，村中有前街、后街、姓胡街、姓毛街等，村形酷似“火腿”。村中古建筑群中，均以典型的徽派建筑为主，其祠、堂、厅、馆、楼、台、亭、阁、第、轩、庵、殿、桥、园，均有其命名。同一村庄如此齐全的建筑，并不多见。建筑群中，尤以大夫第的“约经堂”中西合璧的建筑风格，堪称古建筑中之一绝，现已被列为省级历史文物单位。朱店村地灵人杰，义乌史上184名进士中，就有8名出自朱店，将军以上武将就有5人，轰动清廷的御史，义乌十大名人之一的朱一新，也是朱店人。村前五指山，形象逼真，五指探天，气势宏伟。

永康市

大陈村

前仓镇大陈村处于永康市南，距市区 7 千米，共 347 户 968 人。2014 年村集体收入 18 万元，人均收入 12470 元。全村以洁净美丽而闻名，并被永康市评为“十大美丽乡村”，是浙江省历史文化古村落、浙江省森林村庄。

大陈原称荆川，因昌繁旺达而称大陈，距今已有 1063 年。公元 952 年，家居武义而时往乐清令的后唐宰相第六子陈旺，告老还乡时行经大陈，见此处与祖籍洛阳无异，逐怀故乡之情，乃卜居之，命西面高山为历山。大陈属宜耕宜读之地，文人辈出，宋、明两朝，有进士三人，举人、贡元无数。受朝中旌表而建的牌坊多座，不幸毁于“文革”，现已修复一座。所幸现存“三古”，可谓历史悠久之证，即古祠（陈氏宗祠）建于明代嘉靖年间，三年前得以翻修并借作文化礼堂主体之用；有一古桥，名为荆川桥，为一墩两孔七间木结构廊桥，龄同宗祠；现存两株千年古樟。大陈古村咸丰年间因遭惨毁，留至当今的晚清四合院，仅为四五座。

独松村

方岩镇独松村地处方岩镇东部，距城区 10 千米，有公路直达。该村村域面积达 6 平方千米，村庄占地面积约 1000 亩，有耕地面积 380 亩，林地 800 亩，水域面积 26 亩。现有人口 2676 人 1009 户，其中程姓有 2300 来人，是方岩镇最大的村落，也是永康程氏最大的聚居村。2014 年村集体经济收入 3.388 万元，人均纯收入 3000 元。

独松村历史悠久，据《程氏宗谱》记载，建村于明代宣德年间，由始祖程永延购黄金坦这一地而兴，地上有一棵劲松而命名为独松，至今有 500 多年历史。该村历史文化名人辈出，明代有程鉎（号十峰公，官至大理寺评事、四川按察使）、程文德（榜眼公，号松溪先生）父子，特别是程文德师从明代心学大师王阳明，于明嘉靖八年获一甲榜眼，这是永康继陈亮之后科举取士的第二名，程文德后来官至工部右侍郎，死后被赐谥号文恭，是明代大儒、著名的教育家。清代康熙年间有程志德告示状告贪官的四君子。20 世纪 20—30 年代，独松村涌现了程怡福、程浩儒、程义仁、程根生等一批革命者。

古建筑最古老的是绳武堂，为始祖程永延所建。总宪弟与尚书弟两个明代宅院因时光漫长，已比较残破，总宪弟只剩下牌楼，而尚书弟面前的荣光不再，只余两只石狮，现皆为永康市文物保护单位。独松村的传统体育表演项目——打罗汉是永康一绝，被列为永康市级传承保护基地。每年农历九月初九，独松村还要举行打罗汉活动，独松罗汉已多次获得永康市民间武术比赛的金奖。此外，村中还有三十六行、讨饭莲花、调花钹等非物质文化遗产表演，成为方岩一道独特的风景。

后吴村

后吴村地处永康市南陲，南与缙云县接壤，距永康市中心 15 千米，距前仓镇政府所在地 2 千米。南溪西来，潆洄东北，屏山耸翠，拱卫其南，西临沃野，旷阔丰庾。始祖自宋嘉定丁丑年（1217）从仙居迁徙于此，至今已有近 800 年。现有村民 3178 人 1078 户，是永康最大的行政村。

后吴村经宋、元、明、清历代的建设，村落发育较为成熟，古村形态保存较为完整，村落内至今保留着永康最大、最完整的古建筑群，整个村现存明、清各个朝代的厅堂楼宇、民宅大院、庐墅精舍 137 幢，以及街巷、庙宇、水井、水渠、拦水坝等古迹。现有省级文物保护单位 25 处。后吴村古建筑就像一部石刻的历史书，是各个历史时期高超建筑技术水平的见证，具有较高的历史、科学、艺术价值。

2007 年后吴村被国家建设部、国家文物局公布为第三批中国历史文化名村，2012 年被国家住房城乡建设部、文化部、财政部选为中国传统村落，2012 年被评为浙江省民俗文化旅游村，2013 年被评为浙江省文化示范村。

枫林村

永康市前仓镇枫林村坐落于永康市东南部，距永康城区 15 千米。全村共有农户 518 户 1423 人，耕地 600 多亩，林地 4200 多亩。

元朝泰定年间，约公元 1325 年，居住于现前仓镇善塘村的李姓始祖李绍法二公迁居于此。因当时村口有一排枫树林，就取名为枫林；明正德初年（1505—1508），住在现前仓镇璋川村的周伟公移居到枫林村。从此，枫林村就有李、周二姓；清代康熙年间，住在现永康市舟山镇大路任村的任应显公移居到枫林村。从此，枫林村就有李、周、任三姓，三姓聚族而居，和谐相处。

现李、周、任各有祠堂一座，宗谱一部。任成高公祠、周伟公祠为永康市文保点。枫林村位于公堂山西麓，整个村庄布局坐东朝西，呈南北走向，地势东高西低。公堂山有左护右卫像一把硕大的太师椅，有形似景阳钟的殿山、龙凤鼓的文山左右护卫，错落有致，俨然像一座古代办案的公堂，巍峨雄伟，庄严肃穆。村前是水面面积近百亩的“人形”大迪塘，碧波荡漾，山水相映照，美不胜收，鱼肥景美。村内，清朝、民国时期连片古建筑众多，特别是建于清末民初的五幢青砖三层楼别具特色，鹅卵石板铺设的老街巷纵横交错，古风古朴。“老鼠招亲”民俗表演被列入永康市非物质文化名录。枫林村整个环境古朴、自然、生态，村民淳朴、友善、向上，传统文化源远流长。

前郎村

石柱镇前郎村位于石柱镇之东，龙溪山脚，向西延伸飞凤山下，目前全村有 309 户，常住人口 960 人。村庄地理环境得天独厚，前有吴山为屏，后有飞凤为峰，左有乌龙磅礴，右有伏虎奔腾，吴山之西，有三山形成“王”字，飞凤展翅向“王”字盘旋而下，故曰“飞凤朝王”。李溪横贯村庄南北，上游有钟鼓为门，下游有舞狮护卫，村中保留有市文物保护点两处（莲塘庙和“厅”）、市文物保护单位一处（宇溪公祠）。

据宗谱记载，北宋钦宗年代，金人侵袭中原，徽钦二帝被掳，康王偏安南渡，烽烟弥漫，万民惶惑不安。前郎始祖从杭州吴山遗眷迁此定居，以避战火。此地先有吴姓，初时村名是有前吴郎之意，后吴姓迁移后箬，故称前郎村。郎姓始祖在北宋徽宗年代，登进士，官至刑部侍郎，子孙在此安居乐业 900 多年。近几年来，新农村建设取得了不小的成就，环境也改变了人，村庄的文化底蕴被激发，优良的婺剧传统，辈出的文艺人才，都为村庄的建设添光溢彩。

清渭街村

清渭街村位于永康中部偏北，距城区 10 千米，是永康中北部政治、经济、文化、交通、商贸中心，历来是区、乡、社、镇的行政驻地，永康东阳的古道经过老街。2014 年，清渭街村的农业户籍 790 户，农业人口 1950 人，外来人口 3500 多人，总面积 1.32 平方千米，耕地 200 多亩。

据清朝《光绪永康县志》记载，“酥溪源出峡源坑，历象珠至清渭合荷溪，迳故净明寺前，水出两山间，汇成龙山潭”。村居两溪汇合处，溪水一清一浊，泾渭分明，便名清渭。后村落沿伸成长街，又兴集市，因此而名清渭街。清渭街贸易颇盛，明朝时永康设有 12 个市，清渭街即其中一市。在公元 536 年前后至 848 年，清渭街就有村民居住和活动，已形成一个居民区，建村历史距今 1400 多年。

清渭街是永康的一个重要集市，商业发达，外来开店经商的人多，形成了一个多姓氏的村庄，并且以姓称店，如吕店、应店、马店、李店、陈店、项店，现在本村村民姓氏就有 70 来个。清渭街早期居民姓氏有楼、陈、何、吕、刘、薛、马、方，还有应、李、项、汪，还有其他姓氏。早期各姓氏居民如何中落，迁徙，无从查考，现在留下的主要姓氏住民有何、吕、马、李、应五大姓。

清渭街位于永康至东阳的交通要道上，号称“两县古道，千年老街”。在 1941 年永东一线未通车前，是永康县城出东库，经清渭、唐先、长川至东阳的必经之路，民国八年（1919）铺就县城至清渭石板路 10 千米，民国二十七年（1938）铺就清渭街至象珠石板路 3.5 千米，此外，还铺有清渭街至唐先、芝英的石板路。清渭街交通方便，四通八达，成为该地区的交通中心。

清渭街村的历史文化底蕴非常深厚，何焕状元、陈亮状元与清渭街都有渊源关系。清渭街的历史古迹有古街、古宅、古井、古桥，还留下许多非物质文化遗产，国家级的有永康锡雕，省级文化遗产有打铁，还有闻名遐迩的中医中药，迎龙灯，等等。

石桥头村

千年前，这里是石川府龙山街，曾有“龙山街三日两头市，十八里路跑马街，上有石桥头，下有荷园楼”之说。这里有一条小溪名为后溪，流向水满溪，直至永康江，小溪上砌有磡步，便于趟过溪流。

700多年前，本村胡氏属龙山下凤里胡卯直分支。胡文质第11世胡铿于元代从龙山迁居在此。明朝天启年间在后溪的磡步处架起了一块石板，称之“石桥”，故名这里为石桥头村（又名石川）。在当时石桥是东阳至金华的古人所来往的必经之道。同治十一年，村民将石桥加宽，由单块石板改用成三块，并在石板边上刻上“永石桥”和“同治十一年”，即为石桥名称和修造年庚。

以始迁祖胡铿为第一世祖开始冠列，至今是第24世。石桥头村胡氏祖宗们在这里勤劳耕种、创业。木匠、铁匠、泥水匠、篾匠等手工艺人才频出，特别是以胡新兴为代表的藤器制作业是本市独有工艺。2008年石桥头村“九狮图”被国务院列入国家非物质文化遗产名录。

石桥头村有耕地333亩，山林2310亩，水面45亩。全村共278户，总人口838人。石桥头村先后获得金华市民族民间艺术特色村、省文明村、省文化示范村等荣誉称号。

塘里村

永康市石柱镇塘里村，位于永康市东南部，距市中心 10 千米，山环水抱，风景宜人。村庄坐西朝东，背靠后山。后山源自方岩、公婆岩、魁山一脉，山势蜿蜒数十里奔腾而来，到塘里时打了个旋，呈回龙望祖之势，屈曲环抱着整个村庄，如仙人大座，前山高低起伏，形如笔架。村前有大塘一口，宛若砚池。《孙氏族谱》记载，明代监察御史、永康进士谢忱（后被永康百姓尊为“谢城隍”）因见此地“背山面水，廉贞发租，

孙权文化园

重重穿帐，曲曲活动。庚龙入首，金牛去水，形如紫燕结窠，是肇吉蕴秀之地”，故居于此。曾经有诗赞塘里：“胜日寻踪秋官第，犹似银盘坠青山。一泓清塘庠泮水，万枝阙里杏坛花。”“塘里”之名由此而来。全村现有农户 126 户，人口 332 人。塘里村是三国东吴大帝孙权后裔的聚居地，自孙权第五十四世孙孙绅迁居永康后，繁衍至今，已有 900 多年的历史。据家谱记载，从三国孙权至今，孙氏已繁衍到 101 世。自宋代至今，孙氏家族人文蔚起，长盛不衰。谱载宋代孙氏为官者就有 15 人，自明朝以后《永康县志》记载由乡贡以上而入仕者有 20 多人，郡庠生、邑庠生更是有数十人之多。

“塘得地脉灵气通，里承孙权好家风。胜迹自古称奇绝，地启簪缨德业隆。景分八处铺锦绣，色添五彩斧神工。宜居村野客愁洗，人间桃源在此中。”这首藏头诗正是对塘里村山乡美景的高度概括。塘里村的传统建筑相对集中分布于后山的山岙之中，明、清及民国后的各时代的建筑呈错综分布的状态。民居以土木建构为主，从民居的门楼、窗花、构件中就能反映出各个时代的建筑特征。但因闲置多年，80%的古民居已面临损毁。2014 年，正式启动古村落保护计划，现已修复千秋阁一幢、同心亭一座、民居二幢，并在后山建设“孙权文化园”。塘里村是金华市森林村庄、金华市文化示范村、永康市十大最美乡村。

岩上村

岩上村依山坐落在美丽的方岩山东侧，双舟线穿村而过，是方岩核心景区村。村总人口 1023 人，共 405 户。全村有耕地 235 亩、林地 380 亩、山地 1785 亩。2014 年村集体经济收入 94.6 万元，人均纯收入 5000 元。

据传说在北宋末年就已有人在此居住，后明代时程氏大举迁入，逐渐发展成为程氏为主要姓氏的村落。该村与独松村是同祖同宗的村落，古时候的名人都与独松相同，程文德曾在该村的得耕堂居住，现该古建筑只余牌楼，其余已不复存在。

岩上村在古时候是永康通往丽水的主干道村，抗日战争爆发后，国民党省政府迁到方岩，该村成为国民党省政府主要机构的重要办公场所，许多民房被征用，于是该村成为抗战时期文物保护区的主要村庄，被列为省级保护的历史文物古迹有 8 处，其他具有保护价值的民居尚有 20 来处，最具特色的有毅菴公祠、世远公祠、得耕居等。

岩上村是方岩脚下村，是永康具有 1000 多年历史的国家非物质文化遗产保护项目——方岩庙会表演的中心村。每年农历八月至九月，该村基本天天可见到来自永康各地及嵊县、新昌、缙云、绍兴、温州等地群众自发的迎案表演。独具该村特色的非物质文化遗产是方岩纸花，这种花据说传自宫廷，清末流传到方岩后，逐渐成为供奉胡公大帝的吉祥花，每个上方岩的人都要带几朵回家。现方岩纸花已被列为永康市非物质文化遗产。

芝英七村

七村是芝英历史古镇九村之一，坐落在镇的南面，坐北朝南。东临东永高速公路，南有五金大道永四线直通市区、方岩，西有石四线通往油川石柱往温州，北有东永一线通杭州。村域面积0.447平方千米。全村拥有耕地面积438亩，山林面积123亩。至2014年止，全村439户，总人口1144人。村年集体经济收入28万元左右，人均收入7600元。2015年被列为省级历史文化一般村，2014年被授予美丽乡村称号。

芝英古名为大田。东晋时，汝南有应詹者，从晋元帝渡江而南，仕至镇南大将军，封观阳侯，其子应玄，招为驸马，以功任御史大夫，后随父迁家于此。“此则南宗应氏之始。”后因族属繁衍，更村名为诸应。“宋有傅岩者，自大田（诸应）徙仙居，其后裔又自仙居徙缙云。嘉熙间曰九二府君者，乃自钱塘还诸应家焉。”其后有灵芝产墓之祥，乃更村名诸应为芝英。

思文公祠

七村同古镇一样历史悠久，古迹也多，尤其是历史遗留下来的古祠堂等古建筑。在不到200平方米内除“文革”中毁掉一座贞节石牌坊和一座石雕花楼及一座香亭公祠外现存有古祠：思文公祠、思源公祠、尚德公祠、尚本应公祠、月邱公祠、懋勋坊、粹庵公祠、宪辅公祠、可生公祠、鹤山公祠、留耕堂、渐逵公祠、聘珍公祠、义信厅、褒功祠、常平仓。清古民居主要有：抗日名将高岗故居、高超三合民居、绍宝三合民居、旧屋里四合民居、新屋里四合民居等 21 座古建筑。其中思文公祠占地有 2585 平方米，为全市较大古建筑之一。

芝英一村

芝英镇一村，属于半山区，坐落在素有“芝英大，祠堂多”的历史文化古镇芝英镇北部，环镇北路穿村而过，把村分成新区和老区。全村共有农户 376 户，总人口 978 人，耕地面积 510 亩。

古芝英最早名为官田。晋元帝采纳应詹建议，诏令在地方和军队实行屯田制。部队战时为军，平时为农，以解决部队自身给养。公元 325 年，东晋平南将军应詹及大儿子带兵平抚芝英一带流民之后，赏识芝英一带的优越地位和自然条件，就在此屯田，垦荒种地，形成一片官方拥有的田地。古芝英故称官田。后因大规模屯田而形成大范围的田地故又称大田。再后因族属繁衍，形成由诸多应氏自然村组成的大村庄。故更村名为诸应。约于明永乐年间，因有灵芝产于祖墓之祥，乃更村名为芝英。芝英有十分深厚的历史文化底蕴，无论政治、经济、军事、文化等各方面都曾经是郡县倚重的人文重地。

芝英素以祠堂多而闻名，村内有仕濂、方塘、凤山、天成、晦暖二公祠、婆婆厅、谷遗堂等厅祠。仕濂公祠，即小宗祠，在方口塘北，建于公元 1567 年。相传应仕濂公助田 4 亩作为市基，兴办义市，因应仕濂系祯行二十四，人称“三八公”，为纪念他的兴市功德，定于农历逢三、八为芝英集市，至今已有 500 多年。方塘公祠，即文常祠堂，在石板街常平仓对面；凤山公祠，即行常祠堂，在小宗祠东侧；天成公祠，村落内至今保留着完整的古建筑群，保存较好的古民居 30 多栋，年代从明清直至民国，类型有五间头、七间头、九间头、十间头、四合式、两进式的二层建筑，均有 40 平方米左右的天井。

舟山二村

舟山二村地处丘陵地带，位于金华永康的东南部，石临公路沿村而过，距市区约20千米，是舟山镇人民政府驻地，与舟山一村、舟山三村毗邻而居，现有420多户，人口1200多。舟山二村先后获得了永康市文化示范村、永康市文明村、金华市全面小康建设示范村等荣誉称号。

舟二村至今仍保留着上百幢清末至民国初的历史建筑，已公布为市级文保单位的不可移动文物有1处，市级文保点的不可移动文物有5处。在第三次全国文物普查中，已正式被列入的不可移动文物多达18处。古村落形态保存较为完整，村落的历史环境基本保存。村内水系、街巷格局保存完好，至今保留有众多的宗祠、民居、商业店铺、古井、骑街楼等近代代表性建筑等。其中相当一部分建筑质量较高，具有丰富的文化内涵，是宝贵的历史文化遗产。

舟山二村的历史建筑具有两个特点，一个特点是雕刻工艺精湛，时代特征明显。舟山二村历史建筑不仅精致、典雅、活泼，其木雕技法娴熟、精湛。像印若公祠的牛腿雕刻，其雕刻技法有锯空雕、半圆雕、圆雕、浮雕等。图案内容有吉祥动物、山水名胜、戏曲故事等，活灵活现，有血有肉，栩栩如生。这些建筑多处于清末至民国初期，这正是我国东西方文化大融合的时代，其建筑外型已较大地受到西方文化的影响，而建筑内部的结构、用材、装修等方面仍保持着我国传统建筑模式。另一个特点是建筑布局注重防御功能，极具地方特色。房子之间很多都有骑街楼连接，连接的建筑物在二层楼上都能互相通行，并可一直通到村外山脚。骑街楼的两侧设有瞭望口与枪眼，具有侦察哨所的功能。战时，守御人员可以通过骑街楼相互增援，或撤退到山上。同时，在这些建筑物的底下，挖有通往村外的地下通道，平时可排水，战时，村民可从这里安全地转移到村外。这类设计的房子，不仅数量众多、类型丰富，而且特色鲜明，在永康乃至整个金衢地区都具有代表性。

兰溪市

东山项村

东山项村位于游埠镇政府驻地北4000米，地处丘陵，区域面积1.08平方千米，下辖东山项、下谢和叶居3个自然村，6个村民小组，254户712人，村民大多以种植水稻为主。

东山项自然村为村民委员会驻地。世居项姓，宋末由遂昌西项迁入定居，此处在遂昌之东，村边又有山岭，故村名东山项。下谢自然村位于村民委员会驻地西300米。世居谢姓，清道光年间自江西迁入，因地处游埠溪东岸，东山项下首，故村名下谢。叶居自然村位于村民委员会驻地北700米。世居叶姓，明末迁入定居，村以姓氏得名。

据《项氏宗谱》记载，秦末起义军领袖西楚霸王项羽（前232—前202）后裔聚居地，至今排行至八十二世。始祖贵一公由遂昌西项迁徙兰溪，第三世礼三公迁至东山项，至今发族二十四世。项氏后裔子孙繁衍，博古好礼，正家有法。现有承裕堂、兴隆堂、明德堂等分支，并由十五世渊行百恒公迁塔石上阳，十七世允行柏寿公迁龙游下白马及四川、苏州等地，其间名臣良将、硕士英豪，不胜枚举。

东山项村古建筑有20余座，其间较有价值的有4座。东山项兴隆堂位于游埠镇东山项行政村东山项村中部，是民国时期的近现代重要史迹及代表性建筑。东山项承裕堂位于游埠镇东山项行政村东山项村中部，是清代的古建筑。项根潮民居，位于游埠镇东山项行政村东山项村项友成宅后面，是清代古建筑。项玉芳民居，位于游埠镇东山项行政村东山项村官塘西南面，是清代古建筑。

东山项村风水结构，三面环山，西面有余家山，北面有天顶山与社山，东面为黄西塘山围护，整个村子朝南，像一个燕窝形。村中以大祠堂为中心，向四周伸展，其间有九口水塘，樟树塘、邵后塘、井塘、外塘、五丰塘、官塘、大蓼草塘、两个魁塘，构成了“九宫”，余家山、天顶山、社山与黄西塘山构成了四峰，因而在村中建造了四峰殿，来祭祀山神。在四峰殿旁，有个金鼓形，在魁塘与邵后塘之间有一口古井，形成阴阳八卦。因此东山项村的风水结构有燕窝形含“九宫八卦”之造型，是一个理想的风水宝地。五丰塘代表五谷丰登、粮食满仓，官塘代表着寒门学子个个登科做官。

东叶村

兰溪市马涧镇东叶村位于马涧镇政府驻地偏北 9000 米，属半山区，下辖东叶、长塘、下后田、徐宅 4 个自然村，村区域面积 3.5 平方千米，耕地 984 亩，山地 115 亩。2012 年有 1185 人，397 户。

清代古桥旺东桥

东叶村有着悠久的历史沉淀。古建筑十分丰富，有台门、中厅、上厅、荣耕堂、东叶祠堂、徐宅世美堂与大量的古民居建筑，及古井、古桥、古樟树、古堰坝、古街。古民居、古祠堂达 30 多处，大多保存完好。东叶祠堂三进两明堂，明堂空间较大，气势十分开阔，牛腿的雕刻也十分细腻。井头沿民居上的门帘雕刻着诗情画意风景、风情图案，如“为善最乐”“寿而康”“读书便佳”“嵩峰秀”“悦秀屏”“采澄清”等 10 多篇。东叶村为革命老区，地下交通员盛如南的故居尚存。东叶村文化名人辈出，有著名雕塑美术大师叶庆文、书画美术大师叶剑鸿。

渡渎村

女埠街道渡渎村庄距集镇2.5千米，属黄土丘陵地带，村庄布局坐北朝南，甘溪河道从村庄北面背部自西向东穿越村庄流入兰江。村庄与白露峰、虹霓山村隔河相望，村庄划分为渡一、渡二、渡三3个行政村。北宋天庆十年（1120）始祖章三七因避方腊之乱，由淳安迁徙该地，迄今已有800余年历史。该村庄系明代礼部尚书、南京国子监祭酒（教育部长）章懋（俗称枫山先生）后裔聚居地。全村90%多为章氏家族。

尚书石牌坊

渡渎村庄历史古建筑众多，有余庆堂、章氏家庙、枫山故居、尚书石牌坊、徵士第、正心堂、诚意堂、衍六厅、恭敬堂、和贵堂，古民居100多处。其中余庆堂被列为国家级文物保护单位，章氏家庙被列为省级文物保护单位，在我国江南古建筑史上有较高的历史研究价值。古建筑中的“三雕”，即石雕、木雕、砖雕是江南独特的艺术门类和传统文化的积淀，是历史资料的宝库。非物质文化遗产丰富，有龙灯、香鼎、木活字谱局等。

渡渎村庄是江南农耕文化的缩影。该村崇尚儒学，耕读传家，并且明确写入族规家训，受其影响，乡贤名人较多。据稽考，在明代 270 多年中，孕育出邑庠生 23 名、进士 9 名，赴任全国各地州府官职的有 18 人，几乎“户户仕奉官，科科出进士”。渡渎村总人口 3600 余人，2012 年农民人均收入 5700 元。

古塘村

古塘村地处兰溪市水亭畲族乡北部，乡政府以北，距乡政府驻地4千米，距兰溪市区26千米。村庄东邻午塘边村，西毗乐塘村，南接河伯沿村，北至芳茗叶村。古塘村始建于宋咸平六年（1003），迄今已有1000余年的历史。始祖为徐元洎，汉建昭时寓居东阳太末（金华折桂里），始迁祖徐塈，行太一，宋咸平六年携孙徐宗迪由金华折桂里迁居兰溪水亭古塘村。

整个村落背靠凤凰山，依山傍势，布于两翼之间。村中徐塘，是衢江一小支流发源蓄水池，其流水进出自然，水清似镜。昔日水阁楼，坐落于该塘面上，门对小桥流水。古井旁有千年古木——槐花树。

全村下辖古塘一个自然村，至2013年年底总人口515人，共169户，区域面积1.72平方千米，其中山地1500多亩，耕地600多亩，水面380亩。2013年古塘村村民人均收入8000元。

虹霓山村

虹霓山村位于省级风景旅游胜地白露山峰之南麓，兰溪市五溪之一甘溪河道从村庄前自西向东蜿蜒穿越。村庄始建于北宋，太平兴国二年（977）始迁祖童德自睦外寿昌迁徙该地，初名黄冈，又名蟠龙，后因环境优美、胜景奇观、青山雨霁，宛如虹霓而故名，迄今已有1000余年历史。现有总人口2700余人，800多户，多为童氏宗族。

该村历史悠久，文化底蕴深厚，族规家训，崇尚耕读传家之儒家思想。村庄布局合理，据山之形，道路为棋盘型格局，雨天无积水，巷弄鹅卵石铺面，村形如龟，坐北朝南，南头北尾象征村落长盛不衰、万世流长。自元末至民国初年的宗祠、古民居尚存400余幢，占地面积6万多平米，徽派风格，马头墙、防火墙、青石门面，鳞次栉比，建筑古朴。村口大小池塘相连，村中殿口塘、中心塘用于防火，其中有古井开凿于宋代，“日可供万人”。

村庄历史古建筑保存完整、规格宏大、工艺精湛，具有较高的历史研究价值和文化保护价值。其中世美堂始建于宋代，重建于清代，平面三开间三进二天井，大门前有照壁，照壁青砖垒砌，青石地伏，雕卷草纹，正

脊置宝瓶，门厅三开间，全青石门框，明间前檐额枋浮雕“空城计”诸葛鼓琴图案，边缝檐柱置武将牛腿，雕饰精致。亦政堂坐北朝南，三开间三进二天井，八字门木结构门楼，门楼为歇山顶，明间置月梁形额枋，下有斗拱四楼。额枋上方置“钦褒节孝”门匾，配以仙鹤图案，栩栩如生。积庆堂，三开间三进二天井，砖雕门楼，青石门框，有“源远流长”门额和“积庆堂”门匾。崇本堂三开间三进一天井一穿堂，坐北朝南偏东10°，正门前方有一半月形水塘。前进三叠马头墙，后进四叠马头墙，木结构门楼，两边设八字墙，墙以花砖叠涩出檐，卷龙纹牛腿，额枋上方置“绳其祖武”匾额，前进置戏台，每逢婚丧节日多以演社戏自娱。

虹霓山村依山傍水，环境清幽，风光秀丽。每年春夏季节，游客纷至沓来，流连忘返。田野油菜花一望无垠，山上桃红柳绿，果园红艳艳的杨梅、黄灿灿的枇杷（2011 年虹霓山枇杷荣获浙江省农业吉尼斯枇杷擂台赛一等奖），漫山遍野，村庄古韵，如诗如画。现被列为浙江省历史文化名村、中国传统文化古村落。

洪溏里村

洪溏里位于兰城北麓，铁甲山脚与崇山遥遥相对，村庄三面环山。现有洪溏里、下大畈、新塘边、蒋村、樟坞5个自然村，人口2165人。本村交通四通八达，马灯线邻村而过，地理环境优越，风光秀丽。

村口建有明初期的石城墙及石城门，进村转弯为明清时期圣旨台。灯堂山矗立于村中，两口池塘成直角形，连接处有楼台一座，蒋氏大厅，古戏台坐落村中，原有参天古樟7株、古柏2株，因建大会堂被伐，现仅存古樟1株已有600余年，古黄连1株400余年，古木参天。大会堂一座，村里有饮水井七口，其中三眼井是赴日高僧东皋心越小时饮水之井。村内居住蒋、倪二大姓为主。洪溏里村是大明元帅蒋公镛、赴日高僧东皋心越出生地。

村中有蒋氏宗祠，建于清顺治十八年（1661），后因战乱被火烧尽，直至民国九年（1920）中厅又修建，仿造奉化溪口蒋氏宗祠的风格，做工细致，雕梁画栋，气势宏伟，保存完好，现为市级文保单位。

刘家村

刘家村隶属兰溪市，位于兰溪西北部，白露山西北侧，丘陵地带，南距黄店镇政府 5 千米，距城区 19 千米。

刘家村有刘家、夏唐、新唐三个自然村，刘家村刘氏为汉高祖刘邦的后裔，也是唐末名将刘巨容长子刘汾的后裔，自女埠街道虹霓山村迁入。夏唐、新唐都为唐姓，分别从本镇篁屿和上唐村迁入，都为唐休复的后裔。

现存明、清至民国民居、厅堂建筑 50 多幢，其中市级文保单位“刘家四堂”最具特色。刘氏宝训堂为村上最大的厅堂，建于清乾隆二十四年（1759），三开间三进二天井。盛世瑞徵木门坊，建于乾隆五十年（1785），牛腿、雀替等雕刻仙鹿、花草、人物等，工艺精致。门前有一鱼形塘，造型逼真。敬承堂为前厅后堂楼，专雕门面，前进明间五架梁带前后双步廊，后进楼明间前廊为卷棚式，规模宏伟。整个村庄建筑排列有序、纵横分明，结构别具特色，保存也较完整，为研究明清以来江南古建筑的结构和风格，提供了珍贵的实物资料。另外，村水口巧妙地融合了古樟、水塘、排水沟等人文景观。如今，刘家村的宝训堂、敬承堂、燕翼堂与夏唐与耕堂统称“刘家四堂”，已被列为兰溪市文物保护单位，民居高厅及黄岱桥在第三次全国文物普查中得到了市文物部门的肯定。

刘家村的非物质文化也精彩纷呈，有銮驾、猪羊会、月半节、剪纸、砖雕、绘画、墙画、寿桃馒头、糕点制作、豆制品制作、弹棉花、夏唐荞麦烧、打麻绳草绳、竹编、夏唐箍桶、造房上梁、民间裱画、祭谱典礼、麦秆扇、绗缝、十字绣等。被列入金华市非物质文化遗产的有銮驾、猪羊会和月半节。2014 年年末，刘家村有 394 户，耕地 567 亩，村民人均纯收入 4023 元，村集体当年收益 8 万元。

梅街头村

梅街头村位于梅江镇东南方向，距城区 34 千米，村庄坐落于黄茅山脚下，三面环山，全村现有 6 个村民小组，农户 202 户，总人口 658 人。

村内自然环境十分优美，古宅、古道使该村处处透着古老的气息，素有“十里梅街”之称，老街位于村中心，南北走向，1000 余米，全部用石子铺设而成，走在上面甚是惬意。村里现保存完好的厅堂 4 处，多为明清时期建造，其中经凌氏村民自筹资金百余万元的凌氏宗祠，修缮一新，其木雕、石雕精美绝伦，弥足珍贵，村内保存的清代、民国的老房子，还有万余平方米。据村内老人回忆，当时长毛在村里都找不到老百姓，因这些古宅都是相连互通的。

“梅溪之水源远流长，梅公芳名万古流芳”在梅街头村这副纪念宋代抗金英雄梅执礼的对联，很多人都会吟诵，在梅街头村的黄茅山的山腰，发现了距今 855 年历史的梅执礼墓葬遗址。梅执礼，字和胜，梅街头村人，宋崇宁五年（1106）中进士，后任户部尚书，是中国历史上有名的抗金英雄，也是婺文化的一部分。

三泉村

三泉村位于风景秀丽的柱竿山下，距离黄店镇政府2800米，距兰溪城里14.8千米，东距省级风景名胜区白露山景区4千米，西北距省级风景名胜区芝堰村6千米，距省级风景名胜区新叶村8千米，东南距省级风景名胜区诸葛村13千米。三泉村因地有喷泉三眼，由此而得名三泉。

自东鲁唐氏在南宋淳熙二年迁入后，唐氏便在此繁衍生息，形成了唐氏血缘聚居而成得古村落。唐氏在历史上的才人智士辈出。宋末，三泉村人唐良骥在柱竿山创办齐芳书院，著名理学家金履祥曾在此执教，在齐芳书院讲学时所题的“第一山”摩崖石刻系赞赏柱竿山。齐芳书院的莘莘学子人才辈出，元明清时期举人、进士层出不穷。唐韶、唐元嘉、唐元章、唐良嗣、唐良骥，还有明代的三部尚书唐龙、状元唐汝楫等都是当时有名的文臣武将，其中不乏大量的抗元能将。

三泉村四面环山，高差相对平缓。整个村庄呈现出被山体包围在其中的分布格局。世德堂兴建于宋淳熙八年（1181），迄今已近840年历史。其中进由宋羲公建于南宋淳熙八年，宫殿式，九鳌三叠梁。现存三进，面阔皆三间，占地710平方米，仍保留着宋代的风格，其正厅檐下的单抄双下昂六铺作和内槽三叠梁等都是当地古建的罕见孤例，现为国家级文物保护单位。学善堂又称五份厅，现存三进三开间两明堂，左右各有厢廊三樘两间，根据建筑风格和历次维修痕迹判断正厅梁架以及门厅山面梁架为明代原构外，其余为清晚期所改建，2012年成为兰溪市文物保护单位。三泉村遗留着大量的珍贵墨迹：楹联、匾额、祠联、墓志铭等，现主要并且保存完整的楹联有18联、匾额36块、世忠祠6座、对联19副，有唐龙墓志铭等宝贵的非物质文化遗产。

2014年，三泉村被列为浙江省历史文化村。村区域面积3.21平方千米，耕地911亩，山地2925.7亩，300余户，1300多人。村民年人均可支配收入5030元，村集体收益5万元。

上唐村

兰溪市黄店镇上唐村位于黄店镇驻地以西7千米处，属山区。上唐村位于兰溪市西北部，距兰溪市区19.5千米。唐姓聚居，村在小溪上游，故名上唐，是黄店镇最大的一个村落。

因唐姓村民居住在小溪上游故名上唐，南宋淳熙年间时由三泉迁居万松源上唐。上唐村南宋建村，历代科第不绝。村内现存明清宗祠和民居40余座，以池塘为中心建于山坡之上，布局合理。村落位于一狭长谷坳中，民居围绕村中心门口塘而建，呈放射状格局，重要建筑也都在水塘四周，总体如“井”字形，街巷为鹅卵石衬石板路面，村中建筑有上唐唐氏宗祠、狮子厅、桂花厅、承启堂、唐兆升孝子石坊、万松寺以及民居、古井、石坊等，现存建筑以清中期建筑为多。1997年9月，上唐古村落被公布为兰溪市文物保护单位。承庆堂为浙江省文物保护单位。

上唐村自南宋迁居于此地后，人丁兴旺，人才辈出，始成大族。村内有十响班，演徽戏，还有舞龙、舞狮等，万松婺剧团表演婺剧。传统工艺以草编、剪纸、粮食砌为主。中医是上唐村的传统医学，上唐村最有名气的是中医。

2014 年年末，全村有耕地 1361 亩，山地 8600 亩，水面 38 亩。村区域面积 5. 56 平方千米，590 户，1800 人。村民人均纯收入 3855 元，村集体当年收益 5 万元。

社峰村

社峰村位于兰溪市永昌街道办事处驻地1.5千米，距城区10千米，永昌溪流经村东南部，有455户，人口1320人。

该村世居吴姓，村中有一山名社峰，村以峰名，又称社峰吴，俗称上山下，1958年后曾称社丰。迁祖吴文仪，博学宏文，深于伊洛之学，宋宝祐年间，仕孝昌尹阶宣议郎至政缘。与许白云（许谦）相善，时行何、王（何基、王柏）之学，访道于金华，路经社峰，乐山水之秀，遂由淳安杜塘迁居社峰，为后人创建了最宜住风水根基，是堪舆风水建村的典范，为许多专家学者所推崇。

社峰鸟瞰图

全村共有明清各类建筑40余幢，其中节、孝牌坊3座，明朝古庙1座，古桥5座，古墓3座（宋、元、清朝各1座）。积庆堂建于明代，牌匾上书“明崇祯庚辰孟秋立”，建筑年代明确，雕刻精美，生动圆润。两旁设有通道，用于村民行走，这在其他建筑中很少见，门楼两边分别建有两座节孝牌坊，用以表彰孝子、贤媳。积庆堂其堂号有着深刻的历史文化内涵，考其典故来自易经，《周易》中坤卦原文“积善之家，必有余庆；积不善之家，必有余殃”，激励吴氏后人树立正确价值观，“存好心，做好事，当好人，有好报”，厚德善行，吉祥相伴！全国第三次文物普查公布的不可移动文物名录中社峰村有 29 处之多。

宋宅村

横溪镇宋宅村内有明代万历年间古建筑3处，分别是宋濂祠堂、大房门楼、弄堂牌坊；清代古戏台、古石桥2处。2013年被列为历史文化古村落保护村。

近几年来，修建古村落路口牌坊楼，建造前屋王力山凉亭；利用梅溪治理一期工程为契机投入50余万元，建设两岸绿化带，营造美好环境；投资200万元修复宋濂祠堂。宋宅村有居民403户，人口1265人，全村有耕地474亩，山林面积900亩。

万田村

万田村建于宋末元初，四面环山，东有瑞山，南有大东山，西有童山，北有里梅白佛山，其地为左青龙、右白虎、前朱雀、后玄武的风水最佳地，位于金华兰溪、杭州建德、衢州龙游三市（县）交界，距国家AAAA级景区——诸葛八卦村仅1千米，330国道自村东而过，来水溪即石岭溪自村西南田野蜿蜒而过。万田是万田行政村的所在地，辖万田、童坞、瑞堰头、瑞泉金4个自然村。

万田村历代梅氏先贤

万田村历史悠久，系宋靖康年间为国殉难的尚书梅执礼后裔聚居地，具有深厚的文化底蕴。宋末元初，梅执礼后裔梅玉斋担任龙邯教谕时因慕白佛山之胜景，于是徙居里宅园。后因红巾军起义，村庄遭严重破坏，启爨瓦砾一空。明初又赖梅垕自江右进士擢任婺州推官而归隐故土，改迁于里宅园之前坂，即今之万田。万田村现有保存完好的古石拱梅桥、居奇桥、徐王庙、敦睦堂、宝善堂、善庆堂、峻德堂以及民居等明清建筑10余座，其中建于明代中后期的“敦睦堂”，于2012年被列为兰溪市重点文物保护单位。20世纪70年代，在村东的瑞山上曾出土过东汉的弩机，还有唐元和年间的墓志铭和踏樽神砖。近年来，多渠道筹措资金600余万元进行道路建设、环境整治、自来水改造、用电改善、古建筑维修、文体设施建设等新农村建设工作，建起了瑞山休闲公园，在文体休闲广场塑造了一座高 6.5 米的先祖梅执礼像，在村口建起了石牌坊。万田村有 463 户 1274 人，2010 年被评为浙江省文化示范村。

西姜村

西姜村位于兰溪市水亭畲族乡。村落距水亭东南 1 千米，距兰溪市区 25 千米，永游公路从村前通过。自元朝元贞元年姜维第 36 代裔孙姜霖公（任婺州教谕）举行定居营建村落开始，经明、清两代建设，已形成一个建筑独特的村落，是全国最大的姜维后裔聚居地。

西姜村坐东面西，依山而建，占地 189 亩；地势东北高西南低，从低到高垂直高度为 19 米；全村建筑以山势最高处为基点，由点及面，向西辐射呈纸扇形状规划展开，依村中 16 条纵向小巷为扇骨；民居错落有序，沿坡度阶梯排列构成扇面。村落格局的创意之奇，布局之妙，国内罕见。单幢或多幢连体式明清时期民居 110 幢，青砖灰瓦马头墙，原汁原味，古风依然。两眼龙眼布落村中突显林秀。

西姜祠堂

坐落于村西南的“西姜祠堂”建于明隆庆万历年间，占地 3067 平方米，分中庭、前后进、厢房。据专家考证，“西姜祠堂”是全国等级规格最高、规模最大的民间家庙，2013 年被列入“国家文物保护单位”。坐落于村东北的“存义堂”，建于明嘉靖三十四年，占地 515 平方米，前后三进，青砖门楼，厅堂柱高 5—6 米，粗细须成人双手合围，天井四周饰有雕刻精美牛腿。其规模之宏大，建筑之精美，在全省位列前茅。原位于村西的“龙山殿”，村西南的“西林寺”和西姜祠堂右旁的“节孝牌坊”皆建于明代，而且规模宏大，建筑精美，远近闻名。只可惜20世纪50—60年代三处古建筑先后被毁，仅存遗址供人遐想，真是令人扼腕。

西姜村村域面积2.52平方千米，耕地1800亩，山地750亩，水面120亩；共有村民286户1030人；村民年人均收入8000元，以珍珠养殖、水稻、棉花种植为主。

西塘下村

西塘下村坐落在东连义乌，南近金华，北邻浦江的三界地区，全村有2个自然村，12个村民小组。村正中建有晚清时期的古建筑“七厅五堂”4座12间。西塘下村总人口1312人，耕地面积618亩，山林面积460亩。

岘坦村

岘坦村位于女埠街道白露山之东麓，村临坦达源，村以水卫名，故称坦达，清嘉庆间改岘坦，距女埠8千米，全村535户，总人口1677人。

岘坦村四面环山，随势坐落，西高东低，小桥流水，弄巷纵横交错，呈“山列八卦，水曲九宫”之状。唐代宰相舒元舆出生于此，南宋大理寺少卿周三畏隐居该地。岘坦村已有1000余年历史，古建筑众多，类型丰富，有明代古塔、古堂楼、古宗祠、古牌坊、古桥梁、古磨坊、古榨油车、古水车、古民居。古村落面积30000平方米，其中古建筑面积12000平方米。位于村口的周氏家庙，始建于明代万历年间，平面三间三进二天井，砖雕门楼，有梅兰竹菊、狮鹿鱼鸟、亭台楼阁、山水庙塔等浮雕图案。庙堂内正中悬挂匾额“濂溪旧地”。据考，岘坦村为兰溪周氏始源地，周三畏是岘坦村第一代始祖，三畏为濂溪四代孙。濂溪字茂叔，名敦颐。因此，岘坦集聚周氏1300多人即周三畏之后裔，也是周敦颐之后裔。

走进村庄，古木参天，村中小溪自西向东涓涓流入甘溪河道至兰江，

小溪把村庄布局二傍，中间小桥相连，有“土地平旷，屋舍俨然，有良田美地桑竹之属。阡陌交通，鸡犬相闻”之感。山上有茶园、果园，相映成趣，枇杷、桃李满山遍野，山幽水静，清丽超逸，仿佛遁出浮尘，走进世外桃源。

姚村村

兰江街道姚村距市区仅5千米，村东山峰群叠，村西丘陵起伏，濲溪穿村而过，村内地势平坦，村庄古色古香，典型的城市厢房。

姚村素称“瀫西巨族，素封之家”，古建筑众多。始建于明、清两代的祠堂、大厅等26座，明清时代所建住宅55座。1992年被兰溪市人民政府命名为“清代建筑群”文保单位。2013年被建设部、财政部命名为中国传统村落。

姚村2005年开展村庄整治，恢复了石子路，整治了濲溪，加固了村内池塘，建造了生态公厕，安装了路灯。近年来自筹资金复建姚氏家庙，整修了部分明清古建筑厅、戏台，已成为兰溪美丽乡村建设的一颗璀璨明珠。全村人口1406人406户，农民人均纯收入11650元，曾荣获金华市“村庄整治示范村”、省级“文化示范村”、金华市“春泥计划”工作先进村、“浙江省卫生村”等称号。

永昌村

永昌村位于兰溪西部，距城区 9 千米。村落基本保持原有的格局和功能，商业气息浓厚。东西向主街长约 1000 米，宽 4—5 米，与两边南北向小巷构成“丰”字格局。临街是鳞次栉比的商铺号，小巷深处分布民居、宗祠、寺庙、栈房、会馆等建筑。江南水乡风味浓郁，集居住、经商、作坊于一身，较完整地保存了历史风貌，是一处典型的江南街区。现存厅堂建筑有吴氏花厅、郭背路 26 号花厅、李氏番衍、崇德堂等，石牌坊两座，以及古桥、古井、胡门、忠义祠遗址等 40 余幢。主街两侧存有大量的商业建筑，有琪字李山号打铁店、德济堂药店、篾业社、铁器店等，历史风貌宛然。

“先祖居汴梁河南巩县永昌之地，厥后徙于衢州，婿于兰溪徐氏，卜居此地，故名永昌。谓其地久天长、子孙永远蕃昌也。”明万历年间永昌人赵贤佐在《永昌记》一文中描述了永昌之名的来历。永昌最初是由宋太祖之弟赵廷美第七世后裔赵公传迁入后形成的村落，明清时期由于水陆交通便捷，成为古兰溪县最主要的集市之一，汇集了大量徽商并建有会馆。永昌村历史悠久，周围有众多的古遗址（孔塘殿山，许店山，大洋山），以及郭背驻防所遗址，出土了许多价值很高的石器、陶瓷器。其中唐永徽三年的纪年墓出土的四系罐为国家一级文物。

永昌村有着丰富的民俗生活，每年正月十三进行迎龙灯活动，龙灯所到之处，百姓争相迎接。迎接龙灯，需摆上香案，摆上供品，与龙头互换红蜡烛，给龙头红包，龙头给迎龙灯人龙胡须，以求讨吉利。迎灯之日，盛况空前。舞狮是农历正月里村民的主要活动之一。由毕家村村民自行组织到永昌古街各巷铺进行讨彩活动，一般持续 3—4 天，活动期间整条巷街热闹非凡。

于街村

于街行政村隶属兰溪市横溪镇，有三个自然村，位于兰溪北向浦江交界的边沿山区，有农户276户，人口805人，耕地面积447亩。

耕读居

村有一幢“耕读居”建造于清代末期，2005年成为兰溪市文物管理保护单位，占地面积有700多平方米，其中建筑面积470多平方米，围墙长13.5米；于街村108号民居房占地面积380平方米左右，60号民居房420平方米左右；上施大厅祠堂，“千八殿”“水口殿”是建造于清晚期的古建筑，“八家桥”属民国建筑，这些古建筑至今保护较好。

长乐村

长乐村隶属兰溪市诸葛镇，位于兰溪、龙游、建德三县交界处。村周围丘陵起伏，村内有一小冲积平原，地势为南高北低，大多民居都顺地势面北而造，村左峙砚峰山，右屏玉华山，长乐村西有长乐溪，在选址上做到明堂开敞，前有对景（翠屏山），后有依托（砚山），水路环抱，干湿适宜，与古代风水理论中的最贵地相符。2012 年村庄户籍人口 2031 人，760 户，村集体可支配收入 90 万元，农民人均收入 9065 元。

长乐村完整保存着众多有历史价值的宗祠厅堂、牌坊街亭、民居私宅，且均为明清时期建造的历史文化遗产，祠堂建筑工艺水平相对较高，由此被中国古建筑权威罗哲文先生誉之为“国宝”。村内有文物建筑 22 处，包括 4 处祠堂建筑和 18 处有突出价值的古民居。历史建筑 66 处，均为有历史价值的传统民居，以及节孝坊、进士坊等有突出价值的构筑物。其中又以金大宗祠、象贤厅、望云楼为代表，形成了一个庞大的明清古建筑群，有着深厚的人文背景和丰富的文化内涵，1996 年被国务院列为第四批全国重点文物保护单位，是国内第一个实行整村保护的文保单位。

长乐村不同于以房派为单元，围绕池塘宗祠团状分布的其他古村落，村落结构由一条横向古驿道、三条纵向街道和成枝杈状分布的巷道组成。不仅如此，它一反中国传统民居的坐北朝南的基本原则，所有的民居和公共建筑的大门一概朝北开，村落格局深受易经风水理念影响，最主要的是七星格局和姓氏风水格局。

长乐村景

长乐村南有砚山、玉龙山，北有翠屏山，村庄东、北部有多处砂山环列，植被葱郁，山川秀美；村庄东侧农田地势平坦，视野开阔，田园景观优美；石岭溪萦回于村之西北，犹如一条金腰带蜿蜒其中；长乐村现有日塘、月塘、阁圆塘、大公塘等四处主要池塘，东侧田野之中亦分布着大大小小的池塘，月光之下大小水塘似宝石一般点缀着这片原野。据宗谱记载，自明代起就有“长乐八景”的说法，即砚峰秀色、泉塘垂钓、泉塘春水、翠屏春游、郭山翠屏、荷池夏赏、井畈耕耘、南庄观稼，可见自然风光之景观。长乐村除了保存完好的古建筑群、历史环境元素外，更有丰富的民间传说及乡土风俗，其中由以叶、金氏族的变迁、朱元璋的帝王大业最为人津津乐道，由这些历史传说交织而成的长乐本土的民俗文化，与长乐独特的风水格局和自然环境共同促成长乐这片“福地”。

长乐村有着丰富的民俗生活，包括“七星莲花灯”“乡饮酒礼”“拜斗祈福”、婺剧表演等，这些让现代人眼花缭乱的民俗生活情景在长乐村光彩依旧。

芝堰村

芝堰村与建德相邻，距兰溪市区20千米，西北与建德交界，属半山区，千里岗山脉，左右群山环抱，山清水秀，村东为东山，西面为伏虎山，南面为大片良田，北边为芝堰水库，流水沟渠贯穿整个村落。芝堰村坐北朝南，依山傍水，地势却十分平整。村落东头，桃峰耸峙，芝山起伏，宛如一条青龙奔腾跳跃而来；村落两面，青峰壁立，山峦逶迤，有形神兼备的虎、狮两山雄踞村之西面；北面的陈陀山，背靠千峰万峦，像一把庄严高大的“金交椅”，把整个村落环抱其中。加上南面村口象征“朱雀”的半月塘，使整个村落形成一个“左青龙、右白虎、前朱雀、后玄武”为格局的典型的风水生态环境。

芝堰，旧名芝溪、芝水，因溪涧山峦多有灵芝生长，故名。发源于建德马目溪，汇流入甘溪。古时此间曾筑有小堰以灌田，因此而得名。芝堰村为古时金华、兰溪、寿昌、严州（今建德）诸府县之间的交通要道，过往商旅众多，商贸繁盛。据《芝溪陈氏家谱》记载：宋高宗南渡，有一姓陈名大经的睦州郡守杖策选胜，留次子陈滴迁居此处，乃营建村落，所以芝堰建村有860多年历史。明早、中期建孝思堂、衍德堂，使芝堰村初具规模。明嘉靖年间《陈氏大成谱》编制完成。明代中、后期又增建世德堂、济美堂、承显堂、怀德堂及大量民居和部分商店、客栈。清代继续增建善述堂、成志堂、光远堂、重修了光裕堂。民国初年重建承显堂。

芝堰村古建筑群，以其“笔、墨、纸、砚”文房四宝最富有特色。陈氏的后裔经过860多年的苦心经营，不仅拥有衍德堂、孝思堂、承显堂等古建筑近百座，其中衍德堂为元代建筑，孝思堂最大，占地1300平方米，而且元、明、清、民国等四个朝代的各种建筑集于一身，像一座典型的中国古民居博物馆。陈氏先祖按照中国风水环境随类赋形的设计原理，以南北相向、贯通村中的街道象征毛笔，以北面陈陀山的“金交椅”象征笔架。街面上明、清和民国期间的店面楼堂比比皆是，其中有安寓客栈、银楼当铺、骑街木屋、碧水一径跨墙而过。以占地1300平方米的陈氏宗祠“孝思堂”象征一块墨，以整座村落所处的平整的田畦象征白纸，以南面的“半月塘”象征砚台。

芝堰村古建筑群2006年由国务院公布为第六批全国文物重点保护单位。2014年被列为全国传统村落。2014年年末，芝堰村有495户1540人，耕地575亩，山地10534亩，水面100亩，村民人均纯收入4578元，村集体当年收益10万元。

诸葛村

诸葛村隶属兰溪市，位于兰溪、建德、龙游三县（市）交界处，地处丘陵地带，是迄今发现的诸葛亮后裔的最大聚居地。

诸葛村原名叫高隆村，唐代就有王、章、祝等姓氏居民在此居住生活。宋天禧二年（1018），诸葛亮第十六世孙诸葛青自寿昌迁居兰溪岘山，至元代中期（约1340年），诸葛亮第二十七世孙诸葛大狮自岘山迁居于此，为高隆诸葛氏始迁祖，并在此营构村落，时称高隆下宅，至明朝中期，随着诸葛姓氏的人口的不断繁衍，诸葛姓氏开始声名远播，渐以诸葛姓氏代替村名，沿袭至今。

诸葛村至今仍保留着完整的“八阵图”村落布局，有明、清、民国时期古建筑民居304幢，是目前全国保护得最好、群体最大、形制最齐、文化内涵深厚的国内著名的古村落之一。诸葛村人杰地灵，是“一个深藏‘学而优则仕则商，不优则隐则耕读传家’文化精髓的古村落；一个以农立家、以工富家、以商发家，永不‘悲守穷庐’的古村落；一个‘科第蝉联’‘簪缨蔚起’‘贤良方正、代不乏人’‘衣冠人物、一时彬蔚’的古村落”。

诸葛村的宗祠文化、祭祀文化、诸葛亮文化、中医药文化、民俗文化等非物质文化遗产是上层文化、市井文化和农耕文化的混合物，经过数百年的传承、演化形成今天的规模，这种演变与发展的过程以及今天的成就对浙中乡土文化的研究具有极高的价值。

诸葛氏以“儒医”为特色，形成了专业性很高的中医药行业和浓厚

的中医药文化，一些古方、秘方至今仍在沿用，对传统中医药文化传承与发展有着很高的借鉴价值。“洗水龙”“迎徐王”等因自然、地理、历史、社会诸多因素形成的丰富多彩的民俗活动可以作为兰溪社会、经济、文化发展的研究历史资料。诸葛村古村落布局思想、营造技艺、建筑材料的运用、材料的加工工艺和建筑工具等对中国古代建筑设计、施工和管理，地方建筑特色的形成与传播的研究有着重要的意义。

诸葛村在清代中期形成了农历正月两期灯会风俗，有着不同的行走路线和不同的风格，场面蔚为壮观。所展花灯在形式和内容上极具实用价值和美学价值，富有想象力，制作技艺精湛，体现了传统文化与节庆文化的完美结合。手工艺品如孔明灯、孔明锁、九连环等益智工艺品结构精巧，外观优美。日常生活用品竹编、草编造型优美，制作精良，是非常实用、美观的手工艺品。室内陈设的木制家具做工精细，图案丰富，极具观赏价值。

全村总面积 5000 亩，其中耕地面积 1183 亩，户籍人口 2765 人，村民人均纯收入 13100 元，村集体当年收入 2140 万元。

祝宅村

祝宅村位于兰溪市北向原梅江区中央。北依兰江最大支流梅溪，与周姓溪口周村相望，上、下有两座石拱桥飞架，沟通南北。南望黄茅尖，尖西首转轮岩，巍岩耸立，地势险峻。上有庙宇，殿堂宏伟，朝拜观光者络绎不绝。站在村前可见一带屏峰叠嶂，众多山梁像张开的五指从尖上延伸而下。观全景，似一只展翅欲飞的凤凰。东西分别与宋（宋宅、下溪前)、蒋（墩头）两姓村庄接壤。

长陵祝氏，考之郡望（中华人民共和国成立前旧墓碑上随处可见刻有“太原郡”三字)，源出中原。但具体说，据传乃从徽州迁来。在徽州(皖南是当时流民的重要流向之一）定居，在聚居村落很自然冠以长陵之名，以体现自己是长陵祝氏。始祖武五一公自徽州卜居原浦江通化无比山麓溪水旁，虽背景有所不同，但“族系意识”的作用依然一样，故仍在聚居处冠之以长陵，表示我乃长陵祝氏。自始祖武五一公卜居长陵至今，已有850年，达34世。

祝宅村全村1200米长，村中道路纵横交错、井然有序。原先路面一色溪中鹅卵石铺就，石子大小匀称，两边厢线条镶嵌，充满艺术活力。房屋建筑青砖白瓦飞檐翘角，似龙腾空，惟妙惟肖，蕴含古建筑的艺术魅力。古韵浓厚的祝宅村每逢节日时鼓乐喧天、火炮齐鸣，厅堂上摆祭品，戏台上演戏，石子路上迎龙灯，抬彩会桌，抬香亭，抬花烛，举大旗，迎执事，热闹非凡。

千村故事

千村概览卷（下）

浙江省农业和农村工作办公室
浙江农林大学中国农民发展研究中心
浙江省农民发展研究中心
中国名村变迁与农民发展协同创新中心

本卷主编　潘伟光

中国社会科学出版社

目 录

下 卷

衢州市 ………………………………………………………………（743）
开化县 ……………………………………………………………（743）
衢江区 ……………………………………………………………（805）
柯城区 ……………………………………………………………（838）
江山市 ……………………………………………………………（869）
龙游县 ……………………………………………………………（888）
常山县 ……………………………………………………………（913）
台州市 ………………………………………………………………（944）
临海市 ……………………………………………………………（944）
三门县 ……………………………………………………………（990）
黄岩区 ……………………………………………………………（1002）
仙居县 ……………………………………………………………（1016）
椒江区 ……………………………………………………………（1057）
玉环县 ……………………………………………………………（1065）
天台县 ……………………………………………………………（1072）
路桥区 ……………………………………………………………（1095）
丽水市 ………………………………………………………………（1096）
莲都区 ……………………………………………………………（1096）
缙云县 ……………………………………………………………（1115）
遂昌县 ……………………………………………………………（1128）
景宁县 ……………………………………………………………（1157）
庆元县 ……………………………………………………………（1172）
云和县 ……………………………………………………………（1193）
龙泉市 ……………………………………………………………（1221）

青田县 ……………………………………………………………………（1268）
松阳县 ……………………………………………………………………（1283）
附录 ……………………………………………………………………（1374）
后记 ……………………………………………………………………（1389）

下卷

衢州市

开化县

富户村

富户村位于苏庄镇集镇南面 4 千米，距离开化县城 32 千米，2010 年 12 月因行政村规模调整，富户、蕉川、漳田、茶岭、倪川 5 个自然村合并称为富户村。

富户古时又称贵峰村，以其来龙山贵峰尖而得名。元末以后，贵峰改称富户村，据传是明朝开国皇帝朱元璋命名的。原富户村古名坛上，因村处雷坛之上得名。元末朱元璋鄱阳湖之战失利后，于此整军，赖以给养，期间赐名富户。乾隆间曾更上唐，因处唐下村之上得名，亦称上塘、长唐等名。富户村大姓汪氏先祖汪记，袭镇云台，后晋天福二年卜居贵峰，迄今 1068 年，之后人口繁衍，又在富户四周开拓、定居，形成了蕉川、漳田、茶岭等自然村；另一个大姓程氏先祖程万谷，于清乾隆年间

(1736—1795) 从江西婺源枧坑迁入富户。

因历史久远，古代村落和寺庙古建众多。富户村内有大量古树名木，尤其以古樟树为最。富户村拥有古樟树 12 株，最为知名的是吴越古樟。这棵樟树种植于吴越时期，迄今 1000 多年，依旧生机勃勃，临河而长，宛如数条绿色神龙盘旋河上，气势非凡。2010 年，经专业测量，富户村吴越古樟胸径 11.62 米，冠幅 44 米，为浙江省古樟树之最，固亦有“浙江省古樟树王”的美名。

现有户籍人口 3985 人，常住人口 2400 人，2014 年村集体收入 6.1 万元，村民人均年纯收入 11390 元。

古田村

古田村因紧邻国家级古田山保护区而得名，在苏庄镇中心集镇北方约9千米处，距离开化县城33千米。古田村有251户，人口948人，总面积22平方千米，拥有耕地564亩，林地31350亩。

保苗节

古田村是2010年由原平坑村、洪源村两村合并而成，其中原平坑村古名双溪，因源于西坑尖、龙上两水汇于村北得名。又以溪坑为名，称平坑。现古田村村民多姓赖和姓汪，根据两家宗谱记载，赖氏先祖赖如集、如寿、云集兄弟等，于清康熙初（1662—1669）从福建上杭黄潭胜莲里迁入。汪氏于清康熙中期（1677）从江西婺源大坂迁入，迄今320余年。

古田村文化底蕴深厚，素有元宵闹花灯、中秋舞草龙等习俗，是省非遗——平坑保苗节、满山唱和市级非遗——龙上南少林拳棍传承基地。其中流传的民间故事不胜枚举，最让古田村人津津乐道的，是明太祖朱元璋的故事。

横中村

横中村位于苏庄镇中心集镇东北10千米处，距开化县城24千米。

横中村古名横溪，以余村溪流向名。后水中筑有水坝，方言词土旁加忠字，音同中，故名横中。又因多茶，明崇祯至雍正间用过丰茶一名。1950年称余村乡第3村，1957年称横中林业高级社，1958年称苏庄人民公社横中生产队，1961年称横中大队，1983年称苏庄乡横中村委会，现称苏庄镇横中村。按照村中主要大姓程氏的宗谱记载，程氏先祖程显，于南宋乾道年间从枧坂迁入，距今已有约850年的历史。

横中森林资源十分丰富，全村山林面积达2.6万亩，其中有2.2万亩在古田山国家级自然保护区内。横中村口，抬头可见一大片枫树，有的树干斑驳、老态龙钟，好像是睿智的老者；有的郁郁葱葱、枝繁叶茂，犹如意气风发的年轻小伙。这里地势平坦开阔，像一个喇叭口，100余株枫树错落有致地分布着，其中有30余棵树龄在两三百年以上。在村口空地的正中，有一棵古樟蓊蓊郁郁，树高达数十米，树冠面积达数百平方米，没有谁说得出古樟的年龄。距离中心村2千米外的是鲁坑自然村，鲁坑最高处海拔900余米，道路陡窄，山高林密。枫谷、瀑布、奇石是横中独特的自然景观。该村还有一宝，那就是省级非物质文化遗产——跳马灯。农历正月十六，元宵节的余味还没有消散，村里人又忙着准备香果，制作花灯，精心准备盛大的跳马灯仪式。

横中村现有总人口1219人，351户，总面积19.23平方千米，拥有耕地637亩、林地24023亩。2014年村集体收入20万元，村民人均年纯收入11390元。

洪田村

洪田村隶属开化县马金镇，位于开化县东北部，东邻淳安千岛湖，北连钱江源国家森林公园，西南与本县何田乡相毗邻。村落按“火”字形规划布局，建有长782米、宽2.5米的村道，地势平坦，三面环山，一条小河沿村流过。

爱善堂

村中有两姓，张姓先祖张礼发为避战祸，于元代元至正五年（1345）从河南清河县迁徙定居于此，繁衍生息；朱姓先祖朱焕武父亲带其家人从东吴（江苏苏州）为避战祸，元代到此定居。后朱焕武父亲生了朱焕文和朱焕武兄弟俩。朱元璋称帝后于洪武七年（1374）派部将朱焕文征剿黔地的叛乱，定居贵州，而朱焕武在此繁衍后代。

洪田村现存“洪田寺”遗址，始建于梁朝502—556年，距今已有1600多年；明代的古桥庆丰桥，距今600多年历史；清代古道洪田岭，清代道光年间建筑永祚堂、庆善堂，距今也有200年。苦楝树位于考坑口自然村，距今400多年。农历七月十五，洪田村有一个节叫“鬼节”。每到这天全村男女老少都要赶回家，不管是在外面打工还是做生意。女人们要在家发汽糕，男人们要到先辈的坟墓上去祭拜，而且一定要带上汽糕。

据说汽糕就这一带能发出来而其他地方是发不出来的。

2012 年，洪田村被列为浙江省历史文化保护区。2014 年年末，全村有农户 286 户，耕地 732 亩，山村 6452 亩，村民人均纯收入 0.85 万元，村集体当年收入约 32 万元。

孔山村

孔山村位于村头镇域中部，距村头镇 2.5 千米。

孔山自然村依山临田分布，有余、郑、徐等姓氏。余氏据光绪三十三年版的《萝蔓青嶂余氏宗谱》记载，余文郭携子于北宋嘉祐年间(1056—1063) 从芳山迁居，郑氏于 1959 年 10 月自淳安县威坪镇江岭移民孔山。

村口古亭

村有大溪龙二级电站 1 座，古樟树 22 棵（有 100—400 余年），黄连木 3 棵（200 余年），古亭 1 座（无人知晓年份），光绪年间曾修复过。村口古亭，又称月老亭，有几百年的历史。木兰畈千亩油菜花基地由 5 个村连片近 3000 亩种植而成，是浙西连片面积最大，也是花期最整齐的油菜花基地。站在孔山村凉亭里和古桥上，举目远眺，望不到尽头，全是一片片金黄黄的波涛，与河堤两排几十棵古樟相得益彰，蔚为壮观。

全村总人口 865 人，有孔山、黄圩自然村，4 个村民小组，有 267 户，耕地面积 525 亩，其中水田 460 亩，山林面积 2350 亩。2014 年村集体收入 2 万元，村民人均年纯收入 7000 余元。

库坑村

库坑村地处开化县西北部，与江西省婺源县江湾镇接壤，北面与安徽休宁县接壤，2011 年实行行政村撤并而成。全村 13 个自然村，主要姓氏为方氏和程氏。方氏祖先方德礼三兄弟由江西婺源小源迁居而来，大哥居住在现库坑自然村，二哥现居住在昔树林，三哥居住在对面田。程氏祖先由安徽歙县迁居而来，族谱记载，春秋时期拯救“赵氏孤儿”的晋国义士程婴乃程氏祖先，炳蔚堂是程氏宗祠，由于“文革”时期被破坏，现存留四个旗杆墩，考取“拔贡”和“进士”的两个人，是西坑文化的见证。

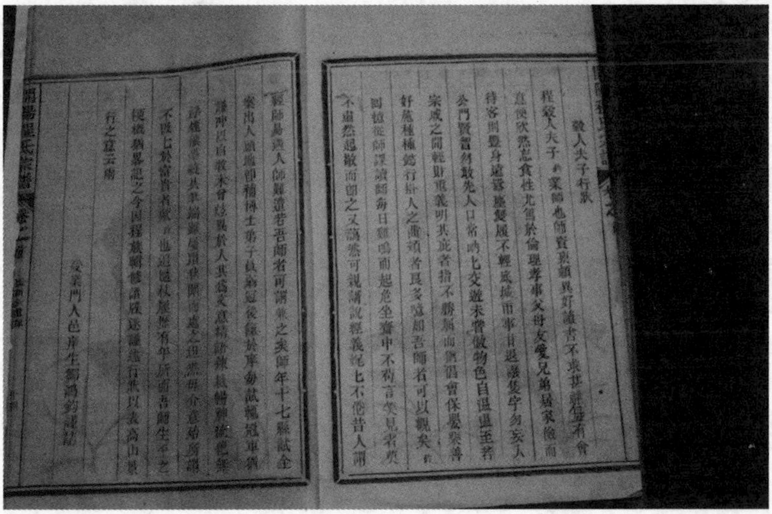

在西坑村口，原先有一座祠堂叫炳蔚堂，就是程氏宗祠，里面摆着《程氏族谱》。据族谱记载，战国时期的程婴也是程氏的先祖。炳蔚堂前有一个太公堂，是摆放程氏老辈过世后的神位牌的，但遗憾的是，“文革”时期，《程氏族谱》和神位牌都遭到了严重的破坏，现在仅剩下一副族谱。这族谱已经有 80 多年的历史，虽有被虫子咬噬的痕迹，但它是研究西坑程氏一族最权威的资料。炳蔚堂和太公堂因为年代久远，加之“文革”的严重破坏，早已濒临倒塌，虽修缮多次，但仍是保存不下来。

20世纪80年代，炳蔚堂和太公堂的旧址上造了大会堂，而后又推倒大会堂修建起了篮球场。如今，为了还原西坑，村里已在原址上重新建起了程氏宗祠。

全村人口1615人，455户，村域面积21.86平方千米，耕地面积1254亩，林地面积25669亩。2014年人均收入7900元，村集体收入23万元。

龙村村

龙村村地处开化县马金镇北面，是浙西地区通往安徽的交通要道，205国道穿越全境，距黄衢南高速入口1千米，马金集镇2千米，县城23千米。

村庄背靠青山，面朝田野，地势平坦开阔，马金溪自北往南流过，地形绵延4千米，酷似一条龙，故取名“龙村”。从北往南依次排列着山头、邱家、展光、高山坞、汪家、大田畈、登丰、林底、池塘等九个自然村。龙村村是个多姓氏的村落，长期以来这里居住着郑、余、汪、邱、

古民宅

朱、徐、王、叶等诸姓。据史料记载，北宋景祐年间（1034—1037），郁州太守余宗聚，自遂安县游溪迁入龙村高山坞定住；南宋嘉定年间（1208—1224），始祖汪均自婺源大畈迁入龙村汪家定住。郑氏的祖先是由霞山村（具体地名村民叫“铁钉柱”）迁入，距今已有500多年的历史，现居住的村民与霞山人同宗同族，都姓郑。到了16世纪后期，村民开始筹资建造郑氏宗祠——敬和堂。敬和堂建筑面积大约600平方米，为徽派建筑风格。祠堂分为三进，两个天井，前进为戏台，后进是高堂，用于存放祖宗的灵牌，给后人祭祀祖先之地。祠堂正门上方悬挂着一块大

匾，上书“敬和堂”三个大字，笔力遒劲，入木三分。相传“敬和堂”与霞山村的“爱敬堂”同为明代“荣禄大夫少保吏部尚书兼谨身殿大学士”商辂题写。村庄古树名木繁多，有挂牌保护的古树名木25株。

全村495户1733人，耕地1050亩，林地6638亩，其中生态公益林5093亩。2014年农民人均纯收入7065元，村集体收入10万元。

龙门村

龙门村位于钱江源头，浙皖边界，地处钱江源支流龙门溪畔，开化县齐溪镇西北边界。东连淳安县樟家镇储家坞村，南临本镇丰盈坦村，西靠休宁县龙田乡桃林村和古楼村，北接休宁县黄尖乡黄尖村，距西坑口集镇4.2千米，距县城48千米。龙门村四面环山，海拔在300—950米，相对高差较大，只有龙门溪附近地势较缓。

因境内有九溪汇流在村西北百尺深潭内，深潭两岸峭壁直矗形似龙门，故取名龙门村，寓意鲤鱼跳龙门，其意义尤其深远。龙门村是多姓共居的古村落，有汪、余、赖、黄等姓。汪姓由徽州篁墩迁徙而来，余姓由淳安余村迁徙而来，赖、黄二姓则由苏庄平坑迁徙而来。

余家祠堂（鸣凤堂），位于余家自然村西南部，建于清咸丰辛酉年（1861），占地面积450平方米，坐西朝南，依次为戏台、大厅、后堂，第一进戏台上方藻井内有壁画，并有“乐韶舞”“歌应南风”匾，整体结构完整，第二进面阔五间，梢间上墙绘有人物故事壁画，反映了当时的生活环境。汪氏宗祠（溥源堂），坐东南朝西北，共三进，进间有天井，建筑无门墙，用木栅栏隔断，木格扇门。大门上方挂“越国宗祠”匾。据

《汪氏宗谱》记载，该宗祠为清光绪二十九年（1903）建。

龙门村区域面积14.14平方千米，辖有外山村、大麦坞、余家和汪家等4个自然村，共计317户1006人。全村森林面积2.25万亩，其中生态公益林占1.96万亩，森林覆盖率93.5%，毛竹1850亩，茶叶956亩，耕地520亩。村集经济总收入2.18万元，农民人均纯收入8613元。

石川村

开化县马金镇石川村位于钱塘江源头马金溪上游，205 国道横贯其中。

据《清河张氏宗谱》载，石川张氏属汉留侯张良之后裔，也称留侯世家。石川开山鼻祖张延庆，于明宣德年间迁来石川落户繁衍。石川村又名石明床，古时属崇化乡九都，民国时属振新乡，中华人民共和国成立后属霞山乡，现属马金镇。

石川村庄的南向有牛峰墩岗山脉挡隔，并有“龟蛇”把门，北向有龙脉山到祠堂山背靠，村庄的东向（村后）有“三千八百丘”（梯田）、龙凼、天池、黄巢坪、老虎石、风洞（红军洞）等景点。河边、村边的水口、村后的来龙有 200 年以上的樟、柏、榆、槐等古树名木。村边和村中现有青石板古路，有明代以来古民居和古建筑 24 幢（处），其中明代建造张氏宗祠“余庆堂”和石川庙均为县级文保单位。清代石川文的曾出过两个进士，武的曾出过叫元龙、元凤、元国的三兄弟，武功非凡，能飞檐走壁。石川村以前曾有“一半索面匠，一半锣鼓匠”的美誉。索面，即挂面，又叫长寿面，也称贡面，加工工艺比较复杂，石川村曾有一半人会制作。打锣鼓，尤其是打“花草台”，是石川村的一大特色。打“花草台”锣鼓，不但要有大鼓、大锣、小锣、大鑚（钹)、小鑚（钹)，还要有胡琴、喇叭（唢呐)、箫（笛子)、小青（小号)、的的鼓、哒哒板等乐器配合。“花草台”有一套较为完整的“工、尺”调乐谱。石川村1985年被批准为老革命根据地村。2014年全村共有274户905人，耕地465亩，林地5496亩。

茗富村

茗富村在苏庄集镇南面，距苏庄镇 6. 5 千米，距离开化县城 34 千米。因其主要由茗川村和富楼村组成，故取其名字联合，称之为茗富村。茗川村古名积洲，因位于苏庄溪畔，系水冲击平地得名。后因源出方坡之水称茗溪或茗川，村建于茗川入苏庄溪口，故名茗川口，简称茗川。

古桥

茗富村最知名也最独特的古建筑为民国年间重修的富楼亭桥，该桥为单孔石拱桥，桥拱用规整大块石砌筑，桥上有一木质凉亭，脊梁上书：中华民国三十七年岁次戊子榴月谷旦金溪富楼合村重造。

茗富村总人口 2056 人，农户 589 户，土地总面积 22. 6 平方千米，其中耕地面积 1023 亩，林地面积 28840 亩。2014 年村集体收入 15 万元，村民人均年纯收入 11390 元。

仁宗坑村

齐溪镇仁宗坑村地处开化县齐溪镇（系钱江源头）西里线上，辖仁宗坑、中山两个自然村。东连上村大鲍山自然村，南临何田田畈村，西靠里秧田溪沿自然村，北接休宁县龙田乡玉石潭村，交通便捷，距镇政府7千米，县城50千米。

仁宗坑村以驻地村名，村以坑名，坑以古时两侧盛长棕榈称“盛棕”与“仁宗”方言谐音。据左溪《程氏宗谱》记载，明仁宗皇帝朱高炽登基之年（1425）由左溪迁居而来，作为仁宗，故隧名仁宗坑。

这里山清水秀、茂林修竹，自然景观有竹海、乌云观日出、朱将坑瀑布、红色医院、千年红豆杉、中山直泄百米飞瀑、钟莲寺、土坯房、清澈小溪等。村庄坐南朝北，村中一条坑。目前有古石桥两座，近代石桥两座，均为拱桥。村口古林名木共30余亩，名木近百棵，多为红豆杉、香樟树、枫树、株树等，村中独居红豆杉近千年。传统节庆活动较多，清明祭祖，做清明馃；端午发汽糕，包粽子；七月半，做油煎馃，发汽糕。中秋节，打中秋包，迎香龙，吃月饼。冬至，上坟，吃腊猪脚。仁宗坑村耕地195亩，山林面积12000亩，茶叶500亩，毛竹2000亩。目前人口634人，198户。2014年村集体收入0.5万元，村民人均年纯收入4900元。

石柱村

开化县马金镇石柱村，毗邻钱江源国家森林公园，205 国道旁，距县城 29 千米，马金镇西北 8 千米。石柱村四面环山，依马金溪自北向南呈带状分布，北面到古驿道问津亭、祝家渡桥，南面至龟蛇把门，西靠来龙山，东临马金溪。村内自然生态环境优美，历史文化积淀深厚，素有神奇石柱之称。

石柱村文化底蕴深厚。据考证，在南宋末 1279 年官至国子监助教郑氏光祖郑天麟从霞山迁居于此，汪氏先祖汪良志明初从霞田迁居，胡氏先祖从明成华年间赘居。现村内古民居为徽派风格，有县文保单位继述堂、华德堂以及明清时期古民居多处。位于村南和村北的双自然柱石，皆平地崛起，高三至四丈有余，两者相距 500 米，遥相呼应，故名石柱。

石柱村依山傍水，古木参天，风景秀丽，环境优美，辖区内古树名木有 30 余株，最老古樟已有 1000 余年，其他的如苦槠、青岗、香枫均在 300 余年以上。

2014 年村民人均年纯收入 5727 元，区域面积 7.68 平方千米，林地面积 10550 亩，耕地面积 476 亩，辖 3 个自然村，在籍人口 1140 人，340 户。

山底村

山底村隶属开化县音坑乡，位于县乡205国道北侧，距县城18千米，离乡政府所在地8千米。

以村庄坐落鸿山底而得名，村呈长条形，属山区。始祖郑元寿，从上底本村迁徙定居于此，繁衍生息，人丁兴旺，渐成郑姓聚居之地。

祠堂

山底村已有1000多年历史，至今仍保留宋代古道、民居、古亭、祠庙、水池等古建筑。村落规划精细，布局合理，建有300多米、宽2米的青石板路，路面平滑，分布于古村、古巷。村西立有南宋时修建的“凉亭”，亭亭直立在南宋时代修建的拱桥亭旁，至今人们常说的“凉亭底”因此得名。旁边树立着百年参天古柏，现已被列入开化县古村名树保护。北侧是南宋时修建的古庙“国光寺”，寺内陈立着高大气派的尊佛。村落西南面村口，坐落着郑氏祠堂“慎德堂”，坐南朝北，二进五开间，单层木结构建筑，后进高出前进，双坡顶阴阳合瓦。第二进明间两缝五架抬梁前卷棚后单步，后进有楼整座建筑，有石柱础，鼓形、八面形，三合土地面，青石条门框，四柱三间五楼砖门楼，有间单砖雕。门楣上书“恒武世家”，上嵌竖写“恩荣”石匾，砖檐门罩。根据梁架上的记载为中华民国三十八年重建，该建筑保存完好。

2006 年被列为开化县历史文化保护单位。2014 年年末，全村有农户 149 户 485 人，耕地 291 亩，村民人均收入 8900 元。

苏庄村

苏庄村在苏庄中心集镇西北 2 千米处，距离开化县城 28.5 千米。现有人口 498 户 1733 人，总面积约 14 平方千米，其中耕地 1125 亩，林地 17334 亩。

古名书川、苏川，以溪名。因是苏家的田庄，又名苏庄，现称苏庄镇苏庄村。村民主要姓氏为姜姓。姜氏先祖姜释同，于明永乐年间（1403—1424）从开化城关桑淤入赘苏庄苏家，定住苏庄。

苏庄村最为醒目的建筑是姜家祠，它构造宏丽、雕刻精美，1983 年被列为县重点文物保护单位。相传书川姜族原有两祠，清道光年间，为杜息一宗派系纠纷，将枫领头“高阳堂”拆并，合为一祠“庆善堂”，即现今姜家祠堂。民国十年，前堂重建，占地 2000 多平方米，由先贤姜有喜、姜忠林执事，任劳任怨，三年告竣。高悬中堂正上方的“庆善堂”一匾，每字足有一米见方，两旁平列十五块大匾巨额，题有旌表先祖功德的颂词，其中“节励松筠”四字，据传为民国初年大总统徐世昌题褒。1956 年，祠堂设为苏庄粮站。1964 年，粮站迁出，后进又改建为茶叶加工厂。

2003 年，姜家祠堂进行了修缮，腐朽梁柱得以更换，前厅戏台重新敷彩，已焕然一新。苏庄姜家祠隔河正对有一棵古银杏树，粗壮苍劲，高大挺拔，枝繁叶茂，亭亭如盖，不但增添了村庄的秀色，也是村民夏、秋乘凉小憩的好场所。

潭头村

潭头村隶属开化县池淮镇，位于县城西南面。

潭头村古名丰村，因田畴平旷得名。亦名月潭、潭川，因村临深潭，形如半规新月得名，习称潭头。以中山水分上、下潭头。宋属云台乡，元属二十都四图，明仍之，清光绪二十四年属云台乡池淮里二十都四图。地属河谷小盆地，张湾溪南纳白杜坑水，自西向东环注。

程氏节孝坊坐北朝南，四柱三间五楼砖牌楼。明间阔 4.2 米，次间 1.8 米，用砖顺缝砌成，层层叠涩挑檐，楼面阴阳合瓦有瓦当。整座牌楼嵌满各种题材的砖雕，有人物、山水、鸟兽等。有“大清道光乙酉年”年款为张永佐之妻程氏立，牌坊建于清道光乙酉年，牌坊上端由两条石龙及瑞兽守护的牌匾“圣旨”二字，四周饰有石刻的荷叶、莲花、兰花、祥云等图案，雕工精美细腻，栩栩如生。古迹还有福济桥即永济桥，旧陈大潭桥。

潭头村 1985 年成为开化县的革命老区村，2003 年被定为少数民族村。村地域面积 9.8 平方千米，辖 9 个村民小组，337 户 1538 人，耕地 1092 亩，林地 10765 余亩。2014 年村集体收入 2.2 万元，村民人均年纯收入 10867 元。

唐头村

开化县苏庄镇唐头村，位于苏庄中心集镇西南5千米，距离开化县城30千米。

唐头村曾名上林，因“其地土壤沃深、山溪盘绕，且其间林峦茂秀，冈阜崇隆”而名，又因方氏迁自唐末，故又名唐头。唐头村主要姓氏为方姓和何姓，根据宗谱记载，方氏先祖方庚旺，后梁开平二年（908）从安徽歙县迁入，何氏先祖于清乾隆年间从福建汀州严前迁入。

祠堂戏台

唐头村作为一个有着1000多年历史的古老村庄，现保留有92株古树名木，其中“唐柏”为方氏族祖迁居时所栽。村中有方氏宗祠、方永同公祠两座祠堂。方永同公祠是县文保单位，衢州市孝文化教育基地、村文化礼堂设在其内。古戏台上方悬挂着奇妙多视匾，从不同角度观看分别是“上林复兴”“古今鉴”“齐天乐”。唐头民间文化底蕴深厚，素有元宵闹花灯、中秋舞草龙等习俗，更有省级非物质文化遗产“唐头古佛节”，距今已有近800年历史。

唐头村总人口1238人，土地总面积17392亩，其中耕地面积838亩，林地面积13790亩。2014年村集体收入2.3万元，村民人均年纯收入11390元。

霞山村

开化县马金镇霞山村地处浙、皖、赣三省交界的钱塘江源头，位于开化县东北部的马金盆地北缘。现有205国道贯穿村西，淳开公路在村东北通过，向南2.5千米的马金互通口可上京台高速公路。

霞山高跷竹马

北宋皇祐四年（1052），三国东吴大将开国公郑平的二十五世孙、唐颍州刺史开化郑氏始祖郑元璹的十三世孙，北宋天禧己未年（1019）榜进士、淮阳令、霞山郑氏始迁祖郑慧，为避祸，自孤峦（今开化县音坑乡青山头村）迁来丹山（今霞山村对面石壁山底）居住，传三世至郑律，因元丰癸亥年（1083）洪水毁村，而迁五垅山庄（现址），因见霞蒸丹山，紫气氤氲，故名霞山。是时隶属崇化乡，元时属九都，明、清时仍属崇化乡，民国属振新乡。中华人民共和国成立后，建政时称霞山乡，霞山村即为乡政府驻地，一度为马金区公所驻地。2005年，霞山乡并入马金镇，霞山村属之。

霞山与古徽州地缘接近，南宋以来，两地民间的学人、商人、工匠频繁交流，使霞山古村落、老街的形成和经营，古民居、古祠堂、古钟楼、古驿道、古桥、古凉亭、古宙宇等古建筑布局、造型、结构、功能以及装饰，村民的生产、生活习俗和礼仪，无不记有古徽州文化的印记。现霞山古村落仍保存着明、清和民国的古民居建筑300多幢，总建筑面积29000多平方米。

2002年霞山被定为县级历史文化保护区，2006年被批准为第三批浙江省历史文化村镇，2013年入选第六批中国历史文化名村。至2014年年底，全村共有745户2343人，耕地1239亩，林地5213亩，其中生态公益林4270亩，村民人均纯收入5280元，村集体当年收入0.8万元。（编写：张义宏）

霞田村

霞田村隶属开化县马金镇，地处钱塘江源头马金溪畔，开化县北部的马金盘地北缘，距镇治马金2.5千米，离开化县城23千米。

霞田村是开化北部的一个汪姓聚居的古村落，曾名霞峰、霞山、下田。北宋开宝年间（968—975），越国公汪华后裔汪祖圣自歙州唐模（今黄山市徽州区）迁马金江村，汪祖圣十世孙汪崧于南宋庆元乙卯年（1195）赘居霞山，汪崧四世孙汪陶行于元至顺年间（1330—1332），在霞山村东蓝峰下择地卜居，并命名为霞田，曾属崇化乡（元为九都），民国属振新乡，中华人民共和国成立后属霞山乡，2005年霞山乡并入马金镇。

汪氏宗祠

霞田村与霞山村同一古村落，霞山称上田，霞田称下田。村前、村后有挂牌保护的100年树龄以上的古树名木17株，其中900年以上的樟木1株，500年以上的槠木1株。村东的青云岭上有一座青云古庙，1938年2月，新四军二支队在开化集结、马金宿营时，在庙墙写下了抗日标语，现为县级文保单位、革命遗址。青云岭上还有建于2014年，占地130平方米、三层的青云阁一座。村南马金溪边建有装机容量750千瓦的水电站一座。古建筑汪氏宗祠“槐里堂”，占地面积760平方米，1941年曾被作为关押“皖南事变”被俘新四军官兵的场所，现为省级文保单位、革命遗址、村文化礼堂、老年人协会活动场所、青少年爱国主义教育基地。1985年，霞田村被批准为革命老区村。2002年霞山村被定为县级历史文化保护区，2006年霞山古村落被列入省级历史文化名村，2013年、2014年霞山古村落分别入选“中国传统村落”和“中国历史文化名村”。到2014年年底，全村共有472户1721人，耕地938亩，林地7003亩，生态公益林3352亩，茶园930亩，村民人均纯收入5480元，村集体经济当年收入2万元。

下街村

马金下街村隶属开化县马金镇，马金北扼安徽黄山，东卡淳安，西通江西，位于浙、皖、赣三省交界的开化县北部，四面环山的马金盆地中间，钱江源头马金溪畔。

马金历史悠久，在开化县得名最早，以马姓、金姓合建一条街而得名。唐穆宗长庆三年（823）马金始设集市镇，属常山县崇化乡。北宋乾德四年（966），吴越王钱俶分常山县北境七乡置开化场，以开源（今开化县城一带）、崇化（今马金镇一带）二乡各取一字命名。太平兴国六年（981）升开化场为开化县，马金镇属之。元时称十都，民国时为建制镇。中华人民共和国成立后，马金一直为区公所、镇政府驻地。

元宵节老街扛板龙灯

马金是道、释、儒三教圣地，镇（村）东天童山有始建于唐乾符年间的真武殿和始建于元延祐年间的玉霄宫道观，村东边有始建于宋天宝三年的普鉴院，镇西的西阳山有始建于明成化三年的普照堂；村西包山脚下有始建于宋淳熙初年的包山书院，为当时浙江的四大书院之一，朱熹、吕祖谦、张栻、陆九渊等名人曾来此讲学，著名的“三衢之会”也在这里举行。现马金的汪、程（包括华、程华）、江、张、郑、姚等大姓人口，祖先原都属黄河流域，大多曾移居过古徽州，唐宋以来迁马金定居。现保存较为完好的马金老街有 580 米，45 幢古店铺和古民居，2002 年被开化县政府公布为第一批历史文化保护区，2014 年被列为浙江省第五批历史文化街区。2014 年年底，全村有 552 户 1986 人，耕地 697 亩，林地 2958 亩，其中生态公益林 1154 亩，村民人均纯收入 8500 元，村集体经济当年收入 10 万元。

下淤村

下淤村，是衢州市开化县文化特色村，坐落于开化县城北部，风景旖旎的月亮山脚下，碧波荡漾的马金溪旁，距县城6.5千米，离黄衢南高速开化出口8千米。

下淤，古称东山，又因村处马金溪河谷，沙土淤积成畈，阳光下灿烂如霞，故亦名霞洲，谐称下淤。明崇祯四年（1631）称下淤，清乾隆六十年（1795）称下淤庄，清光绪二十四年（1898）又称下淤，自此，村名沿称至今。

下淤村庄图

下淤村，建村历史悠久，村南端的千年古樟见证了它千年风雨春秋。下淤为叶姓氏族，据同治甲戌版《南阳叶氏宗谱》载，老祖宗叶百五，字志成，宋庆元年间（1195—1200）自中村源口入赘东山金氏之女，遂居而聚族于斯。而金氏于宋元符年间（1098—1100）即居于此，故知下淤村为千年古村。百五公一生积德，因此后来，不仅家业大发，且子孙满堂。自此，叶氏一族，人丁兴旺，人才辈出。那座山洞，也因他贫困时隐居于此，砍樵读书而得名“樵隐洞”，一直传至今天。

下淤村是衢州市美丽乡村精品村、衢州市首届十大魅力乡村、衢州市最美乡村，是浙江省新农村建设示范村、浙江省农家乐特色村、浙江省特色旅游村，也是国家级生态村、国家农业部美丽乡村创建试点村、国家3A级景区村。全村地域面积1.4平方千米，耕地656亩，林地1470亩，人口936人，261户。2014年，全村经济总收入1650万元，村民年人均纯收入14850元。

姚家源村

姚家源村隶属开化县马金镇，地处浙、皖、赣三省交界的钱江源马金溪东岸，位于开化县北部的马金盆地东北边，村南紧接马金镇区，东距千岛湖20千米，北距黄山市区80千米。

古村曾称金溪，又称姚家，还称姚城，曾分姚家上宅、下宅；中华人民共和国建立后，建政时称马金一村、二村，一度曾为马金区公所、乡政府驻地；1961年后称姚家一大队、二大队，1983年后称姚家一村、二村，2010年，邻近的湖头村并入，因同名，改称姚家源村。南宋咸淳十年，始迁祖姚嗣兴闻朱熹、吕祖谦曾在马金“包山书院”讲过学，举家从西安（今衢州）石塘迁马金，在现址奠基居住。明正德八年，为防“饶寇”（江西上绕万年县王浩八农民起义军），经朝廷准许，建造了长2000余米的城墙，设有东、南、西、北四城门，并掘有宽、深各2米的护城河，因而该村又称姚城。

姚家源板灯

村中始建于元贞元年（1295），有1000多平方米的荷花塘，既种荷花观赏，又为村妇们平时洗涤之便，更有防火之功能。荷花塘的北面为姚氏四房的花厅祠堂“继善堂”，为县级文保单位，2015年重新修缮，规制宏伟。荷花塘的东面为姚氏下宅的宗祠“屏翠堂”，因年久失修倒塌，于

20 世纪 80 年代改建为大会堂。村东北有姚氏上宅的宗祠“敦本堂”，于 1998 年重修，2013 年修缮后为村文化礼堂兼村史和“非遗”陈列馆。村北原有始建于明正德丁丑年的姚家姚氏总宗祠“敦睦堂”，2011 年，村委会在原址重建为村办公楼。村西南还流淌着一条始建于元贞元年的古水渠，渠边为从马金老街经青云岭连接霞山老街的徽开古驿道，古驿道边建造着典型的徽派古民后和古店铺。

2014 年年底，全村有 665 户 2512 人，耕地 1361 亩，林地 2275 亩，其中生态公益林 1297 亩，村民人均收入 7592 元，村集体经济当年收入 0.5 万元。

余村村

余村村位于苏庄镇中心集镇东北 8 千米处，距离开化县城 23.5 千米，与古田山国家级自然保护区相毗邻。

余村村历史悠久，唐广明元年（880）建村，原名“阴墅”，因村庄周围林木葱郁、古树参天，村庄笼罩在树荫下而得名。又因余村溪盘绕村庄，改称盘溪。在此居住的村民 90%都姓余，被后人称为余村，有余村、岭里头、外长坑头、里长坑头、青坑塘、充凹 6 个自然村，1985 年被市政府公布为革命老区村。

余村鱼灯

余村村的村庄水口古木参天、绿树成荫，建有“驷马亭”。村内有“余氏宗祠”“立城堂”“水东桥”均是县级文保单位。其中“余氏宗祠”保存最为良好，是村民的主要活动中心，它坐西朝东，硬山顶，有戏台、厅、堂三进，中隔天井，天井两边为厢房。第二进面阔五间，通面阔 18.95 米，通进深 8.5 米。明、次间两缝皆为五架前卷棚，三架和五架梁均用雕花平盘斗拱支托童柱，牛腿雕狮子戏球。余村村拥有市级非物质文化遗产“余村鱼灯”，与开化县普遍保存的板凳龙相比独具特色。因余村水口山名“虎形”，用龙头舞龙为“龙虎斗”，对村庄不吉利，经过风水相士建议，明代以后改为“鱼头”，故称“余村板灯”，一直沿袭至今。

余村村是2012年衢州市“一村一品”油茶示范村，共585户2047人，耕地1119亩，山林22297亩。2014年村集体收入10.8万元，村民人均年纯收入11390元。

真子坑村

真子坑村是在2011年行政村规模调整由高田坑、老屋基两个村合并而成，村名因山脚溪沟为“真命天子坑”得名。

明崇祯《开化县志》有一段记载：“钱王冢，在县西百三十里云台真子坑。旧志传吴越王钱镠祖茔也。钱氏微时，有子随地理人至此，其人曰：此水九曲，列山如屏，苟葬此，子孙必有兴者。取枯竹标识。数日，合钱往视之，竹已活，遂拔去，给曰：竹无所见。潜以父骨瘗之。有倒生藤，常拂墓域如扫。人以刀断之，膏液流丹。钱氏为王时，墓下涧水朝夕三潮，亡后不复有矣。”

泥墙石路

老屋基村位于距开化县城西百余里的长虹乡，村庄四面环山，列岫如屏，西北面山脊向村中蜿蜒伸入，形如佛手，山脊两侧有左、右两条小溪在山脚处交汇——钱王冢就在山脊中峰。墓若船形，前有祭坛百余平方米，两边有排水沟；墓道两旁曾有石翁仲，现已毁；主墓门约有8米宽，高近2米，分三层；墓身与山脊连为一体，因年久失修，只能看到杂草丛中露出的坟头部分，护墙、墓体后半部分也被辟成水田。村中地名多与钱镠联系在一起——点将台、屯兵场、上祭坑、下祭坑、金印山、登基石……

真子坑村有高田坑历史文化村落和钱王祖墓两大品牌景点，是长虹摄影创作基地的重要组成部分，每年到该地摄影写生采风创作的不下 20000 人次。该村村域面积 12.7 平方千米，有 295 户 1066 人。2014 年村民人均纯收入 5478 元。

联丰村

华埠镇联丰村民主自然村位于开化县城东南部，东与常山县辉埠镇，南与常山县何家乡毗邻，距205国道4千米。

村民以徐氏、洪氏、郑氏、江氏等姓为主，现存宗祠3幢，分别为徐氏宗祠、洪氏宗祠、江氏宗祠。民主村是国家重点生态公益林区，境内山清水秀、冬暖夏凉，阔叶林保存完好，有多种国家保护动物，如穿山甲、蕲蛇、黑獐、娃娃鱼等，多种珍稀植物，如红豆杉等。

徐家村口有两个石灰岩溶洞，东面为白龙洞，西面为黑龙洞，两洞之间的距离约200米，分别坐落于村口的左、右，洞口都朝徐家自然村，见证了徐家村的人间沧桑。该村村域面积6.7平方千米，下辖徐家、洪家、煤山坞、里西坑等4个自然村，常住人口488人122户，水田面积294亩，旱地面积96亩，林地面积8858亩，人均纯收入4825元。

墩南村

墩南村位于乡域北部，距墩上 0.2 千米，地属丘陵，源于柴塘、上安两水于此汇集向西环注，入巨溪。

古名墩南或墩高，因村处一大土墩之南得名。1955 年因建初级社，分墩上、墩下。2010 年 12 月，经行政村调整，更名墩南为村，辖墩上、墩下、大坞口、柴塘、姚家、黄兵坞、坝底、碓里、埂前、屋坞 10 个自然村。余氏宗祠“宋臣名第”为省级文物保护单位。村域有古樟树 4 株，树龄均 600 余年，榧 1 株，700 余年；另有古迹西莲岩，又名老虎岩，位于姚家，宽广倍于阳坑口西岩洞，洞口如虎状，又名老虎洞。

全村 648 户 2164 人，林地 20000 亩，其中公益林 4796 亩，茶园 291 亩，柑橘 293 亩，板栗 560 亩，油茶 800 亩，耕地 1073 亩，多沿溪，主种水稻、油菜。

正大村

正大村原名古直坂，1955 年改名“正大社”，后又名“正大村”。村址位于开化县东北边陲，自开化县成立以来隶属开化县“公岭乡”第八都第五保。“公岭乡”后为马金区塘坞公社，20 世纪 90 年代后为塘坞乡正大村。2014 年拆乡并入马金镇。该村是淳开公路支线进入塘坞盆地区内的第一个村，人称“塘坞的门面村”。全村以余、汪、徐三姓为主，余姓居多，全村有人口 750 人左右，余、汪两姓定居历时较久，大约于宋朝年间（1015 年前后）从江西余江县迁至淳安叶村，后有一支派太公在 120 年后从叶村迁至该地，届时已有汪姓太公于后唐村（现邻近村洪村）从薄荷坞迁居此地，徐姓迁居此村最迟，至今不过 200 来年。

村内祠堂

村中有一座余氏祠堂，名“永言堂”，始建于明初，完工于清初，五开三进结构布局，占地面积 700 多平方米，石磉千斤，大柱展臂围抱不过，千斤梁、万斤栋雕龙刻凤。村水口盘龙山龙尾处有株古樟，为塘坞地方唯一古樟，树龄 800 多年，树冠遮天蔽日，冠围占空间 380 多平方米，干围 12 多米，取乳名“樟树娜”。可惜大树中空，空间很大，内径 1 米多。长年累月枯枝落叶散落于中，腐殖为泥，然树心中又长出山樱树一棵，目前已有 9 米多高，胸围 36 公分左右。真乃是“大肚能容”树中之树。村东来龙山顶石壁盆中有一千年古松，生的形态世间少有，4—5 米的胸围，12 多米高的树身，其间无一枝桠，树顶活像一顶大圆华盖，枝枝叶叶如理发师修剪过那么匀称，本地乡民都称其为“凉伞树”或“精灵树”。

村域总面积约 5 平方千米，是塘坞地区占有地域最广的一个村。域内多是山地丘陵，由于连续 40 余年的封山造林，目前森林覆盖率达 85%。经济林以山茶油为主，目前采收面积 600 余亩，年产山茶油万余斤。2014 年村集体收入 0. 5 万元，村民人均年纯收入 7521 元。

姜坞村

姜坞村位于开化县林山乡，距乡政府犹有10余千米之遥。

这里有开化保护最好的古建筑群，包括50余幢清代古民居，其中最老已有300多年，与村落本身1000多年的历史相辅相成。村内有几株需几人合抱的红豆杉、樟树、枫树，村口有城门，户户相通，或从甬道，或从楼上，青石板连接起家家户户，下雨天随便到哪一家都不会淋雨。整个村被穿村而过的山溪一分为二，一部分是以宗族演变缓慢形成的内聚性布局的徽派古建筑群，另一部分是中华人民共和国成立后自然衍生的建筑楼房屋多群体，这类民居结构简单并且保持了较好的聚落形态。白墙灰瓦，雕梁画栋，马头墙，建筑造型丰富，讲究韵律特色，有较高的艺术美感及历史研究价值，至今虽然有许多建筑被损，但能够反映出该村古村落悠久历史的迹象。

团结村

团结村地处山区，位于开化县马金镇东北部，与（淳安县汾口镇）宋京村毗邻。2010年年底村规模调整，由胡家、低朱、高朱三村合并组建，所辖（荆畈、胡家、山头、低朱、高朱、张家）6个自然村。

致福堂

村落建筑均为徽派风格，村庄山水相间、依山傍水，县乡公路沿山溪穿经6个自然村。现存有180余个古建筑，其中古民宅160余处，古祠堂9处，古桥2座，石板古道1处，古寺庙3座。塘坞祠堂文化独树一帜，数量之多，可谓开化之最，与塘坞豆腐干齐誉县内外，是当时塘坞的金字招牌。而团结6个自然村，村村姓姓均有自己的祠堂、宗庙。现保护较为完好的祠堂还有8处（其中一朱姓祠堂已破烂不堪），3个寺庙现存2座。其中高朱的“鉴山堂”、胡家的“务本堂”、“三圣庙”为县文物保护单位，张家的“致福堂”为省文物保护单位。“致福堂”的木雕、石雕工艺精湛——攀龙附凤、鸟兽飞禽、达官人文，图案栩栩如生；堂内正中悬挂的“致福堂”牌匾为明代工部尚书汪庆百所题，柱礅上活灵活现的石雕工艺乃开化之罕见，堪称一绝。“三圣庙”正堂猫梁上功底浑厚、苍劲有力的“圣寿无疆道统乾坤之大，佛天有感德攸日月之长”的镌刻文联题字醒醒在目，叹为观止，一条古韵犹存的青石板驿道直达寺庙。

团结村有 469 户 1600 人，区域面积 5.8 平方千米，1096 亩耕地，7247 亩山林。2014 年村集体收入 0.5 万元，村民人均年纯收入 8300 元。

北源村

北源村位于长虹乡南部，池淮溪西面，距乡政府所在地芳村 3.5 千米，距开化县城 30 千米。

北源村是浙江第一个状元程宿的家乡。公元 971 年，程宿出生于开化县长虹乡芦川村北源自然村。988 年，程宿 18 岁状元及第。据专家考证，程宿是浙江省第一个考取状元的人，也是浙江中状元最年轻的人。县道路河线通村而过，交通十分便利。北源村历史悠久、人杰地灵，自然景观与人文景观遥相呼应，历史文化遗产丰富。村里尚存八角形石质功名旗杆墩数对，程氏后裔古建筑两幢（程世荣宅）。村边狮型山尚有程氏家族祖宗墓，墓葬主人为程俱及其后人。村西北原有宋代著名寺庙云门寺（云门院），现尚存遗址，建筑布局清楚，山门处现存石刻“奉宪勒石永禁”碑和“勒碑垂后”碑，分别刻于嘉庆六年和道关二十五年。云门院内原建法华阁，藏有倭国（日本）传来经书《妙法莲华经》，建有绣谷亭，院内有普润池、妙湛池、无垢池，这些景点都是当年程宿读书、洗墨之处，留有本村宋代进士程俱诗赋。

村庄门楼

全村共有 420 户 1472 人，12 个承包组，6 个自然村，总面积 11 平方千米，森林面积 6925 亩，有毛竹、山油茶、茶叶、水果等经济林 1879 亩。2014 年村民人均纯收入 5600 元。

桃源村

桃源村位于开化县城西的长虹乡，距县城 40 千米。据宗谱记载，宋朝著名政治家、文学家范仲淹的后裔因战乱逃离至此，见此地外窄内宽、云雾缭绕、土壤肥沃、插枝能活，遂决定安家于此，并取名“桃源”，取晋代陶渊明《桃花源记》之文意。现有《桃源范氏宗谱》为证，谱中所载范氏族规及人伦礼义，是传统儒学文化在民间的可贵存留，“范氏宗祠”至今焕发着对族裔子孙的感召力和凝聚力。

村庄全景图

桃源村近年来先后被评为开化县兴林富民示范村、开化县十佳特色产业强村、浙江省妇联基层组织建设示范村、浙江省行政村示范档案室、浙江省特色旅游村、浙江省民主法制村、衢州市十大最美乡村、衢州市十大生态河道、中国传统节日体验平台目的地等。

全村区域面积 14.45 平方千米，距乡政府所在地 5 千米，下辖大举、山蓬、长芦、下山蛇、台回山 5 个自然村，居民 310 户 1218 人，耕地面积 670 亩，山林面积 15984.4 亩。2014 年村集体收入 12 万元，村民人均年纯收入 8150 元。

小溪边村

开化县村头镇小溪边村是余玠故里，距开化县城北郊26千米，位于村头镇政府所在地东北端6.5千米。

南宋名将余玠，著名的军事家，中华百科全书收录的唯一一位衢州籍名人。以劲兵三千大败敌兵二十万之众，被誉为“中兴大将军”。特别是余玠“妙用地利”以筑钓鱼城，曾让蒙哥大汗折毁，被历史称为“其功日月可冀”！余玠将军卓越的军事指挥才能，英勇杀敌的丰功伟绩，家喻户晓，名垂青史。从2011年开始，村头镇充分挖掘历史文化，已成功举办了四届“余玠文化节”，创作了开化县第一首村歌《余玠故里好家园》，还成立了全县首个历史文化遗产保护协会——余玠故居文化遗产保护协会。同时，在敦怡堂新建了“余玠生平事迹展示厅”，四周的展板介绍着余氏的历史渊源、余玠生平等信息，让村民充分了解这位南宋名臣的丰功伟绩。

小溪边村敦怡堂

村里古代产生十五位进士，十五进士同祖同宗、同出一门，这在开化县历史上也是非常罕见的，堪称“进士村”。村里有两个祠堂，一为敦怡堂，是县级文保，余玠将军雕像就摆在祠堂上方；二为敦睦堂，距今600

余年，人工巧匠的雕刻技术精湛，栩栩如生，2011 年被省人民政府公布为省级文保单位，石碑上依稀可见余玠家族史的变迁。据村中老者讲，古庙一直在大樟树遮掩下，十分有灵气，香客络绎不绝。庙前的小溪缓缓流过，青砖瓦房仿佛躲进了宁静的陈年过往，原始质朴的风景也煞是迷人。

全村辖 2 个自然村，4 个村民小组，共 239 户，村民 757 人。全村面积 6.23 平方千米，其中耕地面积 538 亩，茶果园地 110 亩，有林地 4436 亩，农民年人均收入 7000 多元。

川南新村

杨林镇川南新村坐落于浙江西部，龙山源头，与江西省玉山的三清山和江西省皈大乡相连，是开化国家公园西南边际。这里交通便捷，距三青山、婺源江湾均半小时车程，317省道、杭新景高速、九景衢铁路穿境而过，并设有杭新景高速出口。

村庄全景图

来龙山脉环绕村庄，依山傍水，中间笔直的梅川公路与17省道华白线28千米处相连接，南、北基耕路直通17省道，形成“川”字形。川南新村于2011年由川南、青峰、南齐、柏林、叶南坞5个行政村规模调整组成。川南新村山清水秀，具有得天独厚的自然森林（有珍稀的阔叶木树种）；水资源也十分丰富（有小一、二型两大水库是王山水库、王坞水库、杨梅河、王山河）；王山水库溢流河道将川南中心村一分为二，经二级溢洪道（石硬）与杨梅河的交汇。王山（又名云雾山）是浙江母亲河“钱江源”的发源地；森林覆盖率达95%；重峦叠嶂，古木参天。王山的自然资源是祖辈遗下取之不尽、用之不竭的最宝贵财富。

川南新村先后被评为兴林富民示范村、计划生育示范村、特色文化村、文明村、科普村、“十佳”来料加工村。村区域面积24.3平方千米，住户816户，人口2898人，耕地2546亩，森林面积29710亩。2014年村集体收入3.9万元，村民人均年纯收入5027元。

张村村

张村村是乡政府所在地，是中村乡政治、经济、文化中心，距县城11.8千米，地属丘陵，中村水西南接浯溪水，向东北环注。

古名珠山，据载“其名为珠山者，以平阳一凸，其圆似珠，故名”。张氏居之，又称张村。宋属玉山乡报效里，元属十五都四图，明仍之，清属玉山乡报效里十五都四图，1934年属亲仁乡十一保一百一十二甲；1950年称张村乡第二村；1955年组织光明初级社，1956年称光明乡珠山高级社；1958年称红旗公社张村生产队；1961年称中村公社张村大队；1983年称中村乡张村村委会。

张村有姓氏张、方、徐、洪、王、何等10余个，张氏始居。据民国二年版《音铿张氏宗谱》载：张自勉（831—902），字敏文，唐淮南招讨副使，乾宁二年（895），从安徽休宁环珠回迁。一说景福元年（892）；程氏，据光绪三十年《开阳程氏宗谱》载：程荫元，娶李氏，生子三。李氏，归未几遂寡居。公存日遗命卜居吉邻，于康熙甲午（1714）遂自县城左提右携，迁于十五都之张村；徐氏，徐三九，约清乾隆初（1736—1745）自音坑翁川（河山村）迁入；洪氏，1959年因建新安江水电站，集体从自淳安县桥西乡田中、官坑迁入；崔氏，清光绪年间（1875—1908）从安徽安庆迁居杨梅宅，中华人民共和国成立后由杨梅宅迁居。

三根湖，古名山根湖。中村溪环石壁山脚，曾有一深潭，故名山根湖，谐称三根湖。有钟、叶、傅、程等姓。叶氏，据民国三十七年版《叶氏宗谱》载：叶与，明建文间（1399—1401）自上音坑迁居；傅氏，据民国甲子年版《开阳傅氏宗谱》载：傅光宗携子明达、明远及孙正瑜、正玑、正容，清康熙后期（约1700）自福建上杭蛟洋迁居。

1985年县政府批准其为革命老区村。村地域面积3.66平方千米，辖张村、三根湖等2个自然村，320户1138人，耕地815亩，林地8865亩，其中茶叶279亩。

华山村

华山村隶属开化县桐村镇，位于镇西南部。华山村民大多是为躲避战乱从福建泉州迁移到此，并建村定居，繁衍生息，人丁兴旺，村中以陈、颜两姓居多，至今已有400多年历史。

村中毛竹资源丰富，毛竹制品是留守村民主要经济来源。全村覆盖着9000多亩毛竹林，是桐村镇最大的毛竹之村。华山村还长眠着一位帝师——陈宝鋆。他是清朝末代皇帝溥仪的老师，在经历了人世繁华、衰落之后，回到家乡行医终老，葬于华山村中。村中还有着一座颜氏古厝，是一座具有闽南风情的特色古厝，述说了华山颜氏的历史变迁。在华山村深处，还留存着一个水潭——华山龙潭，传说是龙王喝醉，将就倒入潭中形成的。

2014年年末，全村共有15个自然村，18个村民小组，493户1907人，2014年全村人均收入9600元。

村庄全景

严村村

严村村隶属开化县桐村镇，在明代严氏徙居到此之前叫桃林，唐代就有人居住。相传，北宋宣和年间（1119—1125），有一位姓严名赐的官家子弟，从江山渎口迁居开化龙山乡桃林村。后子孙兴旺，成为全村第一大族，就以严姓改名严村。本村其他异姓居民就把严村到长塘的一大片水田叫做桃林畈，从而保留了桃林历史地名。宋代属龙山乡青阳里，元代属二十八都一图，明代照样称呼。清代属龙山乡青阳里二十七都，民国属同有乡第十保，中华人民共和国成立后，1950 年称严村乡第三村，1956 年称幸福乡、幸福高级社。1958 年称桐村公社严村生产队，1961 年称严村大队。1983 年体制改革后建村，称桐村乡严村村。2010 年合并塔沙村，组成新村，称桐村镇严村村。严村村古韵悠远，村中有千三元帅庙、文昌阁、品字井、化身台等历史古迹。严村村还是红色贸易线上的重点村，村中还保存着成利栈等红色据点遗址。

2014 年年末，严村村有人口 1645 人，426 户，区域面积 10. 78 平方千米，耕地面积 1220 亩，山林面积 1 万多亩。

王畈村

王畈村距集镇 8 千米，依居于峻秀美丽的南华山南麓，辖区面积约 12.9 平方千米。

村民的祖先是 400 多年前，从福建泉州迁徙过来的闽南人，民风中保存着浓郁的闽南风情。村中的锣鼓班敲敲打打已经走过了 300 多个年头，村中还有着纪念贞孝女子的贞孝牌坊，有徽派风格和闽南风格相结合的古建筑。王畈村还是红色革命圣地，方志敏带来的红十军团曾在王畈徐家村展开过激烈的战斗，徐家村菜刀岗上还有着无名红军墓。在徐家村，村民建造了红十军团战斗遗址陈列室，现已成为县爱国主义教育基地。每逢七一活动，许多党员同志都会来到徐家村，缅怀先烈。

2014 年年末，王畈村有村民 735 户 3040 人，山林 1.2 万亩，耕地 1435 亩。2014 年全村人均收入 6900 元。2009 年被市评为“低收入农户来料加工先进村”。

村庄全景

霞川村

长虹乡霞川村是由原霞坞、河滩两行政村规模调整后的新村。行政村地处开化县的西部边陲，距县城48千米，且与婺源县江湾镇东头村交错居住，享有“一村居两省”的美称，曾是“二战”时期的革命根据地。钱江源头之水系——池淮溪始发于境内。

霞川村先后被评为“浙江省文明村”、“浙江省特色旅游村”、省级“水土保持工程示范区”、省级基层先进党组织、省级科普示范村、市文明村等。继2009年4月被誉为浙西摄影创作基地之后，2012年由万梓良主影的电影《回到原点》在此成功取景拍摄。

全村区域面积19.95平方千米，其中山林面积23061亩，耕地712亩，属典型的纯山区，下辖10个自然村，426户1507人。2014年农民人均纯收入达7495元。境内生态植被完善，古木林立，森林覆盖率达92.8%，有“天然氧吧”之称。

红军路

树范村

开化县中村乡树范村是个民族村，位于钱江源头，205国道旁，距乡政府1.5千米，全村依山傍水，地理环境优美。村地域面积11.88平方千米，辖4个自然村，333户，总人口1147人，其中少数民族人口276人，耕地面积887亩，山林面积15800亩。2014年人均收入12548元，村集体收入5万元。

树范村先后获得全国妇联基层组织建设示范村、浙江省绿化示范村、浙江省卫生村、浙江省廉政文化六进示范点、浙江省森林村庄、浙江省充分就业村、浙江省特色旅游村、浙江省文明村等许多荣誉称号。通过美丽乡村建设，今日树范是一个经济繁荣、环境优美、生活富裕、社会文明，人与自然和谐的一个花园式的村庄。

树范全景图

黄石村

黄石村地属开化县桐村镇，位于县城南部33千米。黄石村交通便利，距桐村镇西北面1.5千米，317省道穿境而过。

美丽村庄

黄石村在明朝崇祯元年（1628）建村，由福建省黄姓迁徙至此落户，以种植黄粟为主粮，闽南话“粟”音为“石”，故名“黄石”。随着人口的增多和生活的变迁，目前黄石村由黄石、沙坑、建平三个行政村合并而成，村民日常交流以闽南话为主。村中黄姓村民占人口比例最高，其次是郑、王、陈、吴、林、邹等姓氏。

黄石村是浙江省“全面小康建设示范村”“文明村”“卫生示范村”“市级生态示范村”，获县级以上先进单位荣誉20多项。全村区域总面积12平方千米，其中耕地面积1192亩。到2014年年底，全村有1698人，467户，人均年纯收入9350元。

衢江区

茶坪村

茶坪村隶属衢江区黄坛口乡，与遂昌金竹乡、举村、石屏交界，为省级历史文化村落保护利用一般村。

整个村落沿茶坪溪南、北两侧依山而建，村内姓氏主要有吴、吕、刘、赖、卢等姓氏。清初，有遂昌石练大柘吴姓兄弟打猎至紫薇山中，见此地山势平缓、林深幽静，便喜欢上了这片风水宝地。吴氏家族祖祖辈辈在此开荒种竹、繁衍生息，其间不断有外姓人慕名迁移进来，慢慢地就形成了一个村庄。原来的吴氏两兄弟繁衍至今，共有后代106户300多人。村域总面积15.95平方千米，山林面积为22629亩，占总面积的94.5%，森林覆盖率达到90%以上，可以说是名副其实的“天然氧吧”。

村庄入口处有一座千年宝刹双峰寺，始建于明代，期间经历过无数次战争的洗礼，现今保存的是中华人民共和国成立后修缮的样子。每年的农历六月初六，附近乡镇的香客都会赶来赴庙会和看社戏。村内现存有古建筑27处，其中吴鑫全古民宅1处，吴姓古祠堂1处，废弃学堂1座，20世纪60—70年代的土坯房24处，古村道约1千米，被列入全国第三次文物普查点2处。依托“绿色茶坪，千载仙谷”的独特环境，在充分挖掘当地历史文化内涵前提下，投入700余万元打造美丽乡村，发展农家乐休闲旅游业。2014年黄坛口乡成功创建紫微星谷国家级3A景区，茶坪村作为紫微星谷的核心区域，投入500万元建成“灯笼谷”景观，进行古村落保护，农家乐提升工程等。

2014年年末，全村有农户272户，耕地176亩，村民人均纯收入0.788万元，村集体当年收益1.2万元。（编写：蒋珍）

宝山村

宝山村隶属衢江区杜泽镇，位于衢城市区以北 23 千米，处杜泽镇西部丘陵，境内因盛产石煤、石灰石、枇杷，意为多宝之山。

始祖祝銮于西晋永兴二年（305）从河南迁徽州，西晋永嘉四年（310）转迁于此，繁衍生息，人丁兴旺，渐成祝姓聚居之地。清末属宣风乡三十八都八十九庄；1950 年为周家乡六村；1956 年建宝山高级公社，隶属杜泽镇；1958 年置生产队，隶属杜泽镇；1961 年改生产大队，隶属杜泽公社；1984 年设行政村，隶属杜泽镇至今，区域面积 5.6 平方千米，村区域面积 0.45 平方千米，林地面积 1500 亩，枇杷种植占比最多。

“宝山枇杷”历史悠久、远近闻名，明朝（崇祯十三年）《徐霞客游记》中就有相关文字记载。村内有两棵 400 余年树龄的樟树，分别位于上祝、下祝自然村，见证着宝山村蒸蒸日上、长盛不衰。2014 年年末，宝山村有农户 491 户，耕地面积 848 亩，村民人均纯收入 5300 元。（编写：钱哲奇）

涧峰村

涧峰村隶属衢江区莲花镇，位于莲花镇以北 3.5 千米。

涧峰村原名涧头，西周年间，智勇双全、乐善好施的堰王为避周穆王战乱，不任干戈，遂避地江南至宋钦徽战乱，徐氏彦章公因避乱桃源，遂定居涧头，繁衍生息，人丁兴旺。由于涧峰村山清水秀、土地肥沃、物产丰富，后又从广丰等地迁来了王姓、余姓、赖姓等几十姓人家到涧峰村定居。到南宋时，涧峰村已成为衢北一个比较大的古村坊了。据传说，涧头在嘉庆年间光徐姓人口就达 2000 余人，惜在反长毛战乱时人口减少到十分之二。

涧峰村占地 3.4 平方千米，至今仍保留清朝民国年间的路道、住宅、亭榭、祠庙、水池和古墓等大量古民居建筑。村中有清代民国时期古民宅 20 余幢，有重建于康熙四十八年（1709）的徐姓大祠堂和建于民国十六年（1927）的余氏祠堂。村中有神通寺遗址和进士第遗址。其中进士第遗址是武进士王崇庆清廉大义的见证。涧峰村古韵悠远，村正中有一棵树龄已逾 500 年的古樟树，见证着村落的发展。悬挂于徐姓大祠堂上的“七叶衍祥”匾额见证了该村龙腾虎跃、名人辈出的历史。

2015 年，涧峰村被列为省级历史文化村落保护利用重点村。2014 年年末，全村有农户 848 户，耕地 2695.5 亩，林地 813 亩，水面 550 亩。村民人均纯收入 6139 元，村集体当年收入 28 万元。（编写：王鹏）

金仙岩村

金仙岩村隶属衢江区樟潭街道，位于衢江区政府以南0.5千米处，东连南山底村，北面紧靠老320国道，南西接衢江区经济开发区，由原红星村和高塘石村合并而成。村庄区域面积1.94平方千米，村庄建成面积0.25平方千米，地处丘陵地带。

金仙岩村至今保存完好的有近现代建筑23栋，古街巷1条，古道1条，形成了一定的规模。位于红星的金仙岩是历史文化景点，是浙江省重点文物保护单位，而且已经申报市级爱国主义教育基地。在洞穴内现存唐、宋、明、清时期摩崖石刻37块，石碑10余块，其中以北宋朝廷镇压方腊为首的农民起义在此题词碑文，是衢州市保存最完好、最具历史价值而且全国仅有的一处珍贵历史文化遗产；位于高塘石的恐龙蛋化石遗址，是衢江区重点文物保护单位，1986年初发现至今已挖掘出90多枚恐龙蛋化石，连同两条恐龙骨骼化石，存放在衢州市博物馆。

2014年年末，金仙岩村有农户376户，人口1176人，耕地350亩，林地60亩，水面42亩，村民人均纯收入7495元，村集体当年收入7.2万元。（编写：陈汉民）

洋坑村

洋坑村隶属衢江区举村乡，位于乡东部，紫薇山国家湿地公园南部，与丽水市遂昌县交界。

洋坑村原名九源洋村，现为畲族少数民族村，村内至今生活着朱姓和蓝姓两大家族以及其他少数他姓村民。根据朱姓家谱记载，朱氏一姓的祖先的第一世朱悌，出身于宋元祐八年，家谱记载有“宋绍兴二年壬午间由衢西九都甜亭边游览括苍平昌西乡廿三都……”可以看出早在宋代，朱姓一支就活跃在衢西九都附近，之后开始了小范围的迁徙活动。明洪武八年（1375），朱姓第十世元八公来到洋村，之后娶周氏，生下二子一女，大儿子取名为敬持，二儿子取名为敬新。之后，敬新一支开始在洋村繁衍后代，生下儿子大旺和大旷，之后，两兄弟凭借自己的勤劳智慧，创建了朱氏祠堂，并取名为旺旷祠堂。根据《蓝氏宗谱》记载，另一大支，蓝姓家族，也在清乾隆二年（1737），由蓝姓第十八世蓝传彰与兄蓝传彩，从江西乐安湖洋村迁至衢西邑南乡九都廿四庄，娶了刘氏，生下三子，取名芳炳、芳焕、芳炽。之后，芳炳一支在洋村繁衍生息，生下十个儿子，现在已经延续到第二十六世，昌字辈。他们一代代，传承着畲族浓厚的特色文化。

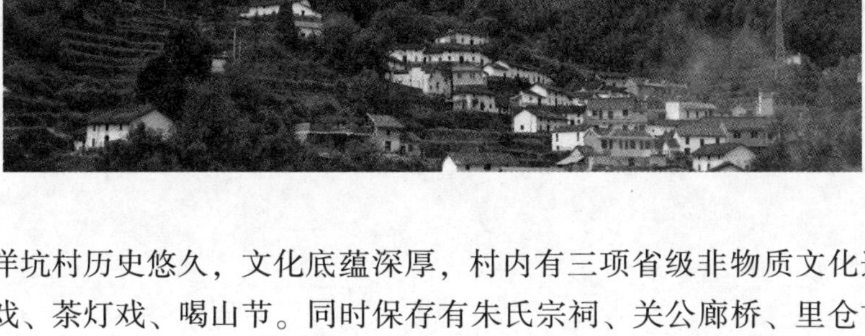

洋坑村历史悠久，文化底蕴深厚，村内有三项省级非物质文化遗产：木偶戏、茶灯戏、喝山节。同时保存有朱氏宗祠、关公廊桥、里仓古桥、

朱日元明居等明清时代建筑 40 多处，草榧林、古梯田等明清文物点 12 处。村庄沿山坡呈阶梯状而建，村间小路、房屋地基、墙角砌坎，都取自当地的石板，人工堆建而成，说是石板上的洋坑也不为过。

2014 年被列入浙江省历史文化保护利用村落。2014 年年末，全村有农户 182 户，耕地面积 800 多亩，村民人均纯收入 10879 元，村集体当年收入 5.3 万元。(编写：吴笛)

楼山后村

楼山后村隶属衢江区全旺镇，位于镇东南 21 千米。

楼山后村始建于明初，距今约 600 年历史，古名楼峰村，地处楼峰山下而得名。1948 年被列为全旺乡第二保；1950 年划为第二村，隶全旺乡；1956 年建全民高级二社，当年该社出了烈士李芳成，一度改为芳成社；1958 年改成楼山后大队，隶全旺管理区；1961 年改为大队，隶全旺公社；1984 年改设行政村，隶全旺乡；1992 年全旺乡和岩头乡合并，隶全旺镇。

建于明代，清康熙年间重修的娘娘厅的头门至今仍保存完好，并用砖雕装饰，人物及花卉图案栩栩如生、精美雅致，门楣上镶嵌“溂水名踪”字样，背面是“槐里传芳”四个大字，辉映青山，世代流芳，给楼峰古村注入了众多历史厚重感。从孝贞皇后的德行到今日传统美德“善文化”的弘扬，楼峰古村无不显示出她的独特魅力。

楼山后村庄清新秀丽而又古色古香，清澈的仙泉溪从村中潺潺流过，终年不涸。村中各式民居临溪而建，高低错落，绿树掩映，古朴而又秀美。鹅卵石铺就的巷道，娘娘厅（骏惠堂）、国舅厅、积庆桥等构成的古建筑群，古典而又凝重。村头奇特的六月双樟树，经 400 多年风雨斜阳，至今仍枝繁叶茂、绿荫如盖、芳香四溢。古桥、古道、古树、古建筑和蜿蜒的溪水，勾勒出一幅“凤凰”形的村庄空间布局。

2011 年，楼山后村被列为省级历史文化村落保护利用重点村。2014 年年末全村有农户 523 户，耕地 1152 亩，村民人均纯收入 7527 元，村集体当年收入 2.万元。（编写：孙水标）

破石村

破石村隶属衢江区湖南镇，位于湖南集镇东2千米处的乌溪江畔，至今已有1000多年的历史。

破石村，古名叫圆石村。传说古时山口被一块圆如球状的巨石所堵，车马不行，人猿难登，圆石村由此得名。“牡丹仙子”从古都洛阳南下，有心在此落苑，见到山民们虽有平畴沃土，亦难从事耕种，究其缘故，乃是交通阻塞。“牡丹仙子”立即奏请玉皇，劈开圆石，恩赐生机，自此圆石村更名为破石村。石破天惊，随着圆石的破裂，又有一些碎石迸发，落在乌溪江畔，在岸边形成了一座突兀山峰，此山又隔断了江湾，形成了一个峡谷内湖。“牡丹仙子”有心教化山民，即点那突起的奇峰为“笔架山”，又将那山峰横断的内湖赐名曰“砚瓦池”，仙子所居之所遂称“牡丹台”，牡丹园内双双飞舞的粉蝶化身“双蝶峰”，此四处合称为“破石四景”，已被载入《衢县志》。

余氏宗祠

破石村办书院、兴学校，生聚教训，人才辈出，唯查考圆石《余氏家谱》，历代得秀才，举人比比皆是。明、清两朝，该村考上进士的有7人，举人15位，贡士26位，七品以上官员近百位。破石村内现保存多处古建筑，其中明代建筑2处，清代建筑15处，近代建筑22处，共39处。余氏祠堂始建于明永乐年间，保存完好，相传明朝监察御史余敬孝其继母，得知母病，千里探望，途中染病，不久病逝。破石村也是畲族少数民族村，历史悠久的民间婺剧表演和村民余良章自创的独角戏演奏，为破石村奠定了浑厚的文化基础。

2014年，破石村被评为浙江省第二批历史文化村落保护利用重点村。2014年年末，破石村有农户1020户，耕地938亩，村民人均纯收入0.91万元，村集体当年收入12万元。（编写：汪晓蕾）

棠陵邵村

棠陵邵村隶属衢江区云溪乡，距乡政府驻地约3.5千米。棠陵邵村始建于明初，村落为低丘地形，风景幽美，因村后一座山形似海棠花而取名棠陵，村民主姓邵，故名棠陵邵，族人于明洪武年间从淳安上梅村迁居于此。

村落沿低丘梯形分布，呈南北走向，海拔63.5米，铜山溪穿村而过，呈现小桥流水人家的景象。村内现保存有明、清及民国时期古建筑20余处，且有若干处保存较为完好，时至今日仍散发出阵阵古色古香的气息。村内古祠堂（邵氏宗祠）始建于清中后期，现存建筑之门厅、正厅和后楼等均为清代建筑风格，其余建筑为民国时期及20世纪70年代重新修缮。2013年该宗祠被列入衢州市市级文保单位名录。据该村《邵氏宗谱》记载：第九世孙邵有声，康熙年间顺天府知府。在陕西省延安府肤施县任知县期间，节省自律，廉洁奉公，一心为民，造福一方，深受当地老百姓爱戴。

2015年，棠陵邵村被评为省级历史文化村落保护利用一般村。2014年年末，全村376户1096人，耕地面积938亩，村民人均纯收入12825元。（编写：魏海燕）

东坪村

东坪村隶属衢江区峡川镇，距衢州城区 38 千米。

据《衢县志》等史料记载，武则天在位时，为防武后残害，一批宗室外迁。李治（唐高宗）第七子李烨，从长安远避福建古田长河麻团岭。唐中宗时（705—709）从麻团岭转迁峡川东坪，东坪李姓为皇族后裔，系唐朝宗师后代子孙，村里尚有保存完好的《李氏宗谱》。相传“东坪古道”就是那时而建，至少有 1300 年的历史，称得上人杰地灵。

现今保存大量的民国时期的古建筑，有千年古道 1 条，古民居比较集中有 35 余间。村落以水塘为中心，古民居林立在水塘边上，影影绰绰。村道曲幽，民居密布，古韵清悠。周围的农田也大量保存，保持清新的田园之风，同时有山崖巨石、千年古树群、唐朝古道、茂林修竹、青山秀水等特色景点，目前已开发为农家乐休闲旅游村。

东坪村的古民居拥有较高的历史价值和艺术价值。其中以李诗海古民居保存比较完整，该古民居结构严谨、布局合理，极具富家气势。进门经过厅，前院正中是堂屋和厅房，是以前祀祖先请贵客和长辈居住的地方。有天井一口，天井边上是房间，同时还保留大量的精美木雕。东坪村其他古民居运用砖木，雕花榫铆，谨依原样，所以极好地保存了当年的风貌。

2014年年末，全村有农户310户，耕地410亩，村民人均纯收入6000元，村集体当年收入21.23万元。(编写：周辉)

外焦村

外焦村隶属衢江区大洲镇，是位于镇南部的纯山区。

村域范围内罗樟源溪长 7 千米，共有电站 3 座，分别是仙坛电站、水潭电站、外焦电站。村民以毛竹采伐、种植高山蔬菜、发展高山养殖、经营农家乐，外出务工为主要经济收入来源。外焦大路自然村是衢江区畲族的主要聚居地，全村现有 48 户 201 人，其中雷姓畲族 19 户 71 人，是个地道的民族村。清雍正三年（1725），雷姓始祖从福建汀州府上杭县迁移到大路村居住，现已第 13 代，因当时自然条件较好的地方已为汉族所垦殖，他们只能在大路深山中开山劈岭、拓荒造田、新建家园。境内丹霞地貌类型复杂，系仙霞岭与浙南括苍山相连接之余脉，最高峰六春湖，海拔 1390 米，大小景点 50 余处，主要景点有六春湖火山湿地、绿色长廊、九瀑十八潭、天然滑道、浙西小山峡、牛上坪古村落等。地表景观千姿百态，山体造型丰富多彩，为旅游开发提供不可多得山水形胜之地境。每年的农历三月初三，村里都要举行盛大的“三月三歌会”，畲民们都欢聚到

一块，一起欢庆、一起歌舞。现在的畲族文化广场已成为畲民举行畲族风情文艺表演和游客唱歌跳舞的休闲娱乐场所。

2014年年末，全村有农户772户，耕地255余亩，村民人均纯收入8000元，村集体当年收益8万元。（编写：陈继锋）

丰上清村

丰上清村隶属衢江区周家乡，位乡东北部，东傍320省道。

2010年由丰村村、上林村、下清源村三个村合并而来，古隶属清源乡。村有主姓丰氏和舒氏。丰氏，据《丰氏家谱》记载：丰得意，明太祖南征乃投效行在，佐战有功，进爵副总戎，由处州府遂昌，后裔于明洪武年间（1368—1398）从遂昌迁此；上林舒氏于明正统年间（1436—1449）从严州迁入；下清源舒氏由五代舒久视后裔舒楼风从安徽舒城迁入。

各自然村依丘呈“人”字形，环形而建，村口都建有防火、排涝水塘。村内至今仍保留着近50幢明、清、民国以来的古民居建筑、祠堂和庙宇。村内的泉目清泉形似虎跑水，清澈透明，冬暖夏凉；千亩水果枇杷更是声名远播，是乡里的水果之乡之品牌；进士第的儒教之风，耕读传家之训孕育了代代子孙，优仕优商者众多。村内古樟成荫，橘子、枇杷果园环抱，风景优美。

2014年被列入省历史文化村落一般村。2014年年末，全村有农户611户2185人，耕地1290亩，村人均纯收入0.7556万元，集体经济当年收入6万元。（编写：曾建平）

东岳村

东岳村隶属衢江区大洲镇，是大洲镇集镇所在地。

早在五代时就有留氏后裔在此定居，繁衍生息。中华人民共和国成立后，尤其是改革开放以来随着经济社会的发展，逐渐成为大洲集镇所在地，名称为一村和二村，2010 年村规模调整，一村、二村合并为东岳村。

风景秀丽的道佛圣地东岳山就在东岳村，石安公路贯穿东西，樟大公路直达到村，交通便捷。该村特点是人多田地少，主要的经济收入来源为养殖业、种植业、苗木、花卉、当地务工和外出务工等。东岳名山，俗称东岳山，位于衢州城东南 21.5 千米、古镇（村）大洲境内，海拔 226.1 米。山脉由西向东绵亘，形若伏龙，故又名“伏龙山”。历史上，有“玄天山”“玉玺山”之称，宋时改为现名。山上建有东岳殿，后更名为东岳山禅寺（略称东岳寺）。此山，有两道山门，宜步宜车。新旧殿堂，造型古朴；亭台楼阁，诗情画意；房舍整洁，宾至如归；古树遮天，满目苍翠；殿前开阔，胸怀博大；意境非凡，心包太虚。“东岳”山外有山，远围近拥，藏风得水，亦得厚缘。每逢春（阴历三月二十八日）秋（阴历九月十八日）两期庙会，香客如云，不计其数。平时的香客、游人也络绎不绝。千百年来，东岳山成为信士心中的香火圣地。

2014年年末，全村有农户830户，耕地1655亩，村民人均纯收入8670元，村集体当年收益30万元。（编写：王星）

翁源村

翁源村隶属衢江区举村乡，紫薇山国家湿地公园南部，距离举村乡政府东北 3 千米，区域面积 11.82 平方千米。

相传翁源村名起源于公元 1174 年间，宋淳熙甲午年，福建新化府浦田县的一位姓翁青年来到此地游山打猎，丰厚的猎物和森林资源，使他恋上这块土地，想在这里安家。他在周边“上村后门，食塘后”等多块土地各量土一斗过称，那块土重，就设在那里定点安家，结果此地的泥土比周边的更重，他就把家设在此地，因其本人姓翁，所以取此地地名叫翁源。

“庭前花开花落，阡陌轮换春秋度，清竹簇簇竟翠枝。”说的便是翁源。村子分布在溪水两岸，依山而建的一色黄泥墙老房子，在古朴中流露出一种大气。马头墙、雕梁画栋，且不说大小宗祠的庄严气势，单是寻常人家的前庭后院就见证了这里曾经的繁华。潺潺溪水，鱼鸭竞戏，这里曾是遂昌和举村的贸易中心，溪边设有码头，宗祠里演戏时有近千人观看，溪边的铺子夜宵生意着实红火。建于清代的缪顺泰药店经历了这里曾经的热闹。村后的温坪，有南宋五品官员中宪大夫曾缙公古墓，有20世纪的土瓦窑。

2014年，翁源村被列入浙江省历史文化保护利用村落。2014年年末，翁源村有农户324户，耕地面积525.5亩，村民人均纯收入10950元，村集体当年收入3.9万元。（编写：曾伟）

下呈村

下呈村隶属衢江区黄坛口乡，位于衢州市东南面。下呈村亦名下郑，整个村庄呈梯状走势，地属山区。

下呈村是郑氏的主要聚居地，郑氏也是衢县有史可考之最早迁入者。清康熙《西安县志》载："郑平（原籍河南郑州）蜀汉章武二年（222）随父迁秣陵（今之江苏江宁秣陵关），吴嘉禾五年（236）拜征虏将军以千人守峥嵘镇，元兴元年（264）以功迁左光禄大夫，新昌郡开国公，食邑信安，晋永康元年（300）年九十三卒。"明洪武十四年（1381）《湘潭郑氏宗谱》序云："始祖开国公平镇守峥嵘即为家业焉。传至五世孙黄门给事中道张公隐居湘潭，子孙世居，畅茂流衍，未免枝分派别。自是而二十三世祖讳珏，其弟仕唐，封破虏将军，食邑於遂，即家其地，居花山头者，其遗裔也……"至今下呈的郑氏后人共有52户，约220人。

村内自然资源丰富，古树参天，有136棵古树，尤以孔家山自然村

72 棵古树闻名遐迩，是浙西地区唯一保护完好的古树群。1996 年下呈村立足本村生态优势，成功开发紫微山国家森林公园——4A 级天脊龙门景区。2014 年年末，下呈村有农户 273 户，耕地 170.1 亩，村民人均纯收入 5458 元，村集体当年收入 1.3 万元。（编写：王蓉）

岩头村

岩头村隶属衢江区全旺镇，位于镇西南石安线沿线。岩头村始建于明初，距今约600年历史。1950年设全旺、岩头、明山三乡，1961年改设全旺、岩头公社，1984年政社分设，恢复全旺、岩二乡建制，1992年岩头乡与全旺乡合并为全旺镇，岩头村为行政村，辖9个自然村，其中有新联自然村为60多年前到此定居的新安江移民。

岩头村历史文化资源较为丰富，现存有古民宅23座、古井泉5口、古街巷7条、古寺庙1座，20世纪中期建筑22座等。其中保存较为完好的有清代的曾国藩后裔民居、何氏西厅、邵宝华民居、徐耀福民居和岩头老乡政府旧所和民国时期古寺庙桂花岩寺等古建筑。曾国藩后裔民居为家族建筑群，清代建筑，坐北朝南，占地2852平方米，其中牛腿、雀替等均有雕刻，多以蝙蝠为主，大梁有卷云纹雕刻，具有一定的历史文化价值。桂花岩寺坐落在桂花岩风景区，历史悠久，佛像众多，大小山洞互相畅通，隋唐年间屡经兴废。唐贞观年间，兰邑焦石邵端穆公游此，爱其林泉，遂购屋而居。近年来，民间信仰群众倡议集资修复，随缘乐助，自1990年迄今已建成大雄宝殿、观音堂宿会共7间，玄天上帝和土地菩萨小庙亦将竣工。桂花岩寺庙虽然现建筑建成时间不长，但寺庙历史悠久。

2013 年，岩头村被列为浙江省历史文化村落保护一般村。2014 年年末，全村有农户 642 户，耕地 2100 亩，村民人均纯收入 1.3 万元，村集体当年收入 20 万元。(编写：周毅)

鱼山村

鱼山村隶属衢江区岭洋乡，位于乌溪江库区，距衢州市区约62千米。

原名西峰里、柴家，后因辖区内有一村名相重，又因为该村有一座山神似一条活灵活现的鲤鱼，故得名“鱼山”。2010年8月由鱼山和芭蕉两自然村合并。鱼山村主要姓氏有柴、何、邱、巫、陈。柴氏源流于姜太公第十四世，孟哲公开始改为姓柴，相传至三十六世思迥公之子施琰公。鱼山村柴姓始祖柴仲师，为周恭帝族弟柴禹锡后裔，定居衢城，后分支江山长台；柴仲师于元至元十四年（1277）从江山长台回迁岭头柴家。何姓始祖何运远，于清道光二十年（1840）从江西丰城迁入；邱姓于清康熙年间从福建汀州迁入；郑姓于清同治初从坑口乡分支于东司岭；巫姓原籍福建浦城，后迁遂昌蔡源，于清康熙年间（1662—1722）从蔡源迁入；陈姓于康熙年间从福建上杭古田村迁入。

村中有特色建材（黑瓦黄泥房）158处，古民宅13处，“大宗祠”（也称柴氏祠堂）、“邱氏宗祠”2座，古道1条，500多年古凉亭1座，古凉亭旁有2棵600多年古樟树，为市级保护树木。村内遍布古代地下防洪工程约500多米。鱼山村人杰地灵，近代走出高级知识分子、学者20

多人。

2014 年度被评为区级文明村。2014 年年末共有农户 391 户，耕地 545 亩，集体经济收入 3.5 万元，农民人均收入 7890 元。（编写：邵进文 朱燕燕）

朱杨村

朱杨村隶属衢江区莲花镇，位于衢江区、龙游两县市交界处，地处丘陵地带，是迄今发现的杨炯后裔的最大聚居地之一。

朱杨村原名叫胜杨村，如意元年（692）秋后，杨炯迁至盈川出任县令（县治在今浙江省衢州市衢江区高家镇盈川村，其地约为龙游县、衢江区的一部分)，而朱杨村就是当时杨炯的治理范围。杨炯在盈川出任期间，一次偶然经过胜杨村，见到这里风景秀丽、流水潺潺，百姓们都男耕女织，互相以礼相待，甚是高兴，亲自赐名“胜杨”。初唐时期，杨炯后裔从高家盈川迁入在此居住生活。随着杨姓氏的人口不断繁衍，目前已经传至第 39 代“络”字辈。为纪念杨炯，村中至今仍保留着完整的杨氏宗祠。每年六月初一，村民抬着杨炯的塑像在原盈川县城周围的包括朱杨村在内的十几个村进行巡游，重现杨炯为官期间冒酷暑视察田间地头的场景。

现在的朱杨村，村庄内古建筑保存较多，有明、清、民国时期古建筑民居20余幢，尤其是杨氏宗祠周围的民居，清代建筑连成群。2014年年末，朱杨村有农户306户，耕地886亩，村民人均纯收入6482元，村集体收入25.6万元。（编写：黄利成）

车塘村

车塘村隶属衢江区云溪乡，位于衢北塔太公路1—3千米沿线，305省道绕村而过，是通往周家、双桥等地的必经之路。

吴氏祖先原居住于芦田拜郊台，后因为战火迁居于车塘。车塘村是云溪乡最大的行政村，曾是车塘公社和车塘乡政府所在地，村以“吴氏宗祠”门口的大塘而得名。

车塘村建村有800余年的悠久历史，村落为丘陵地形，四周由缓坡环抱，形似盆地，村风文明，民情淳朴。以国家级文保单位“吴氏宗祠”及门口的“旌表吴荣隆尚义之门”牌坊为主的周边明清建筑70余处，是目前整个衢江区境内保存最为完整、分布面积最广的古建筑群，其中明代建筑17处，明代古墓5处，其余皆为清及近代建筑，包括宗祠、庙宇、厅堂、水塘、堰坝等。据专家考证，车塘村古建筑群比江山古镇廿八都更具有它的建筑特征、地域特征和时代特征，对明、清两代的厅堂建设、民居建筑研究具有极高的价值。吴氏宗祠于2013年3月被国务院列入全国文物重点保护单位。

2014年年末，全村有农户1006户，耕地面积2893亩，村民人均纯收入12825元，村集体收益8万元。（编写：郑明）

板桥村

板桥村隶属衢江区周家乡，位于周家乡北部，距乡政府所在地 2 千米，是古时常山盐道的要冲。

板桥曾名岭口板桥、叶家。据《叶氏宗谱》记载：宋绍兴八年（1138）叶义问之子叶端臣卜葬板桥头，其子正纪，正伦守庐墓板桥，即居住于此，其始祖为宋词人叶梦得，其祖父叶义问于宋建炎二年中进士，官至江州通判，曾受朕封为“忠简传芳”。

村居依山而建，北高南低，叶氏宗祠就建在村口。门口的木牌坊气势雄伟、精致绝伦，祠堂内错层设置，并在前厅东、西各设一口水井，祠堂前后两条小村道直通村内，村内仍保存有自宋、明清、民国以来的古建筑 30 多幢。

2014 年被列入省级历史文化保护一般村。2014 年年末，全村共有 335 户 1192 人，耕地 524 亩，村民人均纯收入 0. 786 万元，集体经济收入 10 万元。（编写：曾建平）

盈川村

盈川村隶属衢江区高家镇，位于浙西衢江北岸，南依衢江，东面与龙游县半潭相邻，北面与洋塘村接壤，西临高家镇航头村。唐代时为盈川县城所在地，现为衢江区高家镇一行政村，主姓吴，次姓徐，村中有姓氏50多个。

盈川村紧靠衢江边，晋代时，盈川就成为名噪一方的古埠，商贸业逐渐兴旺发达。唐代时，由于水上交通运输业的发展，大批船只沿衢江来往运货，加上县城由白石里迁往此地，龙游商邦和徽州商人陆续汇集而来，致使县城热闹非凡，故盈川素有“浙西小上海”之称。村中历史文化深厚，曾是初唐时期的古盈川县所在地，初唐四杰之一的诗人杨炯是盈川人。村中历史古迹丛多，有千年古埠头、唐代太平桥、杨炯祠、盈川潭、罗大春诰命夫人墓等，明清古居30多处，其中省级非物质文化遗产“杨炯出巡”，市、区级文物保护点4处，村中交通发达，地理位置优越。

2012年，盈川村被列为浙江省历史文化村。2014年年末，全村共有人口976人，耕地面积648亩，人均纯收入5860多元。（编写：陈彩珠）

柯城区

彭村村

彭村村位于航埠集镇范围内，320 国道旁，与航埠村、毛村、刘山村相邻。东南距镇政府仅 1 千米，距市区 10 千米。常山港经过该村，与严村、孙家村相邻。

彭村曾名祝家埠，又名彭川、橙川，下辖彭村、尖坑、毛家 3 自个然村。祝氏约南宋初即卜居入斯，又临常山港故名祝家埠；彭氏迁入后，又称彭川；以其地产橙，遂称橙川。

古村落是岁月的缩影，亦是文化的源头和根基。彭村内有古民宅近 100 座，古祠堂 6 座，古井泉 3 口，古塔 1 座。有村落就有宗祠，这是彭村古村落的一大特色。宗祠，以恢宏的建筑布局、精美的工艺和一脉相承的家族情节，展示古村落独有的民俗风情和人文景观，村里的朱家祠、王家祠、严家祠、王家厅保留完整。同时，村内古民宅保存较为完好，有牌匾的气派大门，室内梁柱上都有精美的雕刻，走进其内就能感觉到历史的气息。其他的古井、古塔等都是彭村村的历史文化遗产，彭村村有着丰厚的历史底蕴。

全村现有 2496 人，耕地面积 2050.2 亩，2013 年人均收入 7028 元，主要经济来源为柑橘种植、贩销、外出务工等。

园林村

柯城区华墅乡园林村位于衢城西南部，距城20千米。

南宋思想家、教育家、理学家朱熹五世孙朱照于咸淳二年（1266）迁居在此建村，经过740多年的繁衍生息，迄今已有28代的朱氏后代。园林村人杰地灵，耕读传家，仁厚勤朴，乐善好施，济难恤贫，代有英杰，誉满乡里。早在明代，就在社学供子弟读书。清同治九年（1870）设朱氏义塾，为柯城区最早的农村小学。明景泰、清乾隆年间衢州灾荒，园林朱氏开仓博施，捐谷助金，衢州郡属五邑，受其救济数万。历史上有数人受皇帝嘉奖诏进士第。1933年，园林村入选浙江省名村记。

园林村风景秀丽、交通便利，衢州南连线和杭长高铁穿村而过。《园林朱氏宗谱》载："园林其势甚广，而无虞其不足，其山甚奇，蜿蜒缜密回护焉；其水甚秀，四面旋绕范围焉"；"遥望牛眠山地，峰回路转，水绕泉环，其地灵秀所钟毓。"并有诗赞园林八景。八景分别是园林春晓、莲沼秋清、碧溪九曲、乌石千寻、蒲塘钓月、蔡岭观云、野桥牧唱、山寺钟声。园林村具有悠久的历史文化底蕴，自1520年始，前后有过12次编修宗谱，现存有几个版本的古谱。中华人民共和国成立前有祠堂、厅堂10座，其中建于明朝年间的石拱桥、贞房厅，清同治年间关于"义塾""保婴禁赌"石碑尚保存完好。另有几十座古建筑民宅，雕梁画栋，气势雄伟。1982年建影剧院一座，2010年建成"朱熹纪念堂"。村民有720户，1900余人，其中朱姓有1600余人。

外宅村

柯城区九华乡外宅村位于柯城区北部，距离市区 15 千米。

外宅村古时又称“谷口外宅”，由于位于庙源垅和大候垅两条山谷交叉处，故称“谷口外宅”，为古时交通要道。谷口外宅牌坊（明代）、村口寨门（明、清二代）、牌列门门楼（明、清二代）、弹石古路（明代）、古店铺等交通要道建筑物依旧保护较好，牌坊、门楼、街巷给人以古朴感。

据外宅村明代万历三十七年《郑氏宗谱》记载，新宅、源口、外宅三个村为同一姓郑祖先，三个村由三个郑姓兄弟居住。其祖郑琰为北宋庆历进士，外宅古建筑群多为郑氏家人所建，中心区为郑氏大宗祠，用于祭祖及族人共用。由于受 2002 年“8・15”洪灾的影响，祠堂的主体建筑已被拆除，目前只保留了牌楼，是目前浙西地区保护较好的明代建筑实物，具有较高的文物和历史价值。2010 年在原祠堂旧址重建了外宅村活动中心，面积 460 平方米，重修了东、西两边侧屋。外宅古民居中最具有代表性的是郑氏大厅门坊，是省级重点文保单位。还有五间双塔相对含屋共 14 处，三幢一连，现保存完整，建筑布局合理，楼槛窗精致，大门前有照壁，是一组完整的民居大院建筑，在衢州市民居建筑中不多见。全村有 186 户 567 人，村内保存 46 处古建筑，包括宗祠坛庙、祠堂、大厅、民居店铺、牌坊影壁、村门城楼、牌列门等占地面积有 1800 多平方米。

源口村

柯城区九华乡源口村位于柯城区北部，距离市区 15 千米。全村有 208 户 634 人。

源口村古时又称“谷口人家”，因位于庙源垅和大候垅两条山谷交叉处，故称“谷口人家”，为古时交通要道。谷口世家牌坊（明代）、源口村村口寨门（明、清二代）、新宅牌列门门楼（明、清二代）、弹石古路（明代）、古店铺等交通要道建筑物依旧保护较好，牌坊、门楼、街巷给人以古朴感。

据源口村明代万历三十七年《郑氏宗谱》记载，其祖郑琰为北宋庆历进士，源口古建筑群多为郑氏家人所建，中心区为郑氏大宗祠，始建于明万历十一年（1583），用于祭祖及族人共用。清道光二十五年（1845）重修。由于受 2002 年“8・15”洪灾的影响，祠堂的主体建筑已被拆除，目前只保留了牌楼式门厅。该门厅占地 180 平方米，是目前浙西地区保护较好的明代建筑实物，具有较高的文物和历史价值。

源口村古民居规模较大，保存完整，建筑布局合理，其中最具有代表性的是青峒毓秀厅，建于清朝咸丰年间，整座建筑木雕精致，门厅和正厅牛腿、雀替精美，后楼槛窗典雅，是一座古朴、典型的具有清代建筑风格的古民居。

五十都村

五十都村已经成为柯城区和常山县交界处一个欣欣向荣的小集镇，西与常山东案乡、五里乡接壤，北边大俱源流域的清清溪水绕村而过，苦狮线公路贯通村庄，交通方便，商店林立，一片繁华。

五十都村历史悠久，原本叫叶畈村，明中后期这里因人口密集、经济繁荣，成了当时衢西有名的“都”所在地，五十都由此得名。但在老百姓的嘴里，它还有一个名字叫“七里街”，用长达七里的石板街道来指代村庄，可见当年它的繁华。后因元、明、清三代连年战争的劫掠烧杀，尤其是太平军败后逃亡兵的掠劫，七里街只剩下了村中心的一点，故称“点街”（《衢县县志》有记载）。

五十都村现存20余幢古屋民居，总面积约4000平方米，大多建造于清前、中期。其中400多平方米的“胡家祠堂”据说建造于明末清初时期，至今整体结构完整，气势不减当年。五十都村是省级文化特色村，省级“千村示范，万村整治”工程中心村，总人口约1500人，区域面积约4平方千米。

新宅村

柯城区九华乡新宅村位于柯城区北部，距离市区 15 千米。全村有 340 户 1252 人。

新宅村古时又称“谷口新宅”，由于位于庙源垅和大候垅两条山谷交叉处，故称“谷口新宅”，为古时交通要道。谷口世家牌坊（明代）、村口寨门（明、清二代）、牌列门门楼（明、清二代）、弹石古路（明代）、古店铺等交通要道建筑物依旧保护较好，牌坊、门楼、街巷给人以古朴感。

据新宅村明代万历三十七年《郑氏宗谱》记载，其祖郑琰为北宋庆历进士，新宅古建筑群多为郑氏家人所建，中心区为郑氏大宗祠，始建于明万历十一年（1583），用于祭祖及族人共用。清道光二十五年（1845）重修。由于受 2002 年“8·15”洪灾的影响，祠堂的主体建筑已被拆除，目前只保留了牌楼式门厅。新宅古民居中最具有代表性的是青桐毓秀古民居。此居由九华大财主郑氏将城里十八间店铺卖掉，在此建造。明时又将此居卖给朝中锦衣卫杨氏，清时慈禧太后送匾一块，此匾在“文革”中被毁坏。此民居规模较大，保存完整，建筑布局合理。门厅、正厅梁柱制作规矩，后楼槛窗精致，大门前有照壁，是一组完整的民居大院建筑，在衢州市民居建筑中不多见。

墩头村

柯城区航埠镇墩头村北靠常山港，东与毛村相邻，西与殿前村、北二村相邻，南距320国道0.5千米，距离镇政府所在地3千米，距离市区11千米。

墩头村迄今有1000余年历史，祖上翁氏从福建闽清迁入，历史悠久。村内有一座“水月庵”，屡拆屡建，现建成三进寺庙一座。庵前一棵罗汉松，水月庵初建时栽种，至今已有500多年的历史。村中心活动广场有一座600余年的大宗祠，为翁氏宗祠。宗祠内雕梁画栋，牌匾“六桂堂”保存完好，还有一座古戏台，极具保存价值。村庄环境优美，绿树成荫，村南面有三个河塘，种植莲花，并有古樟树三棵。村北有墩头码头五处，约500米，俗称“墩头潭”，水面开阔，水流平缓，是木材、棉花、粮食等重点物资的中转站，是古代水上交通枢纽，溪边有“六桂流芳”仓库为证。墩头村现有1602人，496户，有耕地面积近700亩，村民收入主要以种植柑橘、外出务工为主。

北二村

衢州市柯城区航埠镇北二村距衢州市区约 15 千米，东邻殿前民族村，南临 320 国道，西邻北一民族村，北靠常山港，全村畲族人口 1100 余人，是畲族集居大村。

北二村民族村的畲族民俗活动丰富多彩，与周边的北一、殿前民族一同形成了极具特色的畲族民俗文化区域。北二村内蓝氏宗祠是畲族文化活动的主要场所，每年在这里举行的隆重的畲族“三月三”风情文化节，是畲族文化展示的核心和精髓。北二村地处常山港南岸，村内有原始古樟树群、挑水台、古祠堂、古埠头、古名宅等古老建筑。据统计，全村共有古建筑 160 余处，其中古民宅 157 户、古祠堂 1 座、古戏台 1 座、古井泉 1 处、古街巷 1 条、古寺庙 1 座。最具代表性的是古老宏伟、保存完好、建筑风貌独特的蓝氏宗祠，该祠堂属于全国重点保护文物单位。北二古建筑群和北二村畲族民俗风情文化一起，成为了北二村一道靓丽的风景线。

将军叶村

将军叶村西距衢州城15千米处，村庄距离航埠镇6千米，与航埠镇西山佛教圣地乌石山境界。320国道线南面，浙、赣、皖通衢主干道沿村而过，交通便利。

700多年前，南宋时称双牌鱼湖村，南宋光宗绍熙年间（1190—1194）从浙江处州松阳卯山迁入此处，始祖叶岳定居鱼湖村，娶汪氏为妻，生道邑、道学二子。道邑后生长子光勋，次子光烈，后战死沙场。为纪念叶将军，村庄改名将军叶村。

将军叶村所辖3个自然村，将军叶、西山底和邵家自然村。全村有耕地面积413亩，其中橘园地面积153亩，水稻、油菜、豆类等农作物耕地面积260亩，林地1233亩。全村有农户473户1500人。2014年农村人均收入8700元，村集体经济收入2万元。

妙源村

九华乡妙源村村域面积 7.94 平方千米，户籍人口 915 人，距离市区 20 千米。

妙源村有一处名为“梧桐祖殿”的古庙，历史上一直在立春节气举办祭祀活动，经过 40 年的沉寂，当地的“立春祭”于 2005 年恢复。这处古庙祭祀的是人们比较陌生的春神“句芒”。据《礼记》《吕氏春秋》《山海经》记载，句芒是辅佐伏羲的大臣，死后化为东方之神、草木之神和生命之神。据殿前的碑文记载，如今的梧桐祖殿始建于清朝康乾年间，民国二十二年（1933）重修。九华立春祭一般包括悬挂二十四节气灯笼、接春、祭春、鞭春牛、抬春神巡村赐福、尝春、踏春、探春、享春福、演戏酬神等仪式。而祭春则是整个立春祭最重要的部分。吉时来临，村民们在锣鼓声中排成长队，拿着祭品提着花篮走进殿内向春神献礼。供奉的祭品十分有寓意，猪头意为“一元复始”，牛头意为“两极乾坤”，羊头意为“三羊开泰”，年糕、青稞意为“四季如春”。在完成献礼后，主祭祀开始献词：四时复始，万象更新。金龙下界，壬辰两春。木神送绿，大地回春。调风度雨，惠泽民生……古老而又朴实的祭词，年年唱响，体现了世世代代村民对春神句芒的敬意，也表达了他们祈求风调雨顺、五谷丰登、健康长寿的愿望。

新东村

新东村距衢州市区 13 千米，位于柯城区南端，与衢江区大洲镇接壤，距烂柯山南麓 0.5 千米，距风景名胜药王山 19 千米和天脊龙门 24 千米，石安线从村前通过，交通便利，地理环境优越。

村内文化古迹有“两树一泉一堂”。讲书堂和桂花树，相传宋朝理学家朱熹曾在石室乡东村村开堂授课，并在东村天苍岭亲手种下一棵桂花树。目前，这棵桂花树已有千年历史，成为柯城区 1 号古树，东村的一个自然村也被命名为“讲书堂背”。村内有柯城区 2 号古树——罗汉松，据村民说有千年生长历史。风流泉，泉水清澈无比，水质媲美饮用矿泉水，传说石室酒以该泉水酿制。明代戚继光抗倭获胜班师由福建回浙江，当时的总督胡宗宪在烂柯山下用“风流泉”酒摆下庆功酒宴，犒劳将士。

新东村总占地面积 6.90 平方千米，目前全村共有 13 个自然村，499 户，总人口 1473 人。2013 年 7 月东村村与大塘底村合并为新东村，隶属石室乡。村耕地面积 1287 亩，林地面积 5870 亩。

治岭村

治岭村，位于柯城区七里乡东北角，离七里乡政府所在地15千米，辖徐家、朱家、上金家坞、下金家坞4个自然村，共170户535人。

治岭村共保存古建筑77处，其中75处为建造于20世纪50—80年代的山区土坯房，1处古祠堂，1处古寺庙。古祠堂建于300多年前，名为徐氏祠堂，用于祭祀和族人使用，1992年进行重修。该祠堂占地200余平方米，祠堂内存留大量的木雕等建筑物，具有较高的艺术价值。古寺庙建于300多年前，取名为尚慈庙，里面建有6个佛像，用于烧香和拜佛。该寺庙于2011年重修，由杭州萧山一信佛人士出资进行修缮。

治岭村四面环山，空气清新，犹如一个世外桃源。该村属喀斯特地貌，村内有溶洞群、山羊石林、太宗祠、千年樟树等独特的自然景观。石林规模较大，分布面积达3000多亩，形态各具特色。溶洞密布，大小有十几个，具有很高的美学观赏价值。治岭石林，是柯城区境内唯一的拥有喀斯特地貌发育完善的稀缺资源，整个石林有108个洞，且洞串洞、洞连洞，有较高的观赏价值和科考价值。

坎底村

柯城区石梁镇坎底村坐落在省级桔海森林公园之中，位于衢城西北面，距离市区 15 千米，距石梁集镇 3.5 千米，有 400 多年的历史，曾经是农业学大寨时的先进典型，生态良好，环境优美。2005 年坎底村被评为衢州市市级百村整治示范村，2008 年 1 月被评为浙江省全面小康建设示范村。

村庄境内整体上保存着较为完整的传统格局和历史风貌，村庄周围群山环抱，古建筑、古樟树群位于村庄中心。清澈见底的小溪从村旁流过，水中石蛙、石斑鱼、山螃蟹随处可见，山上植被茂盛、瀑布飞流，山下溪流潺潺、清澈见底，既有小溪、瀑布、水塘等一批自然景观，又有省级桔海森林公园、景观亭等一批人文景观，自然人文条件得天独厚，有着原始、纯净的自然之美。建筑与景观分布相对集中成片，历史悠久，特色鲜明，保存完整，传承较好，具有丰富且独特的历史价值、文化价值和景观价值。

近年来，坎底村先后获得省级民主法制村、市级农村基层党组织创“五好”星级党支部、先进基层党组织、全面小康示范村、文明村、科普村、生态示范、市级十大魅力村庄及区级十村示范 百村整治先进单位、特色文化村、农村垃圾集中处理示范村等荣誉称号。坎底村下辖 8 个村民小组，全村土地面积达 7894 亩，总人口 1118 人，农户 325 户。柑橘、毛竹等种植业是村民收入的主要来源，全村柑橘种植面积达 1700 多亩。

余家山头村

余家山头村位于衢州市北部，地理环境优越，交通便捷。

余家山头村乡风文明，村民朴实，2012 年当地的“女儿节”成功申报为省级非物质文化遗产。“女儿节”的举办不仅传承了传统的孝文化，更推动了全村的精神文明建设，如今村中孝敬老人、关爱儿童蔚然成风，村民家庭较为和谐。

2013 年，余家山头大会堂改建成孝文化展示馆，以图片、展板、实物、视频等形式，展示柯城区非物质文化遗产传承和保护成果，呈现万田乡余家山头村“女儿节”孝文化的内涵。余家山头村的“女儿节”每年吸引了全市上万人次民众的参与。行政村共有 389 户 1197 人，耕地面积 1050 亩，2014 年全村年人均收入达 9069 元。

余东村

余东村地处丘陵，位于衢州市以西沟溪乡境内，依山傍水，山村秀美，离市区约18千米。

余东村以农民画闻名遐迩，沟溪乡2008年被国家文化部命名为“中国民间文化艺术之乡”，累计创作余东农民画作品1900多幅，举办不同规模的余东农民画展23场次。2009年出席阿曼马斯喀特文化艺术节展演、展示活动，受到国外友人一致好评。该村先后被浙江省委、省政府授予“文明村”，浙江省委宣传部授予“种文化先进村”，浙江省文化厅授予“文化示范村”等多项荣誉。

2009年农民自行研发出以小屏风、木雕工艺框、工艺品挂件、工艺品台面画为主美术工艺品，产品远销中东多个国家，年产值达230.5万元，从业人数438人，从业人数比例55%，当年实现文化产业收入人均2896元，占年人均收入的42%。近年来，共有16位农民画家参加创作的65件农民画美术作品，在省级、国家级“全国农民画展”中获奖。特别是在2010年有中国文联、中国美术家协会、浙江省委宣传部联合举办的“农民画时代、时代画农民”“全国农民画展”中，有3幅获奖；2007年6月由文化部在嘉兴市秀洲举办“第四届全国农民画展”余东农民画分别获铜奖5个、优秀奖4个；2012年参加中国民协在南京市举办的“第二届全国农民画展”中获奖8个，排列浙江省7个著名画乡首位，并代表浙江省画乡作典型介绍；2012年在嘉兴市秀洲区举办的“第五届农民画艺术节暨全国农民画展”中累计获得1个银奖、3个优秀奖。全村共有812人，村域面积2.18平方千米，2014年农民人均收入8129元。

少岭坞村

柯城区七里乡少岭坞村位于衢州市西北部，东临太真乡，南与九华乡接壤，西接上门村，北靠治岭村，距离七里乡政府所在地 11 千米。

少岭坞村共保存古祠堂 1 处、古道 1 处、204 处山区土坯房，主要集中在少岭坞村双岭自然村。古道年代久远，据村中长辈说，该古道大概建于 1200 年前，长度约 7.5 千米，是少岭坞村到九华乡九华山的古道，当时淳安县、开化县、常山县的信佛人士全部从此经过到九华山。古道风景秀丽，每当夏天时节走往，凉风袭来倍感舒服，伴着周边的毛竹摇曳心情格外舒畅，迄今为止该古道也一直未废弃，仍有信佛人士从此前往九华山拜佛。另外，200 余处特色建筑大都建于 1950—1960 年，皆为山区的一层土坯房，一排排的土坯房远远望去像是城堡一般，走入其中犹如人间仙境，两旁鸟语花香，村民兢兢业业地劳作，民风淳朴。

少岭坞村现有 12 个村民小组，323 户 1080 人。外出人口占总人口数的 70%以上。少岭坞村总面积 11.12 平方千米，山林面积 8600 亩，耕地面积 500 亩。

石梁村

石梁镇石梁村位于柯城区西北10千米处，潺潺的石梁溪穿村而过，见证了石梁村近千年的发展。

石梁村古名梁溪村，明万历年间就有琚、江、郑三姓，其余张、韩、危、金、骆、吴等姓相继迁入，其中，琚姓最早。宋初，七录事由江阳迁居于梁溪，为石梁琚姓氏之祖，上店郑氏三十九世宗芬由开化莒蒲迁居石梁，长孙元初居上江，次孙贵住下江。石梁村自古尚学，清宣统元年（1909）石梁村建立了石梁私塾，是现今石梁镇中心小学的前身。抗日战争期间，衢州中学及附小迁至石梁，一时成为浙西文化中心。

目前，石梁村现存清代、民国时期建筑35处，古庙1处，古井2口。古民居保存相对完好，多为带天井两进老房，主要集中在云鹰路一带。古宅中的横梁、牛腿雕工精美，牛腿雕刻交错运用浮雕、镂空雕、半圆雕技法，使其形象雕刻得栩栩如生。

2013 年，在行政村规模调整下，石梁村由原来的石梁村、过溪村合并而成。村中的碧云路以及周边的学校、医院、汽车站等使其成为整个石梁镇的文化、经济贸易活动中心。

航埠村

航埠村是航埠镇的所在地，东至官田村，南靠凤凰山，西接 320 国道，北连常山江，距市区 8 千米。

航埠村历史悠久，风光秀丽，人杰地灵，人才辈出，素有和谐文化礼仪之村的美称。地理位置优越，交通便利，是发展经济的宝地。航埠村地处金衢盆地西部，是个有着 1000 多年历史的古村落，境内地形比较平坦略倾斜，最高处为凤凰山，海拔 123 米，以河谷平原、低山、岗地为主。

西南枕仙霞岭余脉凤凰山，东北濒钱塘江上游的主河道常山港，地势东北低、西南高，中间平坦，土地肥沃。

清代文人朱彝尊有诗云，“江皐有篁步，地似果园坊；渐远鱼虾市，真正橘柚乡”。“篁步”就是指如今的“航埠”。据考证航埠古名为石塘，因凤凰山采石烧石，山劈一半，地掘两塘而名，继称“篁步”，又称“黄埠”，再称航埠。

全村现有常住人口6300余人，其中非农业人口1000余人，暂住人口2000余人。2014年全村人均纯收入12086元，总面积5平方千米。

陈安村

柯城陈安村曾名渔湖村。明代洪武年间，始祖陈坚公颍川派第四十八世、东鲁派第十二世约于永乐年间离乡别祖，初居于乌鸡山下乌家蓬，后因寻家养母猪，见其母猪和一群仔猪在一塘边嬉逐打闹，倍感惊奇，细看这块地方恰似一莲叶，认定是块风水宝地，于是在塘西边搭建一屋（现大门尚存）定居下来。更令人惊奇的是每当月光皎洁、夜深人静时，池塘中便现出金莲朵朵，于月光下熠熠生辉、香气袭人，于是此塘就称作荷花塘；又因此处枧树（俗称肥皂树）高大、枝繁叶茂，故后改作枧陈村(2013 年和安里村合并为陈安村)。

陈安村自坚公徙此繁衍生息，迄今正历 600 余年。古村落白墙青瓦，有 22 口池塘环合村庄，使村落像是“岛圩村”。陈氏历来农商兼顾，经几代人的努力，到清末民初，村中楼房鳞次栉比、簇拥而立，各楼之间均有密封天桥，村民在雨天也能串门交往，至于山场田地，更是不知其数，由于聚田（陪嫁田）抵达数省，故有“江山出大陈，西安出陈安”，更足见陈安之繁荣富庶、闻名遐迩。曾有钦赐牌坊多多，厅堂林立，祠堂有元、亨、利、贞四房宗祠，厅有五厅、龙凤花厅等，建筑风格高雅别致，只惜在咸丰八年（1858）大多毁于兵燹，现仅存留五厅这一古建筑。村西边有座爬头碓桥，据历史是在南宗年间，有个战役在此发生（《衢县县志》可查）。

陈安村现有居户1268人，是个有10余个姓氏村民共同居住的村落，其中陈氏村民人口居首。村庄历来尊师重教，并有尚武之风。自古以来本村文才武略、人才济济，清末、民初年间陈氏家庭就有武举人、武秀才，并有曾任庆元县知县，有名震浙西的大律师等，诸多光宗耀祖之名人。

下坦村

柯城区九华乡下坦村位于柯城区北部，距离市区 10 千米。全村有 330 户 1129 人。

村中极具代表性的古建筑有荥阳侯夫人方氏墓和邵氏读书台。荥阳侯夫人墓位于下坦村东侧西台山南麓，为衢州市目前保护较好的元代品官墓地。据《崇德郑氏家传》记载，荥阳侯夫人方氏即郑俊妻，郑用和母。因其子郑用和而得封赠。方氏卒于元至元六年（1340），该墓建于元代顺帝年间，墓地原占地面积 300 平方米，墓前道路两旁有元顺帝赠予的天官石人、石马、石羊、石虎，共五对十尊，墓碑高 2 米。古墓坐东北朝西南，重修后占地面积 940 平方米。古墓在 1984 年被公布为衢县文保单位。

邵氏读书台位于下坦村西南侧，相传唐代僧人邵庆源在此筑石室诵经，宋代禅空法师在此修行，宋元改作读书台，有一台五进士之称。明万历年间扩建为楼阁式三重檐歇山顶。民国九年重建。2005 年整体维修，面阔进深均为三开间，通宽 8.1 米，通高 10.3 米，台基高 1.6 米，现占地面积 131 平方米。明间缝四根金柱直通三楼，两缝五架前后单步，次间穿斗式，正檐下有“民国九年重建”文字，鼓形柱础。读书台于 1996 年被衢县人民政府列入重点文保单位。

张西村

柯城区石梁镇张西村，原名西坑村，1981年改为现村名，位于衢州市西北部，距市区25千米，坐落于衢州北高峰——白菊花尖（海拔1394米）的山脚下。全村116户，331人，盛产毛竹、杉木、茶叶、笋干等。

主姓“张氏”历史源远流长，据《张氏家谱》记载，张西张氏后代为汉朝留侯张良的后裔，始祖第34代孙张士洪、张益超兄弟俩迁徙与继承先祖张良于白云山书院修炼业绩有缘，于康熙三十八年从闽上杭县白沙镇迁徙衢西胜堂源西坑，住居繁衍至今已有13代300余年历史。

村庄四周群山环抱，高山叠翠，白菊花溪、凉亭岗溪和石鼓溪三支溪流汇集穿村而过，民居沿溪相侍而住，灰瓦白墙，疏密有致，风情古朴，十里峡谷风光带异彩纷呈，丰姿神韵诱人。原始生态造化了村中自然风光独特的优势：自然景观鬼斧神工，有石槽飞瀑、石鼓鸣天、观音浣纱、九龙戏水、花溪叠影、石笋擎天等景观，有野生笋干、野蜂蜜、野山茶、野药材等土特产，有山豹、野猪、野山鹿、野山牛、猴子等飞禽走兽，具有“青、幽、秀、奇”浑为一体之特色。山庄常年沐浴在云烟缥缈之中，“步入张西村，犹如云中行”，有一种回归大自然的感觉，被人们称之为“浙西小九寨，清凉休闲谷”的游览胜地。

江山市

大陈村

大陈村，在大陈乡政府驻地，去江山市北 11 千米，48 省道穿越村境，207 路城乡公交直通市区，方圆 4. 62 平方千米，有 455 户 1323 人。

大陈村，自明永乐间，汪氏先祖汪普贤迁居于此，迄今 500 余年，形成一个具有徽派古建筑特色的古村落。因汪氏源出新安，故历代汪氏后裔，秉承徽商传统美德，以诗礼传家，富而崇文，借祠兴学，至使大陈地方人才辈出，代有簪缨。而大陈汪氏也号为“三衢阖郡之巨族”。稽之汪氏族人，近从清同治十一年（1872）创建萃文会，兴办萃文义塾，至光绪三十四年（1908），薪火相传，从未间断。后因废科举兴新学，义塾遂发展为大陈私立萃文初级小学、大陈萃文中学，其开支均赖汪氏宗祠租谷作固定经费。1951 年 8 月，又创办江山初级师范学校，轮训在职小学教师。今大陈乡中学，仍是昔日萃文中学旧址。

现存明清建筑民居 43 幢，皆呈徽派风格。其中汪氏宗祠、仓屋、大厅戏台、圆门、师范学校旧址、汪氏烧饼作坊，以及汪衍昌、汪燧、汪乃恕、汪达泉、汪在嵩、汪上则、汪汉涛旧宅与 146 号、150 号、182 号民居等，均是村中保存较好且用材讲究、雕刻细致的古建筑代表。始建于康熙五十三年（1714），重建于同治二年（1863）的汪氏宗祠，占地 1100 平方米，三进二天井，雕梁画栋，2011 年 1 月被列为省重点文保单位。建于清末民初汪汉滔旧居，占地 600 平方米，圆门形照壁，牛腿、雀替雕刻精美，布局完整，用材讲究。《妈妈的那碗大陈面》和《大陈，一个充满书香的地方》两首村歌荣获“中国村歌十大金曲”“中国村歌十佳作词”等大奖。2014 年 10 月入选中国十大最美乡村。

枫溪村

枫溪村，在廿八都镇政府驻地，去江山市城南60千米，京台高速、205国道傍村而过。枫溪村方圆6平方千米，有380户1278人。

枫溪村村域今存古建筑计有22处，而且保存完好，建筑风格迥然别致。公共建筑有小文昌宫、水星庙、万寿宫、枫溪桥、水安桥等，古民居有姜在清旧宅、曹玉书旧宅、丁家大院等15幢。房屋尤以清代、民国建筑为多，结构皆为砖木梁架，二层木楼，砖墙、黛瓦盖顶，型制虽多属浙、皖文化圈，然受赣、闽北及其西来文化影响，其有部分融浙式、徽式、赣式及闽北客家建筑风格为一体，形成特有的形式与格调，在中国传统民间建筑中独树一帜。其中，建于清同治三年（1864）的水安桥，颇具特色，覆有三层重檐亭阁桥廊。2000年6月，14处古建筑被列入江山市文保单位。

建筑一般沿中轴线纵深布置，属房屋与天井传统层进合院式布局。大致有三类，即五开间三天井、五开间一大天井及三开间一天井。房内厅堂自成院落，门扇、窗户图案、花格均不雷同，门楼绝少用砖雕，多以精致木雕构件组成，系楼阁式四柱三楼形式，风貌独特。枫溪村不仅古建筑独特众多，而且民俗风情奇特，至今有传承祖先遗留下来的对山歌、跑旱船、踩高跷、牵木偶、滑石块等民间艺术，并且村内交流着9种方言，繁衍着100多个姓氏，被称为“百姓古镇、方言王国”。

凤里村

凤里村，在凤林镇政府驻地，去江山市南 30 千米，205 国道贯穿村境。凤里村方圆 3.2 平方千米，有 749 户 2630 人。

凤里村，别称新坦、凤林。北宋属新坦里，南宋属道成乡卅一都，清雍正间称凤林一庄、二庄，民国时属凤林乡一至九保。2007 年 10 月由凤二、凤三两村合并而成。

今村境保存有明代建筑 1 座，清代民宅 21 座，近代民居 118 座，清代古祠堂 1 座，清代古牌坊 1 座，古戏台 1 座，古井 18 眼，古街巷 2 条。至今保存较为完好的古民居，有百岁坊路、下宅圳，基本建于明末清初，设计大气，大有明代厅堂建筑特色，发脚高敞，青砖小青瓦，马头墙，二进一天井，天井均由青石板铺就，牛腿、雀替雕刻精细，窗饰花格，古朴独特。其中建于明代弘治十二年（1499）的姜氏宗祠，占地 3000 平方米，系典型的浙派建筑。堂前为一方正有序的空埂，门边立有一对齐人高的精雕石鼓。堂内为三进二天井，两侧为二层厢房。前堂建有万年台，每逢过年过节请有戏班演出。全祠计有屋柱 140 根，其中含四方石柱 24 根，整座建筑雕龙画凤，飞檐翘角，气势恢宏，2011 年 1 月被公布为省文保单位。

迄今仍保留着长 1 千米的老街，数百间店面，鳞次栉比。原逢一、六墟日，其时商贾云集，土特产品琳琅满目，周边数十里的人都会会集于此，采其所需。矗立老街东首的明沧州知州姜瓒进士石坊，1986 年 6 月就被列为江山县文保单位。

广渡村

广渡村，隶属峡口镇，去江山市南 50.5 千米，县乡公路穿村而过，方圆 19.99 平方千米，有 918 户 3003 人。

广渡，古名广川，宋属道成乡三十都，清雍正间称广渡庄，民国时为广渡乡一保、二保、三保、四保。

今保存有清代及民国时期的古民居 32 座（含清代的古祠堂 1 座，古厅堂 1 座，文昌阁 1 座，古寺庙 1 座），古井 3 眼，石牌坊 2 座。其中大公殿（文昌阁），2005 年 3 月被公布为省文保单位；嵩峰寺，1997 年 1 月被列为市文保单位；毛氏宗祠、八股厅、节孝牌坊、贞孝牌坊、八角井，2010 年 7 月被列为市文保单位。大公殿，占地 500 平方米，系三层荷花状亭楼式，造型别致，气势雄伟。节孝、贞孝二座石牌坊，设计巧妙，做工考究。据统计，广渡村古民居占地 6080 平方米，有 82 户 208 人居住，其中住宅 28 座，空置 2 座，其他用途 2 座。布局多以四合院与三合院为主，具清代徽派风格，青砖黛瓦，马头墙或防火墙，内设立柱，牛腿、花窗，雕刻较细。村民以毛姓为主，北宋时清漾毛氏二十四世、江山主簿毛修业从石门移居于此。被列入国家重要档案文献的《清漾毛氏族谱》以前即由广渡毛氏后裔保管。

2006 年以来，先后被授予衢州市绿化示范村、浙江省村级体育俱乐部、江山市文明村等荣誉称号。

和睦村

和睦村隶清湖镇，去江山市南 12.5 千米，46 省道穿越村境。和睦村方圆 10 平方千米，有 960 户 3231 人。古属礼宾乡十九都。今辖瓦窑、山根、陆家、后村、平塔山、坟山垄等 6 个自然村。

和睦村，至今保存有乌里山商周印纹陶遗址 1 处，明正统间进士石牌坊 1 座，清道光间节孝石牌坊 1 座，清陆氏宗祠 1 座，陆家街 1 条以及清代民居 15 处，民国时期民居 7 处。而最负盛名的是瓦窑自然村从清代开始，以家庭作坊式为主的制陶业，主要产品分三类：一为红色的瓦及火炉、花罇、火熜罇，一为黑色的泥茶壶及药罐、砂锅、酒壶，一为近年新开发的仿古彩陶产品。其生产一直延至 1970 年，最盛时期每家至少有 2 个窑，全村计有土窑 100 余座。1960 年政府曾建立和睦陶器厂，有 47 人专门从事专业制陶。至今该村还有土窑 40 座，保持原始手工制陶工艺流程，烧制各类产品。

花桥村

花桥村，位于江山市南部，系廿八都镇集镇中心，距市区 60 千米，205 国道、黄衢南高速公路穿镇而过，本村是三省交界之地，陆上交通十分便利。花桥村地势西高东低，村核心区坐落在廿八都盆地，群山环抱，森林覆盖率达 70%。

花桥村唐朝属须江县道成乡；北宋属廿八都镇；明朝属廿八都乡；清初沿用明制；民国属廿八都镇第二保；中华人民共和国成立后废保甲制，属廿八都乡；2005 年西边村并入花桥村属廿八都镇。

花桥村历史悠久。据考古发现，早在新石器时代晚期，在境南之盘亭西溪、古溪一带就有先民于此定居。夏、商、周时期，据《史记·武帝本纪》载，禹决九河定九州，任土作贡。其地居扬州地域。战国时期，据《国语·越语上》载，勾践之地，南至句无（今诸暨东南），北至御儿（今嘉兴西南），东至于鄞（今宁波市南奉化县东），西至姑蔑（今龙游县、春秋战国时期江山的一部分）。

因曾为三省边境最繁华的商埠，而留存下一片集华夏各地民居建筑之精华的建筑群，被专家誉为“全国罕见，浙江第一”，是座写满神韵与传奇的古村。2000 年 6 月 21 日，花桥村有 9 处古民居与公共古建筑被江山市人民政府公布为重点文物保护单位。

全村共有 18 个村民小组，14 个自然村，1607 人，有耕地面积 1074 亩，山场面积 8383 亩。2014 年村集体经济收入 22.6 万元，村民人均收入 8800 元。

礼贤村

礼贤村，隶贺村镇，去江山市南25千米，46省道傍村而过，县乡公路直抵村中心。全村方圆6.49平方千米，有耕地1642亩，山林2514亩，有1320户5014人。

礼贤村，宋属齐礼乡卅五都，清雍正间为礼贤一庄、二庄。2009年12月由新建、光辉、六峰山、溪东淤四村合并而成。今辖礼贤（含安篷、野猪坞、平岗山、乌龟壳）、六峰山、溪东淤（含瓦窑坂、溪淤、万青山行）3个自然村。

礼贤村至今依然保留有一条长700米、宽4米，古香古色的商业老街，以及城隍庙、周氏宗祠、毛登文故居等古迹遗存17处。其中城隍庙于2011年1月被列为浙江省文保单位。

城隍庙，今存建筑系清光绪六年（1880）重建，占地599平方米，沿中轴线上建有门楼、门厅、穿堂、寝堂，左、右有偏院、天井。其中，门厅面阔七间，前檐用抹角方石柱，柱上有三组楷书阳刻楹联。明间和左、右各半个次间用层层花拱撑起歇山三重檐木制门楼，飞檐起翘，铜铃作响，骑门梁上装饰高浮雕和镂雕的五狮戏球图，其余额枋、牛腿上都镌刻亭台楼阁、神话人物和花鸟虫鱼等多种题材的木雕精品。寝堂三间供奉城隍爷。庙里还保存有重建太平寺记等碑刻。城隍庙至今香火旺盛，每年的农历五月十五和十月十五，当地民众都要举办庙会活动。前后七天，以迎城隍为主题，举行出宫、祭拜、还愿、迎佛、回宫五步传统仪式。而今应时顺势，又注入时代元素，新增农民文艺汇演、运动会暨征文、书法比赛，以及文化论坛、民间故事征集等活动。

南坞村

南坞村隶属凤林镇，与江西广丰、玉山二县接壤，去江山市西南35千米，县乡公路穿村而过。全村方圆9.2平方千米，有728户2668人。

南坞村，今保存有明代祠堂2座，清代民宅66座，近代民居58座，清代古牌坊1座，古戏台1座，古桥1座，古井5眼，古街巷1条，古塔2座，古寺庙1座，石刻1处。其中杨氏内外二祠，2013年3月被列为国家重点文保单位。杨氏内祠，初建于元代，清康熙五十年（1711）重建。占地700平方米，二进三天井，房屋雕刻细腻，抬梁、柱子粗大，牛腿、雀替雕刻细致，梁、枋彩绘精湛，门楼系牌坊式，正、反面砖雕细腻。杨氏外祠，建于明嘉靖年间，清乾隆十七年（1752）重建。占地2000平方米，三进，二大天井，三小天井，左右马头墙，歇山顶小青瓦屋面。大门立面四柱三重檐，出挑上翘，檐角各设斗拱一攒。梁、枋雕仙鹤、梅花鹿，牛腿雕人物，雀替雕花草。前堂设戏台，八角藻井，十六攒斗拱层层叠出，顶板彩绘人物故事图，牛腿镂雕双狮滚球、鲤鱼跳龙门。中堂用材特别粗壮，抬梁跨度大，大梁彩绘、牛腿雀替雕刻特别精美，回廊藻井勾心斗角伦。八卦井，明代建，深3米，直径1.8米，八根青石柱、八块青石板组成护栏，柱上刻掘井与疏浛年代。

2007年，南坞“三月三”庙会、民间座唱班均被列入衢州市级和省级非物质文化遗产名录。2012年南坞村成为省级历史文化名村。

清漾村

清漾村，在江郎山北麓，隶石门镇，去江山市南25千米，县乡公路傍村而过。全村方圆3.78平方千米，有8个村民小组，335户1194人。

清漾村景

清漾村，自梁武帝大同年间毛元琼定居于此，已有1400年的村史。据史载，自宋以降，毛氏后裔中进士者有80余人，其文风浩荡，被誉为江南毛氏发祥地。2002年《清漾毛氏族谱》被国家档案局、中央档案馆列为国家首批48件珍贵档案文献遗产之一。

2006年，江山市专门成立清漾历史文化村保护与开发领导小组，编制《清漾村保护与新农村建设规划方案》，先后修复清漾祖宅、毛子水故居、清漾塔、清漾祖祠、毛氏名人馆等，作为旅游景区对外开放。如今，清漾村已成为展示中华毛氏传统文化的窗口。2006年被列入省级历史文化名村。2013年被评为国家4A级景区。

兴墩村

兴墩村隶属廿八都镇，去镇政府驻地12.5千米。全村方圆10.325平方千米，有山林16410亩，其中生态公益林8483亩，耕地仅有926亩；有16个村民小组，427户1379人，其中有80岁以上老人57名，90岁以上老人8名，是远近闻名的长寿村。

兴墩村中华人民共和国成立初为徐家墩乡驻地。2007年10月岭头村并入，今辖徐家墩、枫树坑、大块山、桐坞岭、野猪湖、岭头、岭下7个自然村。兴墩村海拔630米，系仙霞山脉腹地，处浙闽交界，岭下自然村与浦城官路乡接壤。村域景色优美，有安民关口、八姐涌泉、沙帽瀑布、高栏梯田、深林竹海等自然风光。兴墩村又是薏米之乡，盛产薏米、笋干、山药、白豆蔻、板栗、高山蔬菜，以及米酒、铜锣糕、农家豆腐等农特产品。

兴墩村今保存有清代建筑戴氏宗祠1座及桐坞古道、新兴古寺、造纸作坊与古树名木45棵，主要树种是红豆杉、枫树、苦槠、柳杉，其中以红豆杉最为珍贵，是江山市红豆杉数量最多的村庄。

游溪村

游溪村隶属凤林镇，去江山市西南30千米，县乡公路穿村而过。全村方圆5.5平方千米，有600户1944人。2014年全村集体经济收入18.5万元，农民人均纯收入10650元。

游溪村旧属齐礼乡卅四都，民国时为茅坂乡十二保。1949年后分别称丰产农业社、游溪大队、游溪村，2007年11月村规模调整，基背桥头、横山、坝头三村并入，今辖游溪、基背桥头、横山、坝头4个自然村，全村有耕地878亩，山林3661亩。

游溪村今存有胡氏大厅等古建筑、古民居多处。其中坝头7号民居，系清初建筑，占地228平方米，牛腿、雀替、花格窗等雕刻细致，装饰简单，为当地遗存中最久的民宅。胡氏大厅，系清代建筑，占地132平方米，牛腿、雀替、斗拱等雕刻精美，经修整今已辟为村老年活动中心。胡氏民居，系晚清建筑，占地133平方米，布局完整，构件简朴，花窗雕刻精致，为当地较有代表性的宅第民居之一。游溪108号民居，系清末建筑，占地135平方米，大门呈半圆形，门额造型别致，室内装饰简单古朴，属典型的中西合璧风格民居。

长台村

长台村在长台镇政府驻地，去江山市东南20千米，江山至遂昌公路傍村而过。

长台村旧属常山乡廿二都，2009年8月由长台四、五、六3个村合并而成。1977年12月即在村中营盘山发现商代遗址。据宗谱记载，五代后梁开平三年（909）柴氏先祖因避战乱，自南京迁来定居；朱氏始祖则于元至正年间从衢州马站底迁入。

长台村人杰地灵。宋元间即建有“嵩山书院、高斋书院”，清光绪三十三年（1907）又率先创办“嵩高两等科进小学堂”。自宋历清，村中中科举者有进士50人、武进士4人、举人51人、武举人30人。南宋理学名士柴禹声、禹功昆弟与柴望、柴随亨、柴元彪、柴元亨“柴氏四隐”，以及明诗人柴惟道、柴天复，清台湾总兵柴大纪皆为江山历史上显赫人物。

长台村迄今仍保存有21条弄巷，50余幢古民居。其中东起柴宅路，西接朱宅路的老街，长达1000余米，砖木结构店铺，鳞次栉比。占地330平方米的柴大纪故居，雕梁画栋，做工精细，保存基本完好。始建于宋，清末予以重修，占地410平方米的石云寺，翘檐飞角，香火旺盛。而高斋山柴望墓，1982年5月即被列为江山县文保单位。

长台村被评为江山市文明村、和谐乡村。2014年村集体经济收入30万元，农民人均纯收入10800元。全村有耕地面积1250亩，林地面积7500亩，方圆6.5平方千米，有780户2520人。

永兴坞村

永兴坞村隶属贺村镇，去江山市西 28 千米，江山至玉山公路傍村穿境，203 路城乡公交直通市区。

永兴坞村今保存有缪氏祠堂、大厅，毛逢乙故居等 6 座古建筑。其中，建于清乾隆四十六年（1781），占地 800 平方米的缪氏宗祠（聚顺堂），具典型的徽式建筑风格，有 400 多年历史。占地 400 多平方米的缪氏大厅，因咸丰八年（1858）太平军翼王石达开部曾经驻扎过，又被村民称为石达开大厅。建于民国初年，占地 800 多平方米的毛逢乙故居，格局别致，保存良好。

永兴坞村先后获得“中国幸福乡村”精品村、全国妇联基层组织建设示范村，省全面小康建设示范村、农村基层组织先锋工程建设“五好”村党组织，衢州市十大魅力乡村、特色文化村、生态示范村等 30 多项荣誉称号。2014 年村集体经济收入 35 万元，人均收入 15162 元。全村方圆 1.28 平方千米，有 8 个村民小组，246 户 927 人。

枫石村

枫石村隶属峡口镇，地处仙霞古道要津，去江山市南40千米，京台高速、205国道傍村而过，201路城乡公交直达市区。

枫石村，原名红石，旧分属江山乡廿七都、廿九都，清属三卿口庄。2007年11月子里安村并入，今辖新屋、车水潭、虎龙头、枫石坂、后门青、生牛铺、莲花山、鹭鸶桥、金家堂、乌里垄、上子里安、碗厂、石门、老屋、下子里安、芭蕉坑16个自然村。

枫石村以手工制瓷闻名遐迩。制瓷作坊，又名窑村、碗厂，今称三卿口制瓷作坊，属子里安自然村。作坊占地4.13万平方米，一条宽5米小溪随山势落差，贯穿村中。今存龙窑1条，淘洗池7组，水碓旧址11座，拉坯、晾坯房40处。其中龙窑，长35米，1962年重修，保存完好，仍可使用。作坊原系民间窑，初建于清乾隆间，一直生产瓷产品，1959年曾停产，改烧耐火砖，归口生产合作社；1960年恢复烧制瓷产品，隶国营厂，1961年又停产；1962年属大公社，其时生产达到鼎盛期，有龙窑5条，馒头窑4个；1963年分给各户自行生产，1964—1997年归口江山市二轻公司管理；1997年解体，1999年停产。作坊现有居民42户，皆姓黄，其先系乾隆年间由闽西连城南坂迁来，代代以制瓷为业。此外，枫石村至今还保存有鹭鸶桥、陆德公王庙、路亭、石板桥以及古民宅等多处。

整个作坊在1986年6月被列为江山市文保单位，2005年3月升为省级文保单位，2006年6月被公布为全国重点文保单位。枫石村方圆4.5平方千米，有12个村民小组，739户1903人。

日月村

日月村隶属新塘边镇，去江山市西 24 千米，江山至玉山公路穿村而过，203 路城乡公交直通市区。

日月村以日月塘为中心，建有村口休闲广场与公园。全村现保存有二级以上古树名木 19 棵。近年来，相继投入资金 13.5 万元，于村民房前屋后及村境道路栽植桂花、广玉兰、铁树、茶花、女贞、水杉等各类乔木 5000 余株，灌木 15000 余株，草坪 1400 平方米，整理原有绿地 3500 平方米，新增公共绿地 2400 平方米，实现“村在林中，房在树中，人在花中”的新农村画卷。

日月村先后获得省全面小康建设示范村、省绿化先进村、省级卫生村、省级文明村，衢州市全面小康建设示范村等荣誉称号，系江山市首批“中国幸福乡村精品村”之一。2014 年实现村级集体经济收入 108 万元，农民人均纯收入达 12580 元。全村方圆 2.6 平方千米，有 12 个村民小组，505 户 1756 人。

碗窑村

碗窑村地处月亮湖中心景区，隶属碗窑乡，去江山城东 10 千米，县乡公路穿越村境，105 路城乡公交直通市区。

碗窑村旧属布政乡十二都。2007 年 10 月村规模调整，大龙、岭后 2 个行政村并入，今辖碗窑、大龙、岭后 3 个自然村。现有山林 12838 亩，耕地 536 亩。

碗窑村前坞山，1979 年考古时发现，有宋历明、清影青瓷窑址 30 余处，产品具婺州窑特色，有碗、盏、碟、盘、钵、罐、花瓶、执手壶、油灯台，以釉色分，有青、黑及白中泛青 3 种，且质地洁白，釉色光亮，制作精美，图案多为海水波涛、花卉、人物，1982 年被列为县文保单位，1997 年 8 月升为省级文保单位。而早在 1969 年文物部门就在碗窑山上出土春秋时期遗物——编钟 6 件，是浙江省唯一出土成套的编钟（缺 1 件），今藏浙江省博物馆。

碗窑村先后获得省特色旅游村、省农家乐特色示范村、省兴林富民示范村、省绿化示范村，以及衢州市十大魅力农家乐、衢州市绿化示范村等称号。2014 年村集体经济收入 11.34 万元，村民人均收入 9950 元，方圆 32.72 平方千米，有 14 个村民小组，346 户 1074 人。

洪福村

洪福村隶属塘源口乡，去江山市东40.5千米，江山至遂昌省道穿越村境，城乡中巴直通市区。村域面积23.11平方千米，共有22个村民小组，459户，1606人。

洪福村福石岭自然村，至今存有清代翁氏宗祠1座，清代泥屋土楼建筑10幢，民国时期泥屋土楼建筑14幢，1950年后泥屋土楼建筑7幢，总占地面积3610平方米。其中翁氏宗祠东面墙上，有1934年北上抗日先遣队所书“当红军最光荣，红军是为工农谋利益的”红军标语二条，1982年5月被列为江山县文保单位。

其泥屋土楼建筑，多系二层，或三间六、三间二小厅，或三架屋、五架屋与一字屋，有的四周还配有2米高的围墙。土楼泥墙高度为5—10米，3—10个房间不等。一层有中堂、厨房、餐厅、卧室，二层多做仓库，堆放杂物。土楼旁还另建有厕所、猪舍等附属房。其结构属泥木构成，外设披檐，内设柱廊，上覆瓦顶。房顶坡度以25°斜顶结面，或二面出水，或四面出水。

墙体皆用黄泥土夯实筑就，每层每间用木料做成1—2平方米不等的窗户，地面亦用黄泥土夯平。富有人家，内外墙俱用石灰粉白，柱梁配牛腿，门窗配花格，雕刻各类精美图案，或狮子滚绣球，或福禄寿三星，或琴棋书画。沿巷宅门则特别讲究，有悬山卷蓬、悬山有脊两坡、半坡及披檐等。有的门外还立有上马石、拴马柱，有的还增辟小庭院种植花草。此外，洪公自然村的传统防身术——洪公拳，被列为江山市非遗名录。

白沙村

白沙村隶属凤林镇，去江山市南33千米，205国道穿越村境，201路城乡公交直通市区。

白沙村原在定村乡，2002年因建造白水坑水库，整体搬迁今址。2008年1月调整村规模，水碓淤村并入，今辖白沙、水碓淤2个自然村。白沙村，旧属江山乡廿七都，明洪武间，因改举村称白沙，迄今已有600余年。

村中现存有清道光十年（1830）洪川会众厅建造石碑2块，及民国时续修的陈、吴、丁八姓宗谱八部30册；1991年6月学林出版社出版的《白沙村志》14万字，成为1949年后全国编纂的第一部村志，2012年7月又增订出版新《白沙村志》90万字。水碓淤自然村，原称西溪，旧属齐礼乡官溪里，明嘉靖十五年（1536）徐姓始祖徐开基，自卅二都前坞移居来此，至今亦历480年。现遗有清代建造的碓淤桥、元墩马道、武举徐进菊故居等名胜古迹多处。

近年来，白沙村获得全国生态示范村、法治示范村、计划生育先进村、体育强村，以及浙江省级全面建设小康示范村、文明村与衢州市美丽乡村精品村、三民工程示范村等90多项荣誉，系浙江省首届20个魅力新农村之一，江山市首批中国幸福乡村精品村之一。2014年全村实现工业产值3亿多元，村民人均纯收入15000元。白沙村方圆3.2平方千米，有403户1419人。

耕读村

耕读村隶属贺村镇，处大桥、坛石、贺村三镇交界，去江山市西22千米，江青线绕村而过，206路城乡公交直通市区。

耕读村，古名岗头。古代一徐氏由开化县城南墩迁此定居烧炭，逐渐形成村庄。清道光年间，村中秀才以弘扬（崇尚）耕读传家之风，遂倡议雅名耕读。今下辖大石山底、耕读、竹青坞、青塘沿4个自然村。

现存有康隍庙1座，古民居1座。其中古民居建于清末，坐北朝南，前后进、合院式、硬山顶、马头墙、挑角门楼、雕神牛腿、花格门窗，结构巧妙，雕饰精美，别具特色，具有较高的研究价值。

耕读村先后获得了省级绿化示范村、衢州市全面小康建设示范村、衢州市卫生先进村等荣誉称号，系江山市首批“中国幸福乡村”之一。全村方圆3.52平方千米，有7个村民小组，305户1058人，现有耕地850亩，林地2042亩。

龙游县

芰塘金村

芰塘金古村坐落于仙霞山余脉铜钵山下，历史悠久，文化内涵丰富。据考证芰塘金原名桃源里，始祖刘氏自宋至此，钓鱼为生，子孙发家兴业红极一时，“刘员外”名声在外，曾受皇帝赐匾，后遭亲戚暗算，家道中落。先祖邵氏讳赢，家住晒书岗，相继生育九子，且都培养其读书，后相继考上状元，在朝为官，邵氏爱惜书籍，逢年六月初六，都把儿子一箱箱书籍抬出家门翻晒，晒书岗因此得名。先祖金氏祖先原姓刘，吴越时期，因避吴越王钱镠的“镠”与“劉”同音之讳，去“卯、刀”留下“金”为姓。元末明初自兰溪迁来，因傍溪筑室居之，取名溪滩金，后迁芰塘，故名芰塘金，全村一半姓金，是状元刘章的后裔。村内现有明、清及民国期间的古建筑近50处，近代土坯房，明前古井1口，古水碓1处，古墓葬1处，现代建筑有学校1处，大会堂1处，水库1处，千米引水渡槽桥1座，已倒塌古宗祠2处，古榨油车1处，古寺庙2处。代表性古建筑“金氏宗祠”为明末建筑。县级文保单位4处。

灵山村

灵山古名泊鲤村，因村旁泊鲤溪得名。相传周代徐偃王访友衢州，中途羽化于此（《东海徐氏宗谱崔琳序》）。汉成帝阳朔二年（前23）江夏太守徐元洎（偃王后裔），为避王莽之乱暂时徙居于此。至唐代元洎之后徐洪，任衢州太守，定居于此，是为灵山徐氏始祖。后徐氏族繁，在香炉峰下立徐偃王祠，改村名为徐山。某年大旱，村民有感于偃王祠有灵，又更名为灵山，沿用至今。唐宋时即为灵山乡治所，又为商业集市，一度比较繁荣。灵山老街是村内的一条繁华的商业街，全长约1500米，是古代水陆通往古处州（丽水）的要津驿站。

灵山村历史悠久，古迹颇多，村落范围内有省级文物保护单位1处，县级文物保护单位3处，县级文物保护点1处。同时，灵山村具有独特的地方习俗，如农历六月十四徐偃王庙会、正月二十龙灯、关于毛令公的传说等；主要非物质文化遗产有断头龙和徐偃王庙会；主要特产有灵山红酒、灵山酥饼、灵山豆腐等。

古村现存有明清古建筑80余栋，其中60余栋分布在古街两侧。古村原有建筑类型丰富，有塔山寺、沿河寺、徐偃王庙、关帝庙、观音庙、天后宫、徐氏宗祠、光沐殿、牡丹亭、贞节牌坊、文昌阁、古商铺、古作坊、古民居等，现尚存有一定数量的古商铺、古作坊和古民居，除塔山寺塔基尚存外，其他寺庙、宗祠、牌坊等均在抗战与“文革”时期被毁；现存建筑整体形式、尺度、色彩具有典型江南地区传统，既有徽派建筑特色，又融入龙游地方文化个性，绝大多数为一至二层坡顶建筑，马头墙、白墙黛瓦、木构架；古商铺、古民居精雕细作，用材考究，部分建筑取材硕大，做工精细，传统砖雕、木雕非常普遍，且内容丰富有特色。

灵下村

溪口镇灵下村位于龙游南部山区，距县城14千米，与溪口镇灵上村、下徐村、大沃口村交界。

灵下村，原名下街，1981年因重名改今名，原灵山乡政府、卫生院驻地。商店较多，为灵山乡商业中心，有古街风味。该村2008年由原灵下村、原大安源村合并为新灵下村。

灵下村历史悠久，人文丰富，古迹颇多。村落范围内古迹由明清时代留存至今的仍有18处，其中，商贸古街从南北方向贯穿全村，是古村的主轴线，村落空间组织均以古街为核心进行布局，呈现南北狭长的带形结构。古村现存的明清古建筑大部分分布在古街两侧，建筑类型有古井泉、古民居等。

全村共有594户1905人，以农业为主，耕地面积1549亩，山林面积5617亩，辖17个自然村，总面积近18平方千米。

三门源村

三门源隶属龙游县石佛乡，位于龙游与建德交界的梅岭关下，距县城28千米，全村465户，人口1426人。

村庄环境以象形格局为主，背靠饭甑山，群山逶迤作屏障，犹如一幅天然的山水画，村庄第一道屏障为左象山、右狮山，叫“涧伏青狮，岩眠白象”；第二道屏障为村庄山寨门；第三道屏障为左青龙、右白虎，村人进出都要经过这三道屏障，所以称三门，又有一泓溪水穿周围诸山的涧流在村尾汇合，穿梭南行，成为塔石溪的源头，故称三门源。

三门源村的历史已延续千年，明清古建筑群古朴精美，村内存有国家级文保单位58处，其中以叶氏古建筑群最为精巧。据考证，这座被誉为“华夏一绝”、中国砖雕之最的叶氏建筑群建于清朝道光二十六年间(1846)，村人叶鹤天潜心苦读，上京考官中恩贡后，为光宗耀祖斥巨资建造。叶氏建筑群坐东朝西，背靠虎山，前临溪水。五座主体建筑为砖木结构，皆前厅后楼，连同附属用房及庭院、花园、池塘，占地面积5000平方米，具有典型的江南庄园建筑风格。

三门源村依山傍水，自然风光得天独厚，文化古迹星罗棋布，民风民俗缤纷绚丽，被誉为“中国历史文化名村”。

双戴村

沐尘畲族乡双戴村地处龙游县南部山区，由原三源戴村和金龙戴村合并而成。

现古建筑有79幢，其中保存完好的泥土屋有61幢，古桥10座，古道2条，村内风光秀丽，自然生态资源丰富，文化底蕴深厚，有杨树山、金鸡石、瀑布、龙井等景点，有芦坑及金鸡庵等古村落以及戴笠祖先故居、粟裕红色革命基地等，整个村庄掩映在竹海深处。

双戴村古村落主要集中在芦坑自然村和金鸡庵自然村。芦坑自然村现有泥土屋29幢，面积约3480平方米。金鸡庵自然村现有泥土屋32幢，面积约3840平方米，这些泥土屋建成于20世纪50—70年代。

全村共有7个自然村，514户1495人，区域面积10平方千米，村耕地面积1275亩，山林面积9365亩。

天池村

天池村由原来的儒大门、下店、新宅、杨家四行政村合并而成。

天池村主姓王、杨。据考证，王氏于南宋端平元年，始迁祖王烽为避战乱从山西太原迁于此地，随迁人员达 889 人。因世代书香门第，人才辈出，被喻为儒家子弟，故将居地称为儒大门。杨氏为杨家将后裔，据《杨氏宗谱》载：宋代始迁祖杨彬游览于此，见此地山清水秀，犹如世外桃源，因此从福建迁移定居此地，故名杨家。

在弯弯曲曲的山道小径，在高低错落的山弯山呑，随处可见一座座明清古建筑，青砖黑瓦，马头昂首，气势宏伟。虽年代久远，但保存完整，已成为乡村历史的标志。据统计，天池村现有明清古建筑 30 余处，其中被列入省保的有 3 处，分别是杨家的关西世家、儒大门村的三槐堂、楼上厅，县级文保单位有 10 处。总建筑面积达 842 平方米的“三槐堂”，其规模为龙游县之最。

现有农户 850 户，人口 2702 人，人均收入 7000 元。天池村以山为主，拥有山林面积 3 万余亩，农业以莲子为主导产业，现有莲田 800 多亩，是省级志棠白莲示范基地。

童岗坞村

塔石镇童岗坞村有人口1512人，农户491户。全村有明、清、民国时期的古建筑40多幢，1949年至1980年的近代建筑有30多幢。连片15幢的古建筑在童岗坞自然村。东、北面有黄山尖和杜山峰，杜山峰是唐朝名相杜如晦隐居此山中而得名，峰前有一支水源流向童岗坞村门前畈，村中有“大东山岗”，因山冈上长满了桐树，故起名桐岗。后因桐树的桐与姓氏童谐音，后就更名为童岗坞村。村落就围绕山冈边而筑，还保留清代古樟2棵、古井2口，古弄堂街巷布局有序，自然环境与民居融为一体。

童岗坞村的童氏家族南宋末年迁入浙江寿昌杜田村，祖宗童珍四为避战乱，于元朝元正八年迁到龙游县童岗坞村，有600余年的历史。该村建筑始建于明早期，有明代建筑、清代建筑和民国初期建筑，以清代为多，公共建筑有明代“童氏宗祠”。有明代楼上厅建筑1幢，被列入省文保单位。该村的祖先童佩（童子鸣）是明代有名的藏书家和珠宝商贾，是中国十大商帮之龙游商帮的领军人物。他长期搜罗佚文，辑成《徐诗郎集》1卷、《杨盈川集》10卷、附录1卷，与余湘合纂万历丙子《龙游县志》10卷。

西何村

西何村原名西河村，因塔石溪从西何畈流过，村庄就坐落在溪的西面，故名西河，20 世纪 60 年代改名为西何村。西何村的何氏家族原系南宋末年迁入浙江淳安县十五都元昌何家村，祖宗为避战乱，于元朝始迁到龙游西河村，约有 600 余年的历史。

村建筑始建于明早期，有明代建筑、清代建筑和民国初期建筑，以清代为多，公共建筑有明代“何氏宗祠”、有农会、有大队部等古建筑，有 6 幢被列入县级文保单位。特别是建于明代早期的何氏宗祠，共四进三开间，中进为砖砌柱、梁、斗拱等，工艺精美，整个建筑面积为 600 平方米。全村有明清、民国时期的古建筑 67 幢，1949—1980 年的近代建筑有 24 多幢。连片 15 幢的古建筑在西何、小溪 2 个自然村都有。村有十塘山景为村落增秀：划船鱼跃——划船塘；荷萍漾碧——荷萍塘；双塘雁影——上东塘、下东塘；新堤垂柳——新塘；西水荷花——西塘；空山齐雪——下空塘；东溪明月——前台坝；双井喷泉——东西古井；南峰耸秀——峰尖山；北巅横雩——卸山岭。

2008 年被评为浙江省农村文化示范村，2011 年被市、县宣传部列为农村先进文化俱乐部。西何村有 599 户 1561 人。

溪口村

溪口镇溪口村位于衢州市龙游县城以南23千米，全村面积18.4平方千米，现有农户973户，人口2560人。

溪口村是由原溪口村、长田畈村和溪西村组成的，溪口是龙南山区经济、文化中心，溪口商贸城坐落其中，50省道穿村而过，交通十分便利，是浙西地区及闽、皖、赣等邻近诸省（市）通行浙东南地区的咽喉之处。

据考证，明代时期，溪口就有了商埠。一直以来，溪口是龙游的南大门，南边通往龙游的渠道都要经过溪口，包括庙下、梧村、沐尘、大街以及邻县的遂昌、松阳。所以，整个龙南山区的农副产品、纸品、竹炭等都要经过溪口集散，而外地的各种物品也要到溪口集中。流传于民间的谚语说得好“灵山豆腐庙下酒，铜钱银子落溪口”，充分体现了溪口悠久的“商帮文化”。

据统计，全村现存古建筑26处，这些古建筑的建造基本是傅家、劳家所建。当时，溪口有两大家族，一个是劳家，一个是傅家。劳氏始祖于青岛崂山，南宋以后迁至江南，其中一脉迁到龙游溪口，卜宅建祠定居。其族人恪遵祖训唯隐居耕读，不求闻达。劳家和傅家的子弟文人辈出，一直影响着溪口几百年的发展。到现在还流传着“劳家的势头、傅家的笔头”的传说。现在保留下来最有名的算是傅家大院、翁氏民居和劳氏民居，是溪口村保留最完整、规模最大的古建筑。

项家村

项家村位于龙游县北乡，距县城19千米，王梅线（701跑道延伸）东侧，下辖项家、小殿下、翁家山、芦塘底4个自然村。

项家村以姓氏得名，原名泗塘项家，后简称项家，主姓项，据《泗塘项氏宗谱》载："祖名项一训，由贡士任荆门州知州……后秩满归，道经龙邱泗塘，因雨阻，假宿于村舍，见泗塘山水之清，遂率父康三、兄一鹏由淳安小溪迁居于此。时在宋淳祐元年（1241）。"全村现存古建筑33处，其中元代2处，明代9处，清代12处，民国9处，近代1处，已被列入县级保护的有3处。

项家村建村历史悠久，文化内涵丰富。项家村整个地形像条船，据说项家人夜出早归，善于经商，且在外名声颇佳。项氏第三世子容公，字有光，行忠三，公平生善于操持，有大谋略，于元朝至正十六年（1356）迁居墙里，建构厅堂楼宇，以安其居，创置田地、塘以足其食。且子容公又是位大商人，代表着"龙游商帮"早期的创业者。扬州贩蜡、36担铜、恩贡项东财等民间传说富有传奇色彩。

近年全村以种植、加工金丝草为主导产业，目前种植面积已达1500亩，年产值达700万元。全村现有14个村民小组，共568户1668人，其中畲族70多户468人。全村区域面积2.99平方千米，其中耕地面积1824亩，水域面积101亩。

泽随村

塔石镇泽随村离县城22千米，辖5个自然村。北面有大乘山和真武山，两座山分别有一支水源流向泽随村，为东畈溪、西畈溪。村中有“珠峰山”，两支水流环绕村落后一直向南汇入衢江，溪流和“珠峰”被称之“双龙戏珠”。村中还有“上湖”和“下湖”。另有南北向的泽真路和东西向的兴泽路贯穿而过。古代建筑以“珠峰”为中心，以祖为纵向，以宗为横向，以上、下湖为界线，南、北两侧分布。

泽随村是徐偃王的后裔，在元朝仁宗、英宗皇帝时期迁入，有700余年的历史。该村建筑始建于明嘉靖年间，距今近500年的历史。全村共有古建筑159座，其中有明代建筑、清代建筑和民国初期建筑，以清代为多，公共建筑有明代“塘沿厅”。建筑随地势高低错落而建，有“九井十八厅”之说，现存有明代楼上厅建筑3幢，明代民居18幢，现存古井6口。巷有大弄堂、小弄堂、南北塘沿路、上宅路等，沿街还保留了部分店铺。这些建筑有精细的木雕图案，有的饰以彩绘、墨绘，有的砖、木、石三雕齐全。现保存古建筑及近代建筑159幢，楼舍栋次高低错落。整个村落是大整体，由宗族统一管理，每幢民居是村落的组成单元，又自成一统，具有家庭的独立性，堂、院、廊是共同的活动空间，而厢房、内室是个体的活动范围，有强烈的有合有分的内外秩序。天井是一大特色，空间高敞，下有石板铺设，空气流通，排水便捷，采光性能强，内部装修砖、木、石三雕齐全，尤其木雕，雕刻精细，内容丰富，姿态各异，极为华丽。

2012年5月已被列入浙江省历史文化名村，2013年被列入国家传统村落。全村总面积7平方千米，32个村民小组，986户3047人。

志棠村

志棠村位于龙游县北部，距县城 30 千米，与兰溪、建德相交界。全村有 411 户 1801 人。

志棠村建村历史悠久，文化内涵丰富。据考证，志棠原名“梓塘”，原有一口很大的水塘，塘边有一棵巨大的梓树，因而得名“梓塘”，后演变为志棠。据民国县志《氏族考》载，邵氏先人于元代至元二十八年（1291）由寿昌迁入，距今已有 700 多年的建村历史。查验志棠所在地邵氏、席氏等家谱，志棠自唐代以来，百业俱兴，到了宋朝，因北方战乱，迁都临安，大量移民南下，志棠因有狮象昼开夜关之祥地，被移民所看中，纷纷落脚志棠发家兴业，到了明代，最为鼎兴之时，人才辈出，考取功名，很多朝廷命官，回乡造厅，以光宗耀祖，留下了许多宝贵的文化遗产。

全村现存古建筑 66 处，其中明代 27 处，清代 34 处，民国 5 处，已被列入省保的有 3 处，县级保护的有 10 处。因志棠种植莲荷历史已有 700 多年，蕴育出独特的荷文化，明代所建的荷花台现今保存完好，历史上曾建有祭拜荷花仙子的“三姑殿”。同时，志棠村地处富硒地带，生产的农作物富含硒元素，故被称为富硒宝地。尤其是近年来打造的“十里荷花、万亩富硒生态农业观光带”，使志棠村成为一个令都市人心驰神往的美丽家园。

石角村

石角村位于龙游县南面，距离县城12千米，龙丽高速穿境而过，全石公路西可直达衢州。

村落在布局上讲究“天地人和”，结构上体现儒家“中和”思想。灵山江流贯全村，谓之“金带环抱”，而周围山峦宛如“城郭”，村落傍水结村，依山造屋，坐北朝南与自然环境完美结合。

村落自古便有“石角八景”：徐山齐雪、元峰春色、石壁泛舟、幻潭烟雨、渡口归帆、双石乔松、阴桥红叶、龙井飞瀑，更有百亩芦苇荡，状元桥、古埠头、“南渡名宰”余端礼墓，还是古琴师祝公望隐居之所。近年来，随着石角村新农村建设始终围绕“生态村”的目标如火如荼地进行，现在的村落更像是一幅典型的农村山水风光图，山欢水笑，环境优美，历史悠久，文化积淀深厚。

村域总面积14.36平方千米，下辖10个自然村432户，总人口1558人。

沐尘村

因早年四周山林茂盛，环堵如城，故先民取地名为木城。后因空气清新，山泉清冽，民风淳朴，可沐去灰尘，驱除尘虑，遂雅化为沐尘。村落沿灵山港分布呈带状，分南北两段，南段称上街，北段称下街。

浙江省百位文化名人之一的余绍宋先生，抗日战争期间曾一度避居于沐尘。名胜古迹有凝和阁、乌石庵、沐尘塔、沐尘泉、巫氏厅、傅家大厅、古商道等；爱国主义教育基地有五烈士墓、畲族文化陈列馆等；现代工程有沐尘水库、沐尘大桥等。凝和阁，始建于明万历三十七年（1609），宽 10.5 米，深 7.4 米，上部为木结构楼阁，下部呈城门式样，拱门高 2.6 米，拱门上方嵌石匾一方，刻“凝和”二字，落款“万历己酉仲秋祝氏建立”。该阁楼为古代来往过客（挑夫、商客、游人等）落脚休憩之处，经多次修葺，原貌仍存，1986 年 7 月被列为县级文物保护单位。沐尘塔坐落于村南雷峰山上，如卫士般守护着沐尘水库，建于明代中期，为六面七层楼阁式砖塔。塔身第七层以上被雷击毁，残高 13 米，塔壁厚 1.15 米，塔基须弥座用粗麻石板平砌成。造型如同六棱柱，通体用 25（厘米）×13（厘米）青砖实砌，自下而上收分较大。1986 年 7 月被列为县级文物保护单位。沐尘泉，泉水甘冽，长年不竭，旁有余绍宋先生撰题之碑记，是自然景观与名人文化相结合的典范。在凤凰山上有一条古商道，用粗石铺成，旧时挑“松阳担”的挑夫三五成群结伴而行，把汗水洒在这条古道上。而今残道犹存，人间却天翻地覆。

马戍口村

马戍口村，地处金华、丽水、衢州三市交界处，面积13.83平方千米，这里历史文化遗存颇多，有为人所知的古建筑，或不为人知的古遗址，有潘兵古树群及诸多古树名木。它们神秘、远古，它们和谐、优雅，它们藏而不露，因年代久远而风雨剥蚀，却承载了千百年来马戍口村的历史。

这里地处交界，是龙游县南大门，明代朱元璋曾屯兵于此，因此被称为马戍口。从此不断发展，成为了繁华的码头、喧闹的驿站，成为商贾云集、人文荟萃的重要关口。

全村现存古建筑36处，其中明代5处，清代20处，民国10处，近代1处。这里古树群集，全村有118棵，其中挂牌37棵。

大公村

大公村坐落在国家级生态乡——社阳乡的腹地，距离龙游县城 34 千米。村内绿色满目，溪水潺流，新老建筑隔溪相望，白墙黑瓦掩映在翠竹苍松间，曲径通幽，山环水抱，风光旖旎，犹如一幅山水画卷，更似遗落人间的桃花源。

大公村美在其古建筑群。全村共有明清古建筑 33 处，民国建筑 4 处，1949 年至 1980 年的近代建筑 84 处，被列入县级文保单位的有 3 处。社阳溪穿村而过，村民傍水而居，河东岸为徽派风格规划新建小区，西岸则是连片的古建筑群，厅堂以大公殿和朱家厅最具代表性，宏伟大气，雕梁画栋；古居则是阡陌交通，错落有致，以池家院落为代表。

大公村美在其人文历史。大公村拥有国内仅存的祭祀徐偃王的大公殿，并由此延伸出“闹会”习俗，一年共有 5 个庙会，其中传承 400 多年至今的清明花灯会最具特色，其祭祖仪式和花灯巡游活动热闹非凡，五彩缤纷的花灯，更凝聚了当地民众的智慧与技艺。大公村也是宋朝大理学家朱熹后裔集居地，朱熹的思想精华渗透传承，孕育了大量的文人能士，可谓人杰地灵。

大公村美在其山水林木。这里深山幽谷，林海茫茫，水光潋滟，处处见胜景，地地见乡野情趣。村内古木林立，百年以上的红豆杉、苦槠、香樟等在册名木 20 株，苍松翠竹触目可见，森林覆盖率达 87%以上，生态环境绝佳。

因其优美如画的山水资源以及丰富独特的人文景观，2008 年大公村被列为浙江省特色旅游村。全村共有 3 个自然村，611 户居民，1634 人。

芝坑口村

芝坑口村位于庙下乡横源四个村的入口第一个村，离县城32千米，通村公路贯穿，卫生、通信等基础设施齐全，环境优美洁净，南面是荷花山，西面是八宝山，两峰对峙。

浙江省内最大古树群就在本村的梦里自然村，红豆杉古树群汇集处有红豆杉、枫树、香樟、罗汉松等千年古树名木共32棵，其中国家一级保护植物南方红豆杉就有9棵。红豆杉平均树高25米，胸径最大约1.5米，需五人合抱，古树经历千年，枝繁叶茂，苍郁遒劲，勃勃生机。该地域不足1000平方米，但负氧离子含量极高，是一处难得的“天然氧吧”，引来大批游客观光游览。还有山后源口的古树群，古朴古香的农家房屋在古树群若隐若现，显得端庄典雅。

庙下乡芝坑口村面积5平方千米，由12个自然村组成，7个村民小组，215户，人口692人，耕地面积621亩，竹林面积4396亩。村庄三面环山，峰峦叠嶂，竹海连绵，是浙江大竹海的核心地区，更是一个典型的山区乡村。

张家埠村

龙游县湖镇镇张家埠村地处衢江江心洲，四周临水，在古时为衢江流域的一处码头。明清时期当地经济十分繁荣，在江心洲平原上随处可见一座座清代古建筑，青砖黑瓦，马头昂首，气势宏伟，虽年代久远，但保存完整，以至成为乡村历史的标志。据统计，全村现存古建筑23处。

据考证，乾隆皇帝游江南、游龙游，这在史册上都有记载，可是乾隆皇帝游张家埠，却很少有人知道。张家埠这地方在当时出了不少名人学士，对龙游来说也有点名气，而且又地处衢江边，交通十分方便。乾隆皇帝当然要来看一看，玩一玩。传说当时乾隆皇帝的游船，就停靠在下埠叶的江边，他上了岸一路走来，听到前面有放火炮的声音，原来是尹氏新建外宅祠堂，在竖柱梁。他踱来一看，屈指一算说："今天是个'火日'，这房子要着火的。"当时有个地理先生在旁，听了后回答说："有紫微星在此，还怕什么！"乾隆听了"哦"一声，退了两步背靠在柱上，地理先生就马上说："青龙背柱，赶快上梁！"相传天子是紫微星下凡的，是克火的，现在大家造新房屋时要写"紫微高照"四个字，贴在堂上，这个风俗就是这样来的。

张家埠村历史上出了不少为官经商的先人，比如尹大汉就是张家埠尹氏家族第十九世的祖宗太公。乾隆四年己未会试中了武进士，做了卫守备，是正五品官的官衔。尹国均，清嘉庆年间，任扬州参将。他文韬武略，忠君爱国，为民除奸，惩治腐恶，立下汗马功劳。尹参将一生经历了乾隆、嘉庆、道光三个时代，他的事迹在民间广为传颂。皇上因尹国均除奸有功，赐他金银珠宝七船，并赐建官厅以资鼓励。张家埠人民叫它新官厅。这就是国家重点文物保护单位尹氏厅。尹氏厅坐北朝南，正厅四进，前两进是厅式，后两进是楼式，这叫前厅后楼。门面是用青石砖雕砌而成，砖雕都是十八罗汉等浮雕，真是活灵活现。顶端造有发角龙飞凤舞，十分壮观。正厅里面的柱子粗大十围，柱磉是汉白玉石或大理石，上面雕梁画栋，真是富丽堂皇。正厅前面相隔五丈之远，造有头门屋五间，中间是大门间，大门间两边有下马石，俗称垒头石。头门前是走廊，挂灯结彩，真是高大雄伟，十分壮观。正厅两边还有边屋几十间，总共占地约有5000平方米。

石佛村

石佛村历史悠久，位于浙江省龙游县北部石佛乡境内，北倚千里岗山脉余脉，南接金衢盆地，村内住户基本为胡姓，自南宋年间始迁居于此。石佛村四面环山，坐拥一盆地，山涧溪流自西向东穿村而过，环境恬静秀美。石佛村属丘陵地带，龙游县北部贫困乡村，现有人口 2458 人。

石佛村原名石峰，据说古代只有上余无石佛，有古建筑 39 处，民宅 37 幢，古井 1 座，20 世纪 70 年代大礼堂 1 座，民宅大都建造于清朝与民国，大多保存良好，室内有精致雕刻和牛腿。

石佛不乏大型古建筑，其中石佛自然村有省保单位探花殿，相传为明代一探花郎回乡兴建。探花殿坐北朝南，前后三进，第一进为五开间，二、三进三开间，建筑纵深 24. 37 米，面积 446 平方米。

石佛村的古民居以世外桃源般的田园风光，保存完好的村落形态，工艺精湛的徽派民居和丰富多彩的历史文化内涵而闻名天下。村落选址、布局和建筑形态，都以周易风水理论为指导，体现了天人合一的中国传统哲学思想和对大自然的向往与尊重。那些典雅的明、清民居建筑群与大自然紧密相融，创造出一个既合乎科学，又富有情趣的生活居住环境，是中国传统民居的精髓，反映了石佛村历来人文底蕴的深厚。

源头村

社阳乡源头村位于龙游县东南山区，山清水秀，绿色满目，景色宜人，距县城约38千米。

源头村是社阳溪的发源地，也是龙游人民饮用水之源头，村庄因此得名。农户依山傍水而居。源头村地势环境绝佳，三面环山、古木林立，自然风光独特。古村的白墙青瓦掩映在翠竹青松之间，潺潺溪水顺村而下，俨然一幅浓墨重彩的山水画。

源头村古建筑年代以清朝末年和民国时期为主，古建筑保有量较多，布局相对集中，传统格局和历史风貌保存较为完整，其中清朝古民宅35座，主要特色是马头墙、墙上花纹、天井、牛腿等。中心村徐惠铭、姜顺潮户“红军墙”保存完好，已被列为县级重点保护文物。源头村古建筑具有丰富的历史价值、文化价值和景观价值，能够彰显美丽乡村的地域特色和人文特点。村内不仅古建筑林立而且民间传统文化源远流长。至今，村婺剧座唱班、舞龙灯等传统民间舞蹈，仍活跃在村间巷尾。逢年过节，民间艺人们便组织好活动庆祝、祈福。

全村共有耕地575亩，林地16427亩，农户410户，总人口1216人，人均收入4610元。

西金源村

石佛乡西金源村属丘陵平山区，全村共有905户2980人。村里自然环境优美，山清水秀，峰峦叠嶂，金村源和黄塘源溪水从青翠的群山中由西向东涓涓而出，三个自然村的民房沿溪而筑，粉墙黛瓦，小桥流水，美不胜收。

西金源村历史悠久，始建于宋宣和年间，并曾一度繁荣。西垣自然村是村委会驻地，以村子四周筑有垣墙而得名。民房沿溪而筑。该自然村主姓蒋，根据民国《龙游县志·氏族考》载："其先阳羡人，宋宣和间，蒋仕泰子贞甫，随康云南渡，卜居县北西垣村，为其始祖。"原名店园蒋，相传隔溪南岸南宋时系寿昌通衢州大路，设有驿站和店铺，下有塘，称店塘，店有庭园故名。后因店铺废，改称西垣蒋，中华人民共和国后称西垣。金村自然村，以姓而得名，村民大部分为金姓，分布在小溪两岸，溪水从村而过。金氏于明代迁入，名为东金、西金，后并为一村，为金村。公平村自然村，原名黄塘源，以驻地得名，主姓胡。据民国《龙游县志·氏族考》载："始迁祖行巽十四，名则，子为法，宋仁宗庆历二年(1042)由金华永唐迁县北二十六都黄堂源，是为龙游胡氏鼻祖。"宋宣祐间户部侍郎胡大昌即其后裔。村口有神仙桥，两石相倚而立，相传为高人所建。(《民国县志·建置考》)。

西金源村至今还保存明、清、民国初期古建筑61栋，建筑结构主要为泥木、砖木、石木，且西金源不乏大型古建筑。其中公平村有南宋户部侍郎胡大昌兴建的胡氏宗祠，金村有大型明代古建筑金氏宗祠，而西垣有建于明末清初的八字厅，还有蒋氏宗祠，建于明代。现保存南宋年间的古桥——黄塘桥，根据《蒋家宗谱》记载，岳飞曾过此桥，当年岳飞曾率大军从此过，并留下了大量的传说。西金源村古迹还有南宋"神仙桥"，长8.3米，宽1米，不用桥墩，用条石砌筑，依靠相互压力挤紧，因设计奇特，故名神仙桥。在神仙桥的牙头边曾有一座亭子，造型奇特，重檐角上有四角、下有四角，故名八角凉亭，在20世纪70年代倒塌。曾有宋宣祐间户部侍郎胡大昌传给后裔的字画，上曾有宋理宗皇帝的笔迹，在20世纪末也失传。

庙下村

庙下村位于浙江省龙游县西南山区，距县城25千米，距杭金衢高速28千米，距320国道22.5千米，龙丽高速公路穿境而过，有乡村县乡公路绕古村西面通过，交通便利。

庙下历史文化古村落由庙上和庙下两个行政村组成，庙下村因驻地庙下街得名，庙上村因驻地庙上街得名，两村约占地面积7150亩，庙下古村目前民居建筑沿老街集中分布，现居住用地约120亩，占古村落建设用地的68.55%。村内现保存完好的明清古建筑有40多幢，其中有省保单位3处，县保单位3处，县保单位古桥1座。

古村落依水而建，因商贸成街，民居以古街为轴心，呈带状向四周扩散，形成了山在外、田在两侧、水靠一边、街在当中的村域形态。厅堂以民居型多，质量高，结构独特，各种建筑的木雕、砖雕、石雕工艺较为精湛，其中有著名学者、革命人士华岗故居和华氏学堂。建筑基部多为石材，上部为木结构，屋顶为小青瓦，古街道长约1000米，沿街店铺有药房、木匠店、布店、豆腐店、弹棉花店等，有何立大、同亨、徐伯平诊所等众多商号。庙下村历史悠久，也给后人留下了众多的非物质文化遗产，尤其是庙下酒、竹文化、茶灯戏、节会等最为重要。

全村现有784户，总人口1392人，村民以农本水稻、蔬菜种植和毛竹加工为主要收入来源。

鸿陆夏村

鸿陆夏村历史悠久，据说古代只有夏湖后山没有鸿陆夏，村以湖名，湖以姓氏和方位称夏湖后山，因有一路横贯村中，又名横路下。“横路下”与“鸿陆夏”方言谐音，遂成今名。鸿陆夏村历史上有古民居 80 余幢，现保存完整的有 18 幢，古街巷 1 条，古井泉 2 眼，150 余年古樟 4 株，300 余年古柏树 1 棵。

村庄有夏、张、吴、杜、邱、徐、刘等姓氏，夏氏下居历史最久。据清光绪二十五年版《前岗夏氏宗谱》载“夏文瑞，字彦修，明弘治三年（1490）从大坟头山迁入”，迄今 514 年；吴氏据光绪二十九年版《泽远里吴氏宗谱》载“吴喜凤，字来仪，嘉靖年间（1522—1566）从安徽歙县迁入”，迄今 470 余年；大塘下杜、邱、徐三氏，据 1990 年版《龙游县地名志》载：诸氏于光绪年间（1875—1908）先后迁入，迄今 90 余年。

鸿陆夏村的古民居大多是明清建筑，其中有四幢被公布为龙游县文物保护单位，其布局和建筑形态呈环形，都以周易风水理论为指导，工艺精湛，文化内涵丰富多彩，体现了天人合一的中国传统哲学思想和对大自然的向往与尊重。鸿陆夏村现有人口 1475 人，共有耕地 2021.4 亩，农作物以水稻为主，水面 800 亩，山地 350 亩。

里王村

里王村石碾自然村位于塔石镇政府西边 2.5 千米处，该村余姓为主姓，祖宗从南宋时迁入此地落户，因当地有一种石头叫麻肤石，易采而不易风化，日晒雨淋还更坚硬，是一种可用于建房、修桥铺路的好石头，所以先人为了生计就开起了采石场，为四乡八邻的建房、筑路、修桥提供石材，因此而得名——石碾村。

该自然村现尚保存有连片的古建筑 18 处，1 处为县文保单位，5 处为重点保护，主要是以明清时期建筑风格为主。原倒塌的余氏宗祠四进二天井，建筑结构非常考究，在宗祠门前有旗杆石，证明祖宗有人考上了举人或进士。余氏家族在龙游县系出一脉，出过朝中宰相余瑞礼、大名家余绍宋等，现该村有一青年书画家余久一，在当地已成名人。

星火村

星火村位于湖镇镇通济街东段，东至46省道，南至浙赣铁路，西至新光村，北至白革湖。

星火村至今仍保存着丰富的历史文化遗产和富有龙游典型地方风格的传统民居，完整的街巷格局体系，其独特的古街区格局和空间形态是江南商业古街的典型代表。星火村传统建筑围绕“一寺两街十巷，一码头三文化”为基点，以通济街两边20米和以舍利塔为点方圆200米内的明清及民国时期的街区、巷弄的建筑格局为主，其中清代民居17幢，店面21间。这些极具价值的历史建筑或建筑局部，包括门头、彩画、砖雕、石雕等，以前店后宅和巷弄内部曲折多变的建筑群体为格局，越到中心，建筑密度越大，建筑之间的距离越窄，年代也越久远。

古村落内自然景观特色明显，保持完整格局的街巷，还有宗教文化、商帮文化，当地节庆习俗、风物民俗、各式店铺、编制手工艺和风味小吃等，加上民风淳朴，勇于进取的生活态度，都反映了传统村落的文化价值。

星火村建村至少700年以上，村域面积1.54平方千米，村落面积0.68平方千米，仍保存传统风貌面积0.28平方千米。其中通济街沿街20米和以舍利塔方圆200米，古建筑保存基本完好。现为市级文明村、市级民主法治村、市级农村社区示范村。

常山县

大处村

芳村镇大处村位于芳村镇以东隔一座大山，距芳村镇4千米，距县城28千米，区域面积3.5平方千米，东与金源隔山相邻，南接前进村，西与洁湖村隔山相邻，北与前溪、红旗岭村隔山相邻，有5个自然村：焦坑塘、早田坞、花田、川坞、大处。

节孝牌坊

大处村世代居住始于明初，区域内四面环山、空气清新、风景优美。大处清代古建筑群是县级文物保护单位，由三桥（同善桥、登高桥、乐济桥）二坊（均为节孝牌坊）一祠（郑氏宗祠）组成。该古建筑群的主要特色：一是比较集中。均坐落在同一村内，三桥同建在流经该村的一条小溪上，且三桥相距仅30米左右，桥与坊、祠相距也仅数十米。二是年代较早。这三桥二坊一祠均建于清乾隆年间，距今已有200多年的历史，其中三桥一坊均有明确纪年文字，郑氏宗祠虽无明确纪年文字，但建筑风格具有清乾隆年间的特色。三是造型精致，保存完整。三座古桥虽然规模不大，最长的同善桥长也只有 8.5 米、宽 4.5 米，但均用青条石砌筑，青石板铺面，造型精致。两座节孝坊造型各异，一为门楼式砖石结构，一为四柱三间五楼亭式石结构，两座坊上均刻有楹联、为谁建坊及建造年月等纪文。郑氏宗祠共三进，室内木雕精细古朴，正门外两侧有两对旗杆石。此古建筑群不仅造型精致，有较高的艺术价值，而且保存也比较完整，2001 年成为县级文物保护单位。

大埂村

辉埠镇大埂村位于镇区中部，菱湖溪西岸，村委会驻地大埂，南至镇政府驻地灰山底 2.8 千米，辖大埂、溪头寺、汪家、许家、姜家、后山岭、独墩山、佘家 8 个自然村，10 个村民小组。

大埂村历史悠久，文化资源积淀深厚，据民国十二年版《灵川吴氏宗谱》载“吴庆云于清康熙四十三年（1704）从安徽歙县迁此，繁衍成村”，距今已 300 多年历史。大埂吴氏宗祠坐落在村南端，于道光二十七年（1847 年 6 月）破土动工，历时三年竣工，是镇区内面积最大宗祠，1986 年被确定为县级重点文物保护单位。

大埂古建筑群

大埂村古居民从安徽歙县迁此，其民居建筑风格承袭了徽式建筑的风格特征外，也逐渐加以演化改进，形成了自己独特的风格。大埂古民居的主要建筑形式有两进三开间和两进五开间，均属于砖木结构，现保存下来的古民居多为高墙封闭，马头翘角，墙线错落有致，青砖黛瓦，巍峨的大门楼，精雕细镂的门窗，参差有序的马头墙，雕梁画栋，色彩典雅大方，建筑用料讲究，建筑工艺精美；在装饰方面，古民居中的石雕、木雕、砖雕随处可见，成为不可或缺的艺术组成部分；在门柱、屏风、月梁、插斗、雀替、铜柱和驼墩上大量使用了镂雕、浮雕、圆雕等手法，雕刻着寓意吉祥美满的麒麟，瑞兽、梅兰菊竹、花鸟虫画、人物故事等艺术图案，加以金漆装饰，构思精妙，工艺精湛，可谓精妙绝伦。2011 年全村总户数 465 户，人口 1461 人，年人均收入 7935 元。

樊村村

常山县招贤镇樊村村坐落在常山江北岸，毗邻鲁士、五里两村。樊村村是以樊姓为主的人口聚集大村，全村现有 520 户 1680 人，已有 450 多年历史。

相传本支太公狩猎时追捕一只黄虎至现在的大坪子位置时，黄虎忽然消失。猎犬不顾太公呵斥，盘大坪子始终不愿离去。太公环顾四周，见风水绝佳，方才醒悟，此乃天意，于是筑屋于博龙溪边，繁衍后代，后村名改为樊村。

樊家大宗祠

村里拥有一座 650 平方米的樊氏大宗祠，始建于清朝乾隆年间，墙体为开线砖浆砌筑结构，内建筑为木头、石条、石柱为主，距今已经有 270 余年历史。宗祠分为前、中、后三进，其中前台为戏台，戏台中央为八卦井，左、右柱子上有一对木雕狮子戏球，戏台左、右设有包厢。中进为民众观戏时的活动场地，后进为摆放牌位所在地。宗祠内有大小落地柱 90 根，每根柱子都雕刻有栩栩如生的人物画，呼之欲出，无不体现祖先的聪明才智。大宗祠于 1997 年 8 月被浙江省人民政府批准立为省重点文物保护单位，并立碑公布，多年来一直得到很好的维护。祠堂溪边有一棵古樟树，已被列为保护古树，祠堂左前方 20 米处有八字坊，右前方 200 米处有八间头等一大批古建筑与大宗祠遥相呼应，充分体现了先辈们的文化素养，为后代留下了宝贵的精神财富。

樊家村

清官樊莹故乡——何家乡樊家村是常山人文旅游资源的重点集聚区域。湖澄祖庙、樊氏宗祠、尚书坊、樊莹墓、忠简古墓等都位于该区域，古迹众多，历史文化底蕴丰厚。区域内还有黄冈山、长风水库等具有代表性的自然资源，山川多姿，风景秀丽。

在中国历史上，“身骑猛虎还从容”的明朝嘉靖年间刑部尚书樊莹是一个家喻户晓的传奇人物。他为官清正廉洁，因一生不畏强权，嫉恶如仇，曾一举罢撤1700多名贪官腐吏而传载《明史》。而樊莹正是常山绣溪（今何家乡）人。2005年樊莹故居被正式命名为廉政教育基地。

樊家村的尚书坊系四柱三间五楼木结构牌坊，尚书坊便是在明嘉靖二十五年纪念樊莹而建立。它是常山唯一一座名臣木质牌坊，也是目前浙西地区唯一的明代结构牌坊。樊氏宗祠又名“博龙祠”，距离尚书坊约100米。因其规模宏大、雕刻精细、布局合理，堪称“江南一绝”。此外，位于何家乡樊家村的湖澄祖庙始建于宋朝，名为“保偃王东山庙”，后经拓建为“永军寺三贤堂”，是樊莹少年时代读书的地方。

尚书坊

芳村村

芳村村位于芳村镇中部偏西，东临芳村溪，西临芳村公路。芳村村以原村委会驻地芳村得名，是具有悠久历史的千年老镇所在地，也是一个山清水秀、人杰地灵、资源丰富的商贸中心。全域面积8.96平方千米，辖有芳村、新福、西山、大坞蓬、红旗岭、前溪村等6个自然村，共计1272户4158人。

芳村古街

芳村古街，始于宋重和元年（1118），方氏由遂安武强风林羽冲里大墅迁入，有近900年的历史。后汪姓、徐姓、王姓等陆续迁入渐成集镇。始名方村，后改为芳村，最初为一小村落。明末清初，已成集镇。古街长800余米，分上、下两段。明末清初，两旁店铺林立，三步一店，二步一摊，市场繁荣。马头墙，梳楼外伸，木质雕花围栏，瓦檐高翘，临街牛腿上刻有山水风景、花鸟走兽、八仙人物典故等，蔚为壮观。古镇街道分上街、中街、下街三段，上街有延禄山房、吟香别墅、临川书屋等文化教育为主的建筑，中街以各种店面为主，下街则以饭店、酒肆、旅店、茶店为主，为船工、伐工的休息、食宿之地。

芳村古街水阁亭坐落于溪南，南临溪有阁亭，拱北斗文星，俗称“水阁亭”（以前称文昌阁）。民国三十五年（1946）重修，部分结构略有改动。此亭是芳村镇的一处重要古建筑标志，有明显的时代特征，是芳村镇现存较有特色的古迹之一，有较高历史、科学、艺术价值。

高峰村

高峰村位于东案乡北部，距乡政府所在地 10 千米。2013 年 10 月由原淤里村和原梅树底村合并为高峰村。

常山第一峰白菊花尖坐落在该村，海拔 1395 米，是常山县著名的生态旅游区。森林覆盖率达 100%，山林植被以竹、杉、松、常绿灌木为主，如千亩野生红杜鹃林，茂密的竹林，山坡矗立的原生林地等林地景观，景观价值以杜鹃花、毛竹、梅花、兰花等植被较高；野生动物种类繁多，主要有野猪、猴和鸟类，尤其以娃娃鱼和野生猕猴最为珍稀。

高峰村山村旅游资源丰富，先后荣获了省级林业观光园区、省级旅游特色村、衢州市森林生态示范村、市级农家乐特色村、常山县十佳旅游景点等荣誉。全村有 368 户，总人口 1251 人，低收入农户 38 户 52 人，有 8 个村民小组。村域总面积 19 平方千米，8 个自然村，有耕地面积 1035 亩，山林面积 26130 亩，水域面积 800 亩。2013 年全村集体收入 3200 元，村民人均纯收入 6800 元。

横山路村

横山路村属常山县原新桥乡，距县城 43 千米，距原新桥乡政府驻地 2.5 千米，西接县乡道常（山）新（桥）线，东连柯城区七里乡。

明、清属迁善乡归仁里二十一都乃字庄，1929 年后属芙蓉乡二保，中华人民共和国成立初属芙蓉乡二村，1956 年建冠山高级社，1958 年改为横山路生产队，1961 年改称横山路大队，1984 年改为横山路村。据《王氏宗谱》载：王一诚于南宋绍兴十四年（1144）由本县迁善乡章舍（今前旺村章舍）迁居于横山路（至今已历 868 年）。因村处冠山（凤凰山）南麓，原名冠山。又因聚落横卧在苦梨尖（峰）与老鹰石（山）之间的大路旁，故改为今名。

乐丰桥

横山路村地处深山，东源溪自东向西穿村而过，注入芙蓉水库，山清水秀，风景宜人，历来是个宜居宝地。现有王、黄、陈、余、吴、徐、卢、谭、吕、熊等 19 个姓氏，共 235 户 880 余人口共同生活在一起。有耕地 355 亩（其中水田 271 亩，旱地 84 亩），山林 1448 亩。以林业为主，主产毛竹、杉木，兼产油茶籽，农业主种水稻。

同弓乡胡村

同弓乡胡村位于常山县城西郊，距县城 12.5 千米，与浙江省首批历史文化村落保护利用重点村——彤弓山村、常山县美丽乡村精品村——中和村相邻。

该村始祖胡满公，系大舜之后，因封得姓。始迁祖胡正公，于宋元祐三年（1088）登李常宁榜进士，先后任工部员外郎、学部员外、工部侍郎，一生为政清廉，宋徽宗建中靖国元年任兵部尚书兼太子翊善，公元 1126—1127 年，金侵宋后，为避“靖康之变”，扈跸宋高宗赵构南渡临安，后因主战恢复中原而不容于朝廷，在公元 1130 年与当时朝廷主战同僚赵公鼎、范仲淹等挂冠隐迹，率家眷隐居于信安（今之常山）县，住地因其姓而命名为胡村。该村历史上较有名的文官 31 人、武将 8 人，《胡村八景》《柏园八景》等一篇篇诗词文宝，是该村珍贵的文化遗产。

胡氏宗祠

小一型水库——大坞水库位于村西，水面面积达 120 多亩，胡村溪（宽约 3 米）由西向东中贯全村；村后蛤蟆山（因形像蛤蟆而命名）犹如一道天然屏障护卫着村庄，历史名臣铭勋曾赋诗《北嶂列屏》盛赞这一美景，被誉为“胡村八景”之一。村内古树众多，面积达100多亩，特别是胡氏宗祠门前两棵参天古柏，树龄已有800多年。村内古建古迹众多，至今保存完整的尚有33处，其中古民居13处，古祠堂和古戏台各1处，古桥4处，古井泉4处，古寺庙1处，古道500多米，近现代建筑5处。胡氏古建筑的象征——胡氏宗祠，虽历经“文革”破四旧等浩劫，至今依然显得雄伟壮观。

全村共有农户430户，总人口1380人，有耕地面积1700余亩，其中水田1000亩，旱地700亩，人均耕地1.23亩，山林面积6800亩。

江家村

常山县青石镇江家村，村区域总面积2965亩，现有人口3000余人。由于江家村建村历史悠久，多姓氏族民共居，留下了许多有形的历史遗存与无形的文化遗产。

江家祠堂内部

江氏大祠堂，占地600余平方米，经民国初年重修，中华人民共和国成立后多次修缮，其建筑徽派风格，规模、用材、雕刻等方面在常山县各宗祠中首屈一指。江家大井，为江家先祖所掘，经光绪二十三年重修，整井全由雕琢而成的弧形红砂石浆砌成，井深约8米，呈“纺锤”形，设计科学合理、建筑精巧，至今仍泉水汩汩、清澈甘甜。现有青石材质“大井缘碑”一块，碑高1米余，宽50余厘米。另有蟠桃庵、观音殿等诸多名俗遗迹。江家村有20余幢晚清时期的建筑，其中位于村中心的一幢“八间头”民居，江家人都称之为“老屋”，建筑占地面积300多平方米，建筑面积240多平方米，梁、柱、椽等木质构件皆用榫卯铰接成为“框架式”结构，建造至今已有200余年的房屋风采犹存。斑驳陆离的百年老墙，古色古香的门窗雕花，半掩半蔽的雕花厢房，凝聚着江氏世代传承的亲情，如今从这幢房屋分离出去的子孙后代已有九代400余人。位于村西的胡家大院，是江家村一幢最大最好、最能体现明清时代江南民居特征的大院，全院布局严谨，设计精巧，建筑考究，工艺精湛，门外有门，院中有院。

金源村

金源村坐落于原金源乡政府所在地，由高角村、底角村、外宅村和后宅村4个村交集组成，位于县城东北21.8千米。

全村有住户745户，人口2345人。村落呈现块状聚落，村中有“一”字街道和清澈见底的水渠穿村而过，因村临上源溪上游东岸，并有水源穿村而流，故而得名。据《王氏宗谱》记载：王翰于宋末由本县迁善乡归仁里，即由芙蓉前旺章舍迁此，系宋庆元五年进士王一非故里。

现存有23幢古民居、1座祠堂，古宅内尚有村民居住，保存较完好，有6幢属明朝古建筑，其余17幢为清朝年间所建。据《王氏家谱》记载，宗祠始建于北宋宣和七年（1125），清同治五年（1866）和民国二十五年（1936）重修2次，为亭台翘檐式建筑，占地1120平方米，2011年被列入第六批省级文物保护单位；世美坊，建于宋代，明嘉靖十七年（1538）重建，牌坊高6米余，牌坊之上刻阴文楷书“世美”二字，系宋朝王氏家族九进士的榜文牌坊；村前一条上源溪，村落中间一条九曲小渠穿村，住宅多面临街巷。同时有大量的文化建筑，如楼阁、祠堂、牌坊和园林杂陈其间；金源有寺庙2座，以寺坞和寺塘坞为重，福林禅寺遗址在寺坞水库，据《王氏家谱》记载，香火红及周边县、市，有小灵隐寺之称。两寺均焚于“文革”期间，但从残墙断瓦可见当年香火场面。

贤良宗祠

棋盘山村

棋盘山村东临龙绕村，西接上安村，南邻九都村，北靠常周村，交通便捷，上红线、杭金衢高速公路贯穿村南而过，距离镇政府所在地 3.5 千米。

百年樟树

据《汪氏宗谱》记载：尽以屏山环列，原显如盘，有星罗棋布之象，故名曰棋盘山。该村汪氏先祖自公元 1454 年迁入本村，在此修身养息 460 余年，子孙繁衍十五代。现辖棋盘山、秦家、湖弄、炉里、黄坤头等 5 个自然村，村庄呈块状分布；村内现有龙绕初中、龙绕小学各 1 座，在校生 1600 余名；古树群占地 60 余亩，苦槠、樟树、枫树等 200 年以上树龄的挂牌古树 146 株，古树群中立有 200 余年历史的“凡我族子孙在古树内不得乱建乱砍”古训石碑一块；古树群休闲公园 1 处，400 余年“北壮堂”1 幢，古民居 4 幢。

2012 年被评为县级文化村。全村现有 412 户 1412 人，村域面积 3.9 平方千米，村庄面积 2.26 平方千米。2012 年农民人均收入 6552 元，村集体经济收入 1 万元。

球川村

球川镇球川村位于常山县城区西偏南 23.85 千米，距镇政府驻地红旗岗西北 4.85 千米，位于球川老集镇五村中心位置。球川村历史悠久，民国时期曾用名七都村，中华人民共和国成立后更名为球川村。

全村现有保存较完整的古建筑 67 处，其中古民宅 53 幢，古祠堂和古桥各 1 处，古道 3 条，古井泉 5 处，古街巷 4 处，最著名的古建筑是坐落在村庄中间的三十六天井。三十六天井建于清同治九年（1870），距今已有 100 多年历史，因其建筑独特、结构完美、雕刻精细而堪称江南建筑之一绝。古宅由台门、前进、中进、后进和偏房组成，拥有 100 多个房间，如同迷宫般，走廊迂回曲折又四通八达，连接大小房门 100 多扇，沟通 36 个大小不一、形状不同的天井，故得名“三十六天井”，总占地面积 3592.2 平方米，为浙江省省级文物保护单位。球川村现有村民 275 户 1032 人，2011 年村民人均收入 6700 元。

宋畈村

辉埠镇宋畈村位于原宋畈乡集镇，村内有“越国宗祠”，该宗祠与村里的“翰墨流芳厅”（已被拆除）齐名，是宋畈村标志性建筑。1949 年后一直作为小学堂使用，后因学校迁址，祠堂一直由村委会管理，并任由村民堆放杂物，多年失修，几近破落。2004 年年底，村委会决定出售该

祠堂，后由全村汪氏族人共同集资买下并得到初步修缮。根据族谱记载，本祠堂应建于宋代。祠堂里有“天部表仪”“孝行师世”“凤池飞彩”“永思堂”等牌匾。南宋理学家、儒学大师朱晦庵（朱熹）来宋畈访问时，对汪氏历代名人深表敬佩，他临别时特赠送长联一副，挂在汪氏宗祠里永思堂大厅之上，长联赞曰：忠烈乘勋保子孙保黎民凛凛犹生独秉两间正气；簪缨传世有公侯有相卿绵绵继美永为万代名宗。据族谱记载，从北宋末年到清末，自始祖韶公，小小的宋畈村竟然出了 27 个进士，可谓名

副其实的“进士村”。

“越国宗祠”属“永思堂”，其“天部表仪”匾由元代兵部提领汪森为宋礼部尚书汪韶立。“孝行师世”和“凤池飞彩”两匾立于明代。该祠堂明代被毁过。现存越国宗祠重修于清康熙辛未年。村内现存有明、清等古代建筑较多，大多数保存较为完好，具有较高的艺术和观赏价值。

泰安村

常山县新昌乡泰安村位于县城36千米处，离新昌乡政府12千米，东临芙蓉湖，南与芳村镇交界，西同本乡茶源村相毗邻，北靠西源村。下辖2个自然村，10个村民小组，305户996人。全村以王姓、余姓、石姓为主，全村海拔在500米以上。

古民居

泰安村古民居多数相互紧靠，一般都有封火墙相隔粉白墙，小青瓦，层次分明，错落有致，封闭的院落既能防火又能防盗。一幢独立的住宅中都有一个较大的空间作为家庭生活的中心，即“堂前”，居中又面向天井，“堂前”主体结构采用上等木材，中间四柱分别采用柏、梓、桐、椿，寓意“白子同春”；屋檐枋下雕有龙吉祥、双龙戏珠及缠枝牡丹、麒麟等浮雕图案，牛腿、雀替雕工也十分精细；大门由民居朝向而定，门框由石砌或石雕而成，门柱基石多有石雕，大门多数开于山墙，傍天井，依弄堂入“堂前”，也有开于院墙，穿天井入“堂前”的。整体建筑透出一种文人气息，表达了古人在精神上和心理上的追求。

泰安村自世祖王仲五，从芙蓉迁居泰安（原名泰川）以来，历史悠久，文化底蕴深厚，源远流长，仍保存有余氏宗祠、石氏宗祠、王氏宗祠、石拱桥等明清古建筑，还有板凳龙灯、天灯、柴冲舞等风俗。2006年10月泰安被常山县人民政府命名为特色文化村——古民居村。

彤弓山村

彤弓山村，位于同弓乡西端，与常山县现代农业园区相接壤。彤弓山村地处连接常山县与江西省玉山县的狭长型丘陵地带，周边与衢州母亲山——三衢山、江郎山、三清山等众多著名景点相毗邻，距离常山县县城13千米，距离浙西第一站的球川镇10千米，513县道（上红公路）贯穿整个村庄，是浙江到江西或由江西入浙的重要交通走廊。全村共辖1个自然村，4个村民小组，有农户170户546人。

彤弓山村古道

整个村庄由其先祖徐国镇于南宋咸淳年间（1265—1274）迁来此地，距今已有近800年的历史。因其祖先徐偃王于西周时辅佐周穆王立有战功，曾受赏赐朱弓赤矢。徐氏后裔为纪念祖上功德，迁来此地后，便在大厅正门特挂“彤弓山舍”匾额，村便由此得名。彤弓山徐氏一族，书香门第，名贤众多，仕官行善，各有所长。据家谱记载，彤弓山徐氏共有官宦15人，另有秀才、乡绅以上51人。徐氏宗祠、文昌阁、北坛社等古建筑，以及省级非物质文化遗产——王琼奴与徐苕郎的爱情故事，就是彤弓山村历史文化的有力见证。

彤弓山村古树环抱，村内古树参天、郁郁葱葱，共有树龄百年以上各类名木古树1000余棵，古树群面积达18亩，其中最“年长”的苦槠树，树龄超过了700年，被誉为“华东第一苦槠树”和“江南第一爱情树”。整个村庄藏身于一片古树丛林之中，是一处最适于徜徉流连，漫步静香的“天然氧吧”和休闲胜地。

溪上村

溪上村位于招贤镇西南4.6千米处，距常山县城10千米。东濒游林村，南与江山市四都镇交界，西与青石镇飞碓村为邻，北与纱帽山村接壤。村内交通便利，村东有大坑公路，村西有岑底公路与320国道相连。溪上地理位置重要，以前（320国道未通之前）常山和衢州之间的官道必经溪上，现在还存有部分官道的遗迹，道路用石块砌成，整齐规整。

溪上古民居

溪上村村名由来已久，溪上村先祖是明代户部尚书，被赐村为“开国元勋”的徐恢（1296—1387）。徐恢世居左溪（青石镇天井头村）和上村湖山，其五世孙迁居招贤镇湖山（溪上原名湖山），为不忘左溪和上村故里，故各取一字，更名为溪上。

溪上村的上湖蓬溪和东坑溪自东向西交汇于村口，一座古朴的石拱桥架在此处，名为双溪桥。双溪桥是溪上村的标志性建筑，是青石堆砌的石拱桥，历经百年屹立不倒。桥西头有两株千年古樟，树干粗大，树枝茂密，是县级保护古树。离双溪桥200米处有一座徽派风格的清代建筑，即建于清光绪年间的徐氏宗祠。徐氏宗祠雕梁画栋、气势宏伟，建筑面积670平方米，三进二天井，原有一块“开国名臣”匾额悬挂中堂。村内这样的明清建筑还有10多座，具有极高的文艺价值、历史价值。

溪上村地域面积约8平方千米，现有农户710户，人口2216人，耕地面积748亩，山林面积10513亩。村民经济收入以务农为主，现主要种植柑橘、胡柚和茶叶，林业以油茶为主，兼有毛竹、杉木等。

徐村村

徐村村位于常山县城西北面，距县城中心4千米，全村总面积4平方千米，距离杭金衢高速常山出口仅1.5千米，205国道穿村而过，交通便利，区位优势明显，是市级生态村。

徐村绣溪美景

村庄依常山江而居，江畔绿树成荫，岸线自然，空气宜人，环境优美，且分布有鹧鸪石、石龙、猪头石、叠石（常山古代十大名石之首）等奇石景观，村庄内保存有石屋建筑和古渡旧址，具有浓厚的地域特色。

村庄历史文化韵味较浓，有被列入国家一、二级古树名木保护名录的古香樟12株，最长已有800多年树龄。人文气息厚重，南宋龙图阁直学士范冲、翰林学士樊清等名门望族先后举家搬迁至徐村，定居叠石，清官樊莹、宋代两任宰相赵鼎（范冲的姻亲）也曾居住于此。“风水之法，得水为上”，傍水而居，在常山历史上众多学士共同居住过的风水宝地，是无数绣溪子孙依恋的胜地。

猷辂村

猷辂村位于新昌乡西部，2013 年 10 月由原外猷辂、猷辂、鄢家、谢家调整而成。

猷辂拳师谢章华

猷辂村共有两项非物质文化遗产项目，猷辂拳和洗马舞，猷辂拳是一种民间武术，现主要流传于猷辂村严氏、谢氏等几大家族，至今已传第四代。猷辂拳集健身、防身功能于一身，深受百姓推崇，可谓是远近闻名。当地百姓几乎人人都会耍上几手，小孩子五六岁就开始练习打桩、学习套路，周边地区的许多武术爱好者也常常慕名前来切磋交流、拜师学艺。猷辂拳传至现代，由于人们精神文化需求不断凸显，除了基础的防身功能，猷辂拳的健身功能、表演功能也得到不断体现，由此，猷辂拳迎来了它的新发展——猷辂洗马舞。猷辂洗马舞，是猷辂村民以猷辂拳为蓝本，借鉴拳术中的招式，同时又运用马夫在洗马过程中的牵马、卸马口、捧马槽、泼水、喂马、洗马、梳马毛、上马鞍、取马鞭等一系列动作演化而成。洗马舞表演一般有 8 人，（包括 1 名马夫）6 盏马灯，6 盏花灯。该舞的主要看点在于马夫的表演，气势阳刚威武，动作娴熟流畅，因此马夫往往由本村武艺高超的武师表演。

村域总面积 8.2 平方千米，有耕地面积 1025 亩，山林面积 9831 亩。全村现有 932 户 2618 人。2014 年村集体收入 10 万元，村民人均纯收入 9412 元。

招贤村

招贤村地处常山县城东部，是镇政府所在地，位于320国道旁，交通条件十分便利。自古以来人杰地灵、商贾云集，更有千年古镇之美誉。

招贤古民居

招贤村自古以来是皖、赣至浙江衢、婺的津渡要道，行旅往来频繁，临江的老街曾有一古渡，称“招贤古渡”。它位于今招贤镇招贤村招贤老街，常山港（衢江上游常山县境内的主干流）南岸，根据春夏涨水渡船靠岸位置，在上街、中街、下街各设一个埠头，由东、中、西三段码头组成。东段码头位于招贤老街至码头处，有38级石阶。中段码头位于老街至码头原船舶停靠处，有32级石阶。西段码头位于码头常山港上游处，有34级石阶。码头全长350米，东段石阶与中段石阶相距约300米，西段石阶距中段石阶约40米。据《常山县志》载：“招贤渡，位于招贤街，系南宋古渡，原为官渡，设渡船两只，渡夫两名。”远在西晋时，古人已在渡口形成聚落，嗣后沿溪发展，成为旺镇。“招贤古渡”是定阳八景之一，早在宋代的陆游、杨万里等大文豪就在此留有吟咏。杨万里在《招贤渡二首》中写道：“倦游客子日无聊，不是江山景不饶。危岸崩沙新改路，断渠横石自成桥。”这里描绘的便是招贤旧时乡间的名胜风景。旧时交通依赖水运的大背景使得“招贤古渡”曾经盛极一时。村内现存古民居 40 余处，毛氏古祠堂 1 处，古桥 1 处，古巷 1 处。

台州市

临海市

西洋庄村

西洋庄村位于临海市白水洋镇中部，临海市西北部，距镇政府所在地约 6 千米，距离市中心约 30 千米，交通便利。现在户籍人口 1117 人，常住人口 1123 人，土地面积 1. 39 平方千米，东面大岙溪流经而过，西北面有凤凰山作屏障，土地肥沃，是农耕的好地方。

现村落传统建筑包括明清时期建筑面积 700 平方米的四合院和建筑面积 580 平方米的前十三间，民国时期建筑面积 580 平方米的后十三间，大清同治七年建筑面积 700 平方米的宗祠祠堂。明清时期的四合院和前十三间现在都已部分败落，亟须抢救性修缮；民国时期的后十三间，现在还有部分老人生活在其中，故现还保存较好，但也已部分出现倒塌，修缮刻不容缓；而宗祠祠堂现为村老年活动中心使用，所以相对较为完整；残缺最

严重的明清时期的十三间还有五套，约计 2900 平方米。

现还保存的传统建筑以明、清、民国时期为主，十三间其实就等于三合院，而三合院和四合院的建筑风格，主要还是体现了宗族的传承有序和宗族文化行为的规范统一，也有利于日常的排水和收集雨水，方便生活。这些传统建筑大多采用古墙灰瓦，古民居之间以古头路、石子巷、石板板铺设为连接通道，自然古朴。（编写：金孝敏）

前塘村

前塘村坐落于临海市白水洋镇中部，位于临海市西北部，距镇政府所在地约6千米，距离市中心约30千米。前塘村以丘陵为主。北高南低，四面环山，千嶂叠翠，云雾缭绕，风景优美。最高为解板山，山上有一座修建于20世纪60年代的仓田水库。村北的朝坑山麓有一条名为“龙潭”的瀑布，自山壁直流而下，非常壮观，为前塘有名的自然景观之一。

前塘村属于临海店前（垫廛）朱氏一脉，始祖旭公，字世升，号乐善（1447—1515)，人如其名，为人富而好礼，积善施仁。明正德三年大荒，公赈粟百石，救治一方，因而德振四方，每为缙绅雅重。公元1468年，自店前分支为前塘，在虎头山下开地，造田栽树造林，营建村落，繁育后代，至今已传世二十余代。前塘村至今仍保存着较为完好的传统民居，主要为明、清、民国时期的建筑格局。传统民居以房为名，现有房名的传统民居有外透房、里透房、台门里房。古民居之间以石为路，石子巷铺设为连接通道。朱氏祠堂，是前塘村民为祭祖先而建造，建于明末清初，坐西朝东，具有当地建筑特色，砖木两层结构，进门之后是戏台，戏台正对面是正堂，用来祭祖；左右为开敞式厢房，各有楼梯可上；天井地面用石子铺设，保存较为完整，现是全村的文化活动中心。

截至 2014 年年底，户籍人口 1508 人，510 户，常住人口 1000 人，耕地面积 786 亩，山林面积 2520 亩，村民人均纯收入 9700 元，村集体收益 10 万元。（编写：金孝敏）

大泛村

临海市白水洋镇大泛村位于中国迄今为止保存最好的古道——黄南古道临海段入口处，与天台县毗邻。村共有农户230户，人口730人，耕地250亩。生态自然条件得天独厚，森林覆盖率达80%，拥有千亩世外梯田、五千米红枫走廊、黄坦“三十六景”、三代桥等景点。

黄南古道临海段入口

黄南古道在宋、明、清年代是以马帮和挑夫为主要交通路线的民间商贸通道，主要运送食盐、绿茶、布匹、丝绸、瓷器等大宗商品，是浙江东部一条非常重要的民族经济文化交流的走廊，距今已有1500年的历史。铺满青石的古道，沿途遍种百年树龄的枫树，从临海到天台，绵延5000多米，现黄南古道已被列为与香山齐名的全国八大赏枫基地。大泛村后的千亩梯田蔚为壮观，呈长条环状的梯田绕山而行，从山脚至山顶，阡陌连绵，犹如一幅幅色彩斑斓的油画，被明代大农学家徐光启称为“世外梯田”。村内民居古朴典雅，具有传统特色，如石屋、杨氏宗祠等；民风淳朴，村民们至今仍过着“日出而作，日落而息”的田园生活，沿袭着剃胎头、点喜日子、闹洞房、压箱底、三天回门等传统习俗。2012年年底，成功举办了“黄南古道首届红枫节”，吸引上海、杭州、宁波等地游客10多万人次。2012年被评为浙江省旅游特色村。（编写：褚学军 杨亦灿）

龙泉村

龙泉村隶属临海白水洋镇，位于白水洋北部，距离镇区约 18 千米，北与天台县雷峰乡接壤，海拔 400 多米，曾是龙泉乡人民政府所在地，1992 年龙泉乡并入白水洋镇辖区。村域面积 2 平方千米，村庄占地面积 86. 52 亩。村户籍人口 521 人，常住人口 295 人。村集体年收入 3 万元，村民人均年收入 8565 元。

村落形成的年代为明代，相传龙泉村始祖于明崇祯末年从天台张思村迁入。现村入口在北侧，所以只见村口不见村庄，只有在村南可见高低错落的古建筑群，尤为古朴自然。村内传统建筑共有 31 座，大多建于清朝及民国时期，由于地理位置偏僻，传统建筑保存比较完整。有的建筑年久失修，主体残缺，梁架坍塌，结构暴露。

龙泉村建于半山腰，四面环山，村庄位于北侧山峰南面向阳的缓坡上，随山势而建。一条山溪自北向南穿村而过，流至山脚汇入河流。村庄历史环境要素较多，有建于清代的龙泉古井和古桥，有经过龙泉村的明代古道，有古寨门和古寨墙。

糕水馒头技艺被收入市文化遗产名录，垂面、豆腐皮、草编等都是龙泉村的传统工艺。（编写：包建新）

汾西村

汾西村隶属临海市杜桥镇，位于杜桥镇西边，与椒江区章安杨司相邻。台缙高速东延线经过该村，高速杜桥出口离村不远。

汾西村旧名大芬，南宋嘉定十六年间已称。以此地鸟语花香，芬芳馥郁，故命“大汾”。后因此地历代文人之盛，田赋之饶，山水盘曲献秀效灵，亦命名“汾川”。1956 年，行政村区划调整，处在西向的大汾叫汾西村，坐落在东边的大汾就称汾东村。据《临海地名志》记载，中华人民共和国成立初为大汾乡一村；1956 年成立汾西高级社；1961 年建立汾西大队；1983 年 10 月改称汾西行政村，所辖为大汾村一部分。

汾西村落中的古建筑等较多，主要有大汾古街，又称“丁字街”，东西延伸，均是用方方正正的青石板铺地。一条汾水小河，贯穿而过，横跨的腾蛟石桥，古朴小巧。清、民国时期的大汾街，店铺林立，买卖兴旺。汾西村农历三、八为集市日。

李宅大院东侧面

村落中环境和格局及历史风貌等保持得比较完整、合理、和谐。村落中文化积淀深厚，有丰富多彩的历史信息，意境深远的人文景观。民国三十年中秋始建的富绅李彦兵“玉溪小筑”，旁建有三层高楼的“耘书楼”。

汾西村现被列入浙江省历史文化村落。2014 年年末，全村有 694 户，耕地 824 亩，村民人均纯收入 20003 元，村集体当年收入 150 万元。

汾东村

汾东村隶属临海市杜桥镇，位于225省道与沿海大道交会处，紧临台缙高速东延段，交通位置优越。

汾东村南宋嘉定十六年间已称。1956年，行政村区划调整，处在西向的大汾叫汾西村，坐落在东边的大汾就称汾东村。据记载，中华人民共和国成立初为大汾乡二、三村；1956年成立汾东高级社；1961年建立汾东大队；1983年10月改称汾东行政村。现由大汾村的一部分另加3个自然村组成。清雍正四年属临海县保乐乡大汾庄。汾东村逢农历五、十为集市日。

大汾聚居李姓，肇始于唐僖宗年间（据明万历元年应明德撰《李岱墓志铭》记载）。村中珍藏《汾川李氏族谱》，收录李氏徙居人口文字档案、地域乡土历史研究的小史，延续传诵李氏佚事和村落历史文化。现存李氏宗祠，祠中镌刻有嘉庆二十年的《李氏中兴碑记》和咸丰六年的《绳其祖武》碑刻，彰显李氏氏族渊源的历史。毗邻祠堂西首有始建于康熙十二年，重建于乾隆二十七年的大汾东岳庙。每逢农历正月初二，此庙都要举行规模宏大的迎佛和演戏活动。这一天，鼓乐喧天，炮声隆隆，观众人山人海，热闹异常。

汾东村现被列入浙江省历史文化村落。2014 年年末，全村有 779 户，耕地 694 亩，村民人均纯收入 20264 元，村集体当年收入 574 万元。（编写：何方伟）

卢家村

卢家村隶属临海市杜桥镇，位于杜桥镇南约1千米。杜南大道从村前经过。卢家村建村年代不详，有卢家、隔塘2个自然村。全村地势平坦，村东下朱沟自北向南流淌，村西北龙舌湖环绕。

据《临海地名志》记载，卢家村因驻地卢家自然村而得名。明嘉靖年间，卢国篆、卢国谋兄弟俩自章安迁徙至此，后以姓逐名“卢家”。清雍正四年属临海县保乐乡嵩山庄。1956年与下沈、西堑、厉家等村联办联丰高级社；1958年成立卢家生产队；1961年建立卢家大队；1984年3月改称卢家行政村。

村中存有《章安卢氏宗谱》，同治十一年（壬申）重修，六卷六册，木活字本。宣统元年（己酉）重修，六卷五册。民国三十三年（甲申）重修，卢家派三册，木活字本。1994年重修，五卷五册。村内有临海市重点文物保护单位（杨氏节孝石牌坊），清咸丰三年十二月建，为旌表以故贡生卢公倬妻杨氏节孝而建，牌坊用青石构建。

村东入口的卢氏宗祠，当年前有照壁，下立“大清咸丰五年岁次乙卯葭月穀旦裔孙华林立”铭文甲午石，今照墙已复建，据记载清嘉庆元年卢氏合族重建，供奉卢氏祖先牌位和遗像，昭示着家族的荣耀。宗祠东侧有保界庙，供奉白鹤祟和大帝、引龙禅师神像。

卢家村现被列入浙江省历史文化村落。2014 年年末，全村有 844 户，耕地 307 亩，村民人均纯收入 20260 元，村集体当年收入 456 万元。

下湾村

下湾村隶属浙江省临海市河头镇，位于临海西北部，北与天台县三合镇交界，地处镇北缑山脚南麓，离村外始丰溪仅 1 千米，距 104 国道 2 千米，离临兰公路 1 千米，海拔 80 米。

下湾村古称“鲍家湾”，明后叶氏村民从上湾（又称上叶）村迁移过来，叶氏人丁兴旺后，村名改为“下湾”，因叶姓久居，又称为“下叶”。下湾村有叶、朱、梁、郑、蒋、金、陈、奚、尤、王、甘、褚等 10 余个姓氏，其中叶姓占全村总人口的 70% 以上，是一个以叶姓居民为主的村落。据民国十五年重修《临海大石缑山叶氏宗谱》载，村落在南宋嘉熙四年间就已初步形成。其村源可追溯到始祖叶及，宋代从天台县横水（原名东山麓）迁住临海大石，前后相传千余年。有上叶、下叶之分，后第九世祖叶士表，字文度，号冲虚先生，敕赐回籍，于上叶方升街神童坊后筑楼宅。明永乐二十一年，上、下二宅，二叶自立分祠，自此人口渐兴。

下湾村，坐北朝南，整个村庄处在山岙湾里，旧筑石城，东接翠微山，长达 400 米，开四城门便于出入，以御外敌。内有祠堂，外有牌坊。

而东面有座翠微山，又名恬山，山巅上有一阁，名曰“拱辰阁”，所谓村庄宅居虎强龙弱因而建阁，东山之顶，祀斗姆像。村之西凤凰山，上山凤凰展翅高飞，北枕缑山，南面地势平坦。古村的乡风淳朴，名人辈出，佳话故事延续相传。

2014 年全村共 495 户 1420 人，拥有耕地 564 亩，山林 1500 亩，村集体经济收益 4 万元。（编写：河头镇）

岭根村

岭根村隶属临海市东塍镇，位于镇东琅坑岭东麓，故名岭根，225 省道经过村南。始祖王皞是元代台州的解粮官，押送皇粮途经岭根，见此地三溪交汇成“三水夹金”，周围九条山冈像卧龙形若“九龙舞翠”，真乃世外桃源风水宝地，便于元至顺年间（1330—1333）从临海城内黄甲巷迁居岭根，繁衍生息，人丁兴旺，渐成王氏聚居地，并生出“岭根王”之名。

岭根是唐宋时期温州至宁波古驿道的必经之地，道上有北大校长蒋梦麟题额的连山桥，高大伟岸。现存穿村古驿道十里许，古桥、路廊、丁步等古代交通设施留驻着悠悠古韵。村内保留有建于元明时期的老街、寨城墙、钟秀堂、擂鼓门、五炮台等古迹。清嘉庆至民国初年建造的深宅大院鳞次栉比，大多均是民国省长和将军的宅第，八个大院里书写着说不完的辛亥革命和民国的传奇故事。老街东北沙洪潭边长有 500 年古槐，外山 600 年古柏与古藤交缠，极富诗情画意，村中有市级文保单位 3 处。

古民居

岭根村居民秉承耕读传家古训，地灵人杰。清代 140 岁旷世寿星王世芳，深得乾隆宠爱。民国初年留学日本、德国的不下 5 人，其中有浙江省

乾隆下旨在岭根村为王世芳赐建的“升平人瑞”木牌坊

长王文庆（原）、少将王仪斋、浙江省参议会议员王赞尧、光复会女会员王素常、沈阳兵工厂总工王纲等。14 位志士参加辛亥革命。民国时期走出 8 位将军，其中 4 位中将、4 位少将。

1997 年，岭根村被评为台州市历史文化特色村；2012 年入选浙江省历史文化重点保护村、省非物质文化旅游村；2013 年被列入中国传统村落。2014 年年末，全村有 743 户 2250 人，耕地 1033 亩，山林 3088 亩，人均年收入 8500 元，村集体收入 22000 元。（编写：李尔昌）

坦头村

坦头村隶属临海市东塍镇，位于镇东康谷溪上游，距镇政府驻地15千米。村庄三面环山，东有白岩山峙立，南有前蟾山作屏，北有凤凰山派生出源源风水，是一个典型的“谷中村”。

村中居民几乎清一色姓吕，是南宋宰相吕颐浩的后裔。建炎四年(1130)，吕颐浩第一次被罢相，侨寓临海，成为临海吕氏的始祖，子孙繁衍，渐成府城望族。绍定三年（1230)，吕氏五世祖吕必昌，自临海城内入赘东乡康谷，在白岩山下开荒造田，植树造林，渐渐稼禾丰登，六畜兴旺，即行选址建村，选中凤凰山南麓一块平坦之地营造村庄，供族裔聚居，取村名坦头。

古民居外景

坦头吕氏，出自宰相豪门，后裔秉承先祖“耕读传家”的中华古训，建村期间依照传统文化的风水学，以青龙、白虎、朱雀、玄武来设计村庄布局；左依青龙坦头溪以畅流，右伏白虎凤凰山以镇邪，前置朱雀兴耕作，后枕玄武白岩山为后盾。现存古宅15座，以祖居发源地金德堂为始，相继建耕读堂、育德堂、万户堂、仁义堂、景德堂、顺德堂、润德堂、留余堂、存德堂、厚德堂、顺则堂、高达堂、后院堂、居易堂、余庆堂、善德堂等，洋洋洒洒，在台州乃至全省亦属罕见。吕氏宗祠，建于明末清初，逢节祭祀祖先，每遇乡事则由各家代表聚于正堂族议。祠内戏台上撰联“舞台方寸悬明镜，孔孟衣冠传后人”，寄托了先祖对后人的警世与鼓励。

2014 年年末，坦头村有居民 250 户 700 人，耕地 297 亩，山林 2372 亩，人均年收入 9000 余元，村集体收入 15000 余元。（编写：李尔昌）

麻山村

麻山村隶属临海市东塍镇，位于镇东的琅坑岭头，距镇政府驻地11千米。麻山村四周崇山峻岭，一条叫麻皮坑的山涧从村边流过，故取名麻皮坑村。民国时期，村中有一位曾任过青岛市市长和蒋介石私人秘书的郭志文，他回乡重修祖坟时，观察山形风水，改村名为麻山。

村北狮子山高耸，山脚下棋布牛山和四座将军山，古名犀牛四将，旁有供将军骑骋的形似骏马的“马山”。村南朝阳处逶迤着五座凤凰山，古称五凤朝阳，天地赐与麻山村如此美妙的风水，风水先生说后代必出大人物，果然应在民国。

临海府城至宁波、三门的古驿道经过村中，石级如梯，芳草萋萋中古路廊苍苔斑驳，无声地讲述着当年车马往来的盛景，现存约3千米。村中遗存清代郭凤云故居、郭氏宗祠等古建筑。麻山村民大多姓郭，元至正年间（1341—1367）从康谷迁来，系康谷郭氏分支，聚居繁衍至今700余年。

麻山郭氏后裔秉承祖训，耕读传家，子女读书优者，则出外入仕或创业。麻山郭氏的子孙以远祖唐代名臣大将军郭子仪为骄傲，明代名臣南京监察御史郭紝为榜样，修身自检，传承了祖先立下的民风民俗，在生产生活中不断地糅入自己的创造，形成一整套富有地方特色，讲究中国传统文化的风俗，成为远近传扬的美谈。

2014年年末，麻山村有居民228户，人口570人，耕地328亩，山林3411亩，人均收入7500元，村集体收入3万元。（编写：李尔昌）

上周村

上周村为宋代古村落，隶属临海市涌泉镇，位于海拔670多米的兰田高山之巅。

村以姓得名。据《桐峙山记》载："其间虽杂姓之不齐，惟周氏本家子世裔宋末间评事公始迁于此。"据《临海周氏宗谱》记载："桐峙山周氏始迁祖者，即宋评事官永达文煜公是也。"经过600多年的演变，2014年，全村人口1482人，445户，其中周姓人口仍占95%以上，较完整地保存了具有周氏特色的历史风貌，村民至今沿用石制农具和手提肩挑的原始农耕方式。上周村背靠桐峙山主峰山顶山，空气清新，生态环境优越，长寿老人众多，2012年浙江省最长寿老人李海妹（112岁）即该村村民。

上周村村内保存有高山草甸（天然大草坪）、石头古屋群、高山茶园、老大岩、千亩竹海、高山梯田、山顶日出与云海，以及省内唯一保存基本完好的古红稠树林公园等。优越的生态环境已受到越来越多游客的追捧，被誉为台州城市"后花园"、台州长寿村。

2014年年末，全村有耕地881亩，林地4525亩，茶园600亩，村民人均收入约8000元，村集体收益3万多元。（编写：周宁　周先法）

胜坑村

胜坑村隶属小芝镇，原名西坑，地处牛头山水库上游的一个峡谷中，四周山地环绕，平均海拔100余米，属丘陵地貌。全村以杜、叶、陈三姓氏为主，分为15个村民小组，共222户，人口总数552人。2014年年末，村民人均纯收入8000元，村集体当年收入3万元。

胜坑村是南宋名相杜范的后裔聚居地。杜范（1182—1245），字成之，号立斋，谥清献，黄岩杜家村人。南宋理宗时右丞相，为政最刚直清廉，精忠报国，忠心为民，是“道德名节冠前朝，勋业文章垂后代”的“南渡宰臣之冠”。景炎元年（1276），杜范侄子杜浒带领台州四千精兵跟随文天祥抗元复宋。最后，杜浒领导的台州四千义军以失败告终。随着元军的长驱直入，杜家村人自感厄运临头，村民们纷纷携老搀幼远走他乡避祸，其中一支避祸至此。杜氏在此定居后，耕读传家，继承先祖遗风，形成了独有的杜家精神。一是戴恩崇德，奉行忠义，有仁孝的伦理精神；二是聪颖豁达，才思敏捷，有深厚的文化内涵；三是性格豪爽，耿正豁达，有刚烈的浩然正气；四是刻苦耐劳，诚实守信，有优良的先祖遗风。

村落全景图

胜坑村山峦耸翠，溪流中出，崇山远近虚实，高低错落，给人世外桃源的感受。村内保存有从清、民国到20世纪70年代的各式各样建筑，如同城堡的封闭式四邻院，村落布满石桥、石路、古树、古屋等。胜坑山林资源丰富，林木种类众多，村庄原始发展过程中的建筑就地取材，都是来自山林木材、石材。（编写：项超）

城里村

城里村隶属桃渚镇，距临海市东南 60 千米，因村位于桃渚城内而名“城里”。全村面积 300 亩，村民 780 户，共有 2520 人，2014 年村集体收入 15 万元，人均收入 1 万元。桃渚原系三面环山的海湾，因围垦成渚并植桃树而得名，现有著名的风景区“桃江十三渚”。

桃渚城里村立村于明正统年间，此前，置属海门卫管辖的千户所，位于中旧城。正统八年（1443），户部侍郎焦宏巡历海道，以“处非其地”，遂将所城迁徙到现在的桃渚，成为浙江沿海为抗倭而建的 41 个卫、所城之一。

桃江十三渚

迄今为止，桃渚城还保存着全部城墙和城门，城高 4. 5 米，为不规则方形，条石砌筑，周长 1366 米，东、西、南三座城门内都设有瓮城；环城有 12 座敌台，是国内保存最为完好的明抗倭古城。城内后所山有“眺远”“镇海”等明代摩崖石刻，城西北有立于明嘉靖四十年（1561）的《新建敌台碑记》石碑，记载了戚继光抗倭功绩。城北有校场、将台遗址，相传为戚继光点兵之处。城内还有建于清乾隆十五年（1750）的鹤峤书院、衙门遗址、黄衙井（古称沧浪州）、郎德丰、郎家里、金家里、旗杆里、明石经幢等胜景。

2001年，桃渚城和台州府城墙同时被国务院公布为全国重点文物保护单位。桃渚，是与戚继光休戚相关的，在这里，戚继光将军取得了首战台州的胜利，掀开了在台州“九战九捷”的序幕，此后，台州不再有倭寇之乱。“戚继光抗倭传说”被浙江省政府列为省级非物质文化遗产名录。（编写：戴相尚）

坪坑村

坪坑村隶属临海市尤溪镇，坐落在临海江南大峡谷景区顶端，海拔880米，距镇区约21千米，距市区33千米，南接黄岩宁溪，西邻仙居，属括苍山纺车岩主山脉。因貌若狮子前胸，故又名元塘龙潭脚下，为唐朝政事堂宰相戴胄后裔聚居地，始建于南宋。

南宋景炎三年（1278）戴氏族人从仙居迁此，见景赋诗："深山坑潭百丈深，流泉若镜可净心。幸得滩场三千尺，乐在坪坑享太平。"此后便以坪坑为村名。

坪坑村现存建筑部分为清代木屋，具晚清闽浙风格，依山而建，错落有致。更多的房屋修建于民国期间，有建筑六合院、四合院、飞檐倒挂楼等古迹建筑。典型的是山地重檐式房子，墙体以卵石与青砖叠成，檐角青瓦起势略微飞翘。村中由这些古屋半掩半映地点缀于竹林间，远远看去，重重叠叠，典雅宜人。村内村后有古树名木多株，古拱桥两座，全村房屋基本上保存完好，极具地域风情和乡土文化内涵，是个耕读立家，代不乏人，具有浓厚文化精髓的江南古村落。

全村340多人，现有耕地416亩，果园286亩，山林2.9万亩，其中毛竹林 9152 亩，是个地广人稀、资源丰富的高山村。2014 年村集体收入 2.5 万元，村民人均纯收入 6800 元。（编写：章伟林）

灰坑村

灰坑自然村隶属临海市尤溪镇，位于临海市尤溪镇西南 21 千米处，与黄岩宁溪毗邻。灰坑自然村属江南大峡谷源头，风景优美，与下游 2 千米处的红岩脚村，上游 1 千米处的柏油山村，同属于灰坑行政村。

灰坑牟氏为牟大昌后裔牟宗仁后人，据《牟氏宗谱》载："嘉靖十三年（1534），牟氏后人陆续回迁茅畲，或移居太平、仙邑（仙居）、临海、新昌、瑞安等地。雅儒世孙宗仁于嘉靖十三年迁临海义城（尤溪）灰坑定居，耕读为生。"

灰坑，背枕山峦，面对溪流，左右山林拥护，据说过去每年冬季烧山以备种植杂粮，然而，由于大雨，坑中经常泥灰水直流，故称"灰坑"。灰坑村房屋始建于明嘉靖年间，现存房屋多为晚清修建，部分建于民国中期。村落按奇门遁甲原理布局，巧妙利用自然界的磁性作用和奇门法则，分六个区块建筑，谓之六甲连济格局，各区块相互制应以御外犯。房建与地形、地貌、山水巧妙结合，是一处以超脱的心态构思和营建的住宅。村落为条形布局傍山而建，景观突出，有着浓厚的文化气息。该建筑能够在有限的建筑空间内，最大限度地体现其构思的精巧以及工艺的高超，实为别具匠心的建筑形式。

2014 年年末，全村共 24 户，人口 86 人，多为出外打工经商。该村现有耕地 39 亩，山林 1500 亩，村民人均纯收入 9800 元。灰坑自然村最大的特点是冬暖夏凉，蚊蝇罕见，被称为“无蚊村”。(编写：章伟林)

孔丘村

孔丘，古名陇州，亦称陇头梅村，隶属临海市汇溪镇，海拔600余米，地处山区，名茶羊岩勾青产地羊岩山东麓，距临海25千米，位于天台、三门、临海三县交界处。辖区面积3.3平方千米，为原孔坵乡政府所在地，羊岩秀水由西向东贯村而过。村内建有东泰桥、中和桥、西安桥三座古石拱桥。幽谷碧水，茂林秀竹，千年古柏为屏障，瀑布飞溅，梯田层层错落，奇山异石，有凤凰盘谷、小楼书院等“陇洲十嘛”。

《临海陇洲章氏宗谱》载：明末，“天下大乱，为避战乱，处士海游人（现三门海游镇）章廷可背妻骨灰携六子入山，惟恐不深，寻至陇洲结庐而居”。从此，章廷可“举世不闻，以耕以稼，克俭克勤，秉古遗训，教子育后”。至今已有400余年。

村内保存有清代至民国时期的古建筑群，依山依势而造，用材讲究，集能工巧匠的聪明智慧，蕴藏着丰富的文化内涵。民居精巧典雅，粉墙黛瓦，具有独特魅力。村中现保存着较好的传统建筑有十余座。九座四合院式宅院（耕礼堂、近仁堂、中和堂、五世同堂、三余堂、功德堂、锄经堂、半耕堂、中羲堂）等民居院落，还有章氏宗祠、宝新小学旧址、樗院别墅及一心斋等建筑。一心斋是英国传教士白频登先生亲手建立的教堂及医馆（台州恩泽医院前身及台州基督教首传地）。

全村有耕地600余亩，山林1000余亩。现有人口967人，农户376户，常住人口不到400人。经济收入主要靠种植业（水稻、番薯、蔬菜、西瓜、茶叶），人均收入3500元。2014年被列入中国传统古村落之一。（编写：章宏行）

南蒋村

南蒋村隶属临海市沿江镇，位于镇西山区的龙珠山，海拔 423 米，由中心村、山后坪、双尖、滥田湾、大盘山、雉鸡湾、猪者、厂峰岗、大塘、向山头、下坑、牛路岗、杜坦坤等 13 个自然村组成的古村落。南蒋村由黄岩北垟前蒋村铁潭蒋氏第 25 世始祖元云、元定两兄弟迁居南蒋繁衍生息，至今有 300 多年。现有蒋氏、金氏、冯氏、任氏四大家族居住在此。20 世纪 90 年代，南蒋村两委决定走移民下山发展致富之路，但目前仍余留 30%农户生活在山上，守望着这座历史悠久的古村落。

近 20 多年来，猪者、双尖、下坑等自然村因大部分村民移民下山逐年破败消失，而中心村虽然大部分村民下山，但仍保留有清代以来建筑的寨门、路道、住宅、祠庙、戏台、水池、会堂、校舍、古桥等大量古民居建筑。特色建筑有三台里、金竹园、柏树园等 12 座四合院，樟树下等 12 座三合院，其中兆杰仙三台里四合院为三透四合院，有 56 间房屋。全村现存有清、民国时期古民居建筑 260 多幢，是临海市境内保护最好、群体最大、形制最齐、文化内涵深厚的四个古村落之一。

南蒋古村落群山环抱，山高林密，千嶂叠翠，清风徐来，山花飘香，房前屋后，溪流淙淙，泉水叮咚，环境优美，是休闲养生的好地方。2014年，南蒋村有农户468户，耕地458亩，村民人均纯收入1.2万元，村集体当年收入38万元。

黄石坦村

黄石坦村隶属临海市括苍镇，位于括苍山脉，九台沟入口。据传，最初来此居住的是从黄岩迁来的人，村址建造在一块四周岩石间平坦的草坦上，故名为黄石坦村。

海拔400米的黄石坦村是个原生态的小村庄，基本上都是依山而建的古朴石屋，石屋上镶嵌着的石窗、石门、小桥，院落也是山中石块垒成，建造独特。置身其中，山，新奇秀丽，水，清澈见底，恍如世外桃源。村民们过着“日出而作，日落而息”的简单生活，有着“采菊东篱下，悠然见南山”的超然意境，这里也不乏百岁老人。而括苍山著名的九台沟风景区，正起于黄石坦村口，全长5.5千米，具有华山之险，黄山之奇，九寨沟之幽，张家界之秀。全沟分龙珠台、揽秀台、倚壁台、窑基台、观瀑台、折佳台、承玉台、望月台、摘星台等九台，台台相连，景色各异，跌宕起伏，引人入胜，集奇峻清幽于一地，汇峰、林、洞、瀑于一域。

2014年年末，全村共有农户180户，人口590人，耕地189亩，村民人均纯收入0.92万元，村集体当年收入5.58万元。（编写：应晓燕）

尚山村

尚山村位于括苍山脉，隶属临海市括苍镇，是浙东一座奇特的“船”形古村落，是夏天人们纳凉避暑的风水宝地。整个村落，枕龙岗面朝山溪，山水明秀。

尚山村古称和尚山村，由于四周环山，村庄位于四周山崖，形似一口大锅，俗称“锅上山”，时代久远，谐音为和尚山，又传此山是山下赵爷殿和尚所有，故得此名。相传几百年前由王姓族人从福建迁居至此，繁衍生息，人丁兴旺，逐渐发展到现在黄粟地、和尚山、道人寮三个自然村，形成了王、许、贺三姓鼎立的局面。村前原有一棵数百年、需四人合围的大樟树，由于兴办学校忍痛割舍，但在一个小山村同时出现小学、初中并存的教育新局面，在临海的教育史上也是罕见的。清澈的溪水从村中缓缓流过，溪畔边是勤劳的尚山人垒筑的石头房，背靠大山，相传道士葛洪在此修炼成仙。尚山村人杰地灵，是一个深藏“学而优则仕则商，不优则隐则耕读传家”文化精髓的古村落，近年来就走出了近百名的大学生，仅科级干部以上就有数十人。

2014 年年末，全村有农户 202 户 608 人，耕地 200 亩，村民人均收入 0.93 万元，村集体当年收入 82.12 万元。（编写：剑武）

张家渡村

张家渡，原名湖阜，地处括苍山主峰北麓，永安溪和方溪的交汇处。宋宝祐年间，黄沙进士张汝楷丁忧后来此隐居，因溪水阻隔，出资筑埠头，购置渡船，以便行人。人们感怀张汝楷的恩德，将此地改名“张家渡”。

张家渡古街

张家渡是明末清初形成的村落，旧名叫“太平乡石塘”。康熙年间，张家渡建市，是临海出西门第一大集镇。乾隆年间，李、金、许三大姓鼎立而居。张家渡古街，呈上街、横街、中街、下街四条古街布局，按“王”字形状设计建筑。中街旁边建有五座古建筑群，俗称“五透十三间”，廊廊相连，透透相穿。王庄山北麓有明抗倭名将王士琦墓，原封不动摆在墓道上的蟠龙望柱、石翁仲、石马、石羊、石狮、碑亭等明代旧物，墓前旧立“天恩地赐”坊，1982 年 7 月被大风吹塌。如今墓前的石像静穆屹立，沐浴百年的沧桑，见证古镇的变迁。

2006 年，张家渡古文化区被评为浙江省第三批省级历史文化保护区。2014 年年末，全村有农户 1001 户，耕地 980 亩，村民人均收入 1386 元，村集体当年收入 300 万元。（编写：何达舟）

东林村

东林村隶属临海市涌泉镇，位于镇东北部山区。东林村由大爿地、平安溪、林家湾、东京4个自然村组成，村委会驻地大爿地，中华人民共和国成立初四村合并，因辖区中有东京与林家湾故称东林村。

村民中半数以上为蒋姓，其次为严姓，其他姓氏极少。据《蒋氏宗谱》记载，蒋氏始祖于晋汉间由金华徙居仙邑南城，后裔月淑、月贤遭兵燹避乱来台，复隐于桐峙山，为东林蒋氏始祖，并在此繁衍生息，沿袭至今。2015年，涌泉镇东林村被列入临海市历史文化村落保有数量和名单库。村内有修筑于清代的城墙遗址，金满抗击清兵遗址及保存完好的古代石屋，还有“高山天池”美誉的东林水库、十八龙潭等景点，是避暑休闲的好去处，被称为“台州的香格里拉”。

2015年，东林村有538户1728人，耕地598亩，林地6795亩，村民人均纯收入0.85万元，村集体当年收入43万元。（编写：綦宝利）

殿前村

殿前村隶属临海市河头镇，地处大石最富饶的地方，西接始丰溪，南与大田街道接壤，东西全长约 5 千米，南北宽约 4 千米，面积约 20 平方千米，属丘陵腹地。殿前村是大石第三大村，也是千年古村。2014 年居住 759 户，2228 人，拥有耕地 980 亩，山林 2360 亩。

殿前建村已有千余年。据查，宋嘉定年间十三世祖仲弼公，官至开封府尹，政绩显赫，百姓称颂。以后他退归故里，笑傲林泉。一日来到大石殿前地方，见村周围山脉诸峰昭拨，山坡雁岭，林壑优美，水浇鹳溪，心情特好，赞之曰，真乃钟灵毓秀之地。之后，他就由黄沙埠头携家眷迁到殿前村，开拓封疆，创建华宇。先祖开基，后世续业。后来，村庄中不断地有亲缘关系的各姓、族民迁入，殿前村族姓有朱、梁、罗、唐等四大姓族。全村人丁兴旺，各姓族、各居户关系和谐、融洽，各姓族中人才辈出。

芙蓉村

芙蓉村位于临海市东南部，隶属桃渚镇，距桃渚古城仅1千米，村后有山状若芙蓉，村因山名。村分上宅、下宅，有山根、上园、祥宅、第五份、达道头、旗杆里、花台门等自然地名。西北有蟠溪环抱。村前龟蛇卫护，狮像把门，天挺其秀，芙蓉插翠。

芙蓉村始建于唐末，至今已有1100多年。据《台临黄氏宗谱》记载："始迁祖唐大理寺评事平阜公初拜大理事平事，后居闽为永丰县令。"而今，黄氏后裔单芙蓉一村就有3400余人。清末时，族人特请进几户金姓人家入住，意寓"黄金"，日进斗金，族隆子兴。芙蓉村民风近古，既有明、清、民国期间的黄氏大宗祠、黄氏小宗祠、旗杆里、花台门、夹伍、四合院、堂屋等众多古建筑，亦有接春、二月二、清明祭祖、开秧节、牛生日、端午、六月六、七月半、七月三十日地藏王寿日、做八月十六、九九老年节、拜冬、冬至、廿四掸尘、过年等民俗活动。

旗杆里廉政门

村中的建筑有着防止贼盗和匪寇的布局，"二踏道半"埠头印证了沧海变桑田的历史；旗杆里、石道地、花台门、黄氏大小宗祠、东岳庙、蟠溪庙、水庆堂、隆恩寺旧址等大型古建筑达几十处；用石砌成的"廉政里”“文化门”“文化路”“廉政路”“山根路”“花园路”“三圆洞门”和600多米长的“三弯六转角”“九莲灯”，彰显村级建筑文化艺术；还有芙蓉戏班、大凤鸟别龙等特色文化活动都添加了浓厚的文化色彩。（编写：陈学诚）

中岙村

中岙村位于小芝镇西北部，地处牛头水库源头，西邻小义线。该村四面环山，有六条山坑汇集一起，通过村前，原称陆念岙，1953 年因该村处于当地 3 个自然村中间，改名为中岙。

全村共有 188 户 563 人，2014 年人均收入 8840 元。全村占地 1.23 平方千米，共有耕地面积 760 亩，山林面积 1500 多亩，村内森林覆盖良好。生长在村边宋代蔡氏古墓坟头的罗汉松更是远近闻名，这棵罗汉松树冠直径有 30 多米，覆盖方圆近百平方米，树的直径有 2.5 米，需五人才可合抱。据考证，树龄有 800 多年，被誉作千年古松。古松已被列入国家一级保护植物，有“中国第一罗汉松”的美誉。古松下面有一座宋代蔡氏古墓，据《蔡氏家谱》记载，中岙蔡氏就诞生许多先贤，可见中岙村蔡姓血脉的悠长。(编写：项超)

年坑村

年坑村坐落于临海市邵家渡街道，是临海“大水缸”牛头山水库最深处，距邵家渡街道所在地10.4千米，临海市区18.2千米。因村前有横坑、直坑、大坑三坑汇合，坑水急流，严峻险恶，故名“严坑”村，后演变为“年坑”。该村由严坑、从坑、岭脚、大箬下、应家湾5个自然村组成，总户籍数404户，人口1381人。

蒋氏、应氏、金氏三姓是村里居住人口的主要姓氏，至今有六七百年历史。根据各族家谱记载描述，来此地居住的始祖多为弃官“归隐”或避难“隐居”者。年坑村四周环山，北有白虎（靠山），南有朱雀（朝山），西有青龙（护山），中间一条溪流穿过，潺潺溪水，常年不绝，景色宜人，有风水中藏风聚气的说法。这里交通闭塞，只有一条10余千米长的古道通向外界。走进年坑村，看到的是错落有致的古村落里所有住房全是用石头砌筑，顺着山势，规格不一地各自坐落着。同时能不时地听到山间竹林里传来的悦耳鸟语，闻到山野上飘来的阵阵山花芳香。绿水青山，空气清新，真有“世外桃源”之味。

年坑村“七山一水二分田”，耕地贫瘠。村里人继承祖辈的传统手工艺，利用山上的竹资源，就地取材，编制各种竹器，有团箕、米簸、畚斗等，经过古道，挑到方圆三四十里的集市及村庄中叫卖，增加收入，添补温饱。自 83 省道通入之后，公路沿村而过，打开了年坑村与外界交流的窗口。保存完整的古韵风貌，优美的自然环境，以及民俗风情将会得到更大的了解与赞赏，受到更好的保护。（编写：宋万军　周云秋）

茶辽村

临海市永丰镇茶辽村，原名“茶寮”，是一个有着悠久历史的古老村庄，海拔300多米，距临海城关20千米，素以古道、古枫、奇松、竹海而闻名。尤其是秋天，层林尽染，“枫”光无限。“茶辽风情”，旧时为临海八景之一。

全村共17个村民小组，326户965人。自宋代以来，温州、台州通往绍兴、杭州的官道必经茶辽。茶辽枫岭上的石砌古道至今仍保持着原始风貌。在枫岭两侧，矗立着近200株树龄在100—500年的参天大树，以枫树、松树、樟树为主，其中枫树最多，为临海市仅存规模最大的古树群。夏天绿荫如盖，为“天然氧吧”，避暑胜地；秋天枫叶红火，竹枝滴翠，是远近闻名的观赏红枫胜地。

2010年被评为浙江省旅游特色村，2012年被评为浙江省新农村科技示范点，2014年被评为台州市农家乐特色村。

呈岐村

呈岐村原名陈岐村，隶属临海市东塍镇，因陈氏族人居于岐山而得名。后陈氏举族迁徙异地，明正德年间（1506—1521），何氏五世祖兴岐公自临海城内迁居岐山，繁衍生息，渐成东乡何氏聚居地。因“陈”与“呈”同音，故改称呈岐。

村庄位于镇东琅坑岭头的马鞍凹处，风景优美，山泉清甜，台州府城出东乡通向三门、杜桥沿海的古道经过村中，石级逶迤，芳草萋萋。居民依山建宅，放眼望去，高低错落有致，绿树间灰墙黑瓦鳞次栉比，如诗如画，棋布在山山岙岙。宗谱中记载有八景点缀在村围，村中的读书人给每个景点赋诗，把家乡描绘得像世外的桃花源。呈岐村民秉承先祖“耕读传家”的古训，奉行劝学以兴邦，劝农业以兴业的族规，所以族中兴学重教，读书人才辈出；务农者勤劳创业，层层梯田白云缭绕，稼禾林果，年年丰登。全村多梯田旱地，高山番薯肉糯味甜，做成豆面（粉丝）远销省内外。

2014 年年末，村中有村民 430 户 1218 人，耕地 534 亩，山林 3780 亩，橘园 800 余亩；人均年收入 8000 余元，村集体年收入 3 万元。通村公路连接 225 省道，交通便捷。（编写：李尔昌）

岙底罗村

岙底罗村隶属临海市江南街道，为浙东第一高峰括苍山山脉东延地段，现有村民264户740人，耕地总面积272亩，山林总面积10552亩，2014年年末村民人均纯收入9000余元。

香年溪环村而过，四面环山，相对高度400余米，从山顶俯视，形如大箩（一种四周高、中间低的器具），故名岙底罗（箩）。山林资源丰富，其中溪椤树是香年溪两岸主要风景树，有三株被列为古树名木。

岙底罗先祖为避难从各地陆续迁居于此。据《紫岩周氏宗谱》载：元末，有“渊公”“元遭兵燹，隐避洞中匝月方归”，遂避世于岙底罗。李氏先祖据说是李自成兵败后，其一位叔伯兄弟避难于此。其后有谱可查的有王氏始祖于乾隆年间由黄岩迁入，并有其他姓氏入赘于此，形成有李、周、吴、王、卢、杨、马、朱、何、张、华等11个姓氏混居的小山村。岙底罗村地处山区，依山傍水，先祖因山就势，当年先祖规划村落时，曾参考风水先生的建议，把村庄建成“丁”字形，象征着后代人丁兴旺。

村内建筑保持了清至民国时期的特点，至今保存比较好的四合院有八座，多以当地山中开采的条石作为原材料，有的直接以溪坑里的天然石头用作墙壁，远远看去，石壁墙中如同嵌着鹅卵石，很是美观。（编写：戴相尚）

三门县

花桥村

花桥镇花桥村，旧称西岑，位于三门县城东南 26 千米，现为花桥镇人民政府驻地。

花桥明代始设为建制镇，清同治年间（1862—1874），设县丞署和花桥汛千总署于花桥，民国时隶属城关乡，1940 年三门县建县仍属城关乡。花桥村东与岭下舒村为界，面靠甘东岙村，西为临海市石牛坑村，北邻两头门村，系溪谷平地。唐僖宗时（862—888），襄王李及唐九世孙长史参军李子诔，号汉雍，任中议大夫，司并州牧，因遭乱殉节于官署。李子诔的后裔李德，字宏道，号乾一，因从叔咏为吴越节度粮务副使，遂迁徙台州府临海县东百余里的城门西岑居住，遂为花桥李氏始祖。花桥村因其境内文化深厚、内涵丰富的非物质文化遗产而荣获“浙江省民间文化艺术之乡”殊荣。其中，始于南宋建炎年间（1127—1130）的花桥龙灯，制作工艺细腻、精美，集剪纸、绘画、刺绣、插花、折纸等民间美术手法于一身，是当地民众对红、黄、青、绿、紫五条彩龙的图腾崇拜中，通过想象和创作演变而产生的。花桥村西山脚的“五龙殿”古庙，始建于五代周显德七年（960），早年是长工聚会反抗地主剥削的地方。

2014 年年末，全村有农户 726 户 2441 人，耕地 1938 亩，村民人均纯收入 8704 元，村集体经济收入 25.52 万元。

刘家村

亭旁镇刘家村位于三门县城西南 11.5 千米，由刘家、中门、旱田洋 3 个自然村组成。村庄地处中门河谷丘陵盆地中心，周边山峦起伏，南溪、中门溪在村东汇合，由南而北汇入亭旁溪，素有“八山一水分半田”之说。

据《中门刘氏宗谱序》记载：唐乾符己亥年（879），节度使刘宗政为避黄巢之乱，由福建长溪迁居横渡，为三门刘氏始祖。明初，十六世裔孙刘永操，因横渡刘氏子姓日繁，地狭不足以容。而中门一地为宁和左拱，近戚族，有四山拱秀，溪流鲸水回澜，主山双金耀彩，对岸两山旗鼓相当，遂迁往，为刘家始祖，距今已有 600 余年历史。

刘家村因地处丘陵河谷盆地，水源丰沛，土地肥沃，“大难三分躲，大荒三分熟”，而成为宜业宜居之地。除农耕外，刘家村还是著名的“石雕之乡”，鼎盛时期，200 多名石雕艺人活跃在甬台温等地。民居建筑以庭院式居多，至今仍保留了将军第、古华中学、刘氏宗祠、刘祖慈故居等近 10 座精美古建筑。2012 年被列为浙江省历史文化村落保护一般村。

2014 年年末，全村有农户 307 户，人口 1033 人，耕地面积 369 亩，村集体经济收入 26 万元，村民人均收入 8069 元。

梅坑胡村

亭旁镇梅坑胡村位于三门县城西南14千米。村前的溪坑边，早年梅树很多，村民姓胡，故名梅坑胡。整个村庄群山环绕，东有捣药玉臼、双溪观月，南有高岗悬钟、狮吼犬吠，西有古松排笔、丹凤朝阳，北有枫塘龙吟、沙东象鼻。村前、后各有一条溪水缠绕，围合封闭，附阴抱阳，藏风聚气。相传，梅坑在很久以前居住着陶、陈、张和王等姓，在漫长的历史变迁中，他们都先后衰败，散迁他乡，唯胡氏独兴。

北宋晚年，宋室式微，强金肆虏，苏州刺史胡景鲸感慨宋高宗胸无远大之谋，专纵秦桧之割地议和，残害忠良，遂无心仕进，挂冠归田，卜隐于宁海县宁和乡狮子髡（今梅坑村），是为梅坑胡氏第一世之始祖。至十六世胡士援，崇尚礼教，耕读传家，务农经商，富甲一邑。时方国珍割据浙东，肆虐抢掠百姓财物，胡士援不堪其苦，不得以迁居天台县葛姥。明万历年间（1573—1619），二十一世胡良东仰羡梅坑山水秀丽、田土肥饶，又回迁梅坑，瓜瓞绵绵，孙支日盛。

梅坑胡村是一个富有光荣革命传统的村庄，1985年6月经三门县人民政府批准为第二次国内革命战争根据地。2012年被列为浙江省历史文化村落保护一般村。2014年年末，全村有农户276户953人，耕地面积309亩，村民人均纯收入7415元，村集体经济收入8.53万元。

祁家村

祁家村位于三门县海游街道东南 4 千米，东邻葫芦呑村，东南毗许家塘村，西为马鞍鸟头村，北与王家村接壤，系丘陵地区，块状聚落，呈阶梯形。村庄三面环山，一面临水，一条小溪向东南方流出，注入海游港。

走进祁家村，随处可见青石铺地的巷道，纵横连接的飞檐翘角。现存古建筑有祁氏宗祠、祁家庵、穿堂道地、樟道地、西间道地、祁文豹故居、仰之故居、柳涛故居和四份道地等。其中穿堂道地是祁家始祖最先居住的道地，祁文豹故居、祁家宗祠为浙江省文物保护单位。据《祁氏宗谱》载：宋建隆年间（960—962），祁鼎，字克新，世居青州，为苏州录事恭军，因战乱而辞职归家，渡过长江而隐居于宁波鄞县。宋雍熙间(984—987)，祁诜为枢密院使，以功绩赫赫，封国公，进爵宇王，因取“诗大启乐宇” 的意思。祁氏自是科名鹊起，甲第蝉联，簪缨继世，子孙昌盛。宋祥兴二年（1279），裔孙祁宗乾从鄞县徙居此地，命其地曰“葛呑”，概取其有瓜瓞绵绵之意。迄今孙支翼翼，世泽绵绵，瓜衍椒繁三十多世。民国年间，祁家村人才辈出，如辛亥革命志士祁文豹、祁仰之、四川广元县县长祁匡藏、南京马台炮台总台长祁柳涛等。

2013 年被列为浙江省历史文化村落保护一般村。2014 年年末，全村有农户 353 户 1197 人，耕地 1300 亩，村民人均纯收入 11082 元，村集体经济收入 0. 42 万元。

岙楼村

岙楼村位于三门县城西南7.5千米，东临亭旁溪，西南毗任家村，西靠天摩山，村落呈倒置“凸”字形，属河谷平地。

据《狮峰楼氏宗谱》载，隋文帝仁寿年间（601—604），楼炤从绍兴府诸暨县迁至宁海县仙岩乡娄坑。因土地贫瘠，生活拮据，楼炤之孙楼懋升带领族人越过天摩山，再迁到亭旁狮峰山麓居住。此后人口日繁，蔚为望族。元末，亭旁遭特大洪水，亭旁溪改道流经岙楼村前，村庄良田受损。明隆庆六年（1572），洪水再袭岙楼，良田变为砾石滩。期间，部分楼氏族人逐渐分迁到前楼、东王、岔溪、胡岙、岱阜等地居住，更有远迁东阳、新昌等地。

岙楼历史悠久，自楼氏居住此地，距今已有1400多年，是亭旁镇最早迁居的古村落之一。唐代岙楼已有集市，自元代杨氏迁住亭旁后，集市逐渐向杨家村转移。南宋民族英雄文天祥南下台、温，抗元复宋，亭旁等地群众在尚书金殿及赵总戎、马将军等领导下，组织义军，纷起响应。岙楼村义士楼栋，慷慨捐献家财，以充军饷，支援义兵，深受群众赞佩。自明代以来，岙楼田产丰裕，富甲一方，屡出粮长。岙楼旧有七星墩、五洞桥和钟岩书院，现今坍圮，遗迹无存。始建于南宋绍定二年（1229）的楼氏宗祠，保存有唐代诗人陈子昂题书“名隆北斗”、南宋右丞相文天祥题书“承恩堂”、明代兵科给事中王亮题书“御笔封楼”匾额各一，彰显了当地底蕴深厚的悠久历史文化。

2012年被列为浙江省历史文化村落保护一般村。2014年年末，全村有农户169户540人，耕地215亩，村民人均纯收入9209元，村集体经济收入10.02万元。

包家村

包家村位于三门县城南 9.5 千米，有黄豹山、鹤山南北相对，亭旁溪、南溪东西夹流，自然环境优美，土壤肥沃，旱涝保收，素有“亭旁谷仓”之称。东邻叶家庄，南毗狮岭村，西北接杨家村，习惯上与杨家村统称为亭旁。

据民国《亭旁包氏宗谱》载：元末，亭旁包氏“鼻祖伯七府君来自临之留贤，遍览名山大川，得太史公遗意，唯亭旁土沃风淳，可以居焉!”遂定居于此。因系包氏聚居，故名包家。

包家村历史悠久，文化底蕴深厚。1974 年，在上坟墩出土的夹沙红陶鼎足、陶罐、石斧等文物证明，早在新石器时代就有人类在这里居住，至今已有 5000 年历史。包姓迁居以来，以耕读传家，人才辈出。明代有包湘，曾任应天府通判、葭州知府、直隶易州知府等职，授京兆大夫，官居五品，著有《两京漫游录》《寇余闲述》《崇俭文》等文集。20 世纪初期有包定、包照光等革命烈士，发动组织亭旁农民武装起义。抗日战争时期，又有包久明、包珠凤、包崇政等爱国志士，投身革命，北上抗日。抗战后期，包白痕以诗才闻名西南，号称“云岭诗人”，出版有《无花果》《火山的爆炸》等多部诗集，作品被选入《中国四十年代诗选》《黎明前的呼唤》《中国当代短诗选》，名载《中国文学家辞典》。

2014 年被列为浙江省历史文化村落保护一般村。2014 年年末，全村有农户 509 户 1893 人，耕地 477 亩，村民人均纯收入 10154 元，村集体经济收入 61.71 万元。

东屏村

横渡镇东屏村位于三门县城东南 14.5 千米，下辖大岙坑、上角头、水坑三个自然村，因村东有山如帷屏，故名东屏。村庄地处湫水山腹地，濒临三门湾海口，有控山带海之势，屏山颍水之胜。

元朝至正年间（1341—1367），东阳亘（艮、横）溪人陈晋挺，任宁海教谕，其子陈拱辰，游历东屏山水后，认为此地有“林矿之饶，渔盐之利，舟楫通便”。遂择居于此，为东屏村始迁祖。600 余年来，东屏村频遭倭乱、海禁、大迁徙之难，几经兴衰。族人借山海之利，劝农桑，重商贾，崇文尚武，秉承忠孝守义、和邻睦族之道，一次次从废墟中重新崛起。冶炼锻造、印染、酿酒、木材交易、航运是该村的主要产业支柱。尤其是“东屏航帮”，曾是“三门湾航帮”翘楚，远涉重洋，足迹遍及宁波、上海、广东及东南亚诸地。活跃的经济实体，使东屏一度成为台州最繁华的村庄，被外界誉为“东屏府”。

村内至今仍保留着“华堂三台”、陈氏宗祠等具有典型三门湾风格的明清时期古建筑庭院 20 余座 300 余间，以及民国各个时期的建筑群落，有“江南民居活化石”之誉。村庄景色秀美，西边的湫水大峡谷，有“江南滨海第一绿谷”之称。

2012 年，东屏村被列入浙江省首批历史文化村落保护利用重点村，2013 年被列入第二批中国传统村落名录。2014 年年末，全村有农户 761 户 2548 人，耕地面积 1930 亩，村民人均纯收入 9038 元，村集体经济收入 60.17 万元。

下岙周村

海游街道下岙周村距三门县城南面 4.6 千米，共有农户 130 户 408 人，耕地面积 160 亩，主要种植水稻、小麦、薯类等作物。2014 年年末，村民人均收入 9860 元，村集体经济收入 3.6 万元。2013 年被列为浙江省历史文化村落保护一般村。

旧时，因村前宁和溪边有石砌埠头，且为周姓聚居村落，故称石埠头周，后演化为下岙周。宋淳祐年间（1241—1252），天台灵溪奚氏十三世奚士忠徙迁至小坑云岩山下，生息繁衍。至明初，二十世裔孙奚廷召，娶周氏，始居下岙周，为下岙周奚氏始祖。自奚氏迁居后，周氏日渐式微，奚氏兴起，为村中第一大姓，而村名仍沿用至今。

下岙周村山环水抱，后接凤凰山，前迎狮峰岗，宁和溪如一条白练，由南往北，绕村而过，风光迷人。“古树高低屋，斜阳远近山；林梢烟似带，村外水如环”是下岙周村的真实写照。村中完整地保留了六座晚清及民国时期的古宗祠、古宅院，灰墙黑瓦，重门大院深藏于翠峰绿水之中，远离喧嚣，与自然融为一体。下岙周大釉酿造米酒有着悠久的历史，在清中期后达到鼎盛，家家户户酿造米酒，除部分供应当地外，还依靠便捷的水运远销上海、宁波等地。

香山村

香山村地处大山深处，长期以来与世隔绝，是一座群山环绕、自然天成的小村落。青砖瓦房、古树宗祠、庵庙古道以及满山遍野的茶园，漫无边际的林海，错落有致，高低起伏，广袤无垠，与周围自然环境紧密结合，山水和田园风光相得益彰，一切看似平淡却意蕴悠远。

香山村位于三门县城西南 13 千米，隶属珠岙镇，东靠茶坑山，南近香山庵，西与周家村隔山为邻，北毗岙底谢村。村落沿山麓分布，呈阶梯状。历代房舍大门一致朝向前门山，故取名向山，后演称香山。香山村有着悠久的历史，可上溯到近 550 年前。据《汪氏宗谱》记载，宋南渡时，尚书汪伯彦辞职隐居于临海东部西溪，为西溪始祖。明宪宗成化年间(1465—1487)，大房十一世孙汪思义，字正文，号草窗，与兄弟四人自西溪迁居宁海县仙岩乡香山（今属三门县)，为香山汪氏始祖。

2014 年被列为浙江省历史文化村落保护一般村。2014 年年末，全村有农户 195 户 738 人，耕地面积 215 亩，村民人均纯收入 8224 元，村集体经济收入 5 万元。

小蒲村

小蒲村位于三门县城东11千米，地处马向山西北麓，三面环山，自然风光雄秀。南有众山四伏，千尺飞瀑，酷似狮子流涎；西有晓彤云飞，夕霁丹辉，犹如巨象落脉；东有伏虎镇山，山峦合抱，间有双溪如龙；唯北面为滨海平原，是主要的产粮区。

小蒲村以林姓为主，先祖元朝末年从象山县鸡鸣过三门湾，见此地山明水秀、谷深林茂、山环海口、水涨坡塘、景色宜人，而择小埠茶山而居。因远祖来自福建莆田，而自称小莆，后改名小蒲。绵绵700年，小蒲人背山面海，农耕渔作，虽地处海隅，却一直推崇“忠孝”育人、“耕读”传家，是故人文荟萃，文化底蕴深厚。清同治举人林炳宗，著名教育家、书法家章梫，现代著名文学家、翻译家林淡秋都出生在这里。

小蒲村地处海隅，时有风暴浪潮侵袭，自古乡人便对神灵恭敬不怠，建有当境殿、护家庙、集庆寺、南大竺寺、浦珠庵、关帝庙、新殿、城隍庙、白鹤殿等大小寺庙10余座。这些庙宇与村中的民居相映生辉，使村落多了几分幽深厚重的气蕴。如今的小蒲村虽历经沧桑，却是古风依然，文化古迹众多，书院、旗杆、古桥、民宅、古庙、古墓不可胜数，其中巡检司古城被列为浙江省文物保护单位，双桂书院、登云桥被列为三门县文物保护单位。

2013年被列为浙江省历史文化村落保护一般村。2014年年末，全村有农户632户2323人，耕地面积1970亩，村民人均纯收入13262元，村集体经济收入42.87万元。

岩下村

岩下村位于三门县城东南19千米，隶属横渡镇。因村四周峰峦叠嶂，千岩竞秀，而名曰岩下。岩下村枕山面水，山环水绕，周围美景多多，目不暇接。古人有七律记其胜："佳境天成岩下村，山山环绕作屏藩。数声暮罄传梵宇，一岭朝霞护德门。虎伏村边镇地宅，牛眠水畔永乾坤。壁岩匹纷空中挂，石鼓清音静不喧。簇簇锦屏排屋角，亭亭文峰矗天根。堂名保勅宗功远，庙号回龙伏作恩。"

岩下罗氏先祖为北宋著名学者、水利学家罗适。六世裔孙罗雅垢，因游横渡，爱此山明水秀，遂合家于宋淳祐年间（1241—1252）迁籍桥头。明正德年间（1506—1521年），第十三世罗孟容、罗孟忠兄弟爱此山水，遂率家眷于桥头迁支岩下，是为岩下罗氏始祖，子孙瓜绵菽衍至今。岩下村建筑风格独特，岩下串楼可与福建土楼、广东开平碉楼并称中国"三大民居建筑奇观"。走在岩下村的小巷里，石雕、木雕、灰雕精美绝伦，在江南民居建筑中堪称奇葩，彰显了岩下村独特的人文景观，特别是灰雕技艺在建筑中的广泛应用更是岩下村的一大特色亮点，极具艺术价值。

2013年被列为浙江省历史文化村落保护重点村。2014年年末，全村有农户315户970人，耕地面积511亩，村民人均纯收入8114元，村集体经济收入3.6万元。

杨家村

亭旁镇杨家村位于三门县城海游镇南 9.5 千米，东邻灵凤山，南近狮子山，西毗虎山，北靠鹤山，与包家村毗邻，历代为亭旁经济、政治、文化中心，有“宁海县出南门第一市”之称，为台州市第一大自然村。2014 年年末，全村有农户 1257 户 4363 人，耕地面积 1015 亩，村民人均纯收入 10250 元，村集体经济收入 82.16 万元。

杨家村杨氏始迁祖杨宁，系宁海松坛杨氏十三世孙。元至元二十六年(1289)，与族叔杨镇龙策谋抗元，因事不济，避迁亭旁，初迁于大龙岭脚，二迁于洋下畈，三迁于今址，至今已有 700 余年历史。杨家村历代人才辈出，明景泰年间，杨钰为刑部湖广清吏司主事。清康熙年间，杨洪为左都督，在收复台湾战役中屡建奇功。民国时期，杨道古为空军少将，杨成玉为陆军少将。该村古迹众多，如城隍庙、亭山小学旧址、杨氏家庙、镇龙庵、灵主庙、境主庙、平水殿等。村中有胸围 6 米之重阳木，树龄 1000 余年，另有古樟树位于城隍庙后，胸围 9 米，均为县级保护的珍奇古木。杨家历史悠久，文化源远流长，杨家板龙名扬四方，以全长 428 米创吉尼斯纪录，杨家祭冬入选国家级非物质文化遗产名录。同时杨家村具有光荣的革命传统，1928 年爆发了震惊全国的亭旁起义，在浙江省建立了第一个苏维埃政权，被誉为“浙江红旗第一飘”。

黄岩区

杜家村

杜家村地处黄岩永宁江北岸翠屏山下，甬台温高速公路出口处，地理位置优越，交通便利。全村现有户籍人口 1488 人，常住人口 2150 人，现有土地面积 1300 亩，村域面积达 1.63 平方千米。2014 年村集体经济 180 余万元，村民人均年纯收入达 8900 元。

杜家村形成于北宋时期，历史文化悠久，是南宋名相杜范故里，不仅有厚重的历史文化积淀，更有得天独厚的自然风光，其中以翠屏山尤为著名。翠屏山位于北城，与临海市接壤，西接黄土岭，东连黄牛尖，下有新宅、杜家村诸村，上有灵岩（紫霄）、六潭诸山。论人文景观，南宋巨儒朱熹，南宋右丞相杜范，明礼部尚书黄绾，都曾在此留下足迹和诗文。自然风光，有峭壁，有洞穴，有溪流，有瀑布，飞瀑流泉、峭岩幽洞等蔚为大观。灵岩洞，为黄岩第二大洞穴，是南宋右丞相杜范读书之地。少谷峰，在洞之右侧“铁城石壁”下部，有黄绾手书三个行书大字“少谷峰”的摩崖。六潭山之大瀑布在第二潭与第三潭之间的峭壁上，此壁高六丈余，溪流自第二潭溢出从崖顶沿壁挂下，如白练落在三潭。擘翠亭于南宋庆元四年建成，明黄绾之弟黄约也曾住过此亭，故又有“二公亭”“枕流亭”之称。樊川书院，为南宋杜煜、杜知仁所建，以唐代诗人杜牧著作《樊川文集》命名为樊川书院。

凤洋村

凤洋村位于台州市黄岩区澄江街道西北部，现居住人口518户1580人。村庄依山傍水，环境宜人，南依“橘乡小雁荡”——松岩山风景区，北傍黄岩母亲河——永宁江（澄江），黄长公路、长潭渠道穿村而过。

据《彭氏宗谱》记载，彭城彭祖后代南迁至此，后由明朝刑部尚书应大猷的义父彭留耕根据凤凰来仪的梦境取名凤洋，意为凤凰栖息的地方。明、清两代，凤洋彭氏共出了9名进士、6名举人。至今，村内仍有花台门、新屋台门及隐墙等古建筑，还有明神宗表彰彭留耕赈灾济粮义举的圣旨坊残存。

据史载，凤洋村是黄岩蜜橘重要发源地和橘文化发祥地，至今已有2300多年的柑橘栽培历史。同时凤洋也是黄岩蜜橘主要生产区，全村共有柑橘面积2000余亩，年产柑橘1500多吨。村内坐落着中国柑橘博物馆、黄岩名人馆。中国柑橘博物馆是我国第一座以柑橘和橘文化为主题的大型专题博物馆，是柑橘产业的文物史料收藏、展示、保护、研究和教育中心；黄岩名人馆通过雕塑、实物、场景、文字等手段，陈列黄岩籍历代名人，是黄岩区爱国主义教育的重要基地。

凤洋村先后被评为市、区级文明村，市、区级“农业特色强村”，区“十佳农业产业特色村”，市级农家乐特色点，省级农家乐特色点，浙江省生态文化基地等。2014年，村集体经济收入20.8万元，村民人均纯收入9860元。

坑口村

黄岩区上郑乡坑口村坐落于黄岩溪上游，海拔770多米，距黄岩城区约50千米，三面环山，背靠仙石山，也叫黄岩山。坑口村村西的长岭如一道天然屏障，将大溪与栗树坑溪隔开，两溪流至村前合二为一，再东流注入永宁江，坑口村亦因此而名。全村现有人口496人，以种植水稻、番薯、柑橘、枇杷为主。该村生态环境优美、空气清新，黄岩溪川流而过，周围群山起伏、连绵不断，山上竹木茂盛、郁郁葱葱，森林覆盖率高达92%。目前村内还留存4株树龄超200年的红豆杉，是上郑乡乃至西部山区古树保存相当完整的古村落之一。坑口村是省级历史文化村落保护利用一般村、市级文明村。

坑口村具有深厚的历史文化底蕴，村内的锣鼓文化起源于清宣统元年，2003年在黄岩区第四届农民艺术节中获得二等奖，至今村里会敲锣鼓者还有20多人。同时，清朝时期，村内就已兴起山歌小调、道情、排衙、秧歌舞等文艺活动，延留至今。但坑口村最被人熟知的莫过于嘉庆四年建造的永庆庙，相传有6个村民，做贩盐生意，他们有结拜兄弟之意，所以在下余路廊请来关圣帝神像，六人神前发愿："有福同享有难同当，如钱财发迹，先给关圣帝造一座大殿。"六兄弟集资先买下一块庙基，称六合坦，先取信于关帝，关帝灵显，被六兄弟至诚感动，果然到上海卖靛，发了大财。他们不忘旧愿，合力造起关帝庙，塑起七尊神像。历史变迁，庙宇显得十分破落，于2013对永庆庙完成全面修复并作为村文化礼堂，向外界宣传和展示坑口村的历史文化。

桥亭村

宁溪镇桥亭村位于宁溪镇西南方向，金山陵脚下，全村303户，户籍人口914人，耕地面积163亩，人均仅0.18亩，山林面积744亩。

从唐景福年间（892—893）大理寺少卿王从德避乱始迁宁溪金山陵脚下湖头塘起，王氏的祖祖辈辈已经在这块土地上繁衍生息了1000多年。星辰交替，斗转星移，直至今天，王氏仍是村里的第一大姓，914人中有500人姓王，占了总人口的54.7%。桥亭村的兴旺发展离不开王氏的族规家训。

1000多年前，少卿公及其子孙们离开喧嚣的闹市，来到这方远离尘世的山水之间安居乐业。他们将带进来的宫廷文化与土著文化相互交融，经世代繁衍，形成了独特的人文文化。“中华元宵皆十五，宁溪灯会独二二”，这是对桥亭“二月二”灯会独特的举办方式的描述；“六街花灯光铺地，八宅鼓乐音盖天”，这是对灯会期间伴奏幽雅的音韵——《作铜锣》的概括。别具一格花灯的习俗，成了桥亭村特有的文化现象。

该村不仅历史悠久、文化厚重，更可谓是钟灵毓秀、人杰地灵。王天祥，抗日民族英雄，1984年，民政部颁发《革命烈士证书》；王禹九，第79军参谋长、中将，抗日将领，被民政部列入第一批300名抗日英烈名录；陈荣军，毕业于英国剑桥大学并留校任教。

桥亭村获得殊荣无数，其中省级以上的就有“省文明村”“省文化示范村”“省级民主法治村”“全国创建精神文明村镇工作先进村”“全国文明村”等。“二月二”灯会、《作铜锣》先后被列入黄岩区、台州市、浙江省非物质文化遗产保护名录。

新宅村

新宅村坐落于黄岩主城区北面，西面靠104国道，东面与杜家村接壤，北靠翠屏山，地理位置得天独厚。全村现有户籍人口1840人，常住人口2650人。现有土地资源3154亩，其中耕地1150亩，林地2000亩，水面4亩，村域面积达2.8平方千米。2014年村集体收入达120万元，村民人均年纯收入2万余元。

新宅村形成于明中期，是礼部尚书黄绾告老还乡从城区迁至翠屏山麓后，整个村庄遂以其宅名之。朱熹曾说："黄岩秀气在江北，江北秀气在翠屏。"而位于翠屏山下的新宅村更是山明水秀、风景宜人，留下过许多历史名人的足迹，积淀了厚重的文化底蕴。其中以灵岩寺、灵岩石刻为人称道。

翠屏山麓的灵岩寺始建于东晋永和年间，北宋治平二年（1065）赐额，南宋时称鹫峰寺，清乾隆时改为灵岩寺。北靠黄牛尖，山上古树森森，山脚翠竹盈盈，西有翠屏、灵岩两山，东有横山岗头，环抱有情，将灵岩寺拥入幽谷中，真可谓人间净土。

朱岩石刻，为明代著名哲学家、礼部尚书黄绾所留。朱岩在灵岩水库右侧山冈，因岩土呈红褐色故名。朱岩石刻均在山涧之壁上，须循涧底向上穿行百来步才见，从右往左是黄倌的诗《新开凌霄岭》《锄荷》《紫霄吟》。岩壁上的石刻经过岁月风霜的洗礼，向后人讲述着背后的故事。

任家村

亭旁镇任家村位于三门县城西南 8 千米，宁和溪旁，狮峰山南麓，前有溪，后有山，山明水秀，风景优美，交通便捷，杏梅、雪花梨和糖精梨是此地素负盛名的特产。每年春暖花开季节，树树红梅伸展于白墙青瓦之间，花团锦簇，馥郁飘香，吸引不少游人驻足观赏，是一个远近闻名的“杏梅村”。

任氏先祖任伯雨（1047—1119），字德翁，眉州眉山（今属四川省眉山市）人，著有《戆草》《乘桴集》《东都事略》，《宋史》有传。神宗元丰五年（1082）登进士第，历任清江主簿、知雍丘县、大宗正丞、左正言、虢州知州等。后跟随宋高宗南渡，迁居金华武义。四世孙任希夷（1156—?），字伯起，号斯庵，弱冠登宋孝宗淳熙三年（1176）进士第，调浦城簿、萧山丞，历任太常寺主簿、太子舍人、礼部尚书、参知政事等，后告老归隐于新昌雪窦。著有《斯庵集》，《宋史》有传。任希夷四世孙任淑，字景庭，别号长春，赋性纯笃，深沉不露，乡人盛称为长者。任淑犹喜读书，善医术，兼通阴阳百家，为一时伟器，因遭战乱遂隐居不仕。元仁宗皇庆二年（1313），任淑因慕天台山风景秀丽，佛宗道源，自新昌雪窦先迁于宁海县仙岩乡窦岙，不合其意。延祐三年（1316），任淑再迁于宁海县宁和乡奉化里岙楼（今三门县岙楼村）卜居。又因岙楼地窄难容，旋迁狮峰之麓旧名张家岙居住，世称岙楼任，因系任氏聚居，故名任家。

2014 年被列为浙江省历史文化村落保护一般村。2014 年年末，全村有农户 415 户 1356 人，耕地面积 653 亩，村民人均纯收入 9394 元，村集体经济收入 10 万元。

西渡村

健跳镇西渡村位于三门湾畔，湫水山麓，三面环山，林壑幽奇，层峦挺秀，由西渡、西渡庄、种子场3个自然村组成。东有笔架连云、狮峰映日；南有龙德岭，可达罗岙水库；西有碧桃洞口、白石岗头；北临蛇蟠洋，大海回环；中间平畴沃野，属滨海平地。

西渡村不仅风景秀美、资源丰富，还盛产闻名全国的三门青蟹、缢蛏等水产品。正如古人所云："山海之利，丁氏其兼之。"始祖直阁学士丁远，世居福建之长溪，自五代契丹乱华时，率家眷避居于浙东南沿海，瓜瓞绵绵，簪缨奕世。十三世祖丁舜日迁居小横渡丁家园，十六世祖丁绍祖自小横渡改迁罗岙，至十九世祖丁元宵于明初自罗岙择居西渡，为西渡丁氏始祖。因村位于尖坑山之西，当时村前又是海港，往返必用渡船，称为西渡，并以此名村。因"渡、洞"谐音，被误称为西洞。清朝名为"西洞丁"。1982年，地名普查时，改正为西渡。2013年，西渡村被列为浙江省历史文化村落保护一般村。2014年年末，全村有农户620户2169人，耕地面积1593亩，村民人均纯收入9821元，村集体经济收入11.31万元。

白石村

白石村位于黄岩最西北角，括苍山之东北。北靠临海，西界仙居，处于临、仙、黄三县（区、市）交界。因该地石头大多裸露地表，且多为白色，故名白石。

白石村山高林茂，平均海拔 700 米，森林面积 10000 多亩，年平均气温 20℃，常年云雾缭绕，森林腹地人迹罕至。位于白石山脚下的石人峡，为浙东有名峡谷，谷深 400 多米。春、夏季节，谷中水流湍急，山花烂漫；冬天山脚下还是温暖如春，山顶可能已是白雪皑皑。谷中风景优美，景致极多，有山有石，有潭有瀑，有竹有林，有亭有桥，文人墨客题写的楹联不下 20 副。人造湖泊“紫浆塘”清澈见底，常年不枯竭，如一块“蓝宝石”深藏于茅坪尖的松林之中。笔架山形象逼真，郁郁葱葱，见证着白石村的悠悠历史。石头建筑群是白石古村的精髓。如今随着村民的大量外迁，很多石头房已无人居住，但这些低矮素白的石屋，斑驳的残垣断壁，狭窄延伸的弄堂，泛着青苔的石墙，顽强的藤蔓，充满沧桑的石板路依然随处可见。白石梯田是当地的一大自然景观，主要分布在海拔 400—800 米山坡上，跨越高山、丘陵两个地质带，有 200 多层，坡度大多在 25°—35°，最大坡度达 50°。白石村坡式梯田，形态原始，阡陌纵横，线条流畅，连绵起伏。

半山村

半山村位于富山乡东部，因坐落半山腰而得名。村庄距黄岩城区约51千米，离乡政府5千米，为富山大裂谷景区所在地，毗邻温州永嘉楠溪江，村外群山起伏、云雾缭绕，村内溪涧纵横、风景秀丽。半山村现有村民179户586人，耕地面积210亩，山林总面积2485亩，其中笋竹面积860亩，高山稻米、高山蔬菜、高山笋竹以及农家旅游是村里的主导产业。

半山村历史悠久，中华人民共和国成立以来，曾是乡公社所在地，百余年的台温古道穿村而过，半山溪流绕村而行。村内有红豆杉、香榧、橄榄、红枫等百年古树10余棵，保留古宅、古桥、古路廊、古庙等原汁原味的山区古村落风貌，被列为省级历史文化村落，并入选第三批中国传统村落名录。

布袋坑村

台州市黄岩区屿头乡布袋坑村地处屿头乡西北部，东邻大木坑村，西毗里岙村和垟坑村，南面白石村，北靠临海市，共有布袋坑、木回平、下叉田、鹰嘴岩、长红脚等 5 个自然村，现有人口 481 人，144 户。

布袋坑村因其地形较为偏僻隐蔽，至北宋时期才有人迁入，以黄姓人聚居为多，村里 95%的百姓均姓“黄”。据当地人称，布袋坑村黄氏祖先后世分支定居在柔川即今屿头乡沙滩村，但又一民间说法为沙滩村黄姓其中一支因战争或土地分配等原因继续沿溪北上至布袋坑村，但可以肯定的是布袋坑村与今屿头乡沙滩村黄姓为同宗一族。

布袋坑村下方就是现已开发好的布袋山景区，亦称弥勒谷景区，得天独厚的地质条件，成就了丹崖悬岩。栈道吊桥，亭台水榭，山苍潭碧，泉清林翠，老藤古木，茂林奇树，琪花瑶草，瀑布飞泻，泉水叮咚，风景绝美。有山有石，有潭有瀑，有竹有林，有亭有榭，有廊有桥……富有中国江南山水园林的特色。

整个村落掩映在群山之中，若隐若现，由东侧山体高处远眺，可观村落传统民居群的整体风貌，错落有致，安静祥和。村落天际线柔和，顺应山体走势，仿佛山体上的石雕工艺品一般，展现难得一见的山区村落景观风貌。

潮济村

潮济村，位于黄岩西部山区的一个U形峡谷地带，南临永宁江，北靠82省道，西靠近长潭水库和黄岩山区。全村规划总面积374亩，人口1120人。潮济上连溪流，下通河海。原宁溪江、小坑溪、柔极溪流经现长潭大坝上方汇合，形成永宁江，至潮济附近，水势渐缓，行船可至黄岩城关和海门。上游竹排，下游船只，中转交汇，潮济成为黄岩水路重镇和山区平原货物中转之要埠。潮济由此人群聚集，兴盛一时。二十世纪五六十年代，长潭水库建成，溪流阻断，繁华的潮济商贸开始衰落。2000年后开始进行永宁江治理，原来的河道变成了良田。

潮济村于2012年被评为省级历史文化古村落。潮济老街是黄岩保存较完整的古街之一，老街建于清末，S形，约500米长，西起黄家当铺，直到上街桥头，桥外是埠头，商贩辐辏，十分热闹。民国九年十一月十三日，旧街大火，房屋几乎全部被烧毁，后来陆续重建。东起平水庙，西至三官堂，长约100米，宽约4米，卵石铺路，中向有南、北两条小横街。东、西街一律是二层瓦房，临街都是吊脚楼，有搵台置放物品。

浦洋村

浦洋村位于黄岩西部革命老区茅畲乡，区域面积 2.3 平方千米，现有村民 339 户 1181 人，党员 45 名。

浦洋村至今还保留着明代中期的建村格局，如一方棋盘，棋路分明。村庄坐东朝西，东紧靠百家尖的金刚肚山，西面直望大田山，山脚是九溪环绕。全村东西走向四个大墙弄，古时整个村用溪石垒墙围砌，作为防御工事。南北弄口各有一石台门，为明中期的古台门。南弄口俗称上台门，建筑面积 3.6 平方米，门柱宽 2.3 米、高约 4 米，为斗拱式构作。北弄口俗称下台门，建筑面积有 9.36 平方米，两边两只方墩上立门柱，门柱之间，宽 3 米，高约 4.3 米。上台门南边可见残墙断壁，其厚度有 1.2 米。

村内华严山东麓有一座多福寺，始建于三国赤乌年间，清末至民国期间在台州佛教界影响较大，不少僧人学成后到江浙一带寺院任要职。大田山上有一座水口塔，是黄岩唯一石塔，五级六面，面面俱刻佛像，石斗拱出檐，亭式顶，底座刻龙雕狮，雕工精美，建于明万历四十四年(1616)，1982 年 2 月被列为县级文物保护单位。

沙滩村

沙滩村是屿头乡政府所在地，距市区 35 千米，全村共有人口 1103 人。全村耕地 400 多亩，林地 1924 亩，竹林 33 亩。2013 年村集体经济收入 50 多万元，农民人均纯收入 5600 元。村多次被评为“基层平安建设先进集体”“先进基层党组织”。

沙滩村沿溪而建，村内沟渠纵横、流水潺潺，具有典型的江南水乡特色。境内南宋古刹太尉殿，占地面积 200 平方米，门前古樟参天，香火缭绕，名闻浙东。沙滩老街长 300 余米，宽约 8 米，两旁店铺林立，是先前集镇的商业中心。沙滩村人才辈出，古有南宋大儒黄超然，知理好学，创建柔川书院，教育“二程朱子”学说；今有战斗英雄黄仲虎，在对越自卫反击战中被授予“一级战斗英雄”称号，曾连续三年被评为全国劳模。

近年来，沙滩村立足村情，依托资源优势，不断加快建设美丽乡村步伐。2013 年，沙滩村太尉殿片区被区委区政府确定为区级美丽乡村综合功能示范区。2014 年，沙滩村结合“五水共治”工作，打造水清、岸绿、景美的新沙滩，修建栈道，疏浚柔极溪，完成太尉殿片区改造，建成太尉殿社戏广场、阳光房、太极潭、天云塘、生态停车场等项目。

乌岩头村

宁溪镇乌岩头村地处宁溪镇西北角，村域面积 1.48 平方千米，辖 6 个村民小组，农户 90 户，总人口 280 人，耕地面积 118 亩。该村群山环抱、环境优美，是个鸟语花香、适宜居住的清幽之地。

乌岩头村古迹众多，老村区域保留有规模达 110 间的清代古建筑群，最老的房子有近 300 年的历史，保存相对较好的几座大四合院和村前古老的石拱桥交相辉映，形成了黄岩西部难得一见的古村景致。中华人民共和国成立前，该村是通往仙居的必经之处，作为黄仙古驿道之一，每天有上百人肩挑私盐从温州乐清大荆等地经过此地贩往仙居、金华、义乌等地。“文革”期间，该村亦是仙居木材贩运的重要通道。村内有建于三国吴赤乌二年的“演教寺”遗址，是台州建寺最早的九所寺院之一，比广化寺还早一年，是黄岩第一寺，是当时的“宁溪八景”之一。

乌岩头村名人辈出，有清咸丰年间的优等贡生陈熙开，在孙中山在任时考取水师学堂第一名的陈广斌，毕业于黄埔军校的陈广汉、陈广良兄弟俩和参加“三五支队”在金清围剿时光荣牺牲被追认为烈士的陈天国等。

仙居县

埠头村

埠头村位于仙居城西30千米，35省道穿村通过，西临永安溪，土地肥沃，交通方便。

埠头之名，已见于《光绪仙居县志》，因村紧靠永安溪，古时河床宽阔，木船可上溯而达，此为一水埠头，故得名。祖先宋代自宁波鄞县徙居仙居后迁居于此，历代子孙繁衍，早已成名。历代子孙以耕读为祖训，人才辈出，不乏有进士、博士、硕士及军政人物成为社会有用之才。

8000多年前的下汤文化遗址距离埠头村不到5000米之遥，这里与皤滩古镇隔河相望，同时也是永溪船帆所能到达的最上游。从镇政府往南，不过百步，便是埠头古村了。现存传统建筑有10余座四合院式的二进或三进建筑群，有门厅、中堂、后院、鹅卵石天井等大量明清建筑的留存，其历史悠久。光滑而坚实的鹅卵石路面，留下的是千年的磨痕；一座座错落有致的江南四合院，古色古香；经久褪色而破败的商铺，饱受风吹雨打；石雕的门楼，依稀散发着当年的鼎盛和辉煌；永安溪畔，石桥横跨，碧水东流，古道夕阳。村的南边，是一片平静的水域，横跨着一座古老的小石桥，与水面只有一尺左右的距离。许多年前，从永安溪溯流而上的物品，尤其食盐，从这里开始，结束了水运。然后一群群头顶骄阳的汉子，依靠肩膀，一步一个脚印，翻过高峻的苍岭，把物品运往内陆。

村行政区域面积 2.21 平方千米，辖 16 个村民小组，604 户 2271 人，其中党员 103 人，耕地面积 986 亩。

郑桥村

郑桥村，位于台州市仙居县西部凤凰山麓，距县城35千米，隶属横溪镇。

郑桥古称藤桥，相传古代村旁有株大藤，粗尺余，横跨小溪为桥，因而得名。后因小溪架桥，不再以藤当桥，又因藤与当地语音郑相近而易称郑桥。据《俞氏家谱》记载：村始建于北宋熙宁间（1068—1077），有金陵（今南京）俞承道被任为台州统领，率兵驻仙居剿灭海寇，百姓感恩挽留，遂与其子汝佐定居于此。历经900多年的世族繁衍，而今郑桥已是仙居县著名的大村。

大佛洞

其村旁的郑桥水库历来是仙居县的水源地，水面面积达425亩，碧波浩渺，哺育了郑桥村及其毗邻地域。郑桥村属丹霞地貌，山形奇崛，岩洞深幽，其中尤以大佛洞闻名。大佛洞，又称大佛岩洞，位于村南1千米处的龙圣岗东麓，坐南朝北。洞口为半月形，宽约100米，高150米。洞内纵深170多米，最宽处140米。洞壁呈弧形，外高内矮，回音如钟。洞区地势外低内高，可供人们直立行走的斜倾面约5000平方米。传说500年前，洞内曾供奉大佛一尊，高约十几米，其耳朵可供小孩多人捉迷藏。可惜大佛已不存。洞内冬暖夏凉，四季如春，并有长年喷涌的清冽甘泉，可供几十人的生活用水。从洞口至外山门，有长 150 多米，宽 100 多米的洞天园林，翠柏茂盛，蔽天遮日，林荫片片，鸟语唧唧，置身此境，令人心旷神怡。

2015 年年末，全村有农户 575 户 1833 人，耕地 1180 亩。

溪头村

溪头村位于仙居县横溪镇东部的永安溪畔，因村落居于溪水上游而得名。村落距县城30千米。至2015年年末，溪头村有710户2600多人，村庄面积20万平方米，耕地面积1700亩，山林6000多亩。

沈氏先祖大约自五代时起，就在溪头这块风水宝地上拓荒发祥，至北宋中晚期形成完整的村落。南宋宝庆年间（1225—1227），一条官道从中贯穿，将村庄分成南、北两片。村民安居乐业，耕读传家，村里先后出了沈骥、沈崇文、沈锡、沈锷四位进士。如此发达的人文，在当时仙居，罕有其匹，溪头村遂成为远近闻名的沈氏大村。

村落内旧居古宅连绵成片，气势辉煌的佛刹道观毗邻而建，结构奇特。翰林里、朱邸门楼、上台新屋台门里、沈氏宗祠、莲兴寺皆闻名一时。其中尤以翰林里最为有名，翰林里俗名新屋里，建于清嘉庆十年（1805），为三透式民宅，主体建筑分门楼、前厅、中厅、后厅、两厢、后花园等几部分，有一条明显的中轴线。门楼前有石旗杆一对，门楼嵌匾额一块，为先祖沈邑所赠，上书“翰林里”三字，书法端庄秀美，是沈氏望族家学渊源的生动写照。整座民宅，檐廊环绕，两厢合抱，檐角飞翘，墙展六翼，瓦栋翻弓，远看近观，都很有气势。檐下柱头、牛腿都有精美雕饰，或花卉，或人物，或鸟兽，内容丰富，形态各异，雕刻风格粗犷中不失细腻，艺术水平很高。前、中、后三厅及后花园分设四个天井，空间适度，宽敞洁净。天井地面上，镶嵌着从永安溪中精心挑选而来的瓜子石图案，内容有花卉、瑞兽等，做工十分精致，令人叹为观止。

上江垟村

上江垟村地处仙居八都垟中心，距横溪镇政府所在地 5 千米。

相传古时，十都英和上江垟之间有一条大江，十都英为下江，上江上面有一大片土地，故取名叫上江垟。上江垟村在中华人民共和国成立前一直为张氏独居，张氏源于天台亭头。一世祖文号伏公，登后唐天成进士，授淮东安抚司奏议，后往山西太原郡刺史，留脉于上江垟。

一入上江垟村，最为醒目的莫过于位于村中心的张氏故居——三透九门堂。三透九门堂兴建于清中，由新屋里民居、旗杆里民居、里台民居、小份民居等 4 座民居组成。皆坐北朝南，皆二楼砖木结构，屋顶均硬山造。新屋里民居，一进，南设围墙，中开门楼，堂屋三开间带两弄前后重檐，后设后花园，两厢各三间，天井用精细卵石铺地。旗杆里民居，共三进，第一进南边原设围墙，中开门楼，堂屋三开间带两弄前重檐。第一进与第二进之间原设照壁一堵，两端开侧门。第二进、第三进堂屋三开带两弄，第二进堂屋明间板壁官报尚存。每进的天井均用精细卵石铺地，每进各设厢房三间。里台民居，一进，南设门厅三开间，门厅前设天井（兼通道），通道两端设两层门楼，堂屋三开间带两弄，明间梁架中柱带前后重檐，七柱六檀。天井用粗大卵石铺地，堂屋后设小天井一个，两侧设厢房，均三间。小份民居位于旗杆里民居西侧，南边不设围墙，堂屋三开间带两弄，前后重檐，天井用粗大卵石铺地，两厢各三间，其布局之规整，规模之宏大，窗雕之精美，图案之丰富，意蕴之丰厚，为浙中之罕见。

全村有 1020 人，耕地面积 480 亩，山林面积 1100 亩，截至 2014 年，集体经济总收入 152 万元，农民人均收入 10588 元。

苍岭村

苍岭村位于仙居西部，横溪西北，处于仙缙交界区域。

苍岭村名自古道，原为戴村，是苍岭古道的起点，古道自唐朝开凿，连通金华台州，史称“婺（金华）括（台州）孔道”。唐朝诗人孟浩然去天台经过缙云时就翻越了苍岭古道，刘昭禹也诗云：“尽日行方半，诸山直下看。白云随步起，危径及天盘。瀑顶桥形小，溪边店影寒。”在文人墨客的咏叹中，苍岭的险峻比蜀道有过之而无不及。

苍岭古道

而苍岭村的兴衰也与古道息息相关，其源于后堂盐业运输，兴盛于明清，随着1958年仙缙公路通车，苍岭坑的兴盛也随着古道的衰落而停。因古道而兴，因古道而衰。即便如此，苍岭村仍保留着完好的历史遗韵和传统风貌，其戴氏宗祠、厢房、戏台等保存完好，各色木雕栩栩如生，卵石铺惟妙惟肖，七星水塘风华依旧。其中戴氏祠堂源于明代，是苍岭戴氏宗族祭祀和供奉祖先灵位的场所，位于苍岭坑村村口，门柱对联上书“宋室翰远第　明廷御史家”“丹桂冠群应文章报国　白华赓百世孝友传家”等内容。苍岭村的古建筑以四合院和民居为主。四合院基本遵循传统合院建筑的形式，拥有中轴对称及一正两厢的古居。受当地聚居方式和宗族文化、风俗影响，现存的合院建筑具有传统江南特色。合院屋面多硬山式的坡顶屋，采用三叠式马头墙；在建筑色彩方面，建筑整体以青、白、灰为主色调，其他石材及木材多为材料本色，色彩素雅明快，与自然山水协调融合。

2015年年末，全村有农户484户1574人，2014年村集体收入11.7万元。

大路村

大路村隶属仙居县福应街道，位于仙居县城以东10千米的35省道两侧。大路村始建于南宋祥兴年间（1279），至今有700多年历史。始祖徐叔诚从天台东横山岸（现螺溪乡享堂村）来到彭溪落户经商，后迁移到龟山南坡，成为独家之村，号“大路徐村”，后改为大路村。

大路村古建筑大多被毁，至今保存有历史价值的是徐氏宗祠、文昌阁、大观台。徐氏宗祠，俗称祠堂，始建于清乾隆癸丑五十八年（1793），坐落在村东面，共有五间大厅，占地面积约250平方米。门楼五间（已毁），占地面积约150平方米；石板地面天井约440平方米，约三分之一被毁。文昌阁，谷称武庙，又称关公殿，始建于清光绪十六年（1890），占地面积150平方米，建筑面积约250平方米，分二楼，原来楼上为文昌阁，有文昌帝和孔子等塑像，底楼为关公殿，现被修为佛殿。大观台，俗称戏棚，坐落在文昌阁对面，始建于清道光丁亥七年（1827），石木结构，四边翘角，占地面积约60平方米（含化妆间）。这些古建筑，巧妙运用木雕、石雕、砖雕，题材广泛，造型生动，技艺精湛，具有相当高的历史文化价值和建筑艺术价值，承载着大路村几百年的农耕文化，蕴藏着大量的历史文化信息，是鲜活的历史文化教材。2015 年年底，全村有农户 996 户 3097 人，村民人均纯收入 8000 多元。

上林村

上林村隶属仙居县福应街道，位于仙居县城以东10千米的35省道北侧。

上林村历史悠久，唐乾符六年（879），始祖林任从福建长溪盖竹，徙黄岩，转迁居于此，建村已1130多年，世代源流，孙枝繁衍，为仙居林氏之祖地。

上林村是仙居清代著名的“八正”书院（义塾）之一——经正书院（义塾）所在地，经正书院（义塾）即上林村东1千米外的三学寺。该寺建造于梁天监二年（503），因龙图阁直学士吴芾、江西刑狱事陈庸、玉山知县李由读书寺中，入仕做官后，各捐田于寺，以等来学者，故名三学寺。宋咸平六年（1003），僧文遂重修。清朝同治年间，县令余丽元修三学寺屋改办义塾，即为经正书院。上林村还有年代久远的林氏宗祠，林氏宗祠建于明代嘉靖二年（1533），由任公十七世孙林应禄主持建造，至今已有480多年历史，几经修建，现上林林氏宗祠是清末保留下来的建筑。林氏宗祠内有古老的楹联镌刻在石柱上，楹联书法遒劲有力，文字凝练，文化内涵丰富，它们根据仙居林氏的渊源、发祥地、祖先居住地、堂号、勋绩等内容量身定制，体现了族人重传统、溯本源、弘正道、崇宗族的精神。漫步上林村，那些斑驳石窗、飞檐翘角、乡间小道、古树古井……无不在诉说着历史，弥足珍贵。

2015 年年底，全村有农户 178 户 596 人，耕地 500 多亩，山林 1517 亩，村民人均纯收入 8000 多元。

高迁村

高迁古村位于仙居永安溪流域最大平原之东南隅，位于县城西南 20 千米处。

宋孝宗淳熙年间从事郎吴椿自下砾徙居于此，为浙东南吴氏家族聚居地之一。现存古民居为明中期至清末 400 余年间，吴氏达官显贵富贾家族建成。村落呈东西向“川”字形布局。由南引白水溪水入村，以月鹿河为界，分上屋和下屋两大建筑群。上屋以北斗七星排列七口池塘，谓“七星塘”；下屋同理筑土成堆，谓“七星堆”，分布于民居之中，与河道及引排水系统贯通。

民居建筑仿明宫殿式样，四合院，三透九明堂，穿斗式砖木二层结构，左右对称，典型布局为门厅、外院、正堂、中院、后花园。天井多用细小卵石铺镶成各种自然物象、民俗图腾图案。外墙底部立五尺方石，上以砖砌粉白，山墙为六叶马头造像。现存宅院 27 座，其中古宗祠 2 座，长方形古井 15 口，500 米长商贸街 1 条，建筑工艺精湛。木雕、石雕、砖雕、彩绘，民间传说、神话故事、诗词歌赋、自然鸟兽，形态万千，具有极高的艺术观赏和研究价值。民间风俗独特，传统节日，婚丧庆祭，仪式礼制自具特色。民间工艺卓绝，被列为国家级非物质文化遗产名录的“针刺无骨花灯”，为高迁吴氏始创。

目前全村共有 19 组 1047 户 3300 多人，党员 95 人。全村区域面积 2.5 平方千米，耕地 1700 亩，山林 5298 亩。共有各类保护建筑 27 处，历史建筑 100 多处，共计建筑面积约 8 万平方米，是台州市第三批省级历史文化村镇、中国历史文化名村、中国最美休闲乡村、中国传统村落。

寺前村

寺前村位于仙居县城西南18千米，白塔镇政府南3千米处，南临下塘下村，西连水簾瀑布，北临下珠村，区位优越，交通便捷，诸永高速神仙居出口离村不到5千米，环景公路神仙居至景星岩段穿村而过。含寺前、溪田2个自然村，区域面积约15平方千米，是原寺前乡政府所在地。

村庄始建于南宋，据光绪《仙居县志》记载，因该村地处宋建古寺——水廉寺之前，故名寺前。寺前是杂姓村，以李氏、吴氏居多，其余为散杂少姓。

寺前村群山环抱，绿水相依。南有雄伟的景星岩、雪洞景区，西有巍峨的狮子岩、覆钟山，仙居“老八景”之一“水簾瀑布”宛如一条玉带镶嵌两山之间。山脚是清澈见底的十七都坑水系。磨石岩堰溪水绕村四周川流不息。当地人对寺前村的风水津津乐道，他们将景星岩演绎成一顶官帽。古往今来，周边的村民乐享风水，勤于耕读，培育了一方和谐民风和诸多诗书之人。水簾古寺、永镇桥、古街以及精雕细琢的建筑文化充分展示了寺前村悠久的历史和深厚的文化底蕴。

全村现有村民小组 9 个，430 户，总人口 1439 人，60 周岁以上老人 300 多人，山林面积 1800 多亩，土地面积 560 亩。

管山村

管山村地处仙居县东南部，隶属南峰街道，村落距离县城 3 千米，紧邻永安溪。隋末唐初，天台宗五祖章安灌顶大师曾来安洲山一带传经说法。后人为纪念灌顶大师，称此地为“灌山”，后又俗称“管山”。

管山村古民居堪称仙居县现存古民居中的佼佼者。安洲塔，建于明万历年间（1598—1602），首先在构造体系上均采用空筒式结构，这是中国古塔最早的结构类型之一，承袭了空筒结构的做法；其次是须弥座式的塔基形式，三塔基座显然是早期形式的传承；第三，塔的层级为奇数，顶冠刹，叠涩出檐，每面辟门等，均为唐、五代以前砖塔常见做法，是古塔形式及构造的传承体现。由于古塔历史悠久，艺术价值高，被省人民政府公布为省级文物保护单位。管山村的古建筑，可谓集仙居村落古建筑历史文化之精华，展示仙居人民在建筑领域中文化内涵博大精深。文昌阁、古戏台、祠堂都具有古建筑的艺术格局和较高的文化内涵，为研究旧时仙居东部崇教风俗、文化生活提供了生动的实物资料。

管山村现有 8 个村民小组，共 349 家庭户，人口 1310 个。村集体可支配收入 3. 5 万元，人均收入 10093 元。

黄梁陈村

黄梁陈村地处仙居母亲河——永安溪下游河谷平原，位于下各镇东部，是全镇第一大村，全县第二大村。

始祖于南宋孝宗年间从东阳迁居于此，迄今约有860年历史。此地原住二户，一户姓黄，一户姓梁，后来黄、梁二姓渐绝，陈姓迁住于此，逐渐兴旺起来，为纪念黄、梁二姓，故名黄梁陈村。

村现存建筑主要有四合院式的建筑群，有门堂、后院，工艺精湛，结构合理。

古戏台是本村的传统文化建筑之一，被誉为“仙居两个半戏台”中的一个，建于道光二年，位于武庙内。戏台造型古色古香、玲珑典雅，是仿北京宫廷戏台的建筑，雕龙绣凤，端庄雅致，尤以舞台上方装置着的金龙顶以其奇特的结构令人叹为观止，其金龙顶的造型运用了“空谷传声”的声学原理，这是古代建造者充满智慧的大胆创举，也是科技与文化巧妙结合的范本。古戏台于1999年被仙居县人民政府列为文物保护点。陈氏祠堂由村人工匠建造于清乾隆五十四年（1789），中堂五间，两旁厢房九间。由于结构合理、做工考究、选材精良，至今200多年仍完好无损。文昌阁建于清道光二年（1822），青砖碧瓦，飞檐翘阁，四叶龙栋，门堂石子拼花，工艺考究，于1999年被仙居县文化局文物普查部门评定为县级重点文物保护单位。因年久失修，顶部出现损毁。

该村历来重视教育，诗礼传家，有深厚的文化底蕴，特别是注重慈孝文化教育，建有慈孝亭，被评为慈孝示范村。

李宅村

李宅村位于仙居县田市镇驻地之南，距仙居县城23千米。

李宅村是仙居李氏的主要聚居地，其先祖李守贞原本居住在温州永嘉苍坡村，南宋时为了避战乱，从温州迁居至此，至今已历17代，近1000年。李氏家族自古文风鼎盛，永嘉“耕读传家”的文化在这里得到了延续。

徽派建筑、东阳木雕之风，经过数个世纪的融合与积淀，成就了仙居三透九门堂这一独特的乡土建筑风格。三透九门堂为连进式四合院家族建筑群落，雨天也可以在门堂里随意走动，以大气、典雅、精致、古朴的风格而著称，李宅就是其中典型的家族建筑群落。

整个村落的古建筑群气势恢宏，以李氏大宗祠堂为中心向四周扩散开来，祠堂之西南、西北是古建筑分布的主要区域，从西面山上俯视呈“囍”字形格局。大宗祠堂正面朝西，前面是宽阔的池塘，这便是整个村落的点睛之笔。祠堂里面有一个隽秀幽雅的戏台，戏台的造型为典型的仙居做派。主体古建筑踞大宗祠堂西南，数个朝南的三进院落一字排开，每座院落之间相隔数米，整体分布井然有序。这些院落的分布格局便是典型的“三透九门堂”建筑模式，强调建筑的整体性。

全村共446户，总人口1325人，10个村民小组，村域面积10平方千米，耕地面积660亩，山林面积3857多亩。

三井村

三井村名源于村中古寺院三井寺。三井寺建于唐代，是历代名寺。现在村中多数村民是二十世纪六七十年代由周边村迁入寺院居住的。三井村为高山村落，平均海拔600米，村周围山地多毛竹、林木，其村所在地较平缓。

三井村由三井、宋口、宋家山、塘岙4个自然村组成，三井村为村行政办公所在地。三井村为杂姓混居，主要姓氏有王、蒋、冯、陈、郑、金等。其中宋口自然村多姓王，为当地明代高官太子少师王一宁后裔。

三井村历史悠久，其村来源和三井禅寺关系密切，可以追溯至后唐。至今文物古迹等留存较多，古建筑保存良好，人文资源非常丰富。该村落主要保存历史遗迹为古寺院、古民居、干栏式建筑、古井、古道、木雕等，基本可以看到清朝中晚期到民国以及中华人民共和国成立前民居建筑的变迁，尤其是三井寺保存之完好以及规模之宏大，在仙居县当地是为罕见。这些古建筑、古民居是仙居山区民众因地制宜创造人居环境的一个典范。

三井村村域面积共5.3平方千米，常住人口1049人，村集体年收入5万元，村民人均年收入7500元。

上王村

上王村隶属仙居县双庙乡，村内传统建筑集中连片，整体特点体现了明清时期典型的江南民居风格，是仙居传统民居的代表。

村庄兴于唐宋，繁于明清。明清时期村内因官宦较多，奉旨建有节孝牌坊 3 座，旗杆 19 对，但可惜在“文革”期间被毁。因出身官宦人家，各自建造房屋，各有特色。当初有 30 多个全台门，因年深日久，有许多破旧倒塌，现仍有 20 多座台门建筑保存较好。上王村由于历史原因被分为上王一村、二村、三村、四村。上王村传统建筑建造工艺精湛，现存传统建筑多为官宦大家族居住场所，马头墙、壁画、灰雕、窗花、门楣都极为精致，向世人述说着昔日的辉煌和荣华。

上王村非物质文化遗产资源丰富，由于人们生产生活的需要，大多数人们利用山上的树枝、毛竹等，制造了简易工具，方便了人们劳动。一代代传承下来，久而久之，后代子孙吸取前辈的精华，利用自己的智慧，对劳动工具不断进行创新，制造出了各种各样的劳动工具，比如犁、耙、锄头、锯子等，这些传统技艺在上王村一直流传至今。2007 年被浙江省文化厅命名为“农耕工具传承基地”。

2014 年，上王村有农户 756 户，耕地 3600 亩，村民人均纯收入 9000 余元，村集体当年收入 24.85 万元。

水口山村

水口山村位于永安溪畔，面朝五指岩山，距离县城11千米，山水秀美，风光宜人，被评为“中国最美乡村绿道”。

水口山村历史文化底蕴深厚。水口山村历史悠久，可以追溯到五代、北宋时期。而在新石器时期，这一带就留下了早期人类活动的痕迹。

卷地龙民间舞蹈以其传奇的经历、独特的技巧、奔腾的气象为全省乃至全国各地的群众留下深刻的印象，被列为首批仙居县非物质文化遗产。据《仙居县志》记载，卷地龙起源于清朝顺治、康熙期间。传说水口山村村民郑贤台不满清廷统治，渴望过上安居乐业的日子，在村头立殿早晚设祭，祈祷上帝降祥龙为民造福。后人为怀念他爱乡爱民之心，以扮九节龙来显示龙的英灵。到了清光绪年间，以龙灯舞形式表演，祈求国泰民安、五谷丰登。民国时期，水口山卷地龙将单龙舞扩展为双龙舞。现水口山卷地龙已被列入市非遗项目，多次获市、县艺术表演特等奖，并多次被中央电视台、省台录制。

水口山村旧居民区古建筑保存完好，富有特色，采用石头加木头结

构，墙体由清一色石头砌成。近年来，此处独特的景观吸引大量影视节目来此取景拍摄。

水口山村全村 101 户，298 人，耕地面积 217 亩，山林面积 698 亩。村民收入以务农为主，其中 30%左右的人员外出经商办企业。

四都村

四都村位于仙居县城西南 35 千米处，历史上横溪通往一、二、三都的古道和今日的仙安（岭）公路，跨境而过。

四都古曰湫峰。湫，低洼湿地也；峰，村边有一座顶天立地的龙母峰，湫峰意为龙母峰下一片平原。明朝仙居行政区域设为三十八都，湫峰属四都。时代变迁，地名更迭，四都村却一直沿用古代都名。四都村，始建于唐朝唐玄宗开元元年（713），距今 1300 多年，历史悠久，文化底蕴深厚。公元 713 年，始祖陈师卑自温州长溪来到乐安，发现龙母山下平原广阔、土地肥沃、水源充足、洞天瀑布、风景绚丽，就在龟岩下建屋定居，至今孙裔已发展有 50 多代。

净乐寺建于西晋年间，至今有 1700 多年历史。陈氏大宗祠堂历经宋、元、明、清历朝修缮，一直保留至今。通往湫山村的七孔石拱永济桥，其规模为全县保留完好的拱桥之最。四都重教崇文，仙居明清时期的八正书院之一的诚正书院就在四都，民国时期“五四”新文化革命运动后，四都建有湫峰小学，是仙居西乡唯一一所完整小学。四都古民居雕梁画栋，石窗、墙画保存着明清的风格。四都村四周三面环水，一面邻山。永安

溪、杨岸港、四都坑分从南、西、北三个方向流至此而汇流。三港造就的冲积平原，土地肥沃，灌溉十分方便。

2014 年年末，全村有农户 460 户，耕地 600 亩，村民人均纯收入 0.93 万元，村集体当年收入 10 万元。

方宅村

湫山乡方宅村位于仙居西部，永安溪上游，西与缙云紧接，东离县城约45千米，与属国家大型工程、省重点工程的下岸水库及其蓄能水电站皆相邻咫尺。方宅之名，已见于光绪《仙居县志》，因该村祖居姓方而得名。

拥有上千年文化历史的方宅古迹处处可见，却湮多存少。一枝独秀的清式三透九门堂古民居，坐北朝南，分别为新屋里、旗杆里、上新屋，是方氏二十九世朝议大夫文林郎、方相万公与子方美香、方美琥一家的经典之作。三人各造一透，合并为三透九门堂。每透占地面积各为2002平方米、2002平方米、1300平方米，楼房48间。外观白粉砖墙，墙上绘有精美的图案及书法，青石门楼、前厅后堂、花厅鱼池坐落有序。天井用鹅卵石铺就成“五马围朝”图。位于村口的福民寺始建于清乾隆四年(1739)，坐东朝西，正殿大雄宝殿五间，高大宏伟，朱柱勾檐，气宇非凡，塑像百态，幡幔高悬，一派佛国风光尽现眼前。镇安桥位于方宅村东面村头，建于清光绪十三年，长12米，宽1.5米，正中桥墩青石叠砌，桥下溪流清澈，鱼游其间，自溪而上建造了300米沿溪景观带。现悬挂在村委会的牌匾“鼎山堂”，乃是南宋淳熙九年（1182）理学家朱熹巡察仙居慕名拜会桐江书院创办人方斫时，因书院之南有“三小山峙立其前，状如鼎足”，挥毫题写了“鼎山堂”三个大字。据同治九年（1870）三月王魏胜《重建桐江书院记》载，在同治年间，旧桐江书院虽毁于战火，但“二额真迹犹存”。

2014年年末，方宅村有农户505户，耕地950亩，村民人均纯收入8250元，村集体当年收入18万元。

羊棚头村

羊棚头村隶属仙居县，与临海市交界，地处 21 世纪第一缕曙光首照地括苍山北麓盆地，拥有道家著名的洞天福地。

羊棚头古村已有近 2000 年历史。公元 347 年，仙居立县，首任县令羊忻之弟羊愔前来括苍洞修道，常卧村头樟树墩羊庄内，故而得名羊棚头村。

羊棚头村始于道，兴于道，更承于道。在村西南福星山上有着中国道教第十大洞天——括苍洞，中国道教第七十二福地之一——仙姑岩。历史上，太极法师徐来勒、太极仙翁葛玄等十数位名家在此修道。公元 748 年，唐玄宗敕名此地为“承德隐玄”之天。据考证，唐宋时期曾有六位皇帝为括苍洞赐名赐物，现保存完好的真源石刻、镇山石、金龙白璧、摩崖石刻、洞宫界碑等，见证了此地道源深厚。

括苍洞凝真宫

村内成、王两氏传承不息，始建于明万历年间的王氏宗祠，始建于清道光年间的成氏宗祠代代不衰。村内保存有较多的明清古民居，以各个门堂为代表，呈现“三透九门堂”格局，结构俨然，木格花窗，雕梁画栋，装饰精美，渗透着岁月沧桑，述说着宗族兴旺。还有官道、古路廊、节女亭、螺丝井等历史古迹，见证了此地古韵悠远。

2015年年末，羊棚头村有农户803户，果林3200多亩，村民人均纯收入13000多元，村集体当年收益26万元，已经成为了一个世外果园。

垟墺村

垟墺村位于台州市仙居县田市镇政府东北方向 2.5 千米，仙居绿道以及永安溪边。2013 年由原前溪、垟墺、水口山等三村合并而来，驻地垟墺，地处半山区，水泥路面连接临石线。村东至步路乡七里村，南至垟墺村前溪，西至下加庄村，北至垟墺村水口山。

垟墺可追溯到宋代，宋时期垟墺地名呼称（里人）。据清光绪县志记载：宋开宝八年（975）里人郑姓、赵姓创建兴化院。禅院在县西北 20 千米地郭坦山俗呼“郭坦寺”，直至晚清民国时期都属垟墺郑姓管理。到了明清时期垟墺人口增多，然后分居到水口山村前溪村居住，都是垟墺同一祖系的家族。

垟墺村现有清代建筑古宅 3 座，共 100 多间房屋，四周以马头墙为主体结构，其中一座有八个马头，风格独特，工艺讲究，较为罕见。四周墙壁石窗雕花风格多样，制作精细，是研究古代石窗文化较好的素材。

垟墺村历代名人出过进士、武举人等，近代名人有郑兆辰，现垟墺人，俗称（长老太公），是清晚期郭坦寺方丈，参加过太平军担任领军。

垟墺村历代比较著名的人物是郑万枝，曾组织带领垟墺村民武装抗清，参加白竹起义、解放南京等重大战斗，在辛亥革命史上留下了光辉的一页，受到辛亥革命领袖孙中山先生的好评。

现全村 357 户，1138 人，耕地面积 777 亩，山林面积 2379 亩，水域面积 750 亩。

朱溪村

朱溪村隶属仙居县朱溪镇，是镇政府所在地，距县城 33 千米。

朱溪，原名“硃溪”。因地域三面临溪，溪中屹立一高 2.5 米、直径 1 米、颜色殷红的奇石而得名“硃溪”。元末明初，朱溪村民多为朱姓，故名“朱溪”。东有方岩山，中间瀑布飞溅，南为南山头。

朱溪村整体风貌基本保持了清朝前期的建筑特征，传统建筑占村庄建筑总面积的 48%。该村不仅传统建筑集中连片成群，而且建筑背山面水，风水格局良好。斗拱、木雕、花窗等工艺精致，用材讲究，蕴藏着丰富的历史内涵，集中体现了仙居民居的独特魅力。至今，这些珍贵的文化遗产仍为当地群众所共享和传承，与周围优美山水相依相存。目前，朱溪村里共有传统建筑 30 余座，建筑占地面积 67234 平方米，其中具有历史文化内涵的代表性传统建筑有：外翰第民居（明末建筑），三台里（清朝早期建筑），新屋里（清朝晚期建筑），旧屋（清朝早期建筑），古楼下（明朝早期建筑），上园（清朝建筑），茶园（清朝建筑），等等。村庄东面的方岩山，集险、奇、峻、秀于一身，其半山腰还镶嵌着闻名遐迩的悬空寺，位列全国四大悬空寺之一。山上还保留有元代农民起义领袖方国珍驻守时的军防工事遗址——古城墙。2015 年仙居岩画被国务院公布为第七批全国文物保护单位，朱溪小方岩岩画为仙居古越族岩画群的四大岩画片区之一。

2015 年年末，全村共有 1018 户，总人口 3650 人，耕地 1500 多亩，村民人均收入 8500 元，村集体当年收益 20 多万元。

广度村

广度村位于广度乡北部，地处海拔600多米的浙东南紫择山，由原广度、铁炉、大道平三个自然村组成。

广度村因有广度寺而建立，广度乡因有广度寺而得名。历史上的广度寺规模宏大，曾是仙居境内乃至台州境内占地面积最大的寺院。20世纪50—70年代大雄宝殿以外的房、地、田、山等渐被村民所用，广度寺变为广度村。广度寺始建于唐天宝元年（742），原名瑞峰寺，北宋宣和中改广度寺，取“普度”一词，即“广行度化”之意，此寺有“历代祖庭”“东南禅窟”之称，文化底蕴深厚，历代高僧辈出，在佛教文化上有较高的历史地位，不仅是国内的也是国际的禅法交流平台。抗战期间，这里也曾一度是台州学院、台州中学前身的旧址，为广大青少年提供继续读书的机会，传承和发扬着中华文化。

广度寺历史悠久，寺院周围群山环绕、森林茂密、山清水秀，负氧离子丰富，是极佳的禅修养生之地。古代名人香客多有题咏，南宋绍兴高僧蕴璋迁至此地。南宋左丞相吴坚入朝廷后，将广度寺请为香灯，宋朝为政宽和，又能以严佑之，民畏且爱的仙居县令郭三益，明朝县令汤聘尹以及历朝张成德、蒋中穆、张堂赏等历史名人都为广度寺作过诗词，留下极其珍贵的文化遗产。

村域总面积 10.5 平方千米，有耕地面积 564.67 亩，森林面积 7572 亩，共有人口 852 人，226 户，全村集体收入 3.5 万元，村民人均纯收入 7650 元。

祖庙村

祖庙村地处盂溪上游，离县城 11 千米，交通十分便利。村中祖庙寺建于唐代，是古寺院。现在村中多数村民是二十世纪六七十年代由周边村迁入，在寺院周边居住。祖庙村为高山村落，平均海拔 340 米，村周围山地多毛竹、林木。其村所在地较平缓。

祖庙村由古潭、竹逢里、瓦窑坦、西坑、岩托里、祖庙、大岩、三亩田、小木辽、大木辽、三尖湾、塘湾、三黄平、双路溪、五份头、里厂、桃花园、转湾等 18 个自然村组成，祖庙村为村行政办公所在地。祖庙村为杂姓混居，主要姓氏有王、徐、张、陈、金等。

祖庙村主要保存历史遗迹有春秋战国时期的古越族文字，距今历史 2200 多年，位于祖庙村中央坑五份头自然村，现已被列为国家保护文物。祖庙村东坪坑马篠潭南侧崖壁上留刻着刘光求雨摩崖题记，海拔高度 460 多米。刘光于北宋绍圣二年（1095）任仙居县令，也是一位有名的诗人。古民居、干栏式建筑、木雕等，基本可以看到清朝中晚期到民国以及中华人民共和国成立前民居建筑的变迁，尤其是祖庙村幽深处有一方高山，拥有丰富人文资源，状如莲花盛开，佛家韵味迎面而来，保存之完好以及规模之宏大，在仙居县当地实为罕见。这些古建筑、古民居是仙居山区民众因地制宜创造人居环境的一个典范，该村的历史人文价值十分厚重。

祖庙村村域面积共 11 平方千米，山林面积有 3 万多亩，耕地有 300 多亩。祖庙村常住人口 689 人，村集体年收入 5 万元，村民人均年收入 7500 元。

椒江区

大小浦村

大陈镇下大陈岛上的大小浦自然村，现在属于胜利行政村，位于下大陈岛中部南侧沿岸的一个小海湾内。这里地理位置独特，景色秀丽，环境优良，气候适宜。大小浦村拥有天然而优良的港口，离镇行政中心、商业中心和甲午岩以及近十几年间新建的度假村别墅区都很近，是最典型、保存最完好的渔家石屋古村落。

大陈岛历史记载较早，明代《武备志》所附的《郑和航海图》中即有“大陈山”的记载。郑和七下西洋在1405年至1433年，最后一次是在1430年至1433年。但大陈真正成为一定人数规模的居住村落和形成街道，则已是清乾隆年间的事了。因浙江沿海居民陆续迁移到大陈从事海洋捕捞，岛上居民曾达到上万人口，逐渐成为台州湾口最繁荣的海上集镇。1949年至1955年的蒋军占据时期，大陈岛上的军民总人口则更是达到2万多人。1955年1月18日，陆、海、空、军联合作战，成功强攻登陆一江山岛后，大陈的国民党驻军挟持全部居民实施“大陈撤退”，大陈成为了一座荒岛。随着解放军驻军和垦荒队员上岛，岛上人口逐渐增加。2004年包括由大小浦、浪通门和南田等3个自然村合并而成的胜利村。

大小浦村地处海岛，这里的自然生态十分优越。这里的森林覆盖率高，因受海洋性气候影响，空气质量也特别优越，这里以错落有致的石屋为特色的渔村生态保护一如既往，海岬、港汊、悬崖、沙滩，鸟语花香惹人醉，涛声海浪催人眠。

2013年10月，大小浦村被列入第二批中国传统村落名录，成为台州市与椒江区唯一一个国家级传统渔家古村落。（编写：陈楚）

胜利村

大陈岛古称东镇山或洞正山，16 世纪中叶，大陈岛也曾被倭寇盘踞，因而也曾成为海上抗倭战场以及后来清代郑成功、张煌言的海上反清据点之一和当代国民党企图“反攻大陆”的基地。民国《浙江水陆道里记》及《浙江沿海图说》记载，大陈山亦名“琅玑山”，唯下大陈市肆颇盛，前清海门中营派千总一员、兵十二名驻之，兼管盐务，曰“凤尾汛”。

胜利村并无更早的历史记载，是因不久前发展海洋捕捞养殖业的需要，于 2004 年由浪通门、大小浦和南田等 3 个自然村合并而成的。现有渔民 96 户，在册人口 481 人，常住人口 187 人。该村渔民居住较为分散，村辖面积约占到下大陈岛的三分之二岛域，是大陈镇辖地面积最大的一个村，也是台州列岛上的人口和经济大村。该村被列入省级历史文化村落。

大陈岛素有“东海明珠”美称，岛上海礁景观奇绝，仅胜利村范围内就有以自然旅游资源为主的“东海第一大盆景”甲午岩、“世界巨浪之最”浪通门以及被列入“中国传统村落名录”的大小浦渔村等，还有回归亭、垦荒纪念碑、胡耀邦广场、军事记忆体验区、大陈度假村别墅群等人文旅游资源，以及盛产深海网养大黄鱼、鲈鱼、真鲷和野生石斑鱼、黑鲷、梭子蟹、七星鳗、虎头鱼等海珍品，使得该村的自然资源和文化内涵显得特别的优越与丰厚。

胜利村是大陈岛国家一级渔港、省级森林公园、全国海钓基地核心区域的所在地，是省、市、区特色农家乐示范村。（编写：陈楚）

卫星村

卫星村地处下大陈岛中部五虎山西麓，是下大陈岛上仅有的四个行政村之一，也是最靠近镇行政中心的一个村。卫星村是典型的海岛渔村，曾是大陈复垦以来岛上著名的捕捞队之一，村民主要从事海洋渔业生产。全村现有 237 户，共 484 人，村民以海洋捕捞业作为主业，全村共有钢质渔轮 10 对，涨网船只 2 艘，单拖 1 艘；从事放笼、放网等小作业渔民有 20 多人，还有一部分渔民从事水产冷冻加工、鱼粉、养殖、旅馆餐饮等行业。2012 年全村人均收入 18364 元。

该村除港湾海岬等海岛自然风光和渔家风貌外，还有王相义暨蒋经国旧居等众多历史文化遗迹。近年来村两委带领广大村民，发挥村里的地理位置优势，大力发展海水养殖业，实现捕养并举，同时大力发展宾馆、酒店、渔家乐等三产，促进渔民增收致富。该村被评为浙江省渔家乐特色村和浙江省历史文化村落。（编写：陈楚）

凤尾村

大陈下大陈岛上主要有五虎山和凤尾山两大山脉山系，凤尾村位于下大陈岛西端环凤尾山一带，因地形俯瞰像只凤凰的尾巴，故名“凤尾村”。凤尾山、凤尾村，应该是岛上较早即已有之的地名，但始于何时已经无考。现在的行政区域以山南小岙里的凤尾村和山北沿海岸的鸡笼头以及小岩头等自然村为主组成。

全村现共有渔民182户，在册人口508人，岛上常住人口283人。村里土地极少，渔民主要从事海上捕捞业，以渔业捕捞即外出务工为主要收入来源。该村拥有远洋渔轮5艘，涨网渔船33艘。2014年全村渔业总产值3540万元，人均收入12361元。

该村依山而建，面向大海，具有浓郁的渔村风情。村内民宅主要以石屋为主，保持着原生态的风貌。凤尾村景观奇绝，山海一体，水天一色，兼有山青、林茂、海蓝、岩雄、洞幽之美。伫立岸边，可以看到日出的壮丽，体味孤帆远影的空寂，欣赏晚霞的瑰丽和红艳，感受海天深处变幻的风云。

凤尾村所在的竹屿海域，已成为全岛乃至椒江全区、台州全市最重要的海产养殖、海洋生态保护、海洋环境恢复基地和人工放养放流及人工岛礁投放基地。(编写：陈楚)

南岙村

南岙村是上大陈岛上最主要的港口和村落的所在地，南岙村自1949年至1955年为国民党大陈岛军队机关驻地。1955年“大陈撤退”后为解放军驻岛部队机关驻地。自2004年开始为属台州市椒江区大陈镇管辖的渔业行政村，由大岙里、红旗、丁勾头3个自然村组成，占地面积约4.5平方千米，全村人口984人。村民主要从事海洋渔业生产，曾有著名的捕捞队，是一个典型的渔业村。随着海洋渔业资源的极度衰退，村民收入锐减，村集体基本无可支配收入。2013年全村人均纯收入13318元。

南岙村以上大陈岛南部海湾沿东西呈“一”字形分布，是上大陈岛的经济、文化中心。南岙村是大陈镇上大陈岛上仅有的南、北岙两个行政村之一，原有大岙里（南岙）、天灯盏、石牌坊、南坑、大半天等5个自然村，现多数已成无人村。

南岙村除拥有丰富的滩、崖、礁、洞等典型的海岛自然风貌外，有元末方国珍屯兵，明代为海上抗倭，当代蒋军与大陆军事对峙等海防文化内涵。大岙里自然村的“国民党江浙反共救国军总指挥部”遗址堡垒密布，战壕坑道四通八达，“国民党浙江省政府”“美国顾问团”“大陈防卫司令部”等均曾驻扎于此，胡宗南化名“秦东昌”多年坐镇据守，蒋介石、蒋经国亦曾多次前往视察。南岙村承载着丰富的历史记忆，具有一定的游览和教育、体验价值。（编写：陈楚）

横河陈村

横河陈村位于台州市椒江区下陈街道西北，村内有一条横河（横河陈浦）和一条直河（三才泾）交叉于此，村民多以陈姓，因名“横河陈”。全村面积560亩，6个村民小组，285户，共807人。

在“民以食为天”的农业社会，所谓“温（岭）黄（岩）熟，台州足”，横河陈村作为温黄平原皇粮北输的漕运枢纽、商埠要地，为海滨鱼米之乡，物产丰稔，市集繁华。该村的古街至今保存完好，现有131间明清时的古街道老建筑，占地总面积8450平方米，南北街、东西街呈“丁”字形，风貌依然。

据族谱等有关资料记载，该村落是自明代陈文达迁居至此始建，距今已有六七百年的历史。因为陈姓所居住，地处横直河交叉之处，故称横河陈村。横河陈村为水路要津，河道纵横交错，往来货物可南至温岭、玉环一带，西达黄岩，北可经椒江转至临海、天台、仙居、三门。自清至民国，这里经济繁荣，村内横直两街总长约1000米，宽仅3米，商号林立，各行各业一应俱全，中医、典当、南北货、竹木柴炭、铜锡铁匠、蔬菜瓜果，应有尽有。每当集市，人们将狭小的街道挤得水泄不通。走在老街上，百来间古朴的建筑错落有致，屋顶雕花翘首探头，街道纵横，小巷辐辏，一些老字号招牌匾额依稀可辨，让人恍若隔世。（编写：陈楚）

下陈村

下陈街道下陈村位于台州市椒江区城区的南大门，东临东海，南同台州机场与路桥区蓬街镇交界，是下陈街道的中心村镇，基本框架可概括为“三街六路”，台州连接“空路”的交通要道机场路经过村口，是椒东南下陈辖区内传统的经济文化贸易的集散中心。早期原为浅滩海涂，淤积围涂而成平原。村里以陈姓为多，地处“下洋”（南下海边），故称下陈。

据有关历史资料，古时的下陈村，“里无千金之家”。清初禁海迁界更使得村民们流离失所、百业凋敝，“富家趋贫，贫乾益蹇”。清末民初渐得复苏。改革开放后，下陈村民纷纷外出补鞋、卖鞋机闯市场，足迹遍布全国，并以此带动了家庭作坊式的纺织业、手工业、商贸业和民营经济的发展。村里先后建设了占地 10 亩的文体活动中心，占地 15 亩的农民文化公园，拥有舞龙队、腰鼓队、木兰运动队等文体组织。全村人口 801 人，总面积 1.1 平方千米，耕地 168 亩，村集体固定资产 2500 万元，集体年收入达 350 万元，2011 年村民人均年收入达 1.38 万元。村先后荣获浙江省廉政文化示范村、省文化示范村、省村务公开民主管理示范村以及台州市全面小康建设示范村等荣誉称号。（编写：陈楚）

陈宅村

陈宅村位于九子山麓，三面环山，一条山兵溪穿村而过，有古樟树、古朴树和古寺庙，环境优美，东接章梓线，离台金高速公路出口只有2千米，到台州市区只需20分钟车程，交通便捷。全村人口1285人，360户，耕地面积480亩，山林面积3770亩，辖区面积1.5平方千米，农民人均纯收入8500元。

陈宅村文化底蕴深厚。距今1000多年的隋朝古刹——摄静寺就在该村，灌顶大师就在摄静寺出家，后来成为佛教天台宗五世祖，海内外影响极大。1993年，日本佛教人士曾前来寻宗。历史上陈宅村民和佛教弟子也是抗击匪徒、倭寇的勇士，在《赤城志》《回浦县志》中都有记载。山兵高腔（剧种）系在古山兵村创建，并发展为台州乱弹。据史料考证，遗留古建筑古遗存比较多，有村祠堂、古戏台、摄静寺、古井、进士匾、重整讲坛碑、洗钵泉碑、三姓殿等。陈宅村已被列入省级历史文化村落。（编写：陈楚）

玉环县

坎门社区

坎门社区位于玉环县东南端，东依应东油库，南眺南排山，西枕县化工厂，北濒石碑山脚。辖地钓艚岙与南排山之间的山门为海上要道，渔船北上南下皆经过该处，钓艚是方头大钓鱼船，每当归航，排在港湾，村以此得名。坎门社区组建于 2002 年 4 月 28 日，区域面积 1.1 平方千米，社区下居 3 个经济合作社和 4 个三级片区。现有村民 1847 户 5367 人，外来人口 3000 多人。本社区主要产业以汽摩配生产加工和海洋渔业捕捞为主，人均年收入 13800 元，本社区集体经济年收入 70 多万元。

坎门社区花龙被列入国家级非物质文化遗产项目，坎门社区渔家女俱乐部被台州市命名为第一批中国民族民间文艺特色队伍。

山里村

山里村地处龙溪镇东部，濒临东海，是龙溪、沙门、干江三镇交叉点。辖区全部位于山区，是传统农业大村，户籍人口 1968 人，全村呈以山里片为中心点向四周辐射状，是国家级美丽宜居示范村、国家 3A 级旅游景区。山里村历史文化底蕴丰厚，保存众多具有悠久历史和浓郁地方特色，具有较高历史文化价值和建筑艺术价值的古建筑、古遗存、古树群。

现存毛家大院，这里曾住过民国时期玉环县最后一任伪县长毛止熙，整体古建筑保有中西台门、碉楼、老屋等，依稀能够看出当年风貌。其中台门为石木结构，穿斗式梁架六檩构架，虽年代久远，但台门脊部等处仍保留有清代风格的泥塑装饰。赵家百年老宅，在经历梁柱吊起往旁平移后丝毫不损，木结构的正房和石砌偏房尽显历史沧桑。历史上山里村是海防前哨，明初为防倭寇侵扰，在此修建烽堠（烽火台、烟墩)，现留有多处烽火台遗迹。炮台山视野开阔，景色旖旎，能够“一山看四县”，此地可俯瞰万亩盐田，是东海日出最佳观景点。古树群共有百年古树 16 株，其中朴树 9 株，柞木 7 株。山里村有“大义灵猴”“十里板埭坑”“大鹿山龙王”“奇人蒋大伟”等广为流传的民间传说。

大青村

“乐清湾畔踏浪花，大青岛上迎朝霞。”大青村是一座位于乐清湾海域的岛屿，方圆约 1 平方千米，总人口 530 多人。滩涂和礁石横贯全境，既有海岛之美，又具渔村之古朴，是典型的渔村小岛，海域养殖的檀紫菜享誉县内外。

岛上一间间石砌小屋，错落有致，构造和布局有着浓郁的浙南沿海风格和闽南风格，洋溢着浓浓的古建筑渔家风情。沿着村中的石砌台阶可直达村后始建于 20 世纪 50 年代初的灯塔。灯塔造型古朴典雅、端庄协调，一直为南来北往的船只指引航向。在村中心位置依然保留着在游击革命时期作为重要战略蹲点的陈家老苑。在革命时期建造的西跳碉楼，见证着革命炮火的岁月。沿乡间小道往山上走，呈现在眼前的是两片呈云帆状高高耸立的纪念碑，底下藏青色的岩石，共同寓意着“水能载舟，亦能覆舟”的道理，赋予了大青村“乐清湾海上革命根据地”美誉的革命名村。

近年来，大青村正在建设红色旅游与休闲观光并重，观光渔业与观光果园兼顾，滩涂景观与山林景观尽显的海岛美丽乡村。

东西村

楚门镇东西村位于楚门镇建成区的东北部，其北面、西面、东面三面临山，南面同马山村相邻，西距楚门镇区约 2 千米。东西村三面环山，一面临河，区内地势受山体影响起伏较大，大致呈周边高、中间低，东部高、中部低的态势。

东西村古称“竹岗”，是玉环县历史文化名村，背靠青山，峰环绿翠，南亲澈水，水转清碧，地灵人杰，才俊辈出。东西村既有东岙关庙等重大历史事件发生地，又有陈参墓、戴明故居等杰出历史人物纪念地，既有如灵山寺优美的自然风光和名胜古迹，又有专为开展爱国主义教育而设的陈列室，文化底蕴深厚。

石峰山村

石峰山村位于大麦屿街道美丽乡村山海风光带的一翼，濒临东海，海拔 220 米以上，由以石峰山庄为中心的仙潭、牛场、白沙岙 4 个自然片组成，户籍人口 768 人，户数 252 户，耕地面积 477 亩，山林面积 1677 亩，海沙滩面积 230 亩，村域面积 1.8 平方千米，是省卫生村、省级森林村庄。

石峰山庄为石峰山村村部所在地，有东、南、西、北 4 个村口，西村口有 500 万年前形成的华东地区保存最完整的火山遗址——石峰山火山遗址。村庄周围有许多百年古樟树、古朴树环抱，前樟后朴，村内石板路，民居石墙青瓦，藤蔓伏爬，有逍遥石、战壕、防空洞、仙叠岩、望夫石、仙女石、仙潭瀑布、白沙岙沙滩、龙额仙谷等景点。龙额仙谷幽深秀丽，常年流水潺潺，植物叶片多变炫彩，梯田错落有致。村庄内有来仲棣、吕国璋、王正良等名家题词 11 处。目前，石峰山庄引进东海石屋文化园项目，将 13 幢 48 间倒塌石屋改造成融吃、住、玩为一体的养生旅游项目。

上青塘村

上青塘村位于玉环县大麦屿街道北面，由上青塘、田垅、天主教、罗宅、后曾5个自然村依山形成，上青塘自然村为行政村所在地。全村299户，户籍人口1180人，村域面积1.2平方千米，耕地面积611亩（其中水田260亩，旱地351亩），山林265亩。

上青塘村三面环山，西面正对乐清湾，民居多为石墙青瓦的东海石屋。村庄草木葱茏，怀荫抱绿，山泉水源充沛，环境优美，交通便利。

清雍正三年（1725），上青塘村已有黄氏族人定居。乾隆二十一年(1756)，黄宗海中丙子科武举人，官至温州府守平阳都司。乾隆丙午年(1786)，黄宗灏（又名黄达元）中进士，钦授浙江儒学正堂。光绪年间，黄懋德编写《百科杂志》。村内还有嘉庆年间古祠堂，雍正年间古寺庙、古墓等。其中丰山书院、石夹旗杆、“登科”匾额等已被列为县级文物保护单位。

水桶岙村

玉环县沙门镇水桶岙村位于沙门镇南端，是个群山怀抱、风景秀丽的生态绿色村庄，东南面有吊船湾与大海相接，西北有龙潭坑水库，北与张岙村相邻，距沙门镇区约 2 千米。村下辖南冲、乔麦坑、邢家、岙里 4 个自然村，全村 385 户 1231 人，耕地面积 385 亩，山林面积 600 多亩。

村庄三面环山、一面临海，村内建筑风貌较为统一，反映了玉环县近现代时期农民百姓人家的建筑特色风貌。村有古建筑 16 处。村内还有一石桥名洞溪桥，位于村中部，建于清代。《玉环厅志》卷二的《建置志·桥》记载："洞溪桥，在水桶岙。"该桥东西向横跨于洞溪上，为三跨石梁桥，全长 10.7 米，桥面宽 2.2 米，河中筑两排桥柱，每排截面呈方形的石质立柱 3 根，立柱上置锁柱石，以承托桥面上铺设的石梁、石板。该桥面侧面略呈弧形，桥北侧中跨石梁上阴刻"洞溪桥"字样。

天台县

寒岩村

寒岩村，位于天台西部的寒石山下，始丰溪的东岸，隶属龙溪乡，距离县城30千米，因地处唐代白话诗人寒山子隐居的寒岩洞前，故名“寒岩村”。村由岩前、仰坦、后陈、下王庄、西山、上形等6个自然村组成，村域面积约3平方千米。

岩前村、仰坦村为叶氏族人聚居。北宋末年，叶氏族人从黄水迁徙寒岩前安家。20世纪50年代末，村中建“叶氏宗祠”，二层院落，一直充当集体房屋使用。下王庄村，村民主要是姓叶、谢、戴，后陈村是夏氏族人聚居，上形村主要有赵、陈二姓，西山主要有王、陈二姓。寒岩洞前的寒岩寺始建于五代后梁开平元年（907）。岩前村前有一座水塘，名为“洗菜塘”，相传是当年寺院洗菜而得名。寺院大殿在“文革”时拆毁。寒岩洞有上洞、下洞。上洞在20世纪80年代建了几座厢房，名为寒岩寺。下洞里供奉着寒山像，中华人民共和国成立前这里曾办过学堂。寒山是唐代的隐逸诗人，留下300多首禅意深远的诗。清雍正时，寒山、拾得被敕封为“和合二圣”，民间称“和合二仙”，流下许多动人的传说。近年来，寒岩村开辟了200多亩荷塘，建“寒山茅舍”，弘扬“和合文化”。

2014年，全村耕地800多亩，山林约5000亩，户籍人口1100多人，村集体收入5万元，村民人均收入8000多元。

皇都村

皇都村，地处天台县西北，昔属三益乡，后属鹤楼乡，现属白鹤镇。距镇政府4千米，距离县城约8千米，村域面积500亩。2014年年末，皇都村有508户1800多人，耕田835亩，林地约30亩，旱地63亩，人均收入1.1万元，村集体收入1.1万元。

皇都村西背鹧鸪山，东望紫凝山，地处平原，四周多塘，有庙塘、单月塘、门前塘、前塘、大祠塘、漳塘、下塘等，水塘面积115亩。村西有古庙皇稔宫。村民均为陈姓。据《天台陈氏宗谱》记载，唐懿宗元年，陈氏先祖任陈熹纪，原籍南京，擢任温州刺史，辞职还乡时，正值黄巢起义，故土难归，于是停车天台，在城西二十里北岸创居。宋理宗癸丑年，同贡元陈一道迁至皇稔（宫）以西，陈公道也迁至皇稔（宫）以东。据宗谱记载，“皇都”村名始于宋代，时内阁大学士巽卿赏识此地，遂定基兴工，建造三台三幢，雕梁画栋，富丽堂皇，人咸嘉为“皇都”。村里的“陈氏宗祠”建于清乾隆三十七年，名为“追远堂”。村里有一条古街，逢四、逢九集市。“皇都南拳”始于元末，是村里世代相传的民间拳术，主要有徒手拳和武械拳，共有20多种套路，2008年被列入浙江省第三批非物质文化遗产名录。

迹溪村

迹溪村位于天台县石梁镇之西，距镇区七千米，隶属石梁镇。

汉代隐士高察曾隐居龙皇堂附近的察岭，也曾游览至此，留下足迹，溪得名“迹溪”，村因溪而名。迹溪源自华顶山，穿村而过，村居溪之两岸，自东向西汇入慈圣大坑。迹溪村四周山青竹翠，碧水环绕。迹溪村民以金、汪两姓为主。据《金氏宗谱》记载，宋钦宗年间，左班直殿侍御史金友言从杭州迁居天台西关外石栏杆，为天台西门金氏始祖，传至第十世，金一统卜居迹溪，为迹溪金氏始祖，至今有500多年。之后，明正德八年（1513），汪氏兄弟自徽州婺源来到天台迹溪，见此处山水之秀、竹木之美，遂迁居于此。兄汪侪、弟汪端为迹溪汪氏始祖。金、汪两姓先后在迹溪筑室营生，繁衍子孙。

造纸业为迹溪村的传统手工技艺，至清末民初，迹溪村的造纸为旺盛时期，形成了产销“一条龙”的产业链。民国年间，本村人口有300多人，而外来务工人员就有400多人，村中有造纸厂24座。纸张主要销往宁波等地，迹溪纸商有自己的商号，最为著名的有“泰源号”“力大号”“之山号”等。迹溪竹纸分成两类，一类称火纸，另一类称毛边纸。迹溪造纸主要有砍竹、放塘、沤泡和蒸料、剥料、打浆、捞纸、榨干、烘晒、分纸等几道工序。

2014年年末，全村有226户599人，耕地900亩，山林11000亩，村民人均纯收入6700元，村集体当年收入3万元。

灵风村

灵风村位于浙江省天台县的东南，隶属三合镇，灵风村与灵一、联合、灵东等4个行政村组成了灵溪村，南与临海的岭景乡交界，村域面积约2.5平方千米。

自唐天祐年间起，这里就是奚姓族人的聚居之地。灵溪既是溪名，又是村名，村因溪而得名。两条山溪环村而过，村民称之为“大溪”与“小溪”，两条山溪在村口的灵水桥下汇合，一路向西而去。村前有卧虎山，村后有龙山，即“后龙前虎”，南有三王古道，是台州府通往天台的官道。村口的古樟盘根错节，遮天蔽日。村口的“灵水桥”为石拱桥，始建于宋淳化三年（992），为天台县文物保护单位。村里有两条老街与之呼应，村里人称它们为“前街”与“后街”。这两条老街是民国时天台东乡最为繁华的商业街，逢一、六有集市。现有东井堂、解元宅、景聚楼、新三透和后塘园等多处清代古民居，村中的老街上保存着奚氏大宗祠、松享公祠（奚氏小宗祠）。灵风村地处灵溪村中间，曾出过四位列入县志的人物，清翰林院检讨的奚际亨，清光绪开解元辅臣，辛亥革命将士奚骏声，近代武术家奚诚甫。“状元游街”是灵溪村在元宵节之夜的习俗。

2014年，灵风村村民750多人，有耕地近800亩，山林2000多亩，村民人均年收入7200元。

岭头周村

岭头周村地处天台县城东南，村处岭头，以村民姓周而得名，城洋公路与通往临海兰桥公路在村前交会，隶属三合镇。

明嘉靖年间，匡公自三门县山后周迁此，村庄已有400多年历史。“新屋道地”是一幢三透民居，分内外二院，外院称东德楼，内院称西德楼。共有五个道地，二大三小，门前立一副棋杆礅。楼主为周恩沛。周恩沛为商人，从事白油买卖，致富之后，但注重下一代的读书。他有四个儿子，一心一意地要将他们培养成读书人。最终四个孩子先后获取功名。大儿子周永监获武举人，次子周永赞为贡生，三子周永远得中进士，四子周永满也是庠生。然后，他建起了这幢民居，世代居于此。周氏宗祠在“新屋道地”的南边，祠堂的大门已改建，其他建筑也得到修缮。祠堂建于清代，正厅高大，木雕精致，厅内曾挂“登科”和“亚魁”匾额，两旁建有厢房。正厅前建有戏台，藻井的木板上有戏文的彩绘，栩栩如生。

2014年年末，全村有215户752人，耕地214亩，林地400亩，村民人均收入1万元。

培新村

培新村位于天台、新昌、宁海三县交界，群山环抱，村东的山井坑与宁海县黄坛镇相邻，北面的大月山与新昌县小蒋镇相接，距镇所在地龙皇堂有 33 千米，至县城有 53 千米，原属大同乡管辖，现为石梁镇大同办事处。

培新村由培山、上庄、前山 3 个自然村组成。培山村，以村庄陪衬于鸡树墩山内，得名陪山，俗写培山。村民多为胡姓、丁姓，村中建有合姓宗祠。村中保留一座“走马楼”，始建于清初，前后道地共有 24 间。上庄村村民多为孙姓，有“孙氏宗祠”，原是庄屋，因在下庄上方得名。村北的龙潭溪、龙亭溪、大月山坑三条溪水在村前汇流，一直向南流至下庄，与大同溪合流，至宁海白溪水库。培新村所属的石梁镇，是天台县最大的毛竹产区，是浙江省“毛竹之乡”。培新村有耕地面积 340 亩，山林面积 18700 多亩，其中竹林面积就占了 6300 多亩。优质的天然水资源和香灰土壤，使这里的竹笋鲜脆味甘。培新村世世代代都有竹笋加工的传统，家家户户动手加工竹笋。笋加工制品有笋笳、笋丝、笋尖、笋鲞、咸塘笋、咸笋头等，竹笋加工已成为山区百姓的一项致富手段。

2014 年，村民有 231 户，650 多人，人均收入 7200 元，村集体收入 12 万元。

铺前村

铺前村坐落于天台县城西边，始丰溪支流三茅溪流经村东北，古属太平乡第十二保，今属始丰街道。天台通往京城的古道在村前通过。泉亭铺是出天台城门之后的一个驿站，于是称“铺前”。

村中张氏为大姓。铺前村的“张氏三透”民居在天台县境内名气较大，建筑较为精致，是文人的居所。三透九明堂是天台民居中最具规模的建筑风格。中轴线上通常有三进厅堂，两侧建有厢房和小院，门堂套门堂，前后各进都有单独的门楼与外连通。铺前“张氏三透”初建时，则只是单进的宅院，扩建之后，则是四进的民居，但人们还习惯于称这幢院落为“张氏三透”。“张氏三透”始建于清乾隆二十三年（1758），由张文宗建造，当时为单幢的四合院建筑，取名“师俭堂”。之后，经后代扩建，成为“三透九明堂”建筑格局，“师俭堂”前为“勤业堂”，后为“履谦楼”，最前面为“接官厅”。张氏世代恪守耕读传家的理念，从这幢宅院走出了2位举人和21位秀才。此外，村中还有新屋和当店二幢民居，新屋的楼名为“绳武楼”，当店堂名为“继忍堂”，村中还存有一座古戏台。

2014年年末，全村有475户，1200多人，耕地700多亩，林地100多亩，村民人均纯收入7000元。

前杨村

前杨村位于天台县南山，大淡溪南岸。村前有前山，隶属天台县南屏乡，为杨氏所居，而得名前杨。东有中央溪，西有大淡溪，二水环流。村口有一株八人合抱的古樟，村内五香园内有五株古樟树。

杨氏杨震后裔至第三十五世，杨帮义迁居杭州，五世后，杨瓒迁居天台，成为许氏南山始祖。杨瓒（1201—1263），字玉统，别号文器山人，宋理宗宝庆丙戌（1226）进士，时国家多故，执政非人，遂隐居不仕。绍定五年（1232）春，杨瓒游览天台，到始丰溪之南的南山，见此处二水环流，土厚风淳，可耕可读，于是，迁居于此。至第五世杨少岳，明洪武二年（1369）登甲第，其子杨友直明洪武二十六年（1393）中武进士，父子进士成为了杨家的佳话。村中的杨氏宗祠保存完整，祠堂建于清代，坐西北朝东南，面阔三间，为硬山顶建筑。正厅中挂有“四知堂”匾额，这其中的“四知”为天知、地知、你知、我知。堂名源自杨氏先祖“杨震暮夜却金”的故事，内奉杨震坐像。村中还有十房祠堂和上台门祠堂。村中民居以四合院为多，皆山楼位于杨氏宗祠北边，皆山楼西边为五凤楼民居，此外，还有上台门和下台门民居。村前有一条天台通临海的古道——南黄古道。

2014 年年末，全村有 1912 人，耕地 1300 亩，村民人均纯收入 7000 元，村集体当年收入 10 万元。

山头裘村

山头裘，位于天台县城西南，距离县城 5 千米。村东南有岩庵山，山上建有慈恩寺，西有后门山，村北有始丰溪。始丰溪又称“文溪”，故过去溪岸有“文溪渡口”，清道光二十一年“文溪渡碑”（现存村中裘氏小祠堂），并建有小庙，供奉“平水大王”，以保一方平安。因地处小山头，村民姓裘，故名，又因村址在安科之东，俗称东宅。

山头裘，古属永堡垒乡二十二都，中华人民共和国成立前为四保，1969 年与安科合并称“卫东大队”，1980 年分出为山头裘大队，1984 年复村。村民以裘姓、王姓、陈姓为主。北宋政和间，裘氏族人迁此，后有王氏、陈氏族人迁此。村中有清末建造的裘氏小祠堂、裘氏大宗祠、民国初年建造的王氏宗祠。山头裘村的砖瓦师傅，自古以来就远近闻名，代代相传，家家户户都有砖瓦师傅，他们以制作砖瓦为主要经济来源，走南闯北，历经艰辛，其制作砖瓦有看泥、打场、打窑、做砖坯、做瓦坯、进窑、烧窑、闷窑、出窑等程序。山头裘的砖瓦师傅大都外出做砖瓦，足迹遍布福建、江西、安徽、江苏、湖南等省。

2014 年有 265 户，村民 860 多人，耕地 309 亩，山林 1704 亩，村集体收入 8 万元，村民人均收入 1 万元。

山头郑村

山头郑村隶属天台县南屏乡，位于天台县南山，曾为南山区公所驻地。南有前山岗头，北有殿后山，六另岗抱于东，十三罗山居于西，即所谓南山四屏峰。地处小山头，最早住朱姓，曾名山头朱。元末东阳县窈川郑姓打猎来此居，改今名。

源出白水背的山溪经村西南转东从村前流过，称“瑞溪”。村中有古街一条，称瑞屏街，老街分成几个地段，从西到东分别被称为桥头、樟树下塘、大门前、三角、大路上，大门前是最为热闹的地段，逢古历三、八两天为集市。当年街中有一座木质牌坊，明嘉靖年间，八世祖候公乐善好施，钦赐建坊。村口有数株高大的樟树。清同治年间，建通德书院。山头郑村繁华时期为民国年间，人称“小上海”，老街店铺林立，村中那几幢建于民国的小洋房引人瞩目。“仁山故居”为四层的洋房。村中还存有民国风格建筑的“郑少卯故居”和“郑少泉故居”。2014 年年末，全村有农户 120 户 1210 人，耕地 960 亩，村民人均纯收入 7000 元。

上庞村

上庞村，地处始丰溪中游南岸，东有下曹山，南有紫凝山，西为马鞍山，北有始丰溪，四周地势平缓。该村古属祥鸾乡二十四都，村域面积约10平方千米，有7个自然村，4000多人，其中有5个自然村是清一色的“庞”姓。

据《庞氏宗谱》记载，北宋大中祥符三年（1010），庞氏东林派族人由大路庞迁此发族。村在大路庞之上，故称“上庞”。至今已有1000多年历史。上庞曾是东林乡政府所在地，现属天台县平桥镇，现为东林办事处驻地，距镇政府1千米，距县城17千米。村南至紫凝的公路旁，有一座“岳公纪念堂”，始建于1776年，为纪念明嘉靖年间时任县令岳如有和上庞村先人庞原积从始丰溪开渠引流，造福一方而建。该村手工业历代发达，特别是棕榈丝加工业，早在中华人民共和国成立前，就远近闻名。村里人编蓑衣、穿棕棚的工匠很多。20世纪70年代中期，该村开始用棕榈丝加工“海带绳”，产销两旺，家家户户参与，上庞村因“海带绳”而成为勤劳致富的典型。

2014年，有农户1000多户，4000多人，耕地2437亩，林地5300亩，村民人均收入1.2万元，村集体收入3万元。

苍华村

苍华村，地处天台县东南，与宁海县岔路镇交界，古属五都，1961年为苍华大队，现属泳溪乡，以地处苍山与华顶山交界而得名。由东湾、柘园、大爿等自然村组成，距县城35千米，距乡政府所在地10千米。村中多溪，从石七坑、麻地坑以及岗湖苛头流下的六支坑水在村前汇合，向南而流，形成泳溪，故有“泳溪源头”之称。

村东北的山岙中原有一座“弥陀庵”，明代大旅行家徐霞客游天台山时二度过此。从宋代开始，杨姓人从宁海九孔塘避难至此，在此安家，留下一个“杨家岙”村名。村的四周五峰环抱，高昂挺拔，其下迤逦，如是五只将要展翅的凤凰，面向东方初升的太阳，俗称“五凤朝阳”。清乾隆年间，许氏人从水南村来此安家时，在许氏族人到来之前，村里已经有何姓人居住，紧随许姓其后的是齐、夏、娄、胡等姓人。村中保留石头垒砌的老宅“前道地”“外首屋”“下道地”，村里有普济桥、齐心桥、杨家岙桥、石青桥等四座石拱古桥，一座石砌的“箭潭庙”。村口的“杨家岙祠堂”为村中各姓共有的祠堂。村民以种植“香米”和外出打工为主。

2014年有耕地1000余亩，山林近5000亩，村民1300多人，常住人口120多人，人均收入6500元。

大地林村

大地林村位于天台县雷峰乡崔岙溪畔，据《天台林氏大宗谱》记载，明成化六年（1470），林氏先人定则、定知见此地山峦壁垒、水绕群峰，遂由天台玉湖迁至此地。因处于群峦叠嶂之间，难得村前有一块开阔地，故曰“大地”，定则、定知均姓林，名之“大地林”。

村里有林氏宗祠，建于清乾隆二十六年，祠堂里的戏台始建于清光绪七年。1936 年为平南乡第三保，1950 年为崔岙乡五村，1956 年为雷峰乡人民政府驻地，1961 年为崔岙公社大地林大队，1984 年改村。整个村坐北朝南。“鹰嘴岩”坐落于村西崔岙溪对岸，是该村石料开采的源头。早在明代就已经开始，大地林作为天台西乡主要岩塘之一，远近闻名。它以石质硬、韧、沉，呈微红色，被誉为石材中的精品，受到当地百姓的喜爱。20 世纪 70 年代，大地林鹰嘴岩的石料被选中作为建设北干渠“红旗渡槽”主要石料开采运至工地。当时大地林村上百名的石匠，都投入到“红旗渡槽”的石料加工之中。20 世纪 80 年代，城乡居民的物质生活渐有起色，建新房的越来越多，大地林村石匠达上百人，石匠的收入也较为可观。“鹰嘴岩”岩塘原为集体开采，后归个人承包。天台南门大桥休闲大道、新昌大佛寺、绍兴客运中心、横店影视城、宁波天童寺等工程的石料都是出自大地林，都饱含村里工匠的辛劳。

2014 年，村有耕地 300 多亩，山林 4000 多亩，人口 680 多人，常住人口 300 多人，村民人均收入 8070 元。

大柳溪村

大柳溪村，位天台县东北部，属泳溪乡，距乡政府所在地 5 千米，距天台县城 25 千米，称之“泳溪第一村”。

中华人民共和国成立前，该村属岭里乡一保，中华人民共和国成立后，属岭里一村，1961 年为大柳溪生产大队，1984 年改为大柳溪村。台宁古道经过此村。村因溪得名大柳溪，源于欢岙小吉岭东南，支流有干坑、自家坑、三坑等，因早年溪岸一株桃树一棵柳，称“桃柳溪”。该村村民多为“叶”姓。据《天台叶氏宗谱》记载，唐昭宗光化年间（约 895），叶氏先人叶温由天台西南的黄水村迁徙至泳溪的范庄，后又迁至今址。村中溪岸原建有“叶氏宗祠”，1981 年改建为大柳溪会堂。1000 多年以来，大柳溪村保留了众多古老的习俗，其中过年吃“果子酒”，集中体现了农耕社会对男丁延续宗族的重视，以及对新生命的庆贺，也反映了当地百姓尊重祖先、企盼宗族繁荣的美好向往。

全村有耕地 252 亩，林地 300 多亩，村民 246 户，700 多人，以种植水稻、花生为主，村里有一大半人外出经商、打工。2014 年，村民人均收入 6200 元。

下汤村

下汤村位于天台县南山，大淡溪从村前流过，村位于大淡溪北岸，隶属天台县南屏乡。

据《天台县地名志》记载："元时，有夏、汤两姓迁此定居，原名夏汤村，后因方言谐声，演变为今名。" 现在的下汤村，多数居民为"汤"姓。南宋年间，善公从青田始迁天台城西，定居义里朗汤头，为天台汤氏始祖。元朝初年，由余中公从天台县里迁居下汤，称台南汤氏。现村口有廊桥一座，称中山桥，建于20世纪50代初。村中有建于清代的三透民居三幢，墙里三透、隔墙三透和上店三透。民国时期的翠鹤楼临溪而建。清朝村中建有二家书院、腾蛟书院和东山书院，现存两家书院遗址。汤氏宗祠坐落于东山脚下的大路旁，面对大淡溪。村中还有数幢小祠堂。村中存清贞孝牌坊一座，为现天台县境内保存最为完整的节孝牌坊。牌坊在二房祠堂前，坐西北朝东南，四柱三楼双落翼式石构建筑。中间的栏板两面皆刻"旌表生员汤亨韩妻杨氏节孝之坊"。整座牌坊气势宏伟，由四根石柱支撑起整座牌坊，石柱下均建有石基座，外边两柱用抱鼓石稳固，中间两柱的石台上前、后各有一对石狮。

2014年，全村有农户120户1117人，耕地561亩，村民人均纯收入6500元。

祥和村

祥和村位于天台大雷山西麓，隶属雷峰乡。2000年张家庄、祥里村、尖岭脚三村合并为“祥和村”，源于大雷山北麓的崔岙溪由南向北流经该村。

祥里村，因建村初，周围建有围墙而得名，曾是祥和乡政府所在地。村民均为“夏”姓。村中有一座“永福桥”，始建于清代。村中保留一座四合院，名为“堂屋”，院中铺设的卵石至今保存完整，这里曾是夏氏族人的公用场所。村中的“夏氏小祠堂”是二层小楼，村中保留清末至民国的宅院。张家庄，原是张家庄屋，后发展成村，仍用旧名，现为何姓族人聚集之地，村中保留“中央楼门”“向日楼”“复光楼”“裕庆楼”等古民居。村南有一座“永固桥”，始建于明代。尖岭脚村，有尖岭古道，有林氏宗祠，村中保留了一座天台县最大的四合院。地处大山深处的祥和村，保留了许多独特而古老的过年习俗、婚嫁习俗。

2014年，村民2000多人，耕地723亩，林地9265亩，村民主要经济来源以茶叶和外出打工经商为主，村民人均收入8500元。

新联村

水南村以地处始丰溪之南而得名，坐落于天台县城南廓，西连石溪乡，南接南屏乡，东面与大路曹等村毗邻，东北及西北与溪头、桥上、清溪、玉湖街、玉湖洪等村隔水相望。水南村地处丘陵，整个村庄一面靠山、三面临水。村西南有三龟山，东、北、西界始丰溪，东南面跨小法溪。村分为新联、三联、星光、建明、光明、民主6个行政村。

明宣德年间，许姓始祖许涧南由义里许迁居水南上村。当时上村已有鲁姓居住，此外还有齐、陈、葛零星散居小村，均以姓氏立村，共称“上水南”，后称“溪南庄”。明末清初，上水南已经连成一村。现许氏族裔占了94%，成为了水南村主要的宗族。水南村的6个行政村连在一起，新联村行政村坐落水南村北部，具体区域在后塘四周，即三步踏道至三角街的后塘岸街两旁及隔塘，老二房里道地，财神楼脚一带。中跨后门溪，西界三联村，南与星光村毗连，东与光明村隔街，北界建明村。许氏二房祠堂坐落于新联村。水南村现有许氏宗祠七座，以许氏十房大宗祠最为著名，许氏宗祠群已被列为浙江省文物保护单位。水南许氏自建宗祠以来祭祀代代相传。根据祀典规定元旦、元宵、清明、中元、中秋、重阳六节，由各房轮值着承办祭品及致祭，端阳、冬至两节由义祭会诸绅衿承办及致祭。现在的祭祀活动，依旧在举行，主要是春节祭祖。

2014年年末，全村有农户320户，1000多人，耕地70多亩，林地1000多亩，村民人均纯收入6000元，村集体当年收入2万元。

岩坦村

岩坦村地处天台县西南，大雷山东麓，西南与仙居县广度乡相接，东南临海市双港镇交界。村东有前门山，南有鼻头山，西有后门山，北有龙溪水库，街头地临海的古道经过此地。

岩坦村现属龙溪乡，由岩坦、上寮、庄前、季家坪 4 个自然村组成。岩坦，以田中央有块 60 米宽的大岩石，石面平坦，故名；上寮，因村居下寮之上得名；庄前，因村居白岩山前而得名；季家坪，因去临海白水洋的大路经过村南，地稍平而得名。自明代万历年间起，季姓、叶姓、林姓、陈姓、忻姓族人等相继来到这里居住。民国十四年（1925），村中建有“四姓宗祠”，是季、陈、林、叶四姓共有的宗祠，名为“联志堂”。岩坦村前有一座石拱桥，始建于清代。

2014 年，全村耕地 281 多亩，山林面积 1113 亩，其中经济林果地 680 亩，水面面积 6 亩。2014 年年末，人口 468 人，130 多户，常住人口不足百人，村民人均收入 2000 多元。

张思村

张思村位于天台县平桥镇西南部，整个村属平原地区，隶属平桥镇。

据《天台县地名志》记载：“张思距城西三十四里，属积石乡三十一都，以村昔张、施两姓居住而得名。”（“思”为“施”的谐音）。张思村现为陈氏所居。村建于明成化年间，由陈氏县城东北务园迁此，迄今540余年。村前后有两条溪流环绕，南有榨树硃，北有泉湖硃，二水相拥，使得张思村成为一只船的形状，所以村也有“船地”之称。村中现存有三座祠堂，也留下了十多幢明清风格的院落，还有数幢民国年间的民居。张思陈氏宗祠，又名上陈宗祠，位于村中心墩头西北面，祠堂始建于明末，乾隆五十四年（1789）和嘉庆十九年（1814）有过二次的重修，现存建筑为清光绪五年（1879）修建。陈氏下祠堂，位于张思村东边，明万历二十年（1592）初建，取名“永慕堂”。村中的龙光陈公专祠位于墩头台之南，是张思陈氏十八世祖龙光公专祠。民居主要有下新屋古民居、上新屋古民居、后新屋古民居、益华楼古民居、下园明善楼古民居、继善楼古民居、迎紫楼古民居、新明楼古民居、陈炎古民居和陈锦林古民居。

张思村乡土建筑被列入了浙江省重点文物保护单位，并被列入第二批中国传统村落名录。2014年，全村有750户，2500多人，耕地3000多亩，林地3000多亩，村民人均纯收入8000多元，集体收入5万元。

紫云山村

紫云山村地处天台县泳溪乡东部的紫云山上，海拔400多米，东与宁海桑州镇的木坑头村相邻，距天台县城40千米，村域面积25亩。昔日，山上紫色祥云久久堆集，故名，由紫云山、周家山2个自然村组成。

该村古属岭里乡十五保，1950年为紫岩乡第三村，1961年成立紫云山大队，1984年改村，现属泳溪乡，距乡政府所在地10千米，村民900多人，村民大都姓“王”。明永乐年间，王世祖从宁海上叶迁此。村中原有一座“王氏宗祠”。村中有几幢民国时期的老建筑。村东岭口有两株古枫树，一株古樟，古樟下有一座小庙，名为前椿岭庙，供奉当境大帝、苏老爷。村中有一庙，名为镇福堂，供奉白鹤大帝。紫云山村以种植水稻为主，有耕地500亩，大都是种植水稻的水田。在村外山坡上，石头垒砌的梯田，层层叠叠，弯弯曲曲的田埂，组成了一幅十分动人的画面，颇为壮观。村里最大的田面积只有一亩，名为“樟树下”。紫云山上出“香米”，远近闻名。

街二村

街头镇古称窦湖镇，是天台西部的商贸重镇，俗称大西乡。群山环抱，溪水交汇，四周有浙山、三望岭、回龙山、姚干山，雷马溪纵贯中部，始丰溪环绕于南部。集镇所在地由街一、街二、街三、街四4个行政村组成。

“街头”的名称始于清康熙十三年（1674），同年，街头开始设市，为农历逢二、逢七。镇内有曹氏三透、余家宅院和一品宅等民居，并有一条完整的古街，为浙江省历史文化名镇。街二为街头镇四个行政村之一，境内有曹氏三透民居和古街的一部分。古街有1000米长，鹅卵石铺地。两旁均为二层的木结构房子，大多建于民国年间，是前店后院的布局，门前有石柜台，二楼的楼裙钉着杉树板。村中至今保存正月十四“迎财神”的民俗。“迎财神”是以街头镇集镇村、街一、街二、街三、街四村、叶宅村等6个村为活动区域，农历正月十四卯时，人们从镇台庙将财神像抬进财神轿；辰时，迎会开始，迎会队伍有清道旗、黄龙旗、锣鼓队、宫女队、铜锣、扛香案、财神座像轿、“打集锦”演奏队、莲子行队、舞马、舞狮、舞龙等，参加人数上百人，巡游线路为：镇台庙—街头西街—东大街—嘉图大街—叶宅村—62省道—溪西东路—镇台庙，沿途商家祭拜，放爆竹，送红包，祈求生意兴隆、财通三江。

街一村

街头镇古称窦湖镇，群山环抱，溪水交汇，四周有浙山、三望岭、回龙山、姚干山，雷马溪纵贯中部，始丰溪环绕于南部，是天台西部的商贸重镇，俗称大西乡。集镇所在地由街一、街二、街三、街四4个行政村组成。

街头的名称始于清康熙十三年（1674），这一年，街头开始设市，为农历逢二、逢七，这是天台西边最尽头的一个集市。镇内有“曹氏三透”“余家宅院”和“一品宅”等民居，并有一条完整的古街，为浙江省历史文化名镇。街一村为街头镇四个行政村之一，境内有余家宅院、古街的一部分和蓝洲书院旧址，在抗战时期蓝洲书院曾作为浙东行署府署。村内早多余姓，地处下街，俗称“下余”，境内的余家宅院为三透建筑民居。曹氏家族在街头镇是名门望族，第二十八世曹宗建家业丰厚，清乾隆三十年（1765），由浙峭村迁街头。曹宗建与长子曹光熙和次子曹光弼一起建造了“曹氏三透”民居。曹光熙在各位乡绅的响应下，集资银数万两。道光三年（1823），建成蓝洲书院。蓝洲书院旧址为街头镇中心小学。

2014年年末，全村有235户1150人，耕地223亩，林地431亩，村民人均收入6000元，村集体当年收入25万元。

欢西村

欢西村，位于天台县欢岙北面，村状如是一只凌空飞翔的燕子，俗称燕窝地，距县城 17 千米，隶属坦头镇，距镇政府 15 千米。

村民以周、齐二姓居多，由大房、上齐、岩门 3 个行政村组成，村落坐西朝东，背枕雪坑山、六葱湖山，雪坑山与塔湾的溪流汇合流入欢溪。东面有东头庵水库，库面约 40 亩。村东北有清代建造的单孔石拱桥 2 座，清代建造的菩提庙 1 座。大房村的“文昌阁”建于清光绪九年（1883），间三层，歇山顶式，次间二层，硬山顶，进深六檩，五架抬梁带前后单步，柱梁等用材粗大，牛腿、雀替等雕工精美雅致。欢西村为周姓族人聚集之地，周氏先人秉承文化之风，1917 年大房村就办起了欢岙第一所乡村小学——耿安小学。为纪念南朝宋孝建初年（455），南齐大儒顾欢来欢岙开馆授学，开天台教育之先河，周氏族人将顾欢尊为先祖。

2014 年，欢西村有 366 户 906 人，常住人口 350 多人，有耕地 1000 多亩，山林 4000 多亩，村集体收入 0.7 万元，村民人均收入近 4000 元。

路桥区

金大田村

金大田村位于路桥区新桥镇南部，是典型的江南湿地乡村。村内河塘交错，存活小片野生芦苇荡。村中植被丰富，一年四季，花开姝艳，引人流连。村中古建筑保存相对完好，民俗风情独特。明代始祖金廷辉由新桥迁入于此，田连阡陌，开浚沟渠，大田之名始为人所知，再以耕读传家，世代书香，科名鼎盛，民风儒厚淳朴。当地流传有“孙结蒲鞋胡做车，打网桥人绞棉花，金大田人读书家”之谣。

金大田生态公园以明清时期古建筑为依托，形成“房前屋后清泉水，亭台楼阁巧安排”的质朴自然的古村落园林景观，其中“金田九景”尤为人知，即“龙溪九曲”“潭水千寻”“联池洁泉”“古榆倒影”“珠塘夜月”“四影风月”“见龙在田”“东篱晚香”“灵孚圣迹”。金大田村被列入省历史文化村落保护利用一般村，2014 年村集体收入 239.5 万元，村民人均年纯收入 18350 元。（编写：赖攀峰）

丽水市

莲都区

梁村村

老竹镇梁村位于丽水市莲都区西北部，距离市区约 30 千米，是原永丰乡乡镇府所在地。全村村域面积约 5.92 平方千米，村庄占地面积 270 亩，耕地面积 1504 亩，林地面积 6727 亩，户籍人口约 1334 人。

公元 976 年就有梁姓先人迁居于此，以诗礼传家，富而崇文，籍祠兴学，其中有梁士安进士、梁汝嘉宝文阁直学士等名人。梁村，古称渥川，又称梁溪，坐落于丽水城西北 30 千米龟山之麓，狭长谷地之中，清流潺潺的渥溪穿村而过，气候宜人，土地肥沃，因此古称“渥川”。

梁村古建筑选址合理，布局紧凑，建筑精良，风貌古朴典雅，文化气息浓厚，融建筑、文化、伦理、民俗为一体，具有极高的历史、科学、艺术和观赏价值。村落中心保留着一座古祠堂，那是梁村文脉的传承，也是梁村礼制文化传承和宗亲观念依托的象征。贯穿村子的 2 条古街巷、2 条古道及村中的 3 座古桥至今仍是村民享受安逸生活闲话家常的最佳去处。梁村新屋建于清咸丰年间，规模大，格局清晰，用材讲究，构造才思独特，为典型的清代建筑的建造风格。梁村河桥横跨于渥川溪上，建于明嘉靖二十一年（1542），是丽水此类桥梁中时代最早、规模最大的一座，是丽水市级文物保护单位。梁安世墓建于南宋时期，具有较高的文物价值。

却金馆村

却金馆村，原名刘山铺，现系丽水市莲都区岩泉街道雨伞岗行政村的一个自然村，是栝苍古道上一个重要的驿站（铺）。

古时，省城、京都和内地的士农工商到栝、瓯两地，经过栝苍古道都要在这里住宿和休息。村里先后建有公馆和各种店铺，很是热闹。明朝宣德七年（1432）为官公正廉洁的温州知府何文渊在该村公馆拒收礼金的高风亮节，为栝（处州）、瓯（温州）两地老百姓和官员传为美谈。有关部门扩建了何文渊却金时住宿的大公馆，命名为却金馆，还在古道路边建造了一个“却金馆”以志纪念。从此刘山铺的村名，也就改称为“却金馆”。

却金馆村这个仅有 320 人的小村子，眼下尽管大多数青壮年外出务工，但仍鸡飞犬吠，一片生机。金黄色的阳光洒落在村子的一幢幢泥墙瓦屋上，透出了古色古香的韵味。绿茵丛中，一条古道穿村而过，一头连着历史，一头探索着未来。

莲房村

莲房村位于莲都区北部，距市区约26千米，是雅溪镇第一大村。因四面环山，山麓下为小盘地，中间凸起一座馒头山，俯瞰形似一朵绽放的荷花，因此得名，古称莲川。全村共有16个村民小组，1662人。

莲房村是个有近千年历史的古村，早在宋朝宣和初年，就有周氏祖先迁入，距今已1000多年。清至民国二三百年间修桥铺路，修建庙宇，封山育林，发展得较为完善。村中尚保存着六座石拱桥和三座石梁桥，有三块桥碑完好保存在桥头边。

莲房村历史上在北乡有较大的影响力，在处州府内也颇有盛名。中华人民共和国成立前莲房设过保和乡，称莲川、供莲乡。1958年建立莲乐人民公社时，是乡政府所在地。1983年冬，人民公社改为莲乐乡人民政府。1992年莲乐乡撤乡后，莲房村并入雅溪镇。

莲房村人才辈出，涌现出了中华人民共和国成立初为民牺牲的乡长陈根军，志愿军烈士吴炳山，抗洪英雄周丽平，全国“三八”红旗手朱美娟，从事国防尖端武器研制工作的高级工程师周潘德，书法家、名校长周燮治等知名人士。近年来，莲房村大力推进新农村建设，村庄面貌大为改观。2012年被评为省级中心村，现正在开展美丽宜居示范村创建。

下圳村

下圳村地处丽水市莲都区碧湖镇北部，距市区8千米，位于美丽的瓯江之畔，与市水阁工业区仅一桥之隔，紧靠石牛农业高科技园区和拟建中的石牛温泉休闲度假中心。村域面积约1.2平方千米，50省道贯穿于村东圩地，交通便利，地理位置优越。全村现有483人，2014年人均纯收入17100元，村集体经济收入3万元。

下圳村旧时称“下堰”，取之通济堰堰尾之意。通济堰是国家文物保护单位，发端于堰头村，贯穿于整个碧湖平原，在此注入瓯江。通济堰在下圳村约有800米，至今在农田水利方面发挥着重要作用。

下圳村具有独特的历史环境和优美的自然景观。全村翠竹拥簇，绿水环绕、古樟弥盖、风光秀美，拥有百年以上树龄的樟树20余株，其中不乏独木成林的千年古樟。还拥有多处古迹，包括古民宅3处，古井2处，古坝2处，古水碓2处以及贯穿于村西部的通济堰。其中古民宅“江夏旧家”尤为考究和精致，青砖黛瓦，飞檐翘角，气宇轩昂，门窗、拱梁、柱子等都有雕花镂空，做工十分精巧。古朴自然的田园风光与巍巍的古迹交相辉映，古朴生趣，不禁让人陶醉其中。

官岭村

官岭村属丽水西黄行政村，西黄行政村位于大港头镇东南面，村域面积6.81平方千米。官岭村位于大港头东南10千米，坐落山坳，溪坑经村，下辖西黄、茶籽棚、柿树垟、官岭4个自然村。

官岭村原名关岭村，建村已有近400年的历史。关岭村四面环山，只一条小溪坑的水路和沿水路被人踩出的不规则的山路通往村外。曾有人戏称，只要把住这条水路，你就进不了关岭。关岭的地势，真有一夫当关、万夫莫开的气概。官岭村卵石路面遍布全村，建筑基本保存着明、清时的格局。泥墙灰瓦马头墙，连绵成片。整个街区的巷、道路、弄、住宅等都较好地保留了徽派和浙闽赣建筑技艺传统风貌与历史格局。早年，古要道称为官路。因官路绕此越岭通青田县，俗呼官岭，村以岭得名。官岭的岭名也含有此古道的价值，不同于一般的古道，是一种县际或乡际的“要道”，即“官人”走的道。

曳岭脚村

老竹镇曳岭脚村位于丽水市莲都区西北部，距离市区约 34 千米，坐落于东西岩 4A 级风景区脚下，历史悠久，自唐代就有蔡姓先人迁居于此，以诗礼传家，富而崇文，籍祠兴学。从北宋（皇祐五年）至南宋咸淳元年（1265）200 多年间，全村先后考取进士 14 人、举人 12 人。尤其是蔡仲龙、蔡梦龙兄弟俩，在宋嘉定十六年（1223）同时登科，蔡仲龙以进士对策答第一，赐为状元，为此曳岭脚村被誉为“进士村”。该村现有 496 户 1301 人，2014 年人均纯收入 10110 元。

曳岭脚村依山而建，自然环境优美，在空间形态和构景方面独具风格，讲究人与自然的协调共存，富有地方特色。村内建筑规模宏大，现有古民宅 14 幢，古祠堂 1 座，古桥 3 座，古道 1 条，古街巷 3 条，风格古朴典雅，类型丰富，装饰精美，工艺精细，牛腿、雀替等木雕形象逼真，门窗均作雕刻，立面丰富，较完整地保留了清代传统的建筑风貌。村落格局、古道和纵横交错的巷道均保持原有的空间尺度，是古代自然村落的缩影和人类社会发展过程的历史见证，具有很高的历史、文化和科学价值。2012 年，曳岭脚村被评定为“浙江省历史文化名村”。

大港头村

大港头村位于瓯江畔，龙泉溪和松阴溪的汇合处，是“古堰画乡”的核心区块。该村由大港头村、河边金、玉溪合并，全村522人。大港头村临水而建，枕水而居，村落、树丛、渔船，被誉为八百里瓯江最美的河段，“山水浙江”之典范，2009年被评为“浙江省旅游特色村”。

古堰画乡景区的“画乡”部分就坐落在美丽的大港头村，村内还保存有50多处清代至民国时期的古民居，悠长的古街与优美的生态环境形成了一个融美术写生基地、创作基地、商品油画生产基地、生态休闲度假中心为一体的文化产业园区，是中国摄影家协会命名的第一个“摄影之乡”和丽水巴比松油画的发祥地。大港头村古街长约550米、宽约3米，街内建筑青砖素瓦、木楼飞檐，典型江南古镇建筑风貌，其间间隔大小古埠头。近年来，莲都区委区政府对古街进行修复，打造成画乡一条街，目前已引进油画企业43家，画工达200人，实现年产值600多万元。每到节假日，许多游客到此观光旅游，品尝农家菜，欣赏美丽乡村的自然风光，体验独具特色的乡村文化。

新陶村

新陶村位于老竹镇北部，距丽水市区约 30 千米，距国家 4A 级风景区——风情东西岩仅 3 千米之遥，现有 607 人。村内群山环绕，景色宜人，空气清新。村域面积 6.21 平方千米，村庄占地面积 94 亩，耕地面积 463 亩，林地面积 7959 亩。2014 年村集体经济收入 2.6 万元，人均纯收入 13688 元。

新陶村的新屋自然村保存有六栋 300 年前的古民宅，占地面积 5500 余平方米，其中五幢古民居均是莲都区文保单位，而且是全区保护最好的古建筑。1928 年中共宣平县委成立，郑和斋（村青帮会首领）加入中国共产党，并秘密发展党员在水碓坑成立南乡区委，郑和斋当选为书记。南乡区委是莲都区第一个成立的党支部。黄埔军校毕业的村党员郑智诰支持郑满英在村里创办游击队服装厂，这些游击队服装厂房和第一党支部活动的用品都完好地保存在村里。其中新屋村郑氏宗祠、新屋村 49 号民居(郑智浩烈士旧居)、27 号、66 号民居等保存完好。新陶村依托丰富的生态自然资源优势和历史文化底蕴，将古民居的保护和南乡革命纪念馆建设协调统一，着力打造集保护、宣教、收藏、研究、旅游等多功能于一体的综合性古民居保护和红色旅游景区相统一的新景点。

古井村

丽水市西部有一座千年古镇碧湖，古井村就坐落于碧湖镇的一角，与闻名的古堰画乡相邻。全村 973 人，2014 年村集体经济收入 5 万元，人均纯收入 15230 元。

古井村的老街上有一群木质结构的老房子，房子旁边有一口巨大的石井，与后面的建筑群一起形成很强的错落感，依稀透出当年历史的沧桑感。据当地老人回忆，这座古建筑群大多是清末或民国时期所建，那口巨井更是年代久远，古井的村名也由此而来。老房子分上、下两层，每一座房子的前檐上都有一些木质雕花，这些雕花虽然图案简洁，但雕刻细腻，十分传神，令人惊叹。

古井村现有古建筑 87 处，其中沈家邸始建于清乾隆八年（1743），是省级文物保护单位。虽然因年代久远显得有些破败，但建筑主体结构仍然保存完好，整片的古屋建筑结构对称严谨，布局和采光合理，造型古朴典雅，不仅承载了人们对古时期乡土民情的回忆，而且其建筑的地域特色和时代特征比较明显，具有较高的研究价值。

西坑村

西坑村地处峰源乡政府所在地庞山村的西北面，距离庞山村 2.5 千米，由西坑、东营坑 2 个自然村组成。全村 166 户 478 人，耕地面积 448 亩，山林用地 4880 亩。

西坑村历史悠久，人才辈出。据记载该村始于元世祖十二年（1272）由 178 代孙显清公到此定居，现已历时 730 年，其子孙遍及欧美、东南亚、北京、上海、杭州、南昌、宁波、温州、湖州、丽水和中国台湾等地，共有 2200 多人。村落底蕴浓厚，遗址多样，至今还保留 80 余处明清时期的古建筑，包括古民宅、古祠堂、古戏台、古桥、古道、古渠、古堰坝以及难得一见的五对贡生桅杆脚。另外，还有 60 多栋近现代民居，零星地“插”在村庄中间。

皂坑村

皂坑村位于丽水市莲都区黄村乡的东北部，距离黄村乡约7.5千米，现有178户487人，村域面积3.02平方千米，村庄占地面积75亩，耕地面积230亩，林地面积7000亩。2014年人均纯收入7062元。鸟瞰整个村庄就像一艘两头窄、中间宽的轮船，流经的溪坑留不住水，当地有“船里无水”之说。溪水从地底下流过，经过山石和植被的过滤，水质清澈甘甜可口，流入黄村水库，是丽水市的饮用水源地之一。

皂坑村建村于元朝至元十六年（1279），至今已有近800年的历史，是南迁始祖南宋名臣金彦明金氏后裔的聚居地。村内涧碧泉清、松苍竹秀，这里曾是缙云连接温州、永嘉、青田等地的纽带，客商往来频繁，历史上有“丽水虎啸门，出城数皂坑”之说。整个村庄以一条纵向的街道为主要骨架，临街开有许多客栈、店铺，古民居大都以大山为屏，依次排列在街道两侧，构成西向为主、向南北延伸的村落街巷体系。环顾四周，白墙黛瓦，飞檐斗拱；俯首观地，凿花镶字，铺锦墁绣；仰看围墙，浮雕人物，风俗历史，栩栩如生。村内现存古建筑21处，其中金氏宗祠、彭城旧家等5幢古民居、2座古桥被列入莲都区保护名录。村内有苦槠、香樟等古树共29株，树龄都在250年以上。2014年被列入省级历史文化村落一般村。

堰头村

位于瓯江沿岸的碧湖镇堰头村，村域总面积 5.37 平方千米，因位于通济堰的首部而得名。全村有 789 人。2006 年被评为“丽水市文化名村”，2007 年被授予“浙江省农家乐特色村”称号，2012 年被授予“丽水十大美丽生态村、十大养生长寿村”称号。2014 年村集体经济收入 5.33 万元，人均纯收入 13000 元。

堰头村历史悠久，文化底蕴深厚，文物古迹众多，拥有“三个世界之最”（世界第一座水上立交桥，千年古坝，世界上最早的古代农田水利法规之一）。其中，位于村头的通济堰距今已有 1500 多年的历史，是世界水利史上第一座拱形堰坝，中国古代五大水利灌溉工程之一，2001 年被确定为国家级文保单位，至今仍发挥巨大的作用。村内还保存有 20 多处清代至民国时期的古民居。古朴自然的田园风光与巍巍古堰交相辉映，独特的历史环境和优美的自然景观交错融合。该村是中国摄影之乡的创作基地，丽水“古堰画乡”的核心区块，也是著名的“巴比松油画”发祥地之一。

西溪村

“人间万派总东流，唯有西溪水不同。一带回环浸日落，半弯曲抱映朝虹。”古诗勾勒出了古村的整体布局，西溪之名由诗而得。

西溪村地处莲都区西北部，是原西溪乡政府所在地，距市区 30 千米，离丽雅公路和金丽温高速公路洪渡出口处仅 3 千米，丽武公路穿越村口而过，交通便捷。全村总面积 6.6 平方千米，耕地面积 599 亩，山林面积 7512 亩，共有 470 户 1266 人。2006 年被公布为浙江省第三批历史文化名村，2011 年该村最具特色的八处经典古建筑，被公布为第六批省级文保单位。2014 年被公布为国家级历史文化名村、第三批中国传统村落。

群山环抱、秀水临村的西溪村始建于唐代中和年间（881—884），迄今已有 1200 年历史，遗存的明、清、民国时期古民居鳞次栉比，现有古民宅、古祠堂、古寺庙等共 148 处，面积约 1 万平方米。其中古民宅 43 处，有 10 处公布为省级文保单位，令人叹为观止。“南极星辉”“楚宝为家”“沛国旧家”古名居及店铺货栈错落有致地分布在古道两旁，一条狭长的历史文化街处处透露着古朴独特、清新雅致之美，故素有“千年西溪”之美称。西溪村民参加红军起义以及英勇顽强抗日的革命斗争史又为该村赢得了“红色西溪”的美誉。

箬坑村

雅溪镇箬坑村位于莲都区西北部，紧邻风景秀丽的雅一水库，距雅溪镇政府所在地 11.3 千米，海拔约 600 米，辖 2 个自然村。全村共 109 户 250 人，村域面积 4.7 平方千米，村庄占地面积 15 亩，耕地 154 亩，山林 6299 亩，是一个环境优美的生态山区村落。

箬坑村历史悠久，建村至今已有 800 多年历史，村内保留了大量明清时期的古民居。这些民居大都坐北朝南，随地形错落有致地分布着，结构独特，雕刻精美，是箬坑村历史文化的集中体现。村落养生资源丰富，自古便是养生福地，村口有保存较好的国家一级珍稀濒危保护植物——红豆杉共 24 株，平均树龄 500 年。村内植被茂密，种类繁多。箬坑村民风淳朴，村民热情好客，邻里关系和谐，阡陌交通，鸡犬相闻，人在其中仿佛置身于世外桃源。

官桥村

联城镇官桥村位于联城镇西北3千米处，距市区5千米，辖官桥1个自然村。官桥村，背靠山，村庄地形以山地为主，海拔约64米，地势北高南低，四面环山，面向太平港，丽曳公路穿村而过，交通便捷，拥有大量的溪边圩地，水草丰美。全村总面积3.3平方千米，共有180户561人，耕地面积572亩，山林面积2100亩。2014年村集体经济收入30.2万元，人均收入13898元。官桥村子不大，宣平溪绕着村庄而过，村边上有一座高耸的悬崖峭壁，从溪中引入的河水穿村流出。整个村庄依山傍水，环境优美，干净整洁。

五代（905—960）初，信安（今衢州市）人祝寔（字茂之）任处州判官，遂举家迁居丽水县官桥里（今官桥村）。从此，祝氏在此繁衍生息。五代后唐同光三年（925），林宝为躲避兵乱，与哥林赞、弟林贤一起，举家由福建莆田迁到官桥定居。从此，祝、林和谐共处，形成村落，并均衍为处州望族。此外，官桥村为丽水孝道文化之楷模，有祝家的“烈孝崖”“元孝子祝大昌”孝道故事和“周徐同德”的孝道故事，分别载入《元史》《明史》和民国小学德育课本。

沙溪村

老竹镇沙溪村毗邻省级风景名胜东西岩，距离市区 28 千米，是丽水市市级农家乐特色村，是浙江省畲族最集聚的地区。现有居民 187 户 449 人，畲族人口占 95%以上。自 2005 年始，沙溪村先后通过村庄整治建设、市级新农村示范村建设及省级旅游特色村、市级文化名村、精品村建设等，村庄人居环境得到了很大的改善。依托国家 AAAA 级旅游景点东西岩的独特地貌景观，鼓励和支持发展农家乐、生态旅游产业，保护、挖掘畲族传统文化，实现经济效益、社会效益、生态效益的有机结合。

资福村

资福村在历史上曾是丽水县治，根据我国古代行政制度，州郡一级治所的首县，均是依城附郭和州郡同城，按照这种说法，处州府治和丽水县治应该在同一个县。清代张铣、金学超编纂的《丽水县志》载：“旧治在城西三十五里资福村，后徙于茭山之左，其兴废无考”；“丽水县故城在今城西三十五里资福村，唐初置县于此。今其地有古城冈、县头、旧城塘诸名。”由此可见，唐代丽水县县治在资福村，这应该是确定的。

资福村离镇政府 3 千米，距丽水市城区约 22 千米，水陆交通方便，历史上是一个以农耕经济为主的村落。资福村全村总人口 815 人，2014 年村集体经济收入 6 万元，农民人均收入 16025 元。2007 年被列入莲都区“古堰画乡”村庄整治项目，改变了村容的“脏、乱、差”局面，生态环境得到进一步改善，基础设施更加完善，村庄进一步洁化，社会更加稳定和谐。

陈寮村

陈寮村位于丽水市区白云山林场北边，距市区 23 千米处，海拔 1000 多米，陈寮山是丽水城郊一带海拔最高的山脉，峰峦叠嶂，云海腾涌，时常将陈寮村扮得犹如蓬莱仙境。该村是一个集乡村风貌与自然生态于一身的民居地，山路崎岖，峰林环抱，乡村秀美，群山林木茂盛，植被丰富。陈寮村以陈氏为多，另有梅、李、刘、付、肖、钟、徐、赖、谢、林、苏、周等诸姓，是浙西南山区典型的杂姓聚居的村落。全村 230 户 460 人，2014 年村集体经济收入 38.37 万元，人均收入 6800 元，耕地面积 269 亩，林地面积 5675 亩。村庄泥木结构多数建于 20 世纪 60 年代，错落有致。

下南山村

下南山村地处莲都区碧湖镇区东侧，背靠青山果园，面对瓯江碧水，与镇区隔江相望，53 省道贯穿其间，距市区 21 千米，水、陆交通便捷。全村现有人口 548 人，216 户，辖 6 个村民小组，2014 年农民人均纯收入 15675 元。2004 年被评为省级全面小康建设示范村。

下南山村分为新村和老村两部分。老村始建于明代万历年间，村内 50 多幢古民居依山而建，垒石而筑，鳞次栉比，错落有致，均为泥木、青瓦屋结构，具有明显的明末清初建筑遗风，极具观赏和旅游价值。2001 年 7 月“下南山村古民居群”被批准为市级文物保护单位。

缙云县

西施村

西施村隶属缙云县壶镇，位于壶镇最北边，地处缙云县与永康市交界处，距离缙云县城 58 千米。西施村以施姓为主，于南宋时期从缙云雅西村迁入，距今 700 多年。西施村为好溪支流源头，群山环抱，空气清新，水流清澈，环境优美，是一处养生福地。道门，是西施村的一个自然村。

元朝时期，西施村隶属二十七都。每逢农历八月十三日，村民开展祭胡公活动，从缙云、永康各地有上千人聚集西施，以迎案为主，期间还有花鼓队、十八罗汉等多种民间艺术表演，热闹非凡。祭胡公活动，至今已有几百年的历史。西施道门自然村，有一处清朝光绪年间由慈禧太后敕建的“游击将军府”，也称“道门进士第”，又名“丛公堂”“总兵府”，由武进士、武丛公、振威将军施化麟（1862—1902）建造，此府第建筑“中西合璧”，体现了多元文化特征，集居住功能和防御功能于一身，风格独特，在江南亦属罕见。2011 年 1 月，“道门进士第”被浙江省政府列为“省级文物保护单位”。西施村还有清朝咸丰年间古建筑“长街沿”，共计 84 间，雕刻精湛，保留完好。在施姓家族一门中，出了 8 位将军，皆保家卫国，忠公体国，在百姓中传为佳话。2014 年年末，全村有农户 722 户，耕地 810 亩，村民人均纯收入 8500 元，村集体当年收益 2 万元。（编写：李根溪）

旸村村

旸村，是缙云县壶镇的一个行政村，地处缙云县东北角，与永康、磐安毗邻，距缙云县城50千米。村子有一处明代石质牌坊，尽管由于“文革”的破坏，只剩下半座，但石牌坊上，鲤鱼跃龙门、麒麟腾祥云、双狮戏绣球等精美镂雕，2.8米的抱古石，依然显示了明朝时期的精湛艺术。门厅上双狮抢绣球的镂雕、须眉座的柱子，同样透着它昔日的辉煌。直径达1米的木柱子、雀替、梁架、柱磉，都透着近500年的轩昂高大。原有三进、只剩下二进的高厅大屋，昭示着当年它主人的显赫威仪，这就是旸村卢勋的“尚书房”和“尚书坊”。据村民介绍，“尚书坊”前还有一座“进士坊”，“文革”期间被拆除，旧址上现在建着村委办公楼。“尚书房”是当年卢尚书归隐后之府第，原建筑面积1000多平方米。1994年被列为缙云县政府重点文物保护单位。与它相距仅2.5千米的好溪之畔上东岸村，曾经有过卢勋恢宏的墓葬、牌坊、碑亭、石像生、石翁仲（指古代帝王或大臣墓前的石人像）。在山沟沟里，有这样气势恢宏、艺术精湛的古建筑，与缙云籍进士、南京刑部尚书、循吏（指奉公守法的官吏）卢勋，曾经在明嘉靖朝担任过监修显陵的工部侍郎有关。如今村里依然流传着许多关于卢尚书的故事。2014年年末，全村有农户320户，耕地325亩，村民人均纯收入7120元，村集体当年收益2万元。（编写：李根溪）

唐市村

唐市村是缙云县壶镇的一个行政村，与仙居、磐安接壤，地处壶镇东面山坳，四面高山，距缙云县城42千米。唐市辖上村、中村、下村、砩背4个自然村，人口2989人，均为汉族，朱姓占村总人口九成。

据《棠溪朱氏宗谱》记载：唐市，古称“棠溪”，自唐、宋、元、明、前清，长达千年，晚清时期改称“棠慈”，民国时期改称今名“唐市”。古时，蜿蜒穿村而过的河流，叫“菊溪”，后改称“棠溪”，山水同名。“棠溪者，缙邑东乡之一胜境也，又名小桃源。”宋淳熙丙午年(1186)，朱氏先祖朱壁泉，乐此仙境而徙居于此，距今800多年。明万历年间，唐市入口建有石拱门，门洞上方嵌有南宋理学家朱熹所题“小桃源”石匾。进入门洞，才算真正进入唐市，境内有菊溪环绕，青山绿水，环境宜人，钟灵毓秀。山水田园间，古树参天，乔木葱郁，环境清幽，有桃源八景。

唐市村历史悠久，民俗活动丰富，人文底蕴深厚。唐市村有着数量众多的明末清初古建筑，如里份、里新屋、十三间里、朱大宗祠、羊上公祠堂、存冲公祠堂、存鸣公祠堂、中村骑马楼、枝树头良才屋、外店街前幢、前公丘陈年屋等11幢。为纪念神医赵金龙先生，每年农历“二月初七”庙会影响最为深远。唐市村已被列为省级历史文化村落。2014年年末，全村有农户1220户，耕地1621亩，村民人均纯收入14825元，村集体当年收益85.99万元。(编写：李根溪)

胡村村

胡村村，位于缙云县胡源乡的东南面谷地，距离缙云县城 17 千米。全村有茶叶 1216 亩，杨梅 1225 亩，蚕桑 428 亩。2014 年年末，全村有农户 1104 户，耕地 1041 亩，村民人均纯收入 10650 元，村集体收入 2. 8 万元。

胡村村传承的国家级非遗项目“张山寨七七会”“迎罗汉”知名度很高，市级非遗项目“缙云莲花”也名声在外。每年农历正月初一、七月七、十月十五，都会举行盛大的非遗展示活动，成为当地重大的节日，吸引金华、台州、温州等地游客慕名前来观赏。尤其是“张山寨七七会”是缙云民俗文化的缩影，包含文化娱乐、体育竞技、表演艺术、婚姻习俗等诸多内容，地方特色鲜明，具有很高的艺术观赏性和民俗学研究价值。(编写：陈紫阳)

桃花岭村

桃花岭村位于缙云县东渡镇境内，2010年由金坑、樊庄、外处、底处、隘头5个自然村合并而成。村落处于山区丘陵地带，面积约9.8平方千米，古驿道“栝苍古道”穿村而过。古道自丽水至缙云，全长45千米，蜿蜒崇山峻岭之间，路面以山石、卵石铺就，其中缙云段昔日因山岭栽有许多桃树而被称为“桃花岭”。各村落沿着古道线路分布，桃花岭村因此得名。

村落始建年代不可考，按史志有关栝苍古道建造时间的推断，村落聚居历史当在千年以上。村民姓氏庞多，以沈、陈、樊等为主。桃花岭村以古道、古驿、古村落为特色，栝苍古道始拓于东汉至南朝，是温州通往金华、杭州的必经之路，被称作“婺瓯通衢”，是历史上所谓的“通京大道”，并且是兵家必争之地，发生过许多惨烈的战役。沿途风光秀丽，山静谷幽，宛若桃源仙境，一路曾设站铺，重要处设有公馆或官署。历史上许多文人墨客、权臣政要从此经过，写下了大量的诗文，留下不少逸闻轶事。

村落内保有的古民宅、古祠堂、古井泉、古凉亭等古建筑约115处，年代以清代为主。古道沿线的历史文物古迹更是遗存丰厚，著名的有桃花岭背的界碑、炮台、烟墩，通向隘头的“桃花洞”拱门，崇景寺及所藏碑刻，“愍劫合冢”墓葬，隘头村中西合璧式教堂，公凸头至樊庄半岭的庆善寺，荆坑村冯公庙等，皆堪称岁月沧桑的留痕，历史旧貌的印记。2014年年末，全村有农户749户，村民人均纯收入8500元。（编写：江剑杨）

型坑村

型坑村隶属缙云县七里乡，2010年年底，原有的型坑、小古、红门3个行政村合并成新“型坑村”行政村。

村落依傍山涧，两山陡绝，树木阴森，日照短，始名“阴坑”，后避讳“阴”字，作“应坑”，于清光绪年间改今名，建村已有600多年历史。村域面积5.1平方千米，海拔400—800米，地处大山腹地，气候湿润，生态环境良好，空气清新，水流清澈，村民长寿者比例非常高。

村落现存古宗祠2座，古桥6座，古庙3座，寺院遗址1处，古道1条，村内多生长有古树名木，其中含百年树龄以上的红豆杉。型坑村是缙云县唯一的少数民族聚居村（畲族），有畲族300多人，为蓝姓。据《蓝氏宗谱》载，清康熙年间，蓝氏先祖蓝恒金、蓝恒生、蓝恒上为躲避战乱从福建上杭县迁入缙云县，至今已有300多年历史。蓝氏后裔蓝云亭、蓝台父子教书育人孜孜不倦，为缙云县近代教育事业做出了巨大的贡献。2013年起，型坑村每年农历三月初三，七里乡型坑村举办“三月三”畲族文化旅游节，开展各类具有畲族文化特色的表演活动，如唱畲族山歌、畲族舞蹈表演、畲族婚嫁表演等，观者人山人海，畲族村声名因此远扬。

2014年年末，全村有农户465户，耕地526亩，村民人均纯收入8500元，村集体当年收益2万元。（编写：江剑杨）

金竹村

金竹村，位于缙云县壶镇好溪上游，背靠玉环岭，前临雁门山，琴溪水穿村而过。佛教天台宗六世祖智威大师俗姓蒋，祖居金竹。因他出生时，一金色瑞竹忽然长出，后人就以“金竹”定为村名。

据有关资料记载，早在南北朝时期，金竹四周一带，曾住有孙、彭、李、羊、蒋等各姓人氏，而朱氏于宋景德四年（1007）从河阳迁居金竹后，各姓人日渐减少，而朱氏人丁不断繁衍，最后成为缙云东乡的朱姓巨族。1000多年来，朱氏历代人才辈出，官宦不断。始祖朱清渊，“数负英武之才，志欲戡乱立功，以靖中原”，因“天命未有所属”，只得避乱缙云河阳以“韬光养晦”。其子孙官宦，多是文韬武略，如十世祖朱端肃，官至赣州雩都知县，率万名壮士赴京，曾与民族英雄文天祥共同勤王。所以朱氏后人特别崇拜儒将关羽，尊称他为“武圣人”，并为他建造了“关帝庙”。从此年年朝拜，形成了关公庙会圣案，并留下了无数动人的传说，如“关公捍乡族抗元兵”“关公护村人驱瘟疫”等。

金竹村是全县民风淳厚、民俗丰富的古村之一，其中“迎关公案”与“钢叉舞”已被评为浙江省省级非物质文化遗产。全村现有1074户2576人，耕地1351亩，人均年收入1.4万元。（编写：朱文风）

前路村

前路村是缙云县前路乡政府的驻地村，辖前路、真君畈、梅树岙等18个自然村，面积20.4平方千米。前路中心村位于壶镇南5千米的丘间平畈，因旧时有壶镇到仙居大路通过村前而名。村内古有苍丘、长照等地名。

南宋淳祐年间（1241—1252），小筤（今本乡大集）应恒迁居苍丘；又有仙居应世盛，约于元中期（1320年前后）迁居长照；李、沈、叶、麻诸姓相继迁入，繁衍生息。村庄东依蝴蝶山，西南绕漳水，北连壶镇洋；前街南北蜿蜒，后水堰绿水长流，民居错落，活水萦绕，布局相沿已700余年。村中有惨遭“长毛反”和“文革”洗劫的贞德、积真、金扑三大厅堂等古宅第和贞节牌坊。肇建于清道光年间的“长照应氏总祠”，是民国三十一年（1942）至抗战胜利期间，浙江理工大学前身——省立杭州蚕丝职业学校的办学旧址。特别是村西横跨漳溪的“慕义桥”，村人应仲义费银13000余两，于道光十二年（1832）建成。大桥二墩三孔，半圆石拱，桥西建有南北相向廊亭，桥亭结合，古朴优美，保存完整，是省级文保单位。茭白、茶叶、水蜜桃，为村中三大特产。

前路村是丽水市首批美丽乡村、省历史文化村落、革命老区村。2014年年末，全村有1898户4724人，村民年人均纯收入10885元，村集体收入64.95万元。（编写：麻松亘）

河阳村

河阳村，位于缙云县新建镇盆地，是一个以朱氏宗亲血缘为纽带、聚族而居的千年历史文化古村落，村域面积5.6平方千米，其中古建筑群占地0.4平方千米。河阳村是全国重点文物保护单位、首批中国传统村落、中国历史文化名村、中国十佳村镇漫游地。

河阳村，以朱姓为主（占全村人口94%）。河阳村地处栝苍山脉与仙霞岭过渡地带，古时，村前有大道及水运码头，与栝苍古道、婺江相接，直通处州、温州、永康、金华、兰溪、杭州、苏州。公元932年，河南信阳人、原吴越国钱武穆王掌书记朱清源携弟朱清渊为避五季之乱，卜居河阳，繁衍生息，支派繁茂，成为义阳朱氏聚居发源之地，至今已有1000余年历史。“河阳古民居”是目前江南现存规模最大，历史延续和保存最为完整的古村落建筑群。在河阳古村落中，千百年来，一直保存着一门传统的技术绝活，那就是被堪称“中国一绝”（的）——河阳剪纸。河阳剪纸因其特有的普及性、实用性、审美性，犹如一株常春藤，古老而常青。缙云河阳剪纸，是缙云民间传统文化的一个重要部分，从河阳剪纸鼎盛时期，流传至今已有400多年历史。

2014年年末，全村有1600户，村民人均收入1万元。（编写：李金南）

岩下村

缙云县壶镇岩下村，地处镇东南 15 千米的深山峡谷中，海拔 588 米，面积 4. 5 平方千米。

岩下村因位于括苍山脉巍峨挺拔的“百杖岩”下而得名。据《朱氏宗谱》记载，元末明初之际，朱庆公因见岩下山水奇秀，竹林茂密，有溪可钓，有田可耕，遂从南田村之清口迁居于此。至今仍保存着古祠堂一座，凉亭两座，以及本保殿（大禹庙）、地母殿（女娲娘娘）、伽蓝殿（关公）、朱相公殿（朱熹）各一座。岩下村之古民居，皆依山而建，沿峡谷间两条小溪之河岸蜿蜒散布。建筑多四合院式道坛，然无论平房、楼房、牛栏、猪舍，以及街道、堰坝等建筑，皆以当地之磊磊块石砌筑，古桥则以巨型卵石拱砌，形成浑然一体的石屋、石墙、石街、石桥等风貌极为独特的石头村落。加上古树、古道、古祠、古庙等传统村落之文化要素，完整地体现了浙西南山地村落的文化。

2009 年，岩下村被省旅游局命名为“浙江省特色旅游村”，2012 年被评为“浙江历史文化古村落”，2014 年被住建部、文化部等联合公布为“中国传统村落”。岩下村辖 3 个自然村，229 户，人口 553 人，耕地面积 407 亩，林地 4956 亩，村民人均年收入约 9000 元。（编写：项一中）

姓潘村

姓潘村，位于缙云县双溪口乡东北，素有“杏花村”和“博士村”之美誉，先后被评为缙云县长寿村、丽水市美丽乡村和浙江省文化古村落。

作为传统的农业村，姓潘村一直在探索发展名特优兴农之路。目前村里有米仁基地500亩，甜玉米、荷兰豆等产业都有一定规模。来料加工业发展迅速，以做服装防盗扣、串珠等来料加工为主。从2011年始，姓潘村亮出了“杏花节”这张金名片，至今已举办了五届，吸引了成千上万游人。在醉人的花海里，加上欢乐的民俗表演以及地道的乡村美食，吸引了丽水、温州、金华、台州及上海、杭州等大城市成千上万游人前来踏青赏玩。在姓潘村村史长河中涌现出不少朝中官宦和社会名流，耕读文化在这里精彩演绎。村里一直延续崇文重教之风，如今有16人获得了博士学位。2014年年末，全村有农户862户，耕地2114亩，村民人均纯收入12580元，村集体当年收益2万元。（编写：陈紫阳）

鱼川村

鱼川村，位于缙云县新建镇的西北角，以驻地村名得名，距离镇政府9.7千米，海拔465米，由鱼川、陈宕、黄坑、石臼坑、陈山头5个自然村组成，面积16.5平方千米。

鱼川村是一个革命老区村，有着光荣的勤劳致富历史。中华人民共和国成立前，村内就有10多家造纸厂，山上的毛竹就是最好的造纸原料；中华人民共和国成立后，村里仍然坚持办造纸厂生产纸张；“文革”期间，曾一度中断生产。粉碎“四人帮”后，又复办造纸厂；20世纪80年代，出于种种原因，造纸厂逐渐减少并停厂。到了20世纪90年代，开办生产竹子手工艺品，主要生产篾席、餐垫、坐垫、夹子、压舌板、刮片等，畅销国内外市场。到了21世纪初，村里又办起了农产品开发有限公司，主要生产油焖笋。2009年度，被省林业厅认定为省级兴林富民示范村。2013年“山川绿野”笋产品荣获浙江名牌林产品名称。2010—2014年连续5年产品荣获中国义乌国际森林博览会金奖；2012—2014年连续3年荣获浙江农业博览会优质奖和金奖。2014年，全村有831户2236人，耕地面积749亩，主种水稻，山林面积17557亩，其中竹林面积就有10000多亩，是全县毛竹面积最大的村，人均毛竹面积将近5亩。（编写：李金南）

遂昌县

独山村

焦滩乡独山村位于遂昌县城西 50 千米的九龙山麓乌溪江畔，村西天马山孤峙江边，又称“独山”，村庄也叫“独山村”。独山村的南北有寨墙拱卫，村东文笔峰、石梯峰耸立，是古代闻名的村寨。

南宋绍兴年间，尚书左丞相叶梦得曾孙叶岳峦自松阳县迁居独山，始成村落。元明间，有叶、朱、周、邵诸姓共居之。明嘉靖年间，叶心蕃得中第二甲一十九名进士，官工部员外郎。一时村中文风卓盛，文士辈出，胜迹日辟，村容大壮。天马山麓有小赤壁、栖灵岩、石楼、石户、石天窗、砧云磴、武夷洞、仙梯石、棋盘石、仙人濯足石、青霞岗、钓鱼台等览胜。明代著名文学家、戏剧家汤显祖任遂昌知县时，和独山叶氏结为莫逆之交，簿书之遐，游览独山，留下不朽的诗文。

整个村保留了明清的格局和风貌，古色古香，享有“明代一条街”之誉。明隆庆石牌坊为省级文物保护单位，叶氏宗祠、葆守祠、明代古井、明寨墙、财神庙、栖灵岩摩崖等为县级文物保护单位。叶氏宗祠内墙上保留有红军标语和古代戏班演出的题记。

1991 年，独山村被公布为浙江省首批三个历史文化保护区之一，2014 年被公布为全国第六批历史文化名村。2014 年，全村有农户 215 户 620 人，耕地 437 亩，村民人均纯收入 11637 元，村集体经济收入 19.12 万元。

长濂村

云峰街道长濂村位于遂昌县城东 10 千米，古称长松，又称高林。因地处濂溪之畔，改称长濂。

南宋时，遂昌航头郑姓一支迁居长濂。明隆庆年间，村人郑秉厚考中进士，官至江西左参伯。此后，村中名人辈出，楼阁耸立，景观蔚然。古有台峦叠翠、濂漪迴澜、梅阁双清、松台一览、马鞍风韵、龟麓晴光、春町耕云、夏湄钓月等八景。旧谱中有“一文星、二双清、三笔架、四台、五松、六符、七尖、八坪、九曲、十原”十景之说。明万历年间，鄞县人杨守勤曾在长濂鞍山书院攻读执教，后考中了状元。

村中有文物建筑 30 余处，郑秉厚府第、绣楼、郑氏宗祠、宝俭堂、滋德堂、蒙童书堂等为省级文物保护单位。2002 年，村里依托丰富的历史文化资源，成立了长濂旅游开发有限公司，进行鞍山书院的保护和开发，同时将遂昌县城青云路拆迁的 12 座传统建筑整体搬迁至长濂村进行异地保护，建成西园民俗文化区，引进根雕、奇石、书法、瓷器、剪纸等民间艺人入住，形成有区域特色的民俗文化产品的集散、展示和研究中心。

长濂村是遂昌县首批小康村，丽水市文化名村，浙江省文化示范村，全国文明村，全国创先争优先进基层党组织。鞍山书院景区被评为省五星级农家乐。2014 年，全村有农户 431 户 1083 人，耕地 610 亩，村民人均纯收入 11000 元，村集体经济收入 136 万元。

淤溪村

石练镇淤溪村位于遂昌县城西 28 千米，地处练溪盆地的南部，因练溪自石坑口往北，地势渐阔，水流趋缓，泥沙淤积成台地，村名淤溪。2010 年 12 月，原路堰、淤头、坪墟、石坑口、双坑口五个行政村合并为一个行政村。淤溪村是遂昌通往西部乡镇的必经之地，毗邻 4A 级景区南尖岩、千佛山、红色古镇王村口、明清古寨独山村。

淤溪村历史悠久，文化遗存丰富。有始建于宋代的蔡王殿，形成远近闻名的传统庙会“七月会”。遂昌至王村口通往龙泉、福建的古驿道自北向南经淤溪村而过，串连着绿水青山和 1000 多年的人文历史。古驿道两旁的民居仍保存着传统的风貌，村口三棵古樟树相邻挺立，绿荫参天。村里的古牌门、毛氏宗祠、毛姓大屋、赖氏宗祠，沿街的蜡烛坊、南华店、老药店等建筑保存完好。遂昌两个国家级非物质文化遗产项目“昆曲十番”和“班春劝农”都在淤溪村，使淤溪村成为全国唯一一个有两项国家级非遗项目的文化名村。2010 年以来，两年一度的汤显祖文化节班春劝农典礼在淤溪村举行，村口建成了班春劝农广场。

2011 年，淤溪村被列为“浙江省第一批中心村”，2012 年被评为“浙江省非物质文化遗产旅游景区民俗文化旅游村”。2014 年，全村有农户 520 户 1510 人，耕地 3160 亩，村民人均纯收入 8000 元，村集体经济收入 10 万元。

蕉川村

新路湾镇蕉川村位于遂昌县城北约 10 千米。村周地势平展开阔，周围山峦环绕叠嶂，围成一个长椭圆形的小盆地。溪流自东向西从盆地中部穿过，地形犹如芭蕉，故溪流就称蕉溪，村名称“蕉川”又称“蕉村”。《蕉川周氏宗谱序》中写道：“蕉之为物，善庇本根，川之为源，实为本始。蕉可种之，以成绿天。川能达之，以放四海。江海纳百川，天月印万川，其百其万，实在一本。”蕉荫绿天，川流汇海，一个名不见经传乡村，赋有一个诗情画意的村名。天生万物，实在本源，蕉川的村名蕴含了中华传统文化“天人合一”的哲理。

2010 年 12 月，原蕉川一、二、三村合并为蕉川行政村。村落历史悠久，文化底蕴深厚。村中有文物建筑共 41 处，其中宗祠 6 处、古井 13 处，是全县保存古建筑最多的村。2008 年，蕉川潘家粮仓被评为第三次全国文物普查重大新发现。2011 年，蕉川的潘家大屋（含潘家粮仓）、叶氏宗祠、七间大屋、周家大屋、周氏祠和叶炳林民居等 7 处建筑作为“蕉川乡土建筑”被公布为第六批省级文物保护单位。旧村道路及两旁的建筑保持传统的风貌。

2014 年，全村有农户 910 户 2202 人，耕地 2579 亩，村民人均纯收入 10943 元，村集体经济收入 13.3 万元。

桥西村

王村口镇桥西村位于遂昌城西南面60千米，乌溪江与关川溪的交汇处。关川溪古称“王溪”，初有王姓人居住，位于王溪的出口处的村庄叫“王村口”。遂昌方言又叫“黄村口”。关川溪东向西流，宏济桥横跨关川溪上，民居沿溪依山而建，高低错落，村庄分为桥东、桥西两个行政村。

乌溪江是钱塘江的源头，水路通达衢州、金华、杭州。古时，当地的木材、木炭运到衢州交易，南北杂货水运到王村口，转陆路运往龙泉和福建浦城。明清时期王村口就是遂昌西部的商贸中心。民国时，桥东、桥西的老街有南货店、棉布店、肉店、糕饼店、药店、染坊、榨油坊、转运行、饭店等40家。革命战争年代，粟裕率红军挺进师转战浙西南，建立了以王村口为中心的革命根据地，留下了许多可歌可泣的英雄事迹和革命旧址，王村口被称为“红色古镇”。1984年，粟裕骨灰撒在王村口月光山麓，后建立了月光山公园，并在白鹤尖建造红军纪念亭。如今，村落仍保持着原有的历史格局和传统风貌。天后宫、宏济桥、蔡相庙、师部旧址、月光山公园、白鹤尖纪念亭等革命纪念建筑群为省级文物保护单位。2014年，全村有农户375户921人，耕地580亩，村民人均纯收入10400元，村集体经济收入2万元。

蔡和村

蔡源乡蔡和村位于遂昌县城西南50千米的九龙山麓，海拔500多米的高山盘地，是蔡源乡政府的所在地。溪流叫“蔡溪”，地名“蔡源”，原为蔡源上村、蔡源下村两个行政村。2010年两村合并，因当地有蔡和班，取名“蔡和村”。

传说唐五代时，有二十四位异姓兄弟在蔡源登仙，遂昌西乡民间供奉为蔡相大帝，登仙的地方就叫蔡相岩。蔡和村是遂昌通往黄沙腰等西部乡镇的必经之地，古道穿村而过，沿街有十几家商店和饭店。清代中期，蔡源村组织“蔡和班”，是丽水地区最早的戏剧班社，清末民初闻名金华、衢州、处州。村中有郑氏宗祠、罗氏宗祠、蔡王殿等建筑。当地有传统的八月会，恭迎蔡相大帝巡游。蔡和脸谱、蔡和米塑、蔡和花灯被列入县、市级非物质文化遗产，蔡和班形成当地特色的丰富多彩的蔡和文化。蔡和班被列为蔡和文化传承基地，蔡源小学被公布为蔡和文化传承学校。

蔡和村紧邻九龙山国家级自然保护区，生态条件优越，交通便利。2010年被列为省级重点中心村建设规划，建成绿色生态小区、蔡和文化长廊、村中心公园、古树生态公园。2014年，全村有农户420户1534人，耕地628亩，村民人均纯收入11042元，村集体经济收入7万元。

淡竹村

高坪乡淡竹村位于遂昌县城西北 60 千米、海拔 800 米的高山间，村后石壁高耸陡峭，村前峡谷深涧，山泉清澈。村边翠竹木成林，绵延一片竹海。当地称石壁为“石玄壁”，村庄的名称就以石玄壁和毛竹各取一个字，称作“石玄竹”。因方言“石玄”和“淡”谐音，俗称“淡竹”。村庄坐落在半山腰的一个小平台上，村后的山峰环弧，形似一把交椅。

村边有 170 多株古树，主要以红豆杉、香榧树、柳杉为主，很多已有千年历史，最高达 40 多米，最大的直径 3 米多，形成一道独特的古树群落，被列为政府保护的古树名木。村边山坡上和田头地角种满遂昌花，是高坪全乡的经济特产。村里民居依山而建，呈阶梯状分布，泥墙黑瓦，保持了传统的风貌。村中有周氏宗祠、淡竹精厦等文物建筑。周氏宗祠内有古戏台，祠边墙上保存有红军标语，村民称之为“红军墙”。淡竹精厦等周姓民居，室内装饰构件雕刻精美，民国期间曾为里高乡公所住址。

淡竹村两委依托独特的自然环境，挖掘村落的历史文化资源，加强历史文化村落的保护，洁净美化村庄环境，创办乡村农家乐，发展休闲养生文化旅游。2014 年，全村有农户 191 户 555 人，耕地 460 亩，村民人均纯收入 10459 元，村集体经济收入 7. 87 万元。

叶村村

金竹镇叶村村位于遂昌县城西北52千米，2010年，原叶村、回龙寨两村合并称叶村村。

叶村自然村以张姓和涂姓为主，村中有张氏宗祠和涂氏宗祠，回龙寨自然村以林姓为主，村中有林氏宗祠。张姓、林姓、涂姓先祖于清代中期从福建迁移而来，日常生活中仍然流行用闽南话交流，当地俗称“福建腔”。回龙寨自然村的南部村口古树参天、绿荫如盖，路旁树下成为村民休闲聊天的场所。北部村头有回龙寨石拱桥，传说是叶村叶姓先祖得了窖藏发家，投资建造石拱桥，至今有200多年历史。古桥用规整的块石垒砌，桥面当中有一个方框尚空着，传说是拱桥建成通行时，需要五世同堂的老人来主持铺盖这块石板。据说当时没有找到五世同堂的老人，那块石板至今还放在村里。2014年，全村有农户348户1113人，耕地966亩，村民人均纯收入10553元，村集体经济收入22.66万元。

梭溪塘岭村

金竹镇梭溪塘岭村位于遂昌县城西51千米，村落分布在一条狭谷地带，溪流自北向南径流，地形好似织布的梭子，河流叫“梭溪”，地名叫“梭溪源”，最大的村也叫“梭溪”，曾设过梭溪乡。2010年12月，梭溪村和塘岭头村合并，称“梭溪塘岭村”。

村庄具有光荣的革命历史。梭溪庄后村人唐公宪是浙江省早期的中国共产党党员之一；1928年，中共党员傅以和（梭溪人）等一批党员在梭溪塘岭头村傅正友公祠成立了浙西南第一个中共县级组织——遂昌县委；在梭溪村组建了丽水地区第一支由中国共产党领导的工农革命军（又称遂昌农军），举行了武装暴动，打响了浙西南地区反抗国民党反动派的第一枪。浙西南共产主义的星星之火在这里点燃，群众心中播下了红色种子。

梭溪塘岭头中共遂昌县委旧址——傅正友公祠

梭溪塘岭村风光秀丽，村落散布山坡，民居高低错落，独具山村风韵。现有珍稀树种红豆杉、银杏、罗汉松等古树群五处。今中共遂昌县委旧址傅正友公祠为县级文物保护单位和县级爱国主义教育基地。唐公宪故居和农军暴动旧址梭溪庙得到有效的保护，计划布置展览，建设三点一线的梭溪革命传统教育基地。2014 年，全村有农户 509 户 1405 人，耕地 1094 亩，村民人均纯收入 10121 元，村集体经济收入 18.09 万元。

大竹小岱村

濂竹乡大竹小岱村位于遂昌县城东34千米、海拔650米的牛头山东麓，毗邻4A级景区遂昌金矿国家矿山公园。村庄四周古树环绕，山坡上梯田层层叠叠。村内古树成林，有百年古树江南油杉、红豆杉、枫香等20多种古树，200多株葱郁挺拔的百年古松组成“五里古松长廊”，600多株各种名贵树种包围了整个村庄。

唐开元二年（714），周姓始祖羽皇任临洮（甘肃省定西市临洮县）知县，因战乱临洮被沦陷，羽皇遁迹至遂昌东乡唐夏（今长濂村一带）。其后代周十五徙居小岱，后裔又分派居濂竹乡的治岭头村和大竹村。村中有周氏宗祠和香火堂等古建筑，村口有明代古墓，村中土木结构的民居，高低错落，泥墙黑瓦。村内路旁散布着当地特色的木板仓，形成有浙西山区特色的古民居群落。村里保留着传统山区特色的民俗，如结婚抹黑脸，以及过年的扎灯舞龙、春节祭祖、保护古树的传统等。古树、古仓、古墓、古炭、古婚俗组成村落的“五古”文化。

每年九月，濂竹乡政府在大竹小岱村举行古树保护节，制订了保护古树的乡规民约，开展古树认养保护活动，带动休闲生态、养生养老基地的开发，形成与遂昌金矿国家矿山公园、武义牛头山景区三点一线的旅游生态文化特色村。2014 年，全村有农户 278 户 802 人，耕地 610 亩，村民人均纯收入 10204 元，村集体经济收入 11.21 万元。

好川村

三仁畲族乡好川村位于遂昌县城西 12 千米，清康熙《遂昌县志》记载:“好川，在邑西二十里，川流环好，俗呼‘考村’。”即自然村叫“考村”，几个自然村属“好川”。

民间有“好川府，白驴县”的传说，说古时考村有 36 口水井，72 个打铁店，村东的岭头岗有窖藏。1997 年 4 月，村里在村东岭头岗开山造田，发现新石器时代遗址，经考古发掘，共清理面积 4000 平方米，发掘墓葬 80 座，出土石器、玉器、陶器等文物 1062 件（组）。经研究考证，好川遗址属良渚文化晚期，距今 4000 多年，在浙西南首次发现，被评为 1997 全国重大考古新发现，填补了良渚文化和马桥文化之间的历史空白，是浙江史前考古的重大突破，是瓯江流域最早的史前文化。好川文化遗址被列入国家级文物保护单位。

好川村畲族人口 260 人，是全乡畲族人口最多的村，畲族风情纯正、民风淳朴，先后被评为丽水市全面小康建设示范村、文明村、省级历史文化古村。2014 年，全村有农户 359 户 1044 人，耕地 1214 亩，村民人均纯收入 11785 元，村集体经济收入 5.74 万元。

举淤口村

西畈乡举淤口村位于遂昌县城西107千米的九龙山麓，这里群山环抱、碧水回旋、民风淳朴、人杰地灵，是版画大师杨可扬的故里。

村落依山傍水，民居泥墙板瓦，颇具传统风貌。小溪穿村而过，溪水清澈透亮，廊桥横架溪上，题名为“和兴桥”，是杨可扬老先生生前为家乡题写的最后墨宝。村中有杨氏宗祠，杨可扬大师故居等文物建筑。全村依托优美的自然环境，挖掘深厚的人文底蕴，弘扬可扬特色文化，创建旅游养生乡村，在村内建成版画一条街。500多米长整洁的村道两旁以生态屏风为载体，装饰杨可扬版画作品。村中民房墙上及道路两旁，绘制了杨可扬大师的版画作品《保卫祖国》《上海您好》《雷锋像》《浦东之春》……在村尾的帅印山脚下建起了一座“心”字状的杨可扬文化公园。该村已成为远近闻名的版画文化村。全村大力进行村庄绿化和美化，生态与人文和谐共进，历史与文化完美结合，从扫地开始，扫出了文明，扫出了和谐，扫出了对幸福生活的新希望，成为山区新农村建设的典范。村先后被评为县生态村、县十佳洁净村庄、县先进基层党组织、丽水市卫生村、丽水市生态文明村、丽水市少儿之家、丽水市十大美丽生态村。

2014年，全村有农户156户493人，耕地171亩，村民人均纯收入9855元，村集体经济收入6.08万元。

苏村村

北界镇苏村村位于遂昌县城北35千米的桃源溪中部，溪流自东向西马戌口注入钱塘江的支流灵山港，沿溪山峦延绵，溪谷间散布着一块块小盆地，好似盛开的一朵朵桃花，溪流取名桃源，寄托着人们对美好生活的向往。苏村村最早有吕姓人居住，村名“吕坡”。

北宋时，苏洵的堂兄弟苏永任处州（今丽水）司录，卒于任上。其子苏允贞，奔丧来处州，料理好父亲的丧事后，回不了眉州，留赘遂昌北乡桃源吕坡的吕家。而他没有改姓，因爱其山水之秀，号其里曰“苏坡”。南宋时，苏辙的孙子苏范任龙游知县，亲访苏坡宗族。时苏坡村第四世常智无子。考苏姓宗谱源流，苏范与苏常智属兄弟辈，因此，苏范将第三子苏谦过继给苏常智为嗣。据此，苏村苏姓成为苏洵的嫡系。村中《桃源苏氏宗谱》记载：“吾族之派，实系洵公之苗系也。”村里的苏氏家庙内悬挂着“三贤世裔”的匾额，苏姓大屋的门额砖雕“眉阳旧家”四个大字。民国年间，苏彰明经营木材生意，成为遂昌北乡的首富。他重建了苏氏家庙，又兴建了苏姓大屋，与原来的苏姓老屋毗连，总面积近万平方米。西北部建有水碓，苏家人洗涤和碓米都不出大门。今苏氏家庙和苏姓大屋为省级文物保护单位。

2014年，全村有农户248户708人，耕地550亩，村民人均纯收入11191元，村集体经济收入19.62万元。

茶树坪村

高坪乡茶树坪村位于遂昌县城北 60 千米、海拔 1100 米的高山上，常年平均气温在 15℃，夏季最高气温 27℃。层层梯田围绕着山村，黄墙黛瓦的民房高低错落。山风徐徐，山泉叮咚，恍如世外桃源。村后的桃源尖，海拔 1300 多米，山峰连绵接天，山顶灌木丛生，遍地是杜鹃和山楂。初夏时节，万亩杜鹃花竞相开放，满山红遍，方圆十里一片花海，蔚为壮观，被称为“万亩杜鹃”。鲜红的杜鹃花与蓝天白云相映，构成了一幅美丽的画卷。深秋时节，满山的树丛中山楂果实串串，红得发紫，树林里猕猴桃挂满梢头，硕果累累。

村中有宋代以来流传于民间传统的茶灯戏，是茶农为庆祝茶叶丰收的歌舞表演。两个演员扮演茶公、茶婆，八至十二个茶女相伴，表演的节目有《采茶》《补缸》《卖花钱》《打花鼓》《凤阳看相》等 20 多个民间小戏，形式活泼，诙谐风趣。遂昌茶灯戏被列为浙江省非物质文化遗产项目。

2006年，茶树坪村依托“万亩高山杜鹃”特色，办起农家乐。2009年以来，高坪乡每年举办杜鹃节，吸引了众多的游客来茶树坪观赏杜鹃，避暑度假。2014年，全村有农户307户957人，耕地567亩，村民人均纯收入10576元，村集体经济收入6.77万元。

箍桶丘村

高坪乡箍桶丘村位于遂昌县城北 60 千米，地处石姆岩景区东麓，村庄平均海拔 850 米，两边的高山合成高低落差的山谷，梯田和民居错落其间。村前一块最大的水田当中高起一个圆形的土墩，像箍着一个圆形的木桶，故村得名“箍桶丘”。

村周峰峦层叠，林木苍翠，山谷溪流跌宕，清泉潺潺，村中泥墙青瓦，自然天成。村边山麓有水帘洞、狮子岩、石门、人岩、月光岩、三层岩等景观。这些岩石奇观，卧立有致，形态各异。昂首望月的犀牛岩，直插云天的石姆岩，稳如磐石的金钟岩，喜眉笑眼的寿星岩，坐在农家屋里可一览全景。

根据该村所处地理环境气候，借助石姆岩的丹霞地貌景色，村里从 2011 年开始办起了农家乐。2013 年创建成功的农家乐综合体，生态休闲养生旅游已初具规模，被授予“浙江十大休闲度假基地”称号。2014 年，全村有农户 274 户 826 人，耕地 641 亩，村民人均纯收入 10727 元，村集体经济收入 5.08 万元。

三井村

新路湾镇三井村地处遂昌县城北 37 千米，白马山国家森林公园境内，海拔 975 米的高山麓。村周围峰峦层叠，木林葱翠。村前狭谷深邃，山泉飞泻。民居依山坡而建，高低错落，泥墙青瓦，古色古香。村中有县级保护的古树名木千年银杏和香榧。村前狭谷中有传说神龙下凡遗迹，三个高低相连的瀑布，有三口龙井，村庄也因此而称“三井村”。村落山环水转，风景旖旎，四季如画。

当地有明代开国皇帝朱元璋逃难到三井村，品尝了三井茶，登基后，三井毛峰茶成为朝廷贡茶的传说。三井毛峰成为遂昌县的历史名茶，荣获 2002 年中国精品名茶博览会金奖，2012 年首届丽水香茶“茶王”称号。2006 年以来，三井村充分利用当地特色资源，创办乡村农家乐，举办了“三井问茶节”，成为远近闻名的避暑、养生、休闲乡村旅游特色村。

三井村荣获市级生态文明村、首批“丽水市养生乡村”、浙江省农家乐特色示范村、浙江省美丽乡村三十强、省级“森林村庄”等称号。2014 年，全村有农户 108 户 266 人，耕地 97 亩，村民人均纯收入 11111 元，村集体经济收入 15 万元。

汤山头村

妙高街道仙岩村汤山头自然村位于遂昌县城南 7 千米的成屏二级电站库区内。相传最早有汤姓人居住，村名“汤山头”。村庄坐落在海拔 555 米山坡间，民居依山而建，泥墙土瓦，高低错落，具有浓厚的乡村气息。

今村中多为翁姓，其始祖于宋建炎四年（1130）从福建莆田迁居遂昌贵义岭，建翁村，明代晚期后裔一支迁居汤山头。村边古树参天，近千年树龄的有几十棵，大多是南方红豆杉。全村 42 户 150 余人，80 岁以上的寿星有 20 多人，被誉为“长寿村”。

奕山村

湖山乡奕山村位于遂昌县城西40千米的乌溪江库区，村庄坐落在山顶盘地，坐北朝南，依山面湖，村后大螺岩海拔890米，山峦环弧成形靠椅状，成为传说中的风水宝地。

奕山朱姓始祖于南宋年间迁居于此，取名“奕山村”，至今近900年。奕山村人杰地灵，名士辈出。南宋至明代，村里朱姓出了许多名人志士，由此兴建了府第、接官亭、朱氏宗祠、书院、十亩方塘、文昌阁、古井等建筑，村容大壮，成为遂昌西乡的名村。朱姓的后裔也遍布各地，奕山村也成为朱姓的祖地。古有石桥跨水、古洞藏春、越王晓霁、黄兆春阴、前池钓月、后陇耕云、东皋牧唱、西岭樵归等奕山八景，文人墨客留下了许多题咏奕山风光的诗文。

村中保存着明代的朱氏宗祠、府第门墙、大谷仓、古井等众多的古建筑。村前的十亩方塘重新整理，修建了九曲桥、重檐亭、文昌阁等建筑，亭联题：“源源来活水十亩方塘明似镜，煦煦拂和风九鳅绕坞秀如盘。”明清时期，奕山村有昆曲十番的表演。2002年，村里恢复昆曲十番队，人称“武十番”。十番队参加丽水市第七届乡村文化艺术节全市农民才艺擂台赛，荣获非遗类节目银奖。2008年，“遂昌县昆曲十番”被列入国家非物质文化遗产名录。

2014年，全村有农户449户1532人，耕地1291亩，村民人均纯收入10146元，村集体经济收入2.88万元。

东源村

应村乡东源村位于遂昌县城北 40 千米，黄家源自然村以溪流黄家源而名。黄家源发源于香炉山，自西向东汇入东源，至新村注入桃溪。村落位于黄家源的中部，有内黄家源、外黄家源、铁索岭三个自然村，300 余人，主要有吴、邱、李三姓，在三个自然村分别有三姓的香火堂。据村中宗谱记载，清康熙年间，三姓先祖先后从福建迁居黄家源，以加工草纸为业，其中李姓以纸业发家。迄今村中还有纸槽遗址。

黄家源民居沿溪依山而建，散状分布，多为泥墙瓦屋，错落有致，保存着传统的风貌。村周青山层叠，翠竹摇曳，村边山坡上有红豆杉、枫香、甜槠、苦槠、木荷、黄木、杉木、柳杉等 24 棵政府公布保护的古树名木。

村庄历史悠久，民风淳朴。耕读传家、诚信孝廉、勤劳致富为村民的优良传统。内黄家源村的李姓民居建于民国初年，至今布局完整，梁枋、牛腿雕刻具有传统的风格。吴、邱、李三姓香火堂和祖传的宗谱都保存完好，李姓人还保存着祖传的太公画。

东源村先后被评为县文明村、丽水市全面小康建设示范村。2014 年，全村有农户 298 户 860 人，耕地 541 亩，村民人均纯收入 10300 元，村集体经济收入 22. 3 万元。

苏旺村

濂竹乡苏旺村位于遂昌县城东部16千米，东距濂竹乡政府8千米。苏旺村属瓯江流域松荫溪支流梧桐源，水流自北向南流经松阳注入松荫溪。村中民居依山傍水散落在山坳间，村周青山环抱、溪流清澈、空气清新。

明代初期，云峰镇隔溪村内坞自然村的苏姓一支迁移到此建村，村名“苏村”。此后，有青田陈姓、遂昌雷姓、钟姓等迁入。清康熙五十九年(1720)，苏姓把山场卖给长濂村郑姓，苏姓人迁往外地，而村名一直称“苏村”。1982年，政府实行地名规范化，因遂昌县有三个行政村称“苏村”，因此改名“苏旺村”，意寓村庄兴旺。如今，苏旺村以雷、钟两姓为主，陈、林各一户，是濂竹乡唯一一个畲族村。

苏旺村距遂昌金矿国家矿山公园4千米，地处古代黄岩坑银矿山的山脚。古时，村中就是黄岩坑冶炼场的一部分。明代晚期，黄岩坑银矿山停止开采。清代时，当地民间采炼硫磺矿，村周小山坳中有许多采炼硫磺的遗迹。如今村中尚有明代粉碎矿石的石磨盘。2014年，全村有农户42户114人，耕地面积133亩，村民人均收入9281元，村集体经济收入4.73万元。

石坪村

高坪乡石坪村位于遂昌县城西北 61 千米、海拔 950 米的高山间。2010 年由石屋下、岱岭、榅树坞 3 个村合并为石坪行政村。榅树坞自然村有 85 户 256 人。村落地处桃溪源头，村前远眺石姆岩奇峰耸立，村后龙岗山群峦拱卫。邻近的石屋下村边，巨石形似鹅蛋，俗称“鹅子石”。巨石一侧底部悬空如屋，可容 10 余人，人称“石屋”。村庄位于石屋的下方，村名“石屋下”。

榅树坞村始祖缪进一公，明代时从遂昌北乡马埠村迁居榅树坞。道光年间傅姓两兄弟由本县梭溪乡塘岭头迁居榅树坞。今村中有傅、缪、谢等姓。榅树坞村边梯田层叠，山上翠竹摇曳。民居位于山坳间，错落有致，泥墙板瓦，具有传统的风貌。建于民国年间傅长有民居和傅代郧民居是村中代表性的传统建筑。傅长有民居二进五开间两厢式楼房，附屋三间两厢式平屋，总面积 243. 51 平方米。傅代郧民居二进五开间两厢式楼房，东附屋三开间，总面积 267.41 平方米。两座民居梁枋、雀替刻花，牛腿雕刻人物、动物和花鸟图案，装饰较细，条石阶沿，天井碎石拼花，具有典型的山区传统民居建筑特色。民居门墙上保存有 20 世纪 50 年代末“大跃进”时的标语。2014 年，全村有农户 306 户 1010 人，耕地 1005 亩，村民人均纯收入 9937 元，村集体经济收入 11 万元。

景宁县

大均村

大均村离县城 15 千米，是乡人民政府驻地，海拔 170 米，全村 101 户 330 人。原是以林为主的农业经济区，现根据优势整合全乡资源发展旅游，2009 年建成全县第一个国家 4A 级旅游景区。

据《均川李氏宗族谱源序》称，李氏皇族的一支于唐末五季辗转徙此而居，已历千余年。其村名极富人文理想和哲学含义，《论语》中有“子曰：大道之行也，天下为之”；“丘也闻有国有家者，不患寡而患不均。”村中又有俗说，该村背倚龙岗，三面临水，形同半月，左右匀称，故名。

大均村山水秀丽，人文古朴，有李氏祠堂、一门三进士牌坊、古街老屋、浮伞祠、观音阁、坟树围青、龙岗叠翠、鸦顶晴云等风光和古迹，一直是瓯江支流小溪流域的水陆交通枢纽。商贸经济繁荣，注重耕读风尚传播，形成了大均人“三杆”民俗，即笔杆、秤杆、竹杆（撑篙），以文笔、商贸和船排著称。在建筑上形成具有明清风格的古朴的前店后院式山区商贸古街风貌和石板街面，有“小溪明珠”“景宁最高学府”“浙南芙蓉镇”等美称。村先后被评为丽水“文化示范村”、“市级生态村”、省级“绿化示范村”，2006 年在首届浙江魅力新农村评比中荣获“环境优胜奖”。“畲乡之窗 4A 级景区”是景宁旅游的精品景区。

东洋村

东洋村隶属景宁景南乡，距离景宁县城30千米，辖东洋、上洋2个自然村，4个村民小组，平均海拔1000米。该村东邻温州市泰顺县，南接福建省寿宁县，西靠渔际村，北傍上标村，三面环山，地势东北高、西南低，域内有两条小溪分别从东北、东南向西汇入上标溪。

东洋村世族陈氏，始祖四一公于明初自黄客岱迁入，至今已有950余年历史。该村原名岐山，约200年前改名为东洋。村内有八景：消夏长桥、牛眠坦地、青峰朝拱、上水船坪、中流龟石、溪边水碓、龙井飞泉和福惠古寺。八景又以“福惠古寺”最为有名。该寺由陈氏七世祖荣七公变卖田产山场，于明洪武年间慷慨筹资所建，后又在寺院内开办学堂。福惠寺风景清幽，清末诗人何云章游览于此曾诗兴大发。东洋村现有人口458人128户，土地总面积8396亩，山林面积7635亩。2013年村集体经济年总收入760万元，人均年收入6702元。

伏叶村

伏叶村地处瓯江小溪上游，位于景宁畲族自治县县城西南部，离县城12千米，距乡政府所在地、“畲乡之窗”国家AAAA级景区大均仅1千米之遥。全行政村面积16平方千米，201户843人。其中，汉族人口占52%，畲族人口占48%。2014年，伏叶村耕地面积913.3亩，山林面积31404亩，特产资源丰富，人均纯收入达9811元。

伏叶村村庄布局极具乡村风味，自然生态环境优美，田园特色鲜明，山水气候俱佳，交通也极为便利。为发展旅游经济，村内30多亩田园，用来种植向日葵、油菜等经济作物，既能增加农户收入，更能作为季节性景观吸引游客。河道观赏鱼、吊瓜游步道、清代复古廊桥、连心铁索桥、复古水碓水车、千年宋桂、柯氏古宅等自然和人文景观，极大地丰富了田园伏叶的内涵，每天都吸引众多游人前来游览。伏叶村先后被评为“浙江省民族团结小康进步示范村”“浙江省省级特色农家乐示范村”“浙江省特色旅游村”，是丽水市首批公布的绿化示范村和生态村。

高演村

高演村位于浙江省景宁畲族自治县城西南22千米，属梧桐乡。村子海拔810米，四面环山，是个深山沼泽盆地，最高峰海拔1200余米，因山高水远长流而得名，又称“高远”。高演行政村辖4个自然村，11个村民小组，242户886人，其中畲族78人，耕地面积749亩，林地面积17438亩，是省、县药材基地，人工厚朴基地规模为全国之最，曾被浙江省人民政府授予省劳动模范集体。村集体经济年收入最高曾达16万元。2014年人均收入14850元。

村庄文化底蕴深厚，为第三批中国传统村落。唐宋间何、夏二姓开基，明永乐十九年任姓迁入。村子房屋多为土木结构的“三植两进二层楼”，基本保持“坐壬出癸水”格局。任氏家族历来注重耕读两途，以家法推崇“诗礼传家、书香继世”，从明成化至清末，累计制贡、附贡、例贡、乡宾、廪生、增生、庠生、国学等168人。旧时有恢宏的宗祠、严格的祠训，以及严谨的祭祀礼仪，还有龙灯会、文昌会、三官会等十几种民间组织，因时因事开展各种活动。人文和自然景观丰富，有“八景十九胜”之称，其中被称为“风水三桥”之一的“环胜桥”保存比较完整，已被列为国家级文保单位。

季庄村

季庄村位于景宁畲族自治县城西南约35千米。清同治年间由季氏开基，故名“季庄”。村中现有刘、雷、蓝、何、夏、朱等姓聚居。20世纪60代年曾先后设为沙溪区季庄乡、沙溪公社季庄管理区。村子海拔650米，辖季庄、古楼、水塔3个自然村，现有211户，总人口790人，其中少数民族138人，是一个畲汉混居的畲族村，耕地面积509亩，森林5101亩。

季庄村依山而建，层层叠叠的梯田将村落环绕在中心，站在远处看去，但见整片村庄犹如一只蜘蛛稳坐在蛛网中，田园风光，美不胜收。进入村庄，但见村中古树参天，屋舍俨然。行走在古树古屋之间，不时有历史的遗迹映入眼帘。村中现有古民宅11幢，古道2条，古寺庙1座。其中，村头、村尾各有一座大宅，为中华人民共和国成立前两户财主所留，村头财主刘昌年，村尾财主刘朝丰。两所老房子俱雕梁画栋，做工精致。

其中，刘朝丰房子大门有“秀峰环翠”“序换春符履端于始，居从里仁咸与维新”“连云翠黛王维画，绕户春风谢眺诗”等匾额和对联。

村中现流传有“白鹤仙啄泉”“刘朝丰献银圆”“马天仙显灵”等民间故事。此外，该村花鼓戏较具特色，剧目多，表演精彩，是值得保护的非物质文化遗产。(编写：高上兴)

漈头村

漈头村，坐落于丽水景宁畲族自治县南部，属澄照乡辖区，距景宁县城约 10 千米。该村属于典型的浙南山地丘陵地形，地貌以深切割山地为主。漈头行政村辖漈头、底洋、上泥山 3 个自然村，7 个村民小组，共有 126 户 407 人，其中，畲族人口 9 人。该村耕地面积 353 亩，林地面积 4679 亩，村集体可支配收入 14700 元，农民人均收入 15048 元。

漈头村古称漈川村，中华人民共和国成立初改名。漈，即瀑也。村口 1000 米许，有一处瀑布，小山村因此而得名。环视漈头村，四围山势开阔，群峰峻峭苍翠，一丛丛古木葱茏如黛。整个村子依山傍水布局，是典型的浙西南山村格局。一道清澈的小溪傍村而过，村子中部有一座经年的小石桥。桥南为上村，桥北为下村。漈头村古建筑民宅 20 余幢，以清朝建筑为主，最迟可追溯到明朝中期。其中“潘家大院”是官居六品大员的府邸；门额砖刻“名宦世家”四个大字；门前立有四支桅杆，威风显赫。该村自清朝嘉庆以来，科考及第的子孙人数众多。该村农业、商业、手工业也曾一度位居景宁之首，是著名的“富裕村”“财主村”。历经“文革”十年浩劫，许多老宅遭到了前所未有的破坏，经济也一落千丈。近几年来，在新农村建设中，该村再次崛起，不但村容焕然一新，农民人均收入也不断上升，农业产业发展蒸蒸日上，农家乐等旅游业经济也崭露头角。(编写：高树文)

金坵村

金坵村隶属景宁畲族自治县澄照乡，坐落于敕木山西南麓山坡峡谷中的大赤坑支流金溪源头，是环敕木山畲族风情省级旅游度假区的核心村寨之一。全村辖4个自然村，10个村民小组，共201户，790人。其中畲族居民321人，上标库区移民83人。村拥有耕地面积840亩，山林面积4950亩。

金坵村是南宋畲民迁入的聚居地，也是浙江蓝姓畲民的最早发祥地。早在南宋淳祐年间（1241—1252），畲族的蓝姓祖先蓝敬泉公携族人迁徙入浙，选中这方圣土，举家开基定居，建驮磨庵，驻足生息繁衍。蓝敬泉为蓝姓入浙第一人，成为景宁畲族蓝氏始祖。历朝历代畲族蓝氏，筚路蓝缕，共启山林。全村畲汉联姻，共同谱写了畲汉一家亲的民族和谐曲。

作为一个有着悠久历史的畲族古村落，金坵村畲族文化底蕴深厚，畲族风情浓郁，畲寨的居住环境布局形态和独特的畲族传统生活生产方式保留得较为完整，有新景区封金山、斜际、石砚，有建于清朝光绪年间古民居建筑“潘家老宅”，有太祖蓝敬泉家族故居遗址驮磨庵，有历史久远的蓝氏宗祠。金坵村是浙江省民间艺术采风基地，浙江省国际民俗摄影采风基地，获得民族团结示范村、民族团结进步小康村、十佳小康村等荣誉。

深垟村

深垟村位于景宁县东南方向，距县城32千米，在白鹤至大漈AAAA级景区旅游线5千米处，距东坑镇政府所在地10千米，辖地面积15平方千米，林地耕地面积2213亩，村域面积4287亩，海拔700米，辖深垟、黄山头、叶源洋、中心洋4个自然村。深垟村以孙姓为主，黄山头最早以黄姓开基，后黄姓衰落，雷姓繁盛。现黄山头畲族自然村畲民48户198人已下山迁入深垟村，全村共216户764人。

深垟村畲族历史悠久，畲族风情特色浓郁，畲族古民居错落有致，村庄依山傍水，村口古木参天，风光秀丽迷人，生态环境优越，村庄整治焕然一新，基础设施建设完善。目前现存古建筑有30多幢，多为木屋石墙。其中，有10余幢保存完好。最早的是建于清代，大多数是民国建筑。现在深垟村建设修旧如旧，徜徉村街，放眼望去，石桥、石屋、石厕、石路、石沟，成为了这个深山小村的独特风景。黄山头村畲医畲药源出少林寺，五代祖传，药效奇佳，远近闻名。

深垟村是丽水市生态文明示范第一村，先后被省、市、县评为“民族团结进步小康村”“兴林富民示范村”“生态示范村”“文化示范村”。（编写：叶发忠）

西岸底村

西岸底村，位于浙江省景宁畲族自治县大漈乡境内一个十里平川、云雾缥缈的高山盆地之中，平均海拔1030米，是大漈乡人民政府所在地，距离县城18.5千米，共有234户1034人，村民多为“梅”姓。

西岸底村建于唐代，至今已有1000多年历史，历代文人荟萃，人才辈出，廉义文化底蕴深厚，仅明、清两代就走出了4位进士和23位举人，因此被称为“桅杆村”（因中举或中进士就可以在门口树立桅杆）。村落自然环境得天独厚，年平均气温13℃，是国家AAAA级景区“云中大漈”核心区块。村中人文古迹星罗棋布，有着“寺祠院三观同址，宋明清三代同堂，儒释道三教合流，寺树桥三古荟萃”的美誉，其中时思寺、护关桥为国家级重点文物保护单位。胸径4.47米的柳杉王为亚洲之最，雪花飞瀑为“浙江绿谷十佳景点”之一，并有山上头万亩杜鹃林、明朝矿产遗址银坑洞、明代廊桥胡桥等景点。白象山上时思寺始建于宋绍兴十年（1140）的建筑，占地2700平方米，建筑面积1250平方米。寺坐西朝东，由山门、钟楼、大殿、三清殿、马仙宫、梅氏宗祠等建筑组成，是一组兼有元、明、清各时代特征的古建筑群。（编写：任孟春）

雁溪村

雁溪村距县城 63 千米，海拔 480 米，是乡政府所在地，属革命老区村。全村有村民 118 户 441 人，耕地 286 亩，林地 3883 亩。雁溪村因地处程田、何山头、上标、黄桐四水交汇之处，村后大山如雁凌空扑水而来而得名。又有传闻，旧有阳鸟集此，故名。

雁溪村沿四水汇聚，坐落布局与太阳走向一致，因而地理条件得天独厚，自古历史文化悠久，民风淳朴，民俗荟萃，有舞龙表演、迎神节、谢神节等，有何八公、何九公、溪心船等民间故事传世，有清乾隆年间古建筑“何马二仙大殿”，其他古廊桥、古祠堂、古民居、古戏台等 30 多处古建筑，以及古樟、银杏、红枫林等标志性景点。

2007 年举办第一届金秋“雁溪古风摄影节暨谢神节”，并被丽水摄影协会授予“市级摄影绘画创作基地”。

东塘村

东塘村位于景宁畲族自治县景南乡南部，距离乡镇府所在地 3 千米，离景宁县城 45 千米。东塘村是景南乡的门户，四面竹林环村，中间一条小溪，民居分布两岸，有 800 余人。随着山脉的延伸，形成了大小不一的丘陵山坡和小盆地。经世代开发，层层梯田、几处高山和小平原相互辉映。村庄风景十分秀丽，空气清新，冬暖夏凉，基础设施完善，环境优越，可谓养生福地，也是避暑胜地。

早在千年前的南宋，何八公就形成了道法自然的原始风水文化，其“京畿求雨”“弃杖成林”“筑塘斗法”等传奇故事，绚烂多彩，令人神往。这些动人的故事代代相传，述说着先民渴望认识和利用自然，追求美好生活的愿望，体现了先民的智慧，也侧面印证了东塘村良好的生态环境。求雨或许为当年的气象预感，抬棺之杖复活成树，虽属夸张，但东塘一带生态系统得天独厚，成为福荫乡人倒是事实。正因为此，景宁许多地方对何八公顶礼膜拜。东塘一带有很多的湿地，除名声显赫的懵懂垟地之外，景南乡白溪自然村山狼谷之巅，还有个很开阔的高山湿地。八公传奇中的七大“塘”，其实便是早年的湿地，久藏深闺人未识，当今渐放异彩。独特的生态环境，为东塘人生存发展提供了条件。5000 多亩竹林，成了家门口的绿色银行，还不断有新的生态产业兴起。（编写：林平）

根底岘村

根底岘村位于东坑镇的西北部，距离东坑镇政府 8 千米，距离大漈 4A 级景区 20 千米，由 3 个自然村——株树根、坑底、黄碧岘（已下山）组成，共 77 户 300 人。根底岘村地处山区，村居布局相对集中，依山而建，沿溪呈带状分布。村内林业资源丰富，拥有森林面积 12488 亩，其中毛竹林 4486 亩，生态公益林 3265 亩，古树名木 50 棵，村民人均可达 44 亩，以农林业为主要经济收入来源，全村好比一个巨大的“森林氧吧”和“绿色银行”。2014 年村民人均收入 12000 余元。

根底岘村在原有传统建筑基础上，以修旧如旧的方式建设美丽乡村，建接待中心、美丽庭院、特色门楼，并建设停车观景亭、游步道、石拱桥。根底岘村有极具地方特色的生态文化、饮食文化、居住文化，形式多样的农村文化活动能不断满足人们精神放松的需求，享受在乡村休闲的慢生活。村内共有农家乐 8 家，其中三星以上农家乐经营户 6 家。根底岘村的咸菜更是一绝，有上百种风味绝佳的咸菜，农家乐以原汁原味生态为特色，以咸菜文化为内涵，深受游客的喜爱。根底岘村为浙江省农家乐示范点。（编写：刘奕春）

吴布村

吴布村，位于浙江省景宁县城东北 16.9 千米，属郑坑乡，景青公路随山而上。村以吴村、布袋后两村名第一字得名，村委驻地龙头宫村。龙头宫村，处于梨壁尖西北山涧忝地，昔有龙宫庙，故名。村办小学建于此。村辖龙头宫、布袋后、林西山、田寮、半岭、郑山头、冷水湾、通天坳、犁壁漈、马寮山和吴村等 11 个自然村，12 个村民小组，206 户 883 人，其中畲族人口 437 人占 50%，耕地面积 798 亩，山林 6611 亩，村办林场 1 个，产毛竹、松、杂木等。村经县人民政府批准为第二次国内革命战争时期革命老区村。

村旅游资源丰富，发展潜力大。郑坑乡是华东第一峡谷——炉西峡的入口处，又处在滩坑库区旅游圈。生态环境良好，境内有吴布、郑坑林场原始林近 3000 亩，森林资源丰富。郑坑梯田雅致秀丽，备受摄影爱好者青睐，照片在网络上广为传播。同时，由于畲族人口比重大，较完整地保留了原生态的畲族生活风貌，传承了服饰、茶俗、织彩带、山歌、乌饭、酿酒、拔伤、炼火、传师学师、做功德等文化及传统的劳作模式。特别是吴布村和柳山半岭村传统畲族服饰多，畲族习俗保存良好，有“生活着的畲族博物馆”的美誉，开发畲族风情旅游前景广阔。

茗源村

东坑镇茗源村位于景宁县东南，距县城 28 千米，为“南宋古村福文化研究传承基地”。宋建炎年间吴氏先人小七公开基，随后有潘氏等姓迁入，至今已有 860 多年历史。起初因盛产稻米称之“米源”，后来，由于村人非常热爱家乡，觉得村子很美叫“美源”，再后来因为茶叶味道好称之为“茗源”。做“福”和花鼓戏为非物质文化遗产。2014 年有 145 户 608 人，人均收入 11815 元。

茗源村有一座 20 多平方米的半月形的古墓，安葬着 35 位祖先，开创了公墓的先河。

茗源村是树的海洋、竹的世界，林地面积 15000 多亩，笋竹两用林 5000 多亩。特别是村水口虎山林（俗称宫林）、狮山林（俗称庙林）不乏千年古树，树龄 200 年以上、直径 1 米以上的有上万棵，其中一棵厚朴树，高 28 米，胸围 1.7 米，是国家二级保护野生植物，谓之“厚朴王”。

茗源村是“华东第一峡”炉西峡发源地，也是景宁县城饮用水源地。四条小溪清澈如镜，鱼蟹、石蛙清晰可见。丰富的水资源，得益于茂密的植被，更得益于周围的莲花湖（大仰湖）、菖蒲湖、金针湖、深坳湖、外雁湖高山湿地群。其中莲花湖还处于原生态状态，保留着 600 多亩天然阔叶林。春夏之交，野猴头杜鹃花和金针花竞相开放，分外优美。湿地群分布着众多珍稀濒危动植物，其中有国家一级保护植物莼菜、红豆杉和伯乐树等，国家一级保护动物云豹、金雕、黄腹角雉和白颈长尾雉等。

庆元县

大济村

大济村隶属庆元县濛洲街道，位于县城东南面的天马山麓，距城区 2 千米。大济村是一个有着悠久历史与灿烂文化的古村落，据《吴氏宗谱》记载，大济村所在地以前曾为一片椤树林，隋朝时，为罗、缪、华、张诸氏开拓，唐天祐元年（904），吴氏始祖吴祎从会稽（今绍兴）迁居濛洲街道，北宋景德元年（1004）五世孙吴崇煦又迁居大济，始称大济村。从北宋 1024 年至南宋 1256 年，当时这个方圆不到 1 千米、人口不足 300 人的小村子有 25 人中进士。另加明朝 1 人，共有 26 名进士，因此有“进士村”的美誉。

大济村文物古迹众多，且特色鲜明。有始建于宋代的古地道，纪念扁鹊的卢福神庙，有我国现存确切文字记载的最早的木拱廊桥双门桥，大理吴氏宗祠等重点文物保护单位，也有金甃街（古道）、接官亭、祠堂山古墓群等古建筑，还有聿新堂、怀德堂、世德堂、裕德堂、齿德堂、挹清楼、玉洁冰清堂等 9 幢明代民居和慎修堂、达德堂、树德堂、修德堂、兆慎堂等 20 余座清代民居组成的古村落。另外，还有蒙恩封赠的双桂坊、桂香坊、大理坊、宅相坊、八行坊、鸿卢坊和名登天府坊等 7 座牌坊。大济村于 2010 年被列入国家历史文化名村。

2014 年，全村户籍人口 1856 人，耕地 1720 多亩，村民人均收入 11000 元，村集体收入 80 万元。

新窑村

新窑村隶属庆元县竹口镇，位于龙庆公路和庆（元）松（溪）公路的结合处，龙庆高速穿村而过，距离高速出口仅 2 千米，是两省三县的交通枢纽。新窑村海拔 320 米为全县最低处，距县城和松溪县城均 22 千米。

新窑村古称“黄处坛”，明嘉靖年间（1522—1566）龙泉县大窑人来此兴建新瓷窑，始更为新窑村，清代为军队驻防地段。1949 年称新窑农民协会，1952 年分新东、窑西行政村，1956 年并称为新窑农业生产合作社，1984 年复称新窑行政村。新窑村自明嘉靖以来，便拥有悠久的历史人文，村内现存名胜古迹有十八卡、出米岩、鱼仓岩、杨文广峡、丁步、山后坑廊桥、神农社殿、百年古樟、新岱庙等，每一处地方不仅风景独好，而且都有一段历史悠久的传说。另外，还有县级重点文物保护单位的青瓷窑址以及水运埠头。窑址出土的文物有碗、盘、碟、盏、高足杯等，胎体厚重灰白，釉层薄，青绿色，饰纹有花草或反映生活习俗的图案，窑具有匣体、垫饼。可以说新窑因新建瓷窑而更名，于处州窑业繁荣期开始兴盛，是古时青瓷之路上的重要枢纽，见证了处州窑业和水运的兴衰，与“瓷”和“窑”有着密不可分的关系。

2014 年，全村户籍人口 1852 人，耕地 1440 多亩，村民人均收入 12462 元，村集体收入 17.88 万元。

上庄村

上庄村隶属庆元县松源街道，位于庆元县城西北部，距离县城8千米，下辖上庄、蕉坑、际上、月边4个自然村。

据《周氏宗谱》记载，该村始建于清初（约1600年前后），由周氏先祖子奉公从后溪（今张村乡）迁置。因村后山形似象，昔名象庄，后世雅用今名。上庄村以北大片地区山岭起伏，形势险峻，明、清在际上曾置饭甑垄隘，有兵驻防。走进上庄村，高低错落的古民居，蜿蜒穿行的古道，庄重的祠堂、庙宇，枝繁叶茂的古树，这个古老村落往昔的繁华依稀可见，古时的上庄富庶而美丽，勤劳善良的先辈们在这里建起一座整齐美观的村庄。上庄村的古民居多为清代时期的建筑，排列齐整。如今，这些古老的泥墙已爬满裂缝，庭院墙角长满杂草，只是那些不一样的大门、不一样的屋檐，历经风风雨雨，却还清晰地展现在世人面前。古民居、古道，在这里随处可见；舞龙灯、唱灯，仍有不少人能信手拈来。风雨中的上庄，显得格外静谧而祥和。

2014年，全村户籍人口1006人，耕地880多亩，村民人均年纯收入10504元，村集体收入5万元。

局下村

局下村隶属庆元县淤上乡，海拔775米，距县城20千米，距离乡政府8千米，风景秀丽，气候宜人，蜚声江南的银坑洞古矿洞群就坐落于此，还流传着许多明朝农民起义领袖叶宗留的故事。

千年古银坑洞是目前已发现的浙江规模最宏大、保存最完好的古矿洞群。它最早发现于明朝成化十五年间，距今已有581年。迄今为止已发现240多个古洞，据区域地质矿产调查估计有数百个之多。洞内险象环生，矿洞纵横交错，犹如迷宫，故银坑洞以“险、深、奇”独秀江南，其中有三个洞口特别有意义，名叫“间洞”“风洞”“银坑大洞”。“间洞”可通往“风洞”出口，“风洞”内冬暖夏凉。“银坑大洞”深不见底，据说三天三夜也走不到头，曾有人晨起在里面走，后听鸡鸣方才心惊往回走，洞外太阳已下山。“银坑大洞”洞口还有一个传说，“蛤蟆岩下天坪井，如有缘人就能遇到三缸银三缸金”，至今还有石碑记载。同时距离百丈景区中以奇险著称的悬崖仅12千米，悬崖高360米，是浙江省境内较高的火山岩崖嶂。

2014年，全村户籍人口351人，耕地260多亩，村民人均年纯收入10960元，村集体收入2万元。

葛田村

葛田村隶属庆元县黄田镇，位于庆元县的西部，海拔400米，东与曹岭（龙泉小梅河界）名仙殿相隔，南临54国道，西靠黄真、李村至龙泉泗源等寺庙、三济龙头山寺庙，北靠“台湖山”葛田村脊梁。

相传乾隆四十年，沈氏先祖孟西公游览台湖山，途经古道，见此处自然环境甚佳，资源丰富，两条小溪犹如青罗腰带将一大盆地环绕其中，正符合“天圆地方”的宇宙之观。这一块盆地地理形状与其说像“聚宝盆”，不如说似诸葛亮的阴阳八卦村形。沈氏孟西公从太祖武山公避乱隐居山谷（蔡山头）迁此肇基，冠其村名曰：“葛田”。他以“律己严而肃、待人宽而恕，居家勤而俭、处世谦而和”为修身养性之本，以葛田坑开采银矿，闽赣栽菇建寮，本地农耕垦山育林等为立业强基之源。沈氏家族很快人丁繁昌，家业一代代不断发展起来。

葛田村中的古寺庙、祠堂和古亭围村而建，村后左、右两边汩汩而流的小溪汇集成一条小河流，给村庄提升了些许灵气。村庄有五幢明清时期的古民居，还有保存较好的沈氏古祠堂。村边错落着三处古庙宇，其中“梵安寺”历史最悠久，保存最完整。而大堂基和尚庙现仅存庙基，尚庙基底至今还保留了一个古地道。

2014年，全村户籍人口508人，耕地560多亩，村民人均年纯收入8076元，村集体收入9.74万元。

崔家田村

崔家田村隶属庆元县竹口镇，距县城 34 千米。传说崔家田最早的村民姓崔和蔡，据当地《沈氏宗谱》载，崔家田原称鸭麻（母）垄，为崔氏所耕种，故名。沈氏祖先沈日贵公自深鸟迁居岩坑头，后裔沈思金于明万历三十九年（1611）再迁崔家田村，而后来逐渐被沈氏取代，自二十世纪七八十年代越来越多的后人从崔家田老村搬迁到现居地——黄潭、金碓、柏度口等自然村，分散坐落在 54 省道两旁，地处竹口镇与黄田镇边界地带，与黄田镇西边、柏度口等村村民混居。

先祖耕读传家，形成了认真、坚韧、勤奋、善良的村风，奠定了本村人才辈出、兴旺发达的根基。该村古代秀才、贡生比比皆是，清末曾经出过名扬杭城的“铁笔讼师”沈朝森，近代有为红军服务送信被捕后宁死不屈的沈世达。

站在老村村口，整个崔家田的景象尽收眼前。结合它四周的山势，简直就像一张太师椅，从容而不松散的老村房子基本都是老宅，毁坏得较为严重。但从那尚存的墙垣和门当上的雕刻，依稀可见昔日的气派。崔家田村还有一道隐秘的风景即石拱桥。两条山涧水穿村而过，因而，整个村每一条小路都会有若干个“点”和小溪交叉。匠心独运的沈氏祖先就在这些“点”上造起了一座座小小石拱桥，这些桥都非常精巧而且牢固，仍丝毫未损。

2014 年，全村户籍人口 540 人，耕地 560 多亩，村民人均年纯收入 10527 元，村集体收入 9 万元。

龙岩村

龙岩村隶属庆元县百山祖镇，地处百山祖东麓，东靠景宁英川镇，北连龙泉龙南乡，南邻本乡枫坪村，西与百山祖自然保护区接壤。

龙岩村建于北宋建隆年间（960—962），历史源远流长，是一个拥有千年古老文明的古村落。村后山岩起伏，形状似龙，故名。龙岩村坊巧处龙、庆、景三县（市）之中心，是三县（市）菇民区的最核心部位，离三县（市）城均约 70 千米，距百山祖镇政府驻地 35 千米。村落古树环抱，风景秀美，民风古朴，尚保存部分古民居建筑。

自南宋建炎年间（1127—1130）吴三公发明了“砍花法”“惊蕈术”人工栽培香菇之后，制菇业成了龙岩等地山区农民的谋生之道，并辐射龙泉、庆元和景宁三县，成为山区农民重要生活来源。

龙岩村民在漫长的历史长河中与香菇结下了不解之缘，在 800 多年的香菇栽培史中孕育了光辉灿烂的地域文化——香菇文化。其中香菇的起源、菇神崇拜、菇民语言（菇山话）、生活、习俗及民间传说、歌谣、谚语等是香菇文化的重要组成部分。由菇神吴三公所创的“砍花法”香菇栽培是中华农业文化的瑰宝。

2014年，全村户籍人口616人，耕地700多亩，村民人均年纯收入7000元，村集体收入6万元。

濛淤村

濛淤村隶属庆元县五大堡乡，距庆元县城15千米，全村辖蒙淤、桥头汇、野猪窝3个自然村。村庄是通往庆元东部山区各乡镇及景宁县、福建省寿宁县的必经之地，交通便利，所处地域气候适宜，背依青山、面临绿水，土壤肥沃且天然无污染。濛淤村红色文化底蕴深厚，红色景点颇多，其中以濛淤桥、惠福寺和红色纪念公园见著。

村尾木拱廊桥濛淤桥始建于元至正年间，距今730余载。该桥红色文化底蕴深厚。1982年10月，庆元县人民政府将濛淤廊桥公布为首批历史文物保护单位和革命传统教育基地，“浙江庆元革命老根据地纪念碑”落户该村。濛淤桥1995年被毁。经过濛淤桥的应岭岚古驿道是20世纪70年代前的主要交通要道，是庆元东部地区前往庆元县城的重要步行通道，当年中国工农红军也从此走过。2010年民间重建濛淤桥，修复了应岭岚古驿道，濛淤桥头办起农家乐。目前，濛淤桥暨应岭岚古道已成为庆元县内外游客重走红军古道，寻访红色足迹，休闲观光旅游的好去处。

2014年，全村户籍人口457人，耕地220多亩，村民人均年纯收入8864元，村集体收入29万元。

杨楼村

杨楼村隶属庆元县五大堡乡，又名杨家楼，位于庆元县东部，距县城28千米，离五大堡乡政府16千米。杨楼村东、西两面为崇山峻岭，松源河支流——杨楼溪南面而来，在这里冲出了一片小盆地，村庄就在盆地的边缘依山面水而建，村内灰墙黛瓦，村外阡陌纵横，俨然一幅世外桃源图景。

杨楼村历史悠久，文化璀璨。南宋时期翁氏族人就肇基杨楼开始在这里繁衍生息。后翁氏迁出，明成化年间（约1471），杨氏祖先礼五公迁徙至此，遂名杨家楼。村中有建于清道光年间（1849）的翁公圣殿，建于清同治年间（1871）的吴姓祠堂及古民居、古井、古道等多处历史遗迹，有迎神庙会、春节灯会、舞龙舞狮等民俗活动，传统文化氛围浓郁。近年来，该村还修复了五里坑桥、延陵房祠等一批古廊桥、古庙寺等建筑，千年古树——森皮青冈、摩崖石刻及古井等也都被列为保护对象。

杨楼村被誉为“锥栗天堂”，是全县规模最大、产量最高、品质最优的主产地。2014年，全村户籍人口914人，耕地790多亩，村民人均年纯收入10251元，村集体收入11万元。

曹岭村

曹岭村隶属庆元县黄田镇，位于黄田镇西北部，是庆元的北大门，是瓯江与泯江交汇处，中华人民共和国成立前作为庆元县商业重镇，是南北货集散地。曹岭村北临龙泉市小梅镇，仅一溪之隔。曹岭建村有1000多年历史，是历史上的水运码头，因为以前公路未通，所以也是庆元北部连接外界的唯一通道，外来人口集聚众多，最多时全村共有87个姓氏，被称为“百姓村”。

村内有座龙庆桥，曾名济川、通福、寿川，横跨瓯江主源梅溪之上，东踞龙泉小梅镇，西峙庆元曹岭村，既是一座历经沧桑的古廊桥，又是小梅、曹岭两地人民的友谊桥。建成以来，龙庆桥“不惟是龙庆二县之孔道，且为二浙、八闽水陆交通之要津。琉田（大窑）、金村、竹口等地窑场青瓷器品，龙庆二县大宗竹木山货，均以此为启运码头而远销海内外”。该桥于1949年被国民党逃往台湾时烧毁，只剩下几个石桥墩。2012年由龙泉市和庆元县发起修建，总投资800多万元，蜚声于世的龙庆桥得以重现。

2014年，全村户籍人口923人，耕地660多亩，村民人均年纯收入8692元，村集体收入11.31万元。

月山村

月山村隶属庆元县举水乡，位于庆元县城东部，距县城 53 千米，海拔 840 米，为乡政府所在地。月山村后山一片浓郁的毛竹林形如半月，村前溪水曲似银钩，村庄坐落其间，如同山环水抱的一轮圆月，故名月山。古诗云："半月烟居半月山，松篁阴翳抱东环。"村先后被誉为"全国特色景观旅游名村""中国环境优美乡村""中国最美休闲乡村"。

月山村名胜古迹星罗棋布，首尾约 1000 米的举溪上，曾分布着 10 座古廊桥，每座桥的间隔只有二三十米，故有"二里十桥"的美誉，目前尚存有如龙桥、来凤桥、步蟾桥、白云桥、耕坑桥等数座古廊桥。月山村古廊桥形如长虹卧波，亭台楼阁错落有致，展现出一幅"小桥、流水、人家"恬然而优美的画卷，是全国少有的廊桥之乡。另外"举溪八景"等也久负盛誉。

该村人文文化源远流长，明、清时期经济发达，人文荟萃，名列仕籍者 200 余人，可谓文人鹊起，仕宦蝉联，一度被誉为"庆邑之冠冕"。悠久的历史也孕育了浓厚的乡土文化，村里人善学好读，喜欢文艺，有许多吹拉弹唱好手。创始于 1981 年的"月山春晚"，以月山村群众自编、自演、自导的形式已连续举办30余年，是中国历史最悠久的民间春节晚会，被誉为中国传统草根民间文化的典范。

2014年，全村户籍人口1741人，耕地2400多亩，村民人均年纯收入5832元，村集体收入6万元。

西洋村

西洋村隶属庆元县五大堡乡，坐落于百山祖4A级景区沿线，距县城约10千米，距百山祖景区约17千米，是通往百山祖景区的必经之地。

境内有兰溪桥、西洋殿两个省级文保单位。西洋殿是祀奉香菇鼻祖吴三公的最大庙宇，是“香菇之源”的象征。西洋殿又名松原殿、吴判府殿，位于村口松源溪畔，依山傍水，坐北朝南，始建于宋咸淳元年（1265），几经变迁，清光绪六年（1880）庆元、龙泉、景宁三县菇民集资重建。四合寺观式建筑，平面呈纵长方形，面阔19.4米，进深32米，占地面积1200多平方米，中轴线自南向北依次有照墙、山门、前厅、戏台、天井、月台、中亭（中台）、正殿。东山墙外观音堂系民国重建。殿外东侧有一古井，为“运木古井”，相传建庙用的木材从井里涌出，颇似杭州净慈寺的“运木古井”。历代菇民把每年农历三月十七日（吴三公生日）和七月十六日至十九日定为祀奉“菇神”进香期，每到此时，西洋殿举行朝拜仪式，诸方菇民云集于此，朝拜菇神吴三公。殿旁的古廊桥——兰溪桥，是我国现存单孔跨度最大的木拱桥。西洋村交通便利，空气清新，环境优美，是纯天然的原生态村庄，是融生态文化、廊桥文化、香菇文化为一体的休闲旅游养生度假胜地。

2014年，全村户籍人口253人，耕地63亩，村民人均年纯收入7000元，村集体收入11万元。

里地村

里地村隶属庆元县隆宫乡，位于隆宫乡东北角，距县城30千米，距乡政府所在地10千米，海拔510米，地处浙闽交界与政和县、庆元县淤上乡蒲谭村毗邻，里地村又称李地。

据考，村始于元大德年间（1297—1307），李氏置，距今已有700余年历史。据族谱记载，甘氏于明泰昌元年（1620）迁入。最初时，甘氏帮助李氏放牛，李氏住现里地村下村，甘氏在放牛时发现，牛喜欢栖息在李地村北面的草地上，不肯回下村，甘氏认为这是因为北面草地是风水宝地，适合居住，从那时候起，甘氏就在李地村北面的草地上建房定居、耕作，繁衍生息。在此之后，李氏家族逐渐衰退，到最终退出了李地村历史舞台，后人遂将村名更名为里地村。甘氏则兴旺发达，成为里地村最大的家族。

里地村生态环境优美，四周被青山环抱，有溪流通村而过，村边有“白水济”瀑布群景点，还有十里竹海景观，被评为市级生态文明村。里地村最著名的要属“造毛边纸术”了，据《甘氏族谱》记载，里地村造毛边纸术可追溯到明末清初时，距今350余年，甘敖公等甘氏族人为全村族人生计考虑，出门学艺，最终将造纸术引进里地村。由于里地村位于山峦峡谷之间，竹海连绵，流水潺潺，甘敖公便就地取材，将竹子作为造纸原料，当地人称“造毛边纸”。就这样，造毛边纸的历史一直从明末延续到中华人民共和国成立初（1951年），现在里地村还留有许多古老造纸厂的遗迹。

2014年，全村户籍人口285人，耕地328亩，村民人均年纯收入12548元。

洋背村

洋背村隶属庆元县屏都街道，坐落在国家级森林公园巾子峰西南山麓，距庆元县城12千米，分岱根、洋背和赤坑3个自然村，主要由杨、吴、毛、李等姓共居。走进岱根村，仿佛走进了绿色的世界。远眺，巾子峰嵯峨屹立，进入眼帘的是一种原始古朴的黛绿；近看，稻浪滚滚，迎面而来的是一种青春焕发的翠绿；环视，“绿树村边合，青山郭外斜”，满眼的绿，缤纷的绿。村内马嘴溪从巾子峰森林最幽深的腹地汩汩淌出，从几处悬崖飞瀑而下，然后在平坦的山间逶迤流转，淙淙不息。溪流中，有深不可测的龙井，有波光潋滟的小水潭。两岸青山倒映其中，使得溪流泛出淡淡青色，羞涩，娇柔，清纯……

近年来，洋背村充分利用自身优越的基础条件，以促进人与自然和谐相处、提升农民生活品质为核心，以“百山驿站、巾子门庭、低碳农家、农业花园”为发展目标，提升农居环境，调整产业布局，发展创意农业，以景观农业和体验农业为洋背乡村特色，打造“十里低碳洋背”，“百户

瓜果之家”和“千亩农业花园”。以“旅游村落”的视角对民居建设、农林产业、村庄环境、旅游线路进行系统建设，将洋背村建设成村美、景秀、民富的新型美丽乡村，并成功举办“屏都洋背葵花节”和“洋背油菜花节”，是庆元县最为成功的“月月农事节”之一。

大泽村

大泽村隶属庆元县竹口镇，位于竹口镇西北方，距离竹口镇政府 3 千米，距离县城 32 千米。相传大泽最早黄氏由屏都蔡段村迁居至大泽，而后，蔡氏、阙氏、吴氏或因逃荒或因分迁支派或因分居村落而至大泽，代代相传，层层传延，形成了现今的大泽村。

“大泽”意“藏风聚气，有生命和生气，万物生长的地方”，而大泽村“村如其名”，就是一个具有典型风水文化特征的生态古村落。大泽村依山就势、面水而居、古樟拔地、古桥卧波、藏水纳气。大泽人择地建祠，布局民居，在寄托美好愿望的同时，强调人与自然和谐相处，以达到“致中和，天地位焉，万物育焉”的境地，正是“天人合一”原则的典型例证和形象反映。无论是先祖黄氏“闻鸡迁居”还是参考“玄武垂头，朱雀翔舞，青龙蜿蜒，白虎训頫”风水学的村落选址，抑或是为达“聚气”目的而打造的村口的“风龙神木”“夫妻岩”等都彰显了该村的风水文化。

2014 年，全村户籍人口 651 人，耕地 540 多亩，村民人均年纯收入 12865 元，村集体收入 10.91 万元。

黄坞村

黄坞村隶属庆元县黄田镇，距县城约 36 千米，距黄田镇镇政府 0.5 千米，西面 54 省道穿村而过，高速公路庆元服务区、黄田出口位于村内，交通优势凸显。黄坞又名五里上洋街，据上辈的人说，在很久以前有一个姓黄的壮年大汉，为逃避灾荒来到此地，他见该地盘像一条停泊的船坞，四面环山，起伏的山岚下涌出一股清泉，甘甜可口，且这里土地肥沃，于是这个大汉落脚这里安营扎寨，筑庐开荒，以自己姓氏为开端，地形为浸托，取名黄坞，黄坞村名由此诞生。后陈氏、夏氏、周氏、刘氏都相继来此繁衍生息。日复一日，年复一年，不知多少年代，黄坞人丁兴旺，门庭若市，五里上洋街由此得名。如今，黄坞村民在西边公路沿线建房挖基时，总是发掘出众多古井和旧址。

村内自然风光秀丽，历史遗存丰富。村内有一片古树林，林内双人合抱的古树成片，葱葱郁郁，耸入云霄，是黄坞村的天然“后院”，也是村里开发旅游的资源依托。近年，黄坞村借助参天古树林、幽静古村落资源，加快村庄整治，推动美丽乡村精品村建设，立志打造一个“古树村边合，坦途新黄坞”，成为“寻梦菇乡、养生庆元”的美丽“桥头堡”。

2014 年，全村户籍人口 690 人，耕地 610 多亩，村民人均年纯收入 11826 元，村集体收入 17.28 万元。

黄皮村

黄皮村隶属庆元县百山祖镇，距离镇政府 5.8 千米，海拔 1000 米左右，黄皮行政村分 3 个自然村，分别是黄皮、企坑、冲坑。据光绪《庆元县志》记载，传昔系草地，入冬后橙花一片，故名，黄皮。黄皮历史悠久，据考王氏早在北宋景德年间（1004—1007）就来此定居，今尚留有“王家”遗址。后由吴柏高公于元至治三年（1323）从龙岩（今斋郎村）继入，经世代繁衍，村民多为吴氏后裔。

黄皮村拥有著名的上下湖（黄皮湿地），上下湖距离村里约 2 千米，由上湖和下湖两个区块组成。其中上湖又称天湖，面积 2300 余亩，平均海拔 1400 米，是上下湖的精华区块。上湖是一个高山大台地，犹如“高山出平湖”，四周陡峭，中间平坦，而且面积非常大，就如一个巨大的平底锅。最高的小山包海拔 1483 米，而相对低的地方海拔也有 1350 米。也就是说，在面积 2300 余亩的上湖，海拔相差 100 余米，而四周基本上都是陡峭的山壁，称之为天湖可谓是名副其实。下湖位于上湖的东南方向，面积 1000 余亩，平均海拔 1330 米。更难能可贵的是上下湖属高山湿地，人迹罕至，数十年来，一直保持着原生态。

2014 年，全村户籍人口 335 人，耕地 280 多亩，村集体收入 79864 元。

云和县

包山村

包山村隶属云和县元和街道，位于云和县城东南方向，海拔 670 米，距云和县城 26 千米。

包山村历史文化悠久，是云和明清时期富贾集聚的乡村之一。村貌古朴，至今保存着大量的旧式木结构房子，整体别具风格。黄泥墙、青石瓦、护村河、石子路……村庄布局合理并具美学特点，与周围环境浑然天成。村内保存较完好的五幢雕梁画栋、镂空雕刻艺术精品的富商古宅，石板齐列的小道，木构精细的廊桥、古庙，枝叶茂盛的古树，影射着包山富庶历史的积淀。

“包山花鼓戏”是村中一绝。早在明代，包山先民就以当地的马灯、采茶灯为基础，吸纳凤阳花鼓的艺术，经历代包山民间艺人的嫁接创新，自成一体，代代相传，相沿不绝，是一种介于民间歌舞、曲艺和小戏之间的戏剧品种，长期以来在浙南山区享有盛名，沿袭至今已有 400 年历史。2006 年包山花鼓戏被列入浙江省第三批非物质文化遗产名录。“包山雪梨”是村中第二绝，又名“云和雪梨”，是云和县传统名果，自明景泰三年（1452）设县以来，历代县志物产卷和《浙江通志》、《中国实业志》、《浙江经济年鉴》都有记载。作为“包山雪梨”故乡，村内有挂牌保护老雪梨树80余棵，每年梨花盛开，与包山村相互掩映、相得益彰，吸引众多旅游、摄影爱好者来村旅游、创作。

2013年，包山村被列入全省第一批历史文化保护利用村落，2014年被授予“浙江省传统戏剧特色村”，是全省首批10个特色村之一。2014年年末，全村有150户，村域面积7平方千米，村民人均收入9785元，村集体当年收入18.9万元。

村头村

村头村隶属云和县白龙山街道，地处县城西面，坐落在美丽的浮云溪畔，与梯田风情小镇崇头镇接壤，交通便捷，距县城5千米，曾经是县衙门的选址地。

村头村于1028年建村，原名柘野村，因当时被洪水冲毁了大片面积，只剩下村头这一片村庄，所以后来改名为村头村。王氏一族在此一脉相承，早在1000年前，王氏祖先就已经在此生活、劳动、繁衍。

村头村历史悠久，文化底蕴深厚，名人辈出，历史上曾出了3名进士，分别是王元、王抱、王孔愚。现存古建筑39处，其中，古民宅6处，古祠堂3处，近现代建筑24处，古戏台、古牌坊、古桥、古道、古渠各1处。村头老街建造于北宋年间，总长约2千米、宽2米多，是云和最古老、最繁华的街道，又名柘墅街，绵延到后山村，商店、驿站，鳞次栉比，热闹非凡，传说当时仅豆腐店就有18家。街道两旁的房子屋顶都是连接着的，下雨天，人走在街上，不用打伞也不会淋到雨。

村头村文化娱乐活动十分活跃，建有秧歌队、老年乐队、巾帼广场舞健身队，并成功创建了“村头村木偶戏曲（婺剧）社团”，成为全县唯一的村级艺术团。

2015 年，村头村被列入浙江省第三批历史文化保护利用一般村。2014 年年末，全村有 124 户，耕地 163 亩，村集体收入 12.3 万元，村民人均年纯收入 10954 元。

横山头村

横山头村隶属云和县石塘镇，地处瓯江领域，环客家人的神山——牛头山南面，云和至松阳古道穿境而过，具有得天独厚的地理位置。

始祖凌氏万良公，清朝乾隆年间从福建汀杭迁徙定居于此，繁衍生息，至今是村里第一大姓氏。后一谢氏男子到老层下（现第五村民小组）定居，娶凌氏一女为妻，后成为村里的第二大姓。北溪坑自然村刘氏是该村第三大姓氏。

横山头村庄南北走向，貌似“北斗七星”洒落在绵绵青山之中，犹如古代舀酒的斗形，成为一种永恒神圣的象征。村中保留前清大户人家古民居13处及古桥、古道、古井泉、古寺庙等古建筑。一座依山而建古民宅为凌氏主公乾隆年间建造，倚北面南，错落参差的山势造就了盆景式的小风水佳城格局，巨型的石制大门镌刻“河涧旧家”，高大的马头墙仿佛与周围的松竹比高。屋内立柱、梁枋、牛腿、格扇、窗棂、神龛、天井、柱础雕饰精美，是汀州建筑的典型代表。

横山头村客家文化底蕴深厚，保留着许多客家人的习俗，如哪家添了男丁，喜庆万分，即使在生活艰难的条件下，也要在次年的正月十五（包括十五以前生的）向全村人分“黄豆儿”，以示庆祝，这一习俗一直延续至今。

2014年，横山头村被列入浙江省第三批历史文化保护利用一般村。2014年年末，全村有130户，耕地670亩，村集体收入3万元，村民人均年纯收入9650元。

黄家畲村

黄家畲村隶属云和县崇头镇，位于县城西南30千米隘口处，4A级风景区云和梯田西麓，云和最高峰白鹤尖和白鹤仙顶双峰夹峙地带。

黄家畲村始建于宋咸平年间，黄姓祖先开基时，砍荆焚茅开田建基，后人为纪念祖先开基创业艰苦，故名黄家畲，又叫丰家源。刘姓祖先则于宋初从松阳迁此建居，后成为村内一大姓氏。

黄家畲村村落沿坑东、西两侧呈带状分布，古时是景宁通往龙泉松阳的必经之地，此地设有驿站。村内有全县为数不多的古柳杉林、古栈道、古银矿洞（国家文保单位），明、清古宅等历史文化遗迹。村中老街路呈南北走向，黄源溪将村分为东、西两面，住宅为清至民国时期建筑，基本保存着原建筑格局。民居以“带”状形的平面布局为主，村落保留较完整清代古民居等建筑5幢，石板桥、丁步桥等古桥3座。整个村落道路、河流、民居等都较完整地保留着传统风貌与历史格局，与山、水、古建筑群融为一体，是典型乡村民俗文化的集合地。堪称一绝的清代古宅属砖木结构，室内装饰主要突出在正堂天井周围的门窗、梁坊、柱托上，装饰手法有浅雕、浮雕、透雕，其内容除民间吉祥寓意图案外，还有历史神话传说。

2015年，黄家畲村被列为浙江省第三批历史文化村落保护利用一般村。2014年年末，全村有160户，耕地933亩，村集体收入10万元，村民人均年纯收入10181元。

金山下村

金山下村隶属云和县石塘镇，距县城 22 千米，与莲都区、松阳县毗邻，与丽龙高速公路相接，地理位置优越、交通便捷。

金山下老村已有 330 余年的历史，村内古建筑是康熙年间福建人叶氏迁徙至此而建，并定居于此。近年来，由于生活水平不断提高，村民都在隔溪建了新房，但老村依然保存较完整，是云和县历史文物保护点，具有较高的历史保护价值。

金山下村古建筑村落历史悠久、环境优美，村落内外极具特色。目前保护较完整古民宅 15 栋、古祠堂 1 处、古戏台 1 处、古牌坊 2 处、古道 1 处、古泉井 2 处、古街巷 1 处、古寺庙 1 处。村内特色古建筑保存相对完整，依山而建，村前有一条清澈溪流，高低错落有致，风景秀丽，吸引着国内 100 多所高校的写生创作师生、摄影爱好者到这里进行写生创作、摄影，映衬了该村深厚的历史文化底蕴，也为该村添加了一道亮丽的风景线。同时，村里还保留赶集的传统，每逢农历有“三”和“八”的日子，村里自然形成集市，周边村民都会到这里赶集。

2013 年，金山下村被列入浙江省第一批历史文化落保护利用一般村。2014 年年末，全村有 129 户，茶叶种植面积 900 余亩，村民人均收入 10245 元，村集体当年收入约 34 万元。

坑根村

坑根村隶属云和县崇头镇，位于云和县城西部，海拔850米，群山环抱，风景秀丽。

坑根古村落始建于明景泰三年（1452），距今已有600多年历史。据史料记载，明朝中期，朝廷在此地设银矿局，矿工在村内就地取材，采矿的同时建造了独具特色的村寨，经历了百余年形成了石寨，固名“坑根石寨”。

坑根村现存古建筑103处，其中古民宅5处，古道3处，近现代建筑58处，特色建材10处。近年来，坑根村依托云和梯田景区建设和历史文化村落保护利用，以“石头村，喝老茶，品小菜”为定位，修建了坑根老泉井、小巷听泉、兰妹老茶坊、流水问茶、天鹅孵卵等景点，修复了石头古路、石头墙、石头门、筑石头溪等古建筑。同时，积极打造独具魅力的旅游特色村，形成“吃在坑根，住在坑根，娱在坑根”的乡村旅游模式。

坑根村是“中国最美梯田”云和梯田核心景区之一，拥有独特的高山小气候，山上云雾缭绕、峰峦起伏、溪涧纵横、山泉飞瀑，行径幽谷，

如入画中，是夏季避暑度假、冬季赏雪景（雾凇）奇观的休闲旅游胜地。

2011 年，坑根村被评为省级旅游特色村，2013 年被列入浙江省第一批历史文化保护利用村落。2014 年年末，全村 168 户，耕地面积 622 亩，村民人均收入 6607 元，村集体收入 5 万元。

坑下村

坑下村隶属云和县崇头镇，位于云和县城西南部，距县城 42 千米，坐落于海拔 1000 多米的洞宫山麓间，四面环山。

明末清初，有曹氏、林氏、叶氏、熊氏分别从福建省迁入，在此定居，休生养息，繁衍后代。

坑下村自然环境优美。两个自然村错落分布在一个山峦间，海拔落差近 300 米，气候湿润，雨量充沛，山涧溪流淙淙，山谷竹海连绵、云雾缭绕；冬冷夏凉，年平均气温比县城低 3℃—5℃，是夏季避暑纳凉的胜地。

村中民居多以青石垒墙，红瓦泥墙，村道多为青石步道，古朴而独具特色。村内卫生清洁，环境清幽，民风淳朴，犹如世外桃源。有建于清代的古民宅两处，门上青石雕刻的“江陵旧家”“扶风旧家”字样依然清晰可辨，古宅内雕梁画栋依然保持完好。村边青山环抱，峭壁飞瀑，天然岩洞隐于山涧，林木郁郁葱葱，空气清新自然，是全县负氧离子含量最高的地方之一，是一个“天然氧吧”。

村边保存完好的 100 多亩原始森林，尤为壮观，溪水潺潺，走进林间古道，树荫遮天蔽日，参天古木林立，姿态万千。有野生红豆杉、香樟、罗汉松和银杏等几十种珍贵树种，其中有树龄 800 年的桉杉胸径约 2.5 米，需要 6 人才能环抱。森林深处有建于明朝天顺年间的禹王庙，村里还传承数百年的迎神祭祀等古老的习俗。

2015 年，坑下村被列入浙江省第三批历史文化保护利用一般村。2014 年年末，全村有 54 户，耕地 438 亩，村集体收入 2 万元，村民人均年纯收入 8379 元。

麻垟村

麻垟村隶属云和县赤石乡，坐落于麻垟溪畔，位于云和县最西南端，古时是通往龙泉、福建方向的必经之道。

麻垟村村址三易其地，村名也经多次更名，最先是畲族先民在此生活，名为严岑根村，后因村中大量种植芝麻而改名芝溪，最后因季姓、周姓先民从龙泉安仁迁入后，而改名麻垟。据有关文献记载，早在元、宋时期，就有相当规模的人员在此烧制陶瓷，至今尚留下大片的古窑址群。

村中古民居群马头墙错落有致，连绵成片，古民居、古井、古水碓、古树、古石刻、古窑址等文物遗迹门类齐全，目前尚存古民居、古桥、古道、古渠等古建筑 34 处，保存较好的保留了古村落的历史格局与传统风貌。尤其是季氏大院，完整地保存了明清时代的徽派建筑风格。

季氏大院

麻垟村内的夏洞天，供奉着云和最大的女神——龙母先娘。古庙、古碑林立，悬崖峭壁，双峙如门，中石峡龙漱百天，喷薄下注，岩下水深莫测，四周古木参天，浓荫蔽日，盛夏至其境，凉渗肌骨，游人到此有

“匹练悬空晴似雨，峻岩蔽日夏加秋”之感。

2014 年，麻垟村被列入浙江省历史文化保护利用村落。2014 年年末，全村有农户 165 户，耕地面积 406 亩，2012 年村集体经济收入 15 万元，农民人均收入 9658 元。

梅湾村

梅湾村隶属云和县元和街道，位于云和县东南部，距云和县城5.3千米，是云和县红色革命的发源地。

梅湾古村落始建于明代，据资料记载，古时的梅湾，是陆路通往温州经商的必经之地。在宋朝，有梅姓人氏迁徙至此居住，故取名“梅湾”。目前村中以毛、邱姓为主，是一个沿溪两旁而居拥有800多年历史的村落。

梅湾村依山傍水，山路环绕村前，民居古朴自然，乡风淳朴，巷陌相通，鸡犬相闻，门前曲水流畅，村口古树参天，山水环抱，植被丰茂，小桥流水，是典型的山水童话乡村。梅湾村也是个红色文化氛围浓厚的村庄，中华人民共和国成立初期曾为原云东区政府所在地，是红军云和县农村第一个地下党支部，现为云和县的“爱国主义教育基地”。

有着800年历史的古村落，祖祖辈辈在此繁衍生息，创造了丰富的乡

土文化。梅湾山歌、鼓词、花鼓戏、毛氏耕读文化、生产生活劳动技艺、樟树亲娘、儿歌等民间文化至今尚在传承。梅湾将人文历史与绿色生态完美地融合在一起，自然、文化、历史都凝聚一地。

2013 年，梅湾村被列入中国传统村落名录。2014 年年末，全村有 150 户，耕地 894 亩，村集体收入 5 万元，村民人均年纯收入 9594 元。

梅源村

梅源村隶属云和县崇头镇，地处云和梯田景区东，位于核心区内，距云和县城 10 千米。后沙公路贯穿而过，是去梯田景区的必经之地。

梅源古村落始建于明代，距今已有 600 多年历史。据资料记载，古时的梅源村是古三都地方的交通要道和必经之地，此地设有驿站。村内传统风貌和历史古民居保存完好。老街路呈南北走向，崇溪从村西南流到东北，村舍沿溪呈“C”形。村内至今保留着古老块石、卵石地面，住宅为清至民国时期建筑，基本保存着原建筑格局。民居以“凹”字形的平面布局为主，村内保留较完整古民居等建筑 15 幢、桥梁 2 座。建筑基本保存着清至民国初的格局。历史文化底蕴深厚，光绪三十年梅源村叶长蘭、叶乃青、叶瑞和在魏兰、陶成章带领下赴日留学。近代曾是国民党乡公所、共产党梅源公社、区公委等。村内有全省为数不多的古树，然融山、水、古建筑群为一体，是典型乡村民俗文化的集合地。

2015 年，梅源村被列入浙江省第三批历史文化保护利用一般村。2014 年年末，全村有 268 户，耕地 478 亩，村集体收入 10 万元，村民人均年纯收入 9500 元。

桑岭村

桑岭村隶属云和县石塘镇，位于镇西南方向山区地带，距镇政府所在地10.4千米，与松阳石仓一山之隔，辖外村、中村、内村3个村，是云和县保护最完整、建筑规模最大、利用价值最高的古村落。

据《江氏宗谱》记载："桑岭村原为桑氏所居，遭耿逆之变，举族逃避，皆山路多峻岭而得名。"由于地处峡谷之底，当地人又称为"桑岭根"村。15世纪末，江氏从福建汀州徙居在此，繁衍生息，渐以江氏居多。该村保存有古建筑49处，其中古民宅32处、古祠堂1栋、古桥3座、古堰坝1处、古井泉6处、古街巷5处、古寺庙1处，大都为清中、民初期建筑。带着土黄色外墙的青瓦房老宅依山傍水，各栋之间错落有致。建筑风格结合了徽派、浙派、闽派的精华，大多是三合院和四合院。

位于内村的邱家老宅，传为清代建筑，坐南朝北，占地面积699平方米。前后分三进，一进单层，其余均为双层，硬山顶、小青瓦屋面。一进门廊为三开间，二进正厅为五开间带四弄，三进后寝现存四开间。屋内梁枋、牛腿等木构件雕刻花鸟、动物、云纹等图案，工艺非凡。四周夯土墙，一进明间开大门，大门为石库门，门额上砖雕阳刻"河南旧家"四字，两边阳刻花卉、树木等图案。

2013年被列入浙江省第一批历史文化村落保护利用重点村。2014年年末，全村共有191户，总面积16公顷，村民人均收入9850元，村集体当年收益35万元。

沙铺村

沙铺村隶属云和县崇头镇，地处云和县城西南 42 千米处，是沙铺便民服务中心所在地。

沙铺村传统村落始建于明代，距今已有 600 余年历史。村落四面环山，谷底地势平坦，大溪将村分为南、北两面，村舍沿溪呈团聚状。据资料记载，沙铺村古时是景宁沙湾至云和的必经之路。村内至今保留古老项氏宗祠、龙母仙宫、禹王庙，住宅为清至民国建筑，基本保留原格局，村落保持完整古民居建筑 6 幢。

沙铺插花板龙

村内至今保留着古老的石拱桥，块石、卵石路面。全村溪流上共有桥梁 8 座，为石板桥、丁步桥、水泥桥等，其中百年以上石拱桥 2 座。块石、卵石路面遍布全村，建筑基本保存着清至民国初的格局。主道、巷弄纵横，基本上保留着清末民初的格局风貌，从整体规模，巷弄、主道格局，建筑类型，整体艺术风貌，文化积淀，传统风貌的保存状况看，是较为突出的历史古村落、传统民居。

村内有全省最古老、最大的乌岗栎，还保存有古民居、古寺庙等历史文化遗迹，融山、水、古建筑群为一体，是典型乡村民俗文化的集合地。

沙铺插花板龙距今已有 200 多年的历史，沙铺山歌属于云和县非物质文化遗产保护的重要内容。

2014 年，沙铺村被列入中国传统村落名录。2014 年年末，全村有 265 户，耕地 607 亩，村集体收入 2 万元，村民人均年纯收入 9350 元。

石浦村

石浦村隶属云和县紧水滩镇，地处云和县城西北部，坐落于八百里瓯江江畔，距县城 12 千米，以紧水滩库区为依托，地理位置优越，交通便捷。

南宋时，瓯江上游的龙泉窑窑火正旺，八百里瓯江成了一条“黄金水道”。明末清初，船工在这里购置田地、山林，建造居所，经过几代船帮人的苦心经营，石浦便形成了一个集镇。久而久之，石浦村成为一个名副其实的船帮古镇，至今保存着完整的晚清和民国时期船帮古镇的风貌和格局。现保有古建筑 58 处，其中古民宅 18 处、古祠堂 1 栋、古戏台 1 座、古牌坊 1 处、古井泉 5 处、古街巷 3 处、古寺庙 1 处、古城堡 3 处、近现代建筑 17 处、特色建材 8 处。石浦船帮建筑文化特征明显，砖雕石刻、雕梁画栋独具匠心，讲究对称围合，以土木结构为主，屋面为坡屋顶，勒脚采用本地鹅卵石。

张氏鼻祖挥公，子天授，发明了弓矢，黄帝封其“弓正”之官；张氏始祖存敏公，原名瑞芝，用自己的双手创造出赖以生存、生活、生长的根基；妣王氏太婆，辅助二子时礼公营造石浦“瑞映长庚”张氏大宅，现为云和湖景区船帮古镇石浦景点“船帮古宅”。几叶扁舟，述说着石浦

古镇船帮文化和人文历史。从古至今，石浦村始终传承发扬着船帮文化及“渔”文化。独特的自然地形和保持良好的生态环境，造就了其“山水互融、交相辉映”独特的原生态地域风光。

2015 年，石浦村被列为浙江省第三批历史文化村落。2014 年年末，全村有 204 户，耕地 564 亩，村民人均年纯收入 11167 元。

桃子坑村

桃子坑村隶属云和县紧水滩镇，位于云和湖北面，与松阳县交界。

桃子坑村开基始祖为徐姓，康熙年间涂姓、练姓从福建汀州迁徙而来，后吴姓、王姓相继定居于此，几经努力渐渐形成村落。但在练姓到来之时，已无徐姓居民，现以练姓为多。当地村民为纪念徐姓始祖，在周山寮自然村建有“徐候大王庙”，每逢农历节日大多村民都会前往祭拜。

村中有光绪年间三处古民宅保存较完整，即老屋、上屋、下屋。老屋倚北面南，位于加马良之山脚，五直两进两厢房的大屋镶嵌于山谷梯田的翠竹、梨花之中，造就了盆景式的小风水佳城格局。巨型的石制大门镌刻“披云挹秀”，高大的马头墙仿佛与周围的松竹比高。走进屋内，宽阔视野让人心旷神怡，其立柱、梁枋、牛腿、格扇、窗棂、神龛、天井、柱础雕饰精美。正堂两侧的石制花凳 100 年安然如故，是汀州建筑的典型代表。

桃子坑老屋

“经堂下古道”是桃子坑村典型的印迹，小桥流水、老树、鲜花别有一番景致。相传“经堂下”是东晋时期的古庙址。据史料记载，该庙分别于康熙、乾隆、咸丰年间修建。最神奇的是这里的水泥地，历经 100 多年，依然光滑如初，不见细微的裂痕。相传当时并不叫水泥地，只是搅拌了滕梨汁的地面而已。

2014 年，桃子坑村被列入浙江省第二批历史文化保护利用一般村。2014 年年末，全村有 125 户，耕地 368 亩，村集体收入 3 万元，村民人均年纯收入 6380 元。

新岭村

新岭村隶属云和县凤凰山街道，位于云和县城西北角，距县城约 1 千米，四面环山，环境优美。

新岭村是一个畲汉两族混居村。最先是畲族先民在此生活，名为杉坑岭村，后与新殿洋自然村一起，取两个自然村的前后字而改名新岭村。

村中古民居群错落有致，连绵成片，古民宅、古戏台、古井、古树、古寺庙等文物遗迹门类齐全，较好地保留了古村落的历史格局与传统风貌，尤其是村中的蓝氏大院，据史料记载建于 1848 年，完整地保存了明清时代的畲族风韵建筑风格。

龙母宫

蓝宝成是清朝末年间贡生，开云和畲民参加科举应试获取先例，被称为云和县少数民族第一个能人，现村内蓝家大院是他所建。蓝宝成于光绪八年（1882）在杉坑岭村创立畲汉共学的学塾，对蒙童进行启蒙教育，并设读经班，吸收畲汉青年就读。其儿子蓝文慰民国时期在福建省霞浦县组建“山民会管”，后更名为“三民会管”，专为穷人打官司，至今仍保留有当时建筑。新岭村内还供奉着云和的女神——龙母先娘。据史料记载：元朝泰定元年（1324），云和下街柳茂崇之女柳如兰，一日与嫂浣衣后溪，拾得一卵，其形硕大，色彩斑斓，二人争相细看，如兰含卵口中，不慎吞下，三年后产下一龙，腾空而去，后将其母驮至仙人洞成仙。乡民获悉后，拜柳如兰为龙母，集资修建龙母宫以示纪念。

2014 年，新岭村被列入浙江省第二批历史文化保护利用一般村。2014 年年末，全村有 127 户，耕地 152 亩，村集体收入 2 万元，村民人均年纯收入 10068 元。

长汀村

长汀村隶属云和县石塘镇，位于镇西北部 12 千米的云和湖两畔。约在 350 年前，陈氏太公从福建汀州迁徙于此，在下村金根底搭寮定居。因村内各姓祖先大多都是源于福建汀州，结合长形村落，故取祖地一“汀”字与本地之形“长”字，合取名为“长汀”。1988 年因石塘水库建设，大部分自然村的原址被淹没，村民分别后靠建村。

长汀村现有古民宅、古道、古井泉、近现代建筑等 23 处。古民居马头墙错落有致，较完整地保留了古村落的历史格局与传统风貌。村中一座石制二层六角“东海亭”，亭北有条 5 千米长的石头“百念步道”，是古时候通往处州府的必经之地，途经横山头一般村和桑岭重点村；亭西 500 米通往龙井，是少数民族古居，亭东是占地 2000 多平方米的石刻木雕徐宅大院，堂内有石墩、桅杆等文物遗产。

修复后的“东海亭”

开基太公第六代儿孙徐德章，18 岁学武事，精练刀、石、弓、剑，光绪甲午年（1894）科考中武举人，大门口桅杆一对，保留至今。村首一座陈一官大王庙，原建于咸丰元年（1851），于民国十年（1921）重修，1990 年拆迁至现址。庙门口金字匾“护国救民”四个大字，两边柱刻联“玉相金容光昭万古，民康物阜泽沛千秋”，是咸丰八年（1858）台湾回乡同胞弟子刘松环女士敬赠，现在被列入县文管会保护。

2014 年，长汀村被列为浙江省历史文化保护利用一般村。2014 年年末，全村有 95 户，耕地 390 亩，村民人均收入 1.2 万元，村集体收入 1.5 万元。

黄处村

黄处村隶属云和县安溪畲族乡，位于乡政府西北部，距县城10千米。始祖雷姓男子约在清朝光绪期间，从福建迁移至黄处，后经繁衍形成现在的黄处村。

村庄坐北朝南，有上村和下村两个自然村，以畲乡风情广场为中轴，整体呈心方形，巷道交错，高低起伏，人行走其中宛如置身迷宫，透发浓郁的少数民族文化特色，是一个较典型的畲族村寨。老屋鳞次栉比，巷道曲折迷离，布局严谨合理，处处蕴含着独特的畲乡风情。畲族山歌对唱，是畲族人民在生产、生活中创作的口头文学，是畲族传统文化的重要部分。黄处村现存的畲族故事、畲族民歌、畲族舞蹈、畲族操杠、畲族服饰、三月三乌饭节等都被列入县级以上非物质文化遗产名录。

风情广场

黄处村拥有得天独厚的自然文化景观——叮当岩和佛儿岩景区。景区内叮当岩、佛儿岩、一线天、百丈岩、天窗洞、天水窟等花岗岩石群，形态各异，鬼斧神工，被誉为“东方巨石阵”。叮当岩最为著名，又称风动岩，为上、下两石相叠，三点支撑，轻撬或推动任一支点，或受强风影响，上石即刻摇晃不止，欲坠非坠，叮当作响。

2014 年，黄处村有常住人口 406 人，耕地 553 亩，并被列入浙江省第二批历史文化保护利用一般村。

龙泉市

上田村

城北乡上田村位于龙泉以北，距市区 55 千米，是连接松阳、遂昌、龙泉三县交界之地，素有“龙泉北乡好上田”之美誉。

村民大多姓毛，清初始祖毛元康从遂昌关川迁此始居。村内巷弄纵横交错，有石拱廊屋桥、石板桥、蹬步等桥梁 11 座。沿溪老街东西走向，溪南老街保存较好，长 700 多米，块石、卵石砌筑路面，街上还保留着古老的石栏杆，老街两侧的建筑大都是清代及民国时期所建，白墙灰瓦，连

绵成片，基本保存着原建筑格局。清末民初，老街有药铺、杂货店、南北货、糕饼店、水作坊等数十家，目前还保存着踏碓四座，上田村故有“九桥十三碓，监田十景”的美誉。全村现有 30 余座清末民初时期的古民居，保存完好。其门窗、牛腿、斗拱、天井卵石拼花、卷棚顶等制作精细，工艺精湛。文物古迹有市级文物保护单位上田战斗遗址（清代禹王庙），有圣旨牌坊、务本堂、五谷殿、兰田桥、毛氏宗祠、毛家大院、文昌阁等。

上田村是革命老区村，“上田战斗纪念馆”是龙泉市爱国主义教育基地、浙江省国防教育基地。2006年，被浙江省人民政府命名为省级历史文化名村。2014年全村人口有683人，耕地939亩，林地4056亩，村民人均纯收入8326元。

锦安村

道太乡锦安村位于龙泉市北面与松阳交界处，距离市区 60 千米，地处半山腰，海拔 840 米，“层峦叠嶂，青松翠竹，山环水绕，地名锦安”(该村《吴氏宗谱》语)，因临松阳县，故又名松安。

村舍呈团聚状，元末明初，吴氏先祖吴良二自遂昌十四都居洋徙此肇基，绵延至今。村后有山名八仙岘，海拔 1226 米，有“牛上步”“银坑洞”“白鹤仙娘庙”“木马排”“八仙云海”等景观。锦安村山多田少，

自然条件较差，但民风淳朴，刻苦耐劳，叠代刀耕火种，汗洒山冈，开山种苞萝，凿田种水稻，辛勤耕耘。忙时上山下田劳作，闲时读书娱乐。村上现存兴建于清代的大帝庙、恩福社庙、神殿、吴氏宗祠四处庙堂，白墙黑瓦，造型古朴。锦安村人崇尚自然、敬畏自然，数百年来与自然和谐相处，村内有挂牌保护的榉树、柳杉等古树名木 15 株，郁郁葱葱，蔚为大观。从安徽凤阳传入的锦安花鼓递代相传，至今不衰。锦安花鼓演唱的曲调内容丰富，源于凤阳当地的民间小调，又吸收了全国各地精彩的俚语，具有民族音乐的典型特征。艺人们在乞讨卖艺时，即兴将平时所熟悉的歌舞曲调加以利用，并吸收当地民歌精华，经长期融合而颇具地方色彩，有

的甚至演变成一种新曲调。现已被列入丽水市级非物质文化遗产。

2014 年被列入省级历史文化名村，有户籍人口 437 人，常住人口 110 人，耕地 376 亩，林地 10300 亩，村民人均年可支配收入 10800 元，村集体经济年收入 7 万元。

车盘坑村

屏南镇车盘坑村位于龙泉县城南 50 千米的琉华山麓，海拔 650 米，离屏南镇 10 千米。因其历史上出过达官贵人，以其马车上岭盘旋曲折而取名为车盘坑。

车盘坑村地处偏远山区，但历史悠久、名人辈出。郭姓为村中第一大姓。据《郭氏宗谱》记载，郭姓一支为古代名将郭子仪的后裔，后来因战乱其祖先逃至屏南镇地畲村落脚，明朝后期，其一支又从地畲分到车盘坑，开田辟地，世代相传。村内有清代古建筑 4 处，其中原台湾国民党中

常委郭骥，民国时国民党将军郭禹九都为车盘坑后人，另外民国期间的郭肃清、郭福留、郭福五等人都属当时龙泉市内名流。1894 年，车盘坑富户郭梦庚等人还在德国传教士帮助下在车盘坑办起了龙泉市第一个基督教堂。后来该村人崇尚文化，知书重教，植树养花，出了不少学业名人，成为屏南镇内的文化古村。1979 年冬，该村在支部书记叶良宜带领下，带头把土地农田承包到户，成为浙江省第一个最早落实农田承包责任制的村。

车盘坑村紧邻龙泉大窑村，生态条件优越，尤其是几百株有着 200 多

年树龄的梨树，在花开叶茂季节吸引众多游客前往观光赏花，成为龙泉的一道风景线。

2014 年，全村有农户 52 户 162 人，耕地 288 亩，林地 8800 亩，村民人均收入 10297 元，村集体经济收入 1.9 万元。

季山头村

安仁镇季山头村位于龙泉县城之东约 43 千米的天平山麓，海拔 450 多米。该村建村历史悠久，据《季氏宗谱》记载，宋乾道年间（1165—1173），安仁季坊月山下四世小九公溯瓯江而上定居季山头后，其子孙沿山冈梯形之状择地安居形成村落。现村里以季姓为主，约占 80%的人口。

季步高烈士雕像

季山头村名人辈出，宗谱上记载的进士名人有五人之多，其举人秀才有 30 人之多。据载，清代时期该村就办有振东、复兴两所小学，这在安仁是绝无仅有的。全村目前有 380 多人在外面从事国家公务员、医生、技术专家等工作，人才济济。历史上最为著名的是 1906 年出生在季山头村的季步高，是黄埔军校四期学生，早年曾留学日本，归国后响应孙中山的号召，任中共广州市委书记，领导广州起义，1928 年牺牲，时年 22 岁。季山头村里立有季步高烈士石雕像。

季山头村还有古民居、古寺庙、季氏宗祠，以及明清时期的9350米长的古道，至今保存完好。其中天平山是龙泉的高山湖泊，海拔1200多米，是龙泉的风景名胜之一。

全村有户籍人口475人，耕地面积579亩，林地5176亩，村人均收入11616元，村集体经济收入5万元。

源底村

上垟镇源底村地处龙泉市区以西浙闽边陲，距市中心 30 千米，53 省道沿村而过，交通便利。源底村民以徐氏为多，其祖先从松阳迁徙而来，自明代中期形成村庄，历来名人志士辈出。

源底古民居位于源底村中央，发源于龙头山的贵溪于村中蜿蜒而过，在村口形成喇叭形，喇叭入口前端有一小山形式乌龟，谓之“龟山”，古人择此栖息立家，有肥水不流外人田之意。古民居依贵溪而建，呈块状分布，四周植被繁茂，绿竹连浪，杉林成荫，村落依山傍水，清幽毓秀，步入村中，仿佛处于仙境之中。

村内明清古建筑群现保存有 36 幢古宅，建筑面积 27370 平方米，原貌保存度达 90%，其中徐氏宗祠等 4 幢古宅保存完好度为 95%，对研究明清浙闽山乡建筑有极高的学术价值。整个古建筑群粉墙高耸、鸳瓦黛青、棹楔鸥吻、雕梁画栋，尽显浙派山乡建筑特色，其“四水归堂”式建筑风格，充分体现了中国古代江南的建筑思想，富丽堂皇之中尽透静谧幽雅之气，与四周山水和谐一体，源底村被喻为“白云深处仙境，桃花源里人家”。

源底古建筑群中现完好保存着辛亥革命烈士徐仰山故居，并留下了徐敬五创立龙泉义仓、赈济灾民、兴办教育的感人故事。民国乡绅吴梓培所撰《徐敬五私立义仓志》碑刻现存徐氏宗祠内。

2014 年，全村人口 2068 人，耕地面积 1874. 3 亩，林地面积 21067 亩，村民人均纯收入 11888 元，村集体收入 20 万元。

安和村

龙南乡安和村位于龙泉市东南部，离市中心大约35千米，毗邻龙泉山4A级景区。该村辖廊坞、安下两个自然村，海拔1100米。

据《杨氏宗谱》记载："该村杨氏一族乃隋朝皇帝之后，祖居江西吉安府。到了宋朝，其三子为避萧后之乱择居括苍，即处州下沙，为开基始而换古风又有派分温州、青田及景宁云和等地。据说后裔三驮公于元朝皇庆三年游玩至龙泉一都垟坳头，见环境优美，林茂物丰，于是举家迁来此处。其膝下三子开一公、开二公和开三公，分居于东坞上处、庄上和安下。"，由此杨氏始居肇基。1951年属建兴乡第五行政村，1956年与穹坑村合办兴和农业生产合作社，1961年分开以安下村、兴和社首尾二字组合取名安和村。

村上有明清时期所建古民居1幢、禹王庙1座，还有协炉山马夫人殿。安和村迎神节由来已久且规模盛大，为村里重大节日。迎神节，一般是农历五月下旬与六月初旬，择定吉日，家家户户虔诚准备好佛鞋、鸡、香、纸、蜡烛等物品，来到协炉山庙里祭拜马夫人菩萨，祈求保佑人丁兴旺、出入平安，村礼堂里演出越剧戏班的节目。

2013年被列为文化特色创建村，致力打造生态文化、避暑休闲、养

生养老为主的“香菇文化、茶文化和禅文化”相融合的旅游目的地。

2014 年，全村人口 490 人，耕地 338 亩，林地 3563 亩，村民人均纯收入 8250 元，村集体经济收入 140 万元。

源口村

道太乡源口村位于龙泉市区东北仙宫湖畔，距市中心 29 千米，为紧水滩水库重点移民村。移民前，因地处大石溪注入瓯江出口处，故名。

旧时源口村为龙泉东大门，丽浦线从村外经过，风景如画，水陆交通便利。源口村以魏、林、叶、邬、王和吴等姓氏为主，始驻姓为魏氏。村内古宅繁多，主要有魏氏大宅及祠堂、林家大屋、叶氏高楼、邬氏二大院等。其中魏氏祠堂建于清代，依山而建，雕梁画栋，端庄气派。叶氏高楼为民国中期建筑，共三层，中有天井，白墙青瓦，具有西洋风格，精致典雅。邬氏大院共有二幢，一幢是德枝公大院，建于民国年间，高磡齐人，四进三大开间，颇具气派，中华人民共和国成立后无偿给政府使用，可容纳公社、信用社、粮站、邮电所等一起办公。另一幢是德仁公大屋，建于民国后期，傍山而建，三开间三层楼，后有小天井，屋前为大路，为店商用房，建成后，即为政府学校用房。德仁公商店在村中央，店号是邬德生，兼邮政代办点直至中华人民共和国成立初期，后该店面无偿给政府作为卫生院长期使用。

现村内尚存宋元时期青瓷古窑址，是元代青瓷生产的重要瓷场，龙窑全长 97 米，是迄今浙江省青瓷窑址中最长的一处窑址，为省级文物保护单位。始建于清光绪年间的五显庙，建筑雄伟，香火旺盛。庙旁有树林公园，古道环绕，空气清新，环境清幽。源口村水乡特色深厚，现为省级农家乐特色村。

2014 年，全村有 76 户 169 人，有耕地 42 亩，林地 6200 亩，水面 80 亩，村民人均纯收入 9300 元，村集体收入 5 万元。

盖竹村

竹垟畲族乡盖竹村位于龙泉市城西南30千米，村居分布横溪东西岸。

其村名来历，一说村在竹林遮盖之下得名；一说产竹品种多样，形状奇怪，取名“怪竹”。方言“盖”与“怪”谐音，故在县志中两种名称兼有，现称“盖竹”。

盖竹村历史上居住着王、刘、罗、黄等多户家族，现保存有百年以上的老宅15幢、古墓1座、古庙3座、古廊桥1座。村内还依稀可见清代时期遗留下来的门坊、残墙断壁等建筑遗存。其中建于清代的王家祠堂，整体建筑不高，却有两个面向大路的并列大门，这在古代祠堂建筑中极为少见，门面均为青砖砌成，横梁和大门由青石条组成，门上左、右各有一个如意砖雕镶嵌，在门上正中分别刻上“睦族敦伦”和“追远报本”字样砖框，以示子孙。王家古屋始建于清代，占地面积650余平方米，规模宏大，建造精致，保存完好，是典型的四合院古建筑。这里是明初王府参军胡深、明初开国功臣章溢的老师元代著名学者王毅（字刚叔）的家乡，王毅曾弃官回乡办学，培养了大批弟子。他一生潜心治学，遗有《木讷斋文集》五卷。还有晚清著名书画家王树人、清廉大义人物王品心等；

值得一提的是，民国初年，寡妇罗黄氏张凤斥巨资兴建“坤德”廊桥，如此善举，实为不凡，流芳千秋。“坤德”廊桥现为浙江省级文物保护单位。

2014 年，全村人口 1123 人，耕地 1170 亩，林地 4382 亩，村民人均纯收入 10034 元，村集体经济收入 50.8 万元。

大舍村

安仁镇大舍村位于龙泉市城东约 47 千米的天平山东麓，海拔 575 米，离镇政府 18 千米。

大舍村始建于北宋元丰年间，据《连氏宗谱》记载，北宋元丰年间上党郡连氏始族为连骊，其一脉始祖连武公在北宋末年从福建浦城县临江村迁至天平山下大舍村落脚安居。当时大舍村有小溪涧、大溪涧各一条，并有大小不一的水流飞泻而下，名“大泻”。后有村里秀才根据谐音改“大泻”为“大舍”，村名由此而来。

根据《连氏宗谱》记载，大舍村历史上倡礼重教，读书名人辈出，其中进士三人，拔贡两人，而南宋进士连元最为有名。《龙泉县志》载：因连元才华出众，由横州知州推举至三衢知府，任内连元访贫问苦，礼贤下士，得遇灾年，开仓放粮，并亲临灾区，教民制山粉代粮自救，深得百姓拥戴。朝廷闻知，予以嘉奖，赐紫金鱼袋。离任后，衢立生祠以纪念。现村内立有元公祠及连正钊举人旗杆石墩，尚存。还有古民居、古祠堂，都为清代时期重修。明清时期所修的古桥 3 座、古石道 10 处、古寺庙 2 处，保存完好。村内还有 500 年树龄的名木古树 10 多株。大舍村的祭祀祖先活动也非常出名。

大舍村古色古香，是龙泉古村落保存较完整的村落。2014 年，全村有 250 多户 1005 人，耕地 1012 亩，村民人均收入 8965 元，村集体经济收入 2.5 万元。

黄南村

小梅镇黄南村位于龙泉市区南 34 千米的梅溪、青溪汇合处，查（田）供（村岙）公路穿村而过，始建于唐代。

境内平畴千亩，屋舍鳞次栉比，素为龙泉南乡米粮仓。清朝之前为水陆要冲，商埠重镇，店铺林立，商贾麇集，商贸往来繁忙。该村一传黄姓始居，一传叶姓始居，为宋代巨儒叶适故里。叶适（1150—1223），字正则，南宋时期著名思想家、文学家、政论家，永嘉学派集大成者。他所代

表的永嘉事功学派，与当时朱熹的理学派、陆九渊的心学派并列为“南宋三大学派”，对后世影响深远，是温州创业精神的思想发源。现村里保存有建于清代的叶氏宗祠，清明之际，叶氏后人前来祭拜，鞭炮震天，一时无双。植碧殿位于黄南村南侧，坐东朝西，傍山面水，气势恢宏，始建于公元 905 年，至今已历 1100 多个春秋，曾几度兴废，但香火延续至今不衰。古溪廊桥，俗名花桥，初建于明代，清道光十八年重建，为单孔石拱木廊桥，长 32 米，宽 5 米，廊屋 9 间。黄南村民擅长精耕细作，积淀了深厚的农耕文化，近年来尤以千亩油菜花闻名，每年花盛之际举行乡村

慢游节，万人争睹，游人如织，盛况空前。

2014 年有户籍人口 1236 人，常住人口 1080 人，耕地 1366 亩，林地 9819 亩，村民人均年可支配收入 12965 元，村集体经济年收入 25 万元。

宫头村

西街街道宫头村位于龙泉市区西部2千米，东临岩樟溪，山清水秀，南倚凤凰山，景色迷人，西与上凉亭、里下畈接壤，北靠洞天山、白云庄、云岩山庄、白云岩景区，依山傍水，群山环抱，气候宜人，景色独秀，古代建筑与现代建筑并存。

唐乾元年间，龙泉县西四里建殿“圣宝”，宋崇宁四年（1105）改建万寿宫，宋徽宗御书“天宁万寿宫”，遂成全国主要道教圣地，此后人居渐旺而成村落。先有万寿宫，后有宫头村，因宫头村坐落在万寿宫上首，故名“宫头”。

宫头村南有凤凰山森林公园景区，环境优美，历史文化遗址众多，文化底蕴深厚。今尚存清代五品官员姜家大屋和叶溥故居。姜家大屋位于村西隅，坐北朝南，属清代中期建筑，门前有须弥座式桅杆墩，铭文“清光绪辛丑吉旦，恩贡姜士焕立”。叶溥故居在姜家大屋以西，为明代中晚期所建，建筑面积5465平方米，整幢建筑雕刻精美，是城内现存年代最早、规格最高、最完整的古民居之一，现为浙江省级文物保护单位。叶溥，明弘治十八年（1505）进士，曾任福州知府、江西布政致仕，著有

《槎溪集》，为官清廉，勤政爱民，被誉为“叶青天”。宫头村还是浙南爱情故事《高机与吴三春》的发生地，故事主人公吴三春故居尚在。抗日战争时期，浙江省大批机关单位内迁龙泉，浙江日报社和省瓷业工场曾在这办公和生产，现尚存旧址。

2014 年，全村人口 738 人，耕地 369 亩，林地 3438 亩，村民人均收入 10506 元，集体经济收入 80 万元。

住溪村

住溪村地处龙泉城西陲，距市区 30 千米，系住龙镇政府驻地。住溪因村沿居在乌溪江上而得名，是钱江源头水源涵养林区，素有“浙南林海”之美称。

明末清初的 1616 年，住溪叫“注溪”，人烟稀少，四周被原始森林所覆盖。1620 年，住溪先人从邻县福建的莲城和上杭移居于此。1636—1644 年，“注溪”形成了一个部落式自然村，老街（现在的龙星村）是最为热闹密集的聚居点。1796 年一场洪水将老街冲毁，后来因河流改道，对岸（现在的住溪村）变成了广阔平地，村人逐步建起了民房。咸丰年间（1851—1861）张氏先人从福建来此烧炭为生，后有廖氏来此卖猪仔为生。那时，边远邻乡大部分木材都运往“注溪”码头，捆扎后沿着乌溪江顺流而下，直抵衢州等地。1912 年，划分溪域时，“注溪”村属剑川县西宁乡和丰里十二都。1927 年西宁改称住溪乡，1934 年碧龙村绅提出异议，认为改称为住溪乡有失碧龙村名誉，后两村各取一字定为住龙乡。1934 年，粟裕、刘英率领的中国工农红军挺进浙西南时就扎根于此，并在此建立了最早的县一级苏维埃政权。

住溪有一老街全长约 400 米，两边有较为完好的清中期古建筑民居。

近年来，住龙镇重新修建了浙江省第一个苏维埃政府成立地址——廖氏祠堂，并开辟了陈列室，成为爱国主义教育基地。

现全村分为5个自然村，305户1038人，人均年收入约3342元，有山林面积1.73万亩，耕地515亩。

垟尾村

龙南乡垟尾村位于龙泉市南部，距市区 56.5 千米。地形主要为丘陵和山地，海拔 960—1000 米，村落地处四面环山的谷底，其地势表层多为黄土，属龙泉山系山脉，地势东高西低，蛟垟-垟尾村溪从中贯穿，流向临县景宁县，村落沿溪东、西两岸分布。

清乾隆十三年（1748）余道苍从龙泉东隅迁此，自此余氏在此扎根繁衍，又因地处蛟垟村南部，故名垟尾村。村内余氏宗祠、余氏家祠、吴三公殿、廊桥等具有很高的传统建筑工艺，对研究传统古居、廊桥建造工艺和地方习俗文化具有一定学术价值。村内尚保留有诸多古树名木和四座古迹石拱桥。村中保留有建于清道光二十年（1840）的钟鼓楼一座，至今百余年，钟身完好，铸有捐资者姓名和捐银数。垟尾村历来耕读成风，人才辈出。

2014 年，全村共有人口 1171 人，耕地 1220 亩，林地 6153 亩，水资源面积 150 亩，村民人均纯收入 9607 元，村集体经济收入 1 万元。

下田村

龙南乡下田村位于龙泉市东南距市区63千米，因处在龙南乡上田村北岭下低处，故名。村舍沿大路和山麓缓坡团聚分布，公路隔溪经过。

明嘉靖十二年（1533）项清宇从安仁项边迁此，并形成村落，现以周氏村民居多。该村历史悠久，是龙庆景三县毗邻乡村“香菇文化”的发源地，有古民宅23幢，建于明末清初、清中晚期至民国年间不等；建于清康熙年间的祠堂2幢；建于清光绪二年古桥1座；村内还有一座建于明朝万历十五年（1587）的五显庙，是龙泉市最早的菇神庙，庙内主供“五显神”。史载，五显神古时曾称五圣，是我国南方乡村中供奉的神道，兄弟五人，唐代已有香火，庙号“五通”，宋徽宗大观年间赐庙额，宋末由侯加封至王。因其封号首字为“显”，故称“五显神”。庙宇恢宏瑰丽，鸟革翚飞；神像冕旒英发，望之俨然；俎豆不绝，香火延绵。历史上，龙泉东乡是菇民区，以出远门在外做香菇为谋生主业，为保收成、护平安，世代菇民奉“五显神”为保护神。下田村“五显庙”每年举办“香菇文化节”，并举行盛大而隆重的庙会，游客络绎不绝。

2014年，全村人口825人，耕地833亩，林地3598亩，村民人均纯收入7788元，村集体经济收入22万元。

大窑村

大窑村位于龙泉市区南45千米的琉华山下，距离镇政府所在地5千米，是龙泉青瓷的起源地和中心产区，辖上村、下村、碗厂、乌窑4个自然村，村舍沿大窑溪呈“Y”形分布。

村民以管、柳、林、叶、郭、周、罗等姓氏居多，管、柳氏从宋代迁入，其余姓氏均从明清时迁入。大窑在清代前称琉田，相传南宋章生一、章生二兄弟在此制瓷，称哥窑、弟窑，哥窑为宋代官哥汝定钧五大名窑之一，所产青瓷精美绝伦，进贡朝廷。明末清初，瓷业生产衰退，琉田之名渐湮，遂以大窑之名呼之。南宋时，大窑一带有瓷窑48座，“沿河十里，烟火相望”，如今古窑址比比皆是。大窑村龙泉窑遗址是全国文物保护单位。2006年9月，由省文物考古研究所、北大考古文博学院等对该遗址进行考古发掘，确认系明代宫廷用瓷产地。大窑村群山环抱，流水潺潺，层峦叠翠，风光秀丽，人杰地灵。元季杨载延祐二年（1315）举进士，授饶州路知路，后任宁国路总管府推官，擅长诗文，受赵孟頫推崇，名动京城，著有《杨仲弘集》八卷，诗词400余首，收入《四库全书》。中国陶瓷考古先驱陈万里先生曾八进大窑，著成《龙泉青瓷的初步调查》《瓷器与浙江》等书。该村现建有陈万里先生纪念馆。

2014年有户籍人口1145人，常住人口568人，耕地1040亩，林地15589亩，村民人均年可支配收入11827元，村集体经济年收入13万元。

蛟垟村

龙南乡蛟垟村位于龙泉县城之东南约55千米，海拔1150米，是龙南乡的所在地，也是海拔最高的乡。该村坐落在“江浙第一峰”凤阳山东麓，是典型的高山之地。

村中主要为叶姓，约占总人口的80%。传说蛟垟在南宋时期就有人居住，而从宗谱记载，清康熙年间胡茂芝从龙泉东隅迁此安居，形成村落，后来有叶氏先人也移居在此居住，逐渐形成大村落，因地处高山，蛟垟村世代以菇为业，从明清以来，就有大批村民外出江西、安徽、四川、贵州等地做香菇。一到秋天“枫树落叶，夫妻分别”，他们风餐露宿，千里迢迢，在外地山野，砍树做菇，直到第二年清明前，气温升高，此时才“枫树抽芽，丈夫回家”，过着半年外地、半年回家的分离生活。做香菇成了蛟垟一带几十个村庄的主要行业，香菇“砍花法”手技手艺一直延传至今。

蛟垟村地势北高南低，一溪源水由东向西流入景宁境内，《龙泉县志》专门有记载明朝国师刘伯温在朱元璋皇帝面前讨来“龙庆景——龙泉、庆元、景宁”做菇专利的故事。村内现有古民居、古桥、古道、古

寺庙等留存，还有迎神节“迎菇神”，以及其他的“木偶戏”“扁担功”等民俗活动一直流传至今。香菇文化已经是蛟垟及其龙南乡其他乡村的本土文化。

2014 年，全村有 360 户 1060 人，耕地 1218 亩，林地 6000 亩，村民人均纯收入 8460 元，村集体经济收入不足万元。

金村村

小梅镇金村村位于龙泉县城以南46千米处，与庆元县的上垟村仅一溪之隔。

金村村以朱姓和柳姓为主。柳氏宗祠坐落在离村2500米的大窑村，据《柳氏家谱》记载，其柳姓祖先是在清嘉庆年间从大窑分支而来。而朱姓更早于柳姓，元明时就居住在金村。金村是北宋早期的龙泉窑发源地之一，据明代陆容《菽国杂记》卷十四记载："青瓷，初出于刘田，去县六十里。次则有金村窑，与刘田（大窑）相去五里余……"又据《中国陶瓷史》记载，金村窑更早于大窑，其产品都以青釉刻画为其装饰，刻花花纹都以云纹、水草、篦纹为主，碗底有"河滨遗苑"等印纹，瓷器刻花简易流畅，极具动感。村外窑址遍及山场，国家级文保单位窑址有34处，是人类非物质文化遗产的中心窑区之一。每年吸引众多考古及旅游者前往。

金村村因瓷而盛，有宋时古桥两座，石拱横溪，沧桑余年，还有南宋古道3000多米，是当年运瓷之道。而横卧于金村溪畔（瓯江支流）的宋

代水运码头，至今还存有缆绳石和残留的石堰码头，据浙江考古学家确定为宋代运瓷码头，也是龙泉境内仅存的宋代水运码头。

2014 年，金村有 120 户 325 人，耕地面积 280 亩，山林面积 6650 亩，村人均纯收入 12016 元，村集体经济收入 15 万元。

南弄村

塔石街道南弄村位于龙泉市区南部一片中低山地中，距离街道所在地4千米，因坐落竹坑岭南面狭窄山沟而得名，村居沿山坑两侧分布，辖南弄、竹坑、林方、仁场、外垟、栖曲塆、胡山等7个自然村。

南弄村是明朝开国大将胡深的故里。胡深（1315—1367），字仲渊，处州龙泉人，元末明初著名将领。他聪颖而有智谋，精通经史百家之学，著有《芸斋集》。早期与章溢同为元将，参与讨伐盗贼。后在与义军领袖朱元璋的交战中战败，率部投降。后又镇守处州，多次击败张士诚等势力的进犯，被朱元璋称为浙东的屏障。在与陈友定的战斗中，胡深马失前蹄，被敌人擒杀，终年五十二岁。胡深体恤民情，深谙为政之道。他守处州时，江西盐自浙江输入，须十税其一，商人不堪其重，有的偷逃过关，有的另走他途，于商于民于官都不利。他奏请仍按旧例二十税一，商民皆大欢喜。缙云田税过重，他以新没入之田租补偿其数。处州学宫毁坏，他筹划重建。府城民房有为兵所居，他命建营房于空隙之地迁之。朱元璋曾问宋濂："胡深何如人？"宋濂答："文武才也。"朱元璋说："诚然。浙东一障吾方赖之。"现村里建有胡深公园、胡深雕像。

2014 年，全村有户籍人口 811 人，常住人口 414 人，耕地 1385 亩，林地 11678 亩，村民人均年可支配收入 11092 元，村集体经济收入 20 万元。

官埔垟村

官埔垟村是凤阳山（龙泉山）北麓的隘口，距市区 21 千米。明代时村落基本定型，官家曾在此设过邮驿，俗称“官埔”，因地处大赛溪源头的高山峡谷中，便讹称“官埔垟”。村行政区域面积 14.93 平方千米，辖官埔垟、周边粗坑、夏边和沙田 4 个自然村，均属汉族，张姓和杨姓是村中大姓。全村呈东西走向，大赛溪将村庄分为南、北两面，两面村舍沿溪水和山势呈团聚状，民居以“凹”字形的平面布局为主，整座村庄残存着徽派和浙闽赣建筑风貌的遗韵。一条安于线横穿而过，这是通往庆元、景宁和 4A 级景区凤阳山（龙泉山）的必经之路。

官埔垟村海拔 810 米，地处四面环山的谷底，地势西高东低，山多地少，耕地面积 939 亩，林地 4056 亩，属亚热带湿润季风气候，年均温度 17.6℃，年均降雨量 1664.5 毫米，为森林资源提供了充足的条件。这里有着硕壮的红榜，参天的柳杉，笔直的木荷，屈曲的甜槠，绿荫如盖的山杜英。而最蔚为壮观的是村南偏东的一片枫树林，在枫叶尽染的时候，无数游人和摄影人，纷至沓来，云集在这里，每年这个时候是官埔垟村最有特色的一道盛景。此外，村尚有保存完好的明代摩崖石刻“洞天一品”及官府为禁止盗贼私自采矿的《禁采令》。

现全村 750 人，常住人口 630 人，集体收入 31.49 万元，人均年收入 1.05 万元，主要经济来源为茶叶、毛竹、农家乐。

龙星村

龙星村位于住龙镇政府所在地住溪村的北面，与住溪村隔河相望，由弯潭、双渡垟、社庙后、山根里、马岙岭、杨家里和潘床口等 12 个自然村组成，距城区 32 千米。龙星村原与住溪村同属一个村，中华人民共和国成立后分设。

该村的始居祖罗、杨两姓大约于明光宗年间（1620）自福建连城迁入。后在清康熙年间，又有大批福建沿海居民因迁界禁海而迁入。龙星村自古就是钱塘江上游的码头，水路可以直通杭州，因此村民姓氏较多，有罗、杨、张、季、王等多姓。村里有"养浩堂"遗址，据传建于唐贞观八年（634）八月初三，香火相当旺盛。有妈祖庙，又称天后宫，始建于明永乐二十二年（1424），由福建客商传入并兴建，清光绪十八年(1892)，由村民吴一鹤为首，倡议附近八方百姓募集资金扩建，雕梁画栋，气势宏伟，一时香客云集，热闹非凡。"文革"期间遭到破坏，以至片瓦不存，2004 年再度重建，恢复旧制。龙星村生态条件优越，境内山高涧深、林木茂盛、空气清新、风光秀丽。潘床口自然村建有娃娃鱼繁养殖基地。

2014年有户籍人口931人，常住人口915人，耕地913亩，林地31819亩，村民人均年可支配收入11000元，村集体经济年收入15万元。

李山头村

塔石街道李山头村坐落于八面山北麓，距离市区 18 千米，海拔 540 米，村居呈团聚状。全村户籍人口 378 人，常住人口 218 人。

相传在明朝初期，有一对老夫妻为躲避战乱，在此搭棚居住，男的名叫李山头，村庄因此得名，李姓为李山头村始居祖。李山头村东有马山，西有犀牛望月，南有美女献花，北有飞凤落垟，颇具地理形胜。该村自然资源丰富，生态环境良好，500 亩梯田线条优美，弯曲有形，一年四季都有美丽的景色，素有“瓯江源头最美梯田，东海明珠古色村落”的称号，是丽水市摄影创作基地、浙江大学城市学院写生摄影创作基地和浙江日报集团摄影基地。

李山头人历来有很强的生态保护意识。在民居选址上，他们将村庄建在了梯田之上，这样便于农田管理，也有利于粪肥运送，与广西龙胜梯田、云南龙阳梯田极为相似。李山头梯田是一个完整的生态系统，梯田之上是森林，茂密的森林留住了水，涵养着下面的梯田，有树才有水，有水才有梯田。梯田自上而下，呈阶梯状分布，山泉水自上而下灌溉，水资源得到循环利用。如今，村庄周围还保存着许多古树名木，大者数人才能合抱，有枫香树、栗树、柳杉、罗汉松等挂牌古树名木 15 株。

章府会村

章府会村位于八都镇西北，八都溪与竹垟溪交汇环村于西、南两侧，距市区 27 千米，是明朝开国功勋章溢的故乡。村内古樟树成群，山水优美，自然风光秀丽。

章府会村原名横溪村，村名的更改与章溢息息相关。其太公章公杰，祖籍福建浦城，是元朝都官郎中，偶然一次来到龙泉西乡横溪村打猎，发觉这是块风水宝地，后举家迁移定居在此。章府人氏居住此地后，果然一代代人才两旺，家业越来越发达，章氏人自然而然便将此地称为章府会。章溢是章氏迁居龙泉横溪后的第四代，生于 1314 年，卒于 1369 年，字三益，号匡山居士，别号损斋，元末明初著名政治家、文学家，明朝开国元勋，著有《龙渊集》，《明史》中有其长篇幅的真实记载。早年与塔石乡南弄村同龄人胡深一起拜龙泉名儒、盖竹村人王毅为师，精读名著及圣贤兵书。后在王毅扶助下，组建了地方农民军，因与元将石抹宜孙交情甚厚，助其对抗浙江、福建农民起义军，元朝廷屡次授他官职，他都不受。隐居匡山期间，朱元璋赏其才能，旨意刘基、宋濂、叶琛前往造访。后“浙江四先生”一同应聘，辅佐朱元璋共建开国大业，官至御史中丞兼赞善大臣。56 岁时，老母病逝，回家为母挑石建坟，因劳累过度而病逝。

朱元璋祭文痛悼，宋濂撰写《章公神道碑铭》，朝廷厚葬于横溪桥头。133年后，章溢墓被盗掘，明廷又给予续葬。

现全村123户486人，分3个自然村，区域面积2.04平方千米，耕地面积529.6亩，山林面积2160亩。村民主要以粮食种植、食用菌栽培及外出务工为生。

下樟村

西街街道下樟村位于龙泉市西北部近郊，距市区约 7 千米，史称“云坞古村”，又称“白水村”。

明末清初郑姓始祖从福建荥阳迁徙定居肇基，因村水口有一大樟树而得名。四周均为山地丘陵，村庄四面环山，绿树成荫，云雾缭绕。村中有一小溪自北向南穿境而过，流经村南水口崖壁倾泻而下形成百米悬崖瀑布，蔚为壮观，曰“小龙湫”。在村子的上方云绕雾缭的峰峦之间，有一处平地，建有一古庙，史称“白云古庙”，据传为宋代名人隐士管师复的隐居之地。管师复、管师仁兄弟为人聪明，勤奋好学，家庭富裕。宋熙宁六年（1073），管师仁官至当朝宰相。管师复仍隐居下樟村白云岩上，他师从著名哲学家胡安定，北宋皇帝宋仁宗闻其名，召至御前，欲委以任，管师复坚辞不受。皇上问其因，曰：“卿所得如何?”管师复答曰：“满坞白云耕不破，一潭明月钓无痕，臣所得也。”皇上惊其才，又感其心志，回归故里，人称卧云先生。下樟村是新四军郑玉奎烈士的故乡，其故居为清代古民居，保护完好，现为市爱国主义教育基地。该村是白云岩景区的核心区域，常有影视剧组来此拍摄电影、电视剧，乡村旅游业发达，是省级“农家乐示范村”和省级“小康示范村”。

2014 年户籍人口 233 人，常住人口 108 人，耕地 372 亩，林地 5860 亩，村民人均年可支配收入 13800 元，村集体经济年收入 5 万元。

溪头村

宝溪乡溪头村位于龙泉城西南 62 千米处的披云山麓，海拔 500 米，属高山小盆地，是宝溪乡政府所在地。

溪头村有陈、张、李、王、叶、周、丁等多种姓氏，其中陈姓、李姓居多。据《陈氏家谱》记载，吴越时有陈胜者率兵驻过宝溪溪头，因爱其溪头山水之胜，其后代在南宋时从外地迁居溪头居住，至今有 800 多年历史。村内有清代咸丰年间的古民宅三处，分别为王、陈、李大宅。村内古道相连，巷陌相通，古水碓、龙窑三处之多，活水引村，彩鲤游弋，美不胜收。其中的古龙窑、古水碓交相辉映，烘托了民国时期的仿古青瓷的文化气息。仿古青瓷高手艺人李怀德是溪头村的青瓷名人，他在恢复和发展龙泉青瓷的过程中，做出了巨大贡献。《龙泉县志》还记载了当年溪头张高岳、张高礼、李怀德等人高仿青瓷的经过，并由陈佐汉乡长把他们创作的瓷品送给蒋介石当寿礼，得到蒋介石题匾相赠“艺精陶仿”四个大字。1979 年，因李怀德对龙泉青瓷哥窑胎骨，弟窑釉水创新做了大量工作，受邀到北京参加了全国工艺美术大师会议，受到党和国家领导人的接见。溪头村至今还有十多家窑厂烧制青瓷，薪火相传，经久不息。

溪头村四面环山，村景美如国画。2014 年，全村有 280 户 998 人，耕地面积 1350 亩，林地 12769 亩，村民纯收入 13877 元，瓷土加工、食用菌、青瓷制作为村民主要经济来源，村集体经济收入 6 万元。

宝更村

宝溪乡宝更村位于龙泉县城之西南 47 千米处，村中四周高山峻岭，当中有一溪流自北向南流经村中，名曰宝涧溪，因“涧”与“鉴”谐音，后来由宝鉴（涧）改名为宝更村。

宝更村主要姓氏以陈、曾居多，在村首的玉华山麓还有“陈氏祠堂”。据《曾家家谱》记载，康熙年间，闽北曾家若仙公带领其家族搬迁，先后在浦城定居，后来迁至龙泉八都，最后定居于宝更村。而《陈家宗谱》记载，其祖先陈雄因避战乱，后来狩猎到此，见薪火不灭，也选择在宝更定居。先后垦荒造地，世代耕作，安居乐业。村中有古民宅两幢，均为清末时代建筑，现存的门牌“颍川旧家”，砖雕石刻，十分考究。而在公元 1700 年（康熙年间）建造的“陈氏宗祠”已破旧不堪，但里面有一块“父子举人”牌匾保存完整，上面书款有“光绪八年壬午季冬月上”等字样，足见其学风可嘉，名人有学有为。宝更村历史上还出过大财主，其家业雄厚，人丁兴旺，现正在修理的 72 间大屋，其背后藏着一些勤俭诚实、崇尚仪德的感人故事。

宝涧之水源于披云山，向南汇入闽江，然后沿闽江入海，属浙江闽北的交界地，为浙江的闽江支流源头之一。四面大树如冠，溪水清净，风景优美，村里农民现在多数外出打工办厂，少数生产食用菌。2014 年，全村有 894 人，耕地 1800 亩，村民人均收入 12566 元，村集体经济收入 5.3 万元。

南秦村

南秦村位于龙泉市区南郊，秦溪山北麓，龙泉溪（旧名秦溪）南岸。村址古为河床，经洪水冲击而成，后造田建村，故名秦溪漠，别名南秦。丽龙高速公路和53省道、54省道穿境而过，境内松溪弄互通连接线是市区通往高速公路必经之地，交通便捷，区位优势明显。

南秦村是龙泉宝剑的发祥地和现代龙泉宝剑、龙泉青瓷的主产区，境内龙泉宝剑、龙泉青瓷厂家林立，店铺遍布。春秋战国时期，吴越争霸，战火连天，越王命欧冶子铸剑。欧冶子为寻找理想铸剑之地来到龙泉秦溪山麓，见有七井排列如北斗，井水甘洌，且山中多石英，遂筑炉铸剑，铸成了一对雌雄宝剑。越王得剑，收复了江山。德清的干将闻讯拜其为师，共铸“龙渊”“泰阿”“工布”三把剑，献于楚王，龙泉遂得名“龙渊”。村境内建有龙泉青瓷宝剑苑，有剑池湖、七星井、欧冶子将军庙等古迹，是集中展示龙泉青瓷、龙泉宝剑文化的旅游景区。景区始建于2000年，占地200多亩，总投资约1.5亿元，共分龙泉宝剑遗址区块，龙泉青瓷、龙泉宝剑文化展示体验区块，龙泉青瓷、龙泉宝剑精品一条街购物区块三大区块，是一个融文化、观光、体验、商贸为一体的国家3A级旅游景区。

全村现有户籍人口 1972 人，常住人口 20000 余人，耕地 150 亩，林地 630 亩，村民人均年可支配收入 16355 元，村集体经济年收入 126.7 万元。

芳野村

芳野村距市中心 4 千米，是龙泉市剑池街道东南方向的城乡接合部，龙丽高速和 53 省道贯穿全村。芳野原名坊下，因当地有叶姓节孝牌坊而得此名。最早来到这片荒郊开荒耕种并定居下来的，是大约 300 年前的一户姓方的人家，现在村里还有一口水井叫“方家井”。后姓曾的人来到这里生息，逐渐发展壮大，民国前后成为村中大户。“坊下”更名为“芳野”，是浙大龙泉分校主任郑晓沧所赐。

卢沟桥事变后，浙江大学内迁，总校设贵州遵义，并于 1939 年 6 月在龙泉开办分校，校址选在坊下。时任校长竺可桢委派教务长郑晓沧、史地系陈训慈筹办，期初租用曾家大屋为校舍，此屋为该村绅士曾水清于民国十年（1921）所建，故称“曾家大屋”。分校主任郑晓沧教授是海宁人，海宁语音中“坊下”和“芳野”同音，而郑先生又颇具雅兴，“坊下”就自然改名“芳野”了，并沿用至今。浙大龙泉分校在此头尾办学七年，招生七届，约 1000 人，曾哺育一大批国内外知名教授、科学家，1945 年 11 月迁回杭州。现系市级重点文物保护单位，内设浙大校史馆和龙泉历代名人馆，为龙泉市爱国主义教育基地。

现全村有 8 个村民小组，316 户 1108 人，耕地 870 亩，山林 3811 亩。农业生产以种粮种菜和养殖业为主，经济收入以务工经商和劳务输出为主。“曾”依旧是村中大姓，约占了 70%，其余还有张、管、潘姓等。

青田县

安店村

安店村隶属青田县阜山乡，位于阜山乡南面。村落发展历史悠久，可追溯至清朝，下辖安店、金店、西垟、鹿塘自然村。从山上往下望去，犹如一面玉躺在山峦之下，极其安稳。

安店村之所以名为“安店”是因为村中有名的安店街，安店街从南至北沿玉带溪而建，从安店桥至周宅廊桥下游100米处，全程约300米。沿溪侧设廊屋，外侧施廊凳，内侧建店铺。每间店铺面阔2—3米不等，为二层阁楼结构建筑，重檐双坡顶，檐廊间作街道，宽约2.5米，为卵石墁地。安店街历史悠久，据传早时建村有人在此设药店，后发展小店多间，遂取名安店。安店街建筑独特，依山傍水建店铺，傍水搭路廊造栏槛，集商贸、娱乐、休闲、聊天诸多功能于一身。抗战时期，众多达官显贵避难于此，曾一度被称为“小上海”，经历了一个多世纪的风雨沧桑，现已退出商业区历史，作为民居而保留，供观赏。

在安店街南段有安店桥，东西走向，为陈瑛父陈俊邦建于1927年。该桥是伸臂式石板桥，纵向以三块石板并列建筑而成，长20.9米，宽1.2米，有7个桥墩。安店桥、安店街相映成趣。这个古老的村落人杰地灵，文化底蕴深厚，孕育了许多仁人志士，“你若盛开，清风自来”，安店的灵气也招来了很多名人的眷顾。每每刘基回乡省亲，都会路过安店，这条路因此而得名“国师道”。文人雅士在这片祥和的土地上留下了许多动人的遗迹和故事。

安店村因其独特的历史文化价值被列入了历史文化古村。2014年年末，全村有农户257户，耕地394亩，村民人均纯收入10264元，村集体收入11万元。(编写：叶超超 王佳乐)

陈宅村

陈宅村隶属青田县阜山乡，地处阜山乡南部，是北宋年间开基的千年古村，因村中有自然形成的“七星墩”，经过考察似是按天球星空的北斗七星排列而得名“七星村”。

陈宅村历史文化底蕴深厚，建筑遗产、文化古迹彰显的都是明清时期的风韵。全村以古村落、古屋、古桥、古树保持完好为特点，村内小桥、流水、人家形成了农家特色风貌。村中最为出名的是毓秀桥，明万历四年建，为重檐四角攒尖顶桥亭，单孔廓屋桥，东西走向，桥长 11.76 米，宽 3.31 米，桥高 3 米，桥跨 4.7 米，当心间两侧施座凳栏靠。毓秀桥依托跨越溪坑粗约 0.4 米的古树根起拱，跟桥相依，两相成趣，颇为奇观，于 2013 年被评为全国重点文物保护单位。在毓秀桥畔，有古树六株，人称“夫妻树”两株，“三姑抱侄”四株。两棵参天“夫妻树”古柳杉和古香枫咫尺相对，根脉相连，共饮溪水，相伴相守已达 700 多年，乃是村中的一道亮丽风景。另外值得一提的是，陈宅村的古井泉，星罗棋布，随处可见，是个名副其实的百泉村。冷水湾龙液仙泉，四季不断，常年喷射，灌溉丰产畈一片良田，是酿造米酒的好水，水质清澈透亮，也成为了人们的日常生活用水。

2004 年，陈宅村被评为省级“文明村”，2007 年获得“浙江省全面小康建设示范村”的荣誉称号。2014 年年末，全村有农户 113 户，耕地 398 亩，村民人均纯收入 0.7 万元，村集体当年收入 9 万元。（编写：叶超超 王佳乐）

阜山村

阜山村地处浙江省青田县城西南面12千米，四面环山，属于丘陵盆地，土地资源丰富，耕地约830亩。2002年6月阜山村由王费潭、叶处、朱庵、西溪坑4个自然村合并而成。村户籍人口约2300人，常住人口约1500人，人口以汉族为主。

朱庵以朱姓为主，早在元朝大德年间，朱姓始祖朱桢祥从本县海溪迁入，是阜山村中4个行政村最早迁入的。王费潭的主要姓氏以王、陈为主，王姓始祖王惠养在嘉靖九年由前王迁入。陈姓始祖陈尊羲在康熙四十四年从青田县迁入，道光三年始建陈宗祠，道光十九年始修宗谱，三年后陈用中百岁坊落成。叶处则以叶姓为主，叶姓始祖叶宸，在洪武二十年从松阳迁入，在乾隆三十四年始修宗谱。

朱庵朱姓祠堂后有一棵苦槠树，有300余年历史，高约10米，腰围约3米，长势茂盛。陈用中百岁坊坐落在王费潭，系木结构三间三牌楼结构，占地面积13平方米，内柱高5.3米，山柱高4.7米，坊额书刻“盛世老耆”四字，是县文物保护点。王费潭的两处陈氏民居和叶处的叶氏民居、朱氏民居仍保留至今，2011年成为县文物保护点。叶处叶氏宗祠位于叶处中部，坐西朝东，始建于清康熙四十七年，乾隆五十一年重建，四合院式木结构建筑，总体布局有主祠、戏台、南北厢房、照壁，建筑占地面积415平方米。王费潭陈氏宗祠位于村北边，玉带溪南岸，坐北朝南，始建于道光三年，民国二十二年增建两厢及前楹，并将10余对旗杆石移置水滨，陈焕荣题写祠名，陈瑛题写大门两侧楹联。

2014年年末，阜山村有农户690户，耕地830.7亩，村民人均纯收入20154元。（编写：王佳乐）

高市村

高市村隶属青田县高市乡，位于县城西北部，坐落于瓯江南岸与高市源汇合处，与石门洞名胜风景区毗邻，隔江与330国道、高速公路接壤。村庄在明朝时形成，因后山似枕，地方高旷，不怕水患，故取名高枕，寓意高枕无忧，后日久俗称高市。

保存完好的明末清初古建筑群也为高市增添了浓厚的人文气息。这里有始建于清光绪乙亥年（1875）的陈诚故居，有陈诚投资一万银元创办的高市学校以及学校内的陈诚别墅，此外，另有保存完好的明末清初四合院古民居、陈氏祠堂，高市村的众主殿、朱氏祠堂，底村的东海世家以及历史久远、香客不断的众多祠堂庙宇。

高市村也遗留了大量非物质文化遗产，如关于刘基、陈诚的累累传说，鱼灯、舞龙等民间舞蹈，做殿头福、唱词等民间信仰，以及各种民间传说，被本地村民口口相传。

2013年，高市村被列为省级历史文化村落保护利用重点村。近五年来荣获省、市、县各种奖项20余项。2014年年末，全村有农户702户，耕地500亩，村民人均纯收入8726元。（编写：詹画）

黄镇村

黄镇村隶属青田县高市乡，位于青田县西北部，四面环山，坐落于半山腰，东邻高市乡，西面田铺村，南靠东源口村，北依洞背村。

黄镇曾因四周山上均是黄土而叫黄山，后因青田有七个黄山村，重名过多，容易混淆，故更名为黄镇村。清朝中期，猎户季氏打猎至此，见风景秀丽，山清水秀，且无人居住，便盖一座茅草屋，安家落户。大约过了20年，罗姓先祖见此处风水绝佳，便由乌泥塘村搬迁至此，并在村中央盖了一间茅草屋，称中央寮。又过几年，罗氏人丁兴旺，遂在村外围建土茅屋，称外寮。

现今，全村27幢125间清朝末期修建的土木结构民居保存完好，古旧的房屋坐落于山林之中，在幽幽山谷间，倾听着历史的回音。村中人与自然和谐相处，森林资源丰富，村口五棵郁郁葱葱的古树共称风水树屹立百年不倒，村中且种植西瓜、向日葵、红豆杉，为村民带来一定的财富。

黄镇村以风水奇好著名，民国时期，陈诚父亲为自己建坟墓而寻风水先生来探一个宝地，寻遍各处，终来到黄镇村，在民国二十四年建成。有民谣曰："头顶道士关，手握笔架山，脚踏高市滩，三斗三升芝麻官。"生动形象地描绘了此处风水之好。

黄镇村在2013年被列入省级历史文化村落保护利用村。2014年年末，全村有农户316户，耕地100亩，村民人均收入10800元，村集体当年收入25100元。（编写：陈一诺）

金泉村

金泉村隶属青田县石溪乡，位于石溪乡东北部，地处浙南丘陵地带。由考坑村和横路村于 1993 年合并而成。由于古时的横路村内没有任何石头，皆为烧灶筑房用的金黄色泥土，当时的村民们为图吉利，以“金”字开头为村名。而考坑村内有一口井位于山中，常年有地下水源源不断地涌出，顾取“泉”字，金泉村的美称由此而来。

考坑村吴姓家族六世以前居住在吴山，后六世吴痒生于明朝 1488 年搬至考坑，考坑村也就始建于此时，渐成吴姓聚居之地，已有 500 多年历史，而横路村所居住的村民姓氏繁多。金泉村位于石溪乡东北部，距离青田县城 15 千米、海拔 310 多米的高山上，其中的考坑村是浙江省保存最完整的三大石头村之一，并被列入浙江省历史文化古村落，也曾获青田县“十大名村”的称号。现有保护完整的石屋故居 11 余座，村里的房子均为明清百姓住宅，每一座房子都是用各种不规则的溪石砌成，木结构，小青瓦。房屋四周有水渠相连，既便生活又利防火，构成了浓厚的“古村居”风格。村里群山环抱，溪流环绕，古树叠影，鸟鸣莺歌，生活在这里的老人健康长寿，故有“长寿村”的美称。村民祖辈靠挑、扛生活，远离城市喧嚣，直到 1997 年才通了公路，因此古村居保留的非常完整。村内有石柱洞、石柱瀑布、猎狗洞等具有不同风格特色的景点。金泉村的历史之悠久，建筑之奇特，外观之统一，保存之完整，实属罕见。

2014 年年末，全村有农户 148 户，村民人均纯收入 9781 元，村集体当年收入 1.3 万元。（编写：陈艺访）

龙现村

龙现村隶属青田县方山乡，距青田县城 20 千米，背依奇云山，与瑞安、瓯海交界。龙现村以丘陵地形为主，林地占土地资源的三分之二，空气清新，山清水秀，水资源充沛，常年不会枯水，水流环绕全村。

龙现原名坳前，而相传曾有真龙出现，示有吉兆，故改名为龙现。唐朝后期，始祖吴氏与兄弟有所争执，与其分离，由福建而来，定居于此，养殖耕种，繁衍生息，渐形成今日“田鱼当家禽，耕牛不用绳”的神奇之所。自建村 1200 余年以来，养殖田鱼便是当地农民祖辈相传的谋生主要手段之一，村中所到之处皆可见田鱼，即“有水则有鱼”。龙现村，养殖田鱼采用稻鱼共生系统，全村有 5000 多亩农田，稻鱼共生系统则有 4000 多亩，且稻鱼共生系统的水稻亩产亦远高于未采用的农田。这代表了龙现村劳动人民智慧结晶的养殖方式则被联合国列为全球重要农业文化遗产，龙现村更是被国家农业部命名为中国田鱼村。田鱼与龙现不可分割，每逢佳节，便以田鱼为原型制作鱼灯，组成灯队表演，在晋京会演时，被称为“天下第一鱼”。

在龙现村十字桥北 50 米，有一座中西合璧式住宅建筑，即延陵旧宅，是青田早期华侨代表吴乾奎旧居。吴乾奎，曾为国民党青田县政府特聘为“县丞”，他将青田石雕、茶叶、田鱼带向了世界，在美洛杉矶世博会上并一举夺得银牌。此外其开设钱庄，建立贸易公司，并着力于家乡的公益事业，如捐款修路、田租办学等，曾被赠予“唯善为宝”题词。

龙现村，全亚洲唯一一个农业文化遗产实施地，具有着侨乡的创新精神，劳动人民的质朴坚韧的品质，以及旅游乡村的热情好客的特质，在浙江东南丘陵地带闪耀着特有的光芒。

2014 年年末，全村有农户 269 户，耕地 520 亩，村民人均纯收入 11227 元，村集体当年收入 11.50 万元。(编写：陈一诺　詹画)

罗溪村

罗溪村隶属青田县仁庄镇，位于镇东，距镇政府3千米，青岱线公路沿线，衔接山口镇大田村。村落三面环山，面朝四都港，全年阳光充足，风和日丽，十分宜居。由于三面环山，故植被茂盛，森林覆盖率85%以上，空气质量绝佳。西峰漈瀑布位于仁庄镇罗溪村至林山村之间，两村中间处有一个大峡谷，三面是高约91米的峭壁呈“U”字形，其上都是郁郁葱葱的古老的苍松翠柏，一股宽约三四米的水从峭壁顶端凌空飞流而下，倾入崖下一个圆形水潭，水石相激弥漫如雾，仿佛“银河落下千堆雪，瀑布飞流万缕烟”。

村落依山而建，约莫在1700年间，由主姓林氏从福建迁徙而来，至今仍保留有古民居、古祠堂、古戏台、古寺庙、古桥、古道、古渠若干处。其中最为出名的为著名旅日华侨林三渔故居，被列为省级文物保护单位。林三渔，仁庄镇罗溪村人，曾任旅日华侨东京总会常务理事，旅日浙江同乡会副会长、名誉会长，被誉为“青田的陈嘉庚”“青田华侨的旗帜”。

罗溪村于2014年被列为省级历史文化村落保护利用一般村。2014年年末，罗溪村有农户273户，耕地400亩，村民人均收入10387元，村集体当年收益3.6万元。（编写：詹画　陈一诺）

山口村

山口村隶属丽水市青田县山口镇，地处县城西南部，距青田县城 7.6 千米。地势以中低山、丘陵为主，在四都港下游，地形较低，地面一般高程海拔 26 米，最高大安岭海拔 404 米。山口由南村、北村两个自然村组成，以小平坑为界。

山口其原名三口，因地处四都港、方山坑和小平坑三条坑流汇合口，故称三口，后以四周环山，村居设在溪流出口改称山口，已有千余年建村历史。村民以林姓居多，村中至今仍保留明清建筑林家老宅，祖祖辈辈薪火相传，延传至今。走进林宅，仍能够听见时间沉沉的声响，古朴的房檐木雕精致优雅，彰显着浓厚的历史底蕴和其独特的人文情怀。老宅前方，则是一处流淌了许久的溪流和一棵年近百岁的古树。不远处，有一处林家祠堂，体现了山口村村民一直以来祭拜祖宗、祭拜天地的虔诚祝愿。

山口村民间文化表演艺术十分丰富，其实“百鸟灯”更是出众，其创始于 19 世纪 30 年代，濒临失传，但在村民齐心努力下，终得延续。从山口村走出来的石雕名人层出不穷，而且在全国范围内影响力也极大，甚至作为国礼远赠他国，亦有印为邮票，广传大地。

山口镇先后被评为“全国民主法制示范村”“省级全面小康示范村”“省级绿化示范基地”“丽水市文化名村”“十佳信用村”“浙江强村”“市级生态环境示范村”“青田文明村”等。

2014 年年末，村民人均收入 11803 元，村集体当年收益 89.34 万元。全村总面积 1977 亩，共有户籍 1184 户 3643 人，加上近 20 年来外地迁入，共计 2266 户 7485 人。（编写：詹画　陈一诺）

温溪村

温溪村隶属青田县温溪镇，位于青田、永嘉两县交界处，地处丘陵地带，村域面积10.39平方千米。

温溪原有高垟、安溪、安江三种叫法，始建于宋徽宗（1101—1125）时，距今900多年。古时温溪是一片金沙滩，瓯江水顺南沿东流，每每涨潮是一片汪洋，只有礁石露出水面，宛如孤岛。历经多次洪水暴发，上游倾斜下来的沙石将这片土地冲积得越来越高，逐渐形成了平原。而后先住西山脚的始祖于宋徽宗时迁居此地，便逐渐发展成了现在的温溪村。

温溪村的宗教文化浓厚，有大小寺庙7处，其中的真宁净寺被列为全国千座名刹之一。真宁净寺占地面积20000多平方米，大殿古朴典雅，气势磅礴，香火鼎盛。前身为镇银堂，初位于外垟坎头，始建于明成化元年，毁于明末洪水。清初移建于棋盘滩上首，又毁于民国元年洪水，次年重建于渡头埠。寺内有成化元年铸制的镇庵铁钟一口，重1000余斤；白玉卧佛如来一尊，长1.85米，重约1吨，1993年由妙果寺释间空禅师从缅甸引请至此。

温溪村另有古道（摸石路）、古街巷、古墓、古祠堂、古戏台，而村中沿江而立的古榕树群，大大小小足有18株之多，已有300多年的树龄。温溪村山清水秀，民风淳朴，文化积淀深厚，早在南北朝就有山水诗流派始祖谢灵运每每考察、采风。元至正十二年（1352），著名政治家、军事家刘基，在此留下了脍炙人口的诗篇“发安溪至青田戍事不得留有感”。

2014年年末，全村有农户747户，耕地1500亩，村民人均纯收入10999元，村集体当年收入310万元。（编写：程硕慧）

小舟山村

小舟山村隶属青田县小舟山乡，地处青田县城东北方向。小舟山原名小邹山，上溯范阳邹氏太祖，自周正考文和其子叔梁，纥食邑于郭，逐以邑为姓厥后派衍范阳，因以范阳为郡，此姓与郡之由端。历秦、汉、晋、唐、五代，至宋元有讳浩宕志完于建炎乙已年（1125，正是北宋钦宗赵桓与南宋高宗赵构交替那年），迁居扬州，其子瑛字仲明迁东瓯之畲山庙垅，为畲山庙垅之祖始，世系称第一世，亦是永嘉青田一带邹氏总老太公。传至第十三世有功太公有三孙：梦陡公迁于山根、梦公世守庙垅(下畲)、梦仙公迁居坦头阳。十七世伯珪公，字怀仁，号方兴，本坦头洋人士。他赋性灵敏，遍访胜地，游至廿八都菰溪之源，见其山明水秀，优美风淳，知后必定发祥。于明朝开国皇帝朱元璋洪武年间（1368—1398）遂卜筑居之，开辟了又一个邹氏家园，以姓名其地名小邹山。有才能治国，有德能齐家。至今邹氏姓族和睦生旺，家道昌盛，百福骈臻，子孙炽昌。伯珪之明鉴，实值得邹氏后裔敬合德，共筑安平和谐小邹山。村头古桥边古枫苍劲，红豆杉冠大如盖，民居依山傍水而建，汩汩流动的小溪，几尾放养的田鱼点缀其间。“小桥流水人家”江南传统村落便是如此。

2014年年末，小舟山村有农户339户，耕地735亩，村民人均纯收入9297元，村集体当年收入44.71万元。(编写：程硕琦)

洞背村

洞背村隶属青田县高市乡，位于石门洞景区“华东一绝”石门飞瀑的山背上，海拔270米，离石门洞游览中心仅约1千米，西邻海口镇瓦窑坪村，南邻黄镇村，北邻雄溪村。

洞背村以前由洞背、小坑、犁头岩、里山圩、门前山和头坑自然村组成，2010年实现旅游开发进行旧村改造后，合并成洞背、里山圩两个自然村，以前叫石门洞背，现改名为洞背。祖先于南北朝从武址搬此至今已是第十七代。明朝开国宰相刘基的祠堂就位于该村的山谷深处，是当地的一处重要历史文物。而刘基当年点将操练的演武台遗址至今仍保存着，紧挨着太极湾水岸，相传当年刘基就是在此处讲习兵法，并带领当地一批青年在太极湾水上进行兵法操练。据民间传说，当年鄱阳湖大战取得以少胜多的成功，跟在此的操练演习息息相关。演武台遗址周边那些枝叶繁茂的香樟，相传都是当年刘基亲手栽植的。

根据4A级石门洞景区的总体规划，洞背村开发以“刘伯温怀古文化村”建设为主线，全力打造融观光、休闲、名人文化、农家文化体验、会务、旅游接待等为一体的旅游业，有选择地布点建设了“烧饼阁”“三立堂”“点将台”等一批独具特色的景点。2011年7月10日，青田伯温文化旅游节暨伯温古村开游仪式在洞背村举行，集刘伯温传奇与自然风光于一身的伯温古村正式揭开神秘面纱笑迎八方来客。

2014年年末，全村有农户216户，耕地100亩，村民人均纯收入10980元，村集体当年收入6.6万元。（编写：季微微）

乌泥塘村

乌泥塘村隶属青田县万山乡，距乡政府约10千米，离青田约65千米。全村耕地面积367亩，林地面积12709亩，共有5个自然村（乌泥塘、龙须、上坑、上八奇、九间），地处丘陵地带。

清乾隆二十五年，罗姓先祖由福建搬迁至此。因风景优美秀丽，在此定居。起初，第一户人家在泥塘上搭建房屋，后繁衍生息，人丁兴旺，渐成罗姓聚居之地，取名乌泥塘村，至今已有一两百年历史，仍保留有清代古名宅、古祠堂、古戏台、古道、古树等历史古物。村落依山而建，临水作伴，地势起伏有致，勤劳质朴的村民顺势修建了梯田，以便能够更好地利用土地，扩大生产。

乌泥塘村还是革命红村，历史上出了许多的抗日英雄。现在不少村民的祖辈父辈都是挖过道、趟过河，摸过枪杆子的游击队队员，每每提及自己的父亲、爷爷，他们无不透露出骄傲、自豪的神色。村中至今还保留有一段当年投入实战用的完整的地道坑。此外，乌泥塘村还是一个文化气息浓厚的小村庄。据村中的老人介绍，村中建立的戏班子在丽水地区一带甚有名气，以第一部戏《十五贯》开始延续至今，已有40余年的历史。以往逢年过节，总是被请到各地做戏增添喜气，虽劳碌奔波但也乐在其中。

泥塘村作为抗日老村，承载了许多的昔日情怀，这个充满人情的小村落，也会一直像那时候一样的温柔坚强，闪闪发光。（编写：詹画）

塘坑村

塘坑村隶属青田县吴坑乡，位于青田县城东面41千米处，东邻平头山，傍岸山，南接小舟山乡状偷，西连十八岗林场，北接外黄垟、金坑口、石坑岭，土地总面积7.7平方千米。

塘坑村曾先后出现“棠川”“塘川”“塘坑”等地名。宋徽宗时(1101—1125)有蔡瑫中丞自天台挂冠浪游为始迁祖。中丞始居外塘，因为外塘地势较低，水源充足，坐西朝东三面靠山，冬暖夏凉，适宜居住，但外塘面积有限，逐渐向内塘发展终成塘坑村民世代聚居地，至今已形成了30万平方米的村庄规划面积。

塘坑以“塘”立村，一条小山脉北起水碓头儿，沿山岗—水涵头—高塘—山背塘—下山儿—水碓头儿，环绕一周，酷似盆地，形像锅状，喻称“灯盏地”。一诗“四面环山一古村，溪流清澈绕回塍”（《塘坑口占》）便道出此景。至今，仍有20多座房屋立于“锅沿”，保留完好的民居中仍可以推见当年蔡氏宗族之强盛。不起眼的柱础（木式结构木柱下的垫基石）上精美的花纹却花了足足120天才完工。清朝咸丰年间同期建成的双进屋、旗杆屋至今仍保留完好的格局，抬梁斗拱式（多用于中堂）、穿斗式（多用于边间）和井干式三种木架构房屋形式便是凭借此永远流传，古屋中保留的农具、炊具、婚庆器具又默默地述说着古时的生活，又有明朝文林郎大理寺左评事张升撰文和翰林编修叶式及南京国子监上舍邑人蔡谔书丹墓铭见证村史。传统文化便在这一屋一物一文中代代流传。

2014年年末，全村有农户456户，耕地617亩，村人均纯收入10472元，村集体纯收入26.3万元。（编写：程硕琦）

黄肚村

黄肚村位于章村乡的西部，东临八面湖林场，南与丽水市莲都区交界，西邻竹章村，北邻黄寮村，平均海拔高度500米，辖黄肚、横路、西岸、对岙和下田5个自然村，21个村民小组。全村面积13.71平方千米，共有耕地面积920亩，山林面积217289亩，毛竹种植面积15000亩。

南宋时期，汤思退的后人来到黄肚村定居，建起了一个村落。1735年，为了祭祀禹王治水的功绩，村里修筑了一间禹王庙，当时村民们扎制马灯，编排马灯舞，用以活动庆贺。自那年开始，马灯活动便一直被延续下来，逐渐成为当地的民俗文化。直到如今，每年的元宵节，马灯表演已然成为村民生活中重要的组成部分，即便在外的村民，一般也都等到活动结束再离开。马灯的制作工艺复杂，先是制作马头、臀尾的框架，框架做好后还要裁剪纸张，将框架糊制成型，再描上各种颜色，经过局部装饰，一只精美的马灯才算大功告成。一般制作每年活动所需的马灯，需要10天左右的时间，所以每逢春节，会制作马灯的村民们就要忙碌了，为大家带来村民们都喜欢的当地民间的传统活动。黄肚村还有黄肚十景，包括玉虹跨水、飞凤落垟、卧龙虫洞、电峦佛刹等。

2014年年末，全村有农户468户，耕地840亩，村民人均纯收入9384元，村集体当年收益10万元。（编写：叶怡芳）

松阳县

大岭脚村

大岭脚村隶属松阳县玉岩镇，位于玉岩镇东北方约 8 千米路程，坐落于群山峡谷之中，村落沿小溪而建，出水在南。村民主要姓叶、钟、金。

大岭脚村处古驿道大岭之下，行人客商路过需落脚休歇，渐渐形成村落。大岭脚村叶姓有两支，一支从温州平阳迁居而来，交塘《叶氏宗谱》记载，“昔日景仁公系是卯山后析迁温州平阳，育二子，长子讳盖者，见世纷扰，弃官不仕，同父归隐于松邑大岭脚溪东而家焉，传至二十二世孙少五公，分居白麻岩，生子万六公再徙交塘”。另一支从白麻山迁来，据《大岭脚叶氏宗谱》记载，始迁祖在明末从白麻山迁居大岭脚，叶姓之前住民虽有传说，但无从考证。大岭脚钟姓从福建迁来，据《松阳县志》载：“钟用权、钟象一支祖籍福建长汀，于清康熙至雍正年间先后迁居大岭脚，后散居白麻山、黄坛、玉岩。”

大岭脚村传统建筑资源非常丰富，现存传统建筑集中修建于清代，其中县级文物保护单位1处，全国第三次文物普查文物10处。传统建筑采用浙南民居经典的结构，保留很多浙南民居的早期做法。大岭脚村非物质文化遗产有端午茶、四月初八吃乌饭、迎神、打清醮民俗活动。

2014年，大岭脚村被公布为第三批中国传统村落，2011年被公布为县级历史文化名村。2014年年末，全村人口334人，耕地212亩，山林面积7065亩，人均收入7560元。（编写：叶高兴）

吊坛村

吊坛村隶属松阳县斋坛乡，位于县域西部山区，距离县城16千米。

吊坛村建于清代，距今已有500余年历史，关于村名的来历有多种说法，有说因村有巨石，上大下小，远眺如吊在空中，故名；也有说村庄远眺如灯盏吊壁，故名。村里还有一些古迹仙迹，曾有“七石头”像七头黑猪的传说，现还留有遗迹。村里主要以何姓为主，系南宋文学家、兵部侍郎、右谏大夫何澹（1146—1219）的后裔。

全村房子以山石为墙基，多为黄泥屋和木板屋，还分布着众多的吊脚楼，有保存完好的何家宗祠，供奉着何氏祖先的神主牌位，是举行祭祖活动的场所，另一处为永安社庙，建于清朝，村民过年祭祀及许愿还愿都在这里。村落中最有特色的民居当属吊脚楼，是松阳存在吊脚楼最多的村落。吊坛村有舞龙灯、采茶灯等民间习俗。舞青龙的习俗一直沿袭下来，从未间断，至今已有近百年历史。还有制作麦秆扇、织带、篾、高山端午茶等民间非遗和手工艺。

2014 年，吊坛村被列为中国传统村落。全村现有 72 户 184 人，耕地 323 亩，山地 2705 余亩，村民人均纯收入 3000 余元，村集体当年收入约 1 万元。

横樟村

横樟村隶属松阳县大东坝镇，位于县域南部山区，距离县城18千米。

永禁碑

横樟村原名横浆，因村口有大樟树横出，故名。始祖包仁字茂德，包拯的第五代孙，南宋绍熙癸丑科（1193）进士，大理寺右评事。南宋时期，包仁“晚年致仕，侨居婺州，闻吾松蟾湖山水之胜，就而家焉此”。其十七世孙包继昱、包继鼒于明末从蟾湖迁入横樟，从而繁衍生息，人丁兴旺，渐成包姓聚居之地。

横樟村自明代至20世纪60年代均为乡治驻地，明清时期为移风乡，民国初沿用旧制，民国十九年（1930）为归正乡，民国三十三年（1944）改为留茗乡，中华人民共和国成立后，1950年改为横樟乡。现存横樟村至少已有800多年历史，至今仍保留宋代的古道、古桥，清代的祠堂、药店、私塾、驿站、染坊、油坊、社庙以及大量古民居建筑。村中心有包氏祠堂，规模宏大。包氏先人壁画、牌位、匾额等显示横樟深厚的文化底蕴。

2013年，横樟村被列为第二批中国传统村落。全村现有270户850人，耕地400多亩，山地12000余亩，村民人均纯收入4000余元，村集体当年收入约5万元。（编写：徐然虎）

后畲村

后畲村隶属松阳县竹源乡，位于松阳县中南部，距乡政府驻地东南约3.8千米，处于小港支流赤圩坑的源头，海拔408米，坐落在四面环山的谷地之中。

后畲村现居住的主要是叶姓，叶姓祖先是从古市迁移到西屏，再从西屏迁至后畲村，几百年来叶姓子孙在这里发展壮大。据房谱记载，后畲叶氏第一世文豹“游览十八都后畲庄，见此峰峦回护，石泉清翠，厚风美俗，有田可耕，有书可读，遂迁于此”，按世代计算，那时大约在明朝后期，从文中可知，叶氏来后畲之前，村庄已经存在。

后畲村传统建筑群集中修建于清代中后期，传统建筑占地面积6万平方米，占全村建设用地面积比例90%以上，功能种类丰富，涵盖民居、祠堂、庙宇、古粮仓、银矿洞遗址、香火堂等古建筑。村有县级文物保护点2处，第三次全国文物普查新发现不可移动文物11处。现存传统建筑多为泥墙青瓦，硬山顶马头墙，泥土墁地，天井卵石拼花，雕刻精细，具有典型的浙南山区地域性特色。后畲村良好保留着四时八节敬神祭祖的传统礼俗，以及过年炊糕、打米粿、做豆腐，除夕炊山粉圆，清明节做青粿，端午节采制端午茶、包粽子、喝雄黄酒，七月十五日炊灰汁糕，八月十五吃月饼、拜月亮等传统风俗。

2014 年，后畲村被公布为第三批中国传统村落，2011 年被松阳县政府公布为县级历史文化村。2014 年年末，有村民 768 人，耕地 455 亩，山林面积 11373 亩，人均收入 10092 元。(编写：叶高兴)

黄岭根村

黄岭根村，隶属松阳县三都乡，与丽水市及武义县接壤，属三县交界之地，是一个典型的高山阶梯式传统村落。

据《松阳地名志》载："黄岭根村因村在黄泥岭脚得名。"黄岭根村村民多为陈姓，据《颖川陈氏宗谱》载：黄岭根陈姓为南朝陈国开国皇帝陈霸先后裔，始祖称二公于南宋开禧年间（1205—1207）经商至黄岭根"见其地山迴水绕，文峰叠匕，可以卜筑而居，遂举家迁此而居，就家于是焉"。

黄岭根村东南方坐落着文笔峰，西北方坐落着斗山，形成了"魁星踢斗"布局。村庄占地41亩，已有800多年的历史，仍保有众多古民居、书院、宗祠、庙宇、香火堂、古桥、古道、古河等遗存。黄岭根村非物质文化传承良好，本土特色明显，有省级非遗一项（端午节制作），其他非遗项目众多，每项传承至今都逾百年。2011年5月，松阳县政府公布黄岭根村为县级历史文化村。2014年11月入选第三批中国传统村落名录。2014年年末，全村有91户，耕地167亩，村民人均纯收入9800元。（编写：郑升）

交塘村

交塘村隶属松阳县玉岩镇，位于松阳县玉岩镇政府所在地东北4千米，由交塘和神砝（tan）两个自然村组成。

据交塘《叶氏宗谱》记载，“昔日景仁公系是卯山后析迁温州平阳，育二子，长子讳盖者，见世纷扰，弃官不仕，同父归隐于松邑大岭脚溪东而家焉，传至二十二世孙少五公，分居白麻岩，生子万六公再徙交塘”，据今500余年。后代日益繁盛，村庄逐渐扩大，并外迁何庄等。神砝自然村都姓季，始迁祖季远明于明万历年间自溪口村迁居神砝。中华人民共和国成立后，交塘村曾是交塘乡政府驻地。

交塘村叶氏香火堂建于明代，传统建筑群集中修建于清代，其中永济桥、叶氏宗祠、44号民居被列为县级文物保护点，8处传统建筑被列入第三次文物普查的登记范围，有11处被县里列为挂牌传统建筑。传统建筑面积占地6万平方米，种类丰富，包括民居、客栈、祠堂、庙宇、廊桥、谷仓等，100多幢房子，仍然全部都是泥木结构。村庄传统建筑保持非常完整，排列没有一幢现代建筑。非物质文化遗产有端午茶民间保健茶、打清醮、迎神等民间习俗活动，有修篾等传统手工艺。

2014 年，大岭脚村被公布为第三批中国传统村落。村民以种植笋竹两用林、香菇为主要经济来源。2014 年年末，有村民 617 人，耕地 289 亩，山林面积 5250 亩，全村人均收入 7400 元。（编写：叶高兴）

梨树下村

梨树下村隶属松阳县枫坪乡，位于箬寮群山北麓，海拔825米，现有康庄公路和箬寮景区公路连通该村。

村民多张姓，清乾隆二年（1737），福建宁化招得里张明汉移居此地，是为梨树下张氏始迁祖，靠农耕和经营竹木，特别是厚朴中药材兴族。

梨树下村庄占地百亩，传统建筑有清代古民居、宗祠、社殿、戏台和民国时期名居、驿站、吊脚楼及石拱桥、古河道、古道、凉亭、香火堂等，粉墙黛瓦，雕梁画栋，融徽派和闽派建筑风格为一体，村落整体布局依山逐水叠架而上，连片集中，大多数房屋朝南，门对青山，旷开向阳。村口风水树林有南方铁杉、红豆杉、红枫、古松、古柏等百余株（树龄均在百年以上），其中南方铁杉、红豆杉为国家二级保护树种。

2014年，梨树下村被列为中国传统村落名录。2014年年末，全村153人，村民人均收入7000元，村集体当年收入1万元。

平卿村

平卿村隶属松阳县新兴镇，坐落于谢村源的山冈上，周边有谢村源水库。

平卿村建于元至正二十五年（1365），距今已有650年历史。据《周氏族谱》记载，该村周姓始祖三道公从新兴镇大岭根村迁至平卿，建立村庄，子孙后代在此繁衍生息。

平卿村的传统建筑保存较为完好，数量众多，有100余处。村民住宅为浙西南山区典型的传统民居，黄墙黛瓦，借山势而建，错落有致地分布在山冈上。另外，还有祠堂、戏台、井泉、寺庙、桅杆石等传统建筑，以及松阳县文物保护点清代禁赌碑，历史遗迹丰富多样。主要特产有端午茶、篾制品等。主要民俗活动有福日祈福、戏曲弹唱、舞龙灯等。福日祈福就是村民选取黄道吉日，合众向该村“八保新兴社”中的“平水禹王”还愿、祈福的民俗活动。福日每年八个，大福日和小福日各四个。大福大祭，每次杀一头大黑猪作为主要的祭品；小福小祭，仅用肉、饭等相对简单的祭品。每年通过数次祭祀，祈求神灵保佑一年来风调雨顺、五谷丰登。

2014年，平卿村被列入第三批中国传统村落名录。2014年年末，全村有107户，耕地260亩，林地2750亩，村民人均年纯收入8300元，村集体收入5万元。村民主要经济收入来源为茶叶和高山蔬菜种植。（编写：郑忠民）

球坑村

球坑村隶属松阳县樟溪乡，位于松古盆地西北角十三都源内高山上，海拔 495 米，有通村康庄公路直达该村。

村民多郑姓、叶姓，南宋绍兴年间（1131—1162），郑禹挈家南渡，子孙中有郑开芳游医途经球坑，见地形胜，遂卜居避世，靠农耕逐渐盛族成村，是为球坑郑氏始迁祖，并依山场地形取“球坑”名，沿用至今已 850 余年。

球坑村庄占地 78 亩，传统建筑有明清古民居、社殿、香火堂、庙宇和民国的民居唐葛周殿及古道凉亭、石拱桥、古井、古河道等。村落布局依山逐水，合纵连横，栉比鳞次，错落有致，均以石板路相连，户前小桥流水环绕，涓涓清流，到处见水，汇集到村中大溪，体现“水活”理念。村口风水树林有红豆杉、红枫、古柏等百余株，树龄百年以上，其中红豆杉树龄 300 余年，为国家二级保护树种。

2014 年，球坑村被列为中国传统村落名录。2014 年年末，全村 392 人，村民人均收入 6572 元，村集体当年收入 27.4 万元。

石仓六村

石仓六村隶属松阳县大东坝镇，位于松阳县南部，距县城 26 千米。古名叫上茶排，上茶排村由下辖湾里、水井头、白粉墙、洋头岗和杨柳下 5 个自然村组成。

据史料记载，石仓六村明代就有人居住，现存的 20 余幢古民居都是清嘉庆、道光年间建造。据《阙氏族谱》记载：清朝平定三藩之乱以后，闽、浙、赣三省一片荒残，国家鼓励移民垦殖。康熙五十年间阙盛宗的三个孩子其兴、其春、日春来石仓茶排的铜坑垄子里垦荒，阙其兴 4 个儿子和 15 个孙子，他们每人建造一幢大屋，老大天有和老四天开及他们儿子建造在上茶排村。

石仓六村有清代古民居 20 余幢，其中 6 幢占地面积在 2000 平方米以上。古民居里还有古画几十张、牌匾 100 多块。村中保存着嘉庆、道光、光绪、民国和 1995 年五个时期的阙姓族谱，清代胡氏族谱，古契，古代账本和分家书等 3000 多份，出版《石仓契约》第二辑八册，撰写关于石仓古代经济、文化、建筑等方面的文章近 10 余篇。茶排九节被公布为县级非物质文化遗产。

2013年，石仓六村被公布为第二批中国传统村落，2000年被浙江省人民政府公布为省级历史文化保护区，有4幢古民居被列入浙江省文物保护单位。2014年年末，全村有251户854人，耕地509亩，山林面积6154亩，人均收入9861元。（编写：叶高兴）

石仓七村

石仓七村隶属松阳县大东坝镇，位于松阳县南部，距县城25千米。古名叫下茶排，由下茶排、天堂坑、山粉寮和同坑等4个自然村组成。

据史料记载，石仓七村明代就有人居住，水口冷水有姓严的人居住，水口还有“叶山边”是姓叶的人居住过的，村子中间的“洋段里”古代叫“洋庄”，铜坑口有姓陈的人居住过，但现在他们的房子都不存在了，现存的20余幢古民居都是清嘉庆、道光年间建造。据《阙氏族谱》记载：清朝平定三藩之乱以后，闽、浙、赣三省一片荒残，国家鼓励移民垦殖。康熙五十年间阙盛宗的三个孩子其兴、其春、日春来下茶排的铜坑垄子里垦荒，阙其兴4个儿子和15个孙子，他们每人建造一幢大屋，老二天贵和老三天培及他们儿子建造在下茶排村。

石仓七村有清代古民居20余幢，其中7幢占地面积在2000平方米以上。古民居里还有古画几十张、牌匾10多块。村中保存着从嘉庆、道光、光绪、民国和1995年五个时期的阙姓族谱共49本，清代雷氏族谱3本，古契约4000多份，古代账本和分家书200多本，出版《石仓契约》第一辑八册。

2000 年被浙江省人民政府公布为省级历史文化保护区，有 4 幢古民居被列入浙江省文物保护单位。2014 年年末，有村民 633 人，耕地 539 亩，山林面积 10189 亩，生态公益林 3600 亩，全村人均收入 9293 元。(编写：叶高兴)

吴弄村

吴弄村隶属丽水市松阳县望松街道，位于松古平原北隅腹地，距松阳县城5千米，至望松街道驻地3千米。

吴弄，亦称梧弄。据《松阳地名志》载：“昔时有枫树林，狭长如弄，又因吴姓人建村，故名吴弄。”据松阳《耐性桥叶氏宗谱》载：明隆庆年间（1567—1572），松阳耐性桥迁始祖叶广授迁居吴弄，生根发荣，叶姓是古今吴弄之第一大姓。查《午岭曾氏宗谱》：清康熙三十七年（1698），曾国普从午岭迁居吴弄，曾姓为吴弄第二大姓。吴弄村渐渐形成吴、叶、曾等多姓聚居的村落。

吴弄村15幢传统民居连片集中，呈块状聚落。以宗族血统和道统为理念，有兄弟同楼或连幢的，也有兄弟隔墙相邻或隔弄相望的，一幢挨着一幢，山墙毗连，井然有序，且幢幢建筑的内门都相通，雨天串房过巷可以不湿鞋。古民居的题额、楹联、木雕、石雕、绘画技艺精致典雅，题材丰富，内涵深刻，是浙西南家族聚居的典型标本。自古以来，吴弄村所产的烟叶为松阳晒红烟中之上乘，素有“松北大烟”的美称，1915年曾获巴拿马万国博览会金奖，民国十八年（1929）获浙江西湖博览会优等奖。

2003 年，吴弄村被松阳县人民政府公布为县级历史文化村，2012 年被浙江省人民政府公布为省级历史文化名村，2013 年被公布为国家第二批中国传统村落。2014 年年末，吴弄村有 174 户，耕地 495 亩，村民人均纯收入 1. 4 万元，村集体当年收入 14. 5 万元。（编写：叶坚红）

象溪村

象溪村隶属丽水市松阳县象溪镇，位于松阳县的东南，距县城16千米。村庄依山傍水，风景秀丽，松阴溪从村中穿过，村边有省道一级龙丽公路和高速公路象溪出口，交通便捷。

象溪村唐神龙年间（705—706）建村。据考，唐神龙年间进士高鑑之子，国子监大学士高温乘船经此处蝌蚪潭，见潭中有象状的巨石上下浮动，认定这边“风水”独好，遂从钱塘徙居于此，取名象溪村。村民大多为高姓。

象溪村山川灵秀，人文荟萃。村中至今保留有明清时期的古民居、文昌阁、宗祠、庙宇、凉亭、古井、池塘、古树等历史遗迹和胜景。“太守第”是松阳历史名人高焕然故居，室内木雕工艺精细，内存清末两广总督授予高焕然“学道爱人”匾额一方。自后梁直至明清，象溪高氏科第连绵，父子、兄弟、叔侄连科登榜，文武双修人士层出不穷，孕育出许多卓尔不群的良才，曾出过3名进士、5位举人、85位秀才，故有“秀才村”“耕读村”之美誉。有急公好义之士高良仁，还有中国第一代飞行员、抗战英烈高自元、高威廉叔侄等。象溪村在美丽乡村建设过程中，修缮了朱熹讲学地，充分发挥生态、传统文化等乡村旅游资源。

2011 年，象溪村被松阳县人民政府公布为县级历史文化村，2012 年被公布为浙江省特色旅游村。2014 年年末，象溪村有 278 户，耕地 264 亩，村民人均纯收入 10980 元，村集体当年收入 3. 8 万元。（编写：叶坚红）

沿坑岭头村

沿坑岭头村隶属松阳县枫坪乡，位于乡政府后面高山岭头，海拔770米，现有康庄公路通村。

沿坑岭头又叫丁坑沿头，村民多叶姓。清康熙年间（1662—1722），松阳大姓叶氏芝六公从古市徙居于此，是为沿坑岭头叶姓始迁祖。繁衍生息至今已20代，历300年靠农耕和经营竹木逐渐成盛族兴村。

沿坑岭头村庄占地50亩，传统建筑有清代和民国古民居、宗祠、古庙、吊脚楼及古道、古井等，村落分布在岭头朝阳山冈上，连横叠架排列，错落有致，门前向阳开阔，村庄及周边生长着200余株金枣柿、红豆杉、枫香、香榧等古树，树龄200—300年不等，其中182株金枣柿老树，是目前国内保护规模最大的金枣柿树群。

2014年，沿坑岭头村被列入“中国传统村落名录”。2014年年末，全村120户351人，村民人均收入6530元，村集体当年收入1万元。（编写：刘关州）

燕田村

燕田村隶属松阳县大东坝镇乡，位于镇西南高山上，海拔450米，有通村康庄公路抵达该村。

村民多吴姓，明洪武年间（1368—1398），福建武夷吴万七途经燕田时正值严冬，见别地多霜雪覆盖，独此地无雪无霜，温暖如春，地上还长满绿色植被，犹如小桃源，遂举家移居于此，靠农耕逐渐盛族，并取名“燕田”，寓“田园肥美，莺歌燕舞”之意，沿用至今。

燕田村庄占地84亩，有清代和民国时期的古民居、宗祠、社殿、庙宇、香火堂及石拱桥、古道、古河道、古井、凉亭等传统建筑。村落依地势分成三个区块，点缀在小盆地坡岗及南口处，竹木掩映，错落成趣。村南水口风水树林，有古樟、古柏、香枫、古松等300余株，树龄百年以上。

2014年，燕田村被列入中国传统村落名录。2014年年末，全村496人，村民人均收入6765元，村集体当年收入2.9万元。（编写：刘关州）

西田村

西田村，隶属松阳县三都乡，位于该乡中部，距县城 10 千米，距乡政府驻地 6 千米，交通方便。

据《浙江省松阳县地名志》载：村庄因地处高山，水贵如油，原名油田，后演为西田。据《西田叶氏宗谱》载：经公九孙服昇公生三子，长文正、次文清、三文行，文清公六世孙曰崇公者，讳三，字逵德，始迁三都油田，为油田叶姓第一世。叶文清六世孙叶崇，明嘉靖甲子年（1564）从桐溪迁到油田，从此开始了家族 450 余年的传承。

西田村于明嘉靖甲子年建村，现存最早建筑修建在清代，传统建筑群集中修建于清晚期至民国。全村共有县级文物保护单位 3 处，文物保护点 3 处，历史文化建筑 6 处。传统建筑类型丰富，有宗祠、庙宇、学堂、民居、米碓房等。村东有 3 株 300 余年的大松树，成为村庄标志性的景观。

西田村非物质文化传承良好，本土特色明显，有省级非遗一项（端午节制作），其他非遗项目众多，每项传承均逾百年。西田鱼灯舞起源于明末清初，根据当地民间元宵“张灯作乐”的习俗而创造出来的民间舞蹈，300 多年来，流行于三都乡及松阳县城一带，是西田村民逢年过节、拜神祭祖、喜庆丰收的必备节目。

2014 年入选了第三批中国传统古村落名录。2014 年年末，全村共有 107 户 311 人，耕地 167 亩，村民人均纯收入 0.6 万元，村集体当年收入 1.5 万元。（编写：王永球）

安岱后村

安岱后村位于松阳南部，浙西南腹部，松（阳）遂（昌）龙（泉）云（和）交界处。

根据安岱后《陈氏宗谱》载：康熙乙未年（1661）陈日政（陈凤生祖上六世祖）从景宁沙湾迁居安岱后，至今历350余年。村庄沿山涧两岸，依山而建，北靠箬寮山麓。其中主峰箬寮岘海拔1502米，为松阳最高峰，可远眺松、遂、龙、云四县地。大山中生长着华东地区面积最大的乔木猴头杜鹃，号称“十里花海”，另生长着国家一级保护植物——东方水韭和成片的原始林“断子绝孙”——青冈树。

清末光绪年间，全族合力在村口兴建了165平方米的社殿。殿面阔三间，二进二厢房，抬梁穿斗混合结构，雕梁画栋，黄墙青瓦，硬山顶马头墙，蔚为壮观，供奉大禹王、土地公婆、社公。在村南北水口上架设了屋桥，桥长32米，宽5.5米，孔跨6.7米。廊屋面阔10间，抬梁结构，挑檐牛腿圆雕“风、调、雨、顺”四大金刚，明间设神龛，供奉观音大士。又在村中山边兴建“陈氏宗祠”，坐西朝东，占地面积227平方米，平面布局呈八字门墙，面阔三间，二进三厢房，天井呈“凹”字形，大门前

和天井四周挑檐牛腿分别镂雕人物神像和狮子戏球，雀替浮雕曲带回纹、卷草花卉等纹饰。

2012 年被列入全国第二批红色旅游经典景点之一，2014 年被列入第三批中国传统村落名录。2014 年年末，全村有 388 户，耕地 146 亩，村民人均纯收入 6721 元，村集体当年收入 1. 1 万元。（编写：洪关旺）

白麻山村

白麻山村隶属丽水市松阳县玉岩镇，村庄坐落在海拔600余米的山头上。村子周边向阳的地方被先民开发成一级一级的梯田，保持着村落、梯田的环农业型格局。村口有72株连片古木，以枫香、柳杉和香樟为主。村民种植香菇、高山蔬菜、香榧。

叶氏始迁祖泰五在明朝初期洪武年间，从古市塘岸迁居而来，成为白麻山开基之祖。钟氏在康熙至雍正年间由福建长汀迁入大岭脚，再散居至白麻山村。

白麻山村全貌

白麻山50%以上民居集中在清末修建，村中99%的建筑为传统建筑。在每个重要方位布置了具有重要功能的公共建筑或公共活动场地，除了有叶氏宗祠和钟氏宗祠、多个香火堂，另有与大岭脚村共用的禹王庙、文武庙等公共建筑。村中建筑风格多样，有“一”字形、三合院式和吊脚楼式。白麻山传统格局保存完好，村内街巷体系相当完整，同时三面环山、一面开口，村庄背靠乌尖坛、左傍南山，开口处生长着高大修长的古树，如屏风拦在村口，使村子在地形上形成封闭状态，在村庄布局上符合藏风纳水的风水结构。村中保存了第七次修编的《叶氏宗谱》。

2014 年年末，白麻山村有 64 户，耕地 183 亩，村民人均纯收入 9632 元，村集体收入 5 万元。(编写：黄春爱)

陈家铺村

陈家铺村隶属松阳县四都乡，距县城北部 15 千米，坐落在大山的南侧，平均海拔达 840 米。整村地势北高南低，房屋依山而建，是一座建在悬崖峭壁上的崖居式传统村落。

陈家铺兴为村之前，这一带的田原归陈姓人所有，而田畈间塔有灰铺。明朝初年，金华市武义县山下鲍村的鲍姓两兄弟到此地养鸭，并在此兴家立业。村名陈家铺，但全村绝大部分是鲍姓人。建村至今已有近 600 年的历史。

松阳县到武义县的古驿道经过该村，陈家铺是古驿站，清代曾经在此驻有士兵。古建筑群集中修建于清代，祠堂、香火堂、社庙、古店铺、古道和驿站等传统建筑保存良好。古民居以直三间为主，主要采用泥土、石头、青砖、木板等建筑材料，巧妙地利用地形地貌和岩石结构建成，沿着山崖、山坡一级级向上延伸。一座座石头搭建而起的平台托起一排排房屋，形成了壮观的阶梯式村落，给人以非常震撼的视觉冲击。陈家铺这个村落，是人类改造自然和回归自然的经典之作，高度体现了陈家铺人的勤劳俭朴、自强不息、不屈不挠的精神，同时还反映出他们对土地的极度珍惜。

2014 年年末，有山地 3779 亩，耕地 251 亩，村民人均纯收入 6826 元，村集体当年收入 2 万元。（编写：叶荣亮）

呈回村

呈回村隶属松阳县三都乡，距县城 20 千米左右，距乡政府 8 千米左右。呈回村，地处松阳县东隅，坐卧马鞍山半山腰，因“四山环抱一水绕”而得名。

呈回建村源于宋姓先民。据《宋氏宗谱》记载，明代开国文臣之首、著名的史学家和文学家宋濂的孙子宋可三于明洪武年间（1368—1398）自浙江浦江迁徙到呈回建村。明景泰年间，南宋政治家、宰相汤思退后裔，汤惟正自丽水五云迁居松川三都之呈回。

汤家祠堂

村中房屋鳞次栉比、错落有序，三官殿、宋氏宗祠、唐胜社、汤氏宗祠、唐葛周庙呈不规则的“一”字形从东到西分布在村落中，形成了村落的中轴线。村内屋宇相连，门户相通，巷道高低错落，块石小道，四通八达。尤以一条石板道格外醒目，此道修于清嘉庆十五年，蜿蜒贯穿整个村子。因村落格局如同美女，所以石板道有玉带之说。呈回村民俗文化保存完好，非物质遗产丰富，至今保留着四时八节敬神祭祖、“演戏台志”等传统礼俗，过年炊糕、打米粿、做豆腐、炊山粉圆、做清明粿、包粽子、雄黄酒、炊灰汁糕、做月饼和冬至粿等传统工艺，还有竹编、熏火腿、烧炭等传统技艺。

2014 年，呈回村被评为全国传统村落。2014 年年末，呈回村有 198 户 492 人，耕地 334 亩，村民人均纯收入 10360 元，村集体当年收入 8.62 万元。(编写：黄夏芳)

岱头村

岱头村隶属丽水市松阳县叶村乡，在县城西南之南岱山顶峰望祀山南麓，距县城约20千米，海拔860米，古名岱峰。村落依山傍水而建，“村落—梯田—山水”的格局和谐优美。道士坑穿村而过，四面环山，古木翠竹相映，四时景致如画。村民以种植水稻、香榧为主，是浙江省海拔最高的高山优质水稻专业村和香榧产业特色村。

岱头村南面村貌

该村最大姓氏是叶姓。据《岱峰叶氏宗谱》记载，始迁祖“远二公自大明洪武年间由官岭而居岱峰”，至今600余年历史。1935年8月，中国工农红军挺进师曾进驻岱头。

村中99%的建筑为传统建筑，有传统民居、清代书院、民国学堂、岱头小学、叶氏宗祠、香火堂、新明社殿、廊桥、客栈、岱头堂、茶亭、凉亭等多种建筑，有文物保护点4处。明代建筑4处，分别为新明社殿、廊桥、岱头堂、叶氏宗祠。传统建筑连片集中，大多数采用浙西南民居经典的三合院、一字屋、四合院结构，还有少量吊脚楼、过街骑楼。松阳最有名的地方神——毛洞主的洞主殿坐落在该村金坑源。岱头村至今保留着向洞主娘娘求雨，迎请洞主娘娘巡村，看“仁戏”的习俗，此外，还有太平龙灯、吉庆锣鼓等传统民间曲艺。

2014年年末，岱头村有106户，耕地231亩，村民人均纯收入9520元，村集体当年收入3.5万元。（编写：叶鑫垚）

官岭村

官岭村隶属丽水市松阳县新兴镇，距离松阳县城33千米，距离新兴镇19千米。村庄位于海拔900多米的高山岭背，属于高山村落。村民以种植茶叶、吊瓜、香榧为主。

新兴镇官岭村全貌

因村庄位于高山岭背，松阳县至龙泉县古官道穿村而过，而称官岭。明万历年间，松阳县玉岩人陈勝祖带着两个儿子庆降、庆泰来官岭定居。陈氏的祖上为陈穆公，曾是唐末的太子太保，至今陈姓占全村人口的95%。在陈氏定居官岭之前，曾有叶氏在此居住，据《岱峰叶氏宗谱》记载，其始迁祖“远二公自大明洪武年间由官岭而居岱峰”，故官岭村的形成至少在明初之前。

村庄因处偏远深山，村落环境封闭，传统建筑及建筑细部、周边环境原貌保存完好，整体风貌协调统一，是浙西南最具有代表性的高山阶梯式传统村落之一。原住居民仍正常生活于此，人丁兴旺，自然和谐，保持了传统浓厚的活态性。传统建筑集中修建于清朝及民国，村中古建筑群功能丰富，种类繁多，有传统民居、庙宇（禹王庙、关公庙、四相公庙、永庆堂）、祠堂、客栈、廊桥、谷仓等。村里珍藏一组清代祭祀用具八仙法器和宫廷兵器，造型奇特，雕刻精致巧妙，实为罕有。官岭村保留着四时八节敬神祭祖的传统礼焚香点烛，供祭神灵，以祈求新年平安、五谷丰登；官岭村有舞龙灯传统，龙灯由明朝流传至今，龙身用竹扎成圆龙状，节节相连，名为“桃龙”，每年正月初八到正月十五便会在本村及邻村开舞。

2014 年年末，官岭村有 177 户，耕地 439 亩，村民人均纯收入 10850 元，村集体当年收入 7.6 万元。（编写：黄春爱）

横岗村

横岗村隶属松阳县竹源乡，位于县城西南部，距离县城 12 千米，地处浙西南山区崇山峻岭之中。

横岗古村落

据《横岗形胜志》记载："环绕皆山也，中无数十畝之广，岩石合抱，宛分二境，外有一岗，自南发派，迤逦而东而北，横亘水口，而'横岗'因以取名焉。"横岗村只有一个潘姓氏，是松阳潘姓十四支系之一。《横岗潘氏宗谱》载：始祖潘善"其先世居杭州梓沙坑，后徙居丽水丁川。于宋太宗时因乐山水之胜而腊于括松之大竹溪，见其山水之盘环，灵地幽居，泉甘而土肥，农愿而士秀，足以乐其隐者，遂卜筑而居焉。"为松阳县外十八都大竹溪之始祖。

横岗村现存最早建筑为修建于清朝乾隆二十九年（1764）的潘氏宗祠，古廊桥建于清光绪二十年（1894），淳安外社修建于清朝。横岗村传统建筑集中修建于清朝及民国期间，占地面积8公顷，占村庄建筑用地面积的98%。现有县文保点1处，历史建筑6处。其中，119号传统民居占地面积512平方米，121号民居占地522平方米，127号民居占地338平方米，为土木结构的二进五开间建筑，采用中国传统对称马头墙的建筑风格，错落有致，气势宏大；石刻木雕工艺精湛，多采用当地乡土材料，多以砖、石、木材为主，配置合理，做工精细；厅堂内雕梁画栋，多以动物以及花卉、亭台楼阁为主，表现了主人对生活的美好愿望和审美情趣，充分反映了当时社会生活和民风民俗。

2014年被列为中国传统村落名录。全村由2个自然村组成，2014年户籍人口有267户854人，耕地面积397亩，林地面积5813亩，人均收入12053元，村集体经济收入7万元。（编写：朱大林）

黄山头村

黄山头村隶属松阳县赤寿乡，位于松阳县东北边陲，与遂昌县交界。

黄山头村历史悠久，据《苏氏宗谱》记载：自明季太祖禹敬公由遂邑七都上马头徙居松阳九都溪根，传三世至潭公，家业颇裕，因遭兵乱之灾于万历元年（1573）后由溪根迁至黄山头，繁衍生息，人丁兴旺，渐成苏氏后裔聚居之地。

苏氏宗祠大堂

整个村落坐落在海拔650—750米的燕形山坳中，北靠高山，左、右两翼山峦环抱村庄。村中传统民居错落有致，村落大部分由红泥墙垒砌，较完整地保留了古村落的历史格局与传统风貌。黄山头村历史悠久，传统文化积淀丰厚，祠堂、香火堂、神坛社、古圣堂、古树等文物遗迹门类齐全。苏氏宗祠始建于道光二十六年（1846），占地面积350平方米，内有戏台、祖宗牌位及雕刻精良的牛腿、狮子头及其他古老手工雕刻作品，是逢年过节村民祭奠先祖的地方。神坛社是该村村民祭祀社公爷保佑村民国泰民安、风调雨顺，社内人物表情丰富、栩栩如生。逢年过节当地村民去社里祭拜，祈求今后工作生活平安。黄山头村民一直遵守着先祖制定的百行以孝为先、治家以勤俭为上等九条家规。

2014 年被列入“中国传统村落”。2014 年年末，黄山头村有人口 232 人，82 户，耕地 150 亩，林地 5001 亩，村民人均纯收入 6320 元，村集体当年收入 5.2 万元。(编写：苏国成)

黄上村

黄上村隶属松阳县竹源乡，位于县城西南部，距离县城15千米，坐落于有浙闽要冲之称的仙霞岭山脉之间，海拔500多米，境内植被茂盛，有20多棵古树，翠竹掩映，溪泉清澈，空气洁净，景色非常优美。

黄上村始建于明代，据《黄庄上村王氏宗谱》载：明交阯道监察御史文成公之孙虎公，见“王庄地方山环水绕，俗美风淳，遂筑业室而居焉……提为一世始祖也”。黄庄村原名王庄村，有上、下两个村。因松阳话“王”与“黄”同音，故从民国开始改称黄庄村。黄庄上村最早为王姓始祖虎公于明正德年间（1506—1521）从县城市坎头迁而居焉。据宗谱记载，黄上村原在现址下方，因火灾迁居此地。后来，一支潘姓人从龙坑自然村搬迁来此，他们无声地在黄上村世代生息，繁衍而成为现在的村落。

古廊桥

黄上村建村历史可以追溯到明代。现存最早建筑修建于明代，传统建筑集中修建于清代及民国，传统建筑占地面积5.7万平方米，占全村建设用地面积的99%。建筑功能种类丰富，有传统民居、廊桥、三坦社殿、三元正终殿、石谷殿、谷仓等。保存完好的明代建筑有三坦社殿一处，清代的古廊桥。全村有一幢传统建筑被列入县级历史文化建筑进行挂牌保护。黄上村严格按照传统风水理论选址和规划、营造，整个古村落建筑坐北朝南、依山傍水，周边环境优美，格局完整，呈现“天地人合一”的和谐优美形态，是典型的高山阶梯式村落，具有鲜明的浙南地域特色。

2014 年被列为第三批中国传统村落名录。2014 年，户籍人口 624 人，6 个小组，常住人口不足 60 人，党员 12 名，耕地面积 251 亩，林地面积 6002 亩。2014 年人均收入 13512 元，村集体经济收入 4 万元。（编写：朱大林）

黄田村

黄田村隶属丽水市，位于松古平原西北的黄田山眉部，海拔600多米。至今仍保留手工制香的传统工艺，使用传统工艺营造建筑。

黄田村以黄土梯田得名。据《千义坑村刘氏宗谱》记载，宋颍川令刘焕第十三世孙刘文仲在清朝道光年间（1821—1850），因打猎路经黄田村，见其山明水秀，故由千义坑卜居于此，距今已有370余年。1946年属樟溪乡，1952年属溪下乡，1956年复属樟溪乡，1958年属红光公社樟溪大队团结生产队，1961年从团结生产队分出，建立樟溪公社黄田大队，1984年改设村委会。

村庄坐西面东，全村房屋依山而建呈阶梯状排列，错落有致。后排的房子借助山石的堆砌，将房子的前侧或左右侧的墙基砌高，克服个子矮、地势陡峭的缺陷，砌得跟后侧齐平，然后用黄田村特有的黄土夯墙，黄田山上的树木做栋梁、隔板、栅栏和门窗。民居款式为三间二轩，或五间二轩，层次分明，排列有序，泥墙青瓦，冬暖夏凉。村庄至今仍保留有10余幢清代至民国的古建筑、古泉眼、古石水槽、古亭、古石桥、古墙磡、古道、古树、踏碓、水井、梯田等，文物文化遗产和非物质文化遗产丰富，有拜祭、求雨、道教超度等习俗。

黄田村是县市级传统村落保护村，手工制香已成功申报非物质文化遗产。2014 年年末，黄田村有 53 户，耕地 60 亩，林地 1353 亩，村民人均纯收入 10095 元，村集体当年收入 21 万元。（编写：王香花）

界首村

界首村隶属松阳县赤寿乡，位于松阳县西北端出入口的首村，与遂昌交界。

界首村历史上曾称洪坦、怀德里、介寿、赤溪、佳溪、清溪，明时改称界首（俗称界头）。宋、元时，该村以洪、叶二姓人居住为主，后皆迁往他乡。明洪武二十六年（1393），明朝大臣刘伯温堂侄刘堡从青田迁徙来此定居，后有张姓、颜姓、缪姓、陈姓、骆姓及畲族雷姓、钟姓迁入，繁衍生息，但以刘、张二姓为主。

界首村古驿道

村落按船形布局。船头是张公祠，船尾是禹王宫，后延伸至张氏宗祠，那300余年的高大挺拔糙叶树似船篙，约500米长的古驿道则是船的龙骨，两边横巷则是船的骨架，一幢幢连片屋宇则是船板。村中至今保留着清代早中期建筑的老街、宗祠、庙宇、牌坊、古民居、古店铺及古树，还有宋时的古井、商周文化遗址和唐宋时瓷窑址。古民居的砖雕、石雕、木雕工艺精湛。老街中的三个过街石拱圆门，在村落中极为罕见。界首村历来崇德尚文，重教耕读。光绪三十二年（1906）二月，创办了处州（今丽水市）最早的女子学校“震东女子两等小学堂”，革除了一直以来女子不能入学的陈规陋习。

2006年，界首村被浙江省人民政府公布为“历史文化名村”，2012年获“丽水十大养生村”称号，2013年被列入“中国传统村落”。2014年年末，界首村有人口860人，305户，耕地960亩，林地4936亩，村民人均纯收入11988元，村集体当年收入5万元。（编写：钱明龙）

毛源村

毛源村隶属松阳县三都乡，距县城约15千米，距乡政府6千米。村中有山林小溪一条，潺潺流水，风景秀丽，民风淳朴，辖毛源、麻石玄两个自然村。因“此地山林茂盛，空气宜人，属毛草、林木丛生的山源，故名毛源”。行政村以驻地毛源自然村命名。

据其族谱记载，毛源村始建于乾隆四十一年。一位徐姓官员（徐志华）为避战争之乱，认为天下纷争，大势未有所属，于是携带一家老少，来到三都，见此处风水极佳，山清水秀，可远离纷争，便在这里繁衍生息，历经300余年。

迎神赛会盛况

毛源村每两年举办一次规模宏大的迎神赛会，迎接村民心中四大神仙：徐侯大王、唐元帅、葛元帅、周元帅。毛源村村民世代农耕，种地工具、制酒制茶工具、做木修篾工具一应俱全。村内保存完好的古建筑有11号、14号、37号古民居等。全村统一规划，子孙相邻而居，崇尚礼教，耕读传家，尊祖睦族，淳朴民风。目前还留存着各姓氏先祖先贤画像，积极健康的家训、族训、家谱、族谱、村规民约，以及与村庄有关的诗文、楹联、对联、匾额等。在饮食、服饰、手工艺、民风民俗活动等方面有丰富的非物质文化遗产。

2014 年，毛源村被评为中国传统村落。2014 年年末，毛源村有 136 户 458 人，耕地 264 亩，村民人均纯收入 11499 元，村集体当年收入 10.17 万元。（编写：章冰梅）

南州村

南州村隶属松阳县象溪镇，位于县城东部，松阴溪南岸，距县城15千米。南州者，南洲也。据《松阳县地名志》载："因村处松阴溪南沙洲上，故名。"

南州村是象溪镇辖区内具有久远历史的传统村落之一，始建于梁朝时期，距今已有1700余年，原名沙溪，后改为南州。有宋、徐、罗等姓氏，最早入住为宋姓。《徐氏宗谱》记载，官至学士的先祖千驮公于宋代绍兴年间（1131—1162）为避战乱自灵山（今龙游）迁徙至此，繁衍生息，已有800余年历史。《罗氏宗谱》记载罗姓先祖则是明代天启年间（1621—1627）从福建延平迁徙而来。

南州村现存传统建筑群保存完好，明、清及民国时期的古建筑民居12幢，建筑分布连片集中，风貌协调统一。南州村是一个有着"读可荣身，耕可富家"传统的古村落，朱熹讲学处仍保留完整。几百年来，种桑养蚕是南州村传统的农耕项目。现村内桑叶园种植面积还有 200 余亩，村内每家每户仍然延续着养蚕的农耕生活。

2014 年，南州村被公布为中国传统村落。2014 年年末，南州村有 277 户，村民 780 人，耕地 391.8 亩，村民人均纯收入 0.92 万元，村集体当年收入 1.5 万元。（编写：黄淑梅）

山甫村

山甫村隶属丽水市松阳县新兴镇，村落海拔 710 米，四面环山，村庄坐落在群山之中一块较平整的小盆地中。村中古木、翠竹掩映，四时景致分明，大部分村民仍在村以种植茶叶和水稻为主。

五代后周显德年间，有一叫杨傲的人，到此定居。村中尚有一条以杨姓命名的杨宅路，只是现在已经没有一户杨姓人家。明永乐年间一毛姓人氏到山甫杨家当上门女婿，开基立业，取名毛家。明朝正德年间，徐姓始祖到山甫村娶毛氏淑女为妻，从此定居山甫成为徐氏始祖，徐锺五自枫坪斗潭迁居此地，如今村中九成以上的户主都是徐姓。

村落格局

村中现有文保点 1 处，历史建筑 3 处。传统建筑群规模较大，保存着 1 幢明朝时期的香火堂和 64 幢清代至民国的传统建筑，有徐氏宗祠、徐氏家祠、节孝坊、古客栈、庙宇、石拱桥、踏碓房等公共建筑。村中一条小溪贯穿整个村庄，在村庄中间勾勒出一个完美的 S 形弧线，主道沿着小溪而建，整个村庄沿溪而建，各条辅道比较宽敞而整洁，生活用水非常方便。村中共有 11 座石桥，方便了村民的出行，是典型的江南小桥流水式山村，构成了一幅绝美的山水画卷。村中巷道体系完整，路面大多以卵石铺设，大小一致，完好保存。

2014 年年末，山甫村有 81 户，耕地 315 亩，村民人均纯收入 8658 元，村集体当年收入 5 万元。（编写：黄春爱）

上庄村

上庄村隶属松阳县三都乡，距离县城西屏镇 14 千米，距离三都乡政府所在地里庄 1 千米，交通便利。上庄因村处松庄村之上方得名。全村多为山间梯田，属于“九山半水半分田”的典型山区农村。

据《毛氏宗谱》记载，“自春秋以迄唐宋由扩郡以致至松邑南山本固枝繁其所由来远矣，为其居于三都里黄者端在。广远公始受其山水之秀，其境地端共灵……”松阳《中山汤氏宗谱·上庄地方志》记载：“我松之东，距城三十里，有所谓上庄地方者，以其四山环抱，一水回绕，古人因取名焉。”北宋年间，毛氏祖先毛广远由南山迁三都里黄，毛广远第十一代世孙毛惟真从里黄迁居上庄。

上庄村雪景

上庄村现存最早建筑 37 号民居建于明代，传统建筑群集中建于清代。其中，县级历史文化保护建筑共五处。民居、商铺、祠堂、私塾、社庙和香火堂等建筑功能种类丰富。村里至今保留着道光年间、民国时期的契约和执照，是珍贵的历史文化收藏。传统建筑及建筑细部乃至周边环境原貌保存完好，具有一定历史与山区特色风貌。建筑分布连片集中，风貌协调统一。至今，每逢过年、初五、十五、清明、端午、七月半、八月半等时节，村民常常聚集于毛氏宗祠、包澳新社，还有香火堂虔诚祭拜，祈求和感谢土地神、祖先的福佑。村内的牛栏、吊脚楼，村民也继续用于生产。村民仍然在古民居里生活，不断演绎着传统村落活态性。

2014 年，上庄村被评为全国传统村落。2014 年年末，上庄村有 108 户 388 人，耕地 239 亩，村民人均纯收入 9255 元，村集体当年收入 6 万元。(编写：兰斌)

松庄村

松庄村隶属松阳县三都乡，位于松阳县城东北 15 千米，三都乡政府南面 7 千米，为山溪河谷之地，四周群山环绕。村庄邻水而建，村内小桥流水人家，俨如梦中烟雨江南。

松庄以宋姓、叶姓为主，又以宋姓为多，古称宋庄，因周边山林多松树，又谐音，故称松庄。江南叶氏始祖叶望第四十代孙，唐明皇国师、越国公叶法善第十八代孙叶万一，性爱山泉，见松庄“高峰巩固，绿水环流，遂营居焉”。叶万一于明正德年间（1506—1521），从古市卯山迁至三都松庄取土建房成村，距今已有 500 多年历史。叶万一为三都松庄叶氏始迁祖，同时期隔壁阳连山上宋氏族人也下山搬迁至松庄定居，随着人口的不断繁衍，渐成村落。

松庄村全貌

松庄村至今仍保留着大年三十不吃年夜饭吃早饭，正月初八上新丁仪式，建房动土和结顶上梁仪式等传统习俗。村内保存完好的古建筑民居有叶氏宗祠，清嘉庆年间由乡绅叶万达员外修建的 39 号古民居等。松庄村有两座溪石堆砌而成的石拱桥，岁月沧桑，历经几百年风雨，始终屹立，见证松庄的兴衰荣辱。松庄村世外桃源，先民“世为耕耘为业，修德行仁为务”，以农立家，勤俭持家，克孝克悌惟谦惟让，世代辛勤耕作，河谷边荒之地终成安居乐土。

2014 年，松庄村被评为全国传统村落。2014 年年末，松庄村有 196 户 601 人，耕地 352 亩。（编写：黄夏芳）

桐溪村

桐溪村隶属松阳县西平街道，由桐溪、林村、门前山 3 个自然村组成，距县城东北 5 千米，地势平坦，三面小山丘环抱，溪流绕行，村域面积 2.7 平方千米。

北宋天圣三年，叶姓宗支始祖叶经公从江南叶姓发祥地松阳卯山后迁居至此，繁衍生息。叶梦得是本支派第四代先祖，官至尚书左丞，晚年致仕还归故里桐溪村隐居终老，宰相府遗址尚存。其幼子为桐溪本支嫡派一脉派行，后裔至今已传承 35 世。

桐溪村古树参天，村边尚有四五百年树龄的古樟树多株和多片风水树，生态景观极好，交通极为便利。古建筑遗存丰富，有 40 多幢清代至民国的古建筑，其中有 13 幢历史文化价值较高。公共建筑有叶氏宗祠、钱库社社殿、宁康社社殿、桐川社殿、书院、石拱桥等。一条建于清代的古驿道，连通县城、三都、丽水等地。叶梦得宰相府院落东部的石制侧门虽历经千年，依然耸立着，宰相府正堂遗址规模宏大，现存一条用青石条料砌筑的长 45 米、高 1.5 米的墙脚。村内不设主街道，巷道多为“四尺弄”，约 1.5 米宽，呈“之”字形布局，这样就避免了直不笼统“一览无遗”，很有隐蔽性，体现了叶梦得“归隐”的思想理念。叶氏宗祠雕梁画栋，恢宏大气，为县级重点文物保护单位。

2014 年年末，桐溪村有 304 户，耕地 360 亩，村民人均纯收入 6580 元，村集体当年收入 5 万元。（编写：叶荣亮）

西坑村

西坑村隶属松阳县四都乡，坐落在海拔 640 米的山顶台地上，距县城北 14 千米，森林茂密，环境优美，有“中国最优美的山村”之称，成为浙江省著名的摄影景点。

元朝末期，叶氏族人从古市塘岸迁到西坑村，随后丁氏族人于明朝初期从西屏南门丁家迁入，村民以叶、丁两大姓为主。

西坑村坐西朝东，四都源溪水自北向南顺着村子东边绕过，一条建于北宋的松宣古驿道穿村而过。鹅卵石道路纵横交错，道路网至今保留完整。古民居群的传统风貌与历史格局保存完好，建筑布局精巧，层次分明，风格独特。以蛮石、鹅卵石或者块石做墙基，大都以黄泥垒墙，少量以砖石为墙体，多为木结构的两层楼，一楼住人，二楼堆放杂物和稻谷。这些建筑外表粗犷而实用，依托自然山势而建，体现了人与自然的高度和谐。村里至今保留有 21 幢清代古民居以及宗祠、社庙、香火堂等古建筑，也有 40 余幢民国至 20 世纪 70 年代的民居。这些建筑与古木修竹融为一体，伏卧在大山之中，构成了一幅生动优美的画卷。村落保持着良好的民风民俗，非物质文化遗产丰富：请年神做福叶，丁、叶二姓均有“拜月半”之俗，少数孩子出生后如“五行”缺金、缺木，则“拜石头娘”或“拜樟树娘”。

西坑村被列入松阳县十大“乡村风情特色村”。2014年年末，西坑村有104户，耕地152亩，林地3053亩，村民人均纯收入8237元，村集体当年收入3.6万元。（编写：叶荣亮）

雅溪口村

雅溪口村隶属松阳县新象溪镇，位于县政府驻地东南 11.2 千米。

雅溪口村原名五尺口，始迁祖徐广一，元至正丁未年（1367）从吕潭迁徙定居于此，繁衍生息，人丁兴旺，渐成徐姓聚居之地。

雅溪口古民居群

古府古道穿村而过，明代徐姓宗祠、祖宅、民宅、巷弄、古树、堤岸，保存完好，古代水运码头旧址仍在。宗祠和民宅建筑均为硬山顶、泥墙青瓦，大块卵石垒基，内外门楼均有土夯马头墙。门框均为石质（有简单而古老的浅浮雕图案）。每幢建筑面积小的约 100 平方米，大的有 1000 多平方米。以中轴线对称建筑为主，中轴线上一至二进四合院格式建筑，面阔三开间、五开间、七开间不等，两侧有附屋。门外门楼、照壁、天井台明、室内柱础、梁坊、牛腿、雀替、格扇均有浮雕，装饰种类有石雕、木雕、卵石拼花，雕刻工艺有圆雕、浮雕、渗透雕，题材有“三阳开泰”“喜上眉梢”“渔夫观鱼”“樵夫憩息”“灯下攻读”“高中封侯”“母鸡带雏”“福禄寿喜”等，其造型生动活泼、儒雅大方、庄重严谨、古色古香。

村建于元末，距今已近 700 年历史。全村有明清古建筑 90 多幢（包括项山头、黄田铺）。村落呈船形状，两头尖中间大，沿溪有一条长 300 多米的街道，旧时商铺林立，有三条横巷，通往各古民居，村头、村尾及沿溪堤岸有数十棵几百年以上的古树，将村落掩映在绿树丛中。

2014 年年末，全村地域面积 7130 亩，耕地 309 亩，山村面积 6821 亩，有户籍人口 831 人。

杨家堂村

杨家堂村隶属松阳县三都乡，由杨家堂、泉址两个自然村组成，距离县城西屏镇 8 千米，距离三都乡政府所在地里庄 8 千米，交通便利。

据记载，该村建于 1655 年前后，至今已有 350 多年的历史。对于村名的来历，《松阳县地名志》中称：因村中有三棵交叉的樟树，故最早叫樟交堂，后改为杨家堂。杨家堂村祖先系明代开国文臣之首、著名的大儒宋濂。宋濂为唐代名相宋璟之后裔（第二十五世孙），而宋濂为浦江的一代世祖，其孙宋可三迁于呈回，1655 年（清朝顺治十二年），宋可三第八代世孙宋显昆从呈回迁居杨家堂。在地无三尺平的杨家堂，勤劳的杨家堂人顺着山势，建起了一级一级向上延伸的“阶梯式”民居。

杨家堂村内风光

整座村落全部由红泥墙垒砌，巷弄全部由块石铺就，村落根据五龙抢珠的地形设计。杨家堂保留着 30 余幢清代至民国的古建筑，其中 7 幢民居历史文化价值较高，保留着宋氏宗祠、宋氏分祠、五龙社庙、鹿岭寨殿、泉济堂道观、迪德学堂、石拱桥、踏碓房等公共建筑。村落还保留着一条建于元代的松宣古道。30 余幢土木架构的清代、民国民居沿着山坡一级级向上延伸，上、下屋高低落差 2—3 米，宽 150 余米，高 200 余米，在视野中展现出一个巨大的建筑立面。杨家堂建筑深受徽派建筑影响，白墙黑瓦，马头墙林立，依山造房，就地取材，村庄建筑沿着复杂的地形一幢一幢向上延伸，形成了非常壮观的阶梯式古村落，号称“江南小布达拉宫”。非物质文化遗产丰富，有拜祭、舞龙灯、求雨等习俗。

2013 年，杨家堂村被评为全国传统村落。2014 年年末，杨家堂村有 107 户 326 人，耕地 277 亩，村民人均纯收入 1. 19 万元，村集体当年收入 12. 6 万元。(编写：黄夏芳)

洋坑埠头村

洋坑埠头村隶属丽水市松阳县大东坝镇，地形由北至南狭长分布，地势南高北低。村落背山面水，四周群山环绕。村民以种植茶叶、香菇、早熟梨为主。

该村最大的姓氏是傅姓，其次是潘姓。元明间傅氏从福建长汀县迁移到洋坑埠头，至今已有600多年历史。潘氏于清初从松阳县城南门潘氏宗祠分支迁此，潘姓按来源又有两支，一支是荥阳郡双坑口潘氏，原籍福建汀州连坡村，雍正年间迁至松阳大东坝双坑口。另一支为骥湖潘氏，潘氏始祖十五公自五季由景宁沐鹤溪迁居松川，清嘉庆年间从松阳县城西屏镇迁居至此。

洋坑埠头内村村貌

村中现存最早建筑修建于明代，传统建筑集中修建于清代及民国，有古寺庙1座，香火堂3座，清代古航运埠头遗址1处，书院1座，吊脚楼1幢，土楼1幢，认定历史建筑8处，县文保点6处，古道6.5千米，是一个具有浓郁的历史文化底蕴和古航运文化的古村落。古时这里是连接丽水、松阳、龙泉、云和多县的埠头，因此有码头、客栈、邮局、商行、书院、戏院等配套机构。村落按照风水布局，背山面水，左辅右弼，四周围绕着群山。洋坑源呈S形横向穿村而过，小明源等支流汇入洋坑源，呈现出水乡人家的风貌，在风水中营造了一种藏风聚气的理想模式。

2014年年末，洋坑埠头村有210户，村民人均纯收入7096元，村集体当年收入3.1万元。（编写：黄春爱）

尹源村

尹源村隶属松阳县三都乡，位于松阳县城东北 18 千米，三都乡政府南面 2 千米，有一自然村，下连坑自然村。尹源村坐落于马鞍山脚，村四周群山环绕，村庄位于两山坳之间，村周围的五座山冈形成“五马饮槽”之势，尹源就隐于“槽”（山谷）中。

尹源以李姓、曾姓为主。据史料记载，在元延祐年之前，尹源村就有尹姓人家在此居住了上百年，据《李氏族谱》记载，“吾始祖宗源公，本郡缙邑人也”，“其迁居松邑远城东隅三拾有余里，曰尹源”。始祖李宗源在元世祖忽必烈至元年间（1300 前后）从缙云县五云镇东阁迁入，村庄建成至今已 700 多年。

香火堂

尹源村传统建筑占村落建设用地面积比例 98%以上，县级认定历史建筑达九处。尹源村历史悠久，传统的商业街、店铺合理地分布村中，驿站通达，李家祠堂、曾家祠堂随着村主干道合理分布于村的西南、东北方。村内古宅外观坚实，轮廓清晰。村口、村内各坐落着李家宗祠，里面柱子林立，气势磅礴，横梁、侧梁雕刻着优美的图像，至今完好无损。六座古民居建筑结构、内部工艺都显示了大气与奢华，结构也以“五间四客轩”为主，外立面、马头墙等古建筑浸润着久远的时光。

2014 年，尹源村被评为中国传统村落。2014 年年末，尹源村有 162 户 519 人，耕地 424 亩，村民人均纯收入 9854 元，村集体当年收入 7.21 万元。（编写：李宗训）

周山头村

周山头村隶属松阳县三都乡，是周必大后裔的聚居地，地处松阳、武义、莲都三县（区）交界地带，平均海拔420米，群山环抱，峭拔峻秀。

南宋末期，周必大的六世孙周梓在怡情山水的过程中，发现此地山水很好，因而迁居于此。因村的前方有一座钟形的山，所以村名原叫钟山。后来因为村里绝大部分是周姓人，才改作周山头，至今已有700多年历史。但宗谱的名称一直叫《钟山周氏宗谱》，并以宋代著名政治家、文学家周必大为始祖，以为始迁祖。

周山头村巷弄曲折盘旋，大屋高低错落，马头墙傲然挺立，较为完好的清代古建筑房屋就有40余幢。村口的周氏宗祠，于乾隆四十七年（1782）落成。前厅后堂的四合院格局，由门厅、戏台、正殿及两侧厢房组成，占地面积215.7平方米。门厅两侧有两对立式、两对横式的旗杆石。出于风水学等方面的考虑，为避免与外岗坛的“龙头”相冲，所以布局呈反常的坐南朝北。古民居一概坐北朝南，布局规整，以7号、11号、17号、18号最具代表性。土黄色的夯土墙浑厚古朴，门窗枵台、檐柱牛腿和墙壁上的木雕、石雕、砖雕堪称精细，尤以木雕为甚。砖砌门墙的门楣多有题额，如“气象文明”“景星庆云”“中行无咎”等。古民居既昭示着主人家的殷实和富足，又蕴含着深厚的历史文化。

2014 年年末，周山头村有 115 户，林地 8500 亩，耕地 243 亩，村民人均纯收入 9570 元，村集体当年收入 2 万元。（编写：叶荣亮）

朱山村

朱山村隶属丽水市松阳县新兴镇，位于县城西 30 千米，地处高山绿谷，海拔 730 米，山环水绕，风景秀丽。村民以种植茶叶、高山蔬菜和笋竹为主。朱山村由朱岱、殿后和落梯岭 3 个自然村组成。

元朝至元年间（1264—1294），程铁、程钺二兄弟由县城下马街迁居朱岱自然村。明嘉靖年间（1522—1566），叶乌增由古市卯山迁居朱山村。据《珠岱程氏族宗谱》记载“珠岱程氏始祖程铁、程钺二兄弟由本县东门下马街元朝至元年间迁居”建村。

殿后自然村村貌

村中传统建筑资源非常丰富，现存最早建筑修建于明朝。建筑种类繁多，有传统民居、程氏宗祠、叶氏宗祠、落梯岭香火堂、安福社殿、安福上社殿、殿后关王殿、珠岱四相公殿、旧戏台、珠岱学堂、古窑址、古水碓、造纸坊、凉亭、客栈和石拱桥等。全村有 16 处传统建筑被列入县级文保单位或县级历史文化建筑进行挂牌保护。朱山村良好保留着四时八节敬神祭祖的传统礼俗，过年炊糕、打米粿、做豆腐，除夕炊山粉圆，清明节做青粿，四月初八吃乌饭，端午节采制端午茶、包粽子、喝雄黄酒，七月十五日炊灰汁糕，八月十五吃月饼、拜月亮。每年入冬时节要演“社戏”，迎请社公老爷“巡村”，看“社戏”，以求社神保佑国泰民安、五谷丰登，这一习俗已成为朱山人的民俗文化节日。此外，还有舞龙灯、宗祠祭拜等传统民间习俗。

2014 年年末，朱山村有 172 户，耕地 484 亩，村民人均纯收入 9217 元，村集体当年收入 4 万元。（编写：黄春爱）

庄后村

庄后村隶属丽水市松阳县，海拔865米，是典型的江南山区地形。因村前有块钟形的厚石，所以取名为钟厚，后改名为庄后。

明朝洪武年间，周尚赤之后裔周新辉、周新明由大东坝五部村迁居至庄后村。现有文保点一处，历史建筑15处。古建筑群功能丰富，种类繁多，有传统民居、祠堂、圣宫、庙宇、香火堂、私塾、客栈等等。周边环境原貌保存完好，整体风貌协调统一。传统建筑集中连片，多为三合院布局，村中现存60多幢清代和民国的传统民居，泥墙黑瓦，木雕、石雕工艺精湛。传统民居富有特色，科学宜居，建筑质量良好，原住居民仍正常生活于此，温馨和谐，保持了传统区的活态性。传统道路网保持比较完整，村中道路两纵多横，多弯，多台阶，东西长约300米，横南北向，长短不一，石板路保存较好。因竹木资源较丰富，村人曾以做糙纸为业，纸业衰退后又有较多村民从事编竹篮技艺。村民至今保存制作端午茶、过年炊糕、打米粿、做豆腐、炊山粉圆、做清明粿、包粽子、做冬至粿、泡豆腐、酿米酒等习俗。同时仍完整地保留上丁仪式、请年神、拜龙神、社戏、八月初修路养路等传统习俗。

2014年年末，庄后村有357户居民，耕地661亩，村民人均纯收入8965元，村集体当年收入4万元。（编写：黄春爱）

庄后村全景

紫草村

紫草村隶属松阳县三都乡，距县城17千米左右，距乡政府4千米左右。《浙江省松阳县地方志》记载：“紫草村以产紫草得名。”村庄坐北朝南，群山环抱，房屋依山就势而建，前低后高，鳞次栉比。

据其族谱记载，明成化年间（1468前后），冯姓始祖冯献万经商途经此地，见紫草背靠三山，前则千丘万壑低矮，谷内凝气常聚不散，气流清明，认定这是封财座相的好地方，便举家迁徙而至。李姓始祖李金于明朝隆庆年间从黄泉头迁居紫草。更早于元朝，紫草村就已经存在，漫山遍野长满野生的紫草，故因此而得名，紫草，又名鸦衔草。

紫草村现存传统建筑及建筑细部乃至周边环境基本上原貌依旧，保持了古朴的特点，建筑质量较好且分布连片，大部分原住居民生活使用，保持着传统区的活态性。宅院格局均为三合院和一字屋，外观立面和梁架结构等都基本保存原有的传统风貌。从松阳通宣平的松宣古驿道经村而过，古道、驿站、凉亭等传统交通系统完好保留。每年除夕和农历七月半各举行一次祭拜，全村家家户户都到五龙庙，摆上祭品，点上蜡烛和香火，祭祀五龙王，祈求五龙王保佑他们平安、丰收。每年除夕用红纸写上门神名字贴在门上，与其他地方的区别是紫草村是写字，祈求门神护宅保佑他们平安。每年农历六月初六，在界天大王生日之时，全村男女老少来到鹿岭寨殿进行求雨，祈祷村庄风调雨顺、五谷丰登。

2014 年，紫草村被评为中国传统村落。2014 年年末，紫草村有 132 户 446 人，耕地 353 亩，村民人均纯收入 9940 元，村集体当年收入 8.8 万元。(编写：吴珠美)

蔡宅村

蔡宅村地处大东坝镇政府驻地东南8千米，是一个具有浓郁的历史文化底蕴的古村落。昔日有樟树林遍布于此，村庄南北山脉围绕，从西至东狭长分布，又因多为蔡姓人在此建村，故名蔡宅村。

明嘉靖年间，蔡詹公第五代子孙蔡宗六从福建宜慈迁移至今蔡宅村，现已传至第二十一代，人数多，发展好，现已成为蔡宅最主要的村民；其后李氏伯一郎公第十五世裔孙秉龙公从福建上杭县才溪镇岭背坑村迁移到蔡宅开基，现已发展到第二十四世，至今260余年，共66户276人；同一期间曹姓曹品丞从长杭县通田镇（今通贤镇）迁入，最后叶姓也从长汀县迁入，至此蔡宅村四大姓氏在蔡宅河流两岸世代繁衍生息。村中阙姓从福建迁移至六村、七村及山边、下宅街等村后，少数婚嫁娶流入蔡宅村。

花鼓灯由湖南地方戏种演变而来，属于闽西客家民间文化，由福建祖宗传到现在的蔡宅村，已经有400多年的历史。采茶灯舞来源于福建的长汀县。据村里现今健在的老人回忆，他们的祖宗蔡宗六在明朝嘉靖年间，因战乱背井离乡来到松阳县蔡宅村开垦种地种茶，随之将这一福建文化带到他们这个小山村里，离现在将近有 500 年的历史。该村采茶灯舞以歌颂茶叶生产为主题，每逢佳节为了庆祝茶叶生产丰收和祈求风调雨顺，都要编导采茶灯舞来庆祝。

蔡宅村是省级历史文化保护区（石仓）的一部分。全村共由 11 个自然村组成。2014 年年末，全村有 357 户 1202 人，耕地 1185 亩，村民人均纯收入 1. 25 万元，村集体当年收入 1. 2 万元。

南岱村

南岱村距县城西南 12 千米，坐落于南岱山之南麓，以此得名。村始建于明万历年间，已有 400 余年历史。全村以吴姓为主，此外有金、叶等姓。据《南岱吴氏宗谱》载：“鼻祖十七公自景宁喜游山水，偶至南岱，见此地层峦叠嶂，宛若峨眉，山环水绕，爰是卜筑于此。”

南岱村至今保持四时八节敬神祭祖的各种规制和仪式。建于村口的社殿，内中供奉“平水大王”“毛洞主”等神，名“永平古社”，顾名思义是村民祈求诸神能够保佑他们风调雨顺、吉祥安康。请年神：吴姓人家定于农历年底的头一日，其余人家定于年尾之日。是日，村民用箩筐装着猪头、糖糕、豆腐等祭品，陆续挑到社殿，摆上祭桌，焚香，烧纸钱，放鞭炮，虔诚而隆重。还愿戏：每年农历十月，按既定规则排出八个男丁，即“八个头”，负责抬戏箱，安排演员的饮食起居等事务。戏金从每年正月舞龙灯（板龙）所得“红包”之资金，不足部分按男丁均摊。开演之日，敲锣打鼓请（抬）出两尊神像，到大会堂与村民一同看戏。每年至少连演三日，每日下午和晚上演出。戏毕，将二神送回社殿。此活动为全村一年中最大的盛事。每年清明、端午、立秋三节，村里备一头猪，撵至社殿里宰杀祭祀。此外，村中还有逢旱求雨、人死作道场等习俗。

山下阳村

山下阳村位于松阳县城西北方向 10 千米处，地处松古盆地中北部，海拔 170 米。据《松阳地志名》记载：山下阳村因地处大岭背山南麓，故名山下阳村。历史上先后称为平管里、新兴庄、丽阳庄，又叫麓阳村。

山下阳村现有耕地 1250 亩，林地 2800 亩，村前良田纵横，池塘棋布，土地肥沃，地产丰富，过去以种植水稻为主，现在种植茶叶为主，历史上烟叶作为主要的经济植物广为种植。周边山地种植着橄榄、柑橘、梨等经济植物和水果作物。山下阳村共有 435 户 1175 人，以张姓为主，另有杨、刘、吴、谢、李、周、汤、梁、叶等其他姓氏。300 多年来，张姓虽然人数众多，但多行礼让，从不以强凌弱，通过联姻、互助等方式与其他姓氏结成一个大家庭，各个姓氏和睦相处。一代代山下阳人在这块神秘而富饶的土地上繁衍生息，创造了繁盛的山下阳文化。经过 300 多年的历史变迁，山下阳村格局依旧，历史风貌基本完整，保留着众多价值较高的历史建筑和精彩的风俗民情。村落按照星相布局，处处蕴含着“天人合一”的哲学思想。整个村落与自然风水紧密结合，村落布局宛如八卦迷宫，宛如古人留下的“珍珑”，留给后人探索奥妙。山下阳村老屋鳞次栉比，巷弄曲曲折折，悬浮着盎然的古意，是一幅被现代文明遗落的历史画卷，让人在喧嚣之外感受到一份恬静与自然。2012 年，山下阳村被入选第四批浙江省省级历史文化名村名录；2013 年，山下阳村列入第二批中国传统村落名单。（编写：鲁晓敏）

上坌村

上坌村隶属松阳县斋坛乡，位于县域西部山区，距离县城 18 千米。全村现有 95 户，人口 265 人，耕地 619 亩，山地 3857 余亩。2014 年，上坌村被列为第三批中国传统村落。

上坌村建于清代，距今已有 500 余年历史，其潘姓始迁祖来自竹源乡的横岗村。上坌村现存最早建筑修建于清朝，古建筑群功能丰富，种类繁多，有传统的古民居、祠堂、庙宇、古踏碓、土窑洞和土楼等。

上坌村民居原貌保留完整，原生态的特征十分明显。村边的橄榄林为珍稀树种。上坌村形似凤凰，风貌独特。上坌新兴社有两块咸丰年间牌匾为历史文物。建于清代时期的社庙，是村民们祭神祈平安的圣地，相传这里还是当年战乱时期百姓的庇护地。鱼灯、采茶灯、桂花亭，为上坌村的传统民间艺术。通往上坌的东关源还有著名的枫树岭，风景优美，在抗日战争年代红军还在此修筑了战壕。悠久的古迹风光无限，承载着历史赋予它的独特意义，在它的身上淋漓尽致地体现了古村落的文化特色。

平田村

平田村隶属松阳县四都乡，位于四都乡北面，海拔600多米。周围古树环抱，群山环绕，泉水潺潺，在云雾的衬托下，整个村庄远看像一只栩栩如生的凤凰，故又名凤凰村。全村现有102户，耕地195亩，2014年被列入第二批中国传统村落。

平田村始建于北宋政和年间，都为江姓，传说是大禹的贤臣伯益公的后代。自伯益公受姓以来，辗转迁徙，直至北宋政和年间，传至十六世奎公自括苍郡迁至平田。自始祖奎公迁居至此已有900多年，是个历史悠久的古村落。

平田村现存最早建筑修建于清代，建筑群集中修建于清代及民国，县级历史文化建筑5处，传统建筑占地面积5.1万平方米，占全村建设用地的90%。平田村传统建筑种类丰富，有古民居、祠堂、香火堂、社庙、驿站、书屋等保存较好。村内有一座祠堂，两座香火堂，三座庙宇以及诸多古建筑。古建筑里有许多栩栩如生的石雕、砖雕、木雕、彩画、铺地、门窗等具有典型地域性的建筑装饰，建造工艺独特，建筑细部十分精美，工艺美学价值高。木雕技艺主要表现在建筑的梁枋、牛腿、雀替、挂落、门窗、回廊等处，以传说人物、神兽、动物、花卉、虫草为题材的雕刻很多，活灵活现，形象逼真，惟妙惟肖。平田村至今日常生活建筑营造仍大量应用卵石修砌墙脚，夯土墙，内部以木材构建等传统建造技艺，与传统建筑形式、风格与传统风貌高度协调。

塘后村

塘后村隶属松阳县四都乡，位于松阳县四都乡境内，坐落在常年云雾缭绕、海拔 800 多米的高山上。现有村民 350 余人，以陈氏家族为主，保存了 20 幢清代古民居，至今仍保持着传统的生活方式和习俗。2014 年被列入第二批中国传统村落。

塘后村形成于南宋 1237 年前后，是南宋丞相陈霸先的后裔，以陈氏宗族组织维系的血缘村落，因村庄前面有个潭，“塘”和“潭”有谐音，故取名塘后。

村落内现存最早建筑建于南宋末期，传统建筑群集中修建于明末，占地面积 3.9 万平方米，传统建筑用地面积占全村建设用地面积的 90%，有祠堂、庙宇、书院、驿站以及古宅等。村落基本保持清代至民国初年的风貌。现存传统建筑其建造形制均为明、清时期的做法，村落内水系依地势由东南北向西面奔流，成“三溪汇流”的独特格局，道路与水系相随，沿着溪流直奔谷底。结构大多是天井民居形式，“三间两客轩”是其原型。随着塘后村一批批读书人走出大山，也诞生出了许多的地主和商人。现存传统建筑（群）及建筑细部乃至周边环境原貌保存完好，民居建筑地点因地制宜、层次分明、错落有致，以蛮石、鹅卵石或者块石做墙基，大都以黄泥垒墙，少量以砖石或木为墙体，建筑质量良好且分布连片集中，风貌协调统一，保持了传统区的活态性。烧材、炊饭、祭祖等风俗习惯仍被现有的居民传承。

塘后古村承载着当地曾经的历史发展演变与厚重，至今日常生活建筑营造仍大量应用泥土、砌墙角等传统工艺，采用的传统建筑形式、风格与传统风貌相协调，具有传统地方习俗。

小竹溪村

小竹溪村隶属松阳县竹源乡，位于县政府驻地西南，因地处小竹溪而得名，距县城约10千米，下辖创古基、紫坞、甫弄3个自然村。小竹溪村有吴、潘、叶、王、孙等姓，其中吴姓约占全村一半人口。吴姓始祖万八公之父一魁公任处州太守，安居丽邑小水门，万八公见竹溪山高水秀、竹苞松茂，自是由丽迁松聚族于斯，潘氏自杭州钱塘县八友公迁松。

小竹溪村四周群山环绕，竹源溪由南向北蜿蜒着穿村而过，泥墙黛瓦的民居与竹海、古树浑然一体。现存有吴氏宗祠、潘氏宗祠、墨口殿等古迹，古村落风貌依旧。小竹溪村是全国有名的“松脂之乡”，全国有近三分之一的松脂老板从这个乡里走出来。现如今，从明末清初流传至今的“摆祭”习俗是小竹溪人特有的一种祭祀方式，从正月十五至月底中挑选一个黄道吉日，将“守护神”徐侯从离村1千米远的五龙山墨口殿里请进村，经过一天的供奉后，晚上全村人打着灯笼将其“送”回殿中，以期望徐侯保佑外出采脂的人平安，在家里务农的风调雨顺。

2014年年末，小竹溪村有366户，耕地576亩，林地9628亩，村民人均纯收入1.35万元，村集体当年收入3.7万元。(编写：黄淑梅)

张山村

张山村隶属松阳县板桥乡，建于板桥万岭之巅，地势高远，云环雾绕，古树林立，是阶梯式古村落。张山村始建于明代，500年前世祖南阳侯叶法善的孙子叶允孺发现此处是风水宝地，携家人由丽水高溪乡迁入，至今已第18代。

张山村内各家各户都会制作端午茶，以作凉茶饮用，祛暑祛热，村民们以原始制茶法流传保健，强壮身躯。端午喝茶源于春秋战国时期，每逢端午佳节，张山村百姓上山采选百草，晾匿家中常年备饮，以防病健身，美容养颜，防暑解渴，辟秽驱邪，后来人们将此茶直呼为“端午茶”。端午节人们饮雄黄酒后燥热难当，必须喝浓茶以解之。一般人口较多的家庭，即泡一茶缸端午浓茶供家人饮用解热。而后，随着经济的发展，人们对端午茶的制作工艺进行深入研究，采用传统工艺结合现代加工技术精制而成，既保持传统风味，又强化了保健作用。全村现有63户178人，耕地87亩。2014年，张山村被列入第三批国家级传统村落名录。（编写：阙献荣）

桥头村

桥头村位于松阳县水南街道白峰尖山麓的一个山间船形盆地里，由山冈顶、上黄、坑口塔3个自然村组成，距县城4千米，交通便利，环境清幽，是松阳平原区域保存较为完整的传统村落。

桥头村始建于北宋，兴于清朝。据《南山毛氏宗谱》记载，始祖毛大宣北宋时期从江山迁移到松阳南山定居繁衍，后子孙分居邻近的郑弄口、清路、桥头。桥头村是县级历史文化名村，村内格局完整，传统风貌保存良好，传统建筑分布连片集中，风貌协调统一，功能种类丰富，有清代传统民居、庙宇、香火堂、驿站、石拱桥等。村民风质朴，自古尚节俭，不事华侈，宗族亲友关系甚笃，保存着互助互济的遗风，传承着古老的节庆习俗，如春节制作年糕，做豆腐和泡豆腐（红白喜事等也制作），酿酒（一般在十月份制作最佳，俗话又叫十月缸），做麻糍（七月半、八月半、重阳节），清明节做清明粿，端午节包粽子等习俗。（编写：蔡卫华　李为芬）

靖居村

靖居村在松阳县历史上被誉为“东门出城第一村”，古称蓉川，里号芙蓉，离县城 29 千米。村四周有崇山峻岭，茂林修竹，山涧泉水淙淙。举目远眺，青葱夺目。村中和村周围的河流走向，与古代传统的“枕山环水面屏”的风水理念相吻。境内唯一一条不涉水的通郡古道，穿村而过。在漫漫的历史上，官员、邮使、商旅，均视此为关隘大道，利于交通。

靖居村的开基第一人是北宋著名政治家包拯（又称包公）的嫡系子孙包友行，字景贤，于元延祐间，到垵畎潘工部家入赘，成了上门女婿。成家后不久，即自立门户，开基蓉里，距今已有 700 多年历史。迨至清代初期，有李、汤、诸姓的先人，从外地迁入，随着岁月的迁移，逐渐蔚成大村。建村伊始，历数百年岁月长河，各姓人氏和睦相处，同谋民生，或修桥或筑路，或兴阁建楼，或创祠立庙，或兴办学堂，共商村中大事。

至今，村中各姓都还保留有 60 余栋各具特色的明清民居，古道、临街店铺、古碑刻、古代习武健身用的器械（如石锁、石墩等）都还被保存着。还有村中各姓古居民厅堂上的楹联匾额，至今悬挂着。木制楹联，总共有 17 块，甚为罕见。其中有一通横匾，为清雍正八年（1730）松阳知县孙翼题的“名重儒林”，仍悬挂在祖宅乌大门厅堂上。（编写：毛培林）

后宅村

后宅村隶属松阳县大东坝镇，位于东靠云和县与松阳县交界的牛头山，南靠七尖顶两座山脉之下的盘地里。后宅村是省级历史文化保护区（石仓）的一部分。2014 年被列入第三批国家级传统村落名录。清康熙中期，阙氏如伦、如祥、立斗等从福建省上杭县迁居于此，已有 300 余年。

阙氏有一支代代相传的泥水匠、木匠、石匠队伍，技艺精湛，名噪一时。他们以精湛的建筑技术在石仓溪两岸建造了幢幢规模恢宏的私家宅院。这些工匠在清至民国时期走南闯北营造官署、宗祠、庙宇、民宅，足迹遍及福建、江西、皖南、上海等地，松阳县城隍庙、太保庙、黄家大院等经典建筑皆出自他们之手。他们吸取闽派和徽派等各派建筑精华，在浙西南留下了别具一格的建筑经典，成为浙派建筑重要的支系。

端午茶作为后宅当地的民间传统保健茶饮，历史悠久，是省级非物质文化遗产。后宅特产以石仓白老酒、油豆腐、香菇、高山茶叶、茶油最为著名。其中，石仓米酒色泽清澄，香醇味甘，享有“酒不醉人人自醉”的美誉。石仓油豆腐用本地产茶油炸制而成，色泽金黄，内如丝网，富有弹性，一捏成团，放开还原，存放月余，不霉不变。（编写：阙献荣）

横坑村

横坑村隶属松阳县叶村乡，因村前一条横着的小溪而得名。300多年前，古市卯山叶氏一支迁入具有“风光泛草木，丽日绚山川”的横坑，村民皆为叶法善后人。横坑村现有157户495人，耕地252亩。2014年被列入第三批国家级传统村落名录。

因为村庄周边山峦叠嶂，交通不便，形成了相对封闭的环境。早时，猛兽常常伤害人畜，损害庄稼。村民自发形成了绳抽狮子这一传统民间活动，以此祈求神灵，保佑年年平安。横坑村绳抽狮子活动每年从农历正月初八开始到正月十五结束，主要活动在本村，按村里四庙一祠堂为中心敬神祭祖，参与舞者历代相传。绳抽狮子的制作是用竹篾编织出狮子的形状，配上用棕毛或彩线的狮子毛，还有一个类似轿子的拱门。狮子在舞蹈的过程中是藏在轿子里。舞狮者掌握拉线控制狮子的进出翻滚等动作，以体现狮子的灵活勇猛。表演形式由三人掌握抽绳，随锣鼓板点策动狮子进行表演，四至五人用鼓镗、锣镲等伴奏，鼓经以《狮子调》为主，节奏反复变化，主要有笼内舞、出笼舞、抢球舞、伏地舞、嘴衔球舞等套路。表演生动灵活，舞姿多变丰富，风格粗犷，展示出浓厚的原始文化特征。（编写：阙献荣）

附　录

浙江省各县（市、区）历史文化村落保有数量和名单库

设区市	县（市、区）	总名单及村数		所拥有的非遗名录	
		村名	村数	项目名称	数量
杭州市	萧山区	楼家塔村、众联村、大汤坞村、云峰村、欢潭村、云飞村	6	★元宵节（河上龙灯胜会）；萧山花边、楼塔细十番、翻九楼、南宋官窑瓷制作技艺、钱塘江板盐制作技艺、萧山萝卜干制作技艺、顾家溪手工造纸技艺、坎山七夕祭星乞巧、绍兴莲花落、茶亭伤科	11
	余杭区	山沟沟村、雅城村、王位山村、四岭村、葛巷村	5	★端午节（五常龙舟胜会）、★余杭滚灯、★余杭清水丝棉制作技艺、★十八般武艺、★径山茶宴；杨乃武与小白菜传说、鹭鸟鳌鱼灯、余杭纸伞制作技艺、五常十八般武艺、杭州运河船民习俗、宝卷、殿堂笔画、姚梦兰中医内科、元帅庙会、塘栖茧圆与蚕桑生产习俗、任和高头竹马、余杭木刻雕版多色套印术、余杭水乡木船制造技艺、大陆花灯、中泰竹笛制作技艺、水乡婚礼	21
	桐庐县	深澳村、翙岗村、茆坪村、新丰村、青源村、松山村、环溪村、荻浦村、梅蓉村、金塘坞畲族村、芦茨村、儒桥村、奇源村、徐畈村、石舍村、瑶溪村	16	★剪纸（桐庐剪纸）；富春江渔歌、深澳高空狮子、钟山石雕、合村绣花鞋制作技艺、桐庐传统建筑群营造技艺、畲乡红曲酒酿制技艺、桐君中药文化、十六回切家宴	9

续表

设区市	县（市、区）	总名单及村数		所拥有的非遗名录	
		村名	村数	项目名称	数量
杭州市	淳安县	芹川村、常青村、赤川口村、朱家村、厦山村、狮古山村、秋源村（上西）、乌龙村、富泽村、王家源村、郭村村、下姜村、鳌山村、儒洪村、汾口村、茅屏村、宋京村、汪家桥村、云林村、蒋岭上村、河村村、南庄村、札溪村、桥西村	24	★竹马（淳安竹马）、★淳安三角戏；草龙、瑶山秋千、里商仁灯、八都麻绣工艺、淳安三吹三打、富山露台、海瑞传说、青溪龙砚制作技艺	10
	建德市	上吴方村、李村村、溪口村、里叶村、寿峰村、里黄村、双泉村、诸家村、大唐村、乌石村、新源村、陈店村、高桥村、新叶村、乌祥村、大店口村、汪山村、大慈岩村、檀村村、三元村、建南村、甘溪村、于合村、珏塘村、石泉村、丰和村	26	畲族民歌、严州虾灯、严东关五加皮酿酒技艺、九姓渔民婚俗、建德诸家断头龙、新叶昆曲、梅城传说、天罡拳、严州府菜点制作技艺、严漆生产技艺、新叶三月三、李村抬阁	12
	富阳区	蒋家村、东梓关村、双江村、杨家村、安顶村、菖蒲村、金竺村、湘河村、上村村、上臧村、红星村、大章村、龙门村、东坞山村	14	★民间信俗（孝子祭）、★竹纸制作技艺、★正骨疗法（张氏骨伤疗法）；朱三与刘二姐长篇叙事民歌、古亭锣鼓、跳仙鹤、罗隐传说、东坞山豆腐皮、东吴战马制作技艺、富阳手工木船制造技艺、孙权传说、梓树布龙、富阳纸伞制作技艺、龙门九月初一庙会、活金死刘习俗	15
	临安市	河桥村、呼日村、后渚村、童家村、太阳村、浪山村、湍源村、浪广村、锦绣村、孝村村、岛石村、华光潭村、龙井村、杨溪村、下许村	15	★鸡血石雕、★钱王传说；神兽花灯、马啸滚灯、昌化竹编、临安天目云雾茶、千红桃花纸与宣纸制作技艺、昌化民歌、玲珑山传说、横街草龙、红毛狮子、五凤朝阳、彭祖养生文化、天目山中药文化、过半年、太阳东平王庙会	16

续表

设区市	县（市、区）	总名单及村数		所拥有的非遗名录	
		村名	村数	项目名称	数量
宁波市	江北区	半浦村	1		0
	镇海区	十七房村	1		0
	北仑区	民丰村	1		0
	鄞州区	走马塘村、沙港村、勤勇村、悬浮村、李家坑村、蜜岩村、小白村、新庄村、南头村、咸六村	10	★宁波走书	1
	余姚市	金冠村、横坎头村、柿林村、天华村、石门村、大隐村、石步村、新东吴村、晓云村、北溪村、袁马村、凤东村、五车堰村、中村村、棠溪村、大俞村、兰溪村、干家路村、建民村	19	★姚剧、★传统棉纺织技艺(余姚土布制作技艺)	2
	慈溪市	方家河头村、双湖村、任佳溪村、山下村、岗墩村、大山村	6	★越窑青瓷烧制技艺、★徐福东渡传说	2
	奉化市	岩头村、明溪村、三十六湾村、桐照村、马头村、西坞村、葛竹村、青云村、董家村、茗雪村、马夹岙村、岭丰村、林家村、栖霞坑村、大堰村、黄贤村、长汀村、西锦村、正明村、棠岙村	20	★奉化布龙、★布袋和尚传说、★宁波走书	3
	宁海市	箬岙村、力洋孔村、许家山村、王干山村、马岙村、竹林村、岭口村、清潭村、仇家村、力洋村、团结村、联溪村、岙胡村、三省村、龙宫村、西岙村、东岙村、梅枝田村	18	★元宵节（前童元宵行会）、★宁海平调、★宁海十里红妆婚俗、★宁波泥金彩漆	4
	象山县	溪里方村、东门渔村、儒雅洋村、溪东村、樟岙村、黄埠村、勤丰村、下营村、中站村、井头村、柴溪村、东溪村、珠水溪村、渔山村、东陈村	15	★海盐晒制技艺、★渔民开洋、★石浦—富岗如意信俗、★海洋号子（象山渔民号子）、★唱新闻、★徐福东渡传说	6

续表

设区市	县（市、区）	总名单及村数		所拥有的非遗名录	
		村名	村数	项目名称	数量
温州市	鹿城区	驿头三村	1	★彩石镶嵌、★温州莲花；十字花边秀、米塑、绸塑、竹丝镶嵌、拦街福、鹿城佛雕彩塑、温州鼓词、温州南拳、温州发绣、瓯菜烹饪技艺、青田石雕	13
	龙湾区	皇岙村、宁村村、双岙村、瑶溪村、普门村、新城村	6	★汤和信俗；张阁老传说、拼字龙灯、玻璃荧光刻、七月十五汤和节、温州擅歌、温州南拳	7
	瓯海区	唐宅村、桥下村、上潘村、吴坑村、罗山村、黄坑村、金堡村、水碓坑	8	★竹纸制作技艺（泽雅屏纸制作技艺）、★彩石镶嵌；瓯海百鸟灯工艺	3
	乐清市	前后垟村、后西村、黄塘村、黄坦硐村、南閤村、北閤村、蒲岐村	7	★龙档（乐清首饰龙）、★乐清细纹刻纸、★乐清黄杨木雕、★乐清龙档；温州参龙、乐清南拳、乐清彩泥塑、竹壳雕、乐清金漆圆木、乐清雁荡毛峰制作技艺、柳市保嗣酒蒲、岐抬阁、蓝夹缬技艺、王十朋传说、乐清幢歌、温州鼓词、青田石雕	17
	瑞安市	均路村、东源村、曹村村、山皇村、东寺前村、林南村、黄林村、上泽村、霞岙村、碗窑村	10	★温州鼓词、★木活字印刷技术、★盾牌舞（藤牌舞）；瑞安老酒汗传统酿制技艺、爂薪堂中医正骨疗法、陈十四信俗、蓝夹缬技艺、瑞安卖技、瑞安纸马雕版印刷术、南屏纸制作技艺	10
	永嘉县	苍坡村、芙蓉村、埭头村、茗岙村、黄南林坑村、张溪林坑村、深龙村、龙园村、岩龙村、五尺村、水云村、小长坑村、花坦村、廊下村、蓬溪村、屿北村、溪口村、枫一村、枫二村、岩头村、里龙村、瓯渠村、浦东村、罗川村、前溪村、应界坑村、缸窑村、坑口村、黄一村、茶园坑村	30	★温州莲花、★国遗督查浙昆（昆曲）；定位、踏八卦、溪下马灯戏、永嘉花鼓、永嘉瓯渠上新屋南拳、应界坑乱弹	8

续表

设区市	县（市、区）	总名单及村数		所拥有的非遗名录	
		村名	村数	项目名称	数量
温州市	洞头县	小荆村、金岙村、东沙村、东岙村、沙角村、白迭村、垅头村、松柏园村、海霞村、外埕头村、花岗村、小卜村	12	★海洋动物故事、★妈祖祭典（洞头妈祖祭典）；洞头龙头龙尾、贝壳舞、贝雕、洞头海岛道教音乐、七夕成人节、东岙普渡节、陈十四信俗、妈祖信俗、洞头海岛气象谚语、洞头渔灯、迎头鬃	13
	文成县	九都村、下石庄村、朱川村、东方村、岭脚村、梧溪村、稽垟村、下庄村、上石庄村、培头民族村、街头村、公阳村、毛坑村、武阳村、坪头村、桂库村	16	★祭祖习俗（太公祭）、★刘伯温传说；南田民居营造技艺	3
	平阳县	顺溪村、腾带村、青街村、下顺溪村、大屯村、仙口村、溪北村、上顺溪村、南雁村、南丰村、前爿村、鸣山村、凤林村、凤山村、钱仓村	15	★龙舞（鳌江划大龙）、★道教音乐（东岳观道教音乐）、★温州鼓词、★木偶戏（平阳木偶戏）；平阳卖技、平阳吹打、单档布袋戏、渔鼓、平阳太平钿剪纸、平阳头发吊灯制作技艺、平阳牛筋琴制作技艺、和剧、南湖马灯戏、温州参龙、平阳白鹤拳、十五巧板、陈十四信俗、木活字印刷术、平阳童谣、高机与吴三春传说、畲族民歌	21
	泰顺县	村尾村、林岙村、桥西村、西溪村、台边村、新联村、周湾村、下排村、上交洋村、阳山村、溪东村、茶石村、和平村、库村、百福岩村、埠下村、国岭村、瑞岭村、下桥村、庵前村、仙居村、竹里村、张宅村、峰文村、徐岙村、东洋村、左溪村	27	★木偶头雕刻（泰顺木偶头雕刻）、★木拱桥传统营造技艺、★泰顺药发木偶戏、★畲族民歌、★木偶戏（泰顺提线木偶戏）、★龙舞（碇步龙）；龙凤狮子灯、百家宴、畲族婚俗、翻九楼、乌衣红曲、车木玩具制作技艺、青田石雕、畲族三月三、陈十四信俗	15
	苍南县	碗窑村、五一村、矴步头村、鲸头村、金城村、富源村、龙门村、护法寺村、岭脚村、麟头村、城中村、金星村、狮山村、白湾村、五亩村、桥南村、福德湾村	17	★道教音乐（苍南正一派科仪音乐）、★木偶戏（单档布袋戏）；苍南夹缬、高机与吴三春传说、苍南吹打、渔鼓、矾塑、蒲城拔五更、民间八仙戏、温州参龙、夹纻漆器、点色剪纸、莒溪刀轿、提线木偶戏、苍南米塑、桥墩月饼制作技艺、木活字印刷术、刘伯温春秋二祭、金乡清明祭、太平龙迎新春、苍南宗谱编修习俗、畲族刺绣、妈祖信俗	23

续表

设区市	县（市、区）	总名单及村数		所拥有的非遗名录	
		村名	村数	项目名称	数量
湖州市	吴兴区	义皋村、泉益村、菰城村、路村村、妙西村	5	湖州山歌、织里刺绣、丁莲芳千张包子制作技艺、震远同茶食三珍手工制作技艺、白雀抬阁、诸老大粽子制作技艺、周生记大馄饨制作技艺	7
	南浔区	荻港村、下昂村、港胡村、射中村、含山村、竹墩村、辑里村、新庙里村	8	★蚕丝织造技艺（辑里湖丝手工制作技艺）；双林绫绢织造技艺、含山轧蚕花、射村后羿神话、练市船拳、蒙恬会、南浔传统养蚕习俗、南浔传统糕点制作技艺	8
	德清县	燎原村、蠡山村、白彪村、南路村、张陆湾村、东沈村、山民村、勤劳村	8	★扫蚕花地、★防风传说；新市蚕花庙会、防风氏祭奠、乾元龙灯会、德清蚕桑生产习俗、舞阳侯会	7
	安吉县	鄣吴村、大溪村、双一村、上舍村、郎村村、鹤鹿溪村、姚村村	7	★灯舞（上舍化龙灯）、★白茶制作技艺（安吉白茶制作技艺）；竹乐、竹叶龙、梅溪旱船、犟驴子、项家皮影戏、鄣吴金龙、畲族貔貅	9
	长兴县	上泗安村、小沉渎村、方一村、长中村、陈家埭村、方岩村、潘礼南村、仰峰村、顾渚村、丁新村、天平桥村	11	★长兴百叶龙、★绿茶制作技艺（紫笋茶制作技艺）；林城狮舞、紫砂烧制技艺、熊知县的故事、陈霸先传说、长兴旱船	7
嘉兴市	南湖区			★掼牛；三塔踏白船、南湖船拳	3
	秀洲区	栖真村、马厍村、建林村、民主村	4	★网船会；秀洲农民画、新塍传统糕点加工技艺、七月七香桥会	4
	嘉善县	北鹤村、渔民村、丁栅村、洪溪村、东云村	5	★嘉善田歌；西塘古民居建筑艺术、西塘八珍糕制作技艺、传统纽扣制作技艺、京砖烧制技艺、嘉善宣卷、嘉善淡水捕捞习俗、护国随粮王信俗会	8
	平湖市	姚浜村、龙萌村、马厩村、金家村、鱼圻塘村	5	★琵琶艺术（平湖派琵琶）、★平湖钹子书；平湖九彩龙、平湖西瓜灯、平湖杜经布制作技艺、平湖糟蛋制作技艺、做社	7

续表

设区市	县（市、区）	总名单及村数		所拥有的非遗名录	
		村名	村数	项目名称	数量
嘉兴市	海盐县	永兴村、永新村、澉浦村	3	★滚灯（海盐滚灯）；海盐骚子、塘工号子、海盐五梅花、海盐腔、海盐牌子、海盐钱氏传说	7
	海宁市	尖山村、云龙村、路仲村、桃园村	4	★民间信俗（潮神祭祀）、★海宁皮影戏、★硖石灯彩；何文秀传说、海宁五梅花、斜桥榨菜制作技艺、钱江观潮、元帅庙会、云龙蚕桑生产习俗、摊簧、海宁三把刀制作技艺	11
	桐乡市	汇丰村、海华村、桂花村、桃园村、东田村	5	★蓝印花布印染技艺、★含山轧蚕花、★高杆船技；三跳、手工彩色拷花、剔墨纱灯、乌镇水阁、桐乡蚕歌、大纛旗、桐乡竹刻、桐乡灰塑、濮绸织造工艺、双庙渚蚕花水会、花鼓戏、舞方天戟、杭白菊传统加工技艺、姑嫂饼制作技艺、乌镇香市	18
绍兴市	越城区	尚巷村、东浦村、秦望村、上旺村、安桥头村	5	绍兴目连戏	1
	柯桥区	冢斜村、州山村、王化村、陈村村、青坛村、紫洪山村、裘村村、稽江村、石笤村、尉相村、占笤村、上王村、王城村、东村村	14	★绍兴宣卷；绍兴莲花落、王星记扇、绍兴师爷故事、绍兴舜王庙会、绍兴铜雕、绍兴酱油传统酿造技艺、萧山花边制作技艺、平水珠茶制作技艺、绍兴三六九伤科	10
	诸暨市	斯宅村、赵家新村、次坞新村、十四都村、十里坪村、榧王村、东溪村、周村村、仙日村、花明泉村、岭北周村、溪北村、石门村、坑西新村、上下文村、十二都村	16	★线狮（草塔抖狮子）、★乱弹（诸暨西路乱弹）、★西施传说；同山烧酒传统酿造技艺、青口皮纸制作技艺、赵家拳棒、枫桥香榧采制技艺、十里红妆	8
	上虞市	通明村、东山村、平山村、东澄村、太平山村、春晖村、丁山村、东联村、田家村、虹溪村、梁宅村	11	★梁祝传说、★越窑青瓷烧制技艺；上虞吹打、哑目连、虞舜传说、狴犴龙舞、上虞特色豆制品制作技艺、乌金纸制作技艺、太极祭炼音乐、绍兴莲花落、曹娥庙会	11

续表

设区市	县（市、区）	总名单及村数		所拥有的非遗名录	
		村名	村数	项目名称	数量
绍兴市	新昌县	梅渚村、班竹村、南山村、回山村、藕岸村、元岙村、外婆坑村、雅庄村、芹塘村、方泉村、严丹赤村、南洲村、新宅村、后岱山村、丁家园村、西坑村、真诏村、大市聚村、龙皇堂村、雪头村、横渡桥村、拔茅村、潜溪村、上下宅村、岩泉村	25	★新昌调腔；小京生炒制技艺	2
绍兴市	嵊州市	华堂村、崇仁六村、竹溪村、贵门村、黄胜堂村、小昆村、彦坑村、灵鹅村、袁郭岭村、白雁坑村、坎一村、苍岩村、崇仁四五村、崇仁九十村、浦口村、盛家坞村、崇仁一村、崇仁二村、崇仁七八村、泉岗村、东王村、廿八都村、楼家村、施家岙村	24	★嵊州吹打、★嵊州竹编、★国遗督查浙越（越剧）；绍兴目连戏、嵊州泥塑、嵊州根雕、黄泽戏剧服装制作技艺、嵊州灰雕、崇仁古村落营造技艺、嵊州城隍庙建筑技艺、紫砂烧制技艺、浦桥潮神节	12
金华市	婺城区	雅畈村、上阳村、中戴村、湖前村、石楠塘村、珊瑚村、鸽坞塔村、山道村、长山三村、上镜村、寺平村	11	★婺州窑陶瓷烧制技艺；枪头杵	2
金华市	金东区	蒲塘村、山头下村、琐园村、中三村、东叶村、前溪边村、长塘徐村、东京村、溪干村、山下洪村、潘村中心村、方山村、曹宅村、仙桥村、畈田蒋村、雅湖村、岭五村	17	大成拳、迎花树	2
金华市	兰溪市	长乐村、三泉村、芝堰村、永昌村、渡渎村、垷坦村、宋宅村、姚村村、祝宅村、东叶村、西塘下村、东山项村、诸葛村、虹霓山村、万田村、刘家村、上唐村、梅街头村、洪塘里村、于街村、社峰村、西姜村、桐山后金村、古塘村	24	★祭祖习俗（诸葛后裔祭祖）、★龙舞（兰溪断头龙）、★兰溪摊簧、★诸葛村古村落营造技艺；粮食砌、三伏老油传统酿制技艺	6

续表

设区市	县（市、区）	总名单及村数		所拥有的非遗名录	
		村名	村数	项目名称	数量
金华市	东阳市	蔡宅村、李宅村、上安恬村、官桥村、安儒村、渊头村、后周村、北后周村、黄田畈村、镇西村、许宅村、夏渠村、岱溪村、枫树下村、月峰村、青溪村、大爽村	17	★东阳木雕、★东阳卢宅营造技艺、★竹编（东阳竹编）、★翻九楼；许宅花灯、侯阳高腔、郭宅大蜡烛、东阳傩戏、传统砖雕、南马草席编织技艺、东阳土布制作技艺、东白山七月七、蔡宅高跷、金华道情、东阳酒酿造技艺	15
	义乌市	尚阳村、雅端村、雅治街村、倍磊四村、田心村、缸窑村、朱店村、何宅村、上杨村、黄山五村	10	★传统制糖技艺（义乌红糖制作技艺）、★金华道情；罗汉班、后宅高跷、木车牛力绞糖制作技艺、黄山八面厅营造技艺、丹溪红曲酒传统酿造技艺、婺剧盔帽制作技艺、义乌抬阁跷、木活字印刷术、傅大士传说、义乌枣加工技艺、义乌红曲传统制作技艺	13
	永康市	厚吴村（后吴村）、舟山二村、清渭街村、独松村、芝英一村、大陈村、前郎村、塘里村、芝英七村、枫林村、石桥头村、岩上村、桥下二村、胡库村、墁塘村、芝英三村、云路村、象珠四村、荷园村	19	★庙会（方岩庙会）、★十八蝴蝶、★锡雕、★醒感戏、★永康鼓词、★线狮（九狮图）；永康锡艺、永康打罗汉、永康铜艺、永康钉秤制作技艺、调花钹、永康根雕、永康打金打银工艺、永康打铁技艺、永康迎花烛	15
	浦江县	嵩溪村、新光村、礼张村、潘周家村、冷坞村、杭坪村、古塘村、马岭脚村、孝门村、郑宅村、钟村村	11	★浦江板凳龙、★浦江乱弹、★麦秆剪贴、★浦江郑义门营造技艺、★浦江迎会、★剪纸（浦江剪纸）；浦江滚地龙、浦江“江南第一家”、浦江擂马、浦江豆腐皮捞制技艺、杭坪摆祭、浦江什锦	12
	武义县	郭洞村、陶村村、俞源村、丰产村、沈家村、大溪口村、白革村、华塘村、水阁村、坛头村、岭下汤村、水碓后村、溪里村、上坦村、山下鲍村	15	★中药炮制技艺（武义寿仙谷中药炮制技艺）、★俞源村古建筑群营造技艺；武义花灯花轿、武义昆曲、畲族三月三、迎大蜡烛、叶法善传说、武义三狮、泥水画、武义抬阁、七夕接仙女、鲤鱼跳龙门	12
	磐安县	大皿村、梓誉村、墨林村、大山下村、冷坑村、佳村村、马家坑村、朱山村、岭干村、东里村、石下村、仰头村、大柘坑村、榉溪村、管头村、横路村	16	★赶茶场；炼火、磐安吹打、岭口亭阁花灯、迎大旗、磐安叠牌坊、乌龟端茶、高照马制作技艺、磐五味生产加工技艺、婺州南宗祭孔典礼、高姥山七夕节	11

续表

设区市	县（市、区）	总名单及村数		所拥有的非遗名录	
		村名	村数	项目名称	数量
衢州市	柯城区	墩头村、治岭村、五十都村、新宅村、坎底村、北二村、源口村、张西村、余东村、外宅村、园林村、下坦村、少岭坞村、石梁村、陈安村、彭村村、荆溪村、航埠村、余家山头村、七里三村、将军叶村、沙湾村、新东村、小沟村、下石埠村、麻蓬村、妙源村	27	★农历二十四节气（九华立春祭）；古琴制作工艺、女儿节	3
	衢江区	楼山后村、破石村、涧峰村、车塘村、岩头村、茶坪村、翁源村、东坪村、外焦村、下呈村、洋坑村、茶山村、板桥村、金仙岩村、棠陵邵村、朱杨村、东岳村、盈川村、鱼山村、丰上清村、宝山村	21	全旺板龙、茶灯戏（唱灯）、杨炯出巡、衢江马灯戏、大洲厨刀制作技艺、衢北重阳节、喝山节、衢江十番、提线木偶戏	9
	龙游县	志棠村、泽随村、石角村、沐尘村、马戍口村、茭塘金村、西何村、童岗坞村、大公村、芝坑口村、溪口村、张家埠村、石佛村、源头村、项家村、天池村、灵下村、双戴村、西金源村、庙下村、灵山村、三门源村、鸿陆夏村、里王村、星火村	25	★皮纸制作技艺（龙游皮纸制作技艺）；硬头狮子、貔貅、麒麟灯、小儿走马灯、脱节龙、龙游发糕制作技艺、龙游宣纸制作技艺、畲族婚俗、金华道情、横山稻草龙、婺剧、滚花龙、徽戏、三门源古民居营造技艺、清明祭祖灯会	16
	江山市	永兴坞村、枫溪村、勤俭村、枫石村、和睦村、礼贤村、日月村、广渡村、凤里村、长台村、碗窑村、洪福村、兴墩村、耕读村、白沙村、游溪村、大陈村、南坞村、清漾村、花桥村	20	★婺剧、★木偶戏（廿八都木偶戏）；江山廿八都传说、断头龙、江山手狮、廿八都古民居建筑艺术、江山座唱班、江山西烟制作技艺、江山老佛节、江山三卿口传统制瓷工艺	10

续表

<table>
<tr><th rowspan="2">设区市</th><th rowspan="2">县（市、区）</th><th colspan="2">总名单及村数</th><th colspan="2">所拥有的非遗名录</th></tr>
<tr><th>村名</th><th>村数</th><th>项目名称</th><th>数量</th></tr>
<tr><td rowspan="2">衢州市</td><td>常山县</td><td>彤弓山村、金源村、芳村村、大埂村、球川村、樊村村、宋畈村、大处村、溪上村、徐村村、招贤村、泰安村、棋盘山村、中和村、高峰村、山溪边村、輶辂村、横山路村、江家村、胡村村、樊家村</td><td>21</td><td>★常山喝彩歌谣；钢叉舞、常山猷辂拳、常山传统榨油技艺、常山木杆称制作技艺、琼奴与苕郎、新桥十番、洗马舞、武当太乙拳（宋氏门）</td><td>9</td></tr>
<tr><td>开化县</td><td>霞山村、龙门村、真子坑村、下街村、石柱村、寺坞村、儒山村、联丰村、墩南村、正大村、霞田村、龙村村、余村村、富户村、姚家源村、泗洲村、姜坞村、树范村、团结村、洪田村、唐头村、北源村、库坑村、桃源村、下淤村、田畈村、石川村、潭头村、苏庄村、古田村、茗富村、横中村、仁宗坑村、孔山村、前村头村、小溪边村、川南新村、张村村、华山村、严村村、王畈村、黄石村、裴源村、姚家村、霞川村</td><td>45</td><td>★龙舞（开化香火草龙）；开化根雕、霞山古建筑群、开化满山唱、马金扛灯、开化目连戏、开化龙顶茶制作技艺、开化传统榨油技艺、开化贡纸制作技艺、唐头古佛节、霞山高跷竹马、狮象灯舞、跳马灯、传统家具制作技艺、齐詹记冻米糖制作技艺、大溪边祈水节、网苗节</td><td>17</td></tr>
<tr><td rowspan="4">舟山市</td><td>定海区</td><td>马岙村、柳行村、紫微村、光华社区、叉河社区、金山社区、后岸村、大鹏岛村、里钓山村</td><td>9</td><td>跳蚤会、定海布袋木偶戏、船模艺术、舟山螺钿镶嵌制作工艺</td><td>4</td></tr>
<tr><td>普陀区</td><td>横街村、前山村、西岙村、东福山村、大石头村、杜庄村、里岙村、中山村、东极村、莲兴村、南沙村</td><td>11</td><td>★传统木船制造技艺；舟山渔业谚语（渔民看海测气象）、舟山船拳、传统儿童游戏、渔民传统竞技、普陀船模艺术、东海龙王信俗、渔工号子、跳蚤会、普陀渔民画、祭海</td><td>11</td></tr>
<tr><td>岱山县</td><td>石马岙村、双合村、倭井潭村、秀北社区、东沙村、司基村</td><td>6</td><td>★谢洋节、★海洋号子（舟山渔民号子）；徐福东渡传说、祭海、舟山渔业谚语（渔民看海测气象）、舟山船拳、渔网编织技艺、岱山海难特殊葬礼、岱山布袋木偶戏、唱新闻、岱山海盐晒制技艺、岱山海洋鱼类传统加工技艺</td><td>12</td></tr>
<tr><td>嵊泗县</td><td>花鸟社区、峙岙村、灯塔村、青沙村、大王村、后头湾村、田岙村、龙泉村</td><td>8</td><td>渔用绳索结编织技艺、海洋动物故事、嵊泗渔歌、嵊泗海洋渔民服饰制作技艺</td><td>4</td></tr>
</table>

续表

设区市	县（市、区）	总名单及村数		所拥有的非遗名录	
		村名	村数	项目名称	数量
台州市	椒江区	胜利村、卫星村、陈宅村、下陈村、凤尾村、南岙村、星光村、大小浦村	8	台州刺绣、台州玻璃雕刻技艺、戚继光抗倭传说、送大暑船	4
	黄岩区	潮济村、乌岩头村、半山村、桥亭村、沙滩村、布袋坑村、决要村、浦洋村、吉岙村、坑口村、白石村、东岙村、杜家村、凤洋村、新宅村、前蒋村	16	★竹刻（黄岩翻簧竹雕）；新前采茶舞、新前武术、黄岩漆金木雕、二月二灯会、剪纸、竹纸制作技艺、桐屿草席编织技艺、沈宝山中药文化	9
	路桥区	金大田村	1	路桥莲花、路桥灰雕、路桥气象谚语、拷绢手工技艺、路桥盐业生产加工技艺、戏剧服装制作技艺	6
	临海市	岭根村、殿前村、龙泉村、张家渡村、中岙村、卢家村、南蒋村、孔丘村、麻山村、坦头村、水岙村、胜坑村、桥头村石牛自然村、城里村、下湾村、大泛村、汾东村、年坑村、灰坑村、坪坑村、岙底罗村、东林村、西洋庄村、前塘村、上周村、泾东村、泄上村、洪桥村、茶辽村、尚山村、黄石坦村、汾西村、新树坑村、呈岐村、桐坑村、芙蓉村	36	★黄沙狮子、★临海词调；大田板龙、上盘花鼓、大石车灯戏、临海剪纸、临海泥塑、枧桥鼓制作技艺、临海古长城建筑艺术、戚继光抗倭传说、台州府城民谣、临海羊岩勾青茶制作技艺、白水洋豆腐制作技艺、永利木杆称制作技艺、蒋家山接骨、临海民间谜语、岭根草编、台州府城传统小吃制作技艺	18
	温岭市	前红村、坑潘村、兰公岙村、上王村、捕屿村、朝阳村、峨嵋山村、岙里村、东山村、白壁村、城南村、六闸村、大黄坭村、流水坑村、里箬村、南鉴村、东兴村、梅溪村、桥里村、流庆村、琛山村	21	★大奏鼓、★七夕节（石塘七夕习俗）；温岭石雕、松门白鲞传统加工技艺、王氏大花灯制作技艺、石塘小人节、温岭草编、温岭剪纸、戥秤制作技艺、泽国三月三、温岭洞房经	11
	玉环县	东沙社区、大青村、山里村、坎门社区、水桶岙村、东西村、石峰山村、白马岙村、上青塘村	9	★龙舞（坎门花龙）；坎门鳌龙鱼灯舞、玉环渔民号子、玉环剪纸、延绳钓捕捞技艺	5

续表

设区市	县（市、区）	总名单及村数		所拥有的非遗名录	
		村名	村数	项目名称	数量
台州市	天台县	张思村、街一村、皇都村、新联村、前杨村、灵一村、迹溪村、山头裘村、岩坦村、山头郑村、大柳溪村、街二村、培新村、大地林村、祥何村、友义村、苍华村、紫云山村、铺前村、岭头周村、欢西村、上庞村、下汤村、寒岩村	24	★刘阮传说、★济公传说、★天台山干漆夹纻髹饰技艺；寒山拾得传说、台州玻璃雕刻技艺、天台山佛教音乐、天台皇都南拳、天台苎布制作技艺、金漆造像技艺、天台山道教南宗洞经音乐、灵溪奚家拳、打油奏、天台云雾茶制作技艺	13
	仙居县	高迁村、李宅村、大路村、管山村、羊棚头村、上井村、姚岸村、金竹岭脚村、上林村、寺前村、石舍村、上街下街村（上街村）、祖庙村、郑桥村、朱一村、溪头村、上江垟村、苍岭村、厚仁村、后塘村、埠头村、上王村、白岩下村、广度村、三井村、方宅村、四都村、黄梁陈村、公盂村、垟墺村、枫树桥村、山下村、汤坎头村、下王村、安山村、东门村、杜婆桥村、皤滩村、西郭垟村、西炉村、增仁村	41	★彩石镶嵌、★仙居花灯、★线狮（九狮图）；仙居山歌、仙居鲤鱼跳龙门、十八罗汉、仙居石窗艺术、蓝花布印染技艺、皤滩盐埠商号和民居建筑艺术、三十六行说唱、香沉木雕、仙居豆腐制作技艺、卵石镶嵌技艺、清音寺庙会、撒梁皇	15
	三门县	东屏村、岩下村、刘家村、梅坑胡村、岙楼村、祁家村、下岙周村、小蒲村、包家村、任家村、香山村、西渡村、花桥村、杨家村	14	★农历二十四节气（三门祭冬）；杨家板龙、花桥龙灯、三门石窗艺术、高枧古亭抬阁、海游六兽、缠足苦、杨家祭冬、上鲍布袋木偶戏、小蜜蜂、平调、小坑七心拳、三门讨小海习俗	13
丽水市	莲都区	下南山村、西溪村、陈寮村、西坑村、沙溪村、古井村、下圳村、皂坑村、箬坑村、新陶村、莲房村、堰头村、大港头村、梁村村、西黄村、曳岭脚村、雨伞岗村、官桥村、路湾村、资福村	20	★丽水鼓词；处州乱弹、丽水吹打、通济堰营造技艺、太平庙会	5

续表

设区市	县（市、区）	总名单及村数		所拥有的非遗名录	
		村名	村数	项目名称	数量
丽水市	龙泉市	下樟村、溪头村、源底村、车盘坑村、住溪村、源口村、李山头村、金村村、大舍村、安和村、盖竹村、龙星村、垟尾村、章府会村、黄南村、宝更村、季山头村、上田村、大窑村、官埔垟村、宫头村、锦安村、南弄村、蛟垟村、下田村、芳野村、南秦村、内双溪村	28	★龙泉青瓷烧制技艺、★龙泉宝剑锻制技艺；龙泉窑传说、凳花、开天门、香菇砍花技艺、炼火、高机与吴三春传说、菇民防身术	9
	青田县	高市村、金泉村、黄镇村、罗溪村、龙现村、陈宅村、小舟山村、黄肚村、安店村、阜山村、塘坑村、洞背村、温溪村、乌泥塘村、山口村	15	★灯舞（青田百鸟灯舞）、★青田石雕、★青田鱼灯舞、★刘伯温传说；青田鼓词、青田传统榨油技艺、青田龙舟节	7
	云和县	桑岭村、石浦村、金山下村、坑根村、包山村、麻垟村、长汀村、桃子坑村、黄处村、新岭村、黄家畲村、横山头村、梅源村、村头村、坑下村、梅埼村、沙铺村	17	汀州吹打、包山花鼓戏、木玩具制作技艺、瓯江帆船制作技艺、梅源开犁节、畲族民歌、炼火、云和讨火种习俗	8
	庆元县	月山村、大济村、杨楼村、新窑村、洋背村、西洋村、黄坞村、上庄村、葛田村、龙岩村、崔家田村、濛淤村、曹岭村、大泽村、黄皮村、局下村、里地村	17	★木拱桥传统营造技艺；茶灯戏（唱灯）、菇民戏、菇神庙会、大济文化历史保护区、香菇砍花技艺、菇民防身术、端午走桥习俗、菇民习俗	9
	缙云县	河阳村、岩下村、金竹村、桃花岭村、姓潘村、犁坑村、前路村、唐市村、胡村村、上周村、旸村村、西施村、鱼川村、夏家畈村、雅宅村、宫前村、官店村、白茅村、葛竹村、下洋村、岩门村	21	★迎罗汉、★黄帝祭典（缙云轩辕祭典）、★庙会（张山寨七七会）；缙云丝竹锣鼓、钢叉舞、缙云剪纸、缙云根雕、河阳古民居营造技艺、缙云歌谣、独角台场、上宕功夫、缙云石雕、婺剧、缙云杂剧、土布纺织技艺、田氏传统接骨术、迎关公案	17

续表

设区市	县（市、区）	总名单及村数		所拥有的非遗名录	
		村名	村数	项目名称	数量
丽水市	遂昌县	长濂村、独山村、蕉川村、淤溪村、桥西村、蔡和村、淡竹村、叶村村、塘岭村、大竹小岱村、好川村、举淤口村、仙岩村、箍桶丘村、奕山村、苏村村、三井村、东源村、苏旺村、茶树坪村、石坪村、黄沙腰村、大坑村、桥东村、官塘村、淤弓村、白水村、远路口村、叶村岩上村、九龙口村、湖边村、福罗淤村、柳村村、徐村村	34	★十番音乐（遂昌昆曲十番）、★农历二十四节气（班春劝农）；茶灯戏（唱灯）、黑陶烧制技艺、遂昌茶园武术、遂昌豆腐制作技艺、遂昌竹炭烧制技艺、遂昌白曲酒制作技艺、遂昌台阁	9
	景宁县	深垟村、西一西二村、金坵村、茗源村、漈头村、伏叶村、根底岘村、雁溪村、东塘村、大均村、东洋村、季庄村、吴布村、高演村、安亭村、包凤村、东车村、东弄村、岗石村、南坑下村、梅山村、杨绿湖村	22	★婚俗（畲族婚俗）、★畲族三月三、★畲族民歌；景宁畲族祭祀仪式、菇民戏、问凳、畲族彩带编织技艺、畲语、赶野猪、操石磉、畲族服饰、抢猪节、菇民习俗、九龙鱼灯、菇民防身术、大漈罐制作技艺、编梁木拱桥营造技艺、香菇砍花法技艺、惠明茶手工制作技艺	19
	松阳县	靖居村、七村、界首村、吴弄村、六村、周山头村、桐溪村、桥头村、白麻山村、南州村、雅溪口村、后宅村、燕田村、洋坑埠头村、平卿村、山甫村、朱山村、庄后村、岱头村、横坑村、南岱村、吊坛村、上坌村、黄岭根村、毛源村、上庄村、松庄村、尹源村、紫草村、横岗村、后畲村、黄上村、陈家铺村、平田村、塘后村、黄田村、沿坑岭头村、张山村、象溪一村、蔡宅村、杨家堂村、安岱后村、呈回村、小竹溪村、球坑村、黄山头村、酉田村、横樟村、山下阳村、西坑村、大岭脚村、官岭村、梨树下村、交塘村	54	★松阳高腔；畲族叙事歌、竹溪锣鼓、道惠夫人会、松阳县黄家大院传统木雕手工技艺、叶法善传说、月宫调、松阳端午茶	8
合计			1237		753

资料来源：浙江省委省人民政府农业和农村工作办公室

后　记

千百年来一直聚族而居的传统村落，承载、积淀着勤劳智慧的浙江祖辈们创造的悠久灿烂历史文化，这是一笔难以估量的财富。2015 年浙江省委夏宝龙书记、李强省长、王辉忠副书记、黄旭明副省长等四位主要领导共同做出批示，启动《千村故事》“五个一”行动计划，由浙江省农办组织协调，并由浙江农林大学中国农民发展研究中心（浙江省农民发展研究中心）联合中国名村变迁与农民发展协同创新中心的专家力量，开展《千村故事》一套丛书编撰工作。《千村概览》是《千村故事》九部著作中的一部。

《千村概览》是对浙江现存上千个历史文化村落概况的介绍，内容涵盖村落历史沿革、当今隶属关系、村庄人口、集体经济等经济社会发展基本情况，村落物质文化资源、村落非物质文化资源以及村落保护利用等现状，目的是在当前这样一个时点为浙江古村建立档案，并展示浙江古村的基本风貌和资源状况，为后续保护利用、研究宣传等工作提供必要基础。由于诸多因素的限制，本书最后集结了 11 个地市 1042 个村落的概览和部分村落的图片。本书的编撰得到多方的协助和支持，特别感谢浙江省农办以及各地县市农办、乡镇、村的积极配合与支持，以及众多村落信息采集、村落概览编撰人员的共同努力；感谢《千村故事》专家委员会对本书的支持和关心；感谢刘红妍、李林、郁笑、洪丽丽、彭杨贺、段巧凤、苗永洁在本书编校中的辛勤工作。对于其他未提到的单位、领导和个人，在此一并致以诚挚的感谢！

潘伟光

2017 年 1 月 12 日